被害者側弁護士のための
交通賠償法実務

ONO Yuki
小野裕樹

日本評論社

はしがき

多くの弁護士にとって，交通事故の損害賠償請求事件は，相談や受任の機会が少なくない事件類型ですが，被害者が正当な賠償を得るには，その代理人に支払側（保険会社側）代理人と渡り合える力量が必要です。しかし，専門的なトレーニングを積み，多くの事件を扱っている支払側（保険会社側）の代理人に比べ，被害者側代理人には勉強不足が否めないことが多く，過少請求と思われる例さえ散見します。

福岡県弁護士会交通事故委員会は，「交通事故事件を弁護士の手に取り戻し，適正な賠償を実現しよう」を合言葉に，平成13年，全国に先駆けて面談相談とセットにした交通事故電話相談を始めましたが，あわせて被害者側代理人のレベルアップのために様々な研修を行ってきました。同27年からは，研修会に加えて交通賠償法ゼミを毎年開催しています。

ゼミのテキストは私が執筆しましたが，令和5年，これを増補して書籍とした「交通賠償法実務」を福岡県弁護士協同組合から出版しました。本書はそれに手を入れたものです。被害者側代理人として多くの交通事故賠償事件を担当した経験や，交通事故紛争処理センター審査員として得た経験に加え，交通事故委員会における勉強の成果も踏まえて，被害者側の弁護士が経験する問題には一通り触れるよう努めました。

とはいえ浅学の身のこと，不正確，不十分な記載も多いと思います。お気づきの点を教えていただければ幸いです。

本書を発刊するにあたり，出版を勧めてくださった春山九州男先生と，共に歩んできた福岡県弁護士会交通事故委員会の仲間に深く感謝します。

令和7年3月

小野 裕樹

目 次

引用文献の略称は以下のとおり（50音順）。

青本：「交通事故損害額算定基準」（(公財）日弁連交通事故相談センター）
赤い本：「民事交通事故訴訟損害賠償額算定基準」（(公財）日弁連交通事故相談センター東京支部）
2005年版以降は上下巻の分冊になっている。講演録については，1998年版所収のものまでは，合本（「交通事故による損害賠償の諸問題Ⅱ」）を引用した。
LP：佐久間・八木編「交通損害関係訴訟 補訂版」（青林書院）
落とし穴：坂東総合法律事務所編「実務家が陥りやすい交通事故事件の落とし穴」（新日本法規）
軌跡と展開：不法行為法研究会編「交通事故損害賠償の軌跡と展開」（ぎょうせい）
北河：北河隆之「交通事故損害賠償法 第3版」（弘文堂）
寄与度：東京三弁護士会交通事故処理委員会編「寄与度と非典型過失相殺」（ぎょうせい）
金商：金融・商事判例（経済法令研究会）
金法：金融法務事情（(一社）金融財政事情研究会）
窪田：窪田充見「不法行為法 民法を学ぶ 第2版」（有斐閣）
現状と課題：福田他「交通事故賠償における補償･救済システムの現状と課題」（保険毎日新聞社）
交錯：交通事故賠償研究会編「交通事故診療と損害賠償実務の交錯」（創耕舎）
交通百選：別冊ジュリスト交通事故判例百選第5版（有斐閣）
交民：交通事故民事裁判例集（ぎょうせい）
高齢者：古笛恵子編「判例にみる高齢者の交通事故」（日本加除出版）
再構築：高野他編「交通事故賠償の再構築」（ぎょうせい）
最前線：(公財）日弁連交通事故相談センター編「交通賠償実務の最前線」（同上）
最判解：法曹会編　最高裁判所判例解説民事篇（法曹会）
裁判実務：高野真人編著「後遺障害等級認定と裁判実務 改訂版」（新日本法規）
潮見Ⅰ・Ⅱ：潮見佳男「不法行為法Ⅰ・Ⅱ 第2版」（信山社）
自J：自保ジャーナル（自動車保険ジャーナル）
実務：森冨・村主編著「交通関係訴訟の実務」（商事法務）
社会保障百選：別冊ジュリスト社会保障判例百選第5版（有斐閣）
重要判例：丸山一郎「自動車保険実務の重要判例 第2版―事例に学ぶ21のポイント―」（保険毎日新聞社）
重要論点：加藤他編「裁判官が説く民事裁判実務の重要論点 交通損害賠償編」（第一法規）
詳説：北河他「詳説後遺障害 等級認定と逸失利益算定の実務 補訂版」（創耕舎）
諸問題：塩崎勤編「交通損害賠償の諸問題」（判例タイムズ社）
新型：羽成守編「新型・非典型後遺障害の評価」（新日本法規）
新次元：(公財）日弁連交通事故相談センター編「交通賠償論の新次元」（判例タイムズ社）
新大系：塩崎・園部編「新・裁判実務大系 交通損害訴訟法」（青林書院）
新潮流：(公財）日弁連交通事故相談センター編「交通事故損害賠償の新潮流」（ぎょうせい）
新類型：伊豆・九石編「事例に見る新類型・非典型交通事故の過失相殺」（新日本法規）
大系：藤村他編「実務交通事故訴訟大系」1～3（ぎょうせい）

胎動：東京三弁護士会交通事故処理委員会編「新しい交通賠償論の胎動」（同上）
逐条解説：北河他「逐条解説自動車損害賠償保障法 第3版」（弘文堂）
注解：高野真人編著「新版　注解交通損害賠償算定基準」（ぎょうせい）
等級評価：高野・髙木編「裁判例と自賠責認定にみる神経症状の等級評価―後遺障害認定の傾向と着眼点―」（新日本法規）
到達点：（公財）交通事故紛争処理センター「交通事故紛争解決法理の到達点」（第一法規）
入門：小松他編「後遺障害入門　認定から訴訟まで 補訂版」（青林書院）
賠償科学：日本賠償科学会編「賠償科学改訂版―医学と法学の融合―」（民事法研究会）
判時：判例時報（判例時報社）
判タ：判例タイムズ（判例タイムズ社）
必携：「労災補償障害認定必携 第17版」（（一財）労災サポートセンター）
別冊判タ：東京地裁民事交通訴訟研究会編「別冊判例タイムズ38民事交通訴訟における過失相殺率の認定基準 全訂5版」（判例タイムズ社）
法理：（公財）日弁連交通事故相談センター編「交通事故紛争処理の法理」（ぎょうせい）
保険百選：別冊ジュリスト保険法判例百選（有斐閣）
未来：法曹会「交通事故損害賠償実務の未来」（法曹会）
民集：最高裁判所民事判例集（同）
民法百選Ⅱ：別冊ジュリスト民法判例百選Ⅱ第9版（有斐閣）
要約：高野真人「要約 交通事故判例140」（学陽書房）
労判：労働判例（産労総合研究所）

※裁判例の掲載誌は，判時，判タに掲載されていないものについて交民，自J（交民と自Jの両方に掲載されているものは交民のみ）等を引いた。

第1章
交通事故の法律相談

第1節　交通事故事件と弁護士

1　交通事故事件の現状

(1)　交通事故の現状

令和6年に全国で発生した人身交通事故は約29万件で，34万人余りが負傷し，2663人が亡くなっている。いずれもここ20年ほどで大きく減っているものの，交通事故は依然として頻繁に発生している[1]。死亡事故の大幅な減少は，救急体制の整備と救命医療の進歩が与っているが，その反面，高次脳機能障害，遷延性意識障害など新しい問題も起こっている。

(2)　交通事故の「解決」

交通事故事件の多くは，損害保険会社（損保）[2]と被害者の直接交渉で「解決」されている。しかし，多くの場合，被害者が法律や損害保険の素人であるのに対し，交渉相手は賠償と保険のプロである損保社員等

---

(1)　ほとんどが過失事案であること，賠責保険が整備されていることに加え，発生件数が多いことが，「交通事故に遭ったと思って諦める。」などという言い方がされる原因だろう。しかし，被害者や家族にしてみれば一生に一度の災難かもしれず，一瞬の偶然によって人生が大きく変わってしまうこともある。

(2)　共済を含む。以下同じ。

である。示談交渉が実質的に対等に行われ，被害者が正当な補償を受けているとはいいがたい。

2　交通事故事件を弁護士の手に

(1)　示談代行制度

昭和40年代までは，賠償責任保険（賠責保険）の保険者である損保が加害者側の代理人として被害者と交渉することはできなかった。

しかし，昭和30～40年代，交通事故とその賠償事務が激増したため，損保業界は，その対応策として，損害賠償責任保険の保険者である損保に加害者側の代理人として被害者と交渉する権限を与える，「示談代行付自動車保険」の発売を目指し，被害者に直接請求権を認める等の調整を経て，昭和49年，示談代行付自動車保険が発売された。これによって，被害者が迅速に支払を受けられることになったとされる反面，交通事故被害の大部分が損保と被害者の交渉で「解決」されることになり，交通賠償事件が弁護士の手を離れることになった。もっとも，近年は，弁護士費用特約の普及により，弁護士が請求側代理人として登場することが増えている。

(2)　交通事故事件の特徴

ア　自賠法3条の存在

人身事故の損害賠償請求事件においては，自動車損害賠償保障法（自賠法）3条があるために，請求側の責任原因（過失）の立証の負担は大幅に軽減されている。運行供用者性が争われる等の限られた事案を除けば，損害論や過失相殺等が主戦場になることが多い。

イ　「基準」の存在

交通賠償の特徴の一つが，損害額算定における定額化傾向と「基準」の存在であり，膨大な裁判例の蓄積を背景として，各損害項目について損害賠償額算定基準と呼ばれるものが形成されている。

損害額算定における定額化傾向は，差額説（298頁）からは説明しにくいようにも思えるが，大量に発生する交通賠償事案における算定の煩雑さや金銭的評価の難しさによるものであると言える。算定された損害の分配における過失相殺率（過失割合）についても，事故類型を分類して過失相殺基準と呼ばれる基準が形成されている。

ウ　幅広い知識が必要であること

交通賠償事件を扱うためには，不法行為法，損害賠償法の知識に限らず，保険法及び保険実務，医学，工学，社会保障法及び社会保障実務など，幅広い知識が求められる。

エ　自動車保険の普及

損害賠償事件は，勝訴しても債権回収が困難であることが少なくないが，交通賠償事件においては，自動車保険，特に賠責保険の普及によって，債権回収が確実であることが多い。人身傷害保険や弁護士費用特約等，被害者側の保険が使える場合も多い。

オ　代理人の力量の差

インターネット上には「交通事故専門」等を謳う請求側（被害者側）弁護士の広告があふれているが，請求側代理人と支払側代理人との力量の差は歴然としており，過少請求も少なくない。請求側代理人は，裁判官から次のように見られていることを肝に銘じなければならない。

> 「被告側が交通事件に精通した代理人が多いのに対し，原告側の代理人は，交通事件の経験の少ない方であるのが普通です。残念ながら，赤い本にさえ目を通していない方も少なくありません。依頼者の利益を守るためにも，原告側の代理人は，相当な勉強をしていただきたいと思います。」（胎動 39 頁）。

3　常に参照する「四点セット」

(1)　損害賠償額算定基準（赤い本と青本）

ア　赤い本・青本とは

交通事故賠償の損害算定においては，自賠責保険の支払基準や任意賠責保険の支払基準（非公開）のほかに，訴訟における損害賠償額算定基準と呼ばれるものが形成されている。これをまとめたものが「赤い本[(3)]」（(公財）日弁連交通事故相談センター東京支部「民事交通事故訴訟損害賠償額算定基準」)，「青本[4]」((公財) 日弁連交通事故相談センター「交通事故損害額算定基準」) 等であり，交通賠償実務において極めて大きな役割を果たしている。裁判官も赤い本等に依ることが多い。

もっとも，赤い本，青本等の基準は目安に過ぎず，当事者の主張立証を制限するものでも免除するものでもないことは当然である。

イ　赤い本・青本の特徴

赤い本と青本の特徴については，以下のように言われている。

① 損害項目に関する解説にややニュアンスの違いがみられることがある（したがって両方読んだ方がよい。)。

② 掲載裁判例は，どちらかといえば赤い本の方が被害者に有利な裁判例が多いといえる（より多くの裁判例に当たりたいときは過去の版も参照するとよい。)。

③ 理論的な説明は青本が詳しいことが多い。

④ 青本の等級表には必携のエッセンスが注として載っている。

⑤ 赤い本下巻の裁判官講演録は必読である（私見と断っているが，実務的にはその論点に関する最重要論文と考えて良い。)。

⑥ 青本の付録（近年高次脳機能障害が続いていた。）も価値が高い。

というわけで，両方手元において参照すべきである。赤い本は毎年，青本は隔年に改訂される[5]。

(2)　過失相殺基準（別冊判タ）

実務は，東京地裁民事交通訴訟研究会編別冊判例タイムズ38「民事交通訴訟における過失相殺率の認定基準　全訂5版」(別冊判タ[6]) に依

(3)　東京地裁交通部の裁判例をもとに「基準」を設定している。福岡地裁では基本的に赤い本によっている。大阪地裁等の「基準」として，同地裁交通部による「緑本」(「大阪地裁における交通損害賠償の算定基準」判例タイムズ社) がある（大阪民事交通訴訟研究会の「交通事故損害賠償額算定のしおり」もほぼ同内容である)。名古屋地裁等の「基準」には日弁連交通事故相談センター愛知県支部の「交通事故損害賠償算定基準」(黄色本) がある。

(4)　赤い本と比べて，基準額に幅がある（全国に対応しているため)。

(5)　赤い本・青本基準を解説したものとして「注解」が最近刊行された。赤い本，青本の行間を埋めるものであり，両書とともに活用されることを勧める。

拠することが多い。もっとも，これも一応の目安である。類型（[○]図）への当てはめが争われることも少なくない。

別冊判タには，事故類型ごとの基本過失割合に加えて，これを修正する要素が挙げられており，事案に応じて，類型ごとの相殺率の違いや修正の理由を踏まえた主張立証が必要である。

また，別冊判タ１頁〜23頁の，「東京地裁民事第27部における民事交通訴訟の実務について」と題する解説は，民事交通訴訟当事者の準備すべき事項及び主張・立証上の留意事項について解説している。

(3)　後遺障害等級認定

自賠責保険の支払基準は，「等級の認定は，原則として労働者災害補償保険における障害の等級認定の基準に準じて行う。」としており，自賠責保険調査事務所では，「後遺障害等級認定票」の「別紙」を見ればわかるように，「労災補償 障害認定必携」（(一財）労災サポートセンター）（「必携」）に照らして等級認定を行っている。

裁判所における後遺症評価も，基本的に自賠責保険の後遺障害認定の考え方（したがって概ね労災障害認定基準）に依拠している。保険金額を決めるために設定された後遺障害等級であるが，裁判所も「後遺障害○級」と認定した上で損害算定を行っている。

したがって，「必携」は労災保険だけでなく，交通賠償の後遺障害事案でも文字通り必携であり，後遺症事案においては必ず参照する。

---

(6)　自転車同士の事故については「自転車事故過失相殺の分析」（ぎょうせい）。具体的な事案ごとの過失相殺率の認定例の調査には，自保ジャーナルの判例システム（DVD）が便利である。

第２節　法律相談では何を聞くか

1　聞き方

以下のようなことがらについて被害者等から聞き取り，解決の方針を考えるが，必要な情報を効率的に得ようとするあまり，取調べや尋問のようにならないよう気を付けたい。いきなり「事故はいつですか？」「事故態様は？」「事故証明書はありますか？」と始めるのは感心しない。突然の災難に見舞われた相談者の気持ちや置かれた状況を想像して耳を傾ければ，不安を抱える相談者も安心できるはずだ。

2　事故態様

(1)　事故の概要の把握

ア　事故証明書

責任原因に争いがなさそうな場合でも，訴状には事故態様を記載すべきだし，それを裏付ける証拠も提出する。まず交通事故証明書(7)で概要を把握する。相談者が持っていなければ，加害者側の保険会社等から取り付ける。筆者は，損保に受任通知を送る際に，必要に応じて事故証明書のほか，経過診断書，レセプト，既払いの明細，車検証等の写しの送付を依頼することが多い。時効が迫っている場合は，完成猶予等の手立てを検討する。

物件事故として扱われ，人身事故への切り替え(8)ができなかった場合や，駐車場，私有地等で道交法が適用されない事故等では，人身事故の

---

(7)　事故発生場所を所管する警察署がある自動車安全運転センターの都道府県事務所が発行する。窓口のほか郵便振替やウェブサイトでもとれる。物損事故についても発行される。証明書の「甲」「乙」欄は，現場の状況を確認した警察官が，過失がより大きいと判断した当事者を「甲」としているようだが，なお書きのとおりそれで過失割合が決まるわけではない。実況見分調書等がどのような見方をもとに作成されているかを理解する一材料にはなるかもしれない。

(8)　診断書を添えて警察署に申告するが，期間（事故から数カ月経過すると難しいことが多いだろう。）が経過していると捜査が開始されないことがある。

事故証明書が発行されない。ショッピングセンターの駐車場やコインパーキング等，不特定多数の人や車両が自由に通行できる場所は，「一般交通の用に供するその他の場所」（道路交通法2条1項1号）として道交法が適用される[(9)]。

物件事故として扱われている場合は，物件事故であることが記載された事故証明書が発行される。この場合に自賠責保険に被害者請求するときは，「人身事故証明書入手不能理由書」を提出する。

イ　実況見分調書等

人身事故については，実況見分調書があればそれに越したことはないが，初回相談時には持参されないだろう。実況見分調書等の刑事記録[(10)]は，受傷の有無・程度や過失相殺率を判断する重要な資料なので，受任する場合は取り付けることが多い。物損事故として処理されていれば物件事故報告書が作成されるが，事故態様の記載は簡略である。

被害者から保険会社に提出する事故発生状況報告書には，事故発生状況が簡単に図示されているので，相談者の手元にあれば確認する。

ウ　写真とドラレコ

このほか，現場の状況は，写真（スマホで撮影してきてもらうとよい。），地図，グーグルマップ（ストリートビュー）等で確認する。

ドライブレコーダーの映像は重要な証拠となる[(11)]が，データの保存に注意する（たとえば相談者にSDカードを抜いておくように頼む。）。事故

---

(9)　最判S44.7.11（判時562，判タ237）は道路状の私有地について，東京高判H13.6.12（判時1770）はコンビニ駐車場について，道交法2条1項1号の「道路」にあたるとした。

(10)　取り寄せについては赤い本下巻付録を参照。物件事故報告書の取り付けは23条照会等による。検察庁の記録は，判決を除き確定から5年で廃棄されてしまうことに注意。

(11)　ドライブレコーダーの証拠価値について注意点をいくつかあげる。①一方の車にしかドラレコがない場合はその評価に気を付ける（カメラは人の注視範囲より広角だし，何度でも確認できる。），②視認可能性等が問題になる場合はカメラの位置に注意する，③表示される速度は正確ではないかもしれない（GPSによる速度表示は実際より遅れるし，低速や停止している場合も正確ではない。）。ドラレコについては，赤い本2015年下巻「映像記録型ドライブレコーダに記録された情報と交通損害賠償訴訟における立証」，日弁連編「日弁連研修叢書　現代法律事務の諸問題　令和3年度研修版」（第一法規）102頁以下が参考となる。今後はEDR（イベントデータレコーダー）の解析も問題となるだろう。

態様が争われそうな事案について事故から近い時期に相談を受けた場合（特にドライブレコーダー映像がない場合）は，周辺のコンビニや駐車場等の防犯カメラに録画されていないか，早めに問い合わせるとよい。

エで述べるようなこともあるので，人身損害のみを請求する場合も，車両の損傷・修理内容を確認することが多い。とりあえず写真や見積書等で確認することになるだろう。過失割合を左右する衝突の態様（入力方向や停止していたかどうか等）の判断材料となることもある。また，車両の損傷から接触状況（入力方向や停止していたかどうか等）が判断されることもある。

エ　受傷機転の確認と受傷否認

人身事故においては，被害者の身体のどの部分にどのような力がどのくらい加わったことによって受傷したのか，を確認する。乗車姿勢やシートベルト，チャイルドシート，ヘルメット（自転車事故の場合も確認する。）の装着状況も確認する。

同乗者の有無[12]とその受傷の有無及び程度も確認しておく。たとえば，比較的軽微な事故で，同乗者に怪我がなかったにもかかわらず被害者が受傷して長期間通院したような場合には，受傷の有無，因果関係や素因減額が問題になることが少なくない。

むち打ちの「無傷限界値論（閾値論）」は克服されたが，車両の損傷状況（物損の程度）と人身傷害の関連はしばしば問題になる。特に，修理費が概ね10万円以下の場合や修理費の多くを塗装費が占める場合などは問題になりやすく，頚椎捻挫や腰椎捻挫による受傷を来すほど衝突の衝撃は大きくないと主張される（受傷否認）ことが多い。

信号停車中のクリープ現象による追突や駐車場内での低速度衝突事故等，人体への衝撃が大きくないように見える事故態様にもかかわらず，相当期間通院している場合も，それほどの通院（まして後遺障害）をもたらすに足りる外力が加わっていないのではないかという疑問を呈され

(12)　人身事故として処理（事故証明書の「照合記録簿の種別」に「人身事故」と記載される。）されていれば，同乗者は怪我をしていなくても事故証明書に記載される。

るだろう。ミラー接触事故[13]も，受傷自体が争われることが多い。

車両の損傷が軽微であることは，当然に人体の損傷が生じないことを意味するものではない。事故の軽微性を主張されそうなときは，①必ずしも軽微な事故とは言えない，②衝突を予期していなかったことや衝突時の姿勢によって受傷したことが説明できる，③事故前は健康で通院歴もなかった，④受傷直後から一貫して症状があり，その推移も不自然ではない等の主張が可能か，それらを裏付ける資料があるかを検討する。事故の軽微性から受傷の有無等が争われた，事故態様が類似する裁判例において，裁判所がどのような事実及び資料から受傷等を認めているか（または否定しているか）を調査することも有用である。

オ　工学的知識

実況見分調書や工学鑑定書の検討のために，基礎的な工学的知識が必要なことがある。制動時の停止距離の計算等はしばしば問題となる。

(2)　過失相殺

ア　個別事情の検討

過失相殺が問題になりそうな事案では，別冊判タの事故類型へのあてはめや，「修正要素」の有無について，個別事情を十分検討する。修正要素については「著しい過失」，「重大な過失」にも注意する。被害者側が「著しい過失」，「重大な過失」として念頭においている加害者の過失が，基本過失割合に織り込み済みであるとされることもある。

イ　物損事故の示談の確認

物損事故の示談が終了している場合は，示談の前提となった過失割合が人損についても参考になる。一つの事故なら人身も物損も同じ過失相殺率になりそうだが，物損の示談における過失割合と異なる割合で人損の示談の提示があったり示談したりすることは珍しくない。

---

(13)　センターラインを越えて進行してきた対向車とのドアミラー同士の衝突事故で外傷性頚部症候群等の傷害を負ったと主張された事案で，ドラレコ映像から被害者の身体を揺さぶるほどの衝突ではなかったとして受傷を認めなかった例として，宇都宮地判 R4.9.2（自 J2141）。

ウ　現場調査

現場を見ておくべき事案も少なくない。事故状況の最も重要な証拠は実況見分調書だが，そこに参考となる事情がすべて記載されているわけではない。見取図の正確さだけでなく，見通し（障害物），交通量，道路の形状（カーブ，起伏等），周囲の環境（明るさ等）など，現場に行って初めてわかることは多い。

エ　被害者過失が大きい場合

任意対人社が一括対応を拒んでいる場合など，高率の過失相殺を受ける可能性がある事案では，いきなり訴訟提起すると自賠責保険からの支払額を下回る賠償しか得られない場合がある（54頁）ので，自賠責保険へ16条請求することを検討する。

3　当事者

(1)　被害者側

ア　死亡

相続人調査のために，死亡した被害者の出生から死亡までの戸籍を取り付ける。相続人以外でも，扶養利益を奪われた内縁配偶者等が損害賠償請求権者となる場合がある（388頁）。

相続人以外の親族の慰謝料が認められることもある（民法711条）。兄弟姉妹等については同条の類推適用が問題となる（422頁）。

イ　重度後遺障害など

死亡ではなく後遺障害事案でも，親族に固有慰謝料が認められることがある（423頁）。

判断能力が低下している被害者については成年後見等を検討する[14]。

ウ　間接被害者

不法行為によって，直接の相手方以外の第三者にも損害が生じる場合

---

(14)　遷延性意識障害や重度の高次脳機能障害の場合である。自賠責保険の被害者請求においては，遷延性意識障害（1級1号）でも，親族の念書のみで支払うのが実務の扱いであったが，現在は，3級にあたる場合でも，自賠責保険が16条請求に応じるには成年後見人の選任を要するという扱いに変更されているようだ。なお，裁判所から特別代理人の選任を求められることがある。

がある。代表的な例は，代表者の死傷による企業固有の損害である（354頁）。直接事故の被害を受けなかった近親者に，慰謝料以外の固有の財産的損害が認められるかという問題もある（437頁）。

エ　物損

物損は所有権侵害だから，損害賠償請求権者は物（自動車，衣類，携行品，積載物等）の所有者である。

では，車両に所有権留保が付いている場合やカーリースの場合に，使用者が賠償請求できるだろうか（282頁以下）。

なお，事故車の現在の状態と所在（使用しているか修理中か等）も確認しておくとよい。

オ　当事者の住所

訴訟提起する場合，損害賠償請求事件の裁判管轄は，不法行為発生地，賠償義務者（加害者）の住所，義務履行地（被害者の住所）であるから，この中で被害者側にとって最も都合のよい裁判所を選択する。被害者の住所地を選択することが多いと思われる。

(2)　加害者側

ア　賠償義務者の選定

損害賠償義務を負う者は誰かがまず問題となる。加害車運転者は，自賠法３条（人損の場合）や民法709条等で責任を負うが，賠償義務者は他にもいるかもしれない。賠償義務を負う者を選んだ上で，各賠償義務者について，自賠責保険と任意対人賠責保険の被保険者性等を確認する。

イ　運行供用者（自賠法３条）

誰が運行供用者であるかは最も重要である。車検証の写しを対人社から取り付けられれば所有者や使用者を確認できるが，取り付けられない場合は登録事項等証明書（軽自動車・250cc超の二輪車の場合は検査記録事項等証明書）を入手する[15]。

---

(15)　自動車登録番号（ナンバープレートの番号）しかわからない（車台番号がわからない）場合は23条照会を利用する。赤い本2025年下巻316頁参照。

ウ　被害者側車両運転者

同乗中の単独事故，相手車が無責の事故，共同不法行為が成立する事故（双方過失）の場合には，被害者が同乗していた車両の運転者が賠償義務を負うことがある。任意保険の免責（84頁）に注意する。

エ　使用者（民法715条）

被用者が賠償責任を負う場合には使用者責任（143頁）も問題となるが，人損については，使用者が車両所有者等であれば運行供用者責任（自賠法3条）を追及することで足りる[16]。

オ　責任無能力者の監督義務者（民法714条）

未成年者の親権者や認知症高齢者の家族等については，監督義務者の責任（145頁）が問題となる。

4　保険関係

(1)　加害者側

ア　加害車の任意賠責保険が使える場合

加害者側の保険会社の被害者対応を確認できない場合は，加害車に任意賠責保険が付保されているか確認する。付保されている場合は，3(2)で検討した各賠償義務者について，被保険者性（74頁）を確認する[17]。

イ　加害車に任意保険が付保されていないかされていても使えない場合

対人・対物賠責保険・共済の加入率は9割弱であり，任意無保険の車も稀ではない。加害車が任意無保険の場合は，運転者に他車運転危険補償特約（132頁）の適用はないか確認する。

加害者側に使える任意賠責保険がない場合は，次に述べるように，被害者側の人身傷害保険，無保険車傷害保険等の適用はないかを確認する。

ウ　加害車が自転車の場合

近年，交通事故全体の件数が減少する中，自転車が加害車となった人

---

(16)　自賠法3条の運行支配の有無の判断と民法715条の業務執行性の判断はほぼ一致する。

(17)　運転者を限定する特約（136頁）の有無について確認が必要なこともある。免責事由が問題となることもある。

身事故が増加している。自転車は，自賠法2条1項の「自動車」ではないので，自賠責保険[18]や任意自動車保険（対人賠責）は使えない。自転車保険や個人賠償責任保険（個賠）[19]がかなり普及している（多くの自治体では義務化されている。）ので，付保を確認する。

被害者側の人身傷害保険（人傷）が交通乗用具による事故についても補償する場合もある（93頁）ので，加害者側の賠責保険だけでなく，人傷が使えないかも確認する。

(2)　被害者側

ア　任意保険への加入

被害者側についても，任意保険の付保を確認する（被害者側の保険会社と相手方保険会社が同じ会社であることがあるが，利益相反の問題とはならないと解されている。）。複数の自動車保険が使えることもあるので，必要に応じて，被害者本人だけでなく親族や同乗車両の所有者等の保険証券を確認する。

人身傷害保険，無保険車傷害保険，搭乗者傷害保険，車両保険，弁護士費用特約等は特に注意する。弁護士費用特約は，自動車保険だけでな

---

(18)　したがって，自動車事故の場合のような自賠責保険による後遺障害認定手続を利用することはできない。もっとも，加害者が個人賠責保険に加入していたり，被害者が人身傷害保険に加入している場合等は，保険会社を通して自賠責調査事務所による後遺障害認定のサービスを受けられることがある。もちろん，自転車事故が労災であれば労災保険の後遺障害認定を受けられる。

(19)　自動車保険の特約としても用意されている。日常生活賠償責任（補償）特約と称しているものもある。解説書として，古笛恵子他編著「個人賠償責任保険の解説」（保険毎日新聞社）。自動車保険のほか，傷害保険・火災保険，都道府県民共済等の個賠特約を確認する。クレジットカードや賃貸住宅入居者向けの保険に付いていることもある。両親等の保険だけでなく，大学生であれば生協の学生共済に付帯されていることがあるし，小学生～高校生の場合は都道府県民共済のこども共済にも個賠がセットされている。なお，個賠には示談代行サービスが付いていないことがある。所定の点検・整備済みの普通自転車に貼付されるTSマークには，TSマーク付帯保険が自動付帯される。個人賠責保険の保険金支払要件である「日常生活に起因する偶然な事故」の解釈についての裁判例として，東京高判R4.2.15（WLJPCA02156010）は，チェーンソーで木の大枝を切り落とす作業中に，落下した大枝が木の下に居た被害者に当たり同人が死亡した事案で，原審の判断を変更して保険金支払を命じた。なお，モペット（モーターのみで走行できる点で電動アシスト自転車と異なる。）が，個賠の免責事由の除外事由である「原動力がもっぱら人力である車両」に該当しないとして免責を認めた裁判例として大阪地判R5.12.14（自J2164）。

く，傷害保険や火災保険等に付いていることもある。自動車保険以外の傷害保険[20]が使える場合もある。

また，かつて損害保険の保険金不払が問題となったが，自動車保険特約は極めて多様であり，契約者も意識していないものもある。たとえば，人身傷害諸費用補償特約として，ホームヘルパー，介護ヘルパー，ベビーシッター，ペットシッターの派遣費用等が支払われることがある。特約の付保は保険証券に記載されるが，必要に応じて約款を確認する。

イ　注意

任意保険があっても，当該事案で使えるとは限らない。保険証券等で保険事故性，被保険者の範囲，免責事由がないか確認する。たとえば，人身傷害保険に入っているが使えなかったということがある。約款の確認が必要なこともある。

人身傷害保険，無保険車傷害特約，搭乗者傷害保険，個人賠責特約，弁護士費用特約等は，これを利用してもいわゆるノーカウント事故とされ，次回の保険契約更新時の等級に影響せず保険料も上がらない。

5　傷害と後遺障害

(1)　治療中の場合

ア　症状の確認

事故直後から相談時までの自覚症状の推移と生活や就労への影響を詳しく聞き取るが，「痛い」「しびれる」だけでなく，そのためにどのような動作や作業が困難になっているかについても確認しておくとよい。

主治医に自覚症状を詳しく説明することの重要性も説明しておく[21]。自覚症状が医師に伝えられ，カルテに記載されていることが重要である。

---

(20)　傷害総合保険，普通傷害保険，家族傷害保険，交通事故傷害保険，ファミリー交通傷害保険，国内／海外旅行傷害保険，自転車総合保険，こども総合保険等。生命保険の災害割増特約や傷害特約（死亡事案），災害入院特約や特定損傷特約（傷害事案）等も確認するとよい。

(21)　後遺障害認定においても，後遺障害診断書に書かれた自覚症状が医学的所見に裏付けられるかが判定される。特に頚椎捻挫や腰椎捻挫等の事案では，受傷当初から一貫した訴えがあり，症状推移が自然であるかどうかが，しばしば後遺障害等級認定を左右する。

自覚症状があっても，カルテや経過診断書に書いてなければ，なかったことにされやすい。

入院中の場合は，家族による付添ノート（その日の症状，介助の内容（食事・トイレ等），医師の説明，付添者・時間等を記載し，購入品の領収書も添付する。）を付けてもらうと，後々役に立つ。

イ　治療内容の確認

治療は自由診療か，労災保険か，健保・国保かを確認する。加害車の任意対人賠責保険の保険会社（対人社）が一括対応している場合は，1点15〜20円程度の自由診療が行われていることが比較的多い。

交通事故の治療に健保・国保を使用することを嫌う医療機関もあるが，交通事故でも健保・国保を使うことができる。労働災害（業務災害・通勤災害）の場合は労災保険を使う。通院頻度も確認する。

治療の見通しをもつために，相談者からの聞き取りのほか，診断書（経過診断書。一括対応されていれば月に1通程度作成される。）や診療報酬明細書（レセプト）の取り付け[22]，必要に応じてカルテや検査結果の取り付け，医師との面談等を行う。一括対応されていれば，任意社が診断書とレセプトを取り付けているから，任意社から写しをもらう。

診断書とレセプトは受傷状況，治療内容，症状の推移をみる極めて重要な医証であり，治療の要否や後遺障害の有無の判断を大きく左右する。しかし診断書は極めて簡単にしか書かれていない場合が多く，カルテ等で補充する必要があることが少なくない。

カルテや看護日誌は情報の宝庫である。後遺障害認定手続や訴訟での立証活動の強力な武器になるとともに，事案の問題点（補うべき点や支払側に指摘されそうな点。たとえば，関節可動域の検査結果の推移は自然かなど。）の把握にも役立つ。

事故後すぐに受診していない場合は，受診が遅れた理由と事故から受

(22)　一括対応されていなければ，自賠責様式の書式（保険会社からもらえる。）を用いて作成してくれるように依頼するが，断られることがある。自費で取り付ける場合は加害者への請求に備えて領収書を保管しておく。労災の場合は，労働局に対する個人情報開示請求でレセプトを取得することができる（健保の場合は健保組合等に開示請求する。）。

診までの症状について確認しておく。

整骨院（柔道整復師）施術については，施術証明書と施術費明細書を取り付け，施術証明書で，施術の部位，頻度・回数，施術費，改善の程度等を確認するが，支払側保険会社ともめることが多い。自賠責保険の後遺障害認定においても，仕事や日常生活に支障をきたす症状が残っていても，医療機関への通院が少なく，医証で治療内容や症状推移が確認できなければ，後遺障害等級非該当とされるおそれが大きい。したがって，診療時間等により医療機関受診が難しいために整骨院で施術を受ける場合でも，なるべく医療機関も受診するように勧めるべきだろう。筆者は，2週間に1回程度は通院するように勧めることがある。

ウ　一括対応の打切り

治療を終了するタイミングは，自覚症状の現状・推移，主治医の意見，医証等をもとに判断するが，頚椎捻挫・腰椎捻挫等の事案は，治療中であっても，対人社が医療照会の結果等を根拠に一方的に一括対応を打ち切る（医療機関等に直接支払うことをやめる）ことがある。一括対応が打ち切られると，経過診断書に「中止」と記載される。

むち打ちや腰椎捻挫については，比較的軽微な事故で3か月程度，軽微とはいえない事故でも3〜6か月程度で，治療費一括対応が打ち切られる（または打ち切りを打診される）ことが多い。修理費が数万円にとどまる軽微事故で他覚所見がない場合は，一括対応がされても1，2か月で打ち切られることが少なくない。医療機関と整骨院を併用している場合に，先に整骨院の一括対応を打ち切られることもある。

通院頻度が低い場合や通院を継続しているのに症状の改善が乏しいとみられる場合等も注意する。一括対応打切りに対しては，医師の判断を踏まえて対人社と交渉することがある。

もちろん，打ち切られても症状が残っていれば，後遺障害認定の見通しを踏まえ，改善が見込める場合には自費（公的医療保険を使用する）通院を検討する。その場合，依頼者には，将来対人社に請求してもほぼ確実に争われること，裁判所が損害として認めない可能性もあることを説明しておく。被害者が自己負担した治療費を16条請求し，自賠責保険が支払ってくれた場合，治療の必要性・相当性が認められたと言いたいところだが，対人社は打切り後の治療の必要性を争うことが多い(23)。健康保険に切り替えた後，主治医に後遺障害診断書を作成してもらう場合は，一括対応打切りの日が症状固定日として記載されないよう注意する。

対人一括を打ち切られて人身傷害保険に切り換えることもある（人傷一括）が，自賠回収の見通しから人傷社が応じないかもしれない。

自賠責保険の後遺障害等級認定において，症状固定後の通院継続が考慮されることもある。

(2) 治癒（症状固定）間近の場合

ア　後遺障害が認められそうか

このころまでに，対人社等から診断書とレセプトを入手しておき，後遺障害認定の見通しを立てる。必要な資料は揃っているか，必要な検査は行われているか等を，「必携」を参照しつつ確認する。

一括対応されていれば，被害者請求のタイミング（一括解除後も自費で治療を受けるか，追加の検査は必要ないか等）も重要である。

イ　事前認定か被害者請求か

後遺障害認定を支払側に任せてよい（事前認定）か，被害者請求すべきかを考える。後遺障害認定は，示談交渉だけでなく，訴訟においても大きな影響を持つが，認定の結果は後遺障害診断書の内容次第である。自賠責の後遺障害等級認定は裁判所を拘束しないとはいえ，裁判所は自賠責・労災の後遺障害の考え方に基づいて後遺症を評価するうえ，裁判所から自賠責より上位の後遺障害認定を得るのは容易ではない。

もちろん，対人社による事前認定に任せても問題ないこともあるが，支払側である対人社が，被害者の利益のために積極的に動いてくれるこ

(23)　一括対応していた対人社からの治療費等の請求に対し，事故と受傷の因果関係を認めてこれに応じていた場合，自賠責は，一括対応打切り後の16条請求に対しても（120万円の範囲で）支払に応じることが多い。

とは期待できない。

なお，治療が終わり，対人社から，事前認定を経ずに傷害部分だけで示談が提示されている場合でも，後遺障害が認定されるかもしれない事案がありうる。後遺症損害が計上されていない場合は，後遺障害認定手続がどうなっているか，16条請求等の必要はないか確認する。

ウ　後遺障害診断書の記載と医師面談

後遺障害診断書の重要性に鑑み，その記載内容には十分注意する。自賠責の損害調査は原則として書面審査であり，後遺障害認定は自覚症状が医学的に裏付けられているかどうかにかかる。したがって，後遺障害診断書に正確な自覚症状や必要な検査結果等が記載されていることが必要である。後遺障害診断書の作成を主治医に丸投げしてしまうと，ごく簡単な記載しかされないことがある(24)ので，必要な情報を記載してもらうための工夫が必要である。医師面談を行うこともあるが，効果的な医師面談のためには準備が大切である(25)。

(3)　等級認定後の場合

ア　認定は妥当か

損害保険料率算出機構の調査事務所の障害等級認定の結果は，自賠社（被害者請求の場合）または任意対人社（事前認定の場合）を通じて被害者に知らされる。認定内容に対して不服があれば判断の修正を求めるこ

---

(24)　自覚症状の記載が極めて簡単であるもののほか，神経学的検査を実施しているが結果の記載がないものや「増悪・緩解の見通し」の記載がないものもある。

(25)　筆者の経験をもとに医師面談の注意点をいくつかあげる。①必要な基礎的な医学知識を身に付けておく。そうでないと医師の説明もわからず質問もできない。医師の機嫌も悪くなるだろう。②経過診断書，レセプトのほか，必要に応じてカルテ等にも目を通しておく。本人から自覚症状を詳しく聞き取っておくことはいうまでもない。③短時間で要領よく行う。よほど協力的な医師でない限り，できれば20分以内（長くても30分）を原則とすべきだと思う。④医師の意見を書面化したいときは，できるだけ医師の負担が軽くなるように工夫する。医師が重要だと考えることと，損害賠償実務上重要であることは同じとは限らないことを念頭に，獲得目標を明確にしておくことが重要である。筆者は，面談後に，いくつかの簡潔な質問を記載した「質問回答書」を作成して，回答欄に記入してもらう形にする（医証と面談内容から予想される回答を念頭に質問事項を作る。）ことがある。医師面談については463頁でも扱う。

とができ，これを異議申立と呼んでいる。

相談の結果，後遺障害等級の認定結果が被害者の実態に見合っていないのではないかと思われる場合は，異議申立[26]に期待できるか，それとも裁判に訴えるしかないかを考える。自賠責の手続で解決が期待できる問題は，まずその手続内でやっておくべきである[27]。

等級認定に対して異議申立をする場合は，後遺障害認定票別紙の「理由」を覆すためには何が必要か，見通しはどうかを吟味する。後遺障害等級認定の異議申立のポイントについては465頁で扱う。

イ　請求方法の選択（ADR）

事案と依頼者の事情に即して解決方法を選択する。いきなり訴訟をするのではなく，損害賠償請求書を送って示談交渉を試みることが多いだろう。醜状障害の逸失利益が問題となる事案等では，示談交渉で解決したほうが被害者にとって有利なこともあり得る。筆者の場合，交渉で納得できる解決が望めない場合には訴訟を選択するが，代理人によってはADR（裁判外紛争解決手続）を選択することもある。

交通賠償に関する主なADRには次のようなものがあり，それぞれの特徴（所在地，手続，当事者に対する拘束力等）を踏まえて利用する[28]。

---

(26)　異議申立事案は同機構の地区本部ないし本部の審査会等で扱われる。審査会には，3条但書免責や重過失減額等について判断する有無責審査会と，障害と事故との因果関係の有無や障害の存否・程度を評価する後遺障害審査会がある。

(27)　訴訟継続による認定留保に注意すること。国交省の自賠責保険ポータルサイトでは次のように説明している。「A4．訴訟の内容にもよりますが，訴訟において後遺障害の等級が争点となっている場合で事故と症状との相当因果関係が争点となっている場合であれば，等級の判断は訴訟の中で明らかにすべきものです。したがって，訴訟中であれば，後遺障害等級の認定を留保せざるを得ません。なお，判決が確定すれば，自賠責保険（共済）もその内容に従い支払できるものがあれば支払を行います。」もっとも，留保せず認定することもある。

(28)　各ADRの歴史と業務内容については，「交通事故ADRの現状と課題」（交通法研究41），再構築所収の3論文（同書20～22），大系1　300頁以下を参照されたい。代理人が付いていながら，訴訟ではなく紛セ等が選択されることが大幅に増えている。紛セの審査員をしていると，申立代理人の準備不足を感じることが多い。弁護士にとって訴訟より楽だと考えて紛セ等を利用しているとは考えたくないが，事故態様や損害についての主張立証が足りないことが少なくない（たとえば，事故態様が争われているのに実況見分調書も取り付けていない，主婦休損を主張しているのに家族構成も家事の実態もわからない，減収がないのに労働能力喪失表どおりの喪失率を請求するだけで逸失利益損害発生の蓋然性を主張立証していないなど。）。

自賠法における指定紛争処理機関の指定（自賠法23条の5）を受けている機関として，（一財）自賠責保険・共済紛争処理機構がある。同機構は，自賠責保険の支払について，被害者や自賠責保険加入者と自賠社（自賠責保険会社）・共済との間に生じた紛争を扱う。自賠責保険の保険金等の支払についての「紛争処理の結果」は，自賠社を片面的に拘束する（約款等で自賠社の遵守義務が規定されている。）。後遺障害等級認定の異議申立の結果に納得できない場合等に紛争処理機構への調停申立を選択することがある。ただし利用できるのは1回だけである。

（公財）交通事故紛争処理センター（紛セ）は，全国に11か所のセンター（東京本部，7支部，3相談室）を置いて，和解斡旋と審査を行っている。和解斡旋における損害賠償算定は，原則として裁判基準によっており，赤い本を目安としている(29)。斡旋手続の中で相手方保険会社等が訴訟での解決を望む場合は，訴訟移行要請が行われ，センター内の審査会がその可否を判断する。9割近い事件は和解斡旋で終了しているが，斡旋が不調に終わった場合は審査に移行する。審査会は双方からヒアリングを行い，主張立証を整理して，容易に和解が成立する状況になった場合を除いて，裁定を行う。裁定に対して，申立人は諾否の自由を有するが，保険会社等はこれを尊重するという慣行が確立している（これを片面的拘束性と呼んでいる。）。

（公財）日弁連交通事故相談センターは，日弁連を母体として設立され，各地の弁護士会に支部としての業務を委託している。本部と全国54支部で156箇所の相談所が開設されている。相手方の同意を得て示談あっ旋を行うが，9共済については，示談あっ旋で不成立となり，被害者から審査の申出があったときまたは被共済者から審査の申出があり被害者が同意したときは，審査手続を行うことができ，審査内容は共済を拘束する（片面的拘束性）。示談あっ旋の成立率は9割弱である。

日本損害保険協会のそんぽADRセンター（損害保険相談・紛争解決サ

(29)　もっとも，斡旋においては，双方の主張を踏まえ，慰謝料について赤い本基準をやや減額した和解を成立させることも少なくない。

ポートセンター）は，交通事故や損害保険に関する相談等に対応しているほか，保険業法に基づく指定紛争解決機関（金融 ADR）として，損保とのトラブルが解決しない場合の苦情処理手続の受付や損保との間の紛争解決の支援（和解案の提示等）を行っている。

6　治療費の支払状況

(1)　治療費は誰が払っているか

ア　一括払いされているか

一括払い制度については81頁以下で述べる。一括払い対応されていれば，治療費は任意対人社が医療機関に直接支払う。

加害車に任意の賠責保険が付いているのに一括払い対応がされていない場合は，その理由を考える。被害者の過失が大きいと判断されている場合が多いと思われるが，加害車運転者が被保険者か，運転者を限定する特約はないか，免責事由はないか，モラルリスク事案の疑いを持たれていないか等が問題となることもある。

イ　一括払いされていない場合（加害者側任意無保険を含む）

対人社が一括対応を拒否している場合は，弁護士から一括対応を求めることがあるが，損保は容易に応じない。事前認定で自賠責保険が事故との相当因果関係なしとして支払対象外としている場合は，カルテや実況見分調書等の資料を添えて異議申立をすることもある。

労災事故ではない場合は，健保等公的医療保険の使用を考える。特に被害者の過失が大きい場合は，次に述べるように，被害者にとっても労災保険や健保等を使用する利点が大きい。

人身傷害保険，無保険車傷害保険等，被害者側の自動車保険を使用することもある。この場合は公的医療保険の使用を求められることが多い。いったん自費で治療を受ける場合は，治療費等について被害者請求をすることもできる。自動車保険以外の傷害保険が使える場合もある。

交通事故による受傷の治療に健保等を使う場合は，第三者行為届（第三者行為による傷病届）の提出が求められている。これは，保険者（市町村や健保組合等）が加害者に求償するためであるが，事故前から他の疾病で通院していた場合は，事故外の治療を含んでいる等として争われることがあるので，そのような場合は第三者行為届を提出することによって，レセプト上で事故外（私病）診療と区別できる。

ウ　健保一括払い

被害者が健康保険を使って治療を受ける場合，被害者が窓口で支払う治療費（患者負担金）を対人社や人傷社が直接医療機関に支払うことがあり，これを健保一括払いと呼んでいる。

(2)　労災事故の場合

ア　労災保険[30]を使った場合

人身事故が労災事故（業務災害・通勤災害）に該当する場合は，労災保険の療養（補償）給付を受けることができる。

労災保険給付を受けたときの損害賠償請求権の額の計算においては，次のとおり費目拘束性に注意する。

設例

被害者過失2割
治療費　120万円（すべて労災から給付，1点12円とする）
休業損害 100万円（労災から休業（補償）給付60万円，特別支給金20万円を給付）
慰謝料　100万円
被害者の損害賠償請求権の額はいくらか。

設例で，被害者の損害賠償請求権の額を，

$$(120+100+100)\times 0.8-(120+60)= 76\text{万円}$$

とするのは誤りである。労災給付はそれぞれの給付目的を共通にする損害からしか控除されない（費目間流用の禁止ないし費目拘束性）。すなわち，治療費は，120×0.8−120 ＝ −24となり損害はすべて填補されて

(30)　労働者の業務上の災害については，ここで述べる政府労災のほか，損保が発売している労災上積み保険（労働災害総合保険・業務災害補償保険）がある。

いるが，24万円を他の損害から控除することはしない。したがって，休損は，100×0.8−60＝20万円[31]，慰謝料は，100×0.8−0＝80万円となり，損害賠償請求権の額は，0＋20＋80＝100万円となる。結局，治療費を除く総回収額（被害者が手にする額）は，60＋20（特別支給金）＋100＝180万円となる。

損益相殺と過失相殺の先後について判例が控除前相殺説を採っている（554頁）労災保険等の場合は，費目拘束性が特に重要である。

イ　労災保険を使わなかった場合

アの設例で，自由診療（仮に1点20円とする）で対人社が治療費・休損を支払っている場合の損害賠償額は，

（治200＋休100＋慰100）×0.8−（200＋100）＝20万円

となり，被害者が手にするのは，100＋20＝120万円にとどまる。

したがって，加害者側に資力がある場合でも，「過失があれば労災を使え」ということになる。被害者に過失がなくても，加害者が無資力・任意無保険であれば，まず労災給付を受ける（67頁）。

(3)　労災事故ではない場合

ア　健保・国保を使った場合

労災事故でない場合でも，過失相殺されそうな場合や加害者に任意保険がない場合などは健保・国保等の公的医療保険の使用を考える。もっとも，デメリットがないわけではない[32]。

---

(31)　特別支給金は損害から控除しない（545頁）。

(32)　①治療の都度本人負担分を窓口で払わなければならない，②自賠責様式の診断書・診療報酬明細書が発行されない，③治療に制約があり，十分な治療が受けられないことがあり得る，④第三者行為による傷病届の提出が必要である，といった点が指摘されるが，①は一括対応（健保一括払い）されていれば本人負担分は保険会社が払うし，②はレセプトの開示請求をすることになるが，診断書は各医療機関所定の様式でも必要事項の記載があれば自賠責でも使えるし，医療機関によっては自賠責様式の診断書を書いてくれる。後遺障害診断書も自賠責様式で書いてくれることが多いように思う。③は保険適用外の治療が受けられないが，交通事故の場合に問題となるのは限定的な場合（リハビリの期間制限等）に限られる。④は大した手間ではない。

設例

上のケースで健康保険診療（1点10円）の自己負担額（3割）と休損を対人社から受領している場合はどうか。

損害賠償請求権の額は，

（治30[33]＋休100＋慰100）×0.8－(30＋100)＝54万円

となり，被害者が手にするのは，100＋54＝154万円となる。

イ　健保・国保を使わなかった場合

設例で，自由診療（1点20円）で治療費と休業損害が対人社から払われていれば，被害者が手にするのは上述のとおり120万円にとどまる。したがって，ここでも「過失があれば健保を使え」[34]ということになる。

(4)　労災保険や公的医療保険の給付と過失相殺の先後

損益相殺的調整の箇所（552頁）で述べる。

7　当面の生活費の確保

(1)　収入及び財産状況の確認

交通事故被害者とその家族は，しばしば経済的不安を抱える。

就業に支障が出ている場合は，休業損害の請求に備えて収入状況を確認する。転職した，残業ができなくなった，配置転換された等，就業形態に変化はないだろうか。必要に応じて，年金その他の収入も確認する。前述した自動車保険以外の傷害保険についても確認するとよい。

(2)　対人賠責保険との交渉状況の確認

加害者側に任意対人社が付いている場合は，保険会社，担当者と電話

(33)　下級審裁判例では過失相殺と公的医療保険からの給付の損益相殺的調整の先後につき控除後相殺説がとられるのが一般的であり，治療費は自己負担分のみを損害計上すればよい（545頁）。

(34)　筆者はあまり感じないが，医療機関によっては健保等の使用を嫌がり，健保を使用した被害者が，健保切替日を症状固定日とされたり，十分なリハビリを受けられなかったりするなどの事実上の不利益を被る可能性もないわけではないとの指摘もある。

番号，交渉状況を確認する。

治療費の負担者は誰か（一括対応されているか），休業損害証明書，交通費や物損の明細等は提出済みかを確認し，内払の必要性も確認する。既払い額は損保に確認すれば教えてくれる。休業損害の支払を損保が拒んでいる場合等は，仮払い仮処分を検討すべき場合がある。

(3)　社会保障制度等の利用

被害者（家族）の生活を支えるのは損害賠償金や私保険だけではない。交通事故事件を扱う上で，事故による治療・介護や，休業したり後遺症が残ったりした場合の生活保障に関わる社会保障制度の理解は必須であるが，請求側弁護士が十分理解していないことが少なくない。

傷害の治療については，社会保険である公的医療保険，労災保険の療養（補償）給付のほか，障害者総合支援法[35]の自立支援医療，市町村の医療費助成制度[36]等が用意されている。

介護が必要になった場合[37]は，介護保険や障害者総合支援法の介護

---

(35)　障害者総合支援法における障害者を対象とするサービスの概要は次のとおりである。介護給付と訓練等給付を障害福祉サービスと呼んでいる。給付を受けるためには障害支援区分の認定を受けていることが必要である。

○介護給付（居宅介護（ホームヘルプ）），重度訪問介護，同行援護，行動援護，重度障害者等包括支援（以上「訪問系」），療養介護，生活介護（以上「日中活動系」），短期入所（ショートステイ），施設入所支援（以上「施設系」）

○訓練等給付（自立生活援助，共同生活援助（グループホーム））（以上「居住支援系」），自立訓練（機能訓練・生活訓練），就労移行支援，就労継続支援（A・B），就労定着支援（以上「訓練系・就労系」）。このほか，令和7年10月からは就労選択支援が加わる。

○自立支援医療（更生・育成医療，精神通院医療）

○補装具費支給制度（義肢，装具，車椅子等）

○相談支援（計画相談支援，地域相談支援（地域移行支援・地域定着支援））

（以上の全国共通の仕組みで行われる給付を自立支援給付と呼ぶ。）

○地域生活支援事業（市町村・都道府県）（移動支援事業，相談支援事業，意思疎通支援事業，地域活動支援センター事業，日中一時支援事業等）

このほか，障害児を対象とする児童福祉法に基づく施設・事業として，障害児通所支援（市町村）（児童発達支援，医療型児童発達支援，放課後デイサービス，保育所等訪問支援），障害児入所支援（都道府県）（福祉型・医療型）がある。

(36)　たとえば，福岡市においては，子ども医療費助成制度，重度障がい者医療費助成制度，ひとり親家庭等医療費助成制度といった医療費助成制度が条例で定められている。

給付[38]等の利用を検討する。

就労が制限されて収入が減った場合は，労災保険の休業（補償）給付，障害（補償）給付，健保等の傷病手当金，障害基礎・厚生年金等の社会保険給付のほか，各種社会手当[39]や生活保護[40]等の利用を検討する。

これらの諸制度の中には，要件を満たしていれば原則として利用すべきものと，利用するかどうかについてその結果（損益相殺的調整や免責等）を勘案すべきものがある。もっとも，障害者手帳[41]は，障害者雇用，障害者職業能力開発校や福祉施設等の利用，税金や公共交通機関利用の優遇等，生活を支える様々なサポートを受ける上で何かと役立つので，取れる手帳は取っておくべきである。

重度障害の場合は，NASVA（(独行) 自動車事故対策機構）の介護料が申請できることを忘れないように。また，NASVA には，自動車事故被害者に対する生活資金貸付制度も用意されている。

8　モラルリスク事案

(1)　モラルリスク事案とは

保険金等の不正取得目的が疑われる事案である。保険契約は常にモラルリスクを伴っており，人身傷害保険や車両保険における偶然性の要件も，モラルリスク排除を目的とする。被害者を支えようとするあまり不正請求の片棒を担がされてはならない。

---

(37)　交通事故によって介護が必要になった場合，65 歳以上であれば介護保険給付の対象となる。

(38)　介護保険優先の原則（障害者総合支援法 7 条）に注意する。現在は親族介護で対応している場合でも，介護者が介護できなくなりヘルパー等介護給付の利用が想定される場合等は，障害支援区分をとっておくとよい。

(39)　障害児福祉手当，特別障害者手当，特別児童扶養手当等。

(40)　後日保険金や賠償金が入ると，収入認定されて保護を打ち切られるだけでなく，事故時に遡って支給額を返還しなければならなくなる（生活保護法 63 条）可能性があることに注意。

(41)　身体障害者手帳，療育手帳，精神障害者保健福祉手帳がある。高次脳機能障害者は器質性精神障害として精神障害者保健手帳の対象とされているが，麻痺や音声・言語障害（失語症）を伴う場合は身体障害者手帳の対象にもなる。なお，障害者手帳の等級と障害年金の等級は，別の制度に基づくもので連動しない。もちろん，労災や自賠責の障害等級とも異なる。

(2) モラルリスクを疑われる場合

交通事故には，類型的にモラルリスクを疑われやすい事案がある。たとえば，過去に多数の保険金請求履歴がある事案，医師の診察をほとんど受けず毎日のように整骨院に通っている事案，事故が極めて軽微な事案（低速でのドアミラー接触，極めて低速での追突によるむち打ち，駐車場内の事故等），先行車による（多数の）飛び石による物損等である。購入価格と車両保険金額に大きな差がある，事故態様が不自然・不合理である，事故当事者間に人的関係がある，保険金請求者が経済的にひっ迫していた等として，故意の事故ではないかと疑われることもある。

被害者（側）の過失が大きい事案ではないのに一括対応がされていない場合は，モラルリスクが疑われているかもしれない。その場合，尾行やビデオ撮影（行動調査）が行われることがある。被害者等のSNS投稿がチェックされることもある。

(3) 注意

モラル事案の疑いの濃い事案は受任すべきではないが，そうではないと判断して受任する場合は，支払側から疑いの目を向けられる可能性に留意しなければならない。受任後に「モラル事案ではないか」という疑いが生じたら，依頼者との面談等で実情を確認し，場合によっては辞任も考える。くれぐれも事件を放置したと言われないように気を付ける。

第3節　その他

1　政府保障事業

(1)　被害者への損害填補

ア　適用される場合

自賠責保険は，責任保険とはいえ，交通事故被害者のための保険という色彩が濃いが，被害にあっても自賠責保険さえ使えない場合がある。政府保障事業は，そのような場合に，民間（自賠社）の保険でなく政府による公営事業として，被害者を救済しようとするものである。

政府保障事業は次の場合に適用される。第1は，加害車両の保有者が不明の場合（自賠法72条1項1号）である。ひき逃げなどがこれにあたる。第2は，被保険者以外の者が3条責任を負う場合（同条2号）である。自賠責保険が付保されていない場合[42]や，付保されているが泥棒運転等保有者が運行供用者責任を負わない場合[43]などがこれにあたる。

イ　請求

自賠法72条2項，同施行規則27条が定めている。請求の受理，損害調査，保障金の支払は損保に委託されており，最寄りの損保に請求すればよい。損害調査は損保料率機構が行う。加害者からは請求できない。

16条請求と異なり，請求から支払まで1年程度かかることが少なくないようだ[44]。

---

(42)　適用除外車（自賠法10条）が起こした事故の場合と，自賠法5条に反して責任保険契約を締結せずに（あるいは保険期間開始前に）運行の用に供していた場合とがある。

(43)　被害者が任意保険を締結していれば，無保険車傷害条項や人身傷害補償条項によって損害填補を受けるが，前者では自賠責保険または保障事業から支払われるべき金額を超えた損害を填補するものと約定されているし，後者では自賠責保険または保障事業から支払われるべき金額を控除せずに保険金を支払うことが一般的だが，約定された保険金額の制約がある。

(44)　当面の生活費に不安がある場合は，自動車事故対策機構（NASVA）の保障金一部立替貸付制度（内容は同機構のHPを参照）の利用を検討するとよい。

ウ　填補限度額と填補基準

填補限度額は，被害者1名につき自賠責保険と同一（自賠法施行令20条）である。

填補基準は，エを除いて，責任保険支払基準（同法16条の3）と同一内容である[45]。責任保険支払基準と同じく，裁判所を拘束するものではないと解される[46]。

エ　最終的救済措置であることによる自賠責保険との違い

重過失減額については自賠責保険と同じ扱いとなったが，最終的な救済措置であることによる違いも残っている。

第一に，健康保険法，労災保険法等政令で定める法令に基づいて損害の填補に相当する給付を受けるべき場合は，給付根拠法に規定される第三者から損害賠償を受けたときの免責（支給制限）規定は適用されず，その給付に相当する額は控除して填補される（同法73条1項）。判例によれば，年金による給付の場合は，将来分も控除される（最判平成21年12月17日[47]）。

第二に，無保険事故の場合に，加害者（運行供用者責任を負う者）から損害賠償を受けた場合は，その金額の限度で填補されない（自賠法73条2項）。したがって，例えば，自賠責無保険車による事故で加害者が判明している場合に，被害者が先に加害者と示談して賠償額全額を受領し，

---

(45)　「自動車損害賠償保障事業が行う損害のてん補の基準」（H19国土交通省告示第415号）。

(46)　大阪高判H15.9.30（判時1848，交民36-5）。

(47)　判時2066，判タ1315，交通百選。1，2審は将来分につき非控除説をとったが，最高裁は，法は保障事業による損害の填補は「他法令給付による損害のてん補に対して補完的，補充的なものと位置付けたものである」とし，自賠法その他関係法令には，他法令による「年金の将来の給付分が二重に支給されることを防止するための調整規定が設けられていない」ことを考慮すれば，「自賠法73条1項は，被害者が他法令給付に当たる年金の受給権を有する場合には，政府は，当該受給権に基づき被害者が支給を受けることになる将来の給付分も含めて，その給付に相当する金額の限度で保障事業による損害のてん補をしない旨を定めたものと解するのが相当である。したがって，被害者が他法令給付に当たる年金の受給権を有する場合において，政府が自賠法72条1項によりてん補すべき損害額は，支給を受けることが確定した年金の額を控除するのではなく，当該受給権に基づき被害者が支給を受けることになる将来（注：平均余命まで）の給付分も含めた年金の額を控除して，これを算定すべきである。」とした。宮川裁判官の反対意見がある。

その余の損害賠償請求権を放棄してしまうと，保障事業の填補金は受けられないし，見舞金等名目を問わず，賠償額の一部を受領した場合にも，受領した額は填補額から控除されることになる(48)。代理人は請求の順番に気を付けなればならない。また，政府が損害の填補をしたときは，被害者が加害者に対して有する権利を取得する（同法76条1項）。

第三に，親族間事故においては原則として支払われない。政府の支払の限度で加害者へ求償が行われることによる（同法76条1項）(49)。

第四に，判例によれば，複数の加害車が関与する事故（共同不法行為）で，いずれも自賠責無保険車の場合でも（1台でも自賠責保険が使える場合は支払われない。），填補金が支払われるのは1台分だけである（最判昭和54年12月4日(50)）。

人身傷害保険との関係も注意すべきである。122頁を見られたい。

オ　過失相殺

かつては，政府保障事業の損害填補においては通常の過失相殺が行われていたが，平成19年4月1日以降の事故についいは自賠責と同じく重過失減額が行われるにとどまる。

カ　その他

被害者の填補請求権の時効については38頁を，填補金の遅延損害金への充当（法定充当）の可否については，558頁をみられたい。

(2)　保険会社への補償

ア　悪意免責（自賠法14条）の場合

自賠社は，保険契約者または被保険者の悪意による事故については免責されるが，任意賠責保険と異なり，被害者から自賠社へ損害賠償額の請求（直接請求・被害者請求）があれば，自賠社は保険金額の範囲で支

(48)　請求の順番を間違えると大変なことになる例として，神戸地判R3.2.12（交民54-1。大阪高判R3.7.29で控訴棄却。）。

(49)　ただし，加害者が死亡し，法定相続人が相続放棄ないし限定承認した場合には支払われる。

(50)　判時952，判タ406，交通百選。2台関与の事故（共同不法行為）で，うち1台の自賠責保険から支払があった場合は，他の1台が自賠無保険でも保障事業の対象とはならないことになる。

払わなければならない（同法16条1項）。損害賠償額を支払った自賠社は保障事業に対して支払額の保障を求めることができる（同条4項，72条1項3号）。保障を行った政府は被害者に代位して悪意の契約者等に求償する（同法76条2項）。

イ　無責事故の場合

被害者の請求により仮渡金（自賠法17条）が支払われた後で，保有者に損害賠償責任がないことが判明した場合には，保険契約上の義務がないのに支払ったことになるが，被害者から回収できるとは限らないため，返還不能額を保障事業が負担する（同条4項，72条1項3号）。

ウ　請求手続

自賠法72条2項・同施行規則28条が定めている。

2　時効

(1)　損害賠償請求権の時効

ア　起算点

不法行為に基づく損害賠償請求権の消滅時効は，「被害者又はその法定代理人が損害及び加害者を知った時」（民法724条1号。主観的起算点），または「不法行為の時」（同条2号。客観的起算点。）[(51)]から進行する。

「加害者を知った時」とは，賠償請求が事実上可能な程度にこれを知った時と解されている（最判昭和48年11月16日[(52)]）。

イ　人損の「損害を知った時」

「損害を知った時」は，被害者が損害の発生を現実に認識した時をいうと解されているが，現在の人身事故に関する交通賠償実務においては，具体的に損害額の算定が可能となるのは治癒（症状固定）の段階に至っ

(51)　かつては除斥期間と解されていたが，民法改正で20年の期間制限も消滅時効とされた。

(52)　民集27-10，民法百選Ⅱ。「民法724条にいう「加害者ヲ知リタル時」とは，同条で時効の起算点に関する特則を設けた趣旨に鑑みれば，加害者に対する賠償請求が事実上可能な状況のもとに，その可能な程度にこれを知った時を意味するものと解するのが相当であり，被害者が不法行為の当時加害者の住所氏名を的確に知らず，しかも当時の状況においてこれに対する賠償請求権を行使することが事実上不可能な場合においては，その状況が止み，被害者が加害者の住所氏名を確認したとき，初めて「加害者ヲ知リタル時」にあたるものというべきである。」

てからである。どの時点をもって「損害を知った時」とするか。特に問題となるのは後遺障害事案である。

最高裁は，前訴口頭弁論終結後に明確化した後遺障害は，訴訟物を異にし，前訴の既判力は及ばない（最判昭和42年7月18日(53)）が，後遺症が顕在化し損害発生が社会通念上予見可能であったものについては時効が進行する（最判昭和49年9月26日(54)）としている。予想できなかった損害が発生した場合については259頁を見られたい。

では，一つの事故で同じ被害者に生じた後遺障害による損害とそれ以外の傷害による損害は，時効起算点を異にするのか。かつてはこれを肯定し，前者の損害は症状固定時から，後者の損害は事故時から，それぞれ消滅時効が進行するという考え方が比較的多かった（現在でも，傷害部分については事故日が起算点であるとの主張がされることがある。）が，近時の下級審裁判例では，症状固定時から後遺障害損害を含む傷害の損

(53)　判時493，判タ210，要約44。「一個の債権の一部についてのみ判決を求める旨を明示して訴が提起された場合には，訴訟物は，右債権の一部の存否のみであって全部の存否ではなく，従って，右一部の請求についての確定判決の既判力は残部の請求に及ばないと解するのが相当である（当裁判所（略）参照）。ところで，記録によれば，所論の前訴（略）における被上告人の請求は，被上告人主張の本件不法行為により惹起された損害のうち，右前訴の最終口頭弁論期日たる（略）日までに支出された治療費を損害として主張しその賠償を求めるものであるところ，本件訴訟における被上告人の請求は，前記の口頭弁論期日後にその主張のような経緯で再手術を受けることを余儀なくされるにいたったと主張し，右治療に要した費用を損害としてその賠償を請求するものであることが明らかである。右の事実によれば，所論の前訴と本件訴訟とはそれぞれ訴訟物を異にするから，前訴の確定判決の既判力は本件訴訟に及ばないというべきであり，原判決に所論の違法は存しない。」

(54)　交民7-5，要約43。「不法行為の被害者につきその不法行為によって受傷した時から相当の期間経過後に右受傷に基因する後遺症が現われた場合には，右後遺症が顕在化した時が民法724条にいう損害を知った時にあたり，後遺症に基づく損害であって，その当時において発生を予見することが社会通念上可能であったものについては，すべて被害者においてその認識があったものとして，当該損害の賠償請求権の消滅時効はその時から進行を始めると解するのが相当である（略）。上告人の右受傷による所論の後遺症は遅くとも昭和41年2月12日より以前に顕在化し，その後において症状は徐々に軽快こそすれ，悪化したとは認められないというのであるから，上告人としては右の時点で所論の後遺症に基づく本件逸失利益及び精神的苦痛の損害の発生を予見し，その賠償を請求することが社会通念上可能であったものというべく，したがつて，原審が右認定にかかる事実関係に基づき，本件損害賠償請求権の消滅時効は遅くとも前記昭和41年2月12日にはその進行を始め，本訴が提起された昭和44年2月12日までに右消滅時効が完成していると判断したのは正当であ（る）」

害について消滅時効が進行するという扱いが一般的である[55]。

なお，症状固定の判断は医学的な判断であるから，自賠責保険における後遺障害等級認定の帰趨によって時効起算点が変わることはない（最判平成16年12月24日[56]）。

以上に対し，後遺症が残らない場合はどうだろうか。受傷自体は明らかであるが治癒するまでに長期間を要した場合や，治療後に初めて受傷時に予期できなかった後遺症が判明した場合などに，損害の全容が把握できない時点において加害者に損害賠償請求をせよというのは被害者に酷である。したがって，事故時ではなく，治癒した時を消滅時効期間の起算点とするのが実務の扱いである[57]。

---

(55)　赤い本2010年下巻「後遺障害と消滅時効・除斥期間について」。実務451頁。

(56)　判時1887，判タ1174，交通百選。「⑴民法724条にいう「損害及ヒ加害者ヲ知リタル時」とは，被害者において，加害者に対する賠償請求をすることが事実上可能な状況の下に，それが可能な程度に損害及び加害者を知った時を意味し（略），同条にいう被害者が損害を知った時とは，被害者が損害の発生を現実に認識した時をいうと解するのが相当である（略）。⑵前記の事実関係によれば，被上告人は，本件後遺障害につき，平成9年5月22日に症状固定という診断を受け，これに基づき後遺障害等級の事前認定を申請したというのであるから，被上告人は，遅くとも上記症状固定の診断を受けた時には，本件後遺障害の存在を現実に認識し，加害者に対する賠償請求をすることが事実上可能な状況の下に，それが可能な程度に損害の発生を知ったものというべきである。自算会（注：現損保料率機構）による等級認定は，自動車損害賠償責任保険の保険金額を算定することを目的とする損害の査定にすぎず，被害者の加害者に対する損害賠償請求権の行使を何ら制約するものではないから，上記事前認定の結果が非該当であり，その後の異議申立てによって等級認定がされたという事情は，上記の結論を左右するものではない。」等として，非該当の認定を受けたが，異議申立により12級の認定を受け，症状固定日から3年余り経過後に訴訟提起した事案について，加害者の消滅時効の援用を認めた。

(57)　赤い本2002年「交通事故による損害賠償請求権の消滅時効の起算点について」。たとえば大阪地判R2.9.2（交民53-5）は，「交通事故により人的損害が生じた場合，受傷後の治療が症状の経過を確認しながら行われるものであること，後遺障害の有無・内容も治療状況と関連していること，損害額の算定において後遺障害の有無・内容及び症状固定日が密接に関係していることからすれば，後遺障害が残存しない場合には傷害の治療が終了した時から，後遺障害が残存する場合には症状固定日から，それぞれ消滅時効が進行するというべきである。」としている。治療が長期にわたる場合について，たとえば名古屋地判R2.7.14（交民53-4）は，低髄液圧症候群の診断を受け，顕著な改善が見られないまま複数の病院で治療を受け，事故の8年8カ月後に症状固定の診断を受けた事案で，同日よりも前に，被害者において，加害者らに対する損害賠償請求が事実上可能な状況の下に，それが可能な程度に損害の発生を知ったものと認定するのは困難であるとして，同日を起算日と認め，加害者らの消滅時効の抗弁を認めなかった。

ウ 物損の「損害を知った時」

一つの事故で一人の被害者に人損と物損が発生した場合，時効起算点は人損を含む損害の発生を知った時（たとえば症状固定日）となるのだろうか。最判令和3年11月2日[58]によれば，人損と物損は異なる請求権であり，時効起算点は各別に判断される（257頁）から，一括対応されて治療費等が払われていると安心していると物損について時効を援用されかねない。

では，複数の物件が損傷した場合はどうだろうか。令和3年最判では問題になっていないが，各物件はそれぞれ別個の所有権の対象となるから，請求権は別個であり，起算点も物件ごとに判断されることになると思われる（258頁）。

エ 時効中断事由（令和2年3月31日までに発生した事故）

被害者請求による損害賠償額の支払は「承認」にあたらず，時効中断しないと解されている[59]。交通事故紛争処理センター等への示談あっせん申込みも「請求」にあたらず，時効中断しない[60]。

これらに対し，任意社が示談交渉に応じ（示談代行），示談額の提示がある場合は，「承認」にあたると解されることが多いと考えられる[61]。

---

(58) 判タ1496，交民54-6。

(59) 直接請求権（16条請求権）は損害賠償請求権とは別個独立のもの（不真正連帯債務）であること，加害者の代理人として支払われるものでもないことから否定されている（任意社に対する直接請求も同じ）。

(60) 損保ADR等の認証ADR機関については，手続開始に時効の完成猶予の効果があり，ADRで和解が成立しなくてもADR手続の終了の通知を受けた日から1か月以内に訴訟の提起をすれば，ADRの申立ての時点で「裁判上の請求」があったものとみなされる（裁判外紛争解決手続の利用の促進に関する法律25条1項）が，紛セ，日弁連交通事故相談センターは認証ADRではないので，申し込みに完成猶予の効果はない。

(61) 名古屋地判H26.3.12（自J1923）は，「被告ら訴訟代理人弁護士が原告に対し後遺障害等級について問い合わせをするなどしたことは，原告について症状固定時期や後遺障害の有無が判明すれば，一定の算定方式により算出される損害賠償金を支払う意思を有していたことを示すものと考えられる。原告の症状固定時期や後遺障害の有無について，被告ら側で予測していた結果になったとしても，本件事故による原告の損害はそれまでの既払額を超過することが当然に予測できたものであるから，被告ら訴訟代理人弁護士も，後遺障害に関するもの以外に賠償すべき種々の損害が存することは想定していたものと推認される。とすれば，被告ら訴訟代理人弁護士は，原告の症状固定時期，後遺障害の有無，程度に応じて損害賠償金を原告に支払う意思の下，（略）

判例は，明示的一部請求訴訟の場合に後訴で残部請求をすることを認めているが，他方で，明示的一部請求訴訟の提起は，残額部分の債権（以下，残部債権という）の消滅時効を中断しないとしてきた(62)。その上で，最判平成25年6月6日(63)は，明示的一部請求訴訟の請求認容判決後の残部請求訴訟において，前訴で債権残額についての請求の意思が継続的に表明されているとして，残部債権についても「裁判上の催告」があり，それが継続していたと解した。

(2)　民法改正（令和2年4月1日以降に発生した事故）

ア　消滅時効期間の改正

人の生命または身体の侵害による不法行為の損害賠償請求権の消滅時効期間を３年から５年に変更する(64)（民法724条の2）とともに，除斥期間とされていた不法行為時から20年の期間が消滅時効期間であることを明記した(65)（同法724条２号）。自賠法３条責任，国家賠償法に基づ

頃，原告側に後遺障害等級に関する問い合わせなどをしたものといえ，当該行為には，被告らの原告に対する損害賠償請求権の存在を自認する黙示の表示が含まれるものと認められる。したがって，債務承認による消滅時効の中断を認めるのが相当である。」とした。また，名古屋地判H29.11.1（交民50-6）は，「被告らは，（略）日，原告に対し，原告が本件で請求する損害費目をすべて対象とした損害額積算書を送付して，示談解決の提案をし，この書面には，被告らがその後に送付した書面（略）とは異なり，示談解決ができない場合には時効を援用することがあり得る旨の記載もなかったと認められるから，これは債務の承認と評価するのが相当である。」とした。

(62)　最判S34.2.20（判時178）。

(63)　判時2190，判タ1390，最判解H25。もっとも，裁判上の催告も催告に過ぎないから，先に裁判外の催告がされている場合には，裁判上の催告も催告の繰り返しに過ぎず，したがって，第一の裁判外の催告から６か月以内に残部債権に基づく裁判上の請求など民法153条（注：旧法）が規定する措置を尽くさないときには，時効中断効は確定せず，消滅時効が完成するとしている。この最判の解釈が維持されれば，改正法の下でも，残部については147条１項（裁判上の請求）ではなく150条１項（催告）により時効完成が猶予される（にすぎない）ことになるだろう。

(64)　生命・身体の侵害の場合には，債務不履行による場合（改正民法166，167条により「人の生命又は身体の侵害による損害賠償請求権」の時効期間について客観的起算点から20年，主観的起算点から５年とされた）と不法行為による場合で，損害賠償請求権の消滅時効期間が一致することになった。

(65)　消滅時効期間としての20年の起算点も交通事故日であるが，じん肺やＢ型肝炎による被害について，損害の全部または一部が発生した時を除斥期間の起算点とした判例（じん肺につき最

く損害賠償請求権も民法の規定が適用される。改正によって，人身損害と物損で，時効期間を異にすることになった。

施行日（令和2年4月1日）の時点で旧法による時効（損害及び加害者を知った時から3年）が完成していない場合[66]は，新法が適用される（改正附則35条2項）。したがって，平成29年4月1日以降に損害及び加害者を知った人損事案では時効期間が5年に延長される。

イ　時効の更新と完成猶予

改正により，旧法の中断事由と停止事由は完成猶予事由と更新事由に再構成された。完成猶予とは時効の完成を阻止する（時効期間の進行自体は止まらない。）ものであり，更新とはそれまで経過した期間をリセットして新たに時効期間を進行させるものである。

完成猶予事由は以下のとおりである。

〇仮差押え・仮処分（民法149条）

〇支払催告（同法150条）[67]

〇協議を行う旨の合意（同法151条）[68]

〇裁判上の請求（同法147条1項）[69]

判H16.4.27，B型肝炎につき同H18.6.16）の考え方は，改正法の下でも妥当すると考えられる。交通事故事案につき水戸地下妻支判H25.10.11（判時2222。重要判例354頁）参照。

(66)　同じく20年が経過していなければ改正法が適用されるので，平成12年4月以降の事故については完成猶予・更新が問題になる場合がある（改正附則35条1項）。

(67)　催告から6カ月を経過するまで完成が猶予される。その期間内に再度の催告を行っても再度の催告には完成猶予効はない。協議を行う旨の合意による完成猶予期間中に行われた催告にも完成猶予効はない（151条3項）。したがって，期間内に解決しない場合は訴訟提起等の必要がある。

(68)　通常は書面によるだろうが，メールのやり取りで合意が確認できる場合でもよい（151条4項）。猶予期間は1年（1年未満の期間を定めたときはその期間）であり，期間内に当事者の一方から相手方に協議の続行を拒絶する旨の通知が書面でされた時は，通知から6カ月を経過するまで時効は完成しない（151条1項）。1項により時効の完成が猶予されている間にされた再度の同項の合意は同項の規定による時効の完成猶予の効力を有するが，その効力は，時効の完成が猶予されなかったとすれば時効が完成すべき時から通じて5年を超えることができない（同条2項）。催告によって時効の完成が猶予されている間にされた第1項の合意は，同項の規定による時効の完成猶予の効力を有しない。

(69)　①裁判上の請求，②支払督促，③民事調停・家事調停，④破産手続等への参加。裁判等が確定しないまま訴えが取り下げられ場合や調停が不成立になって手続が終了した場合は，手続終了時から6カ月は時効の完成が猶予される（147条1項柱書）。かつての学説・判例の「裁判上の催

更新事由は以下のとおりである。

○裁判上の請求（同147条2項）[70]

○承認（152条）

施行日以降に時効の完成猶予または更新事由が発生した場合は新法が適用される。

(3) 保険金請求権等の時効

ア　自賠責保険の時効

加害者請求（15条請求）については，加害者が被害者（や病院）に損害賠償金（治療費）を支払った日から3年[71]とされている（保険法95条1項）。先履行主義をとる自賠法15条によって，被害者に対して損害賠償額を支払った日の翌日が起算点となる。

被害者請求の消滅時効期間は3年である（自賠法19条）[72]。加害者等に対する損害賠償請求権の時効より短く，3条責任等は時効にかかっていないが16条請求権は時効にかかってしまうことがある（損害賠償請求訴訟を提起しても16条請求権の時効の完成猶予事由には該当しない。）。

16条請求権の時効が心配なときは，自賠社に「時効更新申請書」を提出する。この場合でも，加害者に対する損害賠償請求権の時効は中断しない（加害者に対する損害賠償請求権が時効消滅したら16条請求権も消滅すると扱われると考えられている。62頁以下）ことに注意する。

時効期間の起算点については，傷害による損害については事故日，後遺障害による損害については症状固定日，死亡による損害については死亡日[73]のそれぞれ翌日から3年で時効完成と扱うのが自賠責実務であ

告」という考え方を採用したものである。なお，指定紛争処理機関（自賠責保険・共済紛争処理機構）における紛争処理打切りの場合の完成猶予につき自賠法23条の14。

(70)　判決が確定し，または，裁判上の和解や調停が成立した場合である。

(71)　H22.3.31以前発生の事故については2年（被害者請求も同じ）。

(72)　被害者が16条請求権を行使する前に加害者（損保）と交渉していたが合意に至らず決裂した場合，3年を経過していると同請求権は時効にかかってしまうのだろうか。逐条解説170頁参照。

(73)　請求権者（相続人・遺族慰謝料請求権者）が，被害者の死亡を知らなかったことについて合理的な理由がある場合は，請求権者が死亡の事実を知った日の翌日（逐条解説170頁）。

る[74]。任意対人社が一括対応している場合は，一括払いが解除された時に時効が進行し始める扱いである。

自賠責保険の時効については70頁でも解説している。

イ　任意保険の時効（賠責保険／傷害保険）

保険会社に対する保険金請求権は，これを行使することができる時から3年を経過すると時効により消滅する（保険法95条1項）。約款においても，保険金請求権が発生して行使できることになった日（約款に規定されている）[75]の翌日から3年を経過した場合に時効により消滅するとしている。

ウ　政府保障事業の填補請求権の時効

政府保障事業の填補請求権も，これを行使することができる時から3年を経過すれば時効消滅する（自賠法75条）。傷害による損害については事故日，後遺障害による損害については症状固定日，死亡による損害については死亡日の各翌日を起算点とする扱いである。

自賠責保険に対する請求と異なり，時効の更新はできない。填補額の支払額を超える部分について，債務承認による時効の中断があったとは解されないとした裁判例[76]がある。

改正民法は，被害者が「権利を行使することができることを知った時」（主観的起算点）から5年，「権利を行使することができる時」（客観的起算点）から10年を消滅時効期間とした（166条1項）が，判例は，改正前民法166条の「権利を行使することができる時」（客観的起算点）について，同事業が被害にあっても自賠責保険さえ使えない被害者を救済するものであること等から，自賠法3条による損害賠償請求権が存在

(74)　後遺障害等級認定に対して異議申立がされた場合は，新たな被害者請求として扱われるので，等級認定された場合は損害賠償額支払日の翌日から，非該当とされた場合は支払不能通知到達日の翌日から，それぞれ3年で時効が完成する。

(75)　最判H20.2.28（判時2000，保険法百選）は，保険会社からの調査協力依頼書の送付により，保険金支払の履行期は調査結果通知到達日まで延期され，到達日の翌日が消滅時効の起算点となるとした。

(76)　東京地判H18.7.20（判タ1236）。公法上の請求権であるから消滅時効の効果を主張するために援用は不要であるとも判示している。

しないことが確定した時と解している（最判平成8年3月5日[77]）。

エ　民法改正との関係

保険法95条，自賠法19条は民法改正にともなって改正されておらず，消滅時効期間にも変更はない。人身損害については，損害賠償請求権の時効期間と保険金・自賠責保険損害賠償額の請求権の時効期間が異なることになる。

(4)　物損

一つの事故で他人の生命身体と共に財産権が侵害された場合，同じく民法709条を根拠とする請求でも，生命身体の侵害にかかる損害賠償請求権と財産権の侵害にかかるそれとは別個の請求権を構成し，複数の財産権が侵害されたときは財産権ごとに別個の請求権を構成する（257，258頁）と解されているので，時効や示談の効果に注意が必要である。

3　弁護士費用の算定

弁護士費用は，338頁で扱うが，報酬の定め方については注意が必要である。「経済的利益」の額を基準にすることが一般的だが，交通事故賠償における「経済的利益」はどう考えるべきだろうか。自賠責保険からの支払が見込める部分や，示談提示がある場合が問題となる[78]。

任意自動車保険等の弁護士費用特約については，126頁で扱う。

---

(77)　判時1567，判タ910，交通百選。加害者と目される者を相手取って損害賠償請求訴訟を提起したが敗訴した被害者が，保有者不明として国に填補請求をした事案である。

(78)　示談提示がある場合は，請求額（解決額）から既提示額を控除して算定する。「弁護士費用保険における弁護士費用の保険金支払基準（LAC支払基準）」（2018年）は，「既払金，保険会社からの事前支払提示額及び簡易な自賠責保険の請求により支払が予定される部分は控除する。ただし，既払金及び保険会社からの事前提示額に含まれる以外の自賠責保険相当部分は，手数料を既に受領した場合を除き，当該弁護士が自賠責保険に請求したか否かにかかわらず，別途，第2条6(1)の基準により手数料方式として請求することができる。」としている。

第2章
自動車保険

第1節　自動車保険総論

1　保険法と基礎用語の確認

(1)　保険法

ア　基本類型

保険法は，保険契約を，損害保険契約[1]，生命保険契約，傷害疾病定額保険契約[2]の三種に分類する（2条6号，8号，9号）。自動車保険には，損害保険に分類されるものと，傷害疾病定額保険に分類されるものがある。

イ　損害保険契約とその種類

損害保険は，保険者が，保険事故によって被保険者に生じた損害を填補するものである。保険法2条6号は，「保険契約のうち，保険者が一定の偶然の事故によって生ずることのある損害をてん補することを約するものをいう。」と定義している。

---

(1)　保険制度はある者が負うリスクを第三者に転嫁することを目的とするが，そのうち損害保険は一定の偶然の事故により生じた損害をカバーする保険である。責任保険では損害賠償責任を負うこと，傷害保険（傷害疾病損害保険）では事故でケガをして被った損失が損害である。支払われる保険金の額は，保険事故によって生じた実際の損害額に応じて決まる（⇔定額保険）。

(2)「保険契約のうち，保険者が人の傷害疾病に基づき一定の保険給付を行うことを約するものをいう。」（保険法2条9号）保険の世界は長らく損害保険（損保）と生命保険（生保）の二本立てであったが，医療保険等の第三分野保険が平成13年に自由化された。

リスクの多様性に応じて損害保険には多くの種類がある。責任保険契約[3]と傷害疾病損害保険契約[4]は保険法に定義があり，傷害（疾病）保険には，定額保険である傷害疾病定額保険と，損害保険である傷害疾病損害保険とがあることになる。

(2)　基礎用語の確認

ア　保険者

「保険契約の当事者のうち，保険給付を行う義務を負う者をいう。」（保険法２条２号）自動車保険では損保（共済）が保険者である。

イ　保険契約者

「保険契約の当事者のうち，保険料を支払う義務を負う者をいう。」（保険法２条３号）

ウ　被保険者

損害保険の被保険者は，保険により填補される損害を受ける者で，被保険利益の帰属主体である。保険法２条４号は，次のように保険契約ごとに被保険者を定めている。

被保険者

次のイからハまでに掲げる保険契約の区分に応じ，当該イからハまでに定める者をいう。

イ　損害保険契約　損害保険契約によりてん補することとされる損害を受ける者

ロ　生命保険契約　その者の生存又は死亡に関し保険者が保険給付を行うこととなる者

ハ　傷害疾病定額保険契約　その者の傷害又は疾病（以下「傷害疾病」という。）に基づき保険者が保険給付を行うこととなる者

---

(3)　保険法17条２項。自動車保険では，対人・対物の損害賠償責任保険がこれにあたる。

(4)　保険法２条７号。自動車保険では，無保険車傷害保険等がこれにあたるが，人身傷害（補償）保険もこれにあたるとするのが通説である。

エ　被保険利益

損害保険特有の契約効力要件であり，保険事故の発生により被ることのあるべき経済的利益をいう。利得禁止原則と密接に関係し，利得が生じる可能性を保険契約成立段階において排除しようとするものである。

オ　保険事故

保険金の支払の原因となる出来事をいう。損害賠償責任（賠責）保険では，自動車の衝突やそれによる死傷・車両の損壊等ではなく，被保険者が損害賠償義務を負うことが保険事故である。

カ　保険金額

損害保険契約における保険給付の限度額をいう（保険法6条1項6号）。

2　自動車保険の歴史と種類

(1)　歴史

ア　護送船団方式

自動車損害賠償保障法（自賠法）が制定されたのは昭和30年（自賠責保険は翌年発足）である。以後，高度成長とともに交通事故が激増して大きな社会問題となり，任意自動車保険の普及と対人賠責保険の被害者保護の充実をもたらした。

昭和49年に発売された家庭用自動車保険（FAP）では，保険会社による示談等の援助・解決（示談代行）と被害者の直接請求権が約款に規定された。同51年には，自損事故保険と無保険車傷害保険を加えた自家用自動車保険（PAP）が発売された。これに車両保険や対物事故の示談代行等を付け加えたのが，同57年に登場した自家用自動車総合保険（SAP）である。

その後しばらくは，自動車保険商品は，SAP，PAP，BAP（一般自動車保険。示談代行なし。），ドライバー保険の4つのみという時代が続いた。任意保険には損害保険料率算定会（現在の損害保険料率算出機構）が算出する保険料率（算定料率）の使用義務があったので，どこの保険会社の商品でも，補償内容が同じであれば保険料も横並びだった。

イ 自由化

日米保険協議を受けて，平成7年に新保険業法が成立し（翌年施行），保険の自由化が進んだ。同10年には損害保険料率算出団体に関する法律（料団法）[(5)]が改正されて保険会社は料率団体の料率を使わなくてよいことになり，自由に商品を開発して販売できるようになった。

同年，東京海上火災保険（当時）が，人身傷害補償保険を付けたTAPを発売した。ドライバーや車両の事故リスクに合わせて保険料が算出される，リスク細分型自動車保険も誕生し，代理店を通さないダイレクト型（通販型，ネット型）も増えている。

ウ 現在

社会情勢や法改正，判例の動向により，保険約款[(6)]は変化している。交通賠償実務においても，適用される約款の確認が必要なことが多い。

(2) 種類

自動車保険には，被保険利益と対象（事故）によって，以下のようなものがある。かつては賠償責任保険と車両保険が中心であったが，その後，傷害保険構成の保険が拡充されている。

対象となる事故／被保険利益による分類	人身事故	物損事故
相手方に対する賠償に関する補償（責任保険）	対人賠償責任保険（自賠責保険／任意保険）	対物賠償責任保険
自身の補償（傷害保険／車両保険）	人身傷害保険 自損事故保険 無保険車傷害保険 搭乗者傷害保険	車両保険
費用保険	代車費用特約，弁護士費用等特約など	

傷害保険のうち，搭乗者傷害保険，自損事故保険は定額型，人身傷害

(5) 損害保険料率算出機構（略称「損保料率機構」）は同法に基づく非営利団体。

(6) 任意保険約款については，損保料率機構が作成した自動車保険標準約款（令和3年6月改訂）等を解説した「自動車保険の解説2023」（保険毎日新聞社）が参考になる。

保険，無保険車傷害保険は実損填補型（ただし，保険金額による上限がある。また，人身傷害保険には独自の支払基準がある。）である。搭乗者傷害保険，自損事故保険，無保険車傷害保険は人傷に吸収されつつある。

3　自賠責保険と任意賠責保険

(1)　填補の対象

自賠責保険は，被害者の生命身体が害された場合の損害賠償責任保険であり，人身事故により被保険者が負担する損害賠償義務を填補する（自賠法3条，11条）。これに対し，任意賠責保険は，人身事故だけでなく，物損事故による損害賠償義務もカバーする。

(2)　自賠責保険と任意対人賠責保険の関係

任意対人賠責保険は自賠責保険の上積み保険と言われ，損害賠償額が自賠責保険の支払額（保険金額ではない）を超過する場合に，その超過額が支払われる（二階建て構造）。たとえば，死亡事故で損害賠償額6000万円，自賠責の支払額2000万円の場合，自賠責保険金額3000万円を超過する3000万円ではなく，6000万円から自賠責支払額2000万円を引いた4000万円が任意保険から（保険金額の範囲内で）支払われる。

そうなると，被害者は，自賠責からの支払保険金が確定しないと任意保険金を受け取れないことになるし，請求が二度手間になってしまう。そこで，任意対人社のサービスとして，約款上支払義務を負わない自賠責保険の部分（1階部分）もあわせて被害者に支払う，一括払い（81頁）が行われている。

任意保険はあるが自賠責保険がない場合は，自賠責保険が付保されていれば支払われるであろう金額（この部分については政府保障事業に填補請求できる。）の超過額についてのみ任意対人賠償保険から支払われる。

(3)　賠責保険（自賠責・任意）による被害の回復

ア　被告の選択

誰を被告とするかを決めるには，加害者側の資力は考慮不要（賠責保険からの支払が受けられる）かを考えなければならない。たとえば，被用者が使用者の車で仕事中に交通事故を起こした場合，運行供用者責任を負うのは保有者である使用者だから，被害の回復のみを考えると，使用者が任意賠責保険に入っていれば，通常被用者を被告とする必要はない(7)。

イ　考え方

被害者側から相談を受けた場合は，必要に応じ，①賠償義務者は誰か，②当該事故は保険事故か，③賠償義務者は被保険者か，④その被保険者について免責事由はないか，の順に確認する。

まず，損害賠償義務を負いそうな相手を探す。賠償義務者はしばしば複数存在する。責任原因は，自賠法3条のほか，民法709条，同715条等が問題となる。

当該交通事故について自賠責保険や任意保険の保険事故かどうかが問題になることもある。保険期間や他車運転危険担保特約の「常時使用する自動車」性も問題になりうる。

次に，賠償義務者が任意賠責保険の被保険者であるかどうかが重要である。人身事故では自賠責保険，任意保険のそれぞれについて確認する。

最後に，賠償義務を負う被保険者について免責事由が問題になることもある。自賠責保険については悪意免責（被害者請求は可能）等に限られるが，任意保険の免責事由はより広い（個別適用に注意する。）。

(7)　対人保険の被保険者とあわせて任意保険会社も被告とする（約款に基づく損害賠償額の支払の請求）場合につき78頁。

第2節　自賠責保険

1　自賠責保険はどのような保険か

(1)　自賠法の規定

ア　自賠法の骨格

自動車損害賠償保障法（自賠法）の前半部分には，運行供用者責任に関する規定，つまり責任の集中に関する規定がおかれているのに対し，後半部分には，自賠責保険・共済に関する規定，つまり危険の分散に関する規定がおかれている。

イ　責任の集中

民法709条等の過失責任主義では被害者保護の観点から限界があるため，事実上の無過失責任と言われる運行供用者責任が規定された。この条文があるため，人身事故においては，損害賠償責任の追及が極めて容易になり，責任原因が争われるケースは限られる。

> 自賠法3条
> 「自己のために自動車を運行の用に供する者は，その運行によって他人の生命又は身体[8]を害したときは，これによって生じた損害を賠償する責に任ずる。（以下略）」

ウ　危険の分散

強制保険として，自動車損害賠償責任保険（共済）（自賠責保険（共済））という対人賠償責任保険が作られ，被害者救済のための最低補償として機能している。自賠責保険は，交通事故によるリスクを加害者となりうる者全員で分担しようとするものである。

> 自賠法11条1項（責任共済につき2項）

(8)　したがって，物損の請求根拠として自賠法3条は使えない。請求原因の記載に注意する。

> 「責任保険の契約は，第三条の規定による保有者の損害賠償の責任が発生した場合において，これによる保有者の損害及び運転者もその被害者に対して損害賠償の責任を負うべきときのこれによる運転者の損害を保険会社がてん補することを約し，保険契約者が保険会社に保険料を支払うことを約することによって，その効力を生ずる。」

⑵　自賠責保険の保険事故

「第三条の規定による保有者の損害賠償の責任が発生」すること，つまり保有者が運行供用者責任を負担することである。

⑶　自賠責保険の被保険者

ア　保有者

「自動車の所有者その他自動車を使用する権利を有する者で，自己のために自動車を運行の用に供するもの」をいう（自賠法2条3項）。

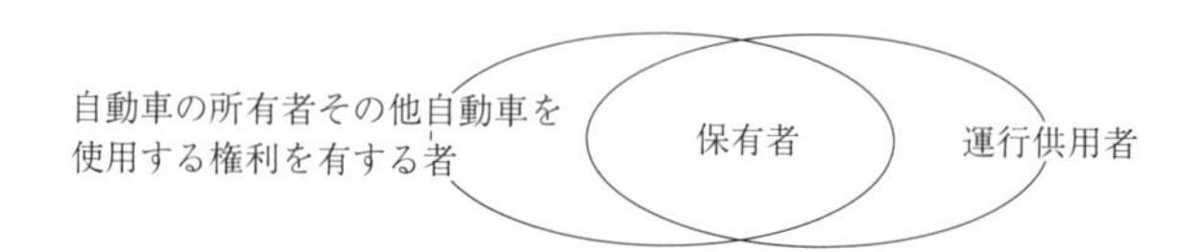

所有権留保売主，自動車を盗まれた者（例外として169，174頁）等「自動車の所有者その他自動車を使用する権利を有する者」であるが運行供用者ではない者は，被保険者ではない。泥棒運転等運行供用者ではある（運行供用者責任は負う。）が「自動車の所有者その他自動車を使用する権利を有する者」ではない者も保有者ではなく，被保険者ではない（したがって自賠責保険からは支払われない。）。

イ　運転者

ハンドルを握って運転している人のことではなく，「他人のために自動車の運転又は運転の補助に従事する者」をいう（自賠法2条4項）。「運転の補助に従事する者」は運転補助者と呼ばれ，車掌，運転助手等がこれにあたる。保有者に運行供用者責任が生じ，運転者も直接の加害者として賠償責任を負うときに，運転者が保有者から求償（民法715条3項）されたり，保険会社から代位求償（保険法25条）されたりすることがあるために被保険者とされている。

(4)　自賠責保険の特色

ア　自賠責保険の目的

自賠責保険は損害保険であり，保険の目的は，一定の偶然の事故によって被保険者に生じる損害を保険者が填補すること（保険法2条6項）であるが，被保険者の賠償資力を確保して交通事故被害者を保護するための制度として位置づけられている（自賠法1条）。そのために，自賠責保険においては，以下のような特色ある制度運営が行われている。

イ　運行供用者責任

自賠責保険制度の根幹をなす規定が自賠法3条である。自動車人身事故の賠償責任主体として，「運行供用者」という概念を創設した。

ウ　強制保険

自動車側の賠償資力を確保するため，原則としてすべての自動車について自賠責保険の締結が義務付けられている（自賠法5条）。

エ　免責事由の制限

保険法17条1項は，「保険契約者又は被保険者の故意又は重大な過失によって生じた損害」及び「戦争その他変乱によって生じた損害」について保険会社の免責を認めている。これに対し，自賠責保険では，被害者保護のために免責事由が制限されており，保険契約者または被保険者の悪意（自賠法14条）[9]と重複契約（同法82条の3）に限っている。

加害者の悪意による場合でも，被害者による直接請求は可能である（同法16条1項）。この場合支払に応じた保険会社は政府保障事業に補償

---

(9)　悪意とは確定的故意をいう。自賠責では保険契約者と被保険者のいずれかに悪意があれば自賠社は免責となるから，保険契約者に悪意がなくても被保険者に悪意があれば免責となる。任意保険の故意免責条項では記名被保険者以外の被保険者の故意の場合には，当該被保険者についてのみ免責となる（個別適用。85頁）。

を求めることができ，補償金を支払った政府は被保険者（加害者）に求償する（同法72条，76条）。

オ 過失相殺の制限

民法722条2項の過失相殺と異なり，「重大な過失による減額」として被害者の過失が7割以上認められる場合に限り，定率方式による減額が行われる（重過失減額）。

カ 直接請求権

被保険者による保険金請求（加害者請求）のほかに，被害者が直接自賠社に対して損害賠償額の請求をすることが認められている（自賠法16条1項）（16条請求／直接請求／被害者請求）。

キ 支払基準

平成14年改正で，保険金等の適正化を確保するために，「支払基準」に関する自賠法16条の3が新設された。

ク その他

被害者保護を目的とする自賠責保険では，保険料の算出に当たって適正原価主義[10]がとられ，営利目的の介入を認めない（ノーロス・ノープロフィットの原則）（自賠法25条）。また，自賠社間の収支のアンバランスを生じないように，純保険料[11]はすべて共同プールに提供される。

自賠責保険によって救済されない被害者を救済しようとする制度として，政府保障事業が設けられている（28頁）。

(10) 適正原価主義とは，個々の保険会社の経営実態に関わらず，標準的な原価，すなわち能率的な経営が行われている保険会社において発生が見込まれる水準での原価を採用することをいう。営利目的の介入排除とは，原価を償う範囲内で保険料率の水準を設定しなければならないこと，すなわち予め保険料率に利潤を織り込むことを認めないことをいう（逐条解説209頁）。
(11) 契約者が支払う保険料のうち，将来の保険金支払に充てられる部分のこと。

2　自賠責保険の支払

(1)　人身事故で自賠責保険金等が支払われない場合[12]

ア　運行供用者責任が発生しない場合

自賠責保険が支払われるためには，保有者に運行供用者責任（自賠法3条）が発生することが必要である（同法11条）が，運行供用者責任は，「自己のために自動車を運行の用に供する者」（運行供用者）が，「その運行によって」「他人」の生命または身体を害したときに発生する。

したがって，「運行によって」にあたらない（運行起因性がない）場合，被害者が「他人」に当たらない場合，加害者がいない自損（単独）事故[13]の場合，3条但書免責が成立する場合は，運行供用者責任が発生せず，自賠責保険は支払われない（無責）。

イ　運行供用者責任は発生するが，保有者に運行供用者責任が生じない場合

たとえば泥棒運転の場合，加害車運転者は運行供用者責任を負うが自賠責保険の被保険者ではなく，被保険者である保有者は運行供用者責任を負わないから，自賠責保険は支払われない（例外について169頁）。

ウ　保有者に運行供用者責任が発生するが，自賠社が免責される場合

無理心中を図り，被害者を助手席に乗せて車ごと海に飛び込む場合のように悪意免責（自賠法14条）される場合（16条請求は可能であることは前述のとおり。）や，重複契約免責（同法82条の3）の場合である。

エ　自賠責保険契約が存在しない場合

そもそも自賠責保険契約が存在しない場合は，当然支払われない。政府保障事業の問題となる。

---

(12)　自賠責保険金が支払われるべきかどうか（有無責）については，後遺障害等級認定とともに損害保険料率算出機構の調査事務所で調査される。結果に対する異議申立もできる。

(13)　当該車両の保有者，運転者が怪我をした場合である。同乗者に対しては運行供用者責任が発生しうる。

⑵　保険金額と支払基準

ア　保険金額

支払限度額は自賠法施行令2条で以下のように規定されている。

傷害による損害	120万円
後遺障害による損害	75～4000万円（後遺障害等級に応じる）
死亡による損害	3000万円

いずれも保険事故1件あたりではなく被害者1人あたりの金額である。1件あたりの制限はない。有責の加害自動車が複数なら，保険金額×台数までカバーする（56頁）。

イ　支払基準

「自動車損害賠償責任保険の保険金等及び自動車損害賠償責任共済の共済金等の支払基準」（平成13年金融庁・国土交通省告示第1号）が定められている（赤い本，青本所収）。保険金（共済金）「等」とされているのは，「損害賠償額」（自賠法16条。被害者は自賠責保険（共済）の被保険者（被共済者）ではなく，請求するのは保険金（共済金）ではない。）を含むためである

支払基準は，かつては国交省の通達に過ぎなかったが，自賠法16条の3の新設により，法律上の根拠を持つことになった。自賠社はこれに従って保険金等を支払わなければならない。

> 自賠法16条の3
> 「保険会社は，保険金等を支払うときは，死亡，後遺障害及び傷害の別に国土交通大臣及び内閣総理大臣が定める支払基準（以下「支払基準」という。）に従ってこれを支払わなければならない。
> 2　国土交通大臣及び内閣総理大臣は，前項の規定により支払基準を定める場合には，公平かつ迅速な支払の確保の必要性を勘案して，これを定めなければならない。これを変更する場合も，同様とする。

以下，支払基準（令和2年4月1日以降の事故）の一部を抜粋する。

入院看護料：原則として12歳以下の子供の近親者付添1日4200円
入院雑費：1日1100円
休業損害：原則として1日6100円
傷害慰謝料：1日4300円
後遺障害慰謝料：別表第1　第1級1650万円，第2級1203万円（被扶養者がいる場合は加算，また初期費用等加算あり）
別表第2　第1級1150万円～第14級32万円（1～3級で被扶養者がいる場合は加算）
死亡慰謝料：本人400万円，遺族請求者1人550万円，2人650万円，3人以上750万円（被扶養者がいる場合は200万円加算）
葬儀費：100万円
死亡逸失利益の生活費控除率：被扶養者あり35%，なし50%

ウ　支払基準の「拘束力」

自賠法16条の3は，「保険会社は，保険金等を支払うときは，……支払基準……に従ってこれを支払わなければならない。」と規定しており，自賠社が訴訟外で自賠責保険金等を支払う場合は，支払基準によらなければならない。では，自賠責保険の保険金請求事件や被害者からの損害賠償額の請求事件について裁判所が損害算定する場合でも同じだろうか（裁判所は支払基準に基づいて損害算定しなければならないだろうか。）。

判例は，これを否定し，支払基準には裁判所に対する拘束力はないとしている。したがって，被害者は，自賠社を被告として訴訟を提起し，自賠責保険金額の範囲内で，支払基準を超える損害賠償額の支払を求めることができる。最判平成18年3月30日[14]は16条請求の場合につい

(14)　判時1928，判タ1207，交通百選，保険百選，最判解H18(上)。支払基準に従って死亡による損害に相当する保険金等約1809万円を支払った自賠社を被告として，遺族が保険金限度額（3000万円）との差額の追加払いを求めた事案について，認定した損害額との差額約302万円の支払を命じた原審の判断を維持した。大部分のケースでは，支払基準に従って算定した死亡による損害額が3000万円を超えるため，このような訴訟を提起する実益はないが，被害者が高齢である場合等にはこのようなことが起こり得る。

て，同平成24年10月11日[15]は15条請求の場合について，この理を明らかにしている。16条請求権は損害賠償請求権であるとされている（61頁）から，訴訟による場合は保険金額の範囲内で弁護士費用も請求できる（上記平成18年最判の事案）。

もっとも，16条請求する場合も，次の例のように，判決認容額が支払基準による支払額より大きいとは限らないので，注意して請求方法を選択する。被害者の過失が大きい場合は先に自賠責保険に直接請求すべきことが多い（16条請求を先行して損害賠償額を受領した後に訴訟を提起したが請求棄却になった場合でも，自賠責は返還を求めない。）。

例　死亡事案で損害総額6000万円，被害者過失6割
支払基準によれば3000万円（< 積算額　重過失減額なし）
いきなり自賠責（または加害者）に訴訟を提起すると，
6000万円 ×0.4 = 2400万円

エ　重過失減額等

一般不法行為におけるような過失相殺は行われず，代わるものとして，被害者により有利な重過失減額という扱いが行われる。ウの例のようなことがあるので，被害者過失が大きいときは特に気を付けなければならない。

被害者の過失割合	死亡・後遺障害にかかるもの	傷害にかかるもの※
7割未満	減額なし	減額なし
7割以上8割未満	2割減額※※	2割減額
8割以上9割未満	3割減額	
9割以上10割未満	5割減額	

※傷害による損害額が20万円未満の場合はその額とし，減額により20万円以下となる場合は20万円とする。
※※積算した損害額が保険金額に満たない場合は積算した損害額から，保険金額以上となる場合には保険金額から減額する。

また，被害者が既往症等を有していたため，死因または後遺障害発生

原因が明らかでない場合等受傷と死亡との間及び受傷と後遺障害との間の因果関係の有無の判断が困難な場合は，死亡による損害及び後遺障害による損害について，積算した損害額が保険金額に満たない場合は積算した損害額から，保険金額以上となる場合には保険金額から5割の減額を行う。

(3) 自賠責保険支払額の算定例

ア　保険金額との関係

自賠責保険金は，保険金額の範囲内で支払基準にしたがって支払われるから，保険金額満額が支払われるとは限らない。例をあげる。

歩行中の死亡事故	1歳男性，遺族慰謝料請求権者1名
葬儀費	100万円
逸失利益	409,100円×12×(1−0.5(生活費控除))×15.429(66年3%ライプ−17年3%ライプ)=37,872,023円
死亡本人の慰謝料	400万円
遺族の慰謝料	550万円
合計	約4837万円となり，保険金額3000万円を超えるから3000万円が支払われる。
※令和2年3月31日以前（例えば令和元年）発生の事故の場合は以下のとおり。	
葬儀費	60万円
逸失利益	415,400×12×(1−0.5)×7.927(66年5%ライプ−17年5%ライプ)=

(15)　判時2169，判タ1384。重要判例172頁。損害額を7500万円，被害者過失割合を8割としながら過失相殺せず（過失相殺すれば賠償義務は1500万円），重過失減額を適用し，支払基準によって自賠社は2100万円の保険金（3000万円×(1−0.3)）を支払う義務があるとして，差額60万円の支払を命じた原判決を破棄し請求を棄却した。平成18年最判と異なり，裁判基準による算定額 < 自賠責支払基準による算定額である場合であった。

	19,757,255円
死亡本人の慰謝料	350万円
遺族の慰謝料	550万円
合計	約2936万円となり3000万円を超えないから，約2936万円が支払額となる。

イ　共同不法行為の場合

被保険自動車が複数存在する共同不法行為の場合，自賠責保険は被保険自動車ごとに付保されているから，保険金額は運行供用者責任を負うべき被保険自動車の数を掛けたものとなる。例をあげる。

2台有責の死亡事故(16)	30歳男性（被扶養者なし。全年齢平均給与額による場合），遺族慰謝料請求権者1名
葬儀費	100万円
逸失利益	409,100円×12×0.5×22.167（37年3%ライプ）＝54,411,118円
死亡本人の慰謝料	400万円
遺族の慰謝料	550万円
合計	約6491万円となり，3000万円×2を超えるから6000万円が支払われる。

※令和2年3月31日以前（例えば令和元年）発生の事故の場合は以下のとおり。

葬儀費	60万円
逸失利益	415,400円×12×(1−0.5)×16.771(37年5%ライプ)=41,800,040円

(16)　異時事故でも，たとえば第1事故による受傷の治療中に第2事故に遭い，同一部位を負傷した場合は，自賠責保険実務では共同不法行為として扱い，保険金額は両事故の加害車の台数分となる。

死亡本人の慰謝料	350万円
遺族の慰謝料	550万円
合計	約5140万円となり，3000万円×2を超えないから約5140万円が支払われる。

たとえば，他人が運転する車に同乗中，他車との衝突で負傷した被害者は，双方の車に過失が認められる限り，双方の自賠責保険から支払を受けられる可能性がある。同乗していた車の所有者，運転者が配偶者であった場合でも，その車の自賠責保険からも支払われる（「妻は他人」判決。209頁）が，加害車に対する損害賠償請求の場面では，被害者側の過失（581頁）が問題となる。

3　加害者請求と被害者請求

(1)　加害者請求（15条請求）

ア　自賠法の規定

15条請求は，被保険者からの保険金請求であり，責任保険（自賠法11条）としての本来の請求のあり方であると言われる[17]。

> 自賠法15条
> 「被保険者は，被害者に対する損害賠償額について自己が支払をした限度においてのみ，保険会社に対して保険金の支払を請求することができる。」

なお，保険会社が加害者の15条請求権をその委任に基づき行使すると構成される一括払いについては81頁で述べる。

イ　先履行主義

保険金は「自己が支払をした限度[18]においてのみ」請求できる（被保

(17)　このような考え方は，16条請求権は自賠法が特別に認めた補助的な権利であると位置付ける考え方（62頁参照）と親和的であると言える。

険者が被害者に損害賠償額を支払うことを停止条件としている)。被保険者が保険金の支払を受けた後に被害者にこれを支払うこととすると，被保険者が着服して被害者にこれを支払わないことがありえ，その被害者が保険会社に直接請求しても，保険会社はすでに保険金は支払済みであるので，被害者はまったく損害賠償を受けられない結果となる。自賠法15条の趣旨は被害者保護の観点からこのような事態の発生を防止することにある。

16条請求権が時効消滅した場合などに，被害者が債権者代位権に基づき15条請求権を行使して損害填補を受けられないかが問題となるが，否定する裁判例[(19)]がある。それでは，15条請求権は転付命令の対象にはなりうるだろうか。後掲昭和56年最判はこれを肯定している。

ウ　「支払」とは

「支払」は弁済供託を含む（最判平成7年4月25日[(20)]）が，被害者の保有者に対する損害賠償請求権と保有者の被害者に対する損害賠償債務が同一人に帰しても，これにあたらない（後掲最判平成元年4月20日）。

エ　転付命令と条件成就

15条請求の停止条件（先履行）は，転付命令が確定して弁済の効力が生じることによって成就するというのが判例の立場である（最判昭和56年3月24日[(21)]）。

---

(18)　被保険者が支払った損害賠償額と支払基準によって算定された金額が相違しても，自賠社は支払基準を遵守しなければならないので，支払基準による算定額以上の金額は支払われない。

(19)　大阪地判S54.6.29（判時948）。

(20)　判時1538，判タ884，交通百選。

(21)　判時998，判タ440，交通百選，保険百選。保険金請求権（自賠法15）を賠償金の支払を停止条件とする債権であるとし，転付命令が有効に発せられて執行債権の弁済の効果が生じることによって停止条件が成就すると解して，被転付適格を肯定した。本件のように直接請求権が時効消滅している場合（当時の時効期間は2年，なお，直接請求権には時効中断（更新）手続が用意されている。）に実益がある。

(2)　被害者請求（16条請求，直接請求）

ア　自賠法の規定

16条請求は，自賠法により，被害者に特別に認められた請求方法であり，16条請求権は自賠法により与えられた法定の請求権である。

> 自賠法16条1項
> 「第三条の規定による保有者の損害賠償の責任が発生したときは，被害者は，政令で定めるところにより，保険会社に対し，保険金額の限度において，損害賠償額の支払をなすべきことを請求することができる。」

イ　趣旨

自賠責保険は責任保険として構成され，被保険者（保有者）の損害（被害者に対する損害賠償債務の負担）を填補するものであるから，自賠社が保険金支払債務を負うのは被保険者に対してである。したがって，保険契約上第三者にすぎない被害者は，自賠社に対して直接の権利を有しないはずであるが，自賠法の目的である被害者救済をより現実的なものとするために，被害者の自賠社に対する直接請求権が法律上の権利（16条請求権）として規定されている。

16条請求権は，その社会保障的性質から差押禁止債権とされ（自賠法18条），債権者代位（民法423条1項）の対象にもならないと解される[22]。

16条請求権の発生には，保有者に運行供用者責任（自賠法3条）が発生することが必要であり，それで足りる（同法16条1項）[23]。

---

(22)　逐条解説169頁。東京地判H24.12.20（判タ1388）は，出合頭衝突で負傷した控訴人が，相手車運転者に対する損害賠償金等の請求権を保全するため，自身との間で締結された自動車賠償責任保険の保険者である被控訴人に対し，債権者代位権に基づき相手車運転者が自賠法16条1項に基づき被告に対して有する損害賠償額等の支払を求めた事案について，「自賠法16条1項所定の自賠責保険の保険者に対する損害賠償額の支払請求権は，被害者保護を徹底するという責任保険の社会保障的性質に鑑み，同法18条により差し押さえることできないとされている。そして，差押えを許さない権利は，債権者の共同担保となるものではないから，その性質上債権者が民法423条1項に基づき代位行使することはできない債権であるというべきである。」とした。

ウ　実務上の意義

交通事故被害者にとって，16条請求権は，加害者の無資力や不誠実に対応するという本来の目的を超えた重要な役割を果たしている。

第一に，損害賠償責任の発生が争われている場合や大きな過失相殺がなされる可能性がある場合など，任意対人社が一括対応を拒否している場合等において，被害者や遺族の治療や生計の維持を可能にする。

第二に，一括対応されている場合でも，直接請求によって当座の生活資金を確保することにより，「兵糧攻め」を防ぐことができる。

第三に，交通賠償の紛争解決において，被害者主導かつ無償で自賠責保険の損害調査の公平中立な判断を得ることができる。

第四に，54頁にあげたような場合にも，まず自賠責保険から損害賠償額を取得することになるが，そのような選択が可能なのも直接請求権が認められているからである。

なお，行政書士が16条請求に関与して報酬を得る場合があり，弁護士法72条（非弁活動）との関係が問題となる(24)。

エ　法的性質

16条請求権と自賠法3条に基づく損害賠償請求権（3条請求権）との関係については，大別して，16条請求権は保険金請求権であるとする説（被保険者の有する保険金請求権を代位行使すると考える。），損害賠償請求権であるとする説（保険会社の支払義務の説明については併存的債務引

---

(23)　これに対し，任意保険の直接請求権の場合は，行使要件（被保険者の法律上の損害賠償責任の発生）とは別に支払要件（判決等による被保険者の損害，つまり損害賠償請求権の範囲の確定）が定められている（78頁）。

(24)　たとえば，大阪高判H26.6.12（判時2252）は，行政書士が被害者との間で締結した自賠責保険の申請手続，書類作成及びこれに付随する業務に関し報酬の支払を受ける旨の契約（後遺障害申請，異議申立手続による認定額の10.5%（14級の場合は15.75%）を報酬とする等）が，弁護士法72条に違反して無効であるとした。他に，行政書士が結んだ自賠責保険の手続に関する委任契約が弁護士法72条に違反するもので公序良俗に反し無効であるとした裁判例として，大阪地岸和田支判H26.6.18（自J1939）等。神戸地洲本支判R3.3.11（判時2509）は，自賠責保険の請求事務を委任した被告行政書士が報酬として300万円を請求し，支払った原告が暴利行為だと主張した事案につき，格別の裁量的判断を伴わない事務の性質から，300万円という報酬額は著しく過大で業務に見合わないとして，不法行為の成立を認めた。

受とする説と履行引受とする説等がある。），いずれでもない特別の請求権であるとする説のほか，様々なバリエーションがある。

16条請求権の法的性質の理解は，自賠責保険が責任保険として設計されていることをどう考えるかに関わっており，その考え方の違いが結論を左右することがある。自賠責保険は誰のための保険なのだろうか。

伝統的見解は，責任保険を，被保険者が第三者に対して一定の財産的給付をなすべき法的責任を負担したことによって蒙る損害を填補することを目的とする保険契約であると捉えているから，自賠責保険や任意保険も，被保険者の財産の減少分を補うものであって，保険金はあくまでも被保険者（加害者）のためのものだということになる。

これに対し，近時の有力説は，責任保険の目的は被保険者の全体財産の減少を穴埋めすることではなく，保険者の債務は被害者の損害を賠償することによって被保険者の法的責任を免れさせることにあると解する（免脱請求権説）。

判例は，以下のように，被害者の自賠社に対する損害賠償請求権であるととらえつつ，権利の内容は損害賠償請求権と同一ではなく，被害者の加害者に対する損害賠償請求権の迅速な実現のために自賠法が特別に認めた権利であると捉えている(25)。最判昭和39年5月12日(26)は，16条請求権と保有者に対する損害賠償請求権の関係について，同57年1月19日(27)は16条請求権の商事債権性について，同61年10月9日(28)

(25)　最判解 H12　231頁～232頁。判例は，それ以上16条請求権の法的性質を深く追求することはしていない。

(26)　判時377，判タ163。被害者が自賠社による損害査定を了承し，それ以上の請求をしない旨の書面を作成した（このような承諾書を差し入れさせる扱いは昭和47年に廃止され，自賠社に対する直接請求権の一部放棄という問題は生じなくなった。）事案で，加害者は，これをもって加害者の損害賠償債務も免責されると主張したが，判決は「自賠法3条又は民法709条によって保有者および運転者が被害者に対し損害賠償責任を負う場合に，被害者が保険会社に対しても自賠法16条1項に基づく損害賠償請求権を有するときは，右両請求権は別個独立のものとして併存し，勿論被害者はこれがため二重に支払を受けることはないが，特別の事情のない限り，右保険会社から受けた支払額の内容と牴触しない範囲では加害者側に対し財産上又は精神上の損害賠償を請求し得るものと解するのを相当とする。」として，被害者は加害者に対して，なお損害賠償請求が可能であるとした。

は16条請求権の遅延損害金の発生時期について，いずれも理由中で同請求権が損害賠償請求権であると述べている。

オ　3条請求権の喪失と16条請求権の帰趨

その後の判例は，損害賠償請求権の存在を16条請求権の存続の前提とするような考え方を打ち出しており，昭和39年判決と同様に16条請求権を保有者に対する損害賠償請求権の補助的手段であると解した上で，被害者が3条請求権を喪失した場合の16条請求権の帰趨について，16条請求権の「附従性」を肯定している。

まず，時効との関係について，東京地判令和4年4月15日[(29)]は，自賠社が16条請求権について債務承認しても3条請求権の時効消滅による16条請求権の消滅を主張できるとした。

次に，混同との関係について，最判平成元年4月20日[(30)]は，被害者

(27)　判時1031，判タ463。「自動車損害賠償保障法16条1項に基づく被害者の保険会社に対する直接請求権は，被害者が保険会社に対して有する損害賠償請求権であって，保有者の保険金請求権の変形ないしはそれに準ずる権利ではないのであるから，保険会社の被害者に対する損害賠償債務は商法514条所定の「商行為ニ因リテ生ジタル債務」には当らないと解すべきである。」とした。これによって，直接請求権は保険金請求権か，保険金請求権とは別の損害賠償請求権かという見解の対立に決着が付けられた。

(28)　判時1236，判タ639。「自動車損害賠償保障法16条1項が被害者の保有者及び運転者に対する損害賠償請求権とは別に保険会社に対する直接請求権を認めた法意に照らすと，同項に基づく保険会社の被害者に対する損害賠償額支払債務は，期限の定めのない債務として発生し，民法412条3項により保険会社が被害者からの履行の請求を受けた時にはじめて遅滞に陥るものと解するのが相当である。」3条請求権が一般の不法行為損害賠償請求権と同じく不法行為時に発生し遅滞に陥るとされるのと異なる。平成20年の自賠法改正で16条の9が新設されたため，現在ではこの規定に従って遅滞となる時期が判断される。439頁を参照。

(29)　交民55-2。

(30)　判時1314，判タ698，交通百選，保険百選，最判解H1。保有者が妻と子を乗せて運転中に誤って海中に落下し，3名とも死亡した（死亡の先後は不明）。保有者の先妻の子らが子の相続人として16条請求した。「自動車損害賠償保障法（略）3条による被害者の保有者に対する損害賠償債権及び保有者の被害者に対する損害賠償債務が同一人に帰したときには，自賠法16条1項に基づく被害者の保険会社に対する損害賠償請求権は消滅するものと解するのが相当である。けだし，自賠法3条の損害賠償債権についても民法520条本文が適用されるから，右債権及び債務が同一人に帰したときには，混同により右債権は消滅することとなるが，一方，自動車損害賠償責任保険は，保有者が被害者に対して損害賠償責任を負担することによって被る損害を填補することを目的とする責任保険であるところ，被害者及び保有者双方の利便のための補助的手段として，自賠法16条1項に基づき，被害者は保険会社に対して直接損害賠償額の支払を請求し得るものと

と被保険者が共に死亡した同乗事故で，相続人（被保険者の子で被害者の異母姉）が被害者請求した事案において，16条請求権の成立には被害者の保有者に対する3条請求権が成立していることが要件となっており，3条請求権が混同により消滅すれば，16条請求権も消滅するとした。

さらに，転付命令との関係について，最判平成12年3月9日(31)は，損害賠償請求権が，転付命令により被害者の債権者に移転（自賠法18条は3条請求権を差押禁止とはしていない。）したときは，直接請求権の補助的手段性から，被害者はその限度で16条請求権を失うとした(32)。

なお，損害賠償請求権の仮差押え後，差押命令及び転付命令を得る前

しているのであって，その趣旨にかんがみると，この直接請求権の成立には，自賠法3条による被害者の保有者に対する損害賠償債権が成立していることが要件となっており，また，右損害賠償債権が消滅すれば，右直接請求権も消滅するものと解するのが相当であるからである。」この場合，加害者（被保険者）からの相続を放棄することにより，被害者から相続した3条請求権が混同によって消滅することを避けることが可能である（最判解 H1　158頁）。なお，自賠責保険で認められている遺族慰謝料は，請求権者が相続によって承継取得するのではなく，固有の請求権として原始取得するものであるから，混同は生じない。

(31)　判時1716，判タ1037，交通百選，最判解 H12。死亡被害者の妻子全員が相続放棄したため，被害者の母Zのみが相続した。Zに対する確定判決を債務名義として，Zの加害者 Y_1 に対する損害賠償請求権のうち4000万円について債権差押及び転付命令を取得したXは，Y_1 に対して損害賠償金，Y_1 の任意社 Y_2 に対して任意及び自賠責共済金を請求した。ZがYらに対して損害賠償金等の支払等を求めて独立当事者参加した。「交通事故の被害者の保有者に対する損害賠償請求権が第三者に転付された後においては，被害者は転付された債権額の限度において自賠法16条1項に基づく責任賠償金の支払請求権を失うものと解するのが相当である。けだし，自動車損害賠償責任保険は，保有者が被害者に対して損害賠償責任を負担することによって被る損害をてん補することを目的とする責任保険であり，自賠法16条1項は，被害者の損害賠償請求権の行使を円滑かつ確実なものとするため，右損害賠償請求権行使の補助的手段として，被害者が保険会社に対して直接に責任賠償金の支払を請求し得るものとしているのであって（略），その趣旨にかんがみれば，自賠法16条1項に基づく責任賠償金の支払請求権は，被害者が保有者に対して損害賠償請求権を有していることを前提として認められると解すべきだからである。」小野裁判官による反対意見があり，多数意見のような解釈は「直接請求権の差押えを禁止した法の趣旨を没却するものといわざるを得ない」と指摘している。

(32)　損害賠償請求訴訟を提起し認容額の支払を受けた原告が，自賠社を被告として自賠責査定損害額と受領済みの損害賠償額の差額を請求したのに対し，平成元年最判を引いて，被害者の直接請求権の成立には，自賠法3条による被害者の保有者に対する損害賠償請求権が成立することが要件となっており，別件判決における認容額の全額の支払を受けている場合に，直接請求権は消滅しているとして請求棄却した裁判例として，大阪高判 H13.3.14（交民34-2）。横浜地判 R2.11.24（自 J2088）も，同様の考え方に立つ。

に，債務者（被害者）と第三債務者（加害者）が示談した場合については，最判令和3年1月12日[33]が，差押命令及び転付命令を得た仮差押債権者が第三債務者に対して当該示談で確認された金額を超える額の請求をすることができないとした原審の判断に違法があるとしている。

3条請求権に関する加害者の債務と16条請求権に関する自賠社の債務は（不真正）連帯債務の関係にあると解するのが通説である[34]。

カ　保険金限度額との関係

16条請求権は「保険金額の限度において」認められるが，自賠責保険金額の範囲でのみ発生するのだろうか。それとも，保険金額とは無関係に，3条債権の額だけ発生するのだろうか[35]。権利者が複数存在する場合，前者とすれば権利の取得の問題となり，後者とすれば取得した権利の行使の問題となる。

後掲最判平成20年2月19日及び同平成30年9月27日は，被害者と公的保険者双方の16条請求権が存在することを前提にその権利行使の優劣を判断しており，後者の立場を前提としていると解される。その後，最判令和4年7月14日（566頁）は，「直接請求権は，被害者の被保険者（加害者）に対する自賠法3条の規定による損害賠償請求権と同額のものとして成立」すると述べて，このことを明言した。

キ　悪意免責についての注意

自賠社は，被害者に対して悪意免責（自賠法14条）を主張することができず，保険契約者または被保険者が悪意の事故でも，被害者による直接請求は可能である。支払をした自賠社は，政府保障事業に補償請求する（同法16条3項・4項）。

---

(33)　判タ1485。判時2490。差戻控訴審東京高判R4.4.7（判時2600）。

(34)　前掲昭和39年最判も，被害者は両請求権により二重に支払を受けることはないが，特別の事情のない限り，自賠社から受けた支払額の内容に抵触しない範囲で，加害者に対し損害賠償請求しうるとした。

(35)　大系2　330頁，高野真人「自賠法16条の直接請求権の発生額と権利の帰属及び行使における調整」（損害保険研究81-4）85頁。

ク　仮渡金請求

保有者の損害賠償責任の有無に関わらず(36)，また損害賠償額が確定する前に，被害者が，所定額を仮渡金として保険会社に請求することが認められている（自賠法17条1項）。死亡290万円，傷害5万円・20万円・40万円（入院・治療日数による）の定額である。

(3)　16条請求権の競合

ア　競合の発生

16条請求権は差押禁止とされている（自賠法18条）が，債権譲渡や保険代位等に基づいて第三者が行使できることがある。そのため，まだ損害全額の賠償を受けていない被害者が行使する16条請求権と，被害者以外の者が行使する16条請求権とが，自賠責保険の限度額を超えて「競合」することがあり，その優劣が問題となる。

イ　15条請求権との競合

16条請求権同士の競合（ウ，エ）について検討する前に，被害者の16条請求権と加害者（被保険者）の15条請求権が競合する場合について見ておく。

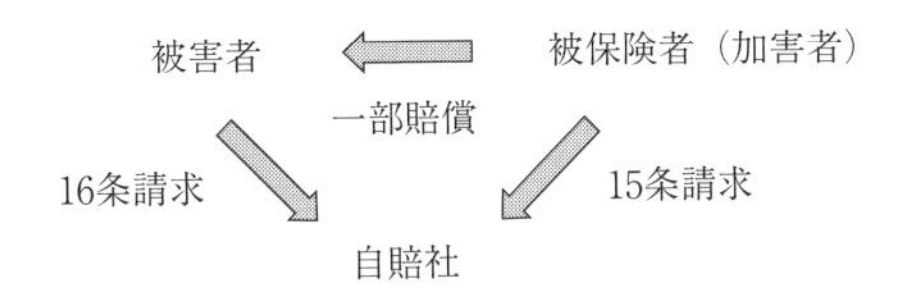

このように，加害者（被保険者）が損害賠償債務の一部を支払い，その限度で取得した15条請求権を行使して，被害者が行使する16条請求権と競合した場合は，自賠責保険は責任保険であって保険金請求権はその基本的な請求権である等の理由から，15条請求権が優先するとするのが通説及び下級審裁判例(37)である。

---

(36)　仮払金支払後に保有者に損害賠償責任がないことが確定した場合は，自賠社は政府保障事業に補償を求めることができる（自賠法17条4項）。この場合，被害者は全額を返金しなければならない（同3項）が，その無資力のリスクを自賠社に負担させることはできないからである。

(37)　たとえば，札幌高判H17.7.12（自J1604）は，「自賠法は政令に定める保険金額の限度で被

なお，任意賠責保険でも，被保険者と被害者の間で被保険者が負担する損害賠償責任の額が確定した後は，被害者は損害賠償額を直接請求できるし，被保険者も保険金を請求できるので，両権利が競合することがあるが，約款の規定により被害者請求権が優先する（78頁）。

ウ　公的保険者が代位により行使した16条請求権との競合

健康保険，労災保険等からの給付があると，各給付の根拠法により，公的保険者は，保険給付の価額の限度で，被害者が第三者に対して有する損害賠償権を取得する（代位）が，これにより，被害者の3条請求権とともに16条請求権も取得すると解されている。

被害者が被害全額について賠償を受けていない状態で，公的保険者が代位によって取得した16条請求権を行使し，被害者が行使した16条請求権との合計額が保険金額を超えて競合したときの優劣が問題になる。

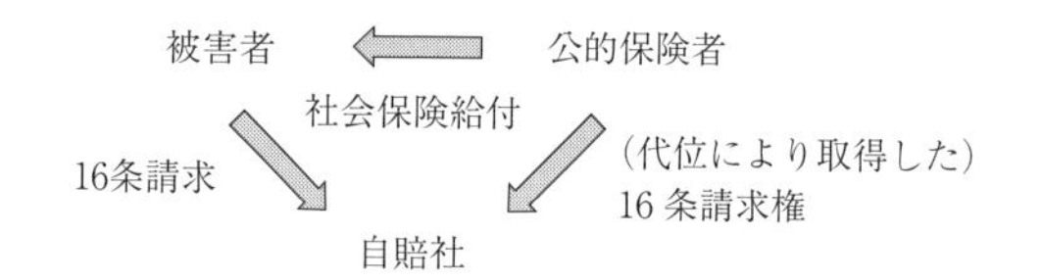

かつての自賠責実務では案分により支払われてきたが，最判平成20年2月19日は，被害者の16条請求権は市町村長が旧老人保健法により代位行使する16条請求権に優先するとした。労災保険給付については，同判決後も案分処理が行われていたが，最判平成30年9月27日は，労災給付についても被害者の16条請求権が優先するとした。（565頁）。両判決は，16条請求権は，保険金限度額とは無関係に（保険金額を超えて）3条債権の債権額合計額だけ発生するとの考え方（64頁）を前提に，双方の請求権の（取得場面ではなく）行使場面での優劣を判断したものと解されている。

このように，公的保険者の代位より被害者の16条請求権が優先する

害者の保護を図ろうとするものであり，被害者が加害者から保険金額を超える賠償を受けている場合には，同法16条1項の損害賠償額支払請求権による保護を受ける実質的な理由はなくなったものというべきであるから，同法15条の保険金支払請求権が優先すると解するのが相当であ」るとした。

ため，たとえば，業務上または通勤中に交通事故に遭ったが，加害者は任意保険に入っておらず資力も乏しい場合，まず労災保険給付を受けた上で，慰謝料や休業損害の未填補部分等について自賠責保険に16条請求すれば，限りある自賠責保険の枠を有効に使える。

エ　人身傷害保険が代位により行使した16条請求権との競合

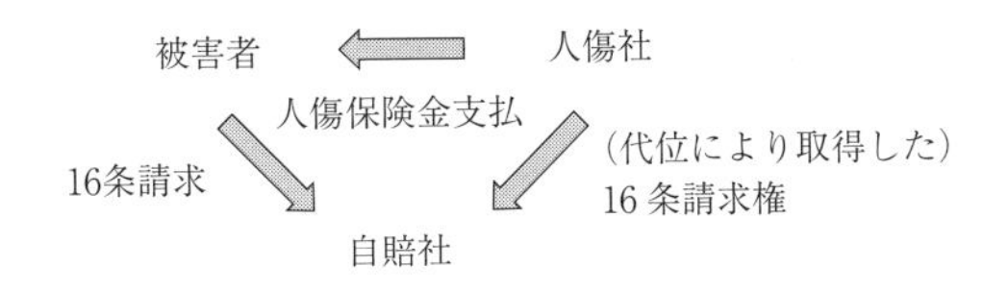

人傷保険金を支払った（人傷一括）保険会社（人傷社）が代位取得した16条請求権と被害者の16条請求権の関係においては，被害者の16条請求権が優先する。すなわち，被害者の損害額合計が自賠責保険の保険金額を超える場合は，差額説に基づく約款により人傷社の代位が制限されるため，被害者の未填補損害額を優先して自賠責から支払い，残額を人傷社に支払う（106頁）。

4　自賠責保険・共済の支払の流れと損害調査

(1)　支払の流れ

任意一括払いの場合及び16条請求の場合における，自賠責保険の請求と損害調査の概要は，次頁の図のとおりである（一括ではない加害者請求については省略している[38]。）。

自賠責保険における損害調査は，料団法に基づく料率算出団体（非営利団体）である損保料率機構が，自賠社から依頼を受けて行う。なお，JA共済は，かつては独自の損害調査システムを持っていたが，現在では損保料率機構の損害調査による体制に移行している。

(38)　この場合は，①賠償②加害者請求③損害調査依頼④損害調査⑤調査結果報告⑥支払額の決定・支払となる。

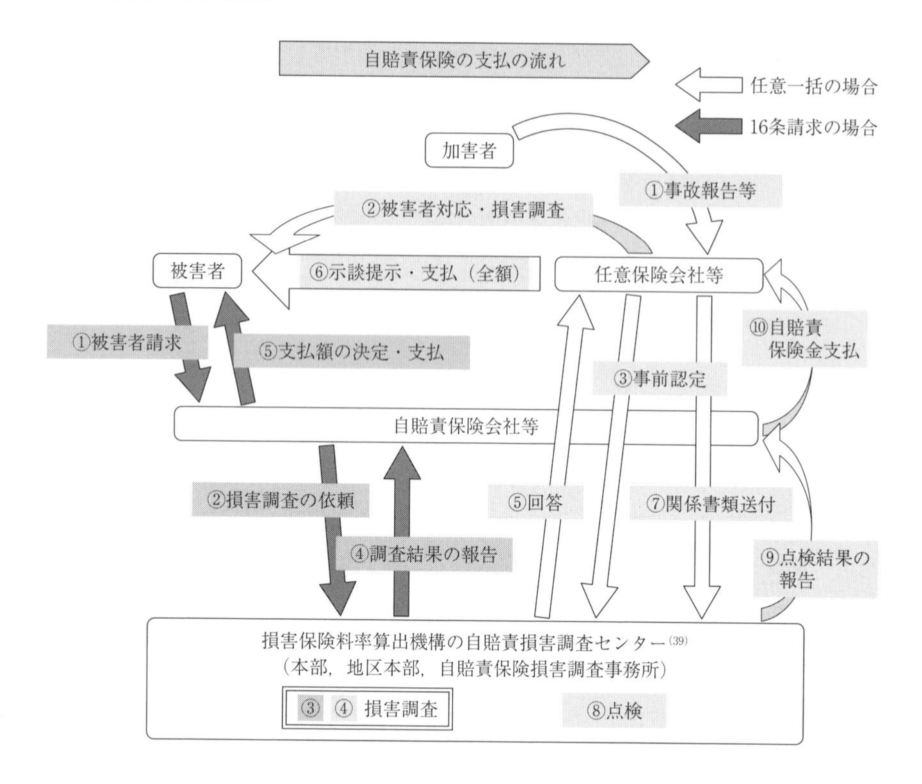

⑵　損保料率機構の損害調査における調査事項

ア　自賠法上の請求権の有無

自賠責保険の保険契約，保険期間，時効，悪意・重複契約免責等が調査される。イと合わせて有無責と呼ばれる。ここで有責とは保険会社が支払責任を負うこと，無責とはこれを負わないことである。

イ　被保険者の賠償責任の有無

自賠責保険が支払われるには，自賠法11条により，被保険者に同法3条の運行供用者責任が認められることが必要である。運行起因性，他

(39)　自賠責保険の損害調査は，全国54か所に設置された自賠責損害調査事務所が行うが，認定困難事案（高次脳機能障害や非器質性精神障害に該当する可能性がある事案等）及び異議申立事案については，特定事案として自賠責保険（共済）審査会で審査する。また，特定事案以外で調査事務所では判断が困難な事案については，主要都市に置かれた地区本部または本部で判断される。

人性，3条但書免責等が調査される。

ウ　損害額の算定

自賠責保険の支払基準に基づいて各損害費目が算定される。損害調査は，後遺障害等級認定のほか，重過失減額や因果関係の有無の判断が困難な場合の減額の適用等を含む。

(3) 自賠責の判断に不服のとき

ア　異議申立

自賠責保険の手続内でどこまでできるかを見極め，自賠責のシステム内で解決が望めることはその中で解決することを心がける[(40)]。

自賠責保険の判断を争う方法としてまず検討するのは，自賠責保険会社への異議申立である。事前認定の場合は任意社を通して請求するが，異議申立の時点で被害者請求に切り換えるとよい。後遺障害等級認定の異議申立については464頁で扱う。

イ　紛争処理申請

自賠責・共済紛争処理機構に紛争処理申請をすることもある。アが退けられた場合に検討することが多い[(41)]。

ウ　訴訟

自賠責の手続で解決が期待できない場合は，訴訟を選択することになる。裁判所は自賠責保険の認定に拘束されない（もっとも，かなり信頼している。）。訴訟における後遺障害等級認定については466頁で扱う。

---

(40)　自賠責保険の手続内では望めないこと（たとえば「3要件」を満たさないRSDの後遺障害認定（537頁））は裁判所に期待するしかない。

(41)　紛争処理機構では，紛争処理申請者から自賠社への請求時に提出していない資料（新資料）が提出された場合は，新資料は審査の対象にならない旨の説明を行った上で，申請を取り下げて自賠社へ異議申立を行うよう促していたが，令和5年8月から，そのような運用を改め，新資料が添付された申請であっても受け付けることにしている。同機構における紛争処理手続きについては，芝田俊文「自賠責保険・共済紛争処理機構における分証処理の実情」(到達点)。同機構から「自賠責保険・共済紛争処理事例集」が出ている。

5　時効

(1)　16条請求権

ア　消滅時効期間

自賠法19条で3年（平成22年3月31日以前発生の事故については2年）とされている。被害者保護のために特別に法定された16条請求権（及び仮渡金請求権）は，速やかな行使が想定されていることによる。

消滅時効は請求権単位で進行するとすれば，16条請求権と加害者に対する損害賠償請求権は別個の権利だから，加害者を被告として損害賠償請求訴訟を起こしても，16条請求権の時効は当然には止まらない（加害者に賠償資力が乏しい場合に問題となる。）。同様に，16条請求を行っても，加害者に対する損害賠償請求権の時効は止まらない。

16条請求権について時効更新が必要な場合は，自賠社に対して「時効更新（中断）（承認）申請書」を提出する。拒否されることはまずない。一旦自賠責保険が支払われた後に，等級認定を争って追加払いを求める場合にも必要となることがある。

イ　起算点

「被害者又はその法定代理人が損害及び保有者を知った時」（自賠法19条）であるが，自賠責保険では損害の種類ごとに保険金額を定めている（同法13条，同法施行令2条1項）ことに対応して，以下のような扱いをしている。

傷害による損害は事故発生の翌日（初日不算入（民法140条））を起算日としている。

後遺障害による損害は症状固定日の翌日を起算日としている。複数の後遺障害があり，それぞれの症状固定日が異なる場合は，直近の症状固定日とする扱いのようだ。

死亡による損害は死亡日の翌日を起算日としている。請求権者（相続人・遺族慰謝料請求権者）が，被害者の死亡を知らなかったことに合理的な理由がある場合は，それらの請求権者が死亡の事実を知った日の翌日を起算日と扱っている。

任意社による一括対応がされている場合は，その解除から時効期間が進行する扱いであることは前述（38頁）した。

ウ　民法改正との関係

自賠法や保険法の改正はなく，令和２年４月１日以降の事故についても16条請求権の時効期間は３年である。

⑵　15条請求権

保険法95条が適用され，消滅時効期間は３年間（平成22年３月31日以前発生の事故については旧商法663条により２年間）である。加害者は，被害者に対して損害賠償を行った場合に限り自賠責保険金を請求できるから，被害者への支払の翌日から３年で時効完成となる。

したがって，16条請求権が時効消滅しても，加害者に対する損害賠償請求権が時効消滅していなければ，被害者が加害者から賠償金を受け取り，加害者が15条請求をすることにより自賠責保険金が支払われる。

⑶　その他

政府保障事業の填補請求権の時効については，38頁をみられたい。

第3節　任意保険[42]

1　任意自動車保険の概要

⑴　分類

ア　責任保険

責任保険（賠償責任保険）は，事故の発生により，被保険者が損害賠償責任を負担することによって被る損害について保険金を支払うことを目的とする。自動車保険の責任保険には，対人賠償責任保険（対人）と対物賠償責任保険（対物）がある。

イ　傷害保険

傷害保険は，被保険者が負傷または死亡したときに保険金を支払うことを目的とする。自動車保険の傷害保険には，自損事故保険，搭乗者保険，無保険車傷害保険といった従来型の傷害保険と，平成10年に発売された人身傷害（補償）保険（人傷）がある。

傷害保険は，給付の内容によって，定額給付型（自損事故保険，搭乗者傷害保険，人身傷害定額払特約等）と損害填補型（無保険車傷害保険，人身傷害保険等）に分けられる。

ウ　物保険

物保険は保険の目的が物である保険であり，車両保険がこれにあたる。

エ　費用保険

費用保険は，費用支出の可能性があることを被保険利益と捉える保険であり，責任保険と同じく消極財産の増加による財産状態の悪化に備えるものである。自動車保険では，代車費用特約，車両全損時諸費用特約，弁護士費用特約等がある。

---

(42)　以下で任意保険約款を検討する場合は，基本的に個人用（家庭用）自動車保険商品（東京海上日動（以下TN）の「トータルアシスト自動車保険」，三井住友海上（以下MS）の「GKクルマの保険」，損保ジャパン（以下SJ）の「THEクルマの保険」，JA共済（以下JA）の「自動車共済クルマスター」等）を念頭においている。

(2) 個人向け総合型自動車保険商品の構成

ア　全体的な傾向

保険自由化以降は，補償範囲が保険会社（共済）によってまちまちであり，個々の契約内容も特約の付保等によって差異が生じている。

自損事故傷害保険，搭乗者傷害保険，無保険車傷害保険は基本担保種目から除外されることが多く，人傷が被保険者の人身傷害をカバーする保険の中核になっている。

イ　注意点

保険証券は，事故時のものをもとに，記名被保険者，保険期間，補償内容，特約の付保等を確認する。被害者の手元に保険証券等がなければ，保険会社に契約内容を照会する。可能であれば，初回相談に相談者や親族，運転者等の保険証券（のコピー）等を持ってきてもらうとよい。

必要に応じて保険約款も確認する。約款はしばしば改訂される。

2　賠償責任保険

(1) 保険事故と被保険者

ア　保険事故

被保険自動車（保険証券に記載された「ご契約のお車」）の所有，使用，管理に起因して，他人の生命・身体を害した（対人賠償責任保険）または他人の財物を滅失，破損又は汚損した（対物賠償責任保険）結果，被保険者が法律上の損害賠償責任[43]を負担することが保険事故である。「所有，使用，管理」は，自賠法３条の「運行」より広い[44]。

(43)　自賠法３条のほか，民法709条・715条・719条，商法590条（債務不履行）等，自賠責保険に比べて保険金の請求原因が著しく拡大している。

(44)　たとえば，ガレージで保管中にタバコの不始末で車が燃え，他人が火傷をした場合も含む。所有，使用，管理に起因する事故で709条責任等があるが保有者に運行供用者責任が認められず自賠責保険が払われない場合に，任意対人賠責保険によって全額支払われることもある（被保険者が賠償責任を負う額全額が「自賠責保険によって支払われる金額を超過する額」となる。）。東京地判R4.11.30（判タ1505）は，デイサービスの利用者が当該施設の停車中の送迎車から降車しようとして地面に転落して負傷した事故について，当該送迎車に係る自動車保険契約の約款にいう「車の所有，使用または管理に起因して生じた」事故と認めた（介護保険の保険会社から自動車保険の保険会社への求償事案)。「対人賠償保険における自動車の「使用」とは，自動車損害

TN約款[45]　第1章　賠償責任保険
賠償責任条項
第1条（この条項の補償内容）
(1)当会社は，対人事故により……被保険者が法律上の損害賠償責任を負担することによって被る損害に対して……保険金を支払います。
(2)当会社は，対物事故により……（同上）
(3)この賠償責任条項において対人事故および対物事故とは，下表のとおりとします。
①対人事故　ご契約のお車の所有，使用または管理に起因して生じた偶然な事故により他人の生命または身体を害すること。
②対物事故　ご契約の……（同上）……他人の財物を損壊することまたは軌道上を走行する陸上の乗用具が運行不能になること。
※注は省略した。

イ　被保険者

自賠責保険では保有者及び運転者（自賠法11条）が被保険者とされているが，任意賠責保険では記名被保険者を中心に被保険者グループが構成されている。

TN約款　同前
第2条（被保険者）
(1)この賠償責任条項において被保険者とは，下表のいずれかに該当する者をいいます。

賠償保険法1条の「運行」よりも広い概念であり，社会生活上，あり得る利用方法の範囲にあるものは，全て自動車の「使用」に含まれると考えられている」「そうすると，社会生活上，あり得る自動車の利用方法に関連して発生したものであれば，本約款に言う「車の所有，使用または管理に起因して生じた」ものに該当すると解するのが相当である。」「居宅介護事業を営む本件事業者が介護施設の送迎に本件自動車を利用することは，社会生活上，あり得る自動車の利用方法であり，本件事故は，その送迎の際，本件自動車からの降車中に発生したものであり，その利用方法に関連して発生したものであるから，本件約款にいう「車の所有，使用または管理に起因して生じた」ものと認められる。」なお，自賠法3条の「運行によって」への該当性については204頁以下を参照。
(45)　TN2025.1.1以降始期用トータルアシスト自動車保険（以下同じ）。

①記名被保険者[46]

②ご契約のお車を使用中または管理中の次のいずれかに該当する者

ア　記名被保険者の配偶者（＊1）

イ　記名被保険者またはその配偶者（＊1）の同居の親族

ウ　記名被保険者またはその配偶者（＊1）の別居の未婚の子

③記名被保険者の承諾を得てご契約のお車を使用または管理中の者[47]

ただし，自動車取扱業者が業務として受託したご契約のお車を使用または管理している間を除きます。

④①から③までのいずれかに該当するものが責任無能力者である場合は，その者の親権者，その他の法定の監督義務者および監督義務者に代わって責任無能力者を監督する者（＊2)。ただし，その責任無能力者に関する第1条（略）の事故に限ります。

⑤記名被保険者の使用者[48]（＊3）

ただし，記名被保険者がご契約のお車をその使用者（＊3）の業務に使用している場合に限ります。

(2)この賠償責任条項の規定は，それぞれの被保険者ごとに個別に適用します。ただし，第3条（保険金をお支払しない場合）(1)の①の表のアからウまでの規定を除きます。

(3)略

（＊1）婚姻の届出をしていないが事実上婚姻関係と同様の事情にある者および戸籍上の性別が同一であるが婚姻関係と異ならない程度の実質を備える状態にある者を含みます。

（＊2）監督義務者に代わって責任無能力者を監督する者は責任無能力者の親族に限ります。

（＊3）使用者には，請負契約，委任契約またはこれらに類似の契約に基づき記名被保険者の使用者に準ずる地位にある者を含みます。

---

(46)　保険証券の記名被保険者欄の「ご契約のお車を主に使用される方」等。

(47)　許諾被保険者という。又貸しを含まない。

(48)　車を持ち込んで仕事をしている者の使用者がこれにあたる。使用者が運行供用者責任や使用

この約款によれば，親族の被保険者の範囲は下図の×が付された者以外の者である。×が付された者でも許諾被保険者となる場合がある。

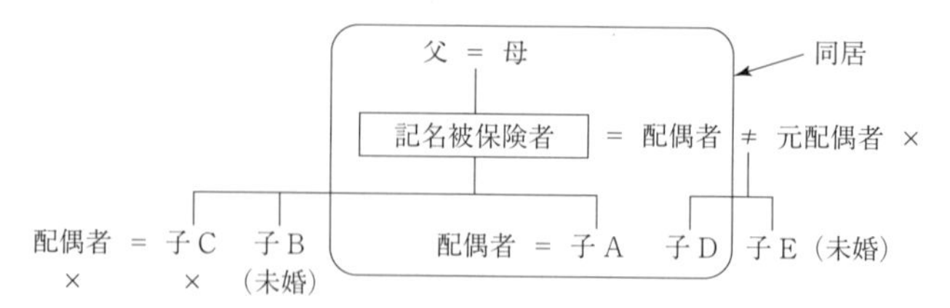

ウ　支払保険金

支払保険金の計算方法は約款に定めているが，契約された保険金額(49)が上限となる。

対人賠責は自賠責保険の上積み保険であり，約款上保険会社が支払義務を負うのは自賠責保険等から支払われる額を超える部分についてである（二階建て構造。45頁）。

TN約款　同前

第4条（お支払いする保険金）

(1) 1回の対人事故または1回の対物事故（＊1）について，当会社は下表の規定にしたがい，保険金を支払います。

①（保険金の名称）

対人賠償保険金

（保険金をお支払いする場合）

対人事故により被保険者が法律上の損害賠償責任を負担することによって損害を被った場合。ただし，その損害の額が自賠責保険等によって支払われる金額（＊2）を超過する場合に限ります。

（お支払いする保険金の額）

次の算式によって算出される額。ただし，生命または身体を害された者1名について，それぞれ保険証券記載の対人保険金額を限度とします。

　対人事故により被保険者が損害賠償請求権者に対して負担す

者責任を問われると求償があり得るため，被保険者に含めている。

(49)　保険給付の限度額であり，対人ではほとんどが，対物でも大部分が無制限とされている。

る法律上の損害賠償責任の額 ＋ (2)の表の①から③までの対人事故に関する費用の額の合計額 － 自賠責保険等によって支払われる金額（＊2）＝ 保険金の額

（＊1）　略

（＊2）　ご契約のお車に自賠責保険等の契約が締結されていない場合は，自賠責保険等によって支払われる金額に相当する金額とします。

（以下略）

政府保障事業との関係で，上記約款中，自賠責保険等が締結されていない場合の「自賠責保険等によって支払われる金額に相当する金額」が，政府保障事業による現実の填補額とその法定限度額（＝自賠責保険金額）のいずれを指すのかについて，後者の考え方をとる裁判例がある(50)。

エ　保険金請求権

保険金請求権の発生時期と行使の要件については次のように規定されている。

TN約款　第4章　基本条項

第4節　保険金請求手続

第1条（保険金の請求）

(1)当会社に対する保険金請求権は，次の時から，それぞれ発生し，これを行使することができるものとします。

①賠償責任条項に係る保険金の請求に関しては，下表に規定する時

賠償責任条項　被保険者が損害賠償請求権者に対して負担する法律上の損害賠償責任の額について，被保険者と損

(50)　東京地判H30.2.13（交民51-1）は，自賠責保険の有効期限が切れていた場合に任意対人社が支払う損害賠償額は，法律上の損害賠償額から自賠責保険金額120万円を控除した額である（「自賠責保険等によって支払われる金額に相当する金額」を120万円とみる）とした。また，大阪地判R5.3.23（自J2155）は，自賠責保険が失効している被告車の任意対人社の責任範囲は，政府保障事業の填補額50万円余のみでなく，法定限度額120万円との差額も損害額から控除すべきである（「自賠責保険等によって支払われる金額に相当する金額」とは政府保障事業の法定限度額である）とした。東京地判H18.7.20（判タ1236）も同様の考え方に立つ。

害賠償請求権者との間で，判決が確定した時，または裁判上の和解[51]，調停もしくは書面による合意が成立した時

② 略

任意賠責保険の被保険者ではない被害者にも，約款で損害賠償額の請求権（直接請求権）が認められている。弁護士法72条への抵触を回避（示談代行についての当事者性の具備）するとともに被害者救済をより充実させるための規定であると説明されている。示談代行付きの場合は，発生要件（行使要件。下記約款(1)）[52]に加えて支払要件（同(2)）が定められている。このため，加害者に対する損害賠償請求訴訟にあたり任意社も被告とするときは，請求の趣旨に注意する[53]。

被保険者の保険金請求権と競合した場合は，自賠責保険の場合と異なり直接請求権が優先する。

TN約款　第1章　賠償責任保険

(51)　即決和解（民事訴訟法に定める訴え提起前の和解（民事訴訟法275条））を含む。

(52)　被保険者の同意は直接請求権発生の要件ではないので，被保険者が同意しない場合でも直接請求権は発生する。複数の被保険者がいる場合は，それぞれの被保険者に(1)の要件をあてはめ，少なくとも一人の被保険者について要件が充足されていれば直接請求できる（個別適用（約款2条(2)。75頁））。たとえば，加害車の保有者が責任を認めない場合でも，同車の運転者が責任を認めて書面による合意が成立した場合は，賠責保険が支払われる。

(53)　赤い本（2025年版下巻283頁）は，損害賠償請求訴訟における被告の選択について，「被保険者に対し損害賠償を命じる判決が確定すれば，保険約款により，任意保険会社は被害者に支払をする義務が生じるので，任意保険会社が保険契約の効力を争っている場合や免責事由があると主張している場合など（注：併合管轄を使う場合にも実益があるだろう。）を除いて，任意保険会社を被告とする必要はない」とした上で，「任意保険会社を被告にする場合には，被保険者に対する確定判決の存在，示談の成立等約款に定められている条件を満たしていなければならない。従って被保険者に対する確定判決等がない段階で保険会社に対して訴えを提起するときは，被保険者とともに共同訴訟の被告とし，かつ被保険者に対する判決の確定を条件とする将来給付の訴えの形式をとる必要がある。その場合の請求の趣旨は「被告保険会社は，原告の被告（被保険者）に対する判決が確定したときは，原告に対し金○○円及びこれに対する令和○○年○○月○○日（注：遅延損害金の起算点につき440頁）から支払済みまで年○パーセントの割合による金員を支払え」などと記載する必要がある。」としている。最判S57.9.28（判時1055，交通百選，保険百選）参照。

賠償責任条項
第6条（損害賠償請求権者の直接請求権）
(1)対人事故または対物事故によって被保険者の負担する法律上の損害賠償責任が発生した場合は，損害賠償請求権者は，当会社が被保険者に対して支払責任を負う限度において，当会社に対して(3)に規定する損害賠償額の支払を請求することができます。
(2)当会社は，下表いずれかに該当する場合に，損害賠償請求権者に対して(3)に規定する損害賠償額を支払います。ただし，対人事故により生命または身体を害された者1名または1回の対物事故（略）について，当会社がこの賠償責任条項および基本条項にしたがい被保険者に対してそれぞれ支払うべき対人賠償保険金または対物賠償保険金の額（略）を限度とします。
①被保険者が損害賠償請求権者に対して負担する法律上の損害賠償責任の額について，被保険者と損害賠償請求権者との間で，判決が確定した場合または裁判上の和解もしくは調停が成立した場合
②被保険者が損害賠償請求権者に対して負担する法律上の損害賠償責任の額について，被保険者と損害賠償請求権者との間で，書面による合意が成立した場合
③損害賠償請求権者が被保険者に対する損害賠償請求権を行使しないことを被保険者に対して書面(54)で承諾した場合(55)
④⑤略
(3)(5)略
(4)損害賠償請求権者の損害賠償額の請求が被保険者の保険金の請求と競合した場合は，当会社は，損害賠償請求権者に対して優先して損害賠償額を支払います。

(2)　示談代行と一括払い

ア　示談代行制度

任意（対人・対物）社は，被保険者の同意を得て，被保険者のために，

---

(54)　損害保険実務では，この書面として，被保険者の損害賠償責任の額を明記してこれが支払われた場合には被保険者に対するその余の請求を放棄する旨記載された，被保険者に対する免責証書が作成される。

被害者との交渉や示談，訴訟等を行う（示談代行）が，支払うべき保険金を決めるためには，被保険者（加害者）が負担する損害賠償債務を確定しなければならない。一方，任意社が，被害者から損害賠償額の支払の請求を受けた（直接請求）場合も，約款で規定された被保険者が負担する損害賠償額支払債務の額を確定しなければならない。

このように，任意社は直接請求権の当事者と被保険者の代理人という二つの人格を持つことになる(56)。

TN約款　同前

第5条（当会社による援助または解決）

(1)略

(2)当会社は，下表のいずれかに該当する場合には，当会社が被保険者に対して支払責任を負う限度において，当会社の費用により，被保険者の同意を得て，被保険者のために，折衝，示談または調停もしくは訴訟の手続（＊1）を行います。

①被保険者が対人事故または対物事故に関わる損害賠償の請求を受け，かつ，被保険者が当会社の解決条件に同意している場合

②当会社が損害賠償請求権者から第6条（損害賠償請求権者の直接請求権）の規定に基づく損害賠償額の支払の請求を受けた場合

(3)(4)略

(5)当会社は，下表のいずれかに該当する場合は，(2)の規定は適用せず，折衝，示談または調停もしくは訴訟の手続（＊1）を行いません(57)。

(55)　被害者が加害者（被保険者）に対する損害賠償請求権を行使しないことを一方的かつ抽象的に宣言することによって，保険者に対し（加害者を被告から外して）損害賠償請求訴訟を提起できるかどうかについて，仙台高判H26.3.28（判時2276）は，「（当該約款規定）は，保険会社が被害者からの請求に任意に応じる場合は別として，被害者が加害者に対する損害賠償額の確定等のための手続を取らないまま，加害者に対する損害賠償請求権を行使しないことを一方的かつ抽象的に宣言することによって，直ちに，保険者に損害賠償額の支払を求める法的手続を取ることを許容するものとはいいがたい。」と否定した。これに対し実務48頁は肯定説を採る。

(56)　前掲「自動車保険の解説2023」（保険毎日新聞社）45頁。

①対人賠償に関して，被保険者が損害賠償請求権者に対して負担する法律上の損害賠償責任の額が，保険証券記載の対人保険金額および自賠責保険等によって支払われる金額（＊2）の合計額を明らかに超える場合
②対物賠償に関して，1回の対物事故（＊3）について，被保険者が負担する法律上の損害賠償責任の総額が保険証券記載の対物保険金額を明らかに超える場合（＊4）
③損害賠償請求権者が，当会社と直接，折衝することに同意しない場合
④正当な理由がなくて被保険者が(4)に規定する協力を拒んだ場合
⑤対人賠償に関して，ご契約のお車に自賠責保険等の契約が締結されていない場合
⑥対物賠償に関して，保険証券に免責金額の記載がある場合は，1回の対物事故（＊3）について，被保険者が負担する法律上の損害賠償責任の総額が保険証券記載の免責金額を下回るとき。
（＊1）弁護士の選任を含みます。
（＊2）ご契約のお車に自賠責保険等の契約が締結されていない場合は，自賠責保険によって支払われる金額に相当する金額とします。
（以下略）

イ　一括払い制度（対人）

自動車事故の対人賠責保険は二階建て構造になっており，自賠責保険から支払われる額（支払が予定される額）は約款上支払対象ではない。そのため，被害者としては，自賠責からの支払保険金が確定しなければ超過部分（これが任意保険の支払対象である）についての任意保険金が受け取れず，請求行為を自賠社と任意対人社の双方にしなければならないはずだが，それは面倒である。

そこで，任意対人社が，自賠責保険によって被害者に支払われる損害

(57)　弁護士法72条（非弁護士による法律事務取扱の禁止）を意識している。

額と自社が支払義務を負う自賠責保険超過部分の損害額をあわせて被害者に支払い(58)，その後自賠責保険金相当額を自賠社から回収する仕組み（一括払い）がとられている。法律，約款上の根拠は特になく(59)，任意社のサービスとして行われているとされる。自賠社からの回収は，自賠責保険の被保険者である加害者の委任に基づき15条請求権を行使すると説明されている(60)。

一括払いは，被害者にとって窓口が任意社に一本化されるという点で便宜であるが，任意社と示談するまでは自賠責分も支払を受けられない（兵糧攻め）というデメリットもある。したがって，示談交渉が長期化しそうな場合は，一括払いを解除（その旨の意思表示を任意社に対してすればよい。）して被害者請求を行うことを検討する。後遺障害が見込まれる場合も被害者請求に切り替えるべき場合が多い。

被害者の過失が大きいなど自賠責保険内で終了することが確実な事案等を除けば，大部分の交通事故賠償は任意対人社が一括払いで対応している（感覚的には被害者過失が5割以上の場合は一括対応されないことが多い。）。この場合，たとえば治療費は，対人社が直接医療機関等に支払う(61)が，対人社に対する支払請求権を医療機関等に与えるものではなく，対人社に一括対応の義務はないと考えられる（たとえば大阪高判平成元年5月12日(62)，東京高判平成29年7月20日(63)）。

---

(58)　治療費等に関しては，任意対人社が医療機関から診断書やレセプト等を取得できるように，被害者に「同意書」の提出が求められる。

(59)　一括払いは昭和48年に導入されたが，そのための約款改正が行われたわけではない。したがって，対人賠責保険の填補義務の範囲は変わっていないことになる。

(60)　大系2　294頁等。そのため，対人社が自賠社に精算請求する際には，加害者（対人賠責保険の被保険者かつ自賠責保険の被保険者）から対人社への委任状が必要とされている。自賠責保険の被保険者（加害者）の委任に基づく15条請求権の行使という説明には疑問がないではない。大系1　209頁～211頁参照。赤い本2023年下巻9頁～10頁は，立替払いであるとして，必要費償還請求（民法650条1項）または有益費償還請求（同702条1項）であると解している。

(61)　医療機関への直接払い自体を「一括」「一括対応」と呼ぶことも多い。治療費の一括払いについては21頁。なお，自由診療ではなく健康保険を使用した場合に，被害者の一部負担金について損保が医療機関から請求を受けて支払うという「健保使用一括払い」が行われている。これについては，山下仁司「いわゆる健保使用一括払いの問題点」（交錯）を参照。

(62)　判タ705，判時1340。「立て替え払いの際保険会社と医療機関との間に行われる協議は，単に

ウ　事前認定制度

事前認定制度とは，任意対人社が一括払いによる支払に先立ち，①その支払が自賠責保険の支払対象となるか（有無責），②自賠責保険の重過失減額等がなされるか，③後遺障害等級の有無と程度について自賠社に自賠責保険の支払の見込みを確認する（自賠社は，損害保険料率算出機構に請求書類を送り，同機構が損害調査を行う）制度である（68頁の図を参照）。事前認定の目的は，一括払いを行った任意対人社が，自賠責保険から回収する際の見通しを得ることである。

事前認定制度は，一括払いとセットで運用されており，「一括事前認定」という言い方もある（「人傷一括」の場合にも事前認定が使われる）。

(3)　免責

ア　免責事由

免責とは，被保険者に損害賠償責任はあるが保険会社が支払責任を負わない場合である。被害者保護のために免責事由が限定されている自賠責保険との違いに注意する。

対人・対物賠責保険の免責事由（約款では「保険金を支払わない場合」等と表示されている。）には，故意による事故招致免責（下記約款(1)①），異常危険等（通常の危険と異質な危険）免責（同②～⑦），加重責任負担契約を原因とする免責（同(2)），被害者と被保険者の身分関係による免責（同(3)(5)）がある。

> TN約款　同前
> 　第３条（保険金をお支払いしない場合）
> 　(1)当会社は，下表のいずれかに該当する事由によって生じた損害に対しては，保険金を支払いません。
> 　　①次のいずれかに該当する者の故意[64]

立て替え払いを円滑にすすめるためのもので，保険会社に対し医療機関への被害者の治療費一般の支払義務を課し，医療機関に対し保険会社への右治療費の支払請求権を付与する合意を含むものではないと解するのが相当である。」。

(63)　2017WLJPCA07206001，判例大系ID2825701。

ア　保険契約者（＊1）[65]
イ　記名被保険者
ウ　アまたはイの法定代理人
エ　記名被保険者以外の被保険者
②～⑥　略
⑦次のいずれかに該当する事由
ア　ご契約のお車を競技または曲技（＊4）のために使用すること。
イ　ご契約のお車を競技または曲技を行うことを目的とする場所において使用（＊5）すること。

(2)当会社は，被保険者が損害賠償に関し第三者との間に特別な約定を締結している場合に，その約定によって加重された損害賠償責任を負担することによって被る損害に対しては，保険金を支払いません[66]。

(3)当会社は，対人事故により下表のいずれかに該当する者の生命または身体が害された場合には，それによって被保険者が被る損害に対しては，保険金を支払いません。

①記名被保険者[67]
②次のいずれかに該当する者
ア　ご契約のお車を運転中の者
イ　アの父母，配偶者（＊6）または子
③被保険者の父母，配偶者（＊6）または子
④被保険者の業務（＊7）に従事中の使用人[68]
⑤被保険者の使用者の業務（＊7）に従事中の他の使用人
ただし，被保険者がその使用者の業務（＊7）にご契約のお車を使用している場合に限ります。[69]

(4)(3)の表⑤の規定にかかわらず，当会社は，ご契約のお車の所有者（＊8）および記名被保険者が個人である場合は，記名被保険者がその使用者の業務（＊7）にご契約のお車を使用しているときに，同じ使用者の業務（＊7）に従事中の他の使用人の生命または身体を害することにより，記名被保険者が法律上の損害賠償責任を負担することによって被る損害に対しては，保険金を支払います。[70]

(5)当会社は，対物事故により下表のいずれかに該当する者の所有，

使用または管理する財物が損壊された場合または軌道上を走行する陸上の乗用具（＊9）が運行不能（＊10）になった場合には，それによって被保険者が被る損害に対しては，保険金を支払いません。

①記名被保険者

②次のいずれかに該当する者

ア　ご契約のお車を運転中の者

イ　アの父母，配偶者（＊6）または子

③次のいずれかに該当する者

ア　被保険者

イ　アの父母，配偶者（＊6）または子

（＊1）保険契約者が法人である場合は，その理事，取締役または法人の業務を執行するその他の機関をいいます。

（＊4）（＊5）略

（＊6）婚姻の届出をしていないが事実上婚姻関係と同様の事情にある者[71]および戸籍上の性別が同一であるが婚姻関係と異ならない程度の実質を備える状態にある者を含みます。

（＊7）業務には家事を含みません。

（＊8）所有者とは，次のいずれかに該当する者をいいます。

i．ご契約のお車が所有権留保条項付売買契約により売買されている場合は，その買主

ii．ご契約のお車が１年以上を期間とする貸借契約により貸借されている場合は，その借主

iii．iおよびiiのいずれにも該当しない場合は，ご契約のお車を所有する者

（＊9）（＊10）略

イ　個別適用

免責事由は，被保険者ごとに適用されるので，賠償義務者と考えられ

---

(64)　最判H5.3.30（判タ842，交通百選，保険百選）は，故意免責条項は傷害の故意に基づく行為により被害者を死亡させたことによる損害賠償責任を被保険者が負担した場合には適用されないとした。

(65)　絶対的免責（他の被保険者が責任を負担しても保険金は支払われない）。

(66)　加重責任負担契約免責。任意社の知らない所で被害者と示談しても全額払ってもらえないこ

る被保険者ごとにその該当性を確認する。免責事由が個別適用されるのは，被保険利益は各被保険者について独立に存在すると考えられるためである(72)。

> TN約款　　同前
> 第2条（再掲）
> (2)この賠償責任条項の規定は，それぞれの被保険者ごとに個別に適用します。ただし，第3条（保険金をお支払いしない場合）(1)の表の①のアからウまでの規定を除きます。

とがある。

(67)　傷害保険の守備範囲に属すべきものと考えられるためである。②イと③は損害賠償請求しないのが社会通念と考えられる。たとえば，夫が所有し運転する自動車に妻が同乗中に，夫の運転ミスで崖から転落して妻が負傷した場合は，任意対人は免責だが自賠責は支払われる。「妻は他人」判決（209頁）でも，同乗して負傷した記名被保険者の妻の損害について，任意保険は免責となるが，自賠責保険は妻も自賠法3条の「他人」にあたるとして支払が命じられた。

(68)　労災責任の問題であり労災保険（や労災総合保険）に委ねる趣旨である。

(69)　同僚災害免責。「使用者」は民法715条の使用者と同義ではない。保険の機能発揮を重視する観点から，免責事由を狭く解釈することに主眼を置き，「使用者」「使用人」の関係を雇用関係のある場合に限定的に解釈・運用することとしている（前掲「自動車保険の解説2023」34頁）。

(70)　同僚災害担保（補償）特約（自動付帯）。使用者（会社）は労災保険に加入でき，被害使用人からの損害賠償請求に対して労働災害総合保険に加入することもできるが，加害使用人である記名被保険者は使用者への求償もできず危険回避の手段がないことから有責とされる。

(71)　約款改訂前の事案として，「配偶者」に内縁配偶者も含むとした最判H7.11.10（判時1553，交通百選）がある。

(72)　前掲約款の各免責事由について，個別適用の例をあげる。

(1)①→記名被保険者Aの故意による事故で，使用者責任を負うBがいた場合は，AのみならずBとの関係でも免責となる。許諾被保険者Dの故意による事故で，貸与した記名被保険者Cが運行供用者責任を負う場合は，Dとの関係では免責だがCとの関係では有責である。

(3)③→被保険自動車を記名被保険者Aから借りて運転中のBが，Aの父Cを負傷させた場合，Aとの関係では③で免責だが，CはBの父ではないのでBとの関係では有責である。

(3)④→記名被保険者Aの承諾を得て被保険自動車を使用中のAの友人BがAの使用人Cを負傷させた場合，Aとの関係では④で免責だが，Bとの関係ではCはBの使用人ではないから有責である（ただし労災との調整がある。）。

(3)⑤→記名被保険者A法人の使用人B・Cが被保険自動車を使用してAの業務に従事中，Bの過失でCが負傷した場合，Aとの関係では④で免責だが，Bとの関係では⑤で免責となる。

3　従来型傷害保険

(1)　自損事故保険

ア　概要

自賠法3条責任が発生しない，単独事故や加害者無責（自賠法3条但書）の衝突事故（自損事故）を対象とし，自賠責保険を補完する機能を担っている。保険金の請求を受けた保険会社は，自賠責保険の有無責等の判断のために，損保料率機構に事前認定を依頼する。

自損事故保険は，かつては対人賠責保険に自動付帯されていたが，人傷の普及とともに存在意義が小さくなっている[73]。令和3年6月の標準約款の改定では特約（自損傷害特約）に移された。

イ　支払要件

次のいずれかに該当する急激かつ偶然な外来の事故により身体に傷害を被り，かつそれによって被保険者に生じた損害に対して自賠法3条請求権が発生しない場合に支払われる。

①　被保険自動車の運行に起因する事故

②　被保険自動車の運行中の，飛来中もしくは落下中の他物との衝突，火災，爆発または被保険自動車の落下。ただし，被保険者が被保険自動車の正規の乗車装置またはその装置のある車内に搭乗中である場合に限る。

搭乗者傷害保険金と同じく，運行に起因する事故による傷害に限らず，同乗中の車が崖崩れにあった場合にも②で支払われる[74]。

「運行」・「運行に起因する（運行起因性）」及び「急激」・「偶然」・「外来」については，人身傷害保険の項で（運行起因性については主に運行供用者責任の項で）述べる。

被保険者は，被保険自動車の保有者・運転者及び正規の乗車装置また

(73)　たとえば，TNでは対人賠責あり・人傷なしの場合に特約として自動付帯される。

(74)　運行中の保険事故を飛来中・落下中の他物との衝突等に限ったのは，「運行中」であっても，駐車中の車の中でリンゴの皮をむいていたら手を切った等，社会通念上自動車事故とはいえない事故を除外するためである。（「自動車保険の解説2023」318頁）。

はその装置のある室内に搭乗中の者である。

自賠法3条により損害賠償請求権が発生しないという要件は，請求者が請求に当たって証明する必要はなく，請求を受けた任意社が損害保険料率算出機構に自賠法3条の有無責等の認定（事前認定）を依頼し，その回答によって保険金請求に応じるかどうかを判断する。

ウ　保険金と免責事由

被害の程度及び態様により，死亡保険金，後遺障害保険金，介護費用保険金，医療保険金の4種類の保険金が支払われる。傷害疾病定額保険として構成されており，自損事故に第三者の不法行為等が競合した場合でも代位しない。自賠責保険の重過失減額とのバランスを考慮し，たとえば死亡保険金1500万円，後遺障害保険金50～2000万円とされている。死亡保険金は，法定相続人が2名以上の場合は，法定相続分の割合によって支払われる。

免責事由は人傷とほぼ同じである[75]。

(2)　搭乗者傷害保険

ア　概要

被保険自動車の運行に起因する急激かつ偶然な外来の事故により，被保険自動車の正規の乗車用構造装置のある場所に搭乗中の者が死傷した場合に支払われる。人傷の普及に伴い，人傷に吸収されたり特約化したりしている。標準約款においては，令和3年6月の改定で廃止された[76]。

イ　運行起因事故

被保険自動車から降車した後の受傷について問題になることがある。たとえば，最判平成19年5月29日[77]は，自損事故を起こし降車後に

(75)　近時は「故意」のほか「重大な過失」を免責事由とする約款が多い。故意免責は，故意のあった被保険者本人の損害を免責とするものであり，巻き添えとなって傷害を負った他の被保険者については個別適用の規定により有責となる。

(76)　搭傷に代わって定額の補償を提供する特約として，「人身傷害定額払特約（死亡・後遺障害）」及び「人身傷害定額払特約（傷害一時金）」が新設された（102頁）。

轢過された事案で，自損事故と轢過による死亡との間に相当因果関係を肯定した。

近時は，乗降時の転倒等により死傷した場合が問題になっている。たとえば，最判平成28年3月4日（206頁）は，デイサービス送迎車からの降車時の転倒について，運行起因性を否定した。

ウ　正規の乗車装置またはその装置のある室内に搭乗中

「正規の乗車装置」とは，乗員が動揺，衝撃等により転落，転倒することなく，安全な乗車を確保できる構造を備えた場所であって，運転席，助手席，車室内の座席等をいう。「その装置のある室内」（「隔壁等により通行できないように仕切られている場所」[78]は除く。）とは，正規の乗車装

---

(77)　判時1989，判タ1255，交通百選，保険百選。「被保険自動車の運行に起因する急激かつ偶然な外来の事故により身体に傷害を被り，その直接の結果として死亡したこと」にあたるか否かについて，夜間高速道路において自損事故を起こして走行不能になった自動車から降りて路肩付近に避難したが，その直後に後続車に轢過されて死亡した事案において，「Aは，本件自損事故により，本件車両内にとどまっていれば後続車の衝突等により身体の損傷を受けかねない切迫した危険にさらされ，その危険を避けるために車外に避難せざるを得ない状況に置かれたものというべきである。さらに，前記事実関係によれば，後続車にれき過されて死亡するまでのAの避難行動は，避難経路も含めて上記危険にさらされた者の行動として極めて自然なものであったと認められ，上記れき過が本件自損事故と時間的にも場所的にも近接して生じていることから判断しても，Aにおいて上記避難行動とは異なる行動を採ることを期待することはできなかったものというべきである。そうすると，運行起因事故である本件自損事故とAのれき過による死亡との間には相当因果関係があると認められ，Aは運行起因事故である本件自損事故により負傷し，死亡したものと解するのが相当である。したがって，Aの死亡は，上記死亡保険金の支払事由にいう「被保険者が，運行起因事故により身体に傷害を被り，その直接の結果として死亡した場合」に該当するというべきである。たしかに，Aは後続車に接触，衝突されて転倒し，更にその後続車にれき過されて死亡したものであり，そのれき過等の場所は本件車両の外であって，Aが本件車両に搭乗中に重い傷害を被ったものではないことは明らかであるが，それゆえに上記死亡保険金の支払事由に当たらないと解することは，本件自損事故とAの死亡との間に認められる相当因果関係を無視するものであって，相当ではない。このことは，本件自損事故のように，運行起因事故によって車内にいても車外に出ても等しく身体の損傷を受けかねない切迫した危険が発生した場合，車内にいて負傷すれば保険金の支払を受けることができ，車外に出て負傷すれば保険金の支払を受けられないというのが不合理であることからも，肯定することができる。本件搭乗者傷害条項においては，運行起因事故による被保険者の傷害は，運行起因事故と相当因果関係のある限り被保険者が被保険自動車の搭乗中に被ったものに限定されるものではないと解すべきである。」として，自損事故と轢過の間に相当因果関係を認めた。

(78)　たとえば，ワンボックスの貨物車で後部の荷台スペースと運転席，助手席との間に仕切りがあり，室内では運転室と荷台との間を行き来できない構造の場合は，荷台スペースに搭乗中の者

置のある車室内をいうから，座席ではなく通路や床に座っている者も被保険者となる。約款改正[79]前の裁判例として，最判平成元年3月9日[80]（「箱乗り」と言われる危険な姿勢での乗車）や最判平成7年5月30日[81]（折り畳んだ後部座席への乗車）が，改正後の裁判例として，広島地福山支判令和3年1月25日[82]（同）が参考になる。

エ　保険金と免責事由

保険金は定額であり（傷害疾病定額保険），他の保険給付と共に請求できる。代位規定はなく損益相殺の対象にならない（573頁）。

約款上，「傷害」には自覚症状を裏付けるに足りる医学的他覚所見がないものを含まないとされ，自賠責の後遺障害認定を受けていても保険金が払われないことがある（たとえば大阪地判平成30年2月23日[83]）。

免責事由は人身傷害保険とほぼ同じである[84]。重過失免責については，人身傷害保険についての説明（104頁）に譲る。

は被保険者とはならない。

(79)　平成9年の約款改正で，被保険者は，「被保険自動車の正規の乗車装置またはその装置のある室内（隔壁等により通行できないように仕切られている場所を除く）に搭乗中の者」と定められ，「極めて異常かつ危険な方法で被保険自動車に搭乗中の者」は除外されている。

(80)　判時1315，判タ699，交通百選。「亡Aは，本件事故当時B運転の普通乗用自動車の助手席の窓から上半身を車外に出し，頭部を自動車の天井よりも高い位置まで上げ，右手で窓枠をつかみ，左手を振り上げる動作をしていたというのであって，かかる極めて異常かつ危険な態様で搭乗していた者は，乗車用構造装置の本来の用法によって搭乗中の者ということはできず，「正規の乗車用構造装置のある場所に搭乗中の者」に該当しないものというべきである。」「本来の用法」という要件を付加したこの解釈は，前注のとおり約款改正で明文化された。

(81)　判時1554，交通百選，保険百選。「本件事故当時Aが乗車していた場所は，いわゆる貨客兼用自動車の後部座席の背もたれ部分を前方に倒して折り畳み，折り畳まれた後部座席背もたれ部分の背面と車両後部の荷台部分とを一体として利用している状態にあったというのであるから，右の状態においては，後部座席はもはや座席が本来備えるべき機能，構造を喪失していたものであって，右の場所は，搭乗者傷害条項にいう「正規の乗車用構造装置のある場所」に当たらないというべきである。」。

(82)　民集49-5。被保険者性を否定した。

(83)　自J2019。後遺障害保険金を請求した事案。自賠責併合14級認定を受けた頚部痛，背部腰部痛について，「本件契約の約款によれば，本件契約の搭乗者傷害保険では，被保険者が症状を訴えている場合でもそれを裏付けるに足りる医学的他覚所見のない場合，傷害とは取り扱われない結果，保険会社（被告）は免責されるものと解される。」とした。

(84)　平成22年施行の保険法の規定（80条1号・3号）との整合性を図り，免責事由として，従前の「故意」のほか「重大な過失」が追加された。

(3) 無保険車傷害保険

ア　概要

被保険者[85]（被保険自動車に搭乗中の者以外に，記名被保険者及びその配偶者・同居の親族等を含み，これらの者は歩行中であっても対象となる。）が人身事故の被害者になったが，加害車に任意対人賠責保険が付保されていない場合，付保されていても保険金額が不十分な場合，運転者年齢条件等による免責で機能しない場合，当て逃げにあって加害車が不明の場合等のリスクに備える保険である。傷害保険であるが，責任保険に代替する機能を果たす。

標準約款では令和3年の改定により特約に移されている。

イ　保険金と免責事由

死亡または後遺障害を負ったことを要する。傷害のみの場合は使えず，自賠責調査事務所で後遺障害非該当とされた場合は支払われない[86]。損害額は被保険者が加害者に請求しうる損害賠償額[87]である。したがって，人傷と異なり過失相殺の適用があり，被保険者に100%の過失があって損害賠償請求権が発生しない場合は支払われない。

無保険車傷害保険は，人傷を補完する役割[88]を果たしており，免責

---

(85)　最判 H18.3.28（判時 1927，判タ 1207，交通百選，保険百選）は，事故時に胎児であった記名被保険者と運転者との子（事故日に緊急帝王切開手術を受けて出産したが重度仮死状態で，重度の精神運動発達遅滞の後遺障害が残った）の無保険車傷害保険金請求権を肯定した。これを受けて約款が改正されている。

(86)　保険金を支払ってもらうためには，保険会社を被告として無保険車傷害保険金請求訴訟を提起して，裁判所に後遺障害を認めてもらうしかない。

(87)　標準約款は，保険金請求権者と賠償義務者の間で損害賠償責任の額が定められているといないとにかかわらず，保険金請求権者と保険会社の協議により，それが成立しない場合は保険会社と保険金請求権者との訴訟，裁判上の和解，調停によるとする（前掲「自動車保険の解説 2023」361 頁〜144 頁）。TN，SJ 等は人傷基準により支払うとしている。弁護士費用について，東京高判 H14.6.26（判時 1808，保険百選）等は保険金の支払の対象となることを認めている。なお，被害者が，まず，加害者に対する損害賠償請求訴訟を提起して全部認容判決（加害者は賠償資力に乏しく積極的に争わないことが少なくない。）が確定した場合でも，その既判力は後訴（保険会社に対する無保険車傷害保険金請求）には及ばない。約款も「保険金請求権者と賠償義務者の間で損害賠償責任の額が定められているといないとにかかわらず」としている。

(88)　TN 等では，対人賠責保険を契約した場合で，人傷保険を契約しないとき（及びファミリーバイク特約を「自損事故傷害あり」で契約したとき）にセットされている。

事由も人傷とほぼ同じである。

ウ　代位

損害填補型の保険であり（傷害疾病損害保険），保険金を支払った保険者は，被害者の損害賠償請求権に代位する。その結果，保険金は損害から控除される（損益相殺）。

4　人身傷害保険

(1)　人身傷害保険の意義と特徴

ア　意義

自動車事故により身体に傷害を負った被害者が，加害者の賠償責任の有無にかかわらず（ノーフォルト型），自ら契約した保険契約にもとづいて（ファーストパーティ型[89]），所定の基準によって算定された損害額相当の保険金の支払を受ける保険である。平成10年に保険自由化とともに発売された。補償範囲が広く，無保険事故や自損事故による傷害もカバーする。現在は，自家用普通自動車の8割強に付保されている。

人身傷害保険（人傷）のメリットとして，被害者過失部分等も補償されるので，事故状況に関係なく，自分のけがの損害額全額の補償を（保険金額の限度ではあるが）受けられる，示談交渉等に煩わされることなく自分が契約した保険会社（人傷社）から迅速に直接保険金の支払が受けられる，という点があげられている。

イ　法的性質

実損填補型の傷害保険であること等から，保険法2条7号の傷害疾病損害保険契約と解する説が多いが，問題がないわけではない[90]。

---

(89)　これに対し，賠償責任保険はサードパーティ型に分類される。パーティ（party）とは当事者のことで，被保険者が第1当事者（ファーストパーティ），保険者が第2当事者，被害者が第3当事者（サードパーティ）である。

(90)　傷害疾病損害保険と解すれば，人傷約款の代位規定は，損害保険契約についての保険法25条の確認規定ということになる。実損填補型として構成されていることからは傷害疾病損害保険契約ということになりそうだが，保険法2条7号は「(当該傷害疾病が生じた者が受けるものに限る)」と規定しているところ，人傷は親族固有の損害も填補する（これらの者は怪我をしていないのに保険金を請求できる）としている。

(2) 人身傷害保険の保険事故と填補される損害

ア　保険事故の範囲

保険会社により異なるので，保険証券や約款の確認が必要である。運行起因事故については，カバーする範囲が狭い順に，①被保険自動車型（被保険自動車の運行に起因する事故），②自動車事故型（被保険自動車に限らず自動車の運行に起因する事故。たとえば歩行中に自動車に轢かれた場合も含む），③交通事故型（②に加えて交通乗用具[91]による事故も含む）がある。約款は，②を基準にして特約で①に狭める（または③まで拡張する）もの（TN[92]など）と，①を基準にして②（または③）まで拡張するもの（SJなど）等があり，改訂もあるので必要に応じて確認する[93]。

運行起因事故のほかに，飛来中または落下中の他物との衝突等の事故については，運行中であれば運行起因性を問わず保険事故と扱われる。

> TN約款　第2章　傷害保険
> 人身傷害条項
> 第1条（この条項の補償内容）
> (1)当会社は，人身傷害事故により第2条（被保険者および保険金請求権者）に規定する被保険者またはその父母，配偶者（略）もしくは子に生じた損害（略）に対して，この人身傷害条項および基本条項にしたがい，第4条（お支払いする保険金）に規定する保険金を支払います。
> (2)この人身傷害条項において人身傷害事故とは，日本国内において，下表のいずれかに該当する急激かつ偶然な外来の事故により，被保険者が身体に傷害を被ることをいいます。
> ①自動車または原動機付自転車の運行に起因する事故

(91)　電車，自転車，エスカレーター等。

(92)　ただし，TN等は96頁のとおり，被保険者の範囲を被保険自動車搭乗中の者等に限定しており，歩行中の事故や他車搭乗中の事故は基本的に補償されない。「人身傷害の他車搭乗中および車外自動車事故補償特約」で被保険者の範囲が拡張される。特約の有無を確認すること。

(93)　たとえばMSは，交通乗用具特約で③まで，自動車事故特約で②まで拡張する。SJは，人身傷害車外事故特約で②まで拡張する。全体的に①を基本とするもの（被保険自動車事故型）が増えており，被保険者の規定の改訂とともに補償範囲が狭くなっていることに注意。

②ご契約のお車の運行中の，次のいずれかに該当する事故
ア．飛来中または落下中の他物との衝突
イ．火災または爆発
ウ．ご契約のお車の落下

イ 急激かつ偶然な外来の事故

急激とは，突発的であることをいい，緩慢に進行する事故（疾病）を除外するものである。

偶然とは，判例（123頁）によれば，契約成立当時において保険事故の発生・不発生がいずれも可能であって発生するか否かが不確定であることをいうが，傷害保険における「偶然性」は非故意と同視されている。主張立証責任の所在については，故意免責条項と関連して争いがあるが，最高裁は，免責条項は注意的確認的規定であり，請求者が偶然性＝非故意性を主張立証すべきであるとしている(94)。

外来とは，被保険者の身体の外部からの作用であることをいい，被保

(94) 大阪民事実務研究会「保険金請求事件の要件事実の整理と審理上の留意点―偶然性，外来性，因果関係を中心に」（判タ1522）。福岡高判H29.6.28（自J2006）は，「人身傷害保険金，傷害一時金及び傷害一時金の頚部捻挫等追加給付特約に基づく保険金に係る保険事故の主張立証責任について保険法80条1号は，傷害疾病損害保険契約について，被保険者の故意又は重大な過失により給付事由（保険事故）を発生させたことを免責事由と規定しているものの，同条が強行規定であるとまで解することはできないから，各保険契約の約款を個別具体的に解釈して決すべきである。本件約款においては，前記のとおり，人身傷害保険金の発生要件として，急激かつ偶然な外来の事故を定めているから，本件事故が偶然な事故であること，すなわち控訴人Aの意思によらないことの主張立証責任は，控訴人A及び控訴人Bが負うものと解される。」とした。免責事由の主張立証責任は保険会社側にあることとの関係については，最判H13.4.20（同日2件。判時1751-163／同-171）が，免責条項を確認的規定とした。「本件各約款に基づき，保険者に対して死亡保険金の支払を請求する者は，発生した事故が偶然な事故であることについて主張，立証すべき責任を負うものと解するのが相当である。けだし，本件各約款中の死亡保険金の支払事由は，急激かつ偶然な外来の事故とされているのであるから，発生した事故が偶然な事故であることが保険金請求権の成立要件であるというべきであるのみならず，そのように解さなければ，保険金の不正請求が容易となるおそれが増大する結果，保険制度の健全性を阻害し，ひいては誠実な保険加入者の利益を損なうおそれがあるからである。本件各約款のうち，被保険者の故意等によって生じた傷害に対しては保険金を支払わない旨の定めは，保険金が支払われない場合を確認的注意的に規定したものにとどまり，被保険者の故意等によって生じた傷害であることの主張立証責任を保険者に負わせたものではないと解すべきである。」（平成10年(オ)897号事件）

険自動車の外部からの作用であることを意味しない。運転中ため池に転落して溺死した事案について保険金支払義務を認めた最判平成 19 年 10 月 19 日[95]を契機として，疾病免責条項が導入された（104 頁）。

ウ　運行に起因する事故等

「運行」は自賠法２条２項の「運行」と同義であると解されている。

たとえば，乗降時の転倒（最決平成 24 年７月 10 日[96]）が「運行」に起因する事故かどうか問題となる。運行供用者責任における運行起因性については，185 頁以下で扱う。

自損事故保険，搭乗者傷害保険と同じく，運行起因事故ではない，運行中の飛来中または落下中の他物との衝突等による傷害もカバーされる。たとえば，山道を走行中に崖崩れにあって車ごと流され，乗員が死傷した場合，運行起因性の判断には困難を伴う（197 頁）が，人傷保険金は支払われる。

エ　填補される損害

上記保険事故によって被保険者またはその父母，配偶者もしくは子が被る損害である。

搭乗者傷害保険と同じく，約款で症状を裏付ける医学的他覚所見のないものが傷害から除外されており，自賠責の後遺障害認定を受けていても後遺障害保険金が払われないことがある（たとえば金沢地判令和４年７月 28 日[97]）。

支払われる保険金は，約款の人身傷害条項損害額基準により算定され，裁判基準によって算定される損害額より一般に低額である[98]。

---

(95)　判時 1990，判タ 1255，保険百選。運転中にため池に転落した事案につき，事故により溺死したというのであるから，仮に転落の原因が疾病により適切な運転操作ができなくなったためであったとしても，保険会社は保険金支払義務を負うとした。

(96)　判タ 1384。原審大阪高判 H23.7.20。人身傷害補償条項における「自動車の運行に起因する」について，「運行に起因する」とは，自賠３「運行によって」と同義であり，降車のため停車中のタクシーから降車し終わってドアを閉じるまでとし，降車後１，２歩歩いたところで段差に躓いて転倒した（妻は車内で支払中）事案について運行起因性を肯定した。

(97)　自 J2137。頸椎捻挫等の傷害を負い，自賠責で 14 級９号の認定を受けた被害者の人傷保険金請求を，医学的他覚所見を伴う後遺障害が生じたとは認められないとして退けた。

(98)　TN 約款によれば，たとえば，後遺障害慰謝料は１級 1900 万円（父母，配偶者，子のいずれ

(3)　被保険者

ア　人傷保険の適用

人傷保険が使えるかどうかは保険事故の範囲と被保険者の範囲の組み合わせ等で決まる（免責事由の有無が問題となることもある。）が，各社の約款はまちまちで改訂もあり，特約も確認が必要である。

イ　被保険者の定め方

賠責保険と同じく，記名被保険者を中心に被保険者群が構成されていたが，近時変化が見られ，被保険自動車搭乗中の者等に限定する約款が増えている(99)。特に，過失相殺が問題になりそうな場合は，被害者が被保険者かどうか確認する(100)。

> TN約款　同前　（注は省略）
>
> 第2条（被保険者および保険金請求権者）
>
> (1)この人身傷害条項において被保険者とは，下表のいずれかに該当する者をいいます。
>
> ①ご契約のお車の正規の乗車装置または正規の乗車装置のある室内（＊1）に搭乗中(101)の者
>
> ②①以外の者で，ご契約のお車の保有者（＊2）。
> ただし，ご契約のお車の運行に起因する事故の場合に限ります。
>
> ③①および②以外の者で，ご契約のお車の運転者（＊3）。
> ただし，ご契約のお車の運行に起因する事故の場合に限ります。

かがいる場合は2400万円），14級50万円，死亡慰謝料は1900～2400万円，将来の介護料は別表第1の1の1級で月17万円（原則として定期金）とされている。

(99)　かつては，現在のJAのように，記名被保険者を中心に親族を被保険者とするものが多かったが，TN，SJ等「被保険自動車搭乗中」型が増えている。保険事故の規定とともに，補償範囲を狭めていることに注意。

(100)　たとえば，被害者の親族が自動車を所有しており人傷保険に入っていれば，歩行中に車に轢かれた場合も，他の車に同乗していた場合も，その親族の人傷が使えるかもしれない。

(101)　東京地判H17.2.4（判タ1187）は，運転者が車外に出ている時に，助手席の搭乗者が，車外に出て運転席側のドアを開け，上半身を乗り入れる格好で車外からエンジンキーの操作を行いエンジンを停止させたところ，当該自動車が坂道の途中であったことから，下り方向となる後方に動き出し，ガードレールに接触して徐々に閉まっていき，ドアと車体に挟まれて死亡した事例について，ハンドブレーキ又はフットブレーキをかけるために室内に乗車しようとしていたと認めることが合理的であるとして，「搭乗中」にあたるとした。

(2)(1)の規定にかかわらず，下表のいずれかに該当する者は被保険者に含みません。
①極めて異常かつ危険な方法でご契約のお車に搭乗中の者
②業務としてご契約のお車を受託している自動車取扱業者（＊4）
(3)この人身傷害条項の規定は，それぞれの被保険者ごとに個別に適用します。
(4)この人身傷害条項において保険金請求権者[102]とは，人身傷害事故によって損害を被った下表のいずれかに該当する者をいいます。
①被保険者
②被保険者の法定相続人
　ただし，被保険者が死亡した場合に限り，保険金請求権者とします。
③次のいずれかに該当する者
ア　被保険者の配偶者（＊5）
イ　被保険者の父母または子

JA約款[103]　（注は省略）
第4条［この特約の保障を受けられる方 － 被共済者の範囲］
(1)この人身傷害保障条項において被共済者は，次のいずれかに該当する者とします。
①記名被共済者
②記名被共済者の配偶者
③記名被共済者またはその配偶者の同居の親族
④記名被共済者またはその配偶者の別居の未婚の子
⑤①から④まで以外の者で，被共済自動車の正規の乗車装置またはその装置のある室内（注）に搭乗中の者
(2)(1)の被共済者のほか，(1)の被共済者以外の者で，次のいずれか

(102)　人傷では被保険者は保険事故の客体という意味で用いられており，保険金を請求できる者とイコールではない（保険事故の客体としての被保険者及びその父母，配偶者，子に生じた損害について保険金を払うとしている。）。そのため保険金請求権者という用語を用いて両者を区別している。
(103)　令和7年1月1日以降始期用のもの。WEB約款あり。

に該当する者をこの人身傷害保障条項の被共済者とします。ただし，これらの者が被共済自動車の運行に起因する事故により身体に傷害を被り，かつ，それによってこれらの者に生じた損害に対して自動車損害賠償保障法第3条に基づく損害賠償請求権が発生しない場合に限ります。
①被共済自動車の保有者（注）
②被共済自動車の運転者（注）
(3)(1)および(2)の規定にかかわらず，次のいずれかに該当する者は被共済者に含みません。
①自動車に極めて異常かつ危険な方法で搭乗中の者(104)
②自動車取扱業者。ただし，業務として受託した被共済自動車を使用または管理している間に限ります。

ウ　死亡保険金請求権の帰属

生命保険金や傷害保険の死亡保険金は相続財産ではないとされてきた。では人傷の死亡保険金はどうだろうか。約款は，被保険者が死亡した場合はその法定相続人が保険金請求権者となると規定するが，その趣旨が問題となる。保険金は被保険者（被相続人）の遺産に属し，相続によって相続人に帰属する（承継取得説）のだろうか。それとも，相続分に応じて相続人に直接帰属する（原始取得説）のだろうか。保険法下では，人傷保険が損害保険だということを重視すれば(105)承継取得説に傾くことになるだろう。東京地判平成27年2月10日(106)は，保険法施行前に

(104)　軽貨物自動車（軽トラ）の荷台に乗車（道交法で認められている場合がある。）した記名被保険者の子につき，福岡地判H 19.7.13（判時2005）は，「極めて異常かつ危険な方法で搭乗中の者」にあたらず，免責事由としての「極めて重大な過失」にもあたらないとした。

(105)　被保険者（被相続人）に発生した損害を填補する以上，法定相続人への承継取得となるというのが民事法の基本原則であり，それを約款で容易に変更することはできないと考える。学説上も多数説であると言われている。

(106)　2015WLJPCA02106001。契約者兼被保険者による，非法定相続人へ包括遺贈する遺言があった（他に法定相続人が存在する。原告は遺言執行者）事案。「被保険者が死亡した場合，仮に，被保険者が保険金請求権を取得するとすれば，通常，被保険者の死亡時点で，その保険金請求権が相続財産となり，法定相続人が相続によって取得することになるはずにもかかわらず，本件約款においては，上記のとおり「被保険者が死亡した場合は，その法定相続人」との文言が敢えて付加されていることに照らし，本件契約上，被保険者が死亡した場合の保険金請求権者は，被保

締結した保険契約について原始取得説を採っていたが，同法施行後に締結した保険契約については，東京地判令和2年3月24日[107]及び福岡高判令和2年5月28日[108]等が，承継取得説を採っている。

相続放棄との関係も問題になる。被保険者（被相続人）が多額の債務を負っていて相続人が相続放棄した場合でも，固有財産として保険金（被保険者本人分）をもらえるのか。原始取得説によれば肯定され，承継取得説によれば否定されることになるだろう[109]。保険法施行前の事案について，盛岡地判平成21年1月30日[110]は原始取得説をとって相続財産に属さないとしたが，前掲令和2年福岡高判は承継取得説を採り，保険金請求権は遺産に属し相続放棄の対象となるとした。

(4)　保険金の支払

ア　支払保険金

人身傷害保険は，損害填補を目的とする保険であるが，損害額は保険会社の算定基準（人身傷害損害額基準）にしたがって算出される。もっとも，人傷算定基準によって算出された損害額がそのまま支払われるとは限らず，保険金額（アマウント）の制約がある。保険金額は3000万円

険者すなわち亡Aの法定相続人であると解釈するのが自然かつ合理的である。」

(107)　2020WLJPCA03248028。人傷保険の法的性質（傷害疾病損害保険であること）を重視して承継取得説を導いている。

(108)　判タ1482，判時2480。被保険者の法定相続人全員が相続放棄して保険金請求訴訟を提起した。「このような死亡によって生ずる逸失利益や精神的苦痛等の損害の帰属に関する一般的理解に照らすと，本件約款中の「保険金請求権者」に関する本件定義規定の〔1〕の定め（注：保険金請求権者として「被保険者」と規定する。）は，被保険者に死亡，後遺障害又は傷害のいずれの結果が生じたかを問わず，被保険者が，これによって同人に生じた損害に係る保険金請求権を取得する旨を定めたものと解するのが相当である。そして，本件定義規定の〔1〕に付された「(注) 被保険者が死亡した場合は，その法定相続人とします。」との記載は，被保険者が死亡した場合は，これが相続によって承継される旨を，一般の顧客に対して説明する趣旨で，付加的，注意的に述べたものと解される。」

(109)　保険会社が払ってしまうと，相続財産管理人や債権者との間で争いになりうる（承継取得説なら相続していないから払えないことになる。）。さらに，被保険者の債権者が差押をした場合も両説によって結論が変わる（原始取得説なら差押は無効）。

(110)　LEX/DB25480033。被保険者の法定相続人全員が相続放棄したため，相続財産管理人が選任されて保険金を請求した。

から2億円（3000万円か5000万円としていることが比較的多い）ないし無制限から選べる[111]。

TN約款　同前（＊4以外の注は省略）

第4条（お支払いする保険金）（注は一部を除き省略）

(1) 1回の人身傷害事故について，当会社は，被保険者1名について次の算式によって算出される額を保険金として支払います。ただし，1回の人身傷害事故について当会社の支払う保険金の額は，被保険者1名について，保険証券記載の保険金額を限度とします。

(2)の規定により決定された損害の額 ＋(5)の表の費用の額の合計額＝保険金の額

(2) (1)の損害の額は，被保険者が人身傷害事故の直接の結果として，下表のいずれかに該当した場合に，その区分ごとにそれぞれ，(7)，(8)およびこの人身傷害条項の別紙の規定により算定された額の合計額とします。ただし，賠償義務者（＊1）がある場合において，算定された額の合計額が自賠責保険金等によって支払われる金額を下回る場合には，自賠責保険等によって支払われる金額を損害の額とします。

①傷害　　②後遺障害　　③死亡

(3) (1)に規定する保険金を支払うべき損害が生じた場合で，人身傷害事故により，被保険者の治療日数（＊2）の合計が5日以上となった場合は，当会社は，被保険者1名について10万円を傷害一時費用保険金として被保険者に支払います。

(4)（略）

(5)保険契約者または被保険者が支出した下表の費用は，これを損害の一部とみなし，(1)の規定にしたがい，保険金を支払います。ただし，収入の喪失は下表の費用に含みません。（略）

(6)下表のいずれかに該当するものがある場合において，その合計額が保険金請求権者の自己負担額（＊4）を超過するときは，当

(111)　無制限以外の場合，普通保険約款別表2の1の1・2級と同2の2の1～3級（3級は③，④）の重度障害で介護が必要と認められる場合については，保険金額の2倍をアマウントとすることが多い（倍額条項）。

読み替え規定

会社は，(1)の規定によって決定される額からその超過額を差し引いて保険金を支払います。なお，賠償義務者（＊1）があり，かつ，判決または裁判上の和解（＊5）において，賠償義務者（＊1）が負担すべき損害賠償額がこの人身傷害条項の別紙の規定と異なる基準により算定された場合（＊6）であって，その基準が社会通念上妥当[112]であると認められるときは，自己負担額（＊4）の算定にあたっては，その基準により算出された額（＊7）を(2)の規定により決定された損害額とみなします。

①自賠責保険等によって支払われる金額

②自動車損害賠償保障法に基づく自動車損害賠償保障事業によって既に給付が決定しまたは支払われた金額

③第1条（この条項の補償内容）(1)の損害について，賠償義務者（＊1）が法律上の損害賠償責任を負担することによって被る損害に対して，対人賠償保険等によって既に給付が決定しまたは支払われた保険金もしくは共済金の額

④保険金請求権者が賠償義務者（＊1）から既に取得した損害賠償金の額

⑤労働者災害補償制度によって既に給付が決定しまたは支払われた額（＊8）

⑥⑦（略）

(7)同一の人身事故により，基本条項別表1の2に掲げる2種以上の後遺障害が生じた場合には，下表の「生じた後遺障害」欄に対応する「適用する後遺障害の等級」欄の等級を後遺障害の等級として適用し，損害を算定します。ただし，同一の人身傷害事故により，同条項別表1の1に掲げる後遺障害が生じた場合は，その後遺障害に該当する等級と，下表の規定による後遺障害等級のいずれか上位の等級を適用し，損害を算定します。

（略）

(8)既に後遺障害のある被保険者が第1条（略）(2)の傷害を被ったことによって，同一部位について後遺障害の程度が加重された場合は，次の算式にしたがい損害を算定します。

加重された後の後遺障害に該当する等級により算定した損害－既にあった後遺障害に該当する等級により算定した損害＝(2)の表の②の損害

限定支払条項

(9)当会社は，下表のいずれかに該当する事由により，第1条（略）(2)の傷害が重大となった場合は，その事由がなかったときに相当する額を損害の額として決定して保険金を支払います。[113]

①被保険者が第1条(2)の傷害を被った時に，既に存在していた身体の障害または疾病が影響したこと。

②被保険者が第1条(2)の傷害を被った後に，その原因となった事故と関係なく発生した傷害または疾病が影響したこと。

③正当な理由がなくて被保険者が治療を怠ったこと。

④正当な理由がなくて保険契約者または保険金の受取人が被保険者に治療を受けさせなかったこと。

（＊4）(2)の規定により決定された損害の額および(5)の表の費用の額の合計額から(1)の規定によって決定される額を差し引いた額をいいます。

傷害定額給付条項，人身傷害定額払保険（特約）等の名称で定額払いの特約も用意されている。この特約は，傷害疾病定額保険契約であり，保険金が支払われても人傷社は代位しない。

イ　請求方法

人身傷害保険金の請求方法には，損害賠償に先立って請求する方法（いわゆる人傷先行）と加害者側から損害賠償を受けた後に請求する方法（いわゆる賠償先行）がある。

このほか，人傷基準で算定された損害額のうち被害者側の過失分の支払を受ける（加害者過失部分は賠償義務者に請求することになる。）「自己過失払い」を認める約款もあった。この場合，人傷社は保険金を払っても保険代位しない。自己過失払いは，かつては多くの約款で認められていたが，現在ではほとんど廃止されているようだ。

(112)　たとえば，公示送達による場合などに社会通念上妥当でないとされる可能性がある。
(113)　人傷保険金請求事件における限定支払条項の適用例として，京都地判 R2.6.17（交民53-3）。

(5) 免責

ア　免責事由

TN約款　同前（＊7以外の注は省略）

第2条（再掲）

(3)この人身傷害条項の規定は，それぞれの被保険者ごとに個別に適用します。

第3条（保険金をお支払いしない場合）

(1)当会社は，下表のいずれかに該当する事由によって生じた損害に対しては，保険金を支払いません。

①戦争……

②地震……

③次のいずれかに該当する事由……

④次のいずれかに該当する事由……

⑤次のいずれかに該当する事由……

(1)は異常危険

(2)当会社は，下表のいずれかに該当する損害に対しては，保険金を支払いません。

①次のいずれかに該当する者の故意または重大な過失(114)によって生じた損害

ア　被保険者

イ　保険金の受取人。ただし，その者が受け取るべき金額に限ります。

②被保険者の闘争行為，自殺行為または犯罪行為によって生じた損害

③被保険者が，運転する地における法令に定められた運転資格を持たないでご契約のお車を運転している場合に生じた損害(115)

④被保険者が，麻薬，大麻，あへん，覚せい剤，危険ドラッグ（＊5），シンナー等（＊6）を使用した状態で(116)ご契約のお車を運転している場合に生じた損害

⑤被保険者が，酒気を帯びて（＊7）ご契約のお車を運転している場合に生じた損害

⑥被保険者が，ご契約のお車の使用について，正当な権利を有する者(117)の承諾を得ないでご契約のお車の搭乗中に生じた損

害

⑦平常の生活または平常の業務に支障のない程度の微傷に起因する創傷感染症（＊8）による損害

疾病免責条項

⑧被保険者の脳疾患，疾病または心神喪失によって生じた損害[118]

（＊7）道路交通法第65条第1項違反またはこれに相当する状態をいいます。

イ　重過失免責等

重過失（重大な過失）は，ほとんど故意に等しい注意欠如の状態であると解されている[119]。加害者に対する損害賠償請求についての過失相殺率が5割程度でも，重大な過失として免責されることがある（東京地判平成30年1月17日[120]）。酒気帯び運転の同乗者についても重過失免

---

(114)　保険法80条1号，3号との平仄を合わせたものである。

(115)　自損事故保険，搭乗者傷害保険，無保険車傷害保険も同じ。対人・対物賠責では，被保険者（加害者）が無免許や酒気帯びでも有責である。

(116)　「……等の影響により正常な運転ができないおそれがある状態でご契約のお車を運転している場合に生じた損害」としていたのを改訂した。危険ドラッグも追加した。

(117)　最判S58.2.18（判時1074，判タ494，交通百選）は，自損事故条項について，又貸しの場合は許諾被保険者に含まれないとした。

(118)　前掲最判H19.10.19は，災害補償共済の支払事由としての「外来の事故」について，請求者に被共済者の傷害がその疾病を原因として生じたものではないことまで主張立証する責任はない（抗弁説）とした最判H19.7.6（判タ1251）と同様の判断を，自動車保険の人身傷害補償約款についてもしている。これを受けて，約款に疾病免責条項が導入された。

(119)　札幌高判H23.9.30（自J1894）は，パトカーの追跡を免れるために幅員4m，時速30km制限の住宅地内の道路を少なくとも時速85kmで走行し，カーブを曲がりきれずに民家の塀に激突して死亡した被害者の遺族が人傷保険金を請求した事案で，「「極めて重大な過失」とは，通常人に要求される程度の相当の注意をしないでも，わずかの注意さえ払えば，たやすく結果を予見することができた場合であるのに，漫然とこれを見過ごしたような，ほとんど故意に等しい注意欠如の状態をいうと解すべきである。」として，「極めて重大な過失」を認定した。最決H25.1.15（自J1894）で上告不受理。

(120)　自J2019。「本件事故時，夜が少しずつ明け始め，また，交通量が少なかったなどといった事情を考慮しても，前記のとおり，亡Fが，泥酔の上，車道上に座って一定時間継続して交差点内にとどまるというそれ自体事故発生の危険性の高い行為に及んでいることなどからすれば，亡Fには，本件特約等にいう重大な過失が認められる。」過失相殺率は50%とした。

責が認められることがある（札幌地判令和3年1月27日[121]）。

酒気帯び免責条項については，約款の文言を制限的に解釈する裁判例（大阪地判平成21年5月18日[122]）もあるが，このような制限的な解釈をしない裁判例（たとえば東京地判平成23年3月16日[123]）が多い。

---

(121)　自 J2093。同乗者 W（運転者 X の妻）の保険金請求につき，「X については，本件事故の当時，「道路交通法65条1項に定める酒気帯び運転又はこれに相当する状態」にあったものと認められるところ，W は，本件事故前日の夕方以降，X とその行動を共にし，X が飲食する様子を認識していたにもかかわらず，本件事故直前に X が本件車両の運転を開始する際，X の状況を確認したり，運転代行を要請することを検討したりすることなくその運転を委ねている」とし，「X は，本件車両の運転を開始した直後に居眠りをし，本件事故を発生させたため，W の身体に傷害を生じたというのであって，飲酒運転の重大性も考慮すれば，「損害が保険金を受け取るべき者の重大な過失によって生じた場合」に該当するものといわざるを得ない」ことから，「W の保険金請求については，本件重過失免責条項により，甲損保は免責となる」として棄却した。

(122)　判時 2085，判タ 1321。「本件免責条項〔2〕は，「道交法第65条第1項に定める酒気帯び運転違反もしくはこれに相当する状態で被保険自動車を運転している場合」に生じた損害に対しては，保険金を支払わないことを定めるところ，同法65条1項に定める「酒気を帯びて」とは，およそ社会通念上酒気を帯びているといわれる状態，具体的には，その者が，通常の状態で身体に保有する程度以上にアルコールを保有している状態にあり，このことが顔色，呼気等の外観上認知できる状態にあることをいうものと通常解釈されている。」「上記のような本件免責条項全体の趣旨及び効果との整合性等をも考慮すれば，本件免責条項〔2〕は，その形式的文言にかかわらず，酒気を帯びた状態での運転のうち，アルコールの影響により正常な運転ができないおそれがある状態での運転を免責事由とする趣旨であると制限的に解釈することが，当事者の合理的意思にかない，相当であると解する。」これらのほか，酒気を帯びて運転した者のうち，政令値以上のアルコール濃度（呼気1ℓ中0.15mg以上）が認められる場合に限定して適用されるべきであるとする見解もある。

(123)　自 J1851。「酒気帯び免責条項は，「被保険者が，道路交通法第65条第1項に定める酒気帯び運転またはこれに相当する状態でご契約のお車を運転している場合に生じた傷害」に対しては，保険金を支払わない旨規定している。道路交通法第65条第1項にいう「酒気を帯びて」とは，およそ社会通念上酒気を帯びているといわれる状態をいい，具体的には，通常の状態で身体に保有する程度以上にアルコールを保有していることが，顔色，呼気等により，外観上認知することができるような状態にあることをいうものと解される（道路交通法は，刑事罰の対象を，酒気を帯びて運転した者のうち，酒に酔った状態か，政令で定めるアルコール濃度以上の場合に限っているが，同法第65条第1項により禁止される酒気帯び運転の範囲はこれよりも広い。）。そうすると，酒気帯び免責条項にいう「道路交通法第65条第1項に定める酒気帯び」とは，社会通念上酒気を帯びているといわれる状態をいい，具体的には，通常の状態で身体に保有する程度以上にアルコールを保有していることが，顔色，呼気等により，外観上認知することができるような状態にあることをいうと解される。」なお，「ノンアルコールビール」（アルコール度数0.5%）摂取の事案について名古屋地判 R4.5.24（交民 55-3）。

ウ　個別適用に注意

免責事由では個別適用に注意しなければならない。ある被保険者について免責事由がある場合にでも他の被保険者についても免責となるとは限らない(124)。

> TN約款　同前
> 第2条（再掲）
> (3)この人身傷害条項の規定は，それぞれの被保険者ごとに個別に適用します。

(6)　代位と控除

ア　人傷先行と賠償請求先行

人傷発売当時のコンセプトのとおり，被害者が人傷保険金の受領で満足し，加害者には損害賠償請求しないのであれば問題は発生しないが，人傷が填補する損害額（人傷基準損害額）は，裁判例の積み重ねによって形成されてきた基準により裁判所が算定する損害額（裁判（訴訟）基準損害額）より低いことが多いし，保険金額の制約も受ける。そこで，保険金受領後に加害者に損害賠償請求したり，過失相殺がある場合等で加害者からの賠償金受領後に人傷保険金請求をすることが少なくない。

人傷社に対する人傷保険金請求と対人社に対する請求はいずれを（いずれから）行使することもできるが，人傷は損害填補性を有する（損害保険）ので，保険金を支払った（人傷先行）人傷社は，被害者の加害者に対する損害賠償請求権に代位する（保険法25条（請求権代位））。代位が生じると，被害者の加害者に対する損害賠償請求権が減縮する。

代位により人傷社に移転する債権額は，差額説（保険法25条1項，35条）に基づいて決まる。下記（＊2）は，代位額の基準となる損害額について訴訟基準差額説（109頁）を規定したものである。

---

(124)　たとえば，被保険自動車を無免許運転中に追突事故にあった場合，無免許運転をしていた被保険者の損害については免責だが，被保険自動車に同乗していた被保険者の損害については有責。

TN約款　第4章基本条項　第7節その他事項（＊2，＊6以外の注は省略）

第2条（代位）

(1)損害が生じたことにより被保険者または保険金請求権者が損害賠償請求権その他の債権（＊1）を取得した場合において，当会社がその損害に対して保険金を支払ったときは，その債権は当会社に移転します。ただし，移転するのは，下表の額を限度とします(125)。

①当会社が損害の額（＊2）の全額を保険金として支払った場合は，被保険者または保険金請求権者が取得した債権の全額

②①以外の場合は，被保険者または保険金請求権者が取得した債権の額から，保険金が支払われていない損害の額（＊2）を差し引いた額

(2)(3)略

（＊2）人身傷害条項においては，同条項第4条（お支払いする保険金）(2)の規定により算定された額を損害の額とします（＊6）。ただし，賠償義務者（＊7）があり，かつ，判決または裁判上の和解（＊8）において，賠償義務者（＊7）が負担すべき損害賠償額が算定された場合であって，その算定された額（＊9）が社会通念上妥当であると認められるときは，その算定された額（＊9）を損害の額とみなします。

（＊6）この場合において，当会社に移転する債権の額は，(1)の表の額または当会社が支払った保険金の額のいずれか低い額を限度とします。

一方，被害者が，損害賠償金を受領した後に人傷保険金を請求する場合（賠償先行）は，受領した損害賠償金は人傷保険金から控除される。

(125)　請求権代位により人傷社に移転する債権の額を差額説によって決定するものである。損害の額については，人傷保険特有の規定が設けられている。かつては，「その損害に対して支払った保険金の額の限度内で，かつ，保険金請求権者の権利を害さない範囲で，保険金請求権者が他人に対して有する権利を取得する。」といった規定であり，その解釈が問題となった（たとえば後掲最判H24.2.20の事案）。

請求側代理人は，加害者に対する損害賠償請求と人傷社に対する保険金請求の両方をにらみながら，損害の填補を図らなければならない。

イ　人傷先行の場合

人傷保険金を支払った人傷社が，どの範囲で被害者の損害賠償請求権に代位する（損害賠償請求権を取得する）かが問題である。代位の範囲によって被害者の損害賠償請求権の額が左右されるため，人傷保険の発売以来，後掲平成24年最高裁判決まで激しく争われてきた[126]（差額説を採用した保険法の施行は平成22年4月）。

設例

裁判基準損害額1億円，被害者過失4割。
人傷基準損害額7000万円，人傷保険金額5000万円。
人傷保険金5000万円を受け取って訴訟提起すると，判決認容額はいくらになるか。

被害者との関係で加害者に最も有利なのが，人傷保険金5000万円を，損害額のうち被害者が加害者に請求できる部分（加害者過失部分）にまず充当する絶対説である。

人傷保険金5000万円は損害賠償請求権6000万円を下回るので，人傷社は支払保険金額5000万円全額について損害賠償請求権に代位する（請求権が人傷社に移転する）。損害賠償請求権の残りは6000万円－5000万円＝1000万円なので，判決では1000万円が認容される。被害者の総回収額は，5000万円＋1000万円＝6000万円となり，人傷社は単に立替払いをしただけの結果となる。

(126)　H24最判以後は過去の論争とも言えるが，人傷を理解する上では理解が必要である。各説については，赤い本2007年下巻「人身傷害補償保険をめぐる諸問題」，同2011年下巻「人身傷害補償保険金と自賠責保険の代位について」，同2012年下巻「人身傷害補償保険金の支払による保険代位をめぐる諸問題」等を参照のこと。

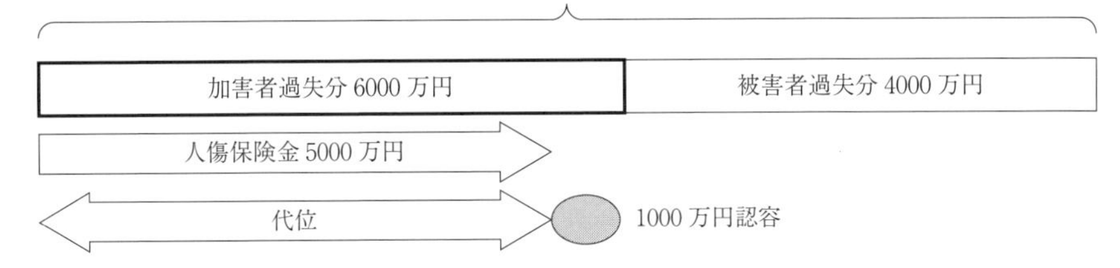

第２は，支払われた人傷保険金額を双方の過失割合で案分して，損害額の加害者過失部分と被害者過失部分（過失相殺される部分）に割り付ける，比例配分説である。

設例では，人傷保険金 5000 万円のうち被害者の過失部分４割に対応する 2000 万円は，過失相殺される１億円 ×0.4 ＝ 4000 万円の一部に充当され，残りの（5000 万円 －2000 万円 ＝）3000 万円は損害賠償請求権 6000 万円の一部に充当される。代位が生じるのは損害賠償請求権（加害者過失部分）に充当される部分なので，3000 万円について代位が生じる（被害者の請求権が人傷社に移転する）。損害賠償請求権の残りは 6000 万円 －3000 万円 ＝ 3000 万円なので，判決では 3000 万円認容される。被害者の総回収額は 5000 万円 ＋3000 万円 ＝ 8000 万円となる。

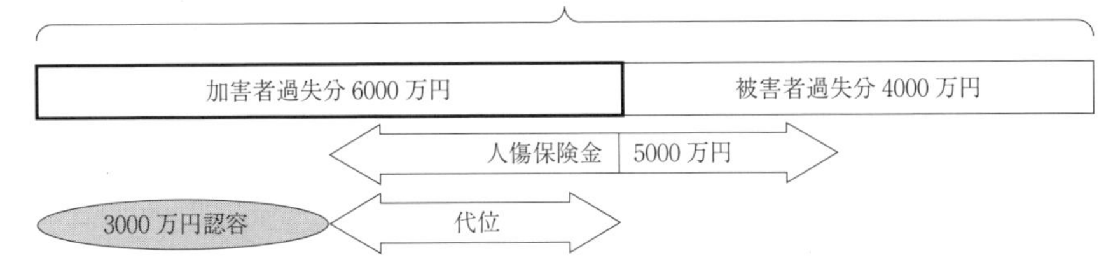

第３は，被害者が訴訟基準による損害額をもとに全損害を填補されてはじめて，人傷社に代位が生じるとする訴訟（裁判）基準差額説である。

設例では，人傷保険金 5000 万円はまず被害者の過失部分 4000 万円へ充当される（下図で人傷保険金の矢印が訴訟基準損害額の右端から左へ伸びる）。したがって，6000 万円 ＋5000 万円 －1 億円 ＝ 1000 万円が損害賠償請求権6000万円の一部に充当され，1000万円について代位が生じる。損害賠償請求権の残りは6000万円－1000万円＝5000万円なので，判決では5000万円認容される。被害者の総回収額は5000万円＋5000万円＝1億円となり，訴訟基準で算定された損害全額が回収される(127)。

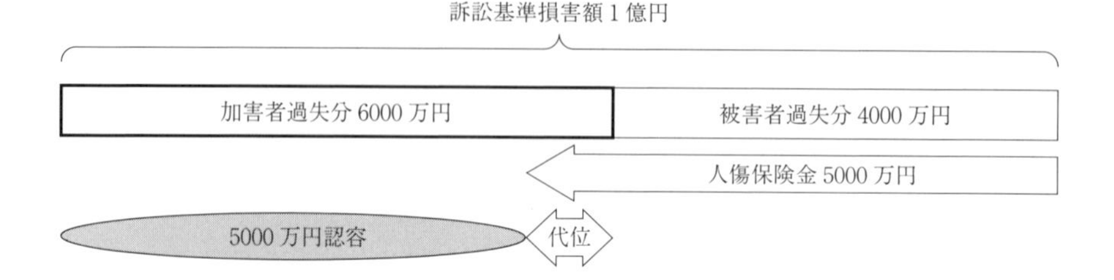

第4は，同じく差額説をとり，被害者過失部分から充当するが，填補されるべき損害額を，人身傷害保険約款で定められた損害額（人傷基準損害額）とする，人傷基準差額説である。設例では，訴訟基準による損害額1億円ではなく，人傷基準の損害額7000万円を被害者の損害額とする。人傷保険金5000万円は被害者の過失部分から充当される（下図で人傷保険金の矢印が人傷基準損害額の右端から左へ伸びる）から，6000万円＋5000万円－7000万円＝4000万円が損害賠償請求権6000万円の一部に充当され，4000万円について代位が生じる。損害賠償請求権の残りは6000万円－4000万円＝2000万円なので，認容額は2000万円となる。被害者の総回収額は5000万円＋2000万円＝7000万円となる。

---

(127)　この説が被害者にもっとも有利であるが，常に全額回収できるわけではない。被害者の過失や人傷の保険金額によっては未回収が残る（代位は生じない）。

（例1）設例で被害者過失7割の場合

5000万円＋3000万円（5000万円＜1億円×0.7なので代位なし）＝8000万円回収

（例2）設例（過失相殺4割）で人傷保険金額3000万円の場合

3000万円＋6000万円（3000万円＜1億円×0.4なので代位なし）＝9000万円回収

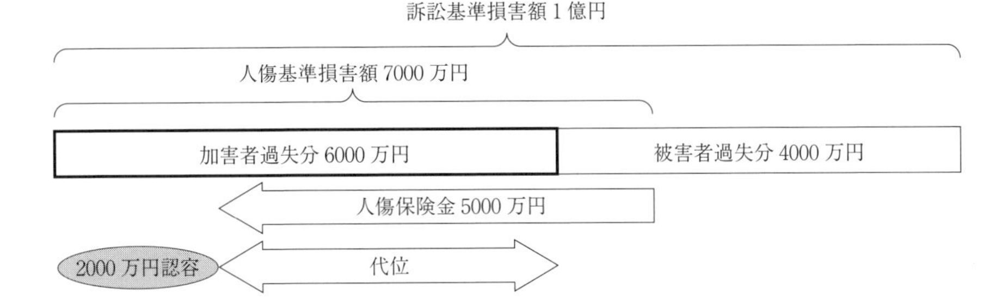

以上の学説の間で激しく争われ，下級審裁判例も分かれていたが，最判平成24年2月20日[(128)]によって一応決着した[(129)]。同最判のポイントは次の二点であり，代位の仕方についての判断は②である。

①人傷保険金を支払った保険会社は，その支払時[(130)]に損害金元本

(128)　判時2145，判タ1366，交民45-1，交通百選，要約42。「⑵本件約款によれば，上記保険金は，被害者が被る損害の元本を填補するものであり，損害の元本に対する遅延損害金を填補するものではないと解される。そうであれば，上記保険金を支払った訴外保険会社は，その支払時に，上記保険金に相当する額の保険金請求権者の加害者に対する損害金元本の支払請求権を代位取得するものであって，損害金元本に対する遅延損害金の支払請求権を代位取得するものではないというべきである。⑶次に，被保険者である被害者に，交通事故の発生等につき過失がある場合において，訴外保険会社が代位取得する保険金請求権者の加害者に対する損害賠償請求権の範囲について検討する。本件約款によれば，訴外保険会社は，交通事故等により被保険者が死傷した場合においては，被保険者に過失があるときでも，その過失割合を考慮することなく算定される額の保険金を支払うものとされているのであって，上記保険金は，被害者が被る損害に対して支払われる傷害保険金として，被害者が被る実損をその過失の有無，割合にかかわらず填補する趣旨・目的の下で支払われるものと解される。上記保険金が支払われる趣旨・目的に照らすと，本件代位条項にいう「保険金請求権者の権利を害さない範囲」との文言は，保険金請求権者が，被保険者である被害者の過失の有無，割合にかかわらず，上記保険金の支払によって民法上認められるべき過失相殺前の損害額（以下「裁判基準損害額」という。）を確保することができるように解することが合理的である。そうすると，上記保険金を支払った訴外保険会社は，保険金請求権者に裁判基準損害額に相当する額が確保されるように，上記保険金の額と被害者の加害者に対する過失相殺後の損害賠償請求権の額との合計額が裁判基準損害額を上回る場合に限り，その上回る部分に相当する額の範囲で保険金請求権者の加害者に対する損害賠償請求権を代位取得すると解するのが相当である。」なお，未だに，過失相殺がある人傷先行型の事案で，裁判所から訴訟基準差額説によらない和解案（受け取った人傷保険金額をそのまま損害額から引くなど）が出ることがあると聞く。請求側が指摘しない限りそのまま和解が成立してしまうので気を付ける。

(129)　判例を前提としても保険法25条1項の片面的強行規定性との関係で人傷基準差額説による約定が許されるかについて，山下友信「保険法」㊦（有斐閣）422頁。

(130)　差額説によれば，人傷社に代位取得される損害賠償請求権は，損害賠償当事者間で損害賠償

の支払請求権を代位取得するものであり，損害金元本に対する遅延損害金の支払請求権を代位取得するものではないとした[131]。

②人傷の保険代位の仕方について訴訟基準差額説（裁判基準差額説）を採用した（人傷の被保険者である被害者に過失がある場合，保険金を支払った保険会社は，その保険金の額と過失相殺後の損害賠償請求権の額との合計額が裁判基準損害額を上回る額の範囲で損害賠償請求権を代位取得する[132]）。

同最判は，被害者・加害者間の損害賠償請求訴訟における損益相殺の範囲について判断したものだが，最判平成24年5月29日[133]は，人傷保険金を支払った保険会社が代位取得した損害賠償請求権を加害者に対して行使する場合も，訴訟基準差額説を採ることを明らかにした。

人傷保険金を支払った人傷社が損害賠償請求権に代位する際，費目拘束性があるかどうかについては，574頁で触れる。

損害賠償請求権が減額される理由が過失相殺でなく，素因減額の場合にも訴訟基準差額説が適用されるか（減額部分に優先的に充当されるか）という問題もある[134]。

請求権が確定するまで具体的な金額が定まらない暫定的な請求権であると解される。社会保険給付の損益相殺的調整との関係について，東京高判H29.10.16（WLJPCA10166002）参照。

(131)　被害者は，事故日から人傷保険金支払日までの遅延損害金を加害者に請求できる。これに対し，社会保険給付との関係について，最判H22.9.13，同H22.10.15（558頁）は，社会保険給付による填補は不法行為時になされたと評価すべきであり，填補の対象となる損害につき事故日から支給日までの遅延損害金が発生しているとしてそれとの間で損益相殺的調整をするのは相当ではないとした。

(132)　宮川裁判官補足意見は，受領の先後による結論の差を避けるため，約款を限定解釈すべきであるとする。もっとも，大阪高判H24.6.7（自J1875）は賠償先行事案につき宮川補足意見のような限定解釈を否定し，主位的請求である裁判基準差額説では認容額がゼロとなることを前提に，予備的請求である自己過失払い請求を認めて保険金の支払を命じた（人傷社が自己過失払いによる請求に同意していた）。

(133)　判時2155，判タ1374，交民45-3。求償訴訟においては被害者不在の場で裁判基準損害額が決定されることになる。加害者（被告）は損害が大きい方が有利になる。受領の先後による結論の差を避けるため（限定解釈ではなく）約款の見直しをすべきであるとする田原裁判官の補足意見がある。

(134)　最判解H24(上)188頁は肯定するが，約款に素因減額分についての限定支払条項（102頁）が置かれているため，最判の考え方を及ぼすのは難しいのではないかとの指摘がある（交錯106頁，

ウ　賠償請求先行の場合

約款では，人傷基準損害額から受領した損害賠償金を引くとされているから，代位について訴訟基準差額説をとると，以下のように請求の先後で総回収額が異なることになってしまう。これが訴訟基準差額説の問題点とされていた。

設例（再掲）

裁判基準損害額１億円，被害者過失４割

人傷基準損害額7000万円，人傷保険金額5000万円

前述のとおり，人傷保険金5000万円を受領した後に損害賠償請求訴訟を提起すると，訴訟基準差額説によれば，未填補の損害は5000万円なので損害賠償請求権6000万円のうち1000万円について代位し，5000万円認容される。訴訟基準損害額１億円の全額が回収されることになる。

これに対し，損害賠償請求（6000万円認容）を行った後に人傷保険金を請求した場合は，保険金支払額は人傷基準損害額7000万円－6000万円＝1000万円となるはずである[135]。そうすると総回収額は6000万円＋1000万円＝7000万円にとどまることになる（自己過失払いでも人傷支払額は7000万円×0.4＝2800万円となり，総回収額は6000万円＋2800万円＝8800万円にとどまる。）。

このままでは，いずれを先に請求するかによって総回収額が異なって

落とし穴199頁同旨。反対交民54索引・解説号（若林三奈））。裁判例も，仙台高判H29.11.24（自J2022），大阪地判H24.9.19（交民45-5，交通百選），同H25.11.21（交民46-6）等，人傷保険金は素因減額による減額部分から充当すべきであるとの主張を退けるものが多いようだ。限定支払条項が適用されずに人傷保険金が支われた場合については，広島高判R3.1.29（自J2089），京都地判R3.5.11（交民54-3）が，素因減額分への優先充当を認めていた。しかし，最判R7.7.4（裁判所HP）は，「上記疾患が本件限定支払条項にいう既存の身体の障害又は疾病に当たるときは，被害者に対して人身傷害保険金を支払った訴外保険会社は，支払った人身傷害保険金の額と上記の減額をした後の損害額のうちいずれか少ない額を限度として被害者の加害者に対する損害賠償請求権を代位取得すると解するのが相当である。このことは，訴外保険会社が人身傷害保険金の支払に際し，本件限定支払条項に基づく減額をしたか否かによって左右されるものではない。」とした。

(135)　前掲大阪高判H24.6.7はそのような考え方をとる。

しまう。そこで導入されたのが「読み替え規定」である[136]。「読み替え」とは，人傷の損害額（設例では7000万円）を訴訟基準の損害額（同1億円）と読み替える（人傷の損害額を1億円とする）ということである。これによって人傷は1億円 −6000万円 = 4000万円（これは保険金額5000万円を超えない。）が支払われることになる。総回収額は1億円となり，損害全額が回収される。

読み替え規定が適用されるのは「判決または裁判上の和解」の場合と規定されており，裁判外の示談の場合は適用されないと解される[137]。

TN約款　第2章　傷害保険
人身傷害条項（＊5以外の注は省略）
第4条（再掲）
(6)下表のいずれかに該当するものがある場合において，その合計額が保険金請求権者の自己負担額（＊4）を超過するときは，当会社は，(1)の規定によって決定される額からその超過額を差し引いて保険金を支払います。なお，賠償義務者（＊1）があり，かつ，判決または裁判上の和解（＊5）において，賠償義務者（＊1）が負担すべき損害賠償額がこの人身傷害条項の別紙の規定と異なる基準により算定された場合（＊6）であって，その基準が社会通念上妥当であると認められるときは，自己負担額（＊4）の算定にあたっては，その基準により算定された額（＊7）を(2)の規定により決定された損害額とみなします[138]。
（＊5）民事訴訟法に定める訴え提起前の和解を含みません[139]。

---

(136)　賠償先行の場合の読み替え規定には，単純に判決認容額等を人傷損害額に読み替えるもの（SJ等）と，「自己負担額」型（TN等）がある。

(137)　たとえば，京都地判H25.6.13（交民46-3）。人傷あり・過失相殺ありの事案で，訴外で示談すると，提訴すれば支払を受けられた被害者過失部分の支払を受けられなくなることになりかねない。紛セで解決した場合も同様である。人傷に気付かず（または誤解して）訴外で和解等することがないように。ただし，JAの約款では，より広く「判決，裁判上の和解，調停または書面による合意」とされており，裁判外の示談でも適用対象とされていることに注意。

(138)　上記約款の読み替え規定がなければ，設例では，自己負担額は7000万円 −5000万円

エ　人傷先行は常に被害者に有利か

過失があれば人傷保険金を先に請求すべきであると言われることがあるが，訴訟を選択せず，示談交渉で解決する場合は注意しなければならない。

人傷保険金受領後の対人社との示談交渉では，対人社は，「訴訟基準差額説はあくまで訴訟をした場合の話である。」として絶対説的な感覚で対応することが多いだろう。したがって，依頼者へも，「人傷先行なら損害全額を回収できる」のは訴訟提起等を前提としている(140)ことをあらかじめ説明しておくべきだろう。

また，過失相殺がある事案等で，まず訴訟提起し，判決や和解を得た後に人傷保険金を請求する場合は，読み替え規定によって，人傷保険金受領後に訴訟提起した場合とトータルの回収額は基本的に同じになる（弁護士費用や遅延損害金には差が出る。）。依頼者の意向や訴訟における損害立証のリスク（交渉段階の対人社の対応の方が被害者に有利な場合もあり得る。）を考慮して訴訟を回避する場合は，依頼者への説明（人傷が使える場合に訴訟をしないデメリット）に気を付けるべきである。

＝2000万円，「超過額」は6000万円－2000万円＝4000万円となり，支払われる保険金は，5000万円－4000万円＝1000万円となる。

(139)　裁判上の和解から即決和解を除外する約款が多い。約款で即決和解が除外されていない場合に即決和解を利用する際は，まず「裁判上の和解」として即決和解を利用することが可能かを人傷社の担当者に確認した上で，利用可能であれば，さらに即決和解の内容についても問題ないか確認しておくとよい。17条決定（民事調停法17条の「調停に代わる決定」）でも読み替え規定が発動しない可能性がある（したがって，弁準に戻して和解したほうがよい。）。

(140)　紛セでは，斡旋・審査は裁判基準に基づいており，人傷先行の場合は訴訟基準差額説が採られる。人傷社が自賠回収している場合も同じ（不当利得容認説ないし非同視説）。人傷社の不当利得は任意社に返還すべきことになるが，両者間の交渉には紛セは関与しない（もっとも，対人社が，人傷社が返還に応じないことがあるとして，全部控除説を主張することがある。）。一方，賠償先行の場合の読み替え規定は紛セのあっせんや裁定には適用されないので，人傷社がJA以外で紛セを使う場合は原則として人傷先行すべきことになる。

(7) 自賠責保険との関係

ア　自賠責保険は誰のものか

人傷保険金を受領した被害者が，加害者に対して損害賠償請求した場合，人傷社が自賠回収（人傷一括払い[141]）していることを知った加害者

---

(141)　人傷社は16条請求権（16条請求権そのものに代位するわけではなく，16条請求権の額に相当する損害賠償請求権に代位すると説明されているようだ。）を保険代位により取得すると説明されている（大系2　294頁）。人傷一括及び人傷一括払い後の人傷社による自賠回収については，森健二「人身傷害補償保険と自賠責保険の代位について」（赤い本2011年下巻），山下典孝「人傷保険会社による自賠責保険金の回収と損益相殺との関係が争点とされた事例」（損害保険研究73-2），高野真人「任意保険・自賠責保険の現状と課題」（大系1），青本28訂版347頁以下，注解484頁以下，平山肇「いわゆる人傷一括払における代位に関する協定の効力」（赤い本2023年下巻），等を参照されたい。なお，人傷一括という語は一義的ではないことに注意。自賠責保険実務においては，人傷社が自賠責保険金分も含めて保険金を支払うことを「人傷一括払」と称している。本稿で「人傷社が回収した自賠責保険分は被害者の損害から控除されるのか」という問題は，こちらの問題である。これに対し，人傷基準に基づき算定した被保険者（被害者）の損害の額が人傷保険金額を超過する場合に，人傷社が，保険金額（アマウント）に上乗せする形で自賠責保険金を立替払いすることを「人傷一括払」ということがある（「狭義の人傷一括払」）。狭義の人傷一括払は，約款上特に記載はなく（アマウントを超える部分については約款上支払義務を負わない。），人傷社のサービスとして行われていると説明される。植草桂子「人傷一括払と自賠責保険金の回収をめぐる問題点」（損害保険研究79-4）は以下の例をあげる（同128頁。）。なお，前掲森のあげる設例には保険金額が示されておらず，これを仮に3000万円とすると狭義の人傷一括の問題となる（論旨からすれば6000万円と考えるべきか）。

（設例）

人傷基準損害額5000万円の死亡事故で，人傷社は保険金額（アマウント）3000万円に加えて，加害者加入の自賠責保険から支払われるべき自賠責保険金2000万円を立替払的に支払った。人傷社は，人傷保険金として2000万円を追加払することにより，自賠責保険から請求権代位に基づき回収した3000万円について，うち2000万円は自賠責保険金の立替払いで，残額1000万円と追加払した2000万円の計3000万円が人傷保険金の支払と整理することになる（代位に基づき回収したのは1000万円のみとなる。）。

（コメント）

設例では自賠責分満額を上乗せしておらず（アマウントオーバー分が自賠責金額に達しておらず）人傷社による取り過ぎ分（1000万円）と立替払い分（2000万円）が混在していることになる。これに対し，上掲の例で，裁判所認定損害額8000万円，過失割合50%，人傷基準損害額6000万円（アマウント3000万円），自賠責分3000万円立替払い的支払の場合は，人傷社は請求権代位していないはず（$8000 \times 0.5 + 3000 < 8000$）だが，自賠責分が丸々上乗せして払われているので，被保険者にしてみれば16条請求を代行してもらったようなもので，人傷社が全額回収しても文句を言われる筋合いはない（自賠回収額3000万円全額を損害から控除されても被害者は文句を言えない。）。もっとも自賠責保険実務では，人傷社の自賠社に対する請求はアマウント内支払分についての16条請求権代位行使と整理しており，人傷社が被害者の代理人とし

側（対人社）が，自賠責保険は加害者のための保険であり，それを人傷一括で被害者が受け取っているのだから賠償金の弁済と同じだとして，人傷社が回収した自賠責損害賠償額を損益相殺すべきだと主張することがある。被害者は，もらってもいない自賠責保険金を引かれてしまうのだろうか[142]。

設例

人傷保険金額5000万円，人傷基準損害額8000万円
訴訟基準損害額1億円（過失相殺30%）
人傷社が人傷保険金5000万円を支払い，自賠責から3000万円回収。被害者は5000万円を請求して提訴。

て16条請求を行うことは事務処理としては予定していない（前掲植草128頁）。

不当利得容認説は，狭義の人傷一括払の事案に適用すると不合理な結果となる（前掲植草134頁）。最判R5.10.16（判時2594，判タ1519）は，自賠責保険が2台有責・人傷保険金額3000万円の死亡事故で，人傷社が遺族（保険金請求権者）に計3000万円を支払い（仮協定書に自賠責保険の保険金額を含む旨記載），同額を自賠回収し，ついで人傷社は3000万円を支払って（仮協定書で，保険金合計額が6000万円であり，これは自賠責の保険金額を含む旨のほか，同様の記載あり），同額を自賠回収した事案（裁判所認定の過失相殺前の損害額（弁護士費用を除く）は8285万円余）で，原審がいずれも人傷保険金としてではなく自賠責保険からの損害賠償額の立替払であるとして過失相殺後の損害額から6000万円を控除したのに対し，最高裁は1台目の3000万円は人傷保険金としての支払であり（後掲最判R4.3.24を引用）保険代位の範囲で損害賠償請求権を失うが，2台目の3000万円は立替払だから全額控除するとした。人傷一括払いの合意がある場合でも，人傷保険契約に基づき人傷社が支払義務を負う金額分の支払は「特段の事情」（本件仮協定書は，人傷社が払ったものが自賠責損害賠償額の立替払なのか人傷保険金そのものなのかは明確にしていないので特段の事情は否定されよう）がない限り人傷保険金の支払とされ（人傷社の認識は自賠責分の立替払いであったはずだが），他方人傷保険金額を超えて人傷社が支払った分は自賠責損害賠償額の立替払いとされることになる。後掲R4.3.24と異なり，本判決は遅延損害金についての不利益しか理由にあげていないが，追加払いしている人傷社があることを意識したのかもしれない。判例評釈として，「人傷一括払の合意のもとに人傷社が支払った金銭の性質と人傷社が受領した自賠責損害賠償額を被害者の損害額から控除することの可否」（高野真人）（損害保険研究87-1）。

(142)　損保は（特に交渉段階では）全部控除説を主張することが多い。後掲令和4年最判後も，今のところ扱いが変わったという話は聞いていない。この主張が容れられると，被害者は，人傷保険金を請求して加害者に損害賠償請求したあと，さらに人傷社に自賠責損害賠償額の追加払いを求めることになるが，人傷保険金支払時の協定の清算条項（人傷保険金請求が全て終了したことを確認する旨の文言が入っている。）が障害になりそうだ。

人傷社は，被害者の損害賠償請求権を代位で取得できて初めて16条請求権に代位できるはずであり，代位の範囲は判例である訴訟基準差額説で決まるから，その範囲を超えて人傷社が自賠責保険から回収することはできないはずだと考えるのが「不当利得容認説」(143)である。被害者は人傷保険金の他に自賠責保険金を受け取ったわけではないことになり，自賠責保険金は人傷保険金の中に位置付けられる。人傷社の代位は，自賠責保険からの回収がなかった場合と同じく5000万円＋1億×(1−0.7)−1億＝2000万円で，認容額は7000万円−2000万円＝5000万円（総回収額1億円）となる。

これに対し，差額説による（人傷保険金の残額は被害者過失部分から充当する）としても，自賠責は加害者のための責任保険であり，それを人傷一括で被害者が受け取っているのは賠償金の弁済と同じだと解すれば，自賠責3000万円は加害者過失部分7000万円から控除され，認容額は7000万円−3000万円＝4000万円（総回収額9000万円）となる(144)（「全部控除説」(145)）。

両説による処理を図示すれば次のようになる。

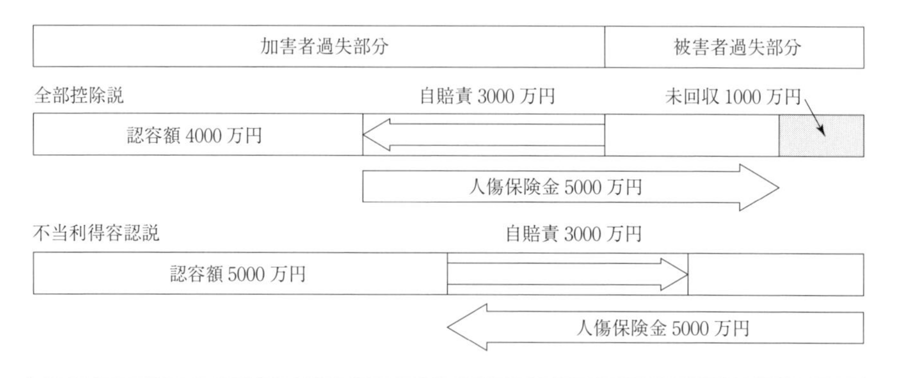

(143)　人傷社による自賠回収は被害者本人への支払とは同視できず，自賠回収の有無で代位取得額は変わらないとする。代位取得できる損害賠償請求権の範囲は訴訟基準差額説で決まる（被害者過失部分を上回る部分について代位する）から，それを超えて（代位できていない部分について）自賠回収しても，人傷社の自賠社に対する不当利得である。これによれば人傷社が回収した自賠責保険金は「取りすぎ」となる場面が生じ得るので，前掲赤い本下巻（森）は「不当利得容認説」と呼んでいる。同論文は，不当利得の調整は加害者（対人社）と人傷社との間で行えばよいとしているが，自賠責実務は後述のとおり自賠責保険を介して調整することにした。もっとも，この

この点が争われた事案で，東京地判平成21年12月22日(146)は，人傷社が回収した自賠責保険金は損益相殺の対象とならず，被害者が受領した人傷保険金のうち，被害者の過失部分を上回る部分を控除した残りは，

処理は，判決を念頭に置いており，訴訟外では人傷社は過払い分の返還に応じてはいないようだ。

(144)　設例で被害者過失1割であれば，全部控除説でも（9000万円 −3000万円）＋5000万円 −1億円 ＝1000万円代位されるので，認容額は9000万円 −3000万円 −1000万円 ＝5000万円（総回収額1億円）となり，両説で結論はかわらない。森判事は，「被害者の回収した自賠責保険金を控除して人傷保険金を払う」との約款は，このような被害者の過失が小さい場合についてのみ規定していると考え，そうでない場合については約款の明文規定はなく，人傷保険の制度趣旨から解釈することになるとする（2011年赤い本下巻102頁〜103頁）。

(145)　人傷社が回収した自賠責保険金額がその代位取得額の下限となる，人傷社が自賠回収しているかどうかによって，代位取得額に（したがって認容額に）差が出てくることになる。全部控除説は，まず自賠責保険金の位置づけを考えるものである（2011年赤い本下巻99頁）。

(146)　交民46-2。「人身傷害保険の保険会社である三井住友海上は，原告らに人身傷害保険金を支払い，その後，被告側の自賠責保険会社である富士火災から自賠責保険金を受け取っている。三井住友海上は，約款上，被保険者又は保険金請求権者の権利を害さない範囲内で被保険者又は保険金請求権者の損害賠償請求権を代位取得することができるとされている（略）から，人身傷害保険金として支払われた金額のうち，損害賠償金の填補の対象となるのは，被保険者である原告太郎の過失に対応する損害額（過失相殺により減額される金額）を上回る部分に限られると解すべきである。原告らの損害のうち，原告太郎の過失に対応する損害額及び上記の「上回る部分」を控除した残額は，三井住友海上が自賠責保険から回収したか否かにかかわらず，全額が原告らに支払われるべきである。原告らは，人身傷害保険金のほかに自賠責保険金を受け取ったわけではないから，仮に，この自賠責保険からの受取額が原告らの被告らに対する損害賠償請求の損益相殺の対象になるとすると，原告らは，三井住友海上に対して，損益相殺された金額を請求しなければならないことになる。原告らの事情でなく，三井住友海上の事情（自賠責保険から回収したかどうか）によって，原告らが不利益を受けるのは相当でない。他方，損益相殺の対象とならないとすると，被告らは，自賠責保険から回収ができなくなった部分について，三井住友海上との間で調整をしなければならないことになるが，被告らにとっては，自賠責保険会社からの回収手続が原告側の人身傷害保険会社との調整に代わったものであるということができる。被告らは，自賠責保険への請求は被害者の損害賠償請求の代位取得を前提としてしかできないから，人身傷害保険会社が自賠責保険から支払を受けた場合は，「人身傷害保険会社は被保険者の権利行使を害しない残額についてのみ損害賠償請求権を代位取得できる」という理由が妥当せず，自賠責保険金から支払がされた金額は控除されるべきであると主張する。しかし，人身傷害保険会社が自賠責保険の請求をすることができるとされていても，人身傷害保険会社が損害賠償の代位取得をできる範囲が被保険者の権利行使を害しない残額に限られることに変わりはなく，被告らの主張は採用できない。被告らは，自賠責保険は賠償義務額を填補するためにかけている保険であるから支払額が賠償義務額から控除されないことはあり得ないとも主張するが，原告らは自賠責保険金の支払を受けているとはいえないから，当然に控除されることにはならない。以上の検討によれば，三井住友海上が自賠責保険から受け取った金額は損益相殺の対象とならないと解すべきである。」東京地判H26.2.25（交民47-1，最前線29）も同旨。

人傷社が自賠責保険から回収したか否かにかかわらず被害者に支払うべきであるとした（不当利得容認説）[147]。この考え方に従って，自賠責保険実務も変更された[148]。

イ　「協定書」「一筆」の意味

しかし問題はそれで終わらない。人傷保険金の支払に当たって作成される保険金請求書や協定書には，「人傷保険金の支払を受けたときは，被害者は，被害者の有する自賠法16条請求権が人傷社に移転することに同意する」等の記載がある。これによってアの結論は変わってくるだろうか。下級審の判断は分かれており，最高裁の判断が注目されていた[149]。

---

(147)　いわゆる広義の人傷一括の事案についての下級審裁判例は，本判決と同じく控除否定説（不当利得容認説）を採るものが多い。赤い本2011年下巻（森）は，人傷社が自賠責を回収したかどうかによって被害者が不利益を受けるのは相当ではなく，解決は保険会社間で図るべきであるとする。全部控除説に対し，被害者を巻き込むことなく解決しようとする考え方である。

(148)　この判決を受けて自賠責実務が以下のように変更された。

（設例1）判決による損害額200万円，被害者過失80%，人傷社支払額120万円（全額自賠責から回収済み）

→人傷社支払額のうち損益相殺された（＝損害賠償と評価された）額は，120＜200×0.8だから0円。判決による賠償額は40万円。加害者からの15条請求に対して40万円支払，人傷社からは120万円回収。

（設例2）被害者過失50%，他は（設例1）と同じ。

→人傷社支払額のうち損益相殺された額は120−200×0.5＝20万円　判決による賠償額は80万円。加害者からの15条請求に対して80万円支払，人傷社からは100万円回収

（設例3）判決による損害額200万円，被害者過失20%，人傷社支払額170万円（自賠責から120万円回収済み）

→人傷社支払額のうち損益相殺された額は170−200×0.2＝130万円　判決による賠償額は30万円。加害者からの15条請求に対する支払はなし。人傷社からの回収もなし。

(149)　福岡高判R2.3.19（判時2468・2469，判タ1478）は，「本件協定書の文言（注：保険金請求書に「対人賠償保険金の請求で，自賠責保険金（共済金）相当額との「一括払」により保険金を受領した場合は，自動車損害賠償保障法に基づく保険金の請求受領に関する一切の権限を貴社に委任します。人身傷害保険金を受領した場合は，支払保険金の額を限度として私が有していた賠償義務者に対する損害賠償請求権及び自動車損害賠償保障法に基づく損害賠償額の請求受領権が，貴社に移転することを確認します。」と記載されている。）は，控訴人から人傷社に対し，支払った人傷保険金の限度で自賠責保険金の受領権限が委任されたと解するほかないものであり，自賠責保険は，本件協定書に基づく受領権限を有する人傷社に自賠責保険金を支払ったものであるから，自賠責保険が加害者のための保険であることに照らすと，本件協定書により人傷社が受領した自賠責保険金は，控訴人と被控訴人との間においては，加害者たる被控訴人の過失部分に対す

最判令和4年3月24日[150]は，この問題について，「受領権限を委任したと解することはできず，」「損害賠償請求権の額から，訴外保険会社が本件支払金の支払により保険代位することができる範囲を超えて本件自賠金に相当する額を控除することはできない」と控除を否定した（当

る弁済に当たると解すべきである」「本件協定書は，上記のような結果の生じ得ることまでを人傷保険の契約者である控訴人に説明した上で締結されたものではない可能性があるが，この点は，飽くまでも人傷保険の契約当事者である控訴人と人傷社との間の問題であるから，これを理由として，本来加害者の過失部分に対する弁済としての効力が認められるべき自賠責保険金が支払われたにもかかわらず，控訴人と被控訴人との間において，その弁済の効力を否定ないし制限するのは相当ではない。」とした。大阪地判H23.4.25（交民44-2）も，同様に損益相殺を肯定している。もっとも，いずれの裁判例も全部控除説と不当利得容認説のいずれを採るかを明らかにしたものではなく（福岡高判の判タ解説），受領権限の問題として処理している。これに対し，名古屋地判H27.11.17（2015WLJPCA11178002）は，「上記協定書の内容は，保険法25条1項の片面的強行法規性（同法26条）に照らし，前記イに反する限りにおいて効力を有しない。実質的にみても，控訴人は，人身傷害保険金の他に自賠責保険から支払われた金員を受け取ったわけではないから，日本興亜が自賠責保険から回収したか否かという控訴人が関与しない事情によって，控訴人が被控訴人から受領する損害額に差異が出て，控訴人が不利益を被るのは不合理である。」として控除を否定した。この問題は，人傷一括制度によって引き起こされた問題であるが，人傷の存在意義と実務における使い方の選択を左右しかねない。全部控除説を採った場合の賠償金受領後の人傷社に対する人傷保険金追加払請求は，前掲の清算条項によって阻まれてしまうのではないか（そうなると被害者の手間が増えるというだけの問題ではない。）と思われるし，不当利得容認説をとっても，福岡高判のように考えれば，受領権限委任条項によって被害者の手取りが減ることになるからである。この場合も，不当利得容認説によれば被保険者（被害者）から人傷社へ請求できる可能性もあることになるが，迂遠である上消費者保護に欠ける（ほとんどの被保険者はそのような請求など思いつかないだろう。）ように思える。令和4年最判によって，問題が解決することを期待するが，損保実務においては，現在でも全部控除説によっているようである（人傷社が返還に応じないことを理由とする）。

(150) 判時2537，判タ1501。前掲R2福岡高判の上告審。「本件約款によれば，人身傷害条項の適用対象となる事故によって生じた損害について訴外保険会社が保険金請求権者に支払う人身傷害保険金の額は，保険金請求権者が同事故について自賠責保険から損害賠償額の支払を受けていないときには，上記損害賠償額を考慮することなく所定の基準に従って算定されるものとされている。このことからすれば，訴外保険会社と保険金請求権者との間で，人身傷害保険金について，訴外保険会社が保険金請求権者に対して自賠責保険による損害賠償額の支払分を含めて一括して支払う旨の合意（以下「人傷一括払合意」という。）をした場合であっても，本件のように訴外保険会社が人身傷害保険金として給付義務を負うとされている金額と同額を支払ったにすぎないときには，保険金請求権者としては人身傷害保険金のみが支払われたものと理解するのが通常であり，そこに自賠責保険による損害賠償額の支払分が含まれているとみるのは不自然，不合理である。加えて，本件代位条項によれば，人身傷害保険金を支払った訴外保険会社は，人身傷害保険金の額と被害者の加害者に対する過失相殺後の損害賠償請求権の額との合計額が，被害者につい

事者の合理的意思等を理由に不当利得容認説と同じ結論を導いた。)。

(8) 政府保障事業との関係

人身傷害保険と政府保障事業の関係にも注意すべきである。人傷は加害者無保険の場合にこそ意味が大きかったはずだが，人傷保険金を先に

て社会通念上妥当であると認められる判決等の基準により算出された過失相殺前の損害額に相当する額を上回るときに限り，その上回る部分に相当する額の範囲で保険金請求権者の賠償義務者等に対する債権を代位取得するものとされているので，本件のように被害者の損害について過失相殺がされる場合には，訴外保険会社が人身傷害保険金の支払により代位取得することができる上記債権の範囲は保険金支払額を下回ることとなる。この場合において，人傷一括払合意により訴外保険会社が支払う金員の中に自賠責保険による損害賠償額の支払分が含まれるとして，当該支払分の全額について訴外保険会社が自賠責保険から損害賠償額の支払を受けることができるものと解すると，訴外保険会社が，別途，人身傷害保険金を追加払しない限り，訴外保険会社が最終的に負担する額が減少し，被害者の損害の填補に不足が生ずることとなり得るが，このような事態が生ずる解釈は，本件約款が適用される自動車保険契約の当事者の合理的意思に合致しないものというべきである。また，本件保険金請求書では，対人賠償保険金の請求において自賠責保険金相当額との一括払により保険金を受領した場合には，自賠法に基づく保険金の請求及び受領に関する一切の権限を訴外保険会社に委任するものとされているのに対し，人身傷害保険金を受領した場合には，その額を限度として上告人が有していた賠償義務者に対する損害賠償請求権及び自賠法に基づく損害賠償額の支払請求権が訴外保険会社に移転することを確認するものとされており，対人賠償保険金の受領の場合と人身傷害保険金の受領の場合とで異なる説明内容となっている。さらに，本件協定書においても，上告人の被上告人に対する損害賠償請求権及び自賠責保険への請求権は，上告人が受領した人身傷害保険金の額を限度として訴外保険会社に移転することを承認するものとされている。人身傷害保険金の受領に関する上記各書面（注：保険金請求書と協定書）の説明内容と本件代位条項を含む本件約款の内容とを併せ考慮すると，上記各書面の説明内容は，訴外保険会社が本件代位条項に基づき保険代位することができることについて確認あるいは承認する趣旨のものと解するのが相当であり，上告人が訴外保険会社に対して自賠責保険による損害賠償額の支払の受領権限を委任する趣旨を含むものと解することはできない」「本件においては，上告人が訴外保険会社に対して自賠責保険による損害賠償額の支払の受領権限を委任したと解することはできず，訴外保険会社が上告人に対して本件支払金を支払ったことにより自賠責保険による損害賠償額の支払がされたことになると解することもできない。本件支払金は，その全額について，本件保険契約に基づく人身傷害保険金として支払われたものといえるから，訴外保険会社は，この支払により保険代位することができる範囲において，自賠責保険に対する請求権を含む上告人の債権を取得し，これにより上告人は被上告人に対する損害賠償請求権をその範囲で喪失したものと解すべきであり，その後に訴外保険会社が本件自賠金の支払を受けたことは，上告人の被上告人に対する損害賠償請求権の有無及び額に影響を及ぼすものではない。したがって，上告人の被上告人に対する損害賠償請求権の額から，訴外保険会社が本件支払金の支払により保険代位することができる範囲を超えて本件自賠金に相当する額を控除することはできないというべきである。」

受け取ってしまうとその限度で保障事業からの損害塡補は行われない(151)から，最終的な獲得額が少なくなる恐れがある。

5　その他

(1)　車両保険

ア　対象事故

車両保険における保険会社の支払責任は，「偶然な事故」によって被保険自動車に損害が生じた場合に発生する。

偶然な事故（偶然性）とは，判例(152)によれば，契約成立当時において，その事故の発生と不発生がいずれも可能であって，発生するかどうかが不確定である事故をいう。したがって，自動車の正常な使用過程で当然生じる損耗は対象とならない。車同士の事故に限らず，火災，盗難，台風，落書き，飛来物との接触等によるリスクもカバーするものが一般的である。

> TN約款　第3章　車両保険
> 車両条項
> 第1条（この条項の補償内容）
> 当会社は，下表のいずれかに該当する損害に対して，この車両条項および基本条項にしたがい，第4条（略）に規定する保険金を支払います。
> ①衝突，接触，墜落，転覆，物の飛来，物の落下，火災，爆発，台風，洪水，高潮その他偶然な事故によってご契約のお車に生じた損害
> ②ご契約のお車の盗難による損害

イ　被保険者

被保険自動車の所有者である。

---

(151)　国土交通省・自賠責保険ポータルサイト「よくあるご質問」「政府保障事業の請求に関すること」Q5。

(152)　後掲最判H18.6.1，同最判H18.6.6等。

ウ 免責（特徴的なもの）

保険契約者，被保険者等の故意または重大な過失は免責である。故意だけでなく重過失も免責としている。

TN約款 同前（注は省略）

第3条（保険金をお支払いしない場合）

(1)当会社は，下表のいずれかに該当する事由によって生じた損害に対しては，保険金を支払いません。

①次のいずれかに該当する者の故意または重大な過失

ア 保険契約者，被保険者または保険金の受取人（略）

イ 所有権留保条項付売買契約に基づくご契約のお車の買主，または1年以上を期間とする賃借契約に基づくご契約のお車の借主（略）

ウ アまたはイに規定する者の法定代理人

エ アまたはイに規定する者の業務に従事中の使用人

オ アまたはイに規定する者の父母，配偶者（略）または子。ただし，被保険者または保険金の受取人に保険金を取得させる目的であった場合に限ります。

以下略

モラルリスクも絡み，故意・重過失の存否が争われることが少なくないが，偶然性が支払要件とされている（前述のとおり，約款上保険事故の内容として取り込まれている。）こととの関係が問題となる。保険金請求者側が事故の偶然性を立証すべきか，それとも保険者側が故意により発生したことを立証すべきか，という問題である。裁判所の判断は分かれていたが，最判平成18年6月1日[153]，同平成18年6月6日[154]は，通

(153) 判時1943，判タ1218，保険百選。「商法629条が損害保険契約の保険事故を「偶然ナル一定ノ事故」と規定したのは，損害保険契約は保険契約成立時においては発生するかどうか不確定な事故によって損害が生じた場合にその損害をてん補することを約束するものであり，保険契約成立時において保険事故が発生すること又は発生しないことが確定している場合には，保険契約が成立しないということを明らかにしたものと解すべきである。同法641条は，保険契約者又は被保険者の悪意又は重過失によって生じた損害については，保険者はこれをてん補する責任を有し

説[155]と同じく，「偶然な事故」は改正前商法629条の「偶然ナル一定ノ事故」と同じであるとし，保険金請求者は，事故の発生が被保険者の意思に基づかないものであることについて主張立証責任を負わないとした（これに対し傷害保険については94頁のとおり。）。

被保険者を所有者としているため，所有権留保付売買契約の買主，期間1年以上の賃借契約の借主の故意・重過失も含めている。

詐欺または横領による損害[156]，故障損害[157]も免責とされる。

エ　代位

残存物代位の規定は保険法24条と基本的に同じであり，全損（盗難を含む。）として保険金を支払った保険会社は，所有権等被保険者のすべての権利を取得する[158]。

請求権代位については，同法25条を修正し，「正当な権利により被保険自動車を使用または管理している者」については原則として代位した

ない旨規定しているが，これは，保険事故の偶然性について規定したものではなく，保険契約者又は被保険者が故意又は重過失によって保険事故を発生させたことを保険金請求権の発生を妨げる免責事由として規定したものと解される。本件条項は，「衝突，接触，墜落，転覆，物の飛来，物の落下，火災，爆発，盗難，台風，こう水，高潮その他偶然な事故」を保険事故として規定しているが，これは，保険契約成立時に発生するかどうか不確定な事故をすべて保険事故とすることを分かりやすく例示して明らかにしたもので，商法629条にいう「偶然ナル一定ノ事故」を本件保険契約に即して規定したものというべきである。本件条項にいう「偶然な事故」を，商法の上記規定にいう「偶然ナル」事故とは異なり，保険事故の発生時において事故が被保険者の意思に基づかないこと（保険事故の偶発性）をいうものと解することはできない。原審が判示するように火災保険契約と車両保険契約とで事故原因の立証の困難性が著しく異なるともいえない。したがって，車両の水没が保険事故に該当するとして本件条項に基づいて車両保険金の支払を請求する者は，事故の発生が被保険者の意思に基づかないものであることについて主張，立証すべき責任を負わないというべきである。」

(154)　判時1943，判タ1218。

(155)　保険法2条6号，17条1項は改正前商法629条，641条と同趣旨の規定をおいている。

(156)　損害発生の原因につき，被保険者の意思が介在する点で盗難と異なる等の理由による（前掲「自動車保険の解説2023」134頁）。

(157)　偶然な外来の事故に直接起因しない被保険自動車の電気的または機械的損害をいう。故障が原因となって生じた後発損害に対しては偶然性ある限り支払われる（同138頁）。

(158)　被保険者の利得防止のためである。したがって，盗難自動車が発見されても被保険者は返還を受けられないのが原則であるが，保険金受領からたとえば60日以内であれば，被保険者は保険金を返還して自動車の返還を受けることができるとされている。

権利を行使しないこととしている。代位の範囲は同条により差額説によって定まる（車両保険金はまず自己過失分に充当され，これを上回る部分について代位が生じる。）。

なお，車両保険金が填補する損害の範囲について，車両保険金は交通事故に係る物的損害全体を填補するものと解するのが相当であるとして，修理費に限らず休車損害に対する填補も認めた裁判例があるが，代位における対応原則との関係で疑問がある（575頁）。

(2)　弁護士費用特約

ア　意義

被保険者が交通事故等の被害にあい，賠償義務者に対して損害賠償請求を行う場合に弁護士費用等を負担することによって被る損害を填補する損害保険契約[159]である。平成12年に発売され，対象分野を拡大しながら広く普及している。「弁特」と略称している。

イ　対象事故と補償内容

任意自動車保険の弁護士費用特約は，自動車事故を対象とするもの（自動車事故型）が多いが，交通乗用具搭乗中等にも対応するもの（交通事故型）や広く偶然な事故による被害を含むもの（日常事故型）もある。特約で対象を広げるものもある。

所定の事故によって被った損害について，被保険者が法律上の損害賠償請求を行う場合に弁護士費用等[160]を負担したことによって生じた損

---

(159)　損害保険契約のうち，費用利益を目的とする費用保険であり，責任保険契約ではない。なお，損害保険契約ではあっても，利得禁止原則がそのまま妥当するかどうかについては検討の余地があると思う。損害保険と定額保険の中間的な性格のものと考えるべきであるとの指摘もある。エを参照のこと。

(160)　行政書士による弁護士費用等特約の請求について，大阪地判R2.6.26（自J2078。自賠責保険から獲得した後遺障害慰謝料の20%を報酬とする合意をしたと主張する行政書士について，その委任契約は弁護士報酬の一般的水準を超える成功報酬を求めている等から「その他一般の法律事件」に関して「その他の法律事務」を委任するものであるというべきであるから，弁護士法72条に違反し公序良俗に反して無効であるとして請求を棄却した。），行政書士に相談の報酬を支払った被害者からの保険金請求（すでに支払われた自賠法15条に関する相談分を除く）について大阪高判H26.7.30（自J1929）も参照のこと。行政書士の関与については60頁も参照されたい。

害が被保険利益を構成する。

> TN約款　弁護士費用等特約（自動車）
> 第2章　損害賠償請求に係る弁護士費用等の補償条項
> 第1条（この条項の補償内容）
> (1)当会社は，被保険者が対象事故によって被った損害について，保険金請求権者が法律上の損害賠償請求を行う場合に弁護士費用を負担したことによって生じた損害に対して，この条項の規定にしたがい，弁護士費用保険金を支払います。
> (2)この条項において対象事故とは，日本国内において発生した下表のいずれかに該当する急激かつ偶然な外来の事故をいいます。
> ①被保険者または賠償義務者が自動車または原動機付自転車を所有，使用または管理することに起因する事故
> ②自動車または原動機付自転車の運行中の飛来中もしくは落下中の他物との衝突，火災，爆発または自動車もしくは原動機付自転車の落下
> (3)（略）
> (4)この条項において，弁護士費用および法律相談費用とは下表のとおりとします。
> ①弁護士費用
> あらかじめ当会社に通知して保険金請求権者が委任した弁護士等（略）および裁判所等（略）に対して，当会社の承認を得て支出する次の費用。ただし法律相談費用を除きます。
> ア　弁護士等（略）への報酬
> イ　訴訟費用
> ウ　仲裁，和解または調停に要した費用
> エ　アからウまでのほか，権利の保全または行使に必要な手続をするために必要とした費用[(161)]
> ②法律相談費用（略）

ウ　被保険者

人身傷害保険等の被保険者と似ているが，保険会社により異なる。物損事故の損害賠償請求権者となる所有者（所有権留保付売買の買主等を含

む。）が含まれる。

TN約款　同前（注は省略）

第2条（被保険者および保険金請求権者）

(1)この条項において被保険者とは，下表のいずれかに該当する者をいいます。

①記名被保険者

②次のいずれかに該当する者

ア　記名被保険者の配偶者（＊1）

イ　記名被保険者またはその配偶者（＊1）の同居の親族

ウ　記名被保険者またはその配偶者（＊1）の別居の未婚の子

③①および②のいずれにも該当しない者で，ご契約のお車の正規の乗車装置または正規の乗車装置のある室内（略）に搭乗中の者

④①および②のいずれにも該当しない者で，①または②に該当する者が自ら運転者として運転中（＊3）のご契約のお車以外の自動車（＊4）または原動機付自転車（＊5）の正規の乗車装置または正規の乗車装置のある室内（略）に搭乗中の者

⑤①から④以外の者で，ご契約のお車の所有者（＊6)。
ただし，ご契約のお車の所有，使用または管理に起因する事故の場合に限ります。

⑥①から⑤以外の者で，①または②に該当する者が自ら運転者として運転中（＊3）のご契約のお車以外の自動車（＊4）または原動機付自転車（＊5）の所有者（＊6)。
ただし，その自動車（＊4）または原動機付自転車の所有，使用または管理に起因する事故の場合に限ります。

（以下略）

エ　保険金額と支払保険金額の算定

保険金額は300万円とするものがほとんどである。支払われる保険金については，各社が旧弁護士報酬基準に準じた支払基準を定めている。

(161)　カルテや刑事記録の取り付け費用については支払われることが多い。

被保険者が，保険会社を通じて日弁連リーガル・アクセスセンター(LAC)[(162)]から弁護士の紹介を受けた場合は，特約で支払われる弁護士費用は「LAC 基準」によって決まる。

LAC の協定保険会社以外の損保（ＴＮ等）の場合や，LAC 経由でなく，被保険者が自ら弁護士を選任した場合は，LAC 基準に拘束されることはないが，各社の約款で定められた支払基準[(163)]に拘束される。

いずれの場合も，特約で支払われる範囲を超える部分は依頼者の負担となるから，依頼者への説明と委任契約の内容に留意する必要がある。

それでは，判決に基づき加害者側から受領した損害賠償金に弁護士費用が含まれていた場合に，さらに弁護士費用特約を使って弁護士費用相当額の保険金を請求できるだろうか。利得禁止原則との関係が問題となるが，少なくとも一般的な約款を前提とすれば[(164)]，判決で認容された弁護士費用の額と特約から既に支払われた保険金の額の合計額が委任契約に基づく弁護士費用を超えているときは，別途保険金を請求することはできないとされる可能性が高い[(165)]。

---

(162)　LAC の実務については法理 598 頁を参照。

(163)　LAC 基準に準じた基準を定める保険会社が多いが，各社によって内容が微妙に異なるため，適宜，適用約款等を確認することが望ましい。なお，ＴＮ等は最低報酬額（20 万円）を定めているが，LAC 協定社の約款も令和７年１月以降始期分については同様の規定を置くことになった。

(164)　たとえば TN 約款では，「弁護士費用を負担したことによって生じた損害」を填補するものとされ，次頁に掲げるように返還規定が設けられている。

(165)　たとえば，東京地判 H25.8.26（自 J1907。控訴審東京高判 H25.12.25，上告審最決 H26.6.27（自 J1934））は，「賠償義務者が被保険者に対して判決で認定された弁護士費用を支払った場合の弁護士費用の額と甲損保が既に支払った保険金の合計額が，被保険者が委任契約により弁護士に対して支払った費用の全額を超過する場合は，甲損保は，本件特約に基づく保険金の支払義務がないことになる」「賠償義務者により既に支払われた額及び甲損保が既に支払った額の合計額 576 万 3333 円は，原告らが本件委任契約により支払義務がある（あるいは既に支払った）と主張する額 355 万 4000 円を上回っているので，甲損保には，本件特約に基づく保険金の支払義務がない」として，契約者の弁特保険金請求を棄却した（控訴棄却，上告不受理）。判決を選択する場合は，依頼者に対して，賠償金と弁護士費用保険金が重複填補されないことを説明しておくべきだろう。なお，保険契約者が支払った保険料分だけ経済的不利益を被ることになるという主張に対して，高裁判決は，特約は，被保険者が賠償義務者から弁護士費用相当額の損害賠償金の支払を受けられず弁護士報酬額の自己負担を生じる場合のリスクを対象とするものであり，保険料はその対価であるとして退けている。

これに対し，損害賠償請求事件において，弁護士費用が損害として認められる場合，損害額の算定において弁護士費用特約の利用を考慮すべきか（弁護士費用損害額から受領済みの弁護士費用保険金の額を控除すべきか）という問題については，控除されないと解する（339頁）。

オ　代位規定と返還規定

約款には，保険金請求権者が加害者等に請求できる費用について保険会社が保険金を支払った場合は，支払った保険金の限度で，かつ保険金請求権者の権利を害さない範囲で，その請求権は保険会社に移転するという代位規定(166)が置かれている。

また，弁特保険金支払に先立ち，加害者側から弁護士費用の賠償を得ている場合は，判決で認定された弁護士費用額と既に支払った保険金額の合計が，被保険者が弁護士に支払った費用額を超過するときは，保険金の返還を求めることができる旨の規定が置かれていることが多い(167)。

> TN約款　同前
> 第8条（支払保険金の返還）
> ⑴当会社は，下表のいずれかに該当する場合は，保険金請求権者に支払った弁護士費用および法律相談費用の返還を求めることができます。
> ①（略）
> ②対象事故に関して保険金請求権者が提起した訴訟の判決に基づき，保険金請求権者が賠償義務者からその訴訟に関する弁護士費用の支払を受けた場合で，次のイの額がアの額を超過する場合
> ア　保険金請求権者がその訴訟について弁護士または司法書士に支払った費用の全額
> イ　判決で認定された弁護士費用の額と当社がこの条項の規

(166)　特約の章に置かれている場合と基本条項の章に置かれている場合がある。もっとも，損保実務では代位（による求償）は通常行われていないようである。

(167)　和解案には弁護士費用の額が明示されることは少なく，約款上も判決に限っているので，和解で終了した場合には，すでに支払われた弁護士費用保険金の返還を求められることはない。

定により既に支払った弁護士費用保険金および法律相談費用保険金の合計額
(2) (略)

カ　支出条項と同意条項

約款には,「(あらかじめ当会社の同意(承認)を得て)支出する費用」ではなく「支出した費用」とするものがある。通常は弁護士に直接支払が行われているとしても,保険金請求権発生要件として弁護士への現実の報酬支払が必要なのだろうか。これを肯定する裁判例がある(168)。

弁護士費用特約をめぐるより大きな問題は,保険金支払の対象となる弁護士費用を「当会社の同意(承認)を得て」支出する(した)費用に限定する約款規定が,保険者に,同意がないことを理由に保険金の支払を拒絶することを許すかどうかである。

同意条項の有効性(169)が争われることがあるが,裁判例はこれを肯定している。保険者は同意するかどうかについて裁量権を有することになるだろうが,裁量権の逸脱・濫用とされれば保険者は保険金支払を拒めないと解する考え方が有力である(170)。問題はどのような場合に同意をしないことができるかであるが,着手金・報酬金の算定の基礎となる「経済的利益」につき,相手方保険会社からの事前提示額や既払額を含むものとして算定されている場合(171)や,損保料率機構が認定した後遺障害等級と異なる後遺障害等級を前提とする損害賠償請求を行う場合(172)は,同意がないことを理由とする保険金支払拒絶が認められる傾向がある(173)。

(168)　東京高判 H29.4.27 (自 J2001。上告不受理)。弁護士賠償責任保険についての裁判例として,大阪地判 H5.8.30 (判時 1493),同 H28.2.25 (自 J1971)。

(169)　消費者契約法 10 条や民法 134 条により無効ではないかと主張されることがある。

(170)　長野地諏訪支判 H27.11.19 (自 J1965),前掲東京高判 H29.4.27。弁護士賠償責任保険についての裁判例として,前掲大阪地判 H5.8.30,同 H28.2.25。

(171)　たとえば前掲東京高判 H29.4.27。

(172)　この場合は,損保から,当初の着手金は自賠責保険で認定された後遺障害等級を前提に計算し,訴訟で上位等級が認められたらそれを前提に計算した着手金の額との差額を追加して支払うと説明されることがある。

キ　免責

被保険者の故意または重大な過失によって発生した被害事故，無免許運転，酒気帯び運転等のほか，16条請求のみの場合は支払わない約款や労災事故（通勤中を含む）には支払わない約款がある。

(3)　補償範囲に関する特約

ア　車両価額協定保険特約

車両損害の市場価格の決定の困難を避けるものであり，契約時における市場販売価格相当額を保険期間中の価額として協定し，その協定保険価額を車両保険金額として定めるものが一般的である。

イ　車両事故の給付や補償範囲を拡張する特約

これらについても保険証券で付保を確認する。対物超過修理費（対物全損時修理差額費用，対物超過修理費用）特約(174)や車両新価（保険）特約(175)，車両無過失特約(176)，車内携行品補償特約(177)等がある。

ウ　他車運転（危険補償（担保））特約

被保険自動車以外の自動車に補償を拡張するものであり，被保険自動車以外の自動車（「他の自動車」）を運転中に（駐停車中の衝突は対象外）起こした事故の補償（対人・対物・人傷・車両）を自車に付けている自動車保険の契約内容で行う特約である(178)。対人賠責に自動セットされて

---

(173)　前掲長野地諏訪支判，大阪高判H26.9.25（LEX/DB25506226）。

(174)　自動車の経済的全損の場合，時価額＋諸費用を賠償すれば足りるが，被害者が納得せずもめることが多い。そのような場合に，時価額＋50万円までは修理費を支払うという特約である。一定期間内に修理を完了することが要件とされている。

(175)　全損または修理費が新車価格相当額の50%以上となった場合，新価と車両保険金額の差額をカバーできる。修理費が新価の50%とは，車体の本質的構造部分に著しい損害が生じている場合に限られることに注意。過失があり損傷が大きいため，賠償請求しても手出しが多くなる場合等に使える。

(176)　車対車の事故に適用される。相手方がある事故で車両保険を使用すると3等級ダウンが原則だが，この特約があると無過失事故の場合に等級ダウンしない（新価特約とは併用できない。）。相手方が無保険で回収可能性が低い場合等に使える。

(177)　日常生活の用に供するために個人が所有する動産が対象であり，商品，製品等業務目的のみに使用されるもの等は含まない。また，携帯電話・ノートPC，義歯・義肢・眼鏡等の損害も補償されない。

いることが多いが,「1車両1保険」の重大な例外であるため要件が厳しく，真に臨時に借りている場合に限って適用される。車種も限定されている。業務中に会社の自動車を運転していた場合等は免責である。

特に争われるのは，他人名義の車を使っている場合等に,「(記名被保険者等が）常時使用する自動車」にあたるかどうかである。

TN約款　他車運転危険補償特約
第2条（用語の定義）
①記名被保険者（略）
②他の自動車　（略）
ただし，次のいずれかに該当する者が所有する自動車（＊2）または常時使用する自動車を除きます。
ア　記名被保険者
イ　記名被保険者の配偶者（＊1）
ウ　記名被保険者またはその配偶者（＊1）の同居の親族[179]
（＊1）婚姻の届出をしていないが事実上婚姻関係と同様の事情にある者および戸籍上の性別が同一であるが婚姻関係と異ならない程度の実質を備える状態にある者を含みます。
（＊2）所有権留保条項付売買契約により購入した自動車，および1年以上を期間とする賃借契約により借り入れた自動車を含みます。

参考裁判例として，東京高判平成13年4月10日[180]，福岡高判平成

(178)　対人賠責は本来上積み部分しか払われないが，自賠責の分まで全部払う。

(179)　したがって，たとえば帰省した別居の子が親の車で事故を起こした場合は適用されるが，同居の子の場合は適用外。

(180)　判時1761。「(特約2条）は，更にこれを補完するために，保険契約者等が「常時使用する自動車」を「他の自動車」から除外している。1年以上を期間とする貸借契約により借り入れた自動車が「所有する自動車」として除外されていること，本件特約は被保険自動車以外の自動車を臨時に運転中に起こした事故を対象とするものであることからすると，この「常時使用する自動車」には，1年に満たない期間であっても一時的に借り入れたと評価できない程の期間の貸借契約により借り入れた自動車であって，その貸借期間中は借主において通常の使用方法により自由に使用することができるものを含むと解するのが相当である。この場合,「常時使用」という文言からみても，その使用状況に照らして，事実上所有しているものと評価し得る程の支配力を及

19年1月25日[181]，横浜地判令和3年7月8日[182]，名古屋地判令和3年11月26日[183]，東京高判令和4年10月13日[184]等がある。いつ乗ってもよいという前提で借主専用の鍵を渡されていれば，使用回数が少なくても「常時使用」にあたるとされるだろう。

この特約には固有の免責事由が定められている。

> TN約款　同前（注は省略）
>
> 3条（保険金をお支払いしない場合）
>
> 当会社は（略）下表のいずれかに該当する場合に生じた事故により，被保険者が被った損害または傷害に対しては，保険金を支払いません。
>
> ①被保険者の使用者の業務（＊1）のために，その使用者の所有する自動車（＊2）を運転している場合
>
> ②被保険者が役員（＊3）となっている法人の所有する自動車（＊2）を運転している場合
>
> ③自動者の修理，保管，給油，洗車，売買，陸送，賃貸，運転代行等自動車を取り扱う業務として受託した他の自動車を運転している場合
>
> ④被保険者が，他の自動車の使用について，正当な権利を有する者の承諾を得ないで，他の自動車を運転している場合。
>
> ただし，被保険者が正当な権利を有する者以外の承諾を得てお

ぼしていることを要すると解するのは相当ではなく，あくまでも使用の形態からみて日常的に使用しているか否か，また，それが個別的，一時的な使用許可ではなく，包括的な使用許可に基づくものであるか否かの観点から「常時使用する自動車」に該当するか否かを判断すべきであると解するのが相当である。3（略），Aは本件ミニキャブを本件事故発生までの約3か月間Bから通勤用に借用していたものと認められ，その期間中は貸主であるBの包括的な使用許可により，Aにおいて通常の使用方法により自由に本件ミニキャブを使用することができたものと認められ，また，3か月という借入期間は一時的ないし臨時という概念を越えるものであるから，本件事故において本件ミニキャブは「常時使用する自動車」に該当すると判断するのが相当である。」

(181)　判タ1239，保険百選。「控訴人は，使用状況に照らし，事実上所有しているものと評価し得るほどの支配力を及ぼしているか否かによって判断すべきであると主張するが，当裁判所はかかる見解は採用しない。」

(182)　交民54-4。

(183)　交民54-6。

(184)　交民55-5。

り，かつ，被保険者がその者を正当な権利を有する者であると信じたことに合理的な理由がある場合を除きます[185]。
⑤（略）

免責条項の「（正当な権利を有する者以外の）承諾」が問題になることもある[186]。

エ　ファミリーバイク特約

これも，被保険自動車以外の自動車に補償を拡張するものである。原付自転車（道路運送車両法の規定により総排気量 125CC 以下のものを指す。）[187]が対象となる。対人・対物のほか，人身傷害（人身型＝被保険者の過失割合に関わらず実損を填補する。）や自損事故傷害（自損型＝単独事故や被保険者の過失割合が 100％の場合に定額で支払われる。）について選択制となっていることがある。被保険者は，記名被保険者，配偶者，同居親族，別居の未婚の子である。

TN 約款　ファミリーバイク特約（注は省略）
第４条（この特約の補償内容―賠償責任等）
(1)当会社は，第２条（被保険者）(1)の表の①から④までのいずれかに該当する者が，所有，使用または管理する原動機付自転車をご契約のお車とみなして，ご契約のお車の保険契約の条件にしたがい，普通保険約款賠償責任条項，対物超過修理費用補償特約，被害者救済費用等補償特約および心身喪失等による事故の被害者損害補償特約を適用します。
(2)以下略
第５条（この特約の補償内容―人身傷害等）

---

(185)　この但書がない約款もある。但書がない約款についての裁判例として，東京高判 H11.3.25（判タ 1053）。

(186)　京都地判 R3.10.1（自 J2111）は，被告（加害車を運転）が車両所有者の子を正当な権利を有する者と信じたことに合理的理由があり，所有者の子は被告に車両の使用を少なくとも黙示に承諾していたと認定して，他車運転危険特約に基づく保険金請求を認容した。

(187)　なお，道交法施行規則の改正により，令和７年４月から総排気量 125cc 以下で最高出力を制御した二輪車も原付免許で運転できるようになった。

> (1)保険証券の補償範囲の型の欄に「人身傷害あり」と記載されている場合は，当会社は，被保険者が正規の乗車装置に搭乗中（＊1）の原動機付自転車をご契約のお車とみなして，ご契約のお車の保険契約の条件にしたがい，普通保険約款人身傷害条項（＊2）を適用します。
> (2)略
> (3)保険証券の補償範囲の型の欄に「自損事故傷害あり」と記載されている場合は，当会社は，被保険者が正規の乗車装置に搭乗中（＊1）の原動機付自転車をご契約のお車とみなして，（略）自損事故傷害特約および無保険車事故傷害特約を適用します。

この特約にも固有の免責事由が定められている。

オ　個人賠償責任補償特約（日常生活賠償責任補償特約）

自動車事故以外の賠償責任の負担まで補償を拡張するものである。交通賠償においては，自転車加害事故の場合に付保を調査することが多い。第1章の注（19）も見られたい。

カ　補償範囲を制限して保険料を節減する特約

運転者本人限定特約[188]，運転者本人・配偶者限定特約[189]，運転者年齢条件特約（運転者21歳未満補償対象外特約，運転者26歳未満補償対象外特約等）等がある。

---

(188)　この特約付きの車を他人に貸して，借主が事故を起こした場合は無責となる。その場合は，借主の車に他車運転特約が付いていないか確認する。

(189)　運転者家族限定特約の「同居の親族」について，東京高判 H18.9.13（金商1255，保険百選）参照。なお，本人・配偶者限定特約と年齢条件特約の両方が付いていて，限定運転者が特約の年齢条件（たとえば26歳）を満たしていない場合は，その限定運転者が運転中の事故は無責となる。

第3章
責　任

第1節　責任総論

1　交通賠償の責任論

(1)　責任論の意義

人身事故の交通賠償においては，自賠法3条により被害者からの責任追及が容易になっており，通常は加害車の所有者を被告にすれば足りる。したがって，他の不法行為に基づく損害賠償請求事件に比べて責任論が問題となる場面は少なく，主戦場は損害論になることが多い。

請求側にとっての責任論の実務上の意義は，誰に請求すれば被害者が損害の填補を受けられるかという点にある。任意保険が普及した現在では，賠償義務を負う者は自動車保険（自賠責保険，任意賠責保険）の被保険者かという観点で検討することが多い。

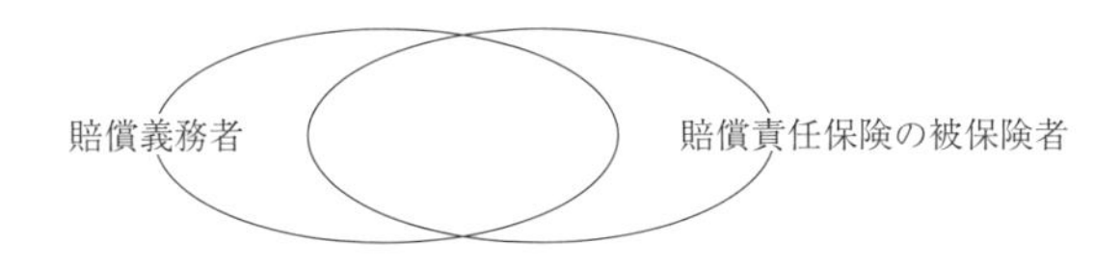

(2)　民法と自賠法

交通賠償において，賠償責任の根拠として挙げられることが多いのは，民法709条の不法行為責任と自賠法3条の運行供用者責任である。709

条は過失責任主義に立っているのに対し，運行供用者責任は事実上の無過失責任であると言われている。

過失責任主義が修正されているという意味では，運行供用者責任が成立する範囲は不法行為責任より広い[(1)]が，運行供用者責任が否定された場合に709条責任が認められることもある[(2)]。

訴状に記載する責任原因としては，人身損害についてはまず自賠法3条を考える。加害者がマイカー運転中の事故であれば同条のみをあげればよく，加害者が勤務先の社有車を業務で運転中の事故であって運転者と使用者の双方を被告とする場合は，運転者については民法709条（「自己のために」自動車を運行の用に供する者ではない。），使用者については基本的に自賠法3条をあげればよい。

物損については，民法709条，715条等によることになる。

2　不法行為責任

(1)　検討する実益

人損事案では加害車の所有者等を被告にすれば足りる場合が大部分だが，物損事案や運行供用者以外の者（運転者等）の責任を問う場合，運行供用者責任の認定に問題がある場合等に問題となる。

(2)　一般不法行為責任（民法709条）

ア　過失の捉え方

近時は，過失は精神的緊張の欠如として（主観的過失論）ではなく，予見可能性を前提とした結果回避義務違反として捉えられている（客観的過失論）。

---

(1)　たとえば東京高判H30.4.26（自J2030）は，被告の前方不注視等の過失を否定して709条責任を否定したが，「前方不注視の過失があったということはできないとしても，YがY車を進行させるに当たり，例えば，X自転車を安全に通行させるためにY車がX自転車とのすれ違いを開始する前にY車を停止させるなどの措置を講ずれば，本件事故が発生しなかった可能性がないとはいえないから，Yは，Y車の運行に関し注意を怠らなかったとまでは認めることができない」として自賠法3条責任を肯定した（過失相殺6割）。

(2)　逐条解説20頁。たとえば，最判S63.6.16（判時1291，判タ681。199頁）。

イ　要件事実と主張立証責任の分配

過失はいわゆる規範的要件であるが，このような規範的評価自体は法的判断であって要件事実（主要事実）ではなく，規範的評価を基礎づける具体的事実（評価根拠事実）が要件事実であると考えられている（主要事実説）。したがって，過失の存在を主張する被害者（原告）が，規範的評価を基礎付ける具体的事実を主張・立証する責任を負う。これに対し，過失の成立を妨げる具体的事実（評価障害事実）は，抗弁として，過失の存在を否定する加害者（被告）が主張・立証責任を負う。

ウ　交通事故事件における過失の主張・立証

通常，交通事故の被害者は，加害者の行為態様から評価される道交法等における定型的注意義務とその違反行為（速度超過，前方不注視，一時停止・徐行義務違反，車間距離不保持等）を主張立証すれば足りる(3)。

駐車していた自動車について過失が認められることもある(4)。責任が肯定されるときは過失相殺が問題となる。

エ　信頼の原則

相手方の顕著な道路交通法規違反や異常な運転が事故の原因となっている場合に，道路交通法規に従っていた運転者についての予見可能性の限界を画する。信頼の原則は，不法行為法においても妥当するが（たとえば最判平成3年11月19日(5)），不法行為が成立するかどうかという場面では，この概念を用いなくても過失がないと言えば足りるため，「信頼の原則」の語が交通賠償事件の判決で用いられることは少ない。

オ　因果関係

伝統的通説・判例(6)は，①事実的因果関係，②損害賠償の範囲，③損

---

(3)　LP32頁～33頁。潮見Ⅰ 326頁。これに対し，加害者が道路交通法規を遵守していた場合には，異なる判断枠組みが用いられており，具体的危険の存在及びそれへの予見可能性と結果回避可能性，さらに講じられるべきであった結果回避措置が吟味される（同326頁～327頁）。

(4)　赤い本合本Ⅱ 4頁「駐車車両の責任」，同84頁「路上駐車の不法行為責任」，同2002年「駐車車両等に衝突した運転者の過失割合」，同2003年「高速道路における駐車車両の過失相殺」。

(5)　判時1407，判タ774。

(6)　近年は反対説が有力で，むしろ多数説と言える。平井宜雄「債権各論Ⅱ不法行為」（弘文堂），森島昭夫「不法行為法講義」（有斐閣），前掲潮見Ⅰ等を読まれたい。

害の算定（損害の金銭的評価）のすべてを「相当因果関係」という基準で判定する。また，民法416条は相当因果関係を規定したものと解し，不法行為にも類推適用している（大判大正15年5月22日[(7)]，最判昭和48年6月7日[(8)]）。相当因果関係説とそれに対する批判[(9)]等については，不法行為法の教科書等を読まれたい。

交通事故事件において，事実的因果関係が問題になることは多くない。事故証明書と実況見分調書が得られれば，通常，加害者の運転行為によって事故が発生したという因果関係は一応立証でき，後は過失の問題となる。非接触事故（194頁）であっても，最判昭和47年5月30日[(10)]のように，相当因果関係が肯定されることがある。

---

(7)　大審院民事判例集5-386。富喜丸事件判決。もっとも，416条の類推適用が問題になるのは，賠償範囲の因果関係における相当因果関係（不法行為では権利侵害と損害との因果関係）判断の問題であり，責任設定の因果関係における相当因果関係（不法行為では故意過失ある行為と権利侵害との因果関係）判断の問題ではない（潮見Ⅰ 338頁）ことに注意。

(8)　民集27-6，民法百選Ⅱ。「不法行為による損害賠償についても，民法416条が類推適用され，特別の事情によって生じた損害については，加害者において，右事情を予見しまたは予見することを得べかりしときにかぎり，これを賠償する責を負うものと解すべきであることは，判例の趣旨とするところであり（略），いまただちにこれを変更する要をみない。」

(9)　その代表である平井宜雄教授は，（相当）因果関係として議論されてきた事柄には，事実的因果関係の問題と法的な価値判断の問題が混在していたと指摘し，「事実的因果関係」，「保護範囲」，「損害の金銭的評価」という概念を用いた再構成を試みた（因果関係の問題は事実的因果関係の問題に限定されることになる。）。その後の因果関係をめぐる議論は，平井説をめぐってなされていると言える。

(10)　判時668，判タ278。「不法行為において，車両の運行と歩行者の受傷との間に相当因果関係があるとされる場合は，車両が被害者に直接接触したり，または車両が衝突した物体等がさらに被害者に接触したりするときが普通であるが，これに限られるものではなく，このような接触がないときであっても，車両の運行が被害者の予測を裏切るような常軌を逸したものであって，歩行者がこれによって危難を避けるべき方法を見失い転倒して受傷するなど，衝突にも比すべき事態によって傷害が生じた場合には，その運行と歩行者の受傷との間に相当因果関係を認めるのが相当である。」「右事実関係のもとにおいては，上告人は，同人の予測に反し，右軽二輪車が突進して来たため，驚きのあまり危難を避けるべき方法を見失い，もし，現場の足場が悪かったとすれば，これも加わって，その場に転倒したとみる余地もないわけではない。そうだとすれば，上告人の右受傷は，被上告人の軽二輪車の運行によって生じたものというべきである。三，上告人の原審における前掲主張の趣旨は，このような態様による被上告人の不法行為責任の追及をも含むものと解されるから，軽二輪車が上告人に直接衝突した事実が認められないとの理由のみから，本件について被上告人になんらの責任もないとした原審の判断は，民法709条の解釈適用を誤り，ひいて審理不尽の違法を犯したものというべきである。」

近年は，野村教授が提唱した割合的因果関係論[11]をめぐる議論が盛んである。

カ　責任能力

未成年者（民法712条）及び精神上の障害を持つ者（同法713条）が「自己の行為の責任を弁識する（に足りる）」知能ないし能力（責任能力）を欠くときは，その行為について損害賠償責任を負わない。ただし，後者については故意または過失によって一時的にこの能力を欠く状態を招いた場合を除く（同条但書）。

709条責任においては，責任能力の不存在が責任阻却事由として被告の抗弁となる。これに対し714条責任の場合は，行為者の責任無能力は請求原因となる。

未成年者の責任能力については，何歳程度で備わるのかが問題とされてきた。通説は，責任能力を，たとえば「なんらかの意味で法的な責任が生じることを弁識する能力」と捉えており，小学校卒業程度（12歳と13歳の間あたり）が目安とされるようである。古い裁判例を見ると，大判大正6年4月30日[12]は12歳2か月の者について責任能力を否定しているのに対し，同大正4年5月12日[13]は11歳11か月の者についてこれを肯定している。

責任能力を欠く未成年者の親等の責任については145頁以下で述べる。

キ　責任能力のある未成年者の親等の709条責任

以上に対し，責任能力のある未成年者の親等の責任は，運行供用者責任（181頁）のほかに民法709条によって認められることがある（最判昭和49年3月22日[14]）。交通事故賠償においては，自賠法が適用されな

---

(11)　割合的因果関係論については，小賀野晶一「割合的認定論の法的構成—相当因果関係論の再構成—」（新次元），加藤新太郎「因果関係の割合的認定」（諸問題），池田清治「割合的責任論の現在—共同不法行為事例を素材として—」（法理）等を参照。

(12)　「光清撃ツゾ」事件。ただし，監督義務者の709条責任が認められるようになる前の裁判例であり，親権者の責任を認めるためには行為者の責任無能力が必要であった。

(13)　少年店員豊太郎事件。使用者の責任を認めるためには行為者に責任能力が必要である。

(14)　判時737，判タ308。強盗殺人を犯した15歳の子の両親に対する損害賠償請求事件において，「未成年者が責任能力を有する場合であっても監督義務者の義務違反と当該未成年者の不法行為に

い物件事故や自転車加害事故のほか，親等に加害車の運行支配が認められない場合等に問題となる。

責任能力のある未成年者によるバイク加害事故や無免許運転事故等において，親等の過失はどのような場合に肯定されるだろうか。たとえば，東京地判平成12年6月7日(15)は，18歳の子の母について，京都地判平成28年3月18日(16)は未成年の子の父について，709条責任を肯定した。前者は本人の素行から無謀運転や暴走行為を予測できたとされる事案であるが，後者は監督義務の懈怠をやや抽象的なレベルで判断している。

よって生じた結果との間に相当因果関係を認めうるときは，監督義務者につき民法709条に基づく不法行為が成立するものと解するのが相当であって，民放714条の規定が右解釈の妨げとなるものではない。」とした。

(15)　交民33-3，要約13。「被告Aは，（略）本件事故当時18歳であり，本件事故当時は被告Bと同居していたこと，本件事故以前に，恐喝やバイクの窃盗により，逮捕されて少年鑑別所に入所したり，家庭裁判所で試験観察や少年院送致の処遇を受けたことがあること，被告Aは，本件事故の前年である平成6年3月に，被告Bの援助を受けてバイクを購入したこと，夜間，友人らと本件事故現場付近の公園に集まり，バイクに乗って付近の道路を高速度で走行したりしていたこと，被告Bは，被告Aに対し，こうした友人らと交際しないように指導することがあったが，次第に放任するようになり，バイクを取上げたり，友人らとバイクに乗ることを咎めることはなかったことが認められる。この認定事実によれば，被告Bは，被告Aの年齢，交友関係を含めた日頃の行動，関心などからして，被告Aが無謀運転や暴走行為に及ぶおそれが大きいことを容易に認識することができたといえるから，日頃から交通法規を遵守するように指導し，法令違反や危険な運転が繰り返されているようであれば，バイクの運転を禁止するなどの措置を取るべき注意義務があったというべきである。ところが，被告Bは，これを怠り，被告Aを放任した結果本件事故を発生せしめたということができる。したがって，被告Bは，民法709条に基づき，原告に生じた損害を賠償する責任がある。」

(16)　交民49-2。無免許運転で死亡事故を起こした加害者（年齢不明の未成年者）の父について，事故当時，子が自動車の運転に強い関心がありながら無免許運転に対する規範意識が低いこと，昼夜問わず遊び耽って頻繁に外泊していたことを認識し，深夜にわたる長時間の遊興中に子が無免許運転する危険性が高いこと，昼夜を問わない長時間の遊興によって疲労や睡眠不足から居眠り運転の危険があるにもかかわらず，子は運転中止義務を果たす可能性は低く，居眠り運転により人の生命身体に危害を加える可能性があることも認識可能であったところ，子と同居し，無為徒食の子を扶養していたのであるから，外泊から戻った子を問い質し，夜遊びや交友関係を制限し，就労させて，遵法意識を涵養するよう努めれば，居眠り運転を回避できたにもかかわらず，子が外出，外泊等する際に，子に対してメールすることはあったものの，これに対して子が返信をしなかった場合でもその行動を問いただそうとはせず，子からの報告を鵜呑みにし，子の行動を調査せず，子に対して自動車の運転をしてはならないと指導しなかったことから，監督義務を十分に履行したとはいえないとして，民法709条に基づく監督責任を認めた。

なお，近年高齢運転者による自動車事故が社会問題となっており，道交法改正により運転技能検査の導入等の対策が講じられているが，責任能力を欠く（たとえば後掲のJR東海事件）とはいえない高齢者が事故を起こした場合に，それまでも事故を起こすなど運転状況に問題があり，同居の親族がそれを知っていたにもかかわらず運転させていたことに違法性があるとして，親族が民法709条の責任が問われることがあるかもしれない(17)。

(3)　使用者責任（民法715条1項）

ア　性質

被用者が責任を負うことを前提としており，代位責任と解されている。この点で，同じく直接の加害者以外の者が責任を負う場合でありながら，補充的責任とされている監督義務者の責任（714条）と異なる。

使用者が責任を負うのは，使用者の経済活動に伴う事故については使用者が責任を負担すべきであるという実質的な価値判断（報償責任，危険責任として説明される。）によると考えられる。

運行供用者責任と重複する場面が多いが，一方のみ成立することもある。

イ　「他人を使用する」

判例通説は，雇用契約に限らず，実質的な指揮監督関係があれば足りると解している(18)。

ウ　「事業の執行について」

使用者の免責がほとんど認められないことから，使用者の責任を限定する重要な要件となっている。判例は，事実的不法行為についても，事

---

(17)　大島眞一「交通事故訴訟のこれから」（判タ1483）7頁。

(18)　近時急速に普及した，自転車やバイクによるフードデリバリーサービスは，デリバリー業者と配達員の請負契約の形式をとっている。配達員が自分で自転車保険等に加入することを求められる場合もあり，デリバリー業者が賠責保険に加入している場合でも，補償されるのは配達中（注文を受けてから配達完了まで）の事故のみである。配達員の賠責保険が使えない場合，被害者はデリバリー業者の使用者責任を追及することはできないだろうか。

業執行性を外形的，客観的に判断している（外形標準説）。最判昭和39年2月4日[19]は，勤務先の自動車を無断で乗り出し勤務時間外に私用運転中に事故が発生した事案についても715条責任を肯定した。

外形標準説による事業執行性の判断は，自賠法3条の運行支配の有無の判断と一致する傾向にあるため，被害者としては運行供用者責任を追及すればよく，あえて使用者責任を追及する実益は少ないようにもみえる。しかし，物損事故や自転車事故のほか，運行供用者性（たとえば，下請従業員による事故における元請人の責任）や運行起因性（たとえば，駐車中の荷降ろし事故）が争われる場合に問題となりうる。

エ 免責

使用者は，「被用者の選任及びその事業の監督について相当の注意をした」こと，または，「相当の注意をしても損害が生ずべきであった」ことを証明すれば責任を免れる（民法715条1項但書）。中間責任であるが，免責はほとんど認められないので，実質的には無過失責任に近い。

オ 求償（民法715条3項）

代位責任説からは，使用者に固有の負担部分はなく全額求償が原則となりそうだが，判例は信義則を根拠に求償を制限している（最判昭和51年7月8日[20]）。事案によるが，損害額の5〜30%程度に制限するものが

---

(19) 判時362，判タ159。「民法715条に規定する「事業ノ執行ニ付キ」というのは，必ずしも被用者がその担当する業務を適正に執行する場合だけを指すのでなく，広く被用者の行為の外形を捉えて客観的に観察したとき，使用者の事業の態様，規模等からしてそれが被用者の職務行為の範囲内に属するものと認められる場合で足りるものと解すべきであるとし，この見地よりすれば，上告人Aの前記行為は，結局，その職務の範囲内の行為と認められ，その結果惹起された本件事故による損害は上告会社の事業の執行について生じたものと解するのが相当であるから，被用者である上告人Aの本件不法行為につき使用者である上告会社がその責任を負担すべきものであるとした原審の判断は，正当である。」

(20) 判時827，判タ340，労働判例百選第9版。「使用者が，その事業の執行につきなされた被用者の加害行為により，直接損害を被り又は使用者としての損害賠償責任を負担したことに基づき損害を被った場合には，使用者は，その事業の性格，規模，施設の状況，被用者の業務の内容，労働条件，勤務態度，加害行為の態様，加害行為の予防若しくは損失の分散についての使用者の配慮の程度その他諸般の事情に照らし，損害の公平な分担という見地から信義則上相当と認められる限度において，被用者に対し右損害の賠償又は求償の請求をすることができるものと解すべきである。」として，求償の範囲を損害の4分の1に限った。

比較的多い[21]。

715条3項は「使用者又は監督者から被用者に対する求償権の行使を妨げない」と規定するだけであるが，損害賠償を支払った被用者が，自分の使用者に求償（逆求償）することは認められるだろうか。代位責任説からは否定されそうだが，最判令和2年2月28日[22]は，使用者責任の趣旨（「使用者が被用者の活動によって利益を上げる関係にあることや，自己の事業範囲を拡張して第三者に損害を生じさせる危険を増大させていることに着目し」としている。）と使用者からの求償の場合との均衡から逆求償を肯定した。

(4)　責任無能力者の監督者等の責任（民法714条）

ア　未成年者

未成年者の親の監護義務は民法820条が根拠となる。未成年者に責任能力がある場合については141頁で触れた。未成年者運転の自転車が加害車である場合に問題となることが多い。次にあげる神戸地判に見られ

---

(21)　たとえば，京都地判R5.5.23（交民56-3）は，原告（タクシー会社）従業員Aが運転するタクシーがB所有車両に衝突し，Aが死亡した事案で，原告がタクシーについて物的損害を被り，また，使用者としてBの物的損害を賠償したとして，Aの相続人に損害賠償及び求償を求めた。裁判所は，原告の事業は交通事故発生の危険を内在し，事故はAが原告の事業の執行中に発生させ，原告は相応の事業規模を有する株式会社であり，Aの労働条件，事故の態様，Aの勤務態度，原告において交通事故を起こした従業員が原告から損害賠償等の請求を受けたり懲戒処分を受けたりしたことはないことに照らし，原告がAの相続人に損害賠償及び求償を請求できる範囲は，信義則上10%とするとした。なお，保険料の増額についても，そのリスクは保険契約者が負担するのが相当であるとして，事故と相当因果関係のある損害とはいえないとした。

(22)　交民53-1，民法百選Ⅱ。「このような使用者責任の趣旨からすれば，使用者は，その事業の執行により損害を被った第三者に対する関係において損害賠償義務を負うのみならず，被用者との関係においても，損害の全部又は一部について負担すべき場合があると解すべきである。また，使用者が第三者に対して使用者責任に基づく損害賠償義務を履行した場合には，使用者は，（略）損害の公平な分担という見地から信義則上相当と認められる限度において，被用者に対して求償することができると解すべきところ（略），上記の場合と被用者が第三者の被った損害を賠償した場合とで，使用者の損害の負担について異なる結果となることは相当でない。以上によれば，被用者が使用者の事業の執行について第三者に損害を加え，その損害を賠償した場合には，被用者は，上記諸般の事情に照らし，損害の公平な分担という見地から相当と認められる額について，使用者に対して求償することができるものと解すべきである。」として，逆求償を否定した原判決を破棄し原審に差し戻した。

るように，事故態様から未成年者の重大な過失が認められる場合は，その事実が親権者の指導監督が不十分であったことを推認させる重要な間接事実になる。賠責保険への加入義務を果たしていなかった場合についても同様である(23)。

自転車事故の高額賠償事案として注目を集めた神戸地判平成25年7月4日(24)は，11歳の子に対して，注意義務違反の内容・程度等に照らし自転車の運転に関する十分な指導や注意をしていたとはいえないとして，母親の714条責任を肯定した。これに対し，最判平成27年4月9日（サッカーボール事件）(25)は，同じく11歳の子について，校庭でのフ

(23)　東京地判R5.10.6（交民56-5）は，賠責保険加入義務を怠っていた両親について，未加入のまま未成年者に自転車を運転させていた一事をもってしても監督義務を果たしていないものというべきであるとして，加害者（14歳の子）との共同不法行為責任を認めた。

(24)　判時2197，交通百選。賠償されるべき損害額を約9500万円とした（うち約6000万円は保険代位した人傷社への支払)。「Fは，本件事故当時11歳の小学生であったから，未だ責任能力がなかったといえ，本件事故により原告Aに生じた損害については，Fの唯一の親権者で，Fと同居してその監護に当たり，監督義務を負っていた被告が，民法714条1項により賠償責任を負うものといえる。被告は，Fに対し，日常的に自転車の走行方法について指導するなど監督義務を果たしていた旨主張するが，上記認定のFの加害行為及び注意義務違反の内容・程度，また，被告は，Fに対してヘルメットの着用も指導していたと言いながら（被告本人)，本件事故当時はFがこれを忘れて来ていることなどに照らすと，被告による指導や注意が奏功していなかったこと，すなわち，被告がFに対して自転車の運転に関する十分な指導や注意をしていたとはいえず，監督義務を果たしていなかったことは明らかであるといえ，被告の主張は採用できない。」

(25)　判時2261，判タ1415，民法百選Ⅱ。「前記事実関係によれば，満11歳の男子児童であるCが本件ゴールに向けてサッカーボールを蹴ったことは，ボールが本件道路に転がり出る可能性があり，本件道路を通行する第三者との関係では危険性を有する行為であったということができるものではあるが，Cは，友人らと共に，放課後，児童らのために開放されていた本件校庭において，使用可能な状態で設置されていた本件ゴールに向けてフリーキックの練習をしていたのであり，このようなCの行為自体は，本件ゴールの後方に本件道路があることを考慮に入れても，本件校庭の日常的な使用方法として通常の行為である。また，本件ゴールにはゴールネットが張られ，その後方約10mの場所には本件校庭の南端に沿って南門及びネットフェンスが設置され，これらと本件道路との間には幅約1.8mの側溝があったのであり，本件ゴールに向けてボールを蹴ったとしても，ボールが本件道路上に出ることが常態であったものとはみられない。本件事故は，Cが本件ゴールに向けてサッカーボールを蹴ったところ，ボールが南門の門扉の上を越えて南門の前に架けられた橋の上を転がり，本件道路上に出たことにより，折から同所を進行していたBがこれを避けようとして生じたものであって，Cが，殊更に本件道路に向けてボールを蹴ったなどの事情もうかがわれない。責任能力のない未成年者の親権者は，その直接的な監視下にない子の行動について，人身に危険が及ばないよう注意して行動するよう日頃から指導監督する義務が

リーキックの練習は，通常は人身に危険が及ぶような行為とはいえない等として，両親の714条責任を否定している。当該行為がもともと持っている危険性が考慮されている。

イ　認知症高齢者

精神的な障害による責任無能力者の監督義務者の例として，かつては後見人があげられていたが，成年後見制度の新設に伴う民法改正によって，成年後見人の義務は身上配慮義務（民法858条）に改められ，これを監督義務の根拠とできるかが問題となった。また，精神保健福祉法（旧精神保健法）における保護者等の監督義務者についても，かつては自傷他害防止監督義務をもとに民法714条の監督義務を認める解釈が可能であったが，平成11年改正で自傷他害防止監督義務は廃止され，同25年改正で保護者という概念自体が同法から削除された。このような状況で，同条の法定の監督義務者とは誰を指すのかが争われることになった。

認知症高齢者の加害行為についての，親族の責任が争われた事案で，最判平成28年3月1日(26)は，「平成19年当時（事故発生当時）において，保護者や成年後見人であることだけでは直ちに法定の監督義務者に該当するということはできない。」「同居する配偶者であるからといって，その者が（略）「責任無能力者を監督する法定の義務を負う者」に当たるとすることはできない」として，自宅を抜け出して鉄道事故を発生させた認知症高齢者の妻と子の714条責任を否定した。

判例によると，713条の責任無能力者については714条の法定の監督

あると解されるが，本件ゴールに向けたフリーキックの練習は，上記各事実に照らすと，通常は人身に危険が及ぶような行為であるとはいえない。また，親権者の直接的な監視下にない子の行動についての日頃の指導監督は，ある程度一般的なものとならざるを得ないから，通常は人身に危険が及ぶものとはみられない行為によってたまたま人身に損害を生じさせた場合は，当該行為について具体的に予見可能であるなど特別の事情が認められない限り，子に対する監督義務を尽くしていなかったとすべきではない。Cの父母である上告人らは，危険な行為に及ばないよう日頃からCに通常のしつけをしていたというのであり，Cの本件における行為について具体的に予見可能であったなどの特別の事情があったこともうかがわれない。そうすると，本件の事実関係に照らせば，上告人らは，民法714条1項の監督義務者としての義務を怠らなかったというべきである。」

(26)　JR東海事件。判時2299，判タ1425，交通百選，民法百選Ⅱ。「(1)ア　民法714条1項の規定

は，責任無能力者が他人に損害を加えた場合にはその責任無能力者を監督する法定の義務を負う者が損害賠償責任を負うべきものとしているところ，このうち精神上の障害による責任無能力者について監督義務が法定されていたものとしては，平成11年（略）改正前の精神保健及び精神障害者福祉に関する法律22条1項により精神障害者に対する自傷他害防止監督義務が定められていた保護者や，平成11年（略）改正前の民法858条1項により禁治産者に対する療養看護義務が定められていた後見人が挙げられる。しかし，保護者の精神障害者に対する自傷他害防止監督義務は，上記平成11年法（略）により廃止された（保護者制度そのものが平成25年法（略）により廃止された。）。また，後見人の禁治産者に対する療養看護義務は，上記平成11年法（略）による改正後の民法858条において成年後見人がその事務を行うに当たっては成年被後見人の心身の状態及び生活の状況に配慮しなければならない旨のいわゆる身上配慮義務に改められた。この身上配慮義務は，成年後見人の権限等に照らすと，成年後見人が契約等の法律行為を行う際に成年被後見人の身上について配慮すべきことを求めるものであって，成年後見人に対し事実行為として成年被後見人の現実の介護を行うことや成年被後見人の行動を監督することを求めるものと解することはできない。そうすると，平成19年当時において，保護者や成年後見人であることだけでは直ちに法定の監督義務者に該当するということはできない。イ 民法752条は，夫婦の同居，協力及び扶助の義務について規定しているが，これらは夫婦間において相互に相手方に対して負う義務であって，第三者との関係で夫婦の一方に何らかの作為義務を課するものではなく，しかも，同居の義務についてはその性質上履行を強制することができないものであり，協力の義務についてはそれ自体抽象的なものである。また，扶助の義務はこれを相手方の生活を自分自身の生活として保障する義務であると解したとしても，そのことから直ちに第三者との関係で相手方を監督する義務を基礎付けることはできない。そうすると，同条の規定をもって同法714条1項にいう責任無能力者を監督する義務を定めたものということはできず，他に夫婦の一方が相手方の法定の監督義務者であるとする実定法上の根拠は見当たらない。したがって，精神障害者と同居する配偶者であるからといって，その者が民法714条1項にいう「責任無能力者を監督する法定の義務を負う者」に当たるとすることはできないというべきである。ウ 第1審被告 Y_1 はAの妻であるが（本件事故当時Aの保護者でもあった（平成25年法（略）による改正前の精神保健及び精神障害者福祉に関する法律20条参照）。），以上説示したところによれば，第1審被告 Y_1 がAを「監督する法定の義務を負う者」に当たるとすることはできないというべきである。また，第1審被告 Y_2 はAの長男であるが，Aを「監督する法定の義務を負う者」に当たるとする法令上の根拠はないというべきである。(2)ア もっとも，法定の監督義務者に該当しない者であっても，責任無能力者との身分関係や日常生活における接触状況に照らし，第三者に対する加害行為の防止に向けてその者が当該責任無能力者の監督を現に行いその態様が単なる事実上の監督を超えているなどその監督義務を引き受けたとみるべき特段の事情が認められる場合には，衡平の見地から法定の監督義務を負う者と同視してその者に対し民法714条に基づく損害賠償責任を問うことができるとするのが相当であり，このような者については，法定の監督義務者に準ずべき者として，同条1項が類推適用されると解すべきである（略）。その上で，ある者が，精神障害者に関し，このような法定の監督義務者に準ずべき者に当たるか否かは，その者自身の生活状況や心身の状況などとともに，精神障害者との親族関係の有無・濃淡，同居の有無その他の日常的な接触の程度，精神障害者の財産管理への関与の状況などその者と精神障害者との関わりの実情，精神障害者の心身の状況や日常生活における問題行動の有無・内容，これらに対応して行われている監護や介護の実態など諸般の事情を総合考慮して，その者が精神障害者を現に監督しているかあるいは監督することが可能かつ容易であるなど衡平の見地からその者に対し精神障害者の行為に係る責任

義務者は存在しないことになるが，これに準ずべき者については同条1項の類推適用によって損害賠償責任を負う可能性があることを認めている。

ウ　代理監督者

民法714条2項は，「監督義務者に代わって責任無能力者を監督する者」にも，監督義務者と同じ責任を負わせている。かつては，幼稚園教諭や保母，小学校の教員，精神病院の医師等の個人がこれにあたると解されていたが，監督義務者から監督義務を引き受けているのは幼稚園，保育所，学校等の事業主体であるから，これらの事業主体が代理監督者にあたると解する説が有力である(27)。

(5)　債務不履行責任

バス会社やタクシー会社に乗客として責任追及するときは債務不履行責任も問題となる。もっとも，不法行為上の注意義務と安全配慮義務と

を問うのが相当といえる客観的状況が認められるか否かという観点から判断すべきである。イ これを本件についてみると，Aは，平成12年頃に認知症のり患をうかがわせる症状を示し，平成14年にはアルツハイマー型認知症にり患していたと診断され，平成16年頃には見当識障害や記憶障害の症状を示し，平成19年2月には要介護状態区分のうち要介護4の認定を受けた者である（なお，本件事故に至るまでにAが1人で外出して数時間行方不明になったことがあるが，それは平成17年及び同18年に各1回の合計2回だけであった。）。第1審被告Y_1は，長年Aと同居していた妻であり，第1審被告Y_2，B及びCの了解を得てAの介護に当たっていたものの，本件事故当時85歳で左右下肢に麻ひ拘縮があり要介護1の認定を受けており，Aの介護もBの補助を受けて行っていたというのである。そうすると，第1審被告Y_1は，Aの第三者に対する加害行為を防止するためにAを監督することが現実的に可能な状況にあったということはできず，その監督義務を引き受けていたとみるべき特段の事情があったとはいえない。したがって，第1審被告Y_1は，精神障害者であるAの法定の監督義務者に準ずべき者に当たるということはできない。ウ また，第1審被告Y_2は，Aの長男であり，Aの介護に関する話合いに加わり，妻BがA宅の近隣に住んでA宅に通いながら第1審被告Y_1によるAの介護を補助していたものの，第1審被告Y_2自身は，横浜市に居住して東京都内で勤務していたもので，本件事故まで20年以上もAと同居しておらず，本件事故直前の時期においても1箇月に3回程度週末にA宅を訪ねていたにすぎないというのである。そうすると，第1審被告Y_2は，Aの第三者に対する加害行為を防止するためにAを監督することが可能な状況にあったということはできず，その監督を引き受けていたとみるべき特段の事情があったとはいえない。したがって，第1審被告Y_2も，精神障害者であるAの法定の監督義務者に準ずべき者に当たるということはできない。」

(27)　潮見Ⅰ 424頁，窪田195頁等。

は重なる部分が多く，債務不履行構成の実益は限られる[28]。民法改正により，生命身体侵害の場合は消滅時効期間にも差がないことになった。

3　国家賠償法責任

(1)　特殊な車両による事故

ア　パトカーによる追跡等

最判昭和61年2月27日[29]は，パトカーに追跡された逃走車両が事故を起こして第三者に損害を与えた場合における，追跡行為の違法性が争われた事案で，国賠法1条1項の違法性の要件として追跡行為の不必要性または不相当性を要する[30]とした上で，違法性を否定した。

イ　自衛隊車両

最判昭和58年5月27日[31]は，自衛隊の隊長が運転する自衛隊車両が，隊員輸送の任務を終了した帰途スリップして対向車両と衝突し，同乗の隊員が死亡した事故につき，事故は運転者が道交法上当然に負うべき通常の注意義務違反によるものであって，国の安全配慮義務不履行は認められないとして国の責任を否定した。

(2)　道路管理等の瑕疵（営造物責任）[32]

ア　道路上の駐車車両や倒れた工事標識等の放置

最判昭和50年7月25日[33]は，原動機付自転車を運転中に道路上に

(28)　自賠法3条「運行によって」との関係については，赤い本2015年下巻「運行供用者責任（バス乗降中の事故）」参照。もっとも，遅延損害金の起算点は，債務不履行構成では請求日の翌日となり（最判S55.12.18（判時992，労働判例百選第10版103頁）），遺族固有の慰謝料も債務不履行構成では認められない（同）。

(29)　判時1185，判タ593，交通百選。

(30)　結果の重大性には重きを置いていない（百選59頁）。

(31)　判時1079，判タ498，交通百選。

(32)　裁判例の検索には，「道路管理瑕疵裁判例集」（rirs.or.jp）（日本みち研究所）が役に立つ。

(33)　判時791，交通百選。「道路管理者は，道路を常時良好な状態に保つように維持し，修繕し，もつて一般交通に支障を及ぼさないように努める義務を負うところ（道路法42条），前記事実関係に照らすと，同国道の本件事故現場付近は，幅員7.5メートルの道路中央線付近に故障した大型貨物自動車が87時間にわたって放置され，道路の安全性を著しく欠如する状態であったにもか

放置された事故車両に衝突して死亡した事案について，警察官が違法駐車の移動等の義務を負っていながらこれを懈怠した等の事情があっても，道路管理者は事故回避策をとらなければ賠償義務を免れないとした。

これに対し，最判昭和50年6月26日(34)は，夜間に乗用車が道路から転落して同乗者が死亡した事案について，事故発生当時，管理者が設置した工事標識板，バリケード及び赤色灯標柱が道路上に倒れたまま放置されていたが，これを遅滞なく原状に復し道路を安全良好な状態に保つことは不可能であったとして，結果回避可能性を欠くことを理由に道路管理の瑕疵を否定した。

イ　信号機の不設置

交差点における一方道路にのみ信号機が設置され，交差道路には信号機が設置されておらず，一時停止の規制もなされていなかった事案に関する山口地判平成30年2月28日（245頁）等の裁判例が参考になる。

ウ　高速道路上の動物の飛び出し

最判平成22年3月2日(35)は，北海道内の高速道路において，キツネとの衝突を避けようとして自損事故を起こして停車中に，後続車に衝突されて運転者が死亡した事案で，事故発生の危険性の程度，他の高速道路における対策，対策のための費用，動物注意の標識が設置されていたことを考慮して，管理者の道路の設置，管理の瑕疵を否定した。

かわらず，当時その管理事務を担当する橋本土木出張所は，道路を常時巡視して応急の事態に対処しうる看視体制をとっていなかったために，本件事故が発生するまで右故障車が道路上に長時間放置されていることすら知らず，まして故障車のあることを知らせるためバリケードを設けるとか，道路の片側部分を一時通行止めにするなど，道路の安全性を保持するために必要とされる措置を全く講じていなかったことは明らかであるから，このような状況のもとにおいては，本件事故発生当時，同出張所の道路管理に瑕疵があったというのほかなく，してみると，本件道路の管理費用を負担すべき上告人は，国家賠償法2条及び3条の規定に基づき，本件事故によって被上告人らの被った損害を賠償する責に任ずべきであり，上告人は，道路交通法上，警察官が道路における危険を防止し，その他交通の安全と円滑を図り，道路の交通に起因する障害の防止に資するために，違法駐車に対して駐車の方法の変更・場所の移動などの規制を行うべきものとされていること（道路交通法1条，51条）を理由に，前記損害賠償責任を免れることはできないものと解するのが，相当である。」東京高判 H9.12.24（245頁）も参照されたい。

(34)　判時785，交通百選。

(35)　判時2076，判タ1321，交通百選。

エ　運転者の過失との競合

運転者の過失と道路の瑕疵があいまって交通事故が発生した場合には，共同不法行為の成否が問題となる。244頁で述べる。

オ　自然力の寄与

名古屋高判昭和49年11月20日（飛騨川バス転落事故）(36)は，集中豪雨による土石流の発生について，本件土石流の発生そのものが予知し得なかったとしても，その発生の危険及びこれを誘発せしめた集中豪雨は通常予測し得たものであるとして，不可抗力の主張を退け，国の責任を肯定した（原審は不可抗力の寄与度を40%としていた。）。

---

(36)　判時761，判タ318，交通百選。集中豪雨及び崩落等の予見可能性について，「自然現象については，必ずしも学問的にその発生機構が十分解明されているとはいい難いが，自然現象のもたらす災害は，学問的にすべてが解明されなければ防止できないというものではなく，また，そのために防災対策をゆるがせにすることは許されないのであつて，その当時において科学技術の到達した水準に応じて防災の行動をとり得るものであり，防災科学はまさにそのような見地に立って，自然現象発生の危険性を検討し防災対策を研究する総合的な学問の分野である。そして，道路の設置・管理も当然このような防災科学の見地を取り入れて検討されるべきものである以上，当該自然現象の発生の危険を定量的に表現して，時期・場所・規模等において具体的に予知・予測することは困難であっても，当時の科学的調査・研究の成果として，当該自然現象の発生の危険があるとされる定性的要因が一応判明していて，右要因を満たしていることおよび諸般の情況から判断して，その発生の危険が蓋然的に認められる場合であれば，これを通常予測し得るものといつて妨げないと考える。」との一般論を述べた上で，集中豪雨，斜面崩壊，土石流の予見可能性を肯定した。不可抗力であるとの主張に対しては，「本件土石流の発生そのものが予知し得なかったものであることは前記認定のとおりであるが，その発生の危険およびこれを誘発せしめた集中豪雨は通常予測し得たものであることも前記認定のとおりであるから，被控訴人は，本件土石流による事故を防止するために，適切な管理方法を講ずべきものであった。たしかに，本件土石流を防止することは，現在の科学技術の水準ではなかなか困難であったことは前記のとおりであるが，本件土石流による事故を防止するためには，防護施設が唯一のものではなく，避難方式たる事前規制その他の方法により，その目的を達し得たものであるから，被控訴人の主張するような事由によっては，本件事故が不可抗力であったとはとうていいい得ない。」として退け，「以上のとおり，国道41号は，その設置（改良）に当たり，防災の見地に立って，使用開始後の維持管理上の問題点につき，詳細な事前調査がなされたとは認め難く，そのため崩落等の危険が十分に認識せられなかったため，その後における防災対策や道路管理上重要な影響を及ぼし，防護対策および避難対策の双方を併用する立場からの適切妥当な道路管理の方法が取られていなかったもので，国道41号の管理には，交通の安全を確保するに欠けるところがあり，道路管理に瑕疵があったものといわなければならない。そして，本件事故は右管理の瑕疵があったために生じたものであるから，被控訴人は国家賠償法2条により本件事故によって生じた損害を賠償すべき義務がある。」とした。

自然力（自然災害）の寄与は，自賠法3条の運行起因性の判断においても問題となる（196頁）。

4　新たな問題〜自動運転と民事責任〜

(1)　道路交通の課題と技術革新

現在の道路交通の課題を解決するための自動車産業の技術革新の方向性として，「CASE」，すなわちConnectivity/Connected（通信による接続），Autonomous（自動運転），Share & Service（ライドシェア・カーシェア等），Electric（動力源の電動化）があげられており，自動運転化はその柱の一つである。

(2)　自動運転のレベル

ア　分類

自動運転の段階は，概ね次のとおりレベル0〜5に分類される[(37)]。

レベル0：運転者が全ての運転タスクを実行する。

レベル1：システムが縦方向または横方向のいずれかの車両運動制御のサブタスクを限定領域[(38)]において実行する。

レベル2：システムが縦方向及び横方向両方の車両運動制御のサブタスクを限定領域において実行する。

レベル3：システムが全ての動的運転タスクを限定領域内で実行する。作動継続が困難な場合は，システムの介入要求等に適切に応答する。

レベル4：システムが全ての動的運転タスク及び作動継続が困難な場合への応答を限定領域において実行する。

レベル5：システムが全ての動的運転タスク及び作動継続が困難な場合への応答を無制限に（すなわち，限定領域内ではな

(37)　「官民ITS構想・ロードマップ2020」で紹介されたSAE（米国自動車技術会）の定義。4，5を合わせてレベル4として扱うものもある。

(38)　ODD（Operational Design Domain）。各車両の構造において，自動運転が可能である領域を指す。レベル5においては存在しない。

い）実行する。

この分類では，安全運転にかかる監視・対応主体について，レベル2までは運転者，レベル3以降はシステム（レベル3は，作動継続が困難な場合は運転者）と整理している。

イ　現状

自動運転車の普及は，交通事故と交通賠償のあり方を大きく変えるだろう。国内においても，加速，操舵，制動の複数を同時に自動車が行うレベル2の車はすでに令和元年に発売されており(39)，同3年にはレベル3の車も発売された(40)。

ウ　国交省の動きと法改正

平成28年11月に，「自動運転における損害賠償責任に関する研究会」が発足し，自動運転システム（レベル1から4，特にレベル3と4）利用中の事故を中心に，自賠法に基づく損害賠償責任のありかた（特に，自動運転システム利用中の事故における運行供用者責任をどう考えるか）が検討された。同30年3月に報告書(41)が発表されている。

令和3年6月には，自動運転の実用化に向けての政府目標，実績，今後の取組について，「自動運転に関する最近の動向」が発表されている。

法改正も進んでいる。令和元年には，レベル3に対応する道路交通法，道路運送車両法の改正が行われた(42)。同4年にも道路交通法が改正さ

(39)　たとえば，日産は，2019年9月発売のスカイラインから，レベル2に相当するプロパイロット2.0が搭載されている。レベル2における一つの到達点といわれるハンズオフ（手離し運転。ハンズフリーとも呼ばれる。）機能を搭載した自動車は，2024年現在各社から発売され，搭載車種も拡大している。

(40)　ホンダは，一般乗用車にレベル3の自動運転システムを搭載した「レジェンド」を2021年3月に発売した。メルセデス・ベンツ等も続いている。レベル3では，車両前方から目を離すアイズオフ（アイズフリー）も可能となる。

(41)　①運行供用者責任をどう考えるか，②ハッキングによる事故についてどう考えるか，③自損事故について「他人」をどう考えるか，④「自動車の運行に関し注意を怠らなかったこと」をどう考えるか，⑤地図情報やインフラ情報等の外部データの誤謬，通信遮断等は「構造上の欠陥又は機能の障害」と言えるか，についての検討結果がまとめられている。①については，現状と課題39頁～40頁を参照。

(42)　道交法2条1項17号の運転に関する定義規定は，「自動運行装置を使用する場合を含む」と付加された。また，自動運行装置使用中は，周辺環境を注視すべき義務が一部免除されている

れ，同5年4月から公道でのレベル4の使用が可能となった[43]。

(3) 自動運転車による事故の損害賠償責任と現行法の対応

ア　現行法の枠組み

自賠法は，自動車事故による人身損害について，責任主体として「運行供用者」という概念を創設して厳格な責任を負わせる（3条）とともに，自賠責保険によってその損害をカバーする（11条）という仕組みをとっている。

運行供用者責任は車両に構造上の欠陥がなかっただけでは免れないが（3条但書），車両の構造上の欠陥によって事故が発生したのであれば，製造物責任法2条2項の製造物の欠陥によるものとして，同法3条の責任が成立することも考えられる。同条の責任は物損についても追及でき（ただし同条但書），運行供用者や運転者が被害にあった場合であっても，メーカーに対して製造物責任を追及することが可能である。

もちろん，民法709条等に基づいて不法行為責任を追及することもできる。物損事案で，かつ製造物責任の追及ができない場合等には民法上の損害賠償責任を追及せざるを得ない。

自動運転システムが進歩すれば，事故の原因の大部分が人（道路交通参加者）のミスである現在の状況から，自動運転システムに原因が求められるようになっていくだろう。このような状況に現行法はどのように対応できるだろうか。

イ　運行供用者責任

レベル1とレベル2においては，車両の保有者や運転者が運行供用者であることは明らかであり，現行法での対応に問題はないと考えられる。

（同法71条の4の2）。運転者は，整備不良のない自動車で，走行環境条件のもと自動運行装置を作動させている間は，当該条件から外れた場合にすぐ認知・操作できる状態を保っていれば（したがって睡眠や飲酒は不可）携帯電話等の画面を見ていてもよいことになる（友近直寛「自動運転・運転支援と交通事故賠償責任」（新日本法規）21頁）。

(43)　令和5年4月1日施行。改正法は，レベル4による運行を「特定自動運行」とし，従来の「運転」の定義から除いている。改正法の概要については，警察庁「特定自動運行に係る許可制度の創設について」（L4-summary.pdf（npa.go.jp））を参照されたい。

レベル3についても同様であるが，システムからの要請がない状態では，システムに運転を任せていたことを過失とはいえないだろう。

レベル4と5ではどうだろうか。ドライバーが運転に関与しない完全自動運転車であっても，「自動車」（道路運送車両法2条2項，自賠法2条1項），「運行」（自賠法2条2項）への該当性は肯定される[44]。運行供用者性についても，所有者等に運行支配と運行利益が認められるから，完全自動運転の段階になっても，運行供用者が存在しなくなるわけではないと考えられる[45]。目的地や走行経路を入力する行為に運行支配と運行利益が認められるだろう。

問題は免責三要件，特に①運行供用者・運転者が注意を怠らなかったこと，②自動車に構造上の欠陥または機能の障害がなかったことである。

①については，レベル3までは，当該状況においてシステムによる制御に任せることがどこまで許容されるか等が問題となる。完全自動化段階（レベル4（限定領域内）以降）では，運行供用者が何もしなくても，当然に注意を怠ったことにはならないが，自動運転装置が正常に機能するかについての注意義務はあり，システムを適宜アップデートする義務も含まれる可能性がある[46]。

②については，完全自動化段階においても，あらゆる事故を完全に防止できるわけではなく，どの程度まで安全性が要求されるのか（平均人レベルか，それ以上か）が問題となる。完全自動化に至らない段階では，

---

(44) 自動運転によって，「運行によって」概念も再構成を迫られると考えられる（少なくとも「用いた方に従い用いる」は操作に限定されるという狭義の固有装置説は維持しがたい）と指摘されている（植草桂子「自賠法3条の「運行によって」概念について」（早稲田法学91-3）330頁～331頁）。

(45) 藤田友敬編「自動運転と法」（有斐閣）134頁～135頁（藤田）。もっとも，誰が運行供用者かという問題はある（同135頁）。小塚荘一郎「自動走行車のサイバーセキュリティ法律問題」（損害保険研究81-4）63頁は，MaaS（Mobility as a Service.ICT（情報通信技術）を活用して，マイカー以外の移動を一つの移動サービスに統合すること。）においては，配車事業者が運行供用者であるとする。肥塚肇雄「日本版MaaSにおける自動車運転事故とサイバーセキュリティ」（同82-4）21頁～22頁は，MaaS下において自動走行モードで走行している場合，所有者は運行供用者にはあたらないとする。

(46) 前掲藤田138頁。

例えば衝突被害軽減ブレーキが故障していたからといって，直ちに構造上の欠陥または機能の障害があったと言えないのではないかという疑問があるが，特定の運転機能について，基本的に自動運転装置に任せることが許容される状況にあれば，装置が機能しないことは構造上の欠陥・機能の障害と評価されるとの見解がある[47]。

なお，完全自動化され，乗車する者は運転にまったく関わらないのであれば，自賠法上の運転者（自賠法2条4項）は存在しないことになる。

ウ　民法上の不法行為責任（ドライバーの過失）

レベル1と2では，ドライバーは，システム作動中でも，そうでない場合と同様の注意義務を負い，システムが期待する危機回避操作をしなかったことによって事故が起こった場合には，過失は否定されない[48]。

レベル3の場合は，システムがODD（限定領域）下で正常に作動している間（介入要請がない間）は，運転者は周辺環境を注視する義務を免除されているので，この間の視覚的情報を認知していなかったことにより発生した事故については過失を問えないと考えられる[49]。もっとも，システムから介入要請がなされた場合は，ドライバーは直ちに適切に対応（オーバーライド）しなければならないから，監視・対応主体がシステムだからといって，安全運転義務等が完全に免除されることにはならないだろう[50]。介入要請が正常に機能したにもかかわらず，ドライバーが要請に従った操作を行わずに事故が発生した場合は，事故回避のための時間的余裕があったかどうかが問題になる[51]。

レベル4では，ユーザーの責任は特定状況下に限られることになり，レベル5では，点検整備に関する注意義務が問題になるのみで，運転

(47)　前掲藤田141頁。免責三要件については，前掲友近88頁〜89頁も参照。

(48)　もっとも，オーバーライド機能自体に欠陥が生じており，運転者が操作したのにそれがシステムによる操作に優先されなかった場合等，過失が否定される場合もあり得る（前掲友近76頁）。

(49)　前掲友近77頁。

(50)　前掲藤田117頁は，介入要求に対して遅滞なく反応して運転タスクの返還を受け，当該状況で危険を回避する等適切に対応する必要があるため，それらに備えておく義務（一種の待機義務）を負うことになると解している。

(51)　前掲友近78頁。

（と呼べるか疑問だが）についての過失責任は問題にならないことになる（事故原因は自動運転システムに求められるから，現行法では製造物責任法の問題にウエイトが置かれることになる(52)）だろう。使用者が点検整備（国交省令の自動車点検基準が定められている。）を怠ったことが原因で事故が発生した場合は，その点について過失が問われることになる。

エ 販売店とメーカーの責任

車両の所有者が死傷した場合には，車両の売主に対して債務不履行責任を追及することが考えられる。債務不履行の内容としては，①「契約の内容に適合しない」目的物（民法562条等）を給付した，または②システムについての説明が不十分であったことが問題となる。

①については，民法415条1項但書の免責が問題となるが，免責を認めることは慎重であるべきだとの指摘がある(53)。②については，マニュアルの記載やそれに基づく販売店の説明があった場合は，「仕様」とされ，装置の想定外の（不）作動とは評価されないことになるのだろうか(54)。

被害者とメーカーには直接契約関係がないので，メーカーの責任については不法行為責任（製造物責任法3条，民法709条）が問題となる。製造物責任については，製造物責任法3条の「欠陥」にあたるかが問題となる。たとえば，衝突被害軽減ブレーキというより安全性の高いシステムを搭載し，それが働かなかったからといって「通常有すべき安全性」を欠くと評価できるのか(55)。709条責任については，事故車両を製造物責任法3条但書の「当該製造物」と解すれば，事故車両に生じた財産的損害については製造物責任を追及できないことになる可能性があるが，「有すべき安全性」を欠くものとして民法709条責任が成立する余地があるとの指摘がある(56)。

---

(52) 法律のひろば73-2　23頁（窪田）。
(53) 前掲藤田164頁～165頁（窪田）。
(54) 同168頁～170頁。
(55) 同172頁～173頁。前掲友近79頁～82頁も参照。
(56) 前掲藤田178頁～179頁（窪田）。前掲友近93頁～102頁も参照。

さらに，自動車メーカーを運行供用者に含めるアプローチも提唱されている[57]。

(4) 自動車事故の民事責任の将来

ア　自動車事故の変質と責任主体

自動運転システムの進展，特にレベル4や5の完全自動運転車の普及は，自動車事故における中心的視点を，ドライバーの過失から車両・搭載システムの欠陥に移行させることになるだろう[58]。そのような見通しを踏まえて，将来の制度設計についてはいくつかの方向性が示されており，大別すると，従来通り運行供用者を第一次的責任主体とする方向と，自動運転システム提供者（自動車メーカー）を第一次的責任主体とする方向が考えられる[59]。

イ　国交省研究会報告書[60]

国交省の「自動運転における損害賠償責任に関する研究会」では，第3回研究会（平成29年4月）において論点整理が行われていたが，第6回研究会（同30年3月）で報告書がとりまとめられた。同報告書は，運行供用者責任を維持しつつ，保険会社等による自動車メーカー等に対する求償権行使の実効性確保のための仕組み[61]を検討することが適当であるとしている。

---

(57)　近内京太「レベル4・5自動運転をめぐる民事責任の課題と解決の方向性(上)」（NBL1261）32頁～33頁。保有者とメーカーは共同運行供用者となり，保有者が死傷した場合は共同運行供用者の他人性の問題となる。

(58)　前掲ひろば25頁（窪田）。

(59)　藤田友敬「自動運転をめぐる民事責任法制の将来像」（前掲藤田）。

(60)　国交省研究会座長による報告書の解説として，落合誠一「自動運転における損害賠償責任に関する研究会（国土交通省）報告書の基本的なポイントについて」（損害保険研究80-2）。

(61)　被害者に賠償責任を果たした自動運転車の所有者または保険会社が，自動車メーカーに対して求償しても，運行供用者責任の免責事由としての「欠陥」と異なり，製造物責任の追及においては，所有者が「欠陥」の立証責任を負うため，求償が認められない可能性がある。そもそも，完全自動運転車の「保有者」は，保守点検義務を除いて運行供用者として問われるべき義務違反はほとんどないのに，自賠責保険の保険料を負担し，加害者リスクを負うと思われる自動車メーカー等は保険料を負担しないという矛盾があり，自動車メーカーの責任を運行供用者に肩代わりさせるものであるとの指摘が従来からされている。

同報告書は，このほか，ハッキングについては盗難車と同様に基本的に政府保障事業で対応することが適当であるとしている。また，システム利用中の自損事故については，運行供用者・運転者は「他人」にあたらないから自賠責保険から填補を受けられず，人傷保険等の任意保険で対応することとしている。外部データの誤謬・通信遮断等の場合の法的責任についても検討されている。

ウ　自賠責保険への影響

前述のとおり，自動運転が高度化しても，運行供用者責任を維持することは可能であると考えられるが，自動車のコントロール主体が運転者等からシステムに移行していくのにともない，責任分担の問題が生じうる。現在の自賠責保険制度を維持した上で，メーカーが安全なシステムを開発・製造するインセンティブを阻害しないために，被害者や運行供用者が自動車の欠陥の有無に関する情報を収集しやすくするための措置（メーカーへ情報提供，イベントレコーダーの搭載と解析への協力を義務付ける等）が必要になるだろう(62)。

エ　任意自動車保険への影響(63)

事故態様や紛争の態様の変化に伴い，任意自動車保険のあり方も変化する可能性がある。

運行供用者責任や運転者の過失が認められない場合でも，加害者が被害者に生じた損害を保障するために支出した費用を填補する費用保険が発売されている(64)。また，運行供用者や運転者・製造者の過失等を争う前に，ファーストパーティ型の保険で損害を填補しようとすることが

(62)　後掲後藤7頁～9頁。前掲藤田286頁～287頁。国交省報告書も，メーカーに対する求償権の実効性を確保する仕組みの導入に言及している。前掲落合13頁～16頁。

(63)　池田裕輔「自動運転と保険」（前掲「自動運転と法」），丸山一朗「保険」（交通法研究46），「第Ⅱ部　保険関係」（前掲「自動運転と社会変革」），佐野誠「自動運転化と自動車事故被害者救済制度―ノーフォルト自動車保険制度試論―」（損害保険研究80-2）。

(64)　この方式で補償する費用は，被保険者が被害者を救済するために任意に支出する費用である（前掲「自動運転と保険」265頁）。東京海上日動は，平成27年4月始期用から，「被害者救済費用等補償特約」を自動付帯し，システムへの不正アクセス等に起因する人身・物損事故について保険金を支払うとしている。他社も追随しているようだ。

一般化することが考えられ，人傷保険がさらに普及する可能性がある。自賠責保険が適用されない物損事故については，レベル5になるとドライバーの責任がなくなるため，任意対物賠責保険が適用されなくなり，車両保険の重要性が高まるのではないかという指摘がある[65]。

ノーフォルト保険（加害者側が被害者を被保険者とするファーストパーティ型保険をあらかじめ付保する。）[66]や，賠責保険の被保険者の拡大（現行の被保険者に法律上の損害賠償責任が生じない事故についても補償する。）も構想されている[67]。

(5) 自動運転車とライドシェアサービス[68]

ア　ライドシェアサービスの現状

ライドシェアサービスとは，登録されたドライバーとライダー（利用者）のマッチングをスマートフォンアプリを介して行い，乗車・決済までを行うサービスをいう。ライドシェアサービスは海外で急速に普及している[69]が，日本では道路運送法の規制[70]があり，タクシー免許を持たない個人が自家用車でライドシェアサービスのドライバーとして活動することはできなかったところ，タクシー不足を背景に，令和6年4月，「自家用車活用事業」として一部解禁された。

---

(65)　交通法研究46　77頁（丸山一朗）。
(66)　前掲佐野。
(67)　前掲藤田261頁～264頁。
(68)　後藤元「自動運転・ライドシェアと民事責任」（損害保険研究82-1），佐藤典仁他「モビリティ（自動運転・ライドシェア）に関する最新の議論状況（法律のひろば77-2）。
(69)　UberやLyftなどTransportation Network Companyとよばれる事業者が展開している。
(70)　4条1項「一般旅客自動車運送事業を経営しようとする者は，国土交通大臣の許可を受けなければならない。」43条1項「特定旅客自動車運送事業を経営しようとする者は，国土交通大臣の許可を受けなければならない。」78条「自家用自動車（事業用自動車以外の自動車をいう。以下同じ。）は，次に掲げる場合を除き，有償で運送の用に供してはならない。（1～3号略）」不特定多数の者を対象に，一個の契約により乗車定員11名未満の自動車を貸し切って旅客を運送するタクシー・ハイヤーは，一般乗用旅客自動車運送事業（3条1項1号ハ，同法施行規則3条の2）に該当する。

イ　自動運転車のライドシェアサービス

ライドシェアサービス事業者が自動運転車を保有・配車する場合は，ドライバーは存在せず（したがって「ライドシェア」という名前もそぐわない。），事業者が運行供用者に該当すると考えられる。したがって，システムの故障により人身事故が起こった場合は，事業者は「構造上の欠陥又は機能の障害がなかったこと」を立証しなければ運行供用者責任を負うことになる[71]。

個人が自動運転車を所有し，ライドシェアサービス事業者に提供する場合，運行供用者責任を負うのは所有者，事業者のいずれだろうか。通常車によるライドシェアサービスの場合と同様に，自動車の提供の仕方（配車依頼の諾否及び条件決定をするのはいずれか）によるとする考え方がある[72]。

(71)　前掲後藤26頁～27頁。ライドシェアサービスに用いられる場合との関係でも，完全自動運転車について運行供用者責任を維持することが適切であると考えられることについて同30頁。
(72)　前掲後藤29頁。

第2節　運行供用者責任

1　運行供用者責任の意義

(1)　運行供用者責任とは

自動車損害賠償保障法（自賠法）3条は，民法709条の特則として，自動車人身事故の賠償責任主体として「運行供用者」という概念を創設し，自動車の「運行によって」発生した事故について「他人」に生じた損害を賠償すべきものとした（運行供用者責任）。

運行供用者責任においては，民法の規定と異なり，原告（被害者）が加害者の過失を立証する必要がなく，被害者の立証責任が大幅に軽減されている。3条但書の場合には免責が認められるので完全な無過失責任ではないが，立証責任を転換するとともに免責のための立証内容を加重しており，事実上の無過失責任と言われている。

> 自賠法3条
> 「自己のために自動車を運行の用に供する者は，その運行によって他人の生命又は身体(73)を害したときは，これによって生じた損害を賠償する責に任ずる。ただし，自己及び運転者が自動車の運行に関し注意を怠らなかったこと，被害者又は運転者以外の第三者に故意又は過失があったこと並びに自動車に構造上の欠陥又は機能の障害がなかったことを証明したときは，この限りでない。」

「自動車」については自賠法2条1項が規定しており，原動機付自転

(73)　身体に密着し，身体の機能の一部を代行する，義肢・松葉杖・眼鏡等の損傷は人損に含む（支払基準）。着衣については見解が分かれているが，逐条解説51頁は消極説をとる。裁判実務においても，着衣は物件損害として扱われている（258頁）。

車[74]を含む。電動キックボードについては近時法改正が行われた[75]。自転車[76]事故には自賠法の適用がない。道路以外でのみ運行の用に供される構内自動車にも自賠法３条は適用される[77]が，自賠責保険の締結は強制されていない（同法10条，５条）。

(2)　運行供用者責任を検討する意義

ア　通常の場合

大部分の事案では，加害車の所有者，あるいはこれを借用して使用していた者を運行供用者とすればよく，運行供用者の解釈を問題にする実益はない。

イ　検討の実益がある場合

加害車の所有者や借用者を被告としたのでは，実際に賠償金の支払を受けることができない場合もある。加害車に自動車保険が付保されておらず所有者や借用者に資力がない場合や保険約款上の免責事由があり保険金が支払われない場合等は，資力のある関係者を運行供用者に該当するとして被告とする実益がある。

---

(74)　内燃機関を原動機とするもので二輪を有するもの（側車付のものを除く）にあっては総排気量125cc以下のものをいう（道路運送車両法２条３項。135頁注(187)参照。）。

(75)　電動キックボードは，道交法上原付扱いであったが，令和４年の道交法改正で以下のとおり規制緩和された（令和５年７月１日施行）。①最高速度（時速20km／時を超えて加速できない構造であること）や車体の大きさが一定の基準に該当する車両を「特定小型原動機付自転車」とする（改正道交法２条１項10号のロ，同施行規則１条の２の２）。②運転には運転免許を要しないこととし（ただし，16歳未満の運転は禁止），ヘルメット着用を努力義務とする。③車道通行を原則とするが，最高速度表示灯を点滅させていること，その間は車体の構造上時速6km／時を超える速度を出すことができないこと等の要件を満たすもの（特例特定小型原動機付自転車）については，例外的に歩道（自転車通行可の歩道に限る。）等を通行することができることとする。特定小型原付は，自賠法上は自動車であり，改正法施行後も自賠責保険の加入義務がある。道路運送車両法上は原動機付自転車であるからナンバープレートの取り付けが必要である。モペット（モーターのみで走行することが可能な電動自転車）も，電動キックボードと同じく，一定要件の下で原付免許を要しない特定小型電動機付自転車と扱われる。藤井裕子「Ｑ＆Ａマイクロモビリティによる交通事故の責任・保険・過失相殺」（新日本法規），赤い本2025年下巻「マイクロモビリティと保険　電動キックボード事故における過失割合の検討」を参照。

(76)　電動アシスト自転車を含む。

(77)　最判S48.7.6（判タ300）。

以下，運行供用者責任の各要件について，運行供用者性，運行起因性，他人性の順に検討する。

2　運行供用者性

(1)　運行供用者とは

ア　自賠法の規定

実務上，自賠法3条が人身事故の責任主体とした「自己のために[78]自動車を運行の用に供する者」を「運行供用者」と略称している。

運行供用者とされる場合には，自動車の使用権限がある場合（保有者）と使用権限がない場合（泥棒運転等）があり，後者の場合には，加害者は運行供用者である（したがって運行供用者責任を負う）が被保険者（保有者）ではないので，自賠責保険は支払われない。

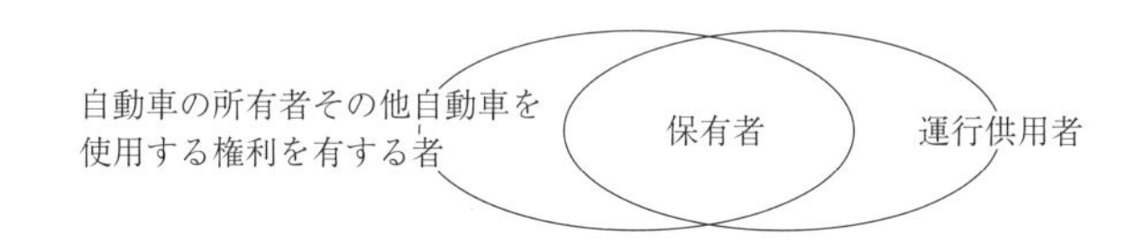

イ　運行支配と運行利益

自賠法に運行供用者についての定義規定は置かれていないが，判例（最判昭和43年9月24日[79]等）・通説は，運行支配と運行利益が帰属する者を指すとしている（二元説）。運行支配を基準とするのは危険責任の観点から，運行利益を基準とするのは報償責任の観点に基づく。

---

(78)　したがって，「運転者」（「他人のために自動車の運転又は運転の補助に従事する者」自賠2条4項）は運行供用者にあたらない。

(79)　判時539，判タ228，要約1。「被上告人Bは同Aの父親で，同Aから前記自動車を借り受けて自己の営業に常時使用していたもので，同Aは右自動車の運行自体について直接の支配力を及ぼしえない関係にあったものである旨の原審の認定は，（略）首肯できる。ところで，自賠法3条にいう「自己のために自動車を運行の用に供する者」とは，自動車の使用についての支配権を有し，かつ，その使用により享受する利益が自己に帰属する者を意味するから，被上告人Aは右にいう「自己のために自動車を運行の用に供する者」にあたらないものといわなければならず，この点に関する原審の判断は相当である。」もっとも，運行供用者概念が実務上拡大されている今日では，貸与者の責任が否定されることは通常はない（171頁）。

このような考え方に対し，近時は，運行供用者性の判断基準としては運行支配のみを用い，運行利益は運行支配の徴表の一つとして位置づける考え方（一元説）が有力である。判例は，基本的には二元説を維持していると言えるが，(2)のとおり運行支配を中心に判断する傾向がみられ，実際には一元説との差は小さい。

ウ　共同運行供用者

運行供用者は複数存在しうる（共同運行供用者）。たとえば，A所有の自動車を友人Bが借用して運転する場合，ABは共同運行供用者である。また，レンタカーを割り勘で借りた場合や交替で運転する場合，形式的に借主となった者以外の者も運行供用者とされる可能性がある[80]。共同運行供用者の一人が当該事故で死傷した場合，他の共同運行供用者が運行供用者責任を負うかという問題については，共同運行供用者の他人性として後述する（211頁）。

(2)　運行支配の判断

ア　支配権から規範的判断へ

前掲昭和43年最判は，運行支配を「支配権」として捉えていた。

その後，最判昭和50年11月28日（182頁）は，「自動車の運行を事実上支配，管理することができ，社会通念上自動車の運行が社会に害悪をもたらさないよう監視，監督すべき立場」という，より規範的な捉え方を打ち出した。さらに，同平成20年9月12日（215頁）は，保有者による「容認」の有無によって運行支配の有無を判断している。

イ　規範的判断の到達点

このような判例の流れの中で，最判平成30年12月17日（184頁）は，名義貸しの事案について，「被上告人のAに対する名義貸与は，事実上困難であったAによる本件自動車の所有及び使用を可能にし，自動車の運転に伴う危険の発生に寄与するものと言える。」「被上告人とAとが住居及び生計を別にしていたなどの事情[81]があったとしても，被上

---

(80)　運行供用者性を肯定することに疑問を呈する見解として，大系2　40頁～41頁，55頁。

告人は，Aによる本件自動車の運行を事実上支配，管理することができ，社会通念上その運行が社会に害悪をもたらさないよう監視，監督すべき立場にあったというべきである。」と判示した。名義人となることを承諾しただけでどのような支配（や利益）があると言えるのかよくわからないが，昭和50年最判の規範的判断を極限まで進めている。

(3) 検討

以上のように，運行供用者は規範的概念としてその範囲が拡大されており，事故が起きないように自動車を管理する立場にあると言えれば，通常の意味で「支配」があるとは言いにくい場合でも，運行支配が肯定されている。運行利益についても，どんな利益を受けているかは特に問題にすることなく，通常の意味で「利益」があるとは言いにくい場合でも運行供用者性が肯定されている。

このようなこともあって，賠償実務では運行供用者性が争われることは少ないが，争われる場合は，請求側としては，近時の規範的解釈が危険責任の考え方に基づいていることを踏まえ，自動車の運行による危険が運行供用者であると主張される者の行為によって現実化しており，その者は危険の現実化を防ぐべき立場にあったし，防ぐことができたと主張することになるだろう。

3 運行供用者性が問題となる場合

(1) 無断運転・泥棒運転

ア 無断運転された所有者等

車の所有者等使用権者に無断で，被用者や親族が車を乗り出し，私用運転中に事故を起こした場合である。所有者等と無断運転者との間に雇用関係，身分関係等の人的関係が存在する点で泥棒運転と異なる。この人的関係のゆえに，無断運転中も所有者等の運行支配は失われないと考えられ，所有者等使用権者の運行供用者性は原則として肯定される。た

(81) 昭和50年最判は，子が親に経済的に依存していたことを指摘していた。

とえば，最判昭和39年2月11日[82]は，所有者と無断運転者の間には雇用関係が存在し，私用運転後は車の返却が予定されていた事案である。

とすれば，被告の抗弁としては，被用者等の無断私用運転であることだけでは足りないことになる[83]。

近時の判例は，無断運転における運行支配について，無断運転について所有者等の「容認」があったと評価できるか，という判断枠組みをとっている。後に（215頁）とりあげる最判平成20年9月12日は，二段階の「容認」という考え方で所有者等の運行供用者責任を認めたが，同最判によれば，「容認」は主観的容認に限らず，客観的容認（主観的な容認はないが客観的・外形的には容認していると評価されてもやむを得ない事情がある場合）が含まれることになり，所有者等の意思に沿わなくても，よほどのことがない限り承諾を擬制するのが判例の傾向である[84]。

「容認」の判断枠組みは，次に述べるように泥棒運転の場合にも妥当すると考えられる。

---

(82) 判時363，判タ160。「原審は，自動車損害賠償保障法の立法趣旨並びに民法715条に関する判例法の推移を併せ考えるならば，たとえ事故を生じた当該運行行為が具体的には第三者の無断運転による場合であっても，自動車の所有者と第三者との間に雇傭関係等密接な関係が存し，かつ日常の自動車の運転及び管理状況等からして，客観的外形的には前記自動車所有者等のためにする運行と認められるときは，右自動車の所有は「自己のために自動車を運行の用に供する者」というべく自動車損害賠償保障法3条による損害賠償責任を免れないものと解すべきであるとし，前記認定の上告組合とAとの雇傭関係，日常の自動車の使用ないし管理状況等によれば，本件事故発生当時の本件自動車の運行は，Aの無断運転によるものにせよ，客観的外形的には上告組合のためにする運行と認めるのが相当であるから，上告組合は同法3条により前記運行によって生じた本件事故の損害を賠償すべき義務があると判断しているのであり，原審の右判断は正当である」。

(83) 被告が抗弁としてどのような事実を主張立証すればよいのかについて，逐条解説27頁，LP48頁，北河45頁。

(84) 使用を禁止されて預かった加害車につき大阪地判R4.5.13（交民55-3）は，「被告車の所有者である被告が本件運行を客観的外形的に容認していると評価される事情が存在する以上，被告が主観的に本件運行を容認していなかったとしても，本件運行について運行供用者に当たるとの前記判断は揺るがないというべきである。」とした。他に無断運転に関する最近の裁判例として，大阪高判R2.1.31（自J2095），名古屋地判R3.10.6（交民54-5），名古屋地判R4.3.7（交民55-2），東京地判R4.7.14（交民55-4），大阪地判R4.10.31（交民55-5）。R4大阪地判のみ否定裁判例。

イ　泥棒運転された所有者等[85]

所有者等使用権者に危険の具体化を制御することを期待できるかがポイントであり，通常は期待できないから，原則として否定される。たとえば，最判昭和48年12月20日[86]は，タクシー会社の車庫から窃取した車で事故を起こした事案であるが，自動車の運行は窃取者が支配していたものであり，所有者等はその運行を指示制御すべき立場になく，運行利益も帰属していないとして運行供用者責任を否定した。民法715条責任についても，駐車されていた車庫が，客観的に第三者の自由な立入を禁止する構造，管理状況にあったものと認められるときは，所有者が車のドアロックをせず，エンジンキーを差し込んだまま駐車させたことと，窃取した第三者が起こした交通事故による損害との間には，相当因果関係が認められないとして否定した。

もっとも，泥棒運転者は運行供用者責任を負うものの，無資力であることが多く，自賠責保険も使えないので，被害者の保護に欠ける場合が生じうる。運行供用者概念は，被害者救済の要請を踏まえて，事実概念から規範的概念へ拡張されていることは述べたが，ここでも，泥棒運転された保有者に例外的に運行供用者責任を肯定するために，客観的容認説と呼ばれる考え方がとられるようになった。

具体的には，所有者等の管理上の落ち度の有無（駐車場所，駐車時間，管理態様等），盗用運転の開始態様，運転開始から事故発生までの時間的・距離的間隔等が考慮される。特に重要な要素は，駐停車していた場所とエンジンキー・ドアロックの状況である。たとえば，最判昭和57年4月2日[87]は，公道上にドアロックせずエンジンキーを付けたままで9時間放置されていた車両を窃取した直後に事故を起こした事案につ

(85)　赤い本2021年下巻「盗難車両と車両所有者の責任」。

(86)　判時737，交通百選，要約3。東京地判R1.6.12（自J2056）も，709条責任について過失及び条件関係は肯定したが，故意行為・著しい過失等によって相当因果関係が切れるとした。

(87)　判時1042，判タ470，交通百選。会社所有車両を従業員が会社事務所と反対側の路上に駐車させ，キーを付けたままドアロックせず半ドアのまま放置したところ，9時間近く経過後に，シンナーを吸引した二人組が車に乗り込み，一人が運転して157m進行したあたりで電柱に激突し，助手席の同乗者が死亡した事案である。

いて，所有者の運行供用者性を肯定している（被害者は同乗者だったため，16条請求は他人性を否定して退けた。）。同じく公道上にドアロックせずキーを付けたまま駐車していた場合であっても，事案によって所有者等の運行支配が否定されることもある（たとえば最判昭和62年10月22日(88)）。

窃取された所有者等の運行支配は，窃取後の時間的経過や窃取場所からの距離の拡大によって減衰していく。距離的要素としてはガソリン満タンでの走行範囲程度が，時間的要素としては3，4日が目安になるとの指摘もある。たとえば，大阪地判平成13年1月19日(89)は，窃取から約2時間半後の事故について保有者の運行供用者責任を肯定している。警察への盗難届の提出も重要な要素と考えられる。

無断・泥棒運転した者については，運行供用者性は肯定されるが保有者性は否定されるので，その運行供用者責任について被害者は自賠責保険から支払を受けることはできないことは前述した。

盗難車両が起こした物損事故について車両所有者等に民法709条責任等を追及することがあるが，その場合は保管上の過失の有無が問題となる。たとえば，最判令和2年1月21日(90)は，内規を定めることにより

---

(88)　自J748。所有者の責任を否定した原審を是認した。原審（東京高判S62.3.31（判タ645））は，「丁山は丙川が本件加害車両をエンジンキーを差し込んだまま駐車させておいたのを奇貨として，右車両を乗り捨てる意思でこれを盗取したものというべきであり，また，客観的にみて丙川において丁山が加害車両を運転するのを容認したのと同視しうるような状況が存したということもできないから，控訴人の加害車両に対する支配は右盗取の時点で排除され，本件事故当時においては丁山のみに加害車両の運行支配と運行利益とが帰属していた」としていた。かなり特殊な事案である。

(89)　交民34-1。国道沿いで周囲にフェンスや壁もなく誰もが容易に車両を発見でき，自由に出入りできる民宿の駐車場にキーを差し込みドアをロックせず数時間以上停めていた車両が窃取，2時間半後に事故が発生した事案で，自賠法72条1項後段の被保険者以外の者が運行供用者責任を負う場合ではないとして，国に対する保障金請求を棄却した。

(90)　交民53-1。「上告人は，本件自動車を本件独身寮に居住する従業員の通勤のために使用させていたものであるが，第三者の自由な立入りが予定されていない本件独身寮内の食堂にエンジンキーを保管する場所を設けた上，従業員が本件自動車を本件駐車場に駐車する際はドアを施錠し，エンジンキーを上記の保管場所に保管する旨の本件内規を定めていた。そして，本件駐車場は第三者が公道から出入りすることが可能な状態であったものの，近隣において自動車窃盗が発生していたなどの事情も認められないのであって，上告人は，本件内規を定めることにより，本件自動車が窃取されることを防止するための措置を講じていたといえる。A（注：本件自動車を駐車

窃取防止のための措置を講じていたと言えるとして，709条責任を否定した。

(2)　使用貸借の貸主（無償貸出）

ア　原則

貸主（所有者等）に経済的利益はないが，使用貸借の当事者間には，家族，職場，友人関係など密接な人間関係があり，一定期間後の返還が予定されているので，貸主は運行支配を失わないと解される。この場合，借受人も運行供用者である（共同運行供用者）。

たとえば，最判昭和48年1月30日(91)は，友人にドライブのために貸与したが一時的な貸与でいつでも返還を求めることができた貸主について，運行供用者責任を肯定した。また，最判昭和46年11月16日(92)は，代車を提供した自動車販売業者について同責任を肯定した。

した従業員）は，以前にも，ドアを施錠せず，エンジンキーを運転席上部の日よけに挟んだ状態で本件自動車を本件駐車場に駐車したことが何度かあったものの，上告人がそのことを把握していたとの事情も認められない。以上によれば，本件事故について，上告人に自動車保管上の過失があるということはできない。」

(91)　判時695。

(92)　判時653，判タ271。「もと本件自動車は，自動車の販売会社である上告人が，昭和41年10月末頃他からいわゆる下取車として受領したうえ，所有し保管していたものであるが，上告人はこれを同年11月11日訴外（第一審相被告）Aに貸与したところ，その貸与中に，同人の被用者である訴外Bが運転して本件事故を惹起した。右の貸借というのは，上告人が，同年11月9日右Aに中古車1台を代金26万円余で売却する旨の売買契約を締結した際，右売却車について整備，登録，車検等の手続を了するまでの10日余の間，Aから代りの車を貸してほしい旨依頼され，右売却車を引き渡すのと引換えに返してもらう約束で暫定的になされたものであり，それは，上告人の顧客に対する一種のサービスであった。かくて，訴外Aは，上告人から，できるだけ車を大切に使用してくれるようにいわれて本件自動車を借り受け，訴外Bに運転させ，主として自己の塗装業の注文とりに使用していた。当時，右自動車は，ブレーキが効きにくかったほか原判示のような整備不良の状態であったので，Bが，本件事故発生の3日位前に，上告人の守口営業所の係員に修理してほしい旨申入れたが，同係員から，そのまま乗っていてくれといわれ，仕方なくそのまま使用をつづけるうち，仕事の注文とりに行った帰途，本件事故がおきたのであつて，右整備上の不良も本件事故発生に関係がないとはいいえないものがあった。右に見てきたような事実関係のもとにおいては，上告人は，右事故当時，本件自動車に対する運行支配および運行利益を有していたものということができ，したがって，上告人は，自賠法3条にいう自己のために自動車を運行の用に供する者に当たるというべきであり，同条の責任を免れない。」

所有者等の与り知らない又貸しであっても，所有者等が運行支配を失っていないと認められる場合は運行供用者責任を負う（たとえば最判昭和53年8月29日[93]）。

イ　例外

予定された返還期限を著しく徒過した場合など，貸主が運行支配を喪失したと認められる場合は，運行供用者性は否定される。たとえば最判平成9年11月27日[94]は，友人に2時間の約束で無償貸与したところ，友人が返却せず，約1か月後に発生させた事故について，貸主は取り戻す方法がなく任意の返還に期待せざるをえなかったという事情を考慮して，その運行供用者責任を否定した。このような状況では，保有者に危険の具体化を制御することを期待できないということだろう。

---

(93)　交民11-4。所有者である父親が遠方に住む子に車を貸したところ，子からさらに貸与を受けた友人が暴走して起こした死亡事故について，原審は，「このような事故車の運行は所有者である被控訴人（注：所有者である父親）の予期しないところであつたと認められるが，右Aらが本件事故車を借用するに至った目的，経緯，同人らとB（注：貸与者である子）との関係，いささか時間は当初の予定を超えることになったが，ドライブが終れば直ちに返還を予定しての走行であることなどを考え合せると，被控訴人の本件事故車に対する運行支配は未だ失われていないと解すべきである。」とした（他人性については，ドライブの共同計画者であった被害者につき否定，単なる同乗者であった被害者につき肯定）。現在なら「容認」理論によるのだろう。

(94)　判時1626，判タ960，交通百選。「(1)本件自動車の所有者である被上告人は，平成3年12月10日，友人であるAに対して，2時間後に返還するとの約束の下に本件自動車を無償で貸し渡したところ，Aは，右約束に反して本件自動車を返還せず，約1箇月間にわたってその使用を継続し，平成4年1月11日，本件自動車を運転中に本件事故を起こした，(2)Aは，本件自動車を長期間乗り回す意図の下に，2時間後に確実に返還するかのように装って被上告人を欺き，本件自動車を借り受けたものであり，返還期限を経過した後は，度々被上告人に電話をして，返還の意思もないのにその場しのぎの約束をして返還を引き延ばしていた，(3)被上告人は，Aから電話連絡を受けた都度，本件自動車を直ちに返還するよう求めており，同人による使用の継続を許諾したものではなかったが，自ら直接本件自動車を取り戻す方法はなく，同人による任意の返還に期待せざるを得なかった，というのであり，以上の点に関する原審の事実認定は，原判決挙示の証拠関係に照らして首肯することができる。そして，（略）本件事故当時の本件自動車の運行は専らAが支配しており，被上告人は何らその運行を指示，制御し得る立場になく，その運行利益も被上告人に帰属していたとはいえないことが明らかであるから，被上告人は，自動車損害賠償保障法3条にいう運行供用者に当たらないと解するのが相当である。」

(3) レンタカー業者

ア　原則

レンタカー業者から有償で車を借りた客が事故を起こした場合，レンタカー業者には原則として運行供用者性が認められる。有償貸し出しであるから業者に経済的運行利益があり，借受人とは貸渡契約で結合しているからである（最判昭和46年11月9日(95)，最判昭和50年5月29日(96)）。借受人も運行供用者（保有者）である。

イ　返還期限の徒過

約定の貸出期間内に利用者が事故を起こした場合は，原則としてレンタカー業者の運行供用者性が認められるが，返還期限をどの程度徒過したら運行支配を失うかは事案による。

たとえば和歌山地判平成6年12月20日(97)は，返還期限の約55時間後に起こした事故について，業者の運行支配は失われていないとして運行供用者性を肯定した。業者は乗り逃げ被害にあったとの処理をしておらず，利用者にも返還の意思があったことが考慮されている。

---

(95)　判時648，判タ269。「上告会社は，自家用車の有料貸渡を業とするものであるが，その所有自動車についての利用申込を受けた場合，免許証により，申込者が小型四輪自動車以上の運転免許を有し，原則として免許取得後6月経過した者であることを確認し，さらに一時停止の励行，変速装置，方向指示器の操作その他交通法規全般について同乗審査をなし，かかる利用資格を有する申込者と自動車貸渡契約を締結したうえで自動車の利用を許すものであること，利用者は，借受けに際し届け出た予定利用時間，予定走行区域の遵守および走行中生じた不測の事故については大小を問わず上告会社に連絡するよう義務づけられていること，料金は，走行粁，使用時間，借受自動車の種類によって定められ，本件自動車と同種のセドリック62年式の場合，使用時間24時間・制限走行粁300粁で6000円に上ること，燃料代，修理代等は利用者負担とされていること，使用時間は概ね短期で，料金表上は48時間が限度とされていること，訴外（第一審被告）Aは，上告会社から以上の約旨のほか，同人が前記利用資格に達していなかったため，特に，制限走行粁300粁，山道，坂道を走行しないことを条件に上告会社所有の本件自動車を借り受けたものであること，本件事故は訴外Aが本件自動車を運転中惹起したものであること等の事実関係のもとにおいては，本件事故当時，上告会社は，本件自動車に対する運行支配および運行利益を有していたということができ，自動車損害賠償保障法（略）3条所定の自己のために自動車を運行の用に供する者（略）としての責任を免れない旨の原判決（略）の判断は，正当として是認することができる。」

(96)　交民8-3，交通百選。

(97)　交民27-6。

これに対し，返還期限の徒過等により運行支配を喪失したと認められる場合は，レンタカー業者は運行供用者責任を負わない。たとえば，大阪地判昭和62年5月29日(98)は，返還予定日（貸渡当日）の25日経過後に，借受人からの無断転借人が事故を起こした場合について，レンタカー業者は回収の努力をしたことも踏まえ，その運行供用者責任を否定した。

(4)　所有権留保等

ア　所有権留保権者

割賦販売代金の担保のために車の所有権を留保している，所有権留保特約付割賦販売の売主（自動車販売業者）は，担保のために所有権を留保しているものであり，自ら車を使用することは予定されていないので，運行支配がなく，特段の事情がない限り運行供用者とならない。運行供用者は，車を使用している買主である（最判昭和46年1月26日(99)）。

これに対し，売主と買主の特殊事情が強く反映されるケースでは，「特段の事情」があるとして売主の運行供用者性が認められることがある。売主の運行供用者責任を認めた裁判例として，東京地判昭和38年6月28日(100)，東京高判昭和39年4月25日(101)，東京地判昭和59年1月19日(102)がある。

---

(98)　判タ660。

(99)　判時621，判タ260，交通百選。「所有権留保の特約を付して，自動車を代金月賦払いにより売り渡す者は，特段の事情のないかぎり販売代金債権の確保のためにだけ所有権を留保するにすぎないものと解すべきであり，該自動車を買主に引渡し，その使用に委ねたものである以上，自動車の使用についての支配権を有し，かつ，その使用により享受する利益が自己に帰属する者ではなく，したがつて，自動車損害賠償保障法3条にいう「自己のために自動車を運行の用に供する者」にはあたらないというべきである。」判決は運行支配を「支配権」として捉えているが，固有危険性具体化説をとっても結論は同じだろう。

(100)　判時345，判タ147。

(101)　下級裁判所民事裁判例集15-4。

(102)　判時1134。「被告Aが勤務する被告会社には，社員自家用車制度があり，（略）被告Aは，右社員自家用車制度（通常価格より安く購入できる。）に従って，昭和57年1月新車であった本件加害車を2年月賦で購入し，業務用並びに自家用（その割合は7対3ないし6対4位で業務用の方が多かった。）として利用していたこと，本件加害車の所有権は月賦完済まで被告会社に留保

イ　リース会社

ファイナンスリース[103]においては，所有権留保特約付売主と同様に，原則として，リース会社による使用収益は予定されておらず，リース会社は車に対する運行支配は有していないと解されるから，運行供用者ではない。ユーザーが運行供用者である。

車両の維持管理までリース会社が引き受けるメンテナンス・リースについてはどうだろうか。ファイナンスリースと同じように考えて否定するか，エの修理業者と同じように考えて肯定するか，見解が分かれる[104]。

ウ　担保として車を占有する者

割賦販売やファイナンス・リースと異なり，貸金等の担保のために債務者所有の車を預かって占有管理下に置いた者は，事実上運行を支配管理できる地位にあるから，運行供用者とされる（最判昭和43年10月18日[105]）。

されたため，被告会社の所有名義となっており，また，被告会社から被告Aに対し，本件加害車を業務用にも使用するため，毎月120リットル分のガソリン券が支給されていたこと，以上の事実が認められ，右認定に反する証拠はない。右認定事実によれば，被告会社は，本件加害車に対し運行支配を及ぼしていたものと認めるのが相当であり，被告らの指摘するとおり，本件事故が被告会社の夏休み中に被告Aの私的な目的に利用されているときのものであり，被害者がこのことを知っている同乗者であったにしても，被告会社の運行供用者責任を認めることの妨げになるものではないというべきである。」

(103)　リース会社が，ユーザーの指定する車を自動車販売業者（サプライヤー）から購入し，それをユーザーに賃貸する契約。実質は本来の賃貸借ではなく金融であり，所有権留保特約付割賦販売の売主の立場と似る。

(104)　逐条解説34頁，北河58頁は否定説が妥当であろうとしている。

(105)　判時540，判タ228，交通百選。「上告人は貸金の担保として本件自動車を預ったものであり，少なくとも事実上本件自動車の運行を支配管理し得る地位にあったものであるから，この支配管理下における自動車の運行については，自動車損害賠償保障法にいう保有者として，その責を負わなければならないものである旨および，上告人の従業員である訴外Aによる本件加害車の無断使用は，上告人の管理上の過失によって可能になったものであるから，同訴外人による本件加害車の運行は，その主観においては私用のための無断運転ではあるが，客観的には上告人による運転支配可能な範囲に属し，上告人は右運行により起った事故につき保有者としての賠償責任を免れない旨の原審の認定判断は，原判決挙示の証拠関係に照らして首肯できる。」

エ　自動車修理業者・陸送業者

自動車修理業者が，修理のために顧客の所有車両を預かっている間，修理業者は運行供用者となる（最判昭和44年9月12日[(106)]）。陸送業者についても同様である（最判昭和47年10月5日[(107)]）。

一方車両所有者は，業者に預けている間は運行支配を失い，運行供用者責任を否定されると考えるのが多数説であり，昭和47年最判も所有者の運行供用者責任を否定している[(108)]。専門業者に預けた所有者等は運行に介入できないということだろうが，同じく一定期間経過後の返還が予定されている使用貸借の場合と同様に，所有者等の運行供用者性を肯定する説もある[(109)]。

(5)　運転代行[(110)]

ア　運転代行業者

運転代行業者が運転代行を依頼した者の所有車両を代行運転中に，車

(106)　判時572，交通百選。「一般に，自動車修理業者が修理のため自動車を預かった場合には，少なくとも修理や試運転に必要な範囲での運転行為を委ねられ，営業上自己の支配下に置いているものと解すべきであり，かつ，その被用者によって右保管中の車が運転された場合には，その運行は，特段の事情の認められないかぎり（被用者の私用のための無断運転行為であることは，原審認定のような事情のもとでは，ここにいう特段の事情にあたらない。），客観的には，使用者たる修理業者の右支配関係に基づき，その者のためにされたものと認めるのが相当であるから，上告人は，本件事故につき，自動車損害賠償保障法3条にいう自己のために自動車を運行の用に供する者としての損害賠償責任を免れないものというべく，この点に関する原審の判断は正当であ（る）」。

(107)　判時686，交通百選。「右事実関係のもとにおいては，当時の本件自動車の運行はB陸送ないしAがこれを支配していたものであり，被上告人はなんらその運行を指示・制禦すべき立場になかったものと認めるべきであって，本件自動車が被上告人の所有に属し，被上告人がその営業として自動車の製作，販売を行なう一過程において本件事故が生じたものであるなど所論の事情を考慮しても，なお，被上告人の運行支配を肯認するに足りないものというべきである。」

(108)　最近の裁判例として，車両所有者からユーザー車検代行を依頼された自動車整備士（裁判所は「業者であるといえる」とした。）が運転中の事故について，横浜地判R5.5.29（自J2159）は，所有者は車両の運行を支配・制御できる立場になかったとして，その運行供用者責任を否定した。

(109)　いずれの説をとっても自賠責保険は支払われるが，任意賠責保険はモータービジネス事業者を被保険者から除外している（75頁の約款2条⑴③但書）から，否定説をとれば，業者が十分な賠責保険に加入していなければ，被害者への賠償に支障をきたすことがありうる。

(110)　赤い本合本Ⅱ98頁「代行運転について」。

外の第三者（歩行者や他車の搭乗者）を死傷させた場合，代行業者が運行供用者にあたる[111]（運転している代行業者社員は「運転者」であり運行供用者ではない。）ことは当然である。

イ　同乗している運転代行依頼者

代行運転依頼者は，自分が運転できないから金を払って代行運転を頼んでいるのだから運行支配を失っていると考えれば，運行供用者ではないことになるが，運転者に指示等をすることは可能だから運行支配を失っていないとも言える。最判平成9年10月31日（運転代行事件。213頁）は，依頼者の運行供用者性を肯定している。この場合は，依頼者と運転代行業者が共同運行供用者となる。

代行運転依頼者の運行供用者性を肯定する場合は，当該車両が起こした事故によって車外の第三者が死傷すれば，依頼者も運行供用者責任を負うことになる。

では，代行運転中に，その車両が起こした事故によって代行運転依頼者自身が死傷した場合は，自分も運行供用者である代行運転依頼者は，「他人」として代行業者の運行供用者責任を追及できるだろうか。共同運行供用者の他人性が問題になる（後述のとおり平成9年最判はこれを肯定した。）。

(6)　マイカー社員の使用者と下請人の元請人

ア　従業員のマイカーによる事故についての使用者の責任

(1)〜(3)，(4)ア・イ，(5)イは，所有者等の運行供用者責任が問題になる（したがって，その者に運行供用者責任が肯定されれば自賠責保険が支払われる）場面だったが，以下は(4)ウ・エ，(5)アとともに，所有者等ではない

(111)　次にあげる最判H9.10.31は，「P代行は，運転代行業者であり，本件自動車の使用権を有する被上告人の依頼を受けて，被上告人を乗車させて本件自動車を同人の自宅まで運転する業務を有償で引受け，代行運転者であるAを派遣して右業務を行わせていたのであるから，本件事故当時，本件自動車を使用する権利を有し，これを自己のために運行の用に供していたものと認められる。したがって，P代行は，法2条3項の「保有者」に当たると解するのが相当である。」としている。

者の運行供用者責任が問題になる（したがって，その者に運行供用者責任が肯定されてもその者を被保険者としては自賠責保険が支払われない）場面である。

まず，従業員がその所有車両を業務でまたは通勤のために運転中に起こした事故について，使用者は運行供用者責任を負うだろうか。事故車両に十分な責任保険が付されておらず，加害者の賠償資力が確保されていない場合に問題となる。

使用者が，従業員がマイカーを業務に使用することを認めていた（黙認を含む）場合は，使用者の運行支配が肯定され，運行供用者責任が認められることが多いだろう（たとえば，従業員がマイカーで現場から自宅等に戻る途中の事故について，最判昭和52年12月22日(112)，同平成元年6月6日(113)）。日常から業務に使用されており，ガソリン手当（昭和52年最判）を支給したり駐車場を提供（平成元年最判）したりしている場合等も肯定される傾向にある。公共交通機関による通勤手当が支給されていた場合に使用者の責任を認めた裁判例(114)もある。

(112)　判時878。加害車が，会社の承認または指示のもとに，通勤及び工事現場との往復等会社業務のために利用され，その利用に対して会社から手当が支給されていた等の事情が存し，事故当日も上司の指示のもと工事現場へ出勤していた場合には，会社は事故当時における単車の運行支配と運行利益を有するとした。

(113)　交民22-3，交通百選。雇用主が，形式的には従業員の所有車両の業務利用を禁止していた事案である。「自賠法３条にいう運行供用者とは，自動車の運行によって利益を得ている者であって，かつ，自動車の運行を事実上支配，管理することができ，社会通念上その運行が社会に害悪をもたらさないよう監視，監督すべき立場にある者をいうが，右支配，管理の態様は，個々の車両の運行を実際に逐一，かつ，具体的に支配，命令し指揮するまでの必要はなく，直接または間接にそのような指揮，監督をなしうる地位にあることをもって足りると解すべきところ，被控訴人は，本件事故の際を含めて，ときに，Ａによって本件加害車が寮から作業現場への通勤手段として利用されていたことを黙認し，これにより事実上利益を得ており，かつ，被控訴人は，Ａの雇用者として同人を会社の寮に住まわせ，会社の社屋に隣接する駐車場も使用させていたのであるから，本件加害車の運行につき直接または間接に指揮監督をなしうる地位にあり，社会通念上もその運行が社会に害悪をもたらさないよう監視，監督すべき立場にあった者ということができ，本件事故は，同人が作業を終えて，加害車を運転して，その現場から寮へ帰る途中に生じたものであるから，被控訴人は本件加害車の運行供用者として，同法３条本文に基づき，本件事故によって，Ｂやその親族に生じた人的損害を賠償すべき責任があるといわざるをえない。」とした原審を維持した。

(114)　東京地判R5.3.31（交民56-2）。公共交通機関の便が悪く自動車通勤をしなければ早朝の勤

もっとも，使用者の運行供用者責任が肯定される場合でも，使用者は加害車の使用権を有しているとはいえず保有者（自賠責保険の被保険者）として運行供用者責任を負うわけではないから，その責任を追及する意味があるのは，加害車の保険によって損害の填補ができない場合に限られることになるだろう。

これに対し，マイカーは通勤に使われるだけで，業務にまったく使用されていない場合における通勤中の事故については，ガソリン代や駐車場が提供されていたとしても，使用者の運行支配は及んでいないとみられるだろう。特に，使用者がマイカーの業務での使用を禁止していた場合は，実際には黙認していたと評価できる等の事情がない限り，使用者の運行支配は否定されると思われる。民法715条の業務執行性について判断した最判昭和52年9月22日(115)が参考になる。

使用者の業務に使用されていた場合でも，業務と無関係の，従業員の私用目的での運転中の事故については，使用者の運行支配は及んでいないとみられ，その運行供用者責任は否定されるのが通常だろう（例外として，最判昭和46年4月6日(116)）。

務の成果を享受できない実情にあったから，被告車の運転は被告会社のためにも運行の用に供され，また被告会社の事業の執行について行われたものとして，被告会社に運行供用者責任及び使用者責任を認めた。

(115)　判時867，判タ354。「被上告人がAに対し同人の本件出張につき自家用車の利用を許容していたことを認めるべき事情のない本件においては，同人らが米子市に向うために自家用車を運転したことをもって，行為の外形から客観的にみても，被上告人の業務の執行にあたるということはできず，したがつて，右出張からの帰途に惹起された本件事故当時における同人の運転行為もまた被上告人の業務の執行にあたらない旨の原審の判断は，正当というべきである。」

(116)　交民4-2。「上告人は，（略）等の名称で，従業員相当数を雇い入れ，砂利の採取販売を業とするものであり，Aは，前記日時頃上告人に雇われ，自己所有のダンプカーを上告人の砂利採取場構内に持ち込み，これを運転して砂利運搬の作業に従事していたのであるが，燃料はすべて上告人から提供を受け，ダンプカーは右採取場構内に保管しており，A及びその家族も他の従業員とともに右構内の飯場に居住していたのであり，ただ，Aが運転免許を持たないため，同人の砂利運搬作業は，右構内に限るとの約定であつたが，Aの賃金は，ダンプカーの使用料を含め，実働回数に関係なく一日金5000円を毎月10日の勘定日に支給する約定であつたというのであり，（略）Aの雇主である上告人は，ダンプカーの運行について実質上支配力を有し，その運行による利益を享受していたもので，自己のためにダンプカーを運行の用に供する者に当たると解するのが相当である。そして，本件事故は，Aが，たまたま，（略）右飯場に来訪していた実妹Bを

イ　下請人の元請人

アと同様に，加害車に十分な責任保険が付されておらず，加害者の賠償資力が乏しい場合に問題となる。請負人の注文者は請負人の行為によって責任を負わないのが原則であり（民法716条），元請人についても同様であるうえ，車両も通常下請人が所有している。したがって，下請人が起こした事故について，当然に元請人に運行支配と運行利益が帰属していると評価することはできないが，請負・下請関係も様々であるから，具体的事情を踏まえて両者の関係を検討することになる。事案によっては，民法715条についての判例と同じく，直接間接に元請人の指揮監督が及んでいるとして運行供用者責任が肯定されることがある。

下請業者の被用者が起こした交通事故について元請人の損害賠償責任を認めた裁判例として，使用者責任について最判昭和41年7月21日(117)，運行供用者責任について同昭和46年12月7日(118)，同昭和50年9月11日(119)等がある。元請人に運行供用者責任が肯定されても，元

実家へ送り届けるためダンプカーに乗せ，自らこれを運転して行く途中，（略）の道路上において惹起したものであるが，前述のような上告人の事業の種類，上告人とAとの雇傭関係，Aのダンプカー運転による稼働状況，ダンプカーの保管状況等によれば，右事故当時の運行は，客観的外形的には，上告人のためにする運行と解するのが相当であって，Aの砂利運搬の作業が採取場構内に制限されていたことは，単なる内部的事情に過ぎず，右の判断に影響を及ぼすものではない。」

(117)　民集20-6。土木工事請負人が道路工事に使用するため運転手助手付きの貨物自動車を借り受けた場合において，その助手が，請負人の現場監督の指揮に従い，貨物自動車の運転助手として砂利，石等の運搬に関与し，時には自ら貨物自動車を運転もし，これらの仕事については助手の雇主の指図をうけたことがなく，かつ請負人の飯場に起居していた等判示の事情があるときには，民法715条の適用上，助手は土木工事請負人の被用者にあたると解するのが相当であるとした。

(118)　判時657　46頁。

(119)　判時797，交通百選。「上告人Aトラック株式会社（略）及び上告人B運輸株式会社（略）は，いずれも貨物運送を業とする会社であるが，上告人Aは昭和42年11月ごろから上告人Bよりその保有する貨物自動車を傭車してきたところ，あらたに（略）に所在する上告人Aの各営業所相互間における定期路線運送を開設したことにともない，昭和43年5月はじめごろから，上告人B所有の本件加害車を運転手付きで右定期路線運送用として借り上げ，右各営業所において上告人Aが荷主から注文を受けた荷物の運送にあたらせるようになり，本件事故も，加害車が同上告人の小諸営業所から甲府営業所に赴く途中で発生したものであり，右定期路線を運行するにあたって加害車は，同上告人が発行する運行表の指示するコース，スケジュールに従い，また，各

請人を被保険者として自賠責保険は支払われないことは，マイカー社員の使用者と同様である。

元請人の損害賠償責任を否定した裁判例としては，使用者責任について最判昭和37年12月14日[120]，運行供用者責任について同昭和46年12月7日[121]等がある。

(7) 子の所有車両による事故と親の責任[122]

ア　判断要素

責任能力がある未成年者の親等の民法709条責任については，141頁で検討したが，運行供用者責任はどうだろうか。加害車に付保された任意賠責保険による填補が受けられる場合は，親等の責任を問題にする意味は小さいが，未成年者は自分の車に任意保険を付けない場合が少なくなく，そのような場合に，より資力のある親等の責任を問う実益がある。

営業所における荷積及び荷降も，必ず同上告人の係員の立会と荷物の確認をうけておこなうなど，もっぱら同上告人の指揮監督に服して右定期路線の運送業務に従事していたものであり，かつ，同上告人が運送依頼者から受け取る運賃のうち40パーセントをみずから取得し，残余の60パーセントを上告人Ｂ運輸が取得する約定であったというのであって，右事実関係のもとにおいては，本件事故当時の加害車の運行は，上告人Ａの支配のもとに，同上告人のためになされたということができ，同上告人は自動車損害賠償保障法3条の運行供用者責任を負うものというべきであり，これと同旨の原審の判断は正当として是認することができる。所論のように上告人Ｂ運輸が上告人Ａに対し専属的，従属的関係に立つものではなく，下請負人として加害車を運行の用に供していたものとしても，右のように認めることの妨げとなるものではない。」

(120)　判時325，要約12。「元請負人が下請負人に対し，工事上の指図をしもしくはその監督のもとに工事を施工させ，その関係が使用者と被用者との関係またはこれと同視しうる場合において，下請負人がさらに第三者を使用しているとき，その第三者が他人に加えた損害につき元請負人が民法715条の責任を負うべき範囲については，下請工事の附随的行為またはその延長もしくは外形上下請負人の事業の範囲内に含まれるとされるすべての行為につき元請負人が右責任を負うものと解すべきではなく，右第三者に直接間接に元請負人の指揮監督関係が及んでいる場合になされた右第三者の行為のみが元請負人の事業の執行についてなされたものというべきであり，その限度で元請負人は右第三者の不法行為につき責に任ずるものと解するのを相当とする。そして，（略）本件Ａの行為は，（略）上告人Ｂの本件下請負業自体の執行ではなくただそれと密接な関係にあるため外形上同人の事業の執行の範囲内に含まれるといえるにすぎないのであるから，このような場合のＡの行為が元請負人たる上告人Ｃの事業の執行についてなされたものとするための前記要件をみたすものとは到底認めることができない。」

(121)　同日の肯定判例（前頁）とは別件。判時657　50頁。

(122)　赤い本2010年下巻「子の自動車事故と親の運行供用者責任」。

裁判例は次に検討するが，加害車の登録名義は決め手にならず，車両の購入費・維持費の負担，保管・使用状況，経済的依存度等を勘案して判断されている。後掲の裁判例に表れているように，同居する子が取得した自動車で，親の経済的保護がなければ保有の継続が困難な場合は，親の運行供用者責任は肯定されやすい。使用者や元請と異なり，親は運行による便益を受けていないが，近時は，運行を事実上支配管理することを期待できるかという規範的な観点が打ち出されている点が注目される。

イ　裁判例

子の所有車両による事故について，親の運行供用者責任を認めた裁判例には，次のようなものがある。最判昭和49年7月16日[(123)]は，17歳の子に父親が原付を買い与えて維持費を負担していた事案で，父親の運行供用者責任を肯定した。同昭和50年11月28日[(124)]は，20歳の子が二輪車の購入費を負担しているが，父親と同居して家業に従事し，経済的に依存していた事案であるが，「自動車の運行を事実上支配，管理することができ，社会通念上その運行が社会に害悪をもたらさないよう監視，監督すべき立場」にあるかどうかという規範的な基準によっている。名古屋地判平成29年5月19日[(125)]は，16歳の子の名義で同人のみが使

(123)　判時754，判タ312。

(124)　判時800，判タ330，交通百選，要約2。「自動車の所有者から依頼されて自動車の所有者登録名義人となった者が，登録名義人となった経緯，所有者との身分関係，自動車の保管場所その他諸般の事情に照らし，自動車の運行を事実上支配，管理することができ，社会通念上自動車の運行が社会に害悪をもたらさないよう監視，監督すべき立場にある場合には，右登録名義人は，自動車損害賠償補償法3条所定の自己のために自動車を運行の用に供する者にあたると解すべきである。」

(125)　自J2004。「被告夫婦は，被告二輪車の購入費用30万円の内約20万円を立替えたこと，被告Eは，自己の小遣いを除いた給与の大部分の管理を被告Gに委ねており，生活費として毎月3万円を負担していたとしても，その余の生活費は被告夫婦の負担となるもので，経済的には一体関係にあったといえること，被告二輪車の立替代金は，被告Eの毎月の給与から返済されていたというものの，毎月の返済額が決まっておらず，返済状況は曖昧であること，被告Eは，被告夫婦と同居しており，被告二輪車は被告夫婦の居宅内に保管され，保管費用は被告夫婦が負担していたといえること，被告夫婦は，被告Eに対し，被告二輪車の排気音が大きいことを何度か注意し，被告二輪車のマフラーにサイレンサーを取り付けるよう指導したことが認められるから，被

用していた二輪車による事故について，生活費の負担等経済的一体性を考慮している。

これに対し，親の運行供用者責任を否定した裁判例として，東京地判平成17年6月30日(126)をあげる。裁判所は，19歳の子の両親について，子は両親と同居しその扶養を受けていたが，アルバイト収入があり，共同生活と親の扶養がなければ車両購入・維持が困難とは認められないから，両親は，運行を事実上支配管理することができ，被告車の運行が社会に害悪をもたらさないように監視監督すべき立場にあったとはいえないとした。

ウ　親所有車両の場合

子が親の所有車両で事故を起こした場合は，無断運転について述べたとおり，「容認」があったと言えるかどうかがポイントとなる。

前掲最判平成20年9月12日は，Xの父親が運行供用者にあたるとしたが，父親は子の運転を容認しており，飲酒した子が友人等に運転を委ねることもそのような容認の範囲内にあったと見られてもやむを得ないという理屈（二重の「容認」）によっている。父親としては，そんな容

告二輪車の所有名義が被告Eであること，被告Eがガソリン代，点検整備代等を負担し，専ら被告二輪車を使用していたことを考慮しても，被告夫婦は，事故当時16歳の被告Eの親権者として，被告二輪車の維持管理，運行に対する指導，監督をなし得る地位にあったといえるから，被告二輪車の運行を支配していたといえ，自己のために運行の用に供していたというべきである。」本件は，運行支配・運行利益が父親にあったと言いにくい面があったことからこのような表現を取ったものと考えられるが，その後の判例を見ればわかるように，判例が運行支配と運行利益の帰属という判断基準を変更したものではないと指摘されている（要約11頁）。

(126)　判タ1227。「自賠法3条にいう運行供用者には，自動車の所有者でなくとも，自動車の運行を事実上支配管理することができ，社会通念上自動車の運行が社会に害悪をもたらさないよう監視監督すべき立場にある者も含まれると解するのが相当であるところ，上記認定によれば，被告春男は，被告夏男及び被告花子と同居し，その扶養を受けていたものと認められるが，他方，被告車の購入・維持管理は被告春男（注：子）の名義・計算で行っていたこと，被告春男は，高校を退学し，月10万円から15万円程度のアルバイト収入を得ていたこと，被告夏男及び被告花子が被告車を使用していたとは認められないことからすると，親である被告夏男及び被告花子との共同生活及びその扶養がなければ被告春男が被告車を購入及び維持管理することが困難であるとは認められず，被告夏男及び被告花子が被告車の運行を事実上支配管理することができ，被告車の運行が社会に害悪をもたらさないように監視監督すべき立場にあったということはできないから，自賠法にいう運行供用者には当たらない。」

認などしていないといいたいだろうが，ここでも運行支配は抽象化され，規範的判断がとられている。

(8)　名義貸し

ア　判断要素

自動車検査証に所有者・使用者として自己の名を記載させた者等，名義貸与者は運行供用者だろうか。名義貸与の経緯，名義貸与者と名義借受人の人的関係，車両の保管場所・保管状況，費用や経費の負担等が勘案される。

イ　裁判例

最判昭和44年9月18日[127]は，名義貸与の経緯や車両の使用状況，割賦代金やガソリン代の負担等を踏まえて，名義貸与者の運行供用者責任を認めた。

近時，注目すべき判例があらわれている。運行供用者性の判断枠組みについては，最判昭和50年11月28日（182頁）が「自動車の運行を事実上支配管理することができ，社会通念上自動車の運行が社会に害悪をもたらさないよう監視監督すべき立場」という規範的な基準を示していたが，最判平成30年12月17日[128]（166頁）は，この傾向を最大限に推し進めた。

---

(127)　判時572，判タ240。甲の買い受けた自動車をその被用者が運転中に事故を起こした場合において，甲が，自動車運送事業の免許を受けないで，自動車の使用者名義を乙とし，車体に乙の商号を表示した該自動車を使用して，専属的に乙のための貨物運送に当たっていたもので，右事故もその業務に従事中におけるものであり，また，右自動車の割賦代金やガソリン代等は乙が支払って甲に対する運賃から差し引いていた等，判示のような事実関係があるときは，乙は，自動車損害賠償保障法3条による運行供用者としての責任を負うとした。

(128)　判時2402，判タ1458。生活保護受給者であるAが自ら代金を支払って購入した車両について，弟であるBの承諾を受けてその車両の所有者及び使用者名義をBとしたところ，Aが当該車両によって交通事故を起こした場合には，BのAに対する名義貸与は，事実上困難であったAによる本件自動車の所有及び使用を可能にし，自動車の運転に伴う危険の発生に寄与するものといえるから，BがAの依頼を拒むことができなかったなどの事情もうかがわれないことからすれば，BとAとが住居及び生計を別にしていたなどの事情があったとしても，BはAによる本件自動車の運行を事実上支配，管理することができ，社会通念上その運行が社会に害悪をもたらさないよう監視，監督すべき立場にあったとして，Bの運行供用者性を認めた。

平成30年判決は，「BのAに対する名義貸与は，事実上困難であったAによる本件自動車の所有及び使用を可能にし，自動車の運転に伴う危険の発生に寄与するものといえる」として名義貸与者の責任を肯定した。要は，名義を貸したからこそ加害者は車を所有し使用できたのだから貸与者は責任を負えというものである。事例判断とされているものの，規範的判断もここまでくれば「支配」や「利益」で説明するのは難しいように思える。名義貸与者が運行供用者責任を免れるのはかなり限定的な場合に限られることになったと言えるだろう。

ウ　名義残り

車両を譲渡し引き渡したが名義書換未了のうちに譲受人が事故を起こした場合や，廃車手続を業者に依頼し車両を引き渡したが，業者が廃車手続をせず，旧所有者名義のまま他に売却したところ買受人が事故を起こした場合である。原則として登録名義人の運行支配は否定される[(129)]。

4　運行起因性

(1)「運行」

ア　固有装置説

「運行によって」の「運行」は，「自動車を当該装置の用い方に従い用いること」と定義されている（自賠法2条2項）。

では，「当該装置」とは何を指すのだろうか。最判昭和43年10月8日[(130)]は走行装置説と呼ばれる考え方をとっていたが，最判昭和52年11月24日（192頁）は，固有装置説と呼ばれる考え方を採用し，「運行」には，クレーン車の「固有の装置であるクレーンをその目的に従って操作する場合をも含む」とした。固有装置説によれば，「当該装置」には，ハンドル・ブレーキ等の走行装置に限らず，クレーン車のクレー

(129)　否定例として東京地判H11.5.11（交民32-3），大阪地判R4.4.19（自J2129）。

(130)　判時537，判タ228。エンジンの故障により他車から牽引されていた車両の荷台から飛び降りた子どもが死亡した事案について，被牽引車の「運行」に当たるとした。同最判以前には，当該装置を原動機（エンジン等）を指すと解する原動機説をとる裁判例があった（自賠法起草者は，使用者の主観的意思が加わった動作を指すと解していた。）。

ンのほか，ダンプカーの荷台，トラックの側板・後板を含むことになる。また，走行装置説をとる場合と異なり，駐停車中であっても「運行」と解される場合があることになる。このような考え方を，次に述べる広義の固有装置説に対して，狭義の固有装置説と呼ぶことがある。

「用い方に従い用いる」について，昭和52年最判は，「固有装置」と認めたクレーン車のクレーンの「操作」を含むとしたが，後掲最判昭和63年6月16日（199頁）は，枕木が設置された[131]トラックの荷台を固有装置とし，その「操作」がなくても「使用」されていればよいとしており，「運行」を拡張した。

イ　運行概念の拡張

増加する違法駐車車両への衝突事案（加害車とされる車両は駐車していただけである。）等への対応を通じ，被害者救済の観点から，運行概念は更に拡張されている。「固有装置」は通常自動車が装備している装置（当該自動車に固定的に装備されている装置と解する説，自動車としての機能を果たすため必要な装置と解する説もある。）をすべて含み，その使用が「運行」であると解する広義の固有装置説，自動車自体を固有装置と解する車自体説，条文の文言からは離れるが，自動車が交通の場にある限り，走行中であると駐車中であるとを問わず運行中にあたると解する車庫出入説（車庫から車庫説）等が有力である。車自体説と車庫出入説は，事案へのあてはめにおいてはほとんど変わらない。

判例は固有装置説を維持していると言われるが，それ以上は明らかでない。昭和52年最判が走行機能と全く関係のない建設機械であるクレーンを「固有装置」としたことから，下級審裁判例は，「固有装置」を広く解するようになっており，同63年最判以降は広義の固有装置説ないし車自体説に親和的である。

---

(131)　枕木が設置されているかどうかは重要でないとすれば，S63最判は広義の固有装置説に転換している（法理116頁），あるいは車自体説に近づいている（北河75頁）という評価となるが，後述（注（159））のとおり，このような理解には疑問も呈されている。

ウ　自動車固有危険性説

以上に対し，自賠法の趣旨・目的に照らして実質的に「運行」をとらえようとする見解もある。自動車を通常の走行に匹敵するような危険性を持つ状態に置く行為と解する危険性説，広義の固有装置説に危険性の観点を加味して，「固有装置」を自動車固有の危険性を内在している自動車固有の装置と解し，「運行」とは同装置を本来的用法に従って使用することにより，その危険を顕在化させ得る行為をいうとする固有危険性具体化（顕在化）説[132]が主張されている。

(2)「によって」

ア　相当因果関係説

「(運行）によって」については，運行に「際して」発生したものであればよいと解する説もあるが，「運行」と，「他人」の生命身体侵害との間に因果関係があることをいうとされるのが一般である。因果関係は，事実的因果関係で足りるとする説もあるが，通説及び下級審裁判例は，民法709条の「によって」と同じく相当因果関係と解している。判例も同様の立場であると考えられる[133]。

もっとも，後述する荷積み・荷降ろし中の事故（後掲最判昭和63年6月16日の2件の判決の結論の違いは，「運行」と人身被害との間の相当因果関係の有無によるものと解されている。）等では，当該自動車には事故に結びつく動きがなくても運行起因性が肯定される傾向があり，相当因果関係といいながら厳密に判断されているわけではない。実際は「際し

(132)　古笛恵子「運行起因性」(判タ943)，実務109頁，2015年赤い本下巻32頁。固有装置説と危険性説の重畳と説明されている（古笛)。

(133)　前掲最判S43.10.8は，運行と人身事故との間に「因果関係」が必要であるとするだけだが，前掲最判S47.5.30（140頁）は，相当因果関係の語を用いており，前掲最判S52.11.24も，「本件事故は本件クレーン車の運行中に生じたものであるとし，亡Aの死亡との間の相当因果関係をも肯認して，上告人に対し同法3条所定の責任を認めた原審の判断は，正当として是認することができ」るとし，最判S54.7.24（判時952，判タ406）も，「原審の適法に確定した事実関係のもとにおいて，上告人バスの右折と本件衝突事故との間に相当因果関係があるとした原審の判断は，正当として是認することができる。」としている。

て」説に近い判断がなされているとも説明されている。

なお，最判平成19年5月29日（88頁）は，自損事故後に車外に避難したところ他車に轢過された事案における搭乗者傷害保険の「急激かつ偶然な外来の事故により」という要件への該当性について，死亡の結果は轢過によって生じたもので自損事故による傷害が影響したとは認められないとした原判決を，相当因果関係を無視するものであるとして破棄し，運転起因事故による傷害の直接の結果として死亡した場合にあたるとした。自損事故後の車外避難が極めて自然で，異なる行動を期待できなかったことから，自損事故と轢過による死亡との間に相当因果関係を認めたものである。

イ　固有危険性具体化説

「運行」の解釈のところであげた固有危険性具体化（顕在化）説によれば，「によって」は，自動車固有の危険性を顕在化させうる行為によって，自動車に内在する危険が現に顕在化したと言えることである(134)。この考え方によれば，自動車の危険というより人の行為や不注意，自然現象が原因となっている場合には，「運行」を否定することになる。

固有危険性具体化（顕在化）説は近時有力であり，裁判官にも支持が多い。

(3)「運行によって」を一体的に捉える考え方

固有危険性具体化説においては，「運行」と「によって」に分けて判断するのは難しいことがある(135)ため，裁判例には，両者を一体として「運行によって」という要件とした上で，自動車固有の危険が具体化（顕在化）したかどうかによって判断するものが多い(136)。搭乗者傷害保

---

(134)「運行によって」を一体として自動車固有の危険性が具体化したかどうかによって判断する考え方と実質的には変わらないように思えるが，「運行」と「によって」の二段階で考えるのは，車の物的危険かどうかについて丁寧に判断しようという発想によるようだ（交通法研究50号176頁）。

(135)　固有危険性具体化説による「運行」該当性の判断と「によって」該当性の判断は，実際には重なると考えられる。

(136)　実務110頁，最前線27頁。「現在の実務においては，固有装置説，相当因果関係説を前提と

険の保険事故性（「運行に起因する」）に関する後掲最判平成28年3月4日（206頁）も，「本件車両の運行が本来的に有する危険が顕在化したものであるということはできないので，本件事故が本件車両の運行に起因するものとはいえない。」としている。

「運行」と「によって」を分けて考えるにせよ，一体的に「運行によって」として考えるにせよ，自動車固有の危険性の表れかどうかで運行起因性を判断する考え方は，「運行」概念が拡大され，「によって」も「運行に際して」説に近い運用がなされると，運行供用責任の外延が広がりすぎるのではないか，危険責任（自動車の危険性ゆえに責任を加重した）という自賠法の趣旨に沿う範囲に限定すべきではないかという問題意識に基づくものである。

もっとも，以下で検討するように，自動車固有の危険と言っても必ずしも自明ではない。

(4) 検討

請求側としては，自賠責保険が使えるためには保有者に運行供用者責任が成立することが必要だから，「運行」も「によって」も広く捉えて，自動車が関わる事故であれば可能な限り運行供用者責任を認めさせたい。しかし，自賠法の文言と自動車がもたらす危険から人身事故被害者を保護するというその目的を考えると，自動車の危険とは無関係な事故は除かれるべきだろうし，裁判例の傾向を考えても，固有危険性具体化（顕在化）説を踏まえた主張が必要だろう。

思うに，自賠法制定当時に比べて自動車の機能・目的は多様化しており，その危険も走行による危険に限らず多様化しているから，「当該装置」の解釈も，このような多様化した危険に対応すべきである。筆者は，

しつつも，「運行」という判断と「によって」という判断を厳密に分けるのは困難な場合も多いということもあって，これらを一体的に考えて事故当時の状況，事故の性質，内容など諸般の事情を考慮して，自動車が本来有する固有の危険が具体化して死傷したといえる場合に，運行起因性を肯定するという考え方が多数です。本判決（注：東京地判 H24.12.6）も控訴審判決（注：東京高判 H25.5.22）もこのような考え方に基づいています。」（交民45索引・解説号329頁）。

「運行」については，自動車自体を固有装置と考える車自体説をとって，自動車を予定された使用方法によって使用すること（駐車を含む）と解し，「によって」については，相当因果関係と解した上で，自動車を予定された方法で用いることによって通常生じる可能性がある危険が現実化したと言えるか否かによると解したい。このように運行起因性を広く認めることによる不都合は，3条但書免責や過失相殺で図るべきである。

たとえば，移動図書館の閲覧台[137]，レントゲン車のレントゲン装置，キャンピングカーのコンロも「固有装置」であり，それらの使用も「運行」にあたる（もっとも，移動図書館の閲覧台に頭をぶつけた場合は「用い方に従い用いる」とはいえないだろう。）と解するが，それらの装置の使用の際に人身被害が発生しても，それらが自動車に装備されることにより通常生じる危険といえず，「（運行）によって」生じたとはいえない。

他方，被害者等の不注意な行動が関与する駐停車中の事故であっても，当該自動車の予定された使用方法で使用中に通常生じる可能性のある危険であるといえれば，運行起因性を肯定すべきである。車両が走行中の場合も，当該自動車の使用に被害者の行為という他の原因力が加わることによって現実化した危険については，自動車が走行したからこそ生じる危険であり，もともと自動車が持っていた「固有」の危険であるとして，運行起因性を肯定しうると解する。

5　運行起因性が問題となる場合

(1)　主に「運行」中と言えるかが問題となるもの

ア　被牽引車による事故

エンジン故障により自走できなくなり，他車に牽引されて走行中の事故は，原動機説によれば運行性を否定されるが，走行装置説によれば被

(137)　千葉地松戸支判 S50.7.2（交民 8-4）は，母親に連れられて移動図書館車を利用していた幼児が，閲覧台に目をぶつけて受傷した事案につき，事故は自動車が運行の機能を完全に停止させて駐車中，自動車としての装置とは全く無関係な図書館としての装置（閲覧台）によって負傷したものであるから，「運行」中の一態様とはいえず，自賠法3条に該当しないとした。走行装置的な観点によっていると言える。

牽引車に運転手が乗って操縦が可能である限り肯定される（前掲最判昭和43年10月8日（185頁））。

これに対し，最判昭和57年1月19日[138]は，被牽引車のエンジンをかけて前進させようと操作していた事案であるから，走行装置説によれば「運行」は肯定されるが，被牽引車は移動しておらず，エンジン始動は事故の原因になっていない。被牽引車の運行と被害者の受傷・死亡との相当因果関係が問題となるが，同最判はこれを肯定した。

被牽引車に運転手が乗っておらず，ハンドル・ブレーキ等が操作できなかった場合については，被牽引車の運行は牽引車の運行に吸収され，牽引車のみが運行の用に供されていたとする裁判例[139]がある。

イ　無人車の暴走

坂道に駐車していた制動不完全な無人車が動き出し，歩行者や他の車両に衝突したような場合である。原動機説，走行装置説によっても，不完全な停止という運転行為を「運行」と捉えることができるから，無人であったことは「運行」の判断には影響しないと解され，現在では問題にならない。

ウ　特殊自動車の作業中の事故

特殊自動車が駐車し，その特殊装置を操作して作業していたところ，特殊装置の操作によって人が死傷した場合である。次に述べるように，

---

(138)　判時1031，判タ463，交通百選。被害者が，後輪が盛土にはまって動けなくなったダンプカーとこれを牽引しようとしたブルドーザーの間に挟まれて死亡した事案で，「訴外Aは甲車（注：ダンプカー）の運行によって傷害を受けたため死亡したものであるとした原審の判断は，正当として是認することができ（る）」とした。1審は，「事故車とブルドーザーは至近距離にあり，かつ，事故車の走行装置は始動している（注：ダンプには運転手が乗車してエンジンを始動し，アクセルを踏んでいた。）ことからすると，比較的継続した牽引走行とは異なり，ブルドーザーは事故車が盛土から脱出するために一時的に牽引の用に供された補助道具とみられ，またブルドーザーの運転者Cは事故車の走行のための運転補助者とみられることから，ブルドーザーの瞬時的な走行は法律的に事故車の運行と同一視される。したがつて，Aの被害は事故車の運行によって発生したものというべきである。」等として因果関係を肯定していた。

(139)　東京地判S60.11.29（交民18-6）。自賠責実務でも，被牽引車に運転手が乗って操縦が可能だったか（被牽引車の運行が牽引車の運行から独立していたと言えるか）どうかによっているようだ（植草桂子「自賠法3条の「運行によって」概念について」（早稲田法学91-3）283頁～284頁）。

原動機説，走行装置説では停止後の駐車状態は直ちに「運行」とはいいにくく，駐車のしかたを問題にすることになるが，最判昭和52年11月24日(140)は，「当該装置」を「用いること」には，クレーン車の「固有の装置であるクレーンをその目的に従って操作する場合をも含む」として，駐車中の特殊自動車の特殊装置の操作について「運行」を拡張した(固有装置説)。

前述のとおり，固有装置説によれば，「固有装置」には，ハンドル・ブレーキ等の走行装置に限らず，ダンプカーの荷台，クレーン車のクレーン，トラックの側板・後板を含むことになる。最判平成7年9月28日(141)も，パワーショベルを降ろすために，大型貨物自動車のアウトリガーを操作して荷台を傾斜させたところ，被害者が運転・操作中のパワーショベルが滑走・転落しために被害者が死亡した事故について，貨物自動車の運行起因性を肯定している。

エ　駐車中の衝突事故

前述したように，違法駐車車両に走行車両が衝突する事故が多発し，駐停車中の車両に「運行」を肯定できるか（どのような理屈で肯定するか）が議論された。原動機説，走行装置説はもちろん狭義の固有装置説

---

(140)　判時872，判タ357，交通百選。クレーン車の作業員がクレーンのブームから下がったワイヤー先端のフックを持って作業していたところブームが回転して高圧電線にワイヤーが接触して作業員が感電死した事案。「自動車損害賠償保障法2条2項にいう「自動車を当該装置の用い方に従い用いること」には，自動車をエンジンその他の走行装置により位置の移動を伴う走行状態におく場合だけでなく，本件のように，特殊自動車であるクレーン車を走行停止の状態におき，操縦者において，固有の装置であるクレーンをその目的に従って操作する場合をも含むものと解するのが相当である。」

(141)　交民28-5。「加害車は建設機械等の運搬を目的として購入され，（略）荷台にユニットクレーンを取付るべく改造がなされた大型貨物自動車であって（略），加害車のアウトリガー，荷台は加害車の固有の装置に該当するというべきである。そして，本件事故は，一審被告Aが加害車に被害車を積載して本件事故現場まで運搬し，走行停止のうえ，被害車を加害車から積降すべく，加害車のアウトリガーを操作して荷台を傾斜させていた際に発生したものであるから，自賠法2条2項の「運行」の定義にいう「自動車を当該装置の用い方に従い用いる」場合に該当し，また，（略）本件事故と亡Bの死亡の結果とは相当因果関係があると認めるのが相当であって，本件事故は加害車の運行によって生じた事故というべきである。」とした原審の判断（被害者の「他人」性についても判断している）を是認した。

でも，駐車状態そのものを運行にあたるとは直ちには言いにくく，駐車する行為を「運行」と捉えたり，駐車が前後の走行行為と一体と言えるか否かによって判断したりすることになる。広義の固有装置説，車自体説，車庫出入説では容易に肯定される。

この問題に明示的に答えた最高裁判例はまだない。下級審裁判例には，駐車自体を「運行」と認めるのではなく，駐車前後の走行行為との連続性や駐車場所・駐車目的等を総合的に評価し，当該駐車が前後の走行行為と一体と言える場合に「運行」性を肯定するものが多い(142)が，1週間程度の路上駐車についても「運行」にあたるとするもの(143)もある。「運行」が肯定されれば，事故と駐車との相当因果関係の問題となるが，これも肯定されることが多い(144)。

被害車・被害者が違法駐車車両と接触していない場合，たとえば，違法駐車車両を回避しようとした車が対向車と衝突した場合や，違法駐車車両の陰から飛び出した歩行者に側方通過車両が衝突した場合の駐車車両の運行起因性については，後述の非接触事故について述べるとおり，「運行」を肯定した上で，事案に即して相当因果関係の有無が判断され

---

(142)　赤い本2015年下巻「運行供用者責任（バス乗降中の事故）」33頁，LP54頁。

(143)　大阪地判H3.10.29（自J・判例レポート100）は，コンテナの台車への衝突につき，「年末年始の休み明け早々に運転の便に備えて路上に駐車せしめておくことは，その期間が1週間程度にわたる場合であっても，なお自動車なる装置の用い方に従って用いていること，即ち「運行」にあたると解することができる。」として3条責任を認めた。

(144)　たとえば大阪高判H19.2.27（交民40-1，交通百選）は，自動二輪車を運転中に自ら転倒し，道路上に7時間にわたり違法駐車していた自動車に衝突して死亡した事故について，「駐車禁止場所であること等を考慮すれば，被告車両を長期間放置するという趣旨ではなく，一時的な駐車に留まり，運転を再開することが予定されていたものと認められ，なお運行状態にあったものと認められる。」として「運行」を肯定し，「自賠法3条にいう「運行によって」の解釈としては，運行の概念を広く解するとともに，運行によって通常生ずる可能性のある危険をなるべく広く賠償の対象として取り込んで，被害者の保護を図るのが相当である。」「上記自賠法の趣旨に照らすと，これも運行によって生じた交通事故にあたると解するのが相当である。すなわち，本件事故も自動車の運行（この場合は駐車）が交通の安全に及ぼす危険が現実化して生じた交通事故の一つと解されるのである。」として「運行によって」生じたと認めて，運行供用者責任を肯定した（過失相殺8割）。違法駐車では，その違法状態の解消が義務付けられるので，違法駐車車両を駐車禁止場所から移動させ終わるまでは固有装置の機能発揮中である（危険状態解消までの不作為状態）といえ，運行中であると言いやすい（交通百選25頁）。

る。

オ ドア開閉事故

停車後ドアを開けたところ後続の原付が衝突した，ドア開閉時に搭乗者が指を挟まれた等の事故である。

原動機説，走行装置説はもちろん狭義の固有装置説でも，ドアは特殊装置ではなく車体の一部に過ぎないから，「運行」性を認めるには，前後の走行行為と一体である（運行の継続中である）等の説明をすることになる。「によって」については，走行・停止の動きの中で当然に生じる操作であるから，それによる事故の発生は「運行」と相当因果関係があると説明される。

広義の固有装置説によれば，ドアも固有装置と考えるから，その開閉は「運行」にあたる。車自体説・車庫出入説でも容易に肯定される。

ドアを開閉したのが同乗者や乗り込もうとした者であった場合は，3条但書免責が問題となる。

(2) 主に「によって」が問題になるもの

ア 非接触事故

たとえば，見通しの悪い交差点で，進入車両との衝突を避けるために転把した原付が転倒して運転していた被害者が負傷したような場合や，積荷の積載方法が悪いために走行中に積荷が落ちて歩行者や他の車両に当たったり，整備不良状態での走行中にタイヤが外れて歩行者や他の車両に当たったりした場合である。

非接触事故の因果関係について，最判昭和47年5月30日（140頁）は，「接触がないときであっても，車両の運行が被害者の予測を裏切るような常軌を逸したものであつて，歩行者がこれによって危難を避けるべき方法を見失い転倒して受傷するなど，衝突にも比すべき事態によって傷害が生じた場合には，その運行と歩行者の受傷との間に（注：民法709条の）相当因果関係を認めるのが相当である」とし，被害者が突進してきた二輪車に驚いて転倒して受傷したとすれば運行によって生じたものというべきであるとした。同最判が示すように，被害者が事故を回避しようとして転倒した場合については，その事故回避措置が不適切とはいえない（やむを得ない）と言えるかどうかで相当因果関係が判断される[145]。

走行中の積荷の落下については，それ自体を「運行」とはいえないが，落下の原因となった振動をもたらした走行状態を「運行」と捉えることができるから，どの説でも肯定でき，あとは相当因果関係の問題となる。

運転中の者や搭乗者が，走行中の車内から車外に投げたり誤って（あるいは故意に）落としたりした物が，通行人に当たって負傷させたり，他の車両に当たってこれを損傷したりした場合はどうだろうか。車の振動で取り落とした場合は積荷の落下と同様に肯定できそうだし，単に不注意で落とした場合も，走行中であったからこそ負傷の結果を生じた（車両の走行が人の行動に危険性を加えた）といえれば運行起因性を肯定できるかもしれない。もっとも，運行供用者や運転者の行為ではない場合は，免責が認められる場合が多いと思われる。走行中，故意に投げ捨てた場合も同様に解する見解もあるが，その場合は車の走行というより人の行為が事故の原因であるとして否定されそうな気がする。

イ　走行中の搭乗者の飛び降り

前掲最判昭和43年10月8日（185頁）は，牽引されている自動車から子どもが飛び降りた事案だったが，飛び降りる危険性を認識している者が故意に飛び降りて死傷した場合にも運行起因性が肯定されるだろうか。

脅迫されて乗車させられた被害者が後部座席から飛び降りて死亡した事案については，大阪地判平成5年7月15日[146]が，加害車の運行との相当因果関係を認めて運行供用者責任を肯定している。

---

(145)　過失相殺の判断において，被害者が相手車両を発見した地点・時点，その際の双方の距離・速度，通常人がこれらを認識した場合，動揺・驚愕するか，その程度，被害者が事故回避措置を開始した地点・時点，発見時から事故回避措置開始時までの状況，事故回避措置の内容及びその結果等を総合考慮して判断する必要があるとされている（赤い本2007年下巻55頁）ことが参考になる。

(146)　交民26-4。ただし，消滅時効の抗弁を認めて請求棄却。

では，そのような事情がないのに自分で飛び降りた場合はどうだろう。運転手に無断で荷台に乗り，走行中に飛び降りたような場合は予見可能性がないとして相当因果関係を否定する考え方もあるだろうが，「によって」の判断に予見可能性を関わらせることには後述のように疑問がある。自動車が走行中であるために安全に着地できなかった（搭乗者の行為を通して自動車走行の危険性が顕在化した）と考えて運行起因性を肯定し，異常行動である点については3条但書免責や過失相殺の問題とする(147)のが妥当だろう。

ウ　自然災害

大雨で道路脇の斜面が崩壊して自動車を襲い自動車ごと谷底に転落した，氾濫した河川に自動車が流されて同乗者が車内で溺死したなど，自然災害（異常な自然現象により生じる被害）が関わる事故についての相当因果関係（「によって」）の判断は悩ましい。

飛騨川バス転落事件（152頁）は，国の営造物責任が追及された事案であるが，運転手を除く乗客全員について自賠責保険から支払われている(148)。

下級審裁判例としては，土砂崩れによる崖下への転落について運行供用者責任を認めた大阪地判昭和47年9月26日(149)，河川への転落について3条但書免責を認めた広島地判平成5年2月24日(150)，道路の冠水

(147)　大系2　77頁。態様によっては過失相殺100%もありえよう。

(148)　閣議の判断（事故の発生を未然に防止する義務に欠けていなかったと断定できず，免責とすることはできないと判断した。）によるものであり，事故の重大性に鑑みた政治的判断であると言われている（交民45索引・解説号334頁）。

(149)　判時707，判タ298。豪雨による崖崩れのために道路を後退中であった自動車が崖下に転落して同乗者が死亡した事案で，車両所有者の運行供用者責任及び道路管理者の営造物責任を認めた（自賠責保険からは支払済みであった。）。このほか，前橋地判H6.3.25（判時1521）は，集中豪雨により河川に流出した立木が橋台に引っ掛かって落橋させ，橋を通行中の車両が川に転落して運転者及び同乗者が死亡した事案（国賠）で，国及び県の設置管理の瑕疵を否定したが，同乗者の相続人には自賠責保険から支払われている。また，神戸地柏原支判S50.3.19（訟務月報21-5）も，台風で道路が決壊して走行車両が河川に転落し，運転者及び同乗者が死亡した事故について営造物責任を認めたが，同乗者の相続人には自賠責保険から支払われている。

(150)　交民26-1。集中豪雨下に自動車に同乗して避難中，護岸が崩壊して道路が陥没したため自動車が川に転落して死亡した被害者の遺族である原告が，自動車を運転していた消防団班長の相

について因果関係を否定した東京高判平成25年5月22日[151]等がある。いずれも豪雨災害が関わっている。東京高判は不可抗力という言葉を用いているが，運行起因性を否定したものである。

崖崩れや濁流に車ごと流されて乗員が死傷した場合は，原因は自然災害であって自動車の運行が原因ではないとして，運行起因性を否定する考え方[152]がある。しかし，これらの場合にも，危険な場所まで自動車

続人である被告に，自賠法3条に基づき損害賠償を求めた事案。運転していた保有者の無過失（「集中豪雨のさなかを自動車で進行したことは，たしかに，事故当日は，折からの集中豪雨という異常気象のもとにあって，見通しは悪く，冠水もあり，また土石流もあって危険な状態であったことは主張のとおりであるが，それ故にこそ（略）避難命令が出たのであるから，その執行にあたったAが自動車で避難させようとしたことを過失とみることもできない。」）と自動車の欠陥・機能不備の不存在のみを認定して免責を認めた。

(151)　佐用川事件。交民46-6，要約6，交通百選。豪雨による道路の冠水のため停車していた車両から，運転者とその妻子が降車して避難する際，濁流に流されて死亡した事案について，「(1)本件車両が本件自損事故を惹起したか否か。前記認定事実によれば，（略）遅くとも，A一家が徒歩で避難を開始した時点では，本件車両が走行不能となっていたものと認められる。しかしながら，A一家が本件車両を出て徒歩で避難を開始したのは，Dが一旦は北側方面に避難しようとして約70メートル先まで行った後，D車の近くまで戻って来た直前頃であると認められ，（略）避難を開始した時点で本件車両が走行不能であった事実は間違いないが，冠水部分に進入してE車の後方で停止した時点で，直ちに走行不能に陥ったと断定することまではできない。したがって，本件車両は，冠水道路に進入したことによりエンジン停止したという本件自損事故を惹起したことを認めることはできない。(2)運行起因性ないし因果関係について　なお，念のために付言すると，仮に，本件自損事故があり，Aにその事故につき予見可能性があったとしても，B及びCの死亡は，水位が上昇しつつあり，冠水部分中の水流に逆らって避難する際，予期せぬ強い水流に遭って流されたことがその原因であると認められるから，それ自体，午後9時過頃に始まった佐用川の右岸氾濫によるものと解されるのであって，本件自損事故とB及びCの死亡との間に因果関係があるとは認められない。」とし，最判H19.5.29を援用する控訴人の主張に対しては，B，Cの死亡と「自損事故とは時間的にも，場所的にも近接しているとはいいがたく，両名の死亡事故は本件自損事故と直結しない佐用川の氾濫という自然災害によるものというべきである。控訴人の上記主張を採用することはできない。」と退け，「以上によれば，本件は，自賠法3条の定める運行起因性の要件を満たさず，また，B及びCの死亡は不可抗力によるものというべきであ」るとした（上告棄却・不受理）。原審（東京地判H24.12.6（判タ1391））は，「B及びCの死亡は，100年に一度の降雨を凌ぐ予測を超える局地的な集中豪雨による佐用川の氾濫という自然災害によるものであって，自動車本来が有する固有の危険性が具体化したものではないから，本件車両の運行によるものとはいえないというべきである。」としていた。

(152)　人知を超える，または不可抗力と評価し得る自然災害の場合は，予見可能性の有無を問わず，車の危険性ではなく自然災害による被害であるとして，（免責の問題ではなく）運行起因性を否定する見解として，前掲植草（早稲田法学）330頁，同（交通法研究44）140頁，155頁，重要判例19頁等。

を走行させたことによって自動車の危険が現実化したと言えるから，運行起因性を肯定できると考える。運転手に危険が予測できず，そのような場所に自動車を運行させたことに過失が認められなければ，3条但書で免責とする(153)か，「書かれざる免責事由」としての不可抗力による免責を認めるべきである。

もっとも，自賠責実務は，自然災害による事故で運行供用者側の過失がないと評価できるような場合には，運行起因性がないとして3条責任を否定し，自然災害による被災の危険性が予見できるのに危険性のある地域に進入した場合は，運行起因性を肯定する扱いのようである。しかし，運転手が危険を予見できた場合は運行起因性を認めるということになると，被害者に予見可能性の立証責任を負わせることになり，自賠法3条が過失の立証責任を転換している趣旨を失わせることになるのではないかという疑問がある(154)。

車ごと流された場合に対し，河川の氾濫で道路が冠水して車が立ち往生（自損事故）したため，車外に出て避難しようとしたところ濁流に流されたような場合は，自損事故と自然災害の時間的場所的近接性等によって「運行によって」にあたるか否かが判断されると考えられる（前掲東京高判は「仮に」として検討している。)。

3条本文の要件を充足し，但書の免責事由が認められない場合は，それ以上，飛騨川バス転落事件一審判決（国賠事件）のように不可抗力の寄与部分は賠償義務を負わないとして減額すべきではない(155)。

(153)　この場合，免責3要件の一つである第三者の故意・過失は通常存在しないことが問題となる。前掲広島地判は，被害者または運転者以外の第三者の過失という要件について判断していないが，これは結果の発生がそれらの者の過失とは因果関係がないから当該事案では検討しなくてもよいという判断であると解される（交通法研究45　27頁～28頁。最判S45.1.22（220頁）参照）。結果をもたらした原因力の点で自然災害が被害者または第三者の過失に劣るものではないから，それらの者の過失は自然災害で代替されるといってもいいだろう。大系2　92頁も参照のこと。

(154)　交民45索引・解説号333頁，335頁，大系2　93頁。

(155)　窪田充見「過失相殺の法理」（有斐閣）123頁，青野博之「自然災害」（交通法研究45）37頁。

⑶　「運行」と「によって」がいずれも問題となるもの

ア　荷積み・荷降ろし中の事故

前掲昭和52年最判は固有装置の操作中に事故が発生した場合であったが，固有装置を「操作」していることは駐停車車両の「運行」と言えるために必要だろうか。たとえば，荷降ろし・荷積み中に積荷が落下して通行人や作業員が死傷した場合に問題となる。

最判昭和56年11月13日(156)は，材料置場に停車させた貨物自動車から電柱の荷降し作業をしていた際に，積載中の1本が荷台から落下し，作業員が下敷となって死亡した事故につき，荷台が「当該装置」にあたるとしても「操作」は考えられないこと，駐車前後の走行との連続性を欠くこと等から「自動車の運行によって」発生したものということはできないとした原審(157)の判断を是認した

その後，フォークリフトと貨物自動車が共同して荷降ろし中，直接的にはフォークリフトが原因となって事故が発した場合に，それが貨物自動車の運行によって生じたものと言えるか(158)が争われた2件の事件（同日判決）のうちの1件で，最判昭和63年6月16日(159)は，フォーク

---

(156)　判時1026，判タ457。

(157)　大阪高判S55.12.23（交民14-6)。「本件事故車のような普通貨物自動車の場合，側板や後板と区別された意味での荷台が仮に「当該装置」に当るとしても，右荷台については，ダンプカー等の場合と異なり，「操作」ということは考えられないし，本件事故時側板や後板が操作された形跡も証拠上うかがわれない。右材料置場は，（略）関係者以外の人間や車両が出入することは許容されておらず，付近に人家も少なく，一般通行人や一般通行車が出入するという事態はまず考えられないところである。更に，本件事故は，古電柱を回収してきた作業員らが，古電柱積載中の本件事故車を右材料置場に駐車させたまま，同置場敷地内の倉庫兼事務所内で昼食を済ませ，更に約一時間休憩を取った後の荷降ろし作業中の事故であって，駐車前の走行との連続性に欠け，また，右荷降ろしが，走行準備のためのものではなく，駐車後の走行との連続性にも欠けている。以上によれば，本件事故が自賠法2条にいう「自動車を当該装置の用い方に従い用いること」によって発生したもの，すなわち同法3条にいう自動車の「運行によって」発生したものということはできない。」

(158)　構内自動車であるフォークリフトには通常自賠責保険は付いていない（自賠法10条）ので，自賠責保険を使うためには貨物自動車の「運行」に起因する事故であるといえなければならない。

(159)　判時1298，判タ685，交通百選，要約5。他の1件は判時1291，判タ681。フォークリフトによるトラックからの荷降ろし作業時の事故がトラックの運行によって起こった事故と言えるかについて，前者は肯定し，後者は否定した。肯定判例は，荷台に設置された枕木にフォークを挿

リフトのフォークを右枕木により生じている木材と荷台との間隙に挿入した上，フォークリフトを操作して右木材を荷台上から反対側の材木置場に突き落としたことにより通行人が死亡した人身事故について，「自動車を当該装置の用い方に従い用いること」によって生じたものと言えるとして運行起因性を肯定した。

昭和56年最判の原審をはじめ同63年最判以前の裁判例では，駐車前後の走行との連続性を総合的に判断するアプローチがとられることが多かったが，同63年最判はこのような総合判断は行わず，「フォークリフトのフォーク挿入用の枕木等が装置されており，その構造上フォークリフトによる荷降ろし作業が予定されている車両」であったという自動車の構造のみを理由として，「運行」を肯定した。同最判以後の裁判例は多くないものの，広義の固有装置説に立ち，駐車中の荷台（可動式でなく，したがって操作という要素はないもの）を固有装置，その使用（荷積み・荷降ろし作業）を運行と捉えるものがある(160)。その場合も，「によ

入して荷降ろしをしていたもので，最高裁は，「本件車両は，木材運搬専用車であって，その荷台には木材の安定緊縛用の鉄製支柱のほかフォークリフトのフォーク挿入用の枕木等が装置されており，その構造上フォークリフトによる荷降ろし作業が予定されている車両であるところ，本件事故は，被上告人が前記フォークリフトのフォークを右枕木により生じているラワン材原木と荷台との間隙に挿入したうえ，右フォークリフトを操作した結果，発生したものである，というのであり，右事実関係のもとにおいては，右枕木が装置されている荷台は，本件車両の固有の装置というに妨げなく，また，本件荷降ろし作業は，直接的にはフォークリフトを用いてされたものであるにせよ，併せて右荷台をその目的に従って使用することによって行われたものというべきであるから，本件事故は，本件車両を「当該装置の用い方に従い用いること」によって生じたものということができる。」としている。通常の（固定式の）荷台が固有装置かという点についてのS63最判の理解は分かれる。前述のように，同最判において枕木の装着は重要でないとしてこれを肯定する見解があるが，S52最判は，特殊自動車の特殊な作業装置をもって固有装置としているのであり，S63最判の表現からも通常の荷台は固有装置とはいえないことが判例の前提ではないか（通常の荷台が固有装置と言えるのであれば，フォークリフト作業との関連を指摘する必要はないはずである。）という指摘もある（大系2 78頁～79頁）。後掲大阪地判H15.9.10も同様の理解に立つ。否定判例はフォークリフトがトラックに向かおうとした時に他の乗用車がフォークに衝突した事故で，フォークリフトによる荷物の持ち上げ等の作業は開始されていなかった。この段階では，枕木の使用を「運行」と解したとしても，枕木の使用によって事故が発生したとするのは難しいだろうと指摘されている（要約17頁）。

(160) たとえば大阪高判S47.5.17（交民5-3）は，駐車後間もない荷降ろし作業である点を捉えて運行起因性を肯定していたが，仙台高判H14.1.24（交民35-6）は，ストレートに荷台を固有

って」に当たるか（相当因果関係が認められるか）という問題は残り，近時の裁判例のように考えれば，自動車の危険性が顕在化したと言えるかどうかによることになる。

なお，作業に従事している作業員が積荷の落下により負傷した場合は，運転補助者として他人性を否定すべきであるとの説もある(161)が，下級審裁判例は作業員の他人性を認めている。その場合は3条但書免責及び過失相殺の問題となる。

以上に対し，荷降ろし・荷積み中の作業員が荷台から転落して死傷した場合については，運行起因性が否定されることが多い(162)。

装置であると認めている。もっとも，同高判は，事故の原因は被害者が荷台から足を踏み外したことによると推認され，「自動車に限らず，一般に高所における作業に伴う危険が発現したものというべきであって，自動車の運行によって生じたものとは認めることはできない。」「本件事故においては，本件車両の荷台は単にその場所で積荷の積替え作業が行われたという以上の意味を有せず，本件事故が「自動車の当該装置（荷台）の用い方に従い用いること」によって生じたもの，言い換えれば，自動車の荷台の使用から通常予想される危険が発現したものということはできない。」として相当因果関係を否定した。同高判の原審及び甲府地判 H3.1.22（判タ 754）も荷台（甲府地判の事案は幌付き）を固有装置とし，荷降ろし作業を「運行」と認めている。

(161)　前掲古笛 64 頁。これに対し，単に荷降ろし作業を手伝っているにすぎない作業員を「現に運転の補助に従事していた者」と評価することには無理があるとの指摘がある（現代裁判法大系⑥［交通事故］106 頁（丸山一郎））。後掲最判 H11.7.16（218 頁）は，クレーン車での玉掛け作業中の被害者につき，運転補助者にあたらないとして他人性を肯定した。

(162)　裁判例として，東京高判 S62.3.30（判タ 644），前掲仙台高判 H14.1.24，大阪地判 H15.9.10（交民 36-5）があり，いずれも危険性説的に考えて運行起因性を否定している。大阪地判は次のように判示する。「本件車両を路上に駐車していたこと，停車前後の走行との連続性に鑑み，本件事故は本件車両の走行中の事故と言うことも可能であると考える。しかしながら，さらに，本件事故が「運行に起因して」起こった事故であると言えるかということとなると，これを肯定することはできないと言うべきである。けだし，運行に「起因して」というのは，運行と傷害との間に「相当因果関係」があることを指し，両者の間に相当因果関係があるというのは，前記「運行」の意味からして，当該自動車の走行及び固有装置の操作と本件原告の傷害との間に相当因果関係があることが必要となると解される。そうすると，本件事故は，停車中の荷積み上からの転落事故であって，さらには，（略）に認定の事実によれば，本件事故時，本件車両のエンジンは切られており，駐車位置は待避場所であったこと，したがって，本件車両のエンジンの振動によって転落したとか，駐車していたことによって他の車両の通行妨害となって直ちに本件車両を移動させる必要があって慌てて転落したなどの事情は存在しないことから（略），本件事故は，本件車両の運行によって生じた（あるいは増大された）危険性に起因して発生したものとは認められず，一般の高所作業中の事故と何ら異なるところがないと言わなければならないからである。」「上記最高裁判決（注：最判 S63.6.16）は，貨物自動車の「荷台」そのものを，自動車の

イ　車中でのCO中毒・熱中症

エンジン作動中の駐車車両で発生した一酸化炭素中毒事故について，「運行」にあたるかどうかが問題になることがある。

原動機説，走行装置説，狭義の固有装置説では一時的駐車でない限り否定される。広義の固有装置説，車自体説，車庫出入説では肯定されそうに思えるが，裁判例の傾向は，「運行」と言えるためには走行行為との関連性が必要だとしているようだ[(163)]。仮眠や休憩等は居室としての使用であって，「用い方に従い用いる」にあたらないとして否定する裁

「固有の装置」として，荷台の荷物の積み下ろしに関するすべての作業を「固有の装置をその用い方によって用いたもの」として，「運行」に当たると解釈したものではないというべきである。」他の2件も一般的な高所作業の危険性であるとしており，仙台高判は作業が行われた場所としての意味しかないという理由もあげている。しかし，駐車車両の荷台における作業は，貨物自動車の予定された使用方法であって，作業中の荷台からの転落はその使用中に通常生じる可能性のある危険であり，作業員の不注意によって高所での作業という貨物自動車の危険性が顕在化したと考えて運行起因性を肯定する（あとは3条但書免責や過失相殺の問題とする）ことも可能ではないかと考える。荷台から放り投げた積荷が通行人に当たって怪我をさせた場合に運行起因性を認めるなら，転落した作業員が通行人に当たって怪我をさせた場合もこれを認めるべきであるように思われ，そうであれば，同じく作業員の転落でありながら怪我をしたのが作業員自身である場合には否定するのはすっきりしない（大系2　82頁～83頁，交通法研究45　80頁～82頁）。

(163)　たとえば，エンジン作動中の駐車車両内で発生した一酸化炭素中毒事故につき，福岡高判R2.9.10（自J2083）は，「原告は，帰宅するため本件駐車場に向かい，同所に駐車後，暖房をかけたまま車内で睡眠をとって過ごすためにエンジンをかけていたものと認められるところ，これを本件駐車場までの運転の延長として評価することはできない。また，原告に，その後，別途目的地に向かう予定があったとは認められないから，次の運転のための準備行為と評価することもできない。そうすると，かかる使用方法は，自動車を当該装置の用い方に従い用いたものとはいえないから，そのような形で本件車両を使用中に生じた本件事故は，本件保険契約における運行に起因する事故であるとは認められない。」とした原審の判断を支持した。運行起因性を肯定した例として，東京地判S59.9.14（判タ534）は，高速道路のパーキングエリアでヒーターを付けて仮眠していた事案（搭乗者傷害保険金請求）で，「高速道路のパーキングエリアは，一般に車両を完全に駐車状態におくというよりは運転者，同乗者らが車内もしくは当該エリア内で一時的に休息をとるため利用されるもので，Aも右のような利用方法に従って車内で休息し，仮眠からさめれば直ちに出発したものと認められることから考えれば，本件エリア駐車中の本件自動車もなお走行の延長として自動車という装置の用い方に従って用いている状態すなわち運行状態にあったものと解するのが相当である。」として「運行に起因する」と認めた。ただし，控訴審（東京高判S63.1.26（判時1265，判タ671））は，本件自動車または他車からの排気ガスの排出と被害者の死亡との間には相当因果関係はないというほかはなく，被害者が運行中の交通乗用具に搭乗中の事故によるものとは断定できないとして，保険金請求を認容した原判決を取り消した。その他の裁判例については，大系2　86頁，前掲植草（早稲田法学）310頁以下。

判例がある。

しかし，車中での仮眠が自動車の異常な用い方であるとは思えないから，このような事故も含めて自動車の危険である（たとえば，大雪で立ち往生した車内では，排気管の閉塞によるCO中毒の危険があることが知られている。）ということも可能ではないだろうか。もっとも，仮に運行起因性が肯定されても，3条但書免責及び過失相殺が問題となることが多いだろう。

駐車車両内に長時間いた子どもが熱中症になった事故については，居室的な利用であって「用い方に従い用いる」とはいえない等として運行起因性は否定される傾向にある[(164)]が，この場合も居室的な利用を通常想定されない使用とはいいにくく，広義の固有装置説や車自体説によれば，「運行」を否定しにくいようにも思われる。もっとも，この場合はCO中毒以上に，車の危険というより人（親等）の異常行動が主な原因であると言えそうであり，「によって」（相当因果関係）で切ることも可能だろう。

ウ　付属装置・設備による事故

移動図書館の閲覧台，レントゲン車のレントゲン装置，キャンピング

---

(164)　たとえば，東京地判S55.12.23（判時993，判タ442）は，駐車場で長時間，ドアを閉じて密閉した車内での死亡事故について，「原告（注：母親）は，訴外A（注：父親）が本件自動車から離れた後も亡B（注：子）が依然車内に乗せられたままの状態にあったから，なお運行は継続しているとみるべきであると主張するが，（略）訴外Aは本件自動車を亡Bの居場所として本件自動車の空間的場所をたまたま利用したにすぎないものとみざるを得ず，右のような利用方法は自賠法にいう「その用い方に従って用いる」ことには当らないものというべきである。また，原告は本件自動車のドアを閉じて密閉化する行為は「運行」に当ると主張する。確かにドアを閉じるその行為自体は「運行」状態の中の一動作として「運行」に含まれることは否めないが，（略）本件においては訴外Aにおいて本件自動車から降車してドアを閉じたその後に一応「運行」状態は終了したとみるべきであるから，その後においてはドアを閉じる行為の運行性を問題にする余地はないものといわざるを得ない。のみならず，仮にドアを閉じた後も「運行」状態は継続しており，あとは事故との間の因果関係の問題であると解しても，もともと運行と事故との間に相当因果関係の存在することが必要と解すべきところ，本件において亡Bの死亡は前記争いのない事実から明らかなように長時間の車内放置にもとづく熱射病によるもので，本件自動車のドアを閉じて密閉化した行為が死亡に至る原因の一部を成していると考えられないではないが，右のような事実関係のもとにおいては，右ドアを閉じた行為と亡Bの死亡との間には相当因果関係がないものというべきである。」として運行起因性を否定した。

カーのコンロについては前に述べたが，降車時にシートベルトに足を取られて転倒した場合や，エアコンをかけた車内に幼児を放置した結果熱中症になった場合はどうだろうか。車自体説や広義の固有装置説をとれば，エアコンやシートベルト(165)は「固有装置」ではないとは言いにくいように思えるが，それらの故障・破損が事故の原因となっている場合を除いて，「によって」で運行起因性を否定すべきではないかと考える。

このほか，車両整備中に車外から持ち込んだ予備バッテリーが爆発して被害者が失明した事故（自損事故条項による保険金請求事件）について，最判平成8年12月19日(166)は，予備バッテリーを固有装置から除外した上で被害者の操作ミスも考慮し，少なくとも「運行」とは因果関係を欠くとした原審の判断を維持した。

エ　乗降時の転倒等

駐車車両からの降車時の転倒等による受傷が「運行によって」にあたるだろうか(167)。

---

(165)　静岡地下田支判 S62.12.21（金商 804）は，後部座席ドアから降車しようとしたところ，シートベルトに足を引っ掛けて転倒して受傷した事案について，「たとえ右のシートベルトが加害車両の固有の装置であるといえるとしても，それをその目的にしたがって操作，使用したことに起因するものとは言い難く，本件事故は，原告が停車直後，加害車両の後部座席右側ドアから降車する際，自らの過失もあって，シートベルトに足をひっかけて転倒するという自動車の運行とは直接かかわりのない原因によって発生したものというほかはない」。「自賠法3条の「運行」とは（略）自動車としての定型的な危険性を随伴する使用方法で，自動車の固有装置を使用，操作することと解するべきであり，右の固有装置とは，走行そのもの，もしくは，走行と密接に関係のある装置には限られないが，走行による危険に匹敵する程度の危険を有する固有装置をいうものと解される。したがって，この観点からも，本件事故は，「運行によって」に該当しない。」として「運行」も否定している。

(166)　交民 29-6。一審は，いわば走行に至る一連の過程において発生していること，本件車両の固有装置の操作と一体のものであったことが認められることから，作業全体を通してみると本件車両の固有装置の用法，目的に従った操作の過程で生じた事故であると認められるとして運行起因性をみとめたが，原審（札幌高判 H4.11.26（交民 29-6））は，「本件事故は，（略）本件車両のバッテリーを通常予定された使用方法で使用を開始する以前に，本件車両のバッテリーとは別の本件予備バッテリーの起こした爆発事故であり，しかも，その原因は，専ら被控訴人が，本件予備バッテリーとリード線の接続部分の操作を誤ったことによるものである。とすれば，送電後は直ちに本件車両を運転する予定であっても本件事故は，本件車両を当該装置のその用法に従って用いることによって発生したものとはいえないし，少なくとも運行とは相当因果関係を欠くところである。」として請求を退けた。これも当該車両の危険とはいえないだろう。

タクシー降車後に転倒して受傷した事案について，大阪高判平成23年7月20日(168)は，人身傷害補償条項の「自動車の運行に起因する」を自賠法3条の「自動車の運行によって」と同義と解した上で，「運行に起因する」事故であるとした。これに対し，大阪地判令和4年11月16日(169)は，停止したバスから降車するため車内の段差を降りる際に，足を滑らせて転倒し受傷した事案について，運行起因性を否定した。また，大阪高判令和5年5月19日(170)も，軽四輪の運転席ドアを開けて降車す

---

(167)　植草桂子「「運行によって」（運行起因性）概念について」（交通法研究50号）。

(168)　判タ1384。「上記「自動車の運行に起因する」とは，自賠法3条の「自動車の運行によって」と同義であると解されるところ，（略）当該自動車に固有の装置の全部又は一部をその目的に従って操作している場合，自動車の「運行」に当たるといえる。そうすると，自動車が停車中であることをもって，直ちに自動車の運行に起因しないと判断するのは相当ではなく，自動車の駐停車中の事故であっても，その駐停車と事故との時間的・場所的近接性や，駐停車の目的，同乗者の有無及び状況等を総合的に勘案して，自動車の乗客が駐停車直後に遭遇した事故については，「自動車の運行に起因する事故」に該当する場合があると解するのが相当である。これを本件についてみるに，タクシーが目的地で乗客を降車させるため停車する場合，運転手が座席のドアを開け，乗客が全員降車し終わってドアを再び閉じるまでの間も，自動車の運行中であると解するのが相当であるところ，前記認定の事実に照らすと，控訴人はタクシーから降車直後で，しかも1歩か2歩程度歩いたところで本件事故に遭遇したことから，時間的に停車直後であったことはもちろんのこと，場所的にもタクシーの直近で本件事故が発生したといえる。そして，本件事故当時，同乗者である控訴人の妻が料金支払のため未だタクシー内にいて，後部座席のドアが開いたままになっていたことも併せ考慮すると，本件事故は自動車の運行に起因する事故であったと認めるのが相当である。」（上告審最決H24.7.10（判タ1384）は上告棄却・不受理）このような，駐停車や乗降に関する諸事情を総合的に勘案するという手法は，駐停車中の事故や荷積み・荷降ろし中の事故の運行起因性の判断において下級審裁判例でみられたが，S63最判はこのような手法を取らないことを明らかにしている（200頁）。判決が指摘するような事実だけで，当該転倒事故がH28最判のいう「車両の運行が本来的に有する危険が顕在化したもの」と評価することができるかについては疑問が呈されている。

(169)　交民55-6。バスが完全に停止した後に，バスの走行操作等による力が加わらない状態で転倒したこと，転倒の原因は通路が雨で濡れていたことによるものと推認でき，走行装置の操作により生じた力の影響とは認められないこと，停車した場所が傾斜するなど不安定な場所であったなどの事情も認められないこと等を理由に，事故は，バスの停車を含む一連の走行と時間的，場所的に近接しているものの，自動車に備えられた装置をその本来的用法に従って使用した結果，自動車の運行が有する固有の危険性が顕在化したとはいえないとして運行起因性を否定した。

(170)　自J2164（最決R5.11.17上告不受理）。請求側は前掲平成23年大阪高判を援用したが，「本件事故発生時にいまだ本件車両が運行中であると評価し得るとしても，本件事故が本件車両の運行に本来的に存する危険が顕在化したものということはできず，本件事故が本件車両の運行に起因するものと認めることはできない（最高裁（略）平成28年3月4日（略）参照）。」とした。

る際，地面の段差で足を捻って負傷したとする人傷保険金請求を，運行起因性を否定して退けた。

近年特に問題となっているのが，デイサービス送迎車等からの降車時の転倒事故である。最判平成28年3月4日[171]は，職員が降車時に踏み台を使用せず，骨粗鬆症のある被害者の手を引いて床ステップから地面に降ろしたところ，着地する際に大腿骨頚部骨折の傷害を負った事案につき，「本件車両の運行が本来的に有する危険が顕在化したもの」とはいえないから事故との相当因果関係を欠き，搭乗者傷害条項の「運行に起因する事故」にあたらないとした[172]。また，東京高判令和2年6月

---

(171)　判タ1424，百選，重要判例。搭乗者傷害保険の事案であるが，同保険の支払要件である「運行に起因する」は，自賠法3条の「運行によって」と同義と解されている（なお，「によって」は，加害者に損害賠償責任を負わせるべきか，自賠責保険料を原資として填補することが不適切ではないかという利益衡量に基づく規範的判断であるといえれば，人傷や搭傷等の傷害保険の「運行に起因する」については，より広く因果関係を認めてよいのではないかという疑問を感じる。）。原審は，介護職員が注意義務を怠ったことにより発生したものであって「本件車両の危険が顕在化して発生したものとはいえない。したがって，本件車両の運行と本件事故との間に相当因果関係は認められない。」としたが，最高裁は，「本件事故は，Aが本件センターの職員の介助により本件車両から降車した際に生じたものであるところ，本件において，上記職員が降車場所として危険な場所に本件車両を停車したといった事情はない。また，Aが本件車両から降車する際は，上記のとおり，通常踏み台を置いて安全に着地するように本件センターの職員がAを介助し，その踏み台を使用させる方法をとっていたが，今回も本件センターの職員による介助を受けて降車しており，本件車両の危険が現実化しないような一般的な措置がされており，その結果，Aが着地の際につまずいて転倒したり，足をくじいたり，足腰に想定外の強い衝撃を受けるなどの出来事はなかった。そうすると，本件事故は，本件車両の運行が本来的に有する危険が顕在化したものであるということはできないので，本件事故が本件車両の運行に起因するものとはいえない。なお，本件においては，（略）Aの年齢及び身体の状況に鑑みて本件車両から降車する際に使用されることを常としていた踏み台が使用されていないといった事情が認められるが，Aの降車の際には本件センターの職員の介助のみでなく，踏み台を使用することが安全な着地のために必要であり，上記職員がその点を予見すべき状況にあったといえる場合には，本件センターに対する安全配慮義務違反を理由とする損害賠償請求等の可否が問題となる余地が生ずるが，このことは，本件における運行起因性の有無とは別途検討されるべき事柄である。」とした（支払側は，第三者が関わる場合は因果関係は認められないと主張していた。）。最高裁は区別していないが，「運行」については，乗降口及びステップを「当該装置」と解して，または停車前後の走行との連続性から肯定できるとすれば，「によって」の問題であると言える。重要判例308頁〜309頁は，（S63最判を前提にすれば）駐停車や乗降に関する諸事情を総合的に判断する必要はなく，降車行為そのものを「運行」状態と解してよいとする。

(172)　人（施設職員）の問題であって車の問題ではないということであるが，福祉車両やデイサー

18日[173]は，デイサービスの送迎車からの転落事故について，事故の主な原因は職員が被害者から目を離したことにあり，その危険性が自動車の所有等が本来的に有する危険性を明らかに凌駕している等として，介護事業者向け賠償責任保険で免責となる「自動車の所有，使用又は管理に起因」する事故とはいえないとした。

乗降サポート装置付きの福祉車両からの降車時の転倒事故については，

ビスの送迎に用いられている車両の場合は，使用目的も考えて運行起因性を判断してもよいのではないかという指摘もある（軌跡と展開38頁～39頁）。後掲伊藤202頁は，着地の衝撃を緩和するためには，通常使用されていたという踏み台が必要だったのであり，職員の介助行為によって自動車固有の危険が減少ないし消滅したとして運行起因性を否定することはできないのではないかとしている。運行起因性の判断に被害者の属性（本件被害者は身長115cmで円背・骨粗鬆症を持つ83歳女性）を考慮できるかという問題については，前掲重要判例，伊藤雄司「降車時の受傷における搭乗者傷害保険金支払義務」（損害保険研究79-1），嘉村雄司「自動車降車時の受傷と搭乗者傷害特約における運行起因性―最判平成28年3月4日金商1489号18頁―」（島大法学61-3/4）を参照のこと。

(173)　WL2020WLJPC06186014。介護施設のデイサービス送迎用軽自動車の後部スライドドアから，運転者が被害者を降ろそうとしたが，被害者が降りようとしなかったため，後ろのドアを開けて車椅子を取り出そうとしているときに，被害者が座席から転落して受傷し，その後死亡した。裁判所は，本件事故は介護事業者向賠償責任保険で免責となる「自動車の所有，使用又は管理に起因」する賠償責任に該当しないとして，事業者からの保険金請求を認容した。「本件免責条項は，介護保険事業者が業務の遂行に起因する対人・対物事故について，他人に対して損害賠償責任を負担している場合であっても，これが「自動車の所有，使用又は管理に起因する」損害賠償責任であるときは保険金を支払わないとするものであって，このような重大な効果をもたらすものであることに鑑みると，本件免責条項に該当するためには，事故発生の主たる原因が，自動車の所有，使用又は管理が本来的に有する危険が顕在化したことにあることを要すると解すべきである。」「本件車両の停止位置，構造，具体的な事故発生状況等に照らせば，本件事故でCが転落したのは停止中の本件車両からであるものの，階段やベッド等からの転落事故と本質的には何ら異なるものではなく，Cから目を離したことの危険性が，自動車の使用等に関連する危険性を明らかに凌駕しているというべきである。」「本件事故が別件自動車保険の支払要件に該当するか否かにかかわらず，本件事故の主たる原因が本件車両の使用等にあるとはいえない以上，本件免責条項の適用は認められないと解するのが相当である。」分野調整のための免責規定であるが，被保険者保護のために「所有・使用・管理」を広く認める考え方をそのまま免責事由の解釈に持ち込み，自動車事故だから払わないということになれば，介護事業者の施設賠責保険の意義が減殺されるし，十分な施設賠責保険に加入していない事業者も少なくない現実を考えると妥当な判断だろう。なお，この事案についての保険会社の求償訴訟において，東京地判R4.11.30（73頁）は，自動車保険の「所有・使用・管理」にはあたるとして，介護保険の保険会社から自動車保険の保険会社への負担部分（1/2）の請求を認容した。本件事故は自動車事故というより介護事故という側面が強いようにも思えるが，平成28年最判が述べるように，施設の安全配慮義務違反の有無と運行起因性の有無は別途検討されるべき問題である。

事故はリフトの不適切な使用によるもので，本件車両の運行が本来的に有する危険が顕在化したものとはいえないとして人身傷害保険等の運行起因性を否定した福岡高判令和３年７月７日[174]がある。車の危険というより装置の不適切な使用という人的要因が大きいという判断であるが，福祉車両の持つ本来的危険の顕在化であると考えることも可能ではないかと思う[175]。

横断歩道を跨いで停車したバスから降車し，バス後方から道路を横断しようとした被害者が，対向車線を走行してきた車両に轢過された事案につき，バスの運行起因性を認めた裁判例がある[176]。

(174)　判例集未登載。交通法研究50　164頁，到達点271頁，北河89頁。人身傷害保険及び搭乗者傷害保険の保険金請求事件。被害者は車いす使用者ではなく，車いす使用者がリフトを使って降車する状況を確認するために，リフトを降ろしてリフト上の車椅子に座り，自ら操作してリフトから降りるために車椅子を後退させたところ，車椅子ごと後方に転倒して負傷した。「被保険車両は，車両後部に車いすを積載することができる福祉車両であり，被保険車両の運転者は車いす乗車者と別の者であること，リフト操作の手順には（略）車いす乗車者以外の者が行う必要のある操作が含まれることが認められる。そうすると，車いす乗車者が，被保険車両から降下させたリフトから車いすを降ろす操作をする際にも，車両の運転者など，車いす乗車者以外の者が必ずその場に存在し，この者が，車いす乗車者がリフトから降りる際の介助者となることが可能であり，かつ，そのような介助を行うことが想定されている」「したがって，Xが，介助者なしに自らの操作のみでリフトから本件車いすを後退させ，本件車いすをリフトから降ろそうとしたことが，被保険車両において想定されているものとは異なる操作であったということができる。」そうすると「本件事故は，被保険車両の運行が本来的に有する危険が顕在化したものということはでき（ない）」。

(175)　乗降装置は福祉車両の固有装置であると言えるだろうが，固有装置の使用方法を誤ったから「によって」を満たさないとはいえないはずである。本件車両で介助者の存在が想定されているのは，介助者がいなければこのような事故が発生する危険があるためであるから，本件は車両の有する本来的危険が顕在化したと評価できるから運行起因性は肯定できる（介護者の不存在という被保険者の過失は人傷保険では重過失免責で検討することになる。）のではないだろうか（交通法研究50　173頁）。

(176)　横浜地判R5.1.17（交民56-1）。「本件事故は，横断歩道を跨ぐ形で停車するという本件バス停における被告バスの停車行為が本来的に有する危険が顕在化したものと認めるのが相当であって，本件事故は，被告バスの運行に起因するものと認められる。」被告（運転手）による注意喚起が容易であったとして３条但書免責も認めなかった。轢過車との共同不法行為を認め，加害者間の内部的過失割合は轢過車90%，バス10%とした（本件は轢過車の対人社からバスを運営する市に対する求償金請求事件）。

6　他人

(1)「他人」とは

ア　意義

運行供用者責任は，運行供用者が「他人の生命又は身体を害したとき」に発生する。「他人」は，責任主体である運行供用者に損害賠償を請求できる被害者であり，保護の客体である。

判例は，「他人」とは運行供用者及び運転者（運転者は運転補助者を含む。運転者も自賠責保険の被保険者である。）以外の者をいうとしている（最判昭和37年12月14日[177]）。

その帰結として，最判昭和42年9月29日[178]は，酩酊して助手席に乗り込んだ知人につき，同昭和47年5月30日[179]（「妻は他人」判決）は夫所有・運転車の助手席に同乗した妻につき，いずれも「他人」性を肯定した。また，最判平成6年11月22日[180]は，A所有車をその子B

---

(177)　判時327。「原審が，自動車損害賠償保障法3条本文にいわゆる「他人」のうちには当該事故自動車の運転者は含まれず，その関係で，右の「他人」と民法715条1項本文にいわゆる「第三者」とは範囲を同じくするものではないとした判断の過程には，所論の理由齟齬，不備の違法は認められず，またその判断は当裁判所もこれを正当として是認する。」立法過程においても，運転者は労災保険で救済されるので自賠責保険の適用はないと説明されていた。

(178)　判時497，判タ211。

(179)　判時667，判タ278，交通百選。「按ずるに自賠法3条は，自己のため自動車を運行の用に供する者（以下，運行供用者という。）および運転者以外の者を他人といっているのであつて，被害者が運行供用者の配偶者等であるからといって，そのことだけで，かかる被害者が右にいう他人に当らないと解すべき論拠はなく，具体的な事実関係のもとにおいて，かかる被害者が他人に当るかどうかを判断すべきである。（略）被上告人は訴外（A）の妻で生活を共にしているものであるが，本件自動車は，Aが，自己の通勤等に使用するためその名をもつて購入し，ガソリン代，修理費等の維持費もすべて負担し，運転ももっぱらAがこれにあたり，被上告人個人の用事のために使用したことはなく，被上告人がドライブ等のために本件自動車に同乗することもまれであり，本件事故当時被上告人は運転免許を未だ取得しておらず，また，事故当日Aが本件自動車を運転し，被上告人が左側助手席に同乗していたが，被上告人は，Aの運転を補助するための行為を命ぜられたこともなく，また，そのような行為をしたこともなかった，というのである。（略）被上告人は，本件事故当時，本件自動車の運行に関し，自賠法3条にいう運行供用者・運転者もしくは運転補助者といえず，同条にいう他人に該当するものと解するのが相当であ（る）」

(180)　判時1515，判タ867，交通百選。「右事実関係によれば，Bは，CがAから本件自動車を借り受けるについて口添えをしたにすぎず，Cと共同で本件自動車を借り受けたものとはいえない

の友人Cが借り受けて運転中，同乗していたBがCの過失で死亡した事案において，Bの他人性を認めた。

これに対し，最判昭和57年4月27日（219頁）[181]は，AとBが各自の車両を操作してB車の荷台にA車を積み込む際にA車が転倒してAが死亡した事案で，AはB車の運転補助者にあたる可能性があるので「他人」にあたるとは断じえないとしている。

イ　運行供用者等との関係

このように，「他人」とは運行供用者及び運転者以外の者とされている。確かに，運行供用者は責任を負う主体，運転者は事故を起こした主体だから，いずれも保護の客体である「他人」とは対立する概念だと言える。

しかし，前に見たように，運行概念は，被害者保護の観点から拡張されており，運行供用者概念も規範的に判断されるようになっている。そのために，「他人」として救済される被害者の範囲がかえって狭められることにならないだろうか。運行供用者や運転者の中に他人として保護すべき者がいるのではないかが問題となる（7で検討する）。

(2)　検討

他人性が争われる事案も少ないが，争われる場合は，後述する他人性に関する判例法理を踏まえ，当該事案において被害者を「他人」として保護すべきであること（被害者を「他人」として運行供用者責任を認めることが信義に反する結果とはならないこと[182]）を主張すべきである。

のみならず，Cより年少であって，Cに対して従属的な立場にあり，当時17歳で普通免許取得資格がなく，本件自動車を運転したこともなかったものであるから，本件自動車の運行を支配・管理することができる地位になく，自動車損害賠償保障法3条に規定する運行供用者とはいえず，同条にいう「他人」に当たるものと解するのが相当である。」

(181)　判時1046，判タ471，要約10。

(182)　大系2　58頁，60頁は，これまで他人性が否定された状況は「信義則違背」の事例ではないかと指摘し，「理論的には，責任追及される運行供用者以外の人間は，自賠法3条の損害賠償請求権を行使できる「他人」だとした上で，最高裁の示した，責任否定類型（注：「信義則違背事例」）を念頭に置きながら，運行供用者が他の運行供用者の責任を追及をすることが，許しがたい信義則違背とまで言えるのか，深い配慮を加えつつ，信義則違背のパターンを集積して判断準則

7　他人性が問題となる場合

(1)　共同運行供用者

ア　問題の所在

判例上「他人」とは，運行供用者及び運転者（運転補助者を含む）以外の者を指すとされているから，「運行供用者」と「他人」は本来相容れない概念である。

では，運行供用者と評価される者が複数いることがある（共同運行供用者）が，そのうちの一人が被害者となった場合はどうだろうか。被害者は「他人」として他の運行供用者の運行供用者責任を追及できる（自賠責保険から支払を受けられる(183)）のか。それとも，運行供用者である以上「他人」にはあたらず，運行供用者責任を問えないのか。

判例は，共同運行供用者だからといって当然に他人性を否定することはせず，各共同運行供用者の運行支配の程度を比較して結論を導いている。以下，責任を問われる共同運行供用者が，車内の運行供用者（被害者）と同乗していなかったケース（非同乗型），同乗していたケース（同乗型）に分けて判例の考え方を確認し，それを踏まえて両者が複合したケース（混合型）について検討する。

イ　非同乗型

責任を問われる運行供用者（下記の事案ではA）が，車内の運行供用者（被害者。同じくB）と同乗していなかった場合である。

最判昭和50年11月4日（代々木事件）(184)は，A会社の取締役である

化を図るべきであろう。」としている。

(183)　他の運行供用者が保有者で，被害者が「他人」にあたれば，その車の自賠責保険から填補を受けられることになる。

(184)　判時796，判タ330，要約7，交通百選。「Bは被上告会社の業務終了後の深夜に本件自動車を業務とは無関係の私用のためみずからが運転者となりこれにCを同乗させて数時間にわたって運転したのであり，本件事故当時の運転者はCであるが，この点も，Bが被上告会社の従業員であるCに運転を命じたという関係ではなく，Bみずからが運転中に接触事故を起こしたために，たまたま運転を交代したというにすぎない，というのであって，この事実よりすれば，Bは，本件事故当時，本件自動車の運行をみずから支配し，これを私用に供しつつ利益をも享受していたものといわざるをえない。もつとも，（略）Bによる本件自動車の運行は，必ずしも，その所有者

Bが従業員Cの運転するA所有車に同乗中（BがCを同乗させて無断で乗り出したが，途中で接触事故を起こしてCが運転を交代した），Cがガードレールに衝突する事故を起こしてBが受傷したため，A社はBに対して損害賠償金を支払い，任意社に保険金を請求した，という事案について，Aによる運行支配が間接的，潜在的，抽象的であるのに対し，Bによるそれははるかに直接的，顕在的，具体的であるから，BはAに対して「他人」であることを主張できないと判示した。

運行支配の比較という判例の手法は，泥棒運転の場合で，保有者の運行供用者性が例外的に肯定される場合（169頁）にも妥当する。窃取された車に同乗していた共同運行供用者である被害者が，保有者に対する関係で「他人」にあたるかどうかについて，最判昭和57年4月2日[185]は，窃取された所有者による運行支配に比べ，運行支配がはるかに直接的，顕在的，具体的であるとして否定した。

ウ　同乗型

責任を問われる運行供用者（下記の事案ではA）が，車内の運行供用者（被害者。同じくB）と同乗していた場合である。

最判昭和57年11月26日（青砥事件）[186]は，Bがその所有車に友人ら

たる被上告会社による運行支配を全面的に排除してされたと解し難いことは，原判決の説示するとおりであるが，そうであるからといって，Bの運行供用者たる地位が否定される理由はなく，かえって，被上告会社による運行支配が間接的，潜在的，抽象的であるのに対し，Bによるそれは，はるかに直接的，顕在的，具体的であるとさえ解されるのである。それゆえ，本件事故の被害者であるBは，他面，本件事故当時において本件自動車を自己のために運行の用に供していた者であり，被害者が加害自動車の運行供用者又は運転者以外の者であるが故に「他人」にあたるとされた当裁判所の前記判例の場合とは事案を異にするうえ，原判示のとおり被上告会社もまたその運行供用者であるというべきものとしても，その具体的運行に対する支配の程度態様において被害者たるBのそれが直接的，顕在的，具体的である本件においては，Bは被上告会社に対し自賠法3条の「他人」であることを主張することは許されないというべきである。」

(185)　判時1042，判タ470，交通百選。「本件事故当時の訴外A自動車株式会社による本件普通乗用自動車の運行支配が間接的，潜在的，抽象的であるのに対して，訴外亡B及び訴外Cは共同運行供用者であり，しかも右両名による運行支配は，はるかに直接的，顕在的，具体的であるから，訴外亡Bは自動車損害賠償保障法3条にいう「他人」であることを主張しえないとしたうえ，同人が右「他人」である旨の主張を前提とする同法16条の規定に基づく本訴請求を棄却した原審の判断は，正当として是認することができる。」

(186)　判時1061，判タ485，要約8，交通百選。「本件事故当時Bは友人らの帰宅のために本件自

を乗せてスナックに行き，ともに飲酒した後に店を出て，友人らを最寄り駅まで送ろうとしたところ，友人Aから駅まで運転させてほしいと強く求められ，しぶしぶキーを渡して自分は後部座席に乗ったところ，Aは運転中にガードレールに激突する事故を起こし，Bが死亡したため，Bの両親は，Aに対して損害賠償を求めるとともに自賠社に対して16条請求した事案である。最高裁は，Bは事故防止に中心的な責任を負う所有者として同乗していたのであって，いつでもAに対し運転の交替を命じ，あるいはその運転について具体的に指示できる立場にあったから，AがBの運行支配に服さず同人の指示を守らなかった等の特段の事情(187)がない限り，本件自動車の具体的運行に対するBの支配の程度は，運転していたAに優るとも劣らなかったものというべきである，したがって，BはAに対する関係において「他人」にあたらないと判示した。

では，保有者が運転代行を頼んだ場合はどうだろうか。運転代行業者が運行供用者にあたることは当然だが（177頁），運転代行を依頼して同乗している者が「他人」と認められれば，運転していた代行業者の従業員が運転を誤って事故を起こし，同乗中の依頼者が死傷した場合に代行業者の運行供用者責任を追及できることになる。

最判平成9年10月31日(188)は，会社所有車を貸与され私用に使うこ

動車を提供していたというのであるから，その間にあってAが友人らの一部の者と下宿先に行き飲み直そうと考えていたとしても，それはBの本件自動車の運行目的と矛盾するものではなく，Bは，Aとともに本件自動車の運行による利益を享受し，これを支配していたものであって，単に便乗していたものではないと解するのが相当であり，また，Bがある程度A自身の判断で運行することをも許したとしても，Bは事故の防止につき中心的な責任を負う所有者として同乗していたのであって，同人はいつでもAに対し運転の交替を命じ，あるいは，その運転につき具体的に指示することができる立場にあったのであるから，AがBの運行支配に服さず同人の指示を守らなかった等の特段の事情がある場合は格別，そうでない限り，本件自動車の具体的運行に対するBの支配の程度は，運転していたAのそれに比し優るとも劣らなかったものというべきであって，かかる運行支配を有するBはその運行支配に服すべき立場にあるAに対する関係において同法3条本文の他人にあたるということはできないものといわなければならない。」

(187)　学説はそのほかの「特段の事情」として，所有者が病人として自己所有車で搬送される場合，所有者が脅迫されて車を運転者に貸与しつつ同乗する場合等をあげる。

(188)　判時1623，判タ959，要約9，交通百選（運転代行事件）。「(P代行が保有者にあたるとし

とも許されていた被害者Bが，退勤後スナックで飲酒して運転代行業者Aに自宅までの運転代行を依頼し，Aの運転者CがBを助手席に同乗させB車を運転してB宅に向かう途中，事故を起こしてBが負傷したため，Bが自賠社に16条請求した事案である。最高裁は，青砥事件判決の一般論を述べた上で，正当な権限にもとづいて自動車を常時使用する者についても所有者の場合と同様に解するのが相当であり，BはAとの関係で「特段の事情」がない限り「他人」にあたらないが，本件においては自ら運転することによる交通事故の発生の危険を回避するために運転代行を依頼したものであり，Bの運行支配はAのそれに比べて間接的・補助的なものにとどまるとして，BはAに対する関係において「他人」にあたると判示した。

では，同乗型のうち，複数人が共同して所有者から車を借りた場合はどうだろうか。数人でレンタカーを割り勘で借りてドライブをする場合，全員が共同運行供用者になるのだろうか。また，共同運行供用者にあたれば当然に「他人」性を否定されるのだろうか(189)。

た上で）自動車の所有者は，第三者に自動車の運転をゆだねて同乗している場合であっても，事故防止につき中心的な責任を負う者として，右第三者に対して運転の交代を命じ，あるいは運転につき具体的に指示することができる立場にあるのであるから，特段の事情のない限り，右第三者に対する関係において，法3条の「他人」に当たらないと解すべきところ（最高裁（略）昭和（略）57年11月26日（略）参照），正当な権原に基づいて自動車を常時使用する者についても，所有者の場合と同様に解するのが相当である。そこで，本件について特段の事情の有無を検討するに，前記事実関係によれば，被上告人は，飲酒により安全に自動車を運転する能力，適性を欠くに至ったことから，自ら本件自動車を運転することによる交通事故の発生の危険を回避するために，運転代行業者であるP代行に本件自動車の運転代行を依頼したものであり，他方，P代行は，運転代行業務を引き受けることにより，被上告人に対して，本件自動車を安全に運行して目的地まで運送する義務を負ったものと認められる。このような両者の関係からすれば，本件事故当時においては，本件自動車の運行による事故の発生を防止する中心的な責任はP代行が負い，被上告人の運行支配はP代行のそれに比べて間接的，補助的なものにとどまっていたものというべきである。したがって，本件は前記特段の事情のある場合に該当し，被上告人は，P代行に対する関係において，法3条の「他人」に当たると解するのが相当である。」

(189)　大系2　55頁は，借用名義人と実際の運転予定者（場合によってはドライブの企画立案者）に限って共同運行供用者とし，それらの者の間で，借用名義人と事故時の運転行為者の他人性を否定し，他の者は他人として扱うべきであるとする。

エ　判例法理のまとめ(190)

共同運行供用者の他人性についての以上の判例法理は，次のようにまとめられる。

①　事故車両搭乗被害者が運行供用者であるときは，被害者は外部の運行供用者（非同乗型）の運行供用者責任を問えない（昭和50年最判）。

②　事故車両搭乗被害者が車両所有者または常時使用者であるときは，特段の事情がない限り，被害者は同乗中の他の運行供用者（同乗型）に運行供用者責任を問えない（昭和57年最判，平成9年最判）。

③　同乗型において，被害者が他の共同運行供用者の責任を問いうる特段の事情としては，運転中の運行供用者が所有者・常時使用者の指示を守らなかった場合（昭和57年最判で説示），飲酒のため運転代行業者に運転を依頼した場合（平成9年最判）等があげられる。

なお，特段の事情なしとして被害者の他人性が否定された場合でも，民法709条責任が認められることがある(191)。

オ　混合型

非同乗型と同乗型が混合したケースもある。被害者である運行供用者（下記の事案ではB）以外に責任を問われる運行供用者が複数おり，その一部（同じくA）は同乗しておらず他（C）は同乗していた場合である。

最判平成20年9月12日(192)は次のような事案である。父A所有の車

---

(190)　判例の判断手法については，大系2　51頁～60頁を参照されたい。

(191)　たとえば，山形地判H27.12.22（判時2288）は，酒気帯び運転による自損事故により死亡した同乗被害者について，特段の事情はないとして他人性を否定し自賠法3条責任を否定したが，709条責任は肯定した（過失相殺6割）。

(192)　判時2021，判タ1280，交通百選。「本件自動車は上告人（注：娘B）の父親であるAの所有するものであるが，上告人は実家に戻っているときにはAの会社の手伝いなどのために本件自動車を運転することをAから認められていたこと，上告人は，親しい関係にあったCから誘われて，午後10時ころ，実家から本件自動車を運転して同人を迎えに行き，電車やバスの運行が終了する翌日午前0時ころにそれぞれの自宅から離れた名古屋市内のバーに到着したこと，上告人は，本件自動車のキーをバーのカウンターの上に置いて，Cと共にカウンター席で飲酒を始め，そのうちに泥酔して寝込んでしまったこと，Cは，午前4時ころ，上告人を起こして帰宅しようとしたが，上告人が目を覚まさないため，本件自動車に上告人を運び込み，上記キーを使用して自宅に向けて本件自動車を運転したこと（以下，このCによる本件自動車の運行を「本件運行」という。），以上の事実が明らかである。そして，上告人による上記運行がAの意思に反するものであ

両を娘Bが運転して，友人Cと飲みに行き，泥酔して店内で寝込んでしまったため，C（無免許）がカウンター上に置かれたキーを使用してBを助手席に運びこんだ上で同車を運転して自宅に向かう途中に事故を起こしBが負傷したため，BはAを保有者として自賠社に16条請求した。原審は，Aには運行支配がないとしてその運行供用者性を否定した（Cの運行供用者性は1審で確定している。）。

最高裁は，バーまでの運転はAが容認していたと解され，飲酒したBが運転をCに委ねることも容認の範囲内と見られてもやむを得ない，Cと面識がなくその存在さえ認識していなくても，運行は容認の範囲内と見られてもやむを得ないとしてAは運行供用者であると判示した。「容認」を拡大している点が注目される。

差戻控訴審の名古屋高判平成21年3月19日(193)は，A，B，Cの運行供用者性を肯定した上で，BはAに対する関係でも（運行支配がより直接的，顕在的，具体的であるから），Cに対する関係でも（BはCが運転することを容認した上で泥酔して寝込んでおり具体的運行に対する支配の程度

ったというような事情は何らうかがわれない。これらの事実によれば，上告人は，Aから本件自動車を運転することを認められていたところ，深夜，その実家から名古屋市内のバーまで本件自動車を運転したものであるから，その運行はAの容認するところであったと解することができ，また，上告人による上記運行の後，飲酒した上告人が友人等に本件自動車の運転をゆだねることも，その容認の範囲内にあったと見られてもやむを得ないというべきである。そして，上告人は，電車やバスが運行されていない時間帯に，本件自動車のキーをバーのカウンターの上に置いて泥酔したというのであるから，Cが帰宅するために，あるいは上告人を自宅に送り届けるために上記キーを使用して本件自動車を運転することについて，上告人の容認があったというべきである。そうすると，AはCと面識がなく，Cという人物の存在すら認識していなかったとしても，本件運行は，Aの容認の範囲内にあったと見られてもやむを得ないというべきであり，Aは，客観的外形的に見て，本件運行について，運行供用者に当たると解するのが相当である。」「上告人がBに対する関係において法3条にいう「他人」に当たるといえるかどうか等について更に審理を尽くさせるため，本件を原審に差し戻すこととする。」各審の判断をまとめると以下のとおり。1審：Cに対する関係では，Bの他人性は認めたがCの保有者性を否定し，Aに対する関係では，Aの保有者性・Bの他人性を認めて16条請求を肯定した。控訴審：Cに対する関係では1審と同様，Aに対する関係では，Aの保有者性を否定し，16条請求を認めなかった。上告審：Aに対する関係でAの保有者性を認めた。差戻控訴審：Cに対する関係では，Cの保有者性を認めたがBの他人性を否定し，Aに対する関係でもBの他人性を否定し，16条請求を認めなかった。

(193)　交民41-5。

はCに優るとも劣らないし，Bの容認下の運行なので特段の事情もないから）他人にあたらないと判示した。同乗している共同運行供用者Cとの関係では同乗型の判断基準（エの②③）を，同乗していない共同運行供用者Aとの関係では非同乗型の判断基準（同①）を用いていると考えられる。

(2)　運転者

ア　「運転者」と「他人」

「運転者」とは，「他人のために自動車の運転又は運転の補助に従事する者」をいう（自賠法2条4項)。自賠責保険で保護される「他人」とは，運行供用者と運転者以外の者をいうとされているから，運転者も「他人」から除かれ，自賠責保険で保護されないことになる。

イ　運転者の地位の離脱

もっとも，運転者であっても，一時的にその地位を離脱しており「他人」にあたるとされることがある。

長距離トラックの運転手が事故当時に交替運転手に運転を委ねて仮眠中の場合等が問題となるが，事故時に直接運転に従事していなかったからといって直ちに運転者の地位からの離脱が認められるわけではない。

仮眠中の運転者（共同運行供用者）について他人性を認めた例として名古屋地判昭和51年12月13日[194]，交替運転が厳禁されているにもか

---

(194)　交民9-6。A会社名義の車両につき，実質的にその代金を支払うなどして共同運行供用者と認められる者が，長距離輸送中，交代運転手に運転を任せて仮眠中に事故に遭遇した事案。「以上の事実を総合すると被告Aも本件加害車両に対し運行支配，運行利益を有していることは明らかであり，原告とともに共同運行供用者であると言うことができ，その運行供用者性の強さは車両に対する支配力の強さ，利益の帰属等を総合判断すると原告が6割，被告Aが4割と解するのが相当である。ところで共同運行供用者の一方が当該自動車で，しかも運転中以外に事故に遭遇した場合には，他方の共同運行供用者に対する関係では相対的に他人性を有すると解することは何等運行供用者の概念に背反するものではなく，単に過失相殺の法理の準用ないしは公平の見地からして権利行使の範囲が自己の運行供用者性の強さに応じて自己負担分が生じ，その部分につき減殺されるにすぎないと解すべきである。原告は本件事故の際長距離輸送中交代運転手にまかせて仮眠中であったのであるから，運転者であると言うことはできず，また前記各認定のとおり本件事故は車両の欠陥によって生じたものではなく，さらに訴外B（加害車両運転者）の無過失も

かわらず助手に運転させた正運転手について運転者にあたり他人にあたらないとした例として最判昭和44年3月28日[195]がある。

(3) 運転補助者

運転補助者とは，車掌や運転助手のように「他人のために自動車の……運転の補助に従事する者」をいう（自賠法2条4項）。

判例は，他人性が否定される「運転者」は運転補助者を含むとするうえ，前述のように運行概念を拡張している。このことによって「他人」として保護される者の範囲が狭くなってしまわないだろうか。

運転補助行為をしていた者を被害者として保護する方法として，運転補助者にあたらないとして他人性を肯定する方法と，運転補助者にあたるとした上で他人性を肯定する方法が考えられる。

裁判例は前者の考え方による傾向があるようだ。たとえば最判平成11年7月16日[196]は，クレーン車玉掛け作業を任意で手伝っていた（ク

立証されていないので，結局被告Aは自賠法3条により自己に運行供用者性が認められる範囲内で原告に対しその損害を賠償する義務を負うものである。」として，4割の限度で損害賠償請求を認めた。責任の範囲は好意同乗減額の問題にも関わる（599頁参照）。

(195)　判時555，判タ234。「Aは正運転手として事故車を自ら運転すべき職責を有し，Bに運転させることを厳に禁止されていたのにかかわらず，右禁止の業務命令に反してBに事故車を運転させたものであり，その際Aは助手席に乗っていたものであること，Bは本件事故発生の10日前被上告会社に入社し高松から大阪に転入してきたもので，大阪の地理を知らず，そのため正運転者の運転する車に助手として乗りこまされていたものであり，そして，同人は事故車のような三輪自動車をそれまで運転したことがなく，本件事故当日Aから運転をすすめられたが，いったん断わり，更にすすめられたため事故発生の数分前から運転席についたばかりで，地理が分らないまま助手席のAの指図どおり運転していたこと（略）このような事実関係のもとにおいても，Aは，事故当時本件事故車の運転者であったと解すべきであり，自動車損害賠償保障法3条所定の他人および民法715条1項所定の第三者にあたらないと解した原判決の判断は相当である。」

(196)　判時1687，判タ1011，要約11，交通百選。「本件トラックにより本件工事現場へ運搬された鋼管くいは現場車上渡しとする約定であり，本件トラックの運転者Aは，Bが行う荷降ろし作業について，指示や監視をすべき立場になかったことはもちろん，右作業を手伝う義務を負う立場にもなかった。また，鋼管くいが落下した原因は，前記のとおり，鋼管くいを安全につり上げるのには不適切な短いワイヤーロープを使用した上，本件クレーンの補巻フックにシャックルを付けずにワイヤーロープを装着したことにあるところ，これらはすべてBが自らの判断により行ったものであって，Aは，Bが右のとおりワイヤーロープを装着した後に，好意から玉掛け作業を手伝い，フックとシャックルをワイヤーロープの両端に取り付け，鋼管くいの一端にワイヤー

レーンはクレーン車の固有装置であり，被害者は固有装置の操作を補助していたと言える。）被害者について，運転補助者にあたらないとして他人性を肯定した。

他方，前掲最判昭和57年4月27日(197)は，運転補助者は他人に含まれないことを前提として，運転者との共同作業者について運転補助者にあたる疑いがあるとした。

なお，他人性が否定されても709条責任や715条責任を問える場合がある。

8　免責

(1)　3条但書免責

> 自賠法3条
> 「……ただし，自己及び運転者が自動車の運行に関し注意を怠らなかったこと，被害者又は運転者以外の第三者に故意又は過失があったこと並びに自動車に構造上の欠陥又は機能の障害がなかったことを証明したときは，この限りでない。」

ロープの下端のフックを引っ掛けて玉掛けをするという作業をしたにすぎず，Aの右作業が鋼管くい落下の原因となっているものではない。そうすると，Aは，本件クレーン車の運転補助者には該当せず，自賠法3条本文にいう「他人」に含まれると解するのが相当である。」ここで判断の根拠とされた，①業務として玉掛け作業を行う立場ではなかったこと，②その行為が事故の原因とはなっていないこと，の二点は，その後の下級審裁判例でも，玉掛け作業中の被害者の他人性の判断において検討されている（要約28頁〜29頁）。

(197)　判時1046，判タ471，要約10。「右事実関係のもとでは，Aは，Bに全面的に服従する関係になく自己の判断でBの提案に同調したものとはいえ，先任者，年長者であり，経験者でもあるBの具体的指示に従ってダンプカーを操作したものであり，Bは，Aといわば共同一体的にダンプカーの運行に関与した者として，少なくとも運転補助者の役割を果たしたものと認められる事情が多分にうかがわれる。そして，自動車損害賠償保障法3条本文にいう「他人」のうちには，当該自動車の運転者及び運転補助者は含まれないと解すべきであるから，本件においても前記事実によれば，BはAのダンプカーの運行について他人に当たらないと解される余地がある。ところが，原審は，（略）単にBとAとが命令服従関係にないことをもってAのダンプカーに対するBの他人性を肯認したうえ，右ダンプカーの運行供用者であるC（注：ABの使用者）に同条に基づく責任を認めたのであるから，右の点で，原判決は，法令の解釈，適用を誤り，ひいては審理不尽，理由不備の違法を犯したものといわざるをえない。」

運行供用者責任は無過失責任に近い責任であると言われるが，①運行供用者及び運転者が自動車の運行に関して注意を怠らなかったこと，②被害者または運転者以外の第三者に故意または過失があったこと，③自動車に構造上の欠陥または機能の障害がなかったこと，という三要件が立証されれば，加害者の運行供用者責任が免除される(198)。加害者の運行供用者責任の有無に関わらず自賠社が支払責任を負わない「無責」(68頁）と混同しないこと。

もっとも，運行供用者が免責三要件のすべてを積極的に主張・立証しなければならないわけではなく，事故と因果関係のない要件については，因果関係がないことを主張・立証すれば足りる（最判昭和45年1月22日(199)）。

上記①の例としては，警察車両の転回行為について過失があるとして免責を否定した最判昭和46年11月19日(200)等がある。①には運転者の選任監督義務や点検整備義務を含む。②は被害者側の過失を含む。③については，現在の裁判例の傾向をみると，もともと欠陥車であることを主張立証しても責任を免れず（たとえば東京高判昭和48年5月30日(201)），

---

(198)　立証責任の所在等により，3条責任は肯定されるが709条責任は否定されることもあり得る。たとえば，名古屋地判R3.10.15（自J2110）は，事故態様（いずれが先行していたか）の認定が困難であることから，加害車運転者が無過失とは認められない等として3条責任は肯定したが，原告らは被害自転車が先行していたとの事故態様の証明ができないことから709条責任は否定した。

(199)　判時585，判タ244。「自己のため自動車を運行の用に供する者が，その運行によって他人の生命または身体を害し，よって損害を生じた場合でも，右運行供用者において，法3条但書所定の免責要件事実を主張立証したときは，損害賠償の責を免れるのであるが，しかし，右要件事実のうちある要件事実の存否が，当該事故発生と関係のない場合においても，なおかつ，該要件事実を主張立証しなければ免責されないとまで解する必要はなく，このような場合，運行供用者は，右要件事実の存否は当該事故と関係がない旨を主張立証すれば足り，つねに右但書所定の要件事実のすべてを主張立証する必要はないと解するのが相当である。」

(200)　判時649，判タ271，交通百選。本件事故を専らAの過失によるとした原判決を破棄し，原裁判所に差戻した。差戻控訴審は県の責任を認めたうえで2割過失相殺した。

(201)　判時707，交通百選。「同法条但書にいう右欠陥または障害とは，これが不可抗力によって生じたものまでも含むものでないことは当然であるが，反面，自動車の保有者または運転者の何らかの過失，例えば，その自動車の整備，点検上の誤った操作，見落し，定期または適時の専門資格者による整備点検を怠ったことその他の不注意に関係があることを問うものでもなく，その

およそ現在の工業技術の水準上検知不可能といえない限り免責は認められない。

3条但書免責が比較的認められやすい事故類型として，被害車両のセンターラインオーバー，信号無視，追突等があげられる。最判昭和45年5月22日(202)のように，被害者（車）の存在や動静が予見困難な場合にも免責が認められることがある。

(2)　責任能力

ア　運行供用者責任における適用

責任無能力者は損害賠償責任を負わないとする民法712条，713条は，運行供用者責任に適用されるだろうか。

責任無能力者の保護と交通事故被害者の保護をどう調整するかという問題であるが，被害者保護という政策目的から特別に立法された運行供用者責任について，責任能力のない者の保護は劣後すべきであるとして，適用を否定する説が有力である(203)。裁判例も民法の責任能力の規定は運行供用者責任においては適用されないとするものが多い(204)。

運行当時の自動車に関する機械工学上の知識と経験とによって，その発生の可能性が予め検知できないようなものを除く，自動車自体に内在していたものを意味するものというべきである。このような解釈は一見，自動車の運行供用者に酷に過ぎるようであるが，その責任原因は自動車の保有者または運転者の過失自体にはかかわりがなく（それらの者の整備，点検，操作等に過失がある場合は別である），むしろ，自動車の製造者または専門整備業者等にあることになるので，比較的担保力のあるそれらの者に対して求償でき，かつ，そのことはそれらの者に対する右事故による被害者からの賠償請求よりも容易であり，前記法条はこのようにして，右被害者を保護し，さらに自動車交通の健全な発達を期しているものというべきである。」

(202)　判時599。控訴棄却。酩酊した被害者が，見通しが悪く暗い場所で横断歩道外を横断し，横断後に再び2，3歩後退したところ加害車と衝突した事案で，免責を認めた。

(203)　潮見Ⅱ337頁等。

(204)　たとえば大阪地判H17.2.14（判時1917，判タ1187，要約4）は，「自賠法4条によれば，運行供用者の損害賠償責任については，同法3条の規定によるほか，民法の規定によるとしており，形式的に見れば，自賠法3条の運行供用者責任についても，民法713条本文の責任無能力を理由とする免責規定の適用があるものとも考えられる。しかしながら，例えば，民法723条などは自賠法4条で適用の余地がないように，形式的には民法の条文に該当するものの適用がない条文もあるところであるから，前記自賠法の趣旨に則り，民法のどの規定が適用されるのか否かを検討する必要がある。そして，自賠法3条但書は，自動車に構造上の欠陥又は機能の障害がなか

イ　持病による意識喪失

無自覚性低血糖，てんかん等の疾患による意識喪失中に起こした交通事故について，運転者本人やその家族等の責任が問題になることがある[(205)]。

東京地判平成25年3月7日[(206)]は，糖尿病による無自覚性低血糖によ

ったことを証明しなければ運行供用者は免責されないとしているところ，人の心神喪失も，車両の構造上の欠陥又は機能の障害と同様，車両圏内の要因・事情ということができるから，このような場合に運行供用者の免責を認めるのは相当でないというべきである。また，運行供用者が他人に運転を委ねている時に，その運転者が運転中に突然心神喪失状態になって事故を起こした場合は，同法3条により運行供用者は当然に運行供用者責任を負うと解されるのに対し，運行供用者が自ら自動車を運転中に突然心神喪失状態になって事故を起こした場合は，責任無能力を理由として運行供用者責任を免れることができるとすると，前記のような他人に運転を委ね，その者が責任無能力となった場合に責任を負わせることとの均衡が保てず，不合理であるというべきである。以上の自賠法3条の趣旨等に照らすと，自賠法3条の運行供用者責任については，民法713条は適用されないと解するのが相当である。」とした。後掲東京地判 H25.3.7 も同じ。

(205)　赤い本2014年下巻「運転者の疾患による責任能力と賠償義務」。てんかんの診断を受けてはいなかったが，事故前に意識喪失の発作を起こし2度入院していた被告が，意識喪失状態で起こした事故について709条責任を認めた例として最決 R4.6.30（自 J2135）がある。

(206)　判時2191，判タ1394，交通百選。糖尿病・無自覚性低血糖事件。「1　争点⑴（自賠法3条本文に基づく人的損害に係る損害賠償請求）について　被告は，自賠法4条は，民法713条を準用しているところ，被告は，本件事故当時には責任能力を欠いていたのであるから，自賠法3条本文に基づく損害賠償義務を負うものではない旨主張する。しかしながら，自賠法3条は，自動車の運行に伴う危険性等に鑑み，被害者の保護及び運行の利益を得る運行供用者との損害の公平な分担を図るため，自動車の運行によって人の生命又は身体が害された場合における損害賠償責任に関し，過失責任主義を修正して，運行を支配する運行供用者に対し，人的損害に係る損害賠償義務を負わせるなどして，民法709条の特則を定めたものであるから，このような同条の趣旨に照らすと，行為者の保護を目的とする民法713条は，自賠法3条の運行供用者責任には適用されないものと解するのが相当である。したがって，被告は，自賠法3条本文に基づき，本件事故による人的損害に係る損害賠償責任を免れない。2　争点⑵（民法709条に基づく物的損害に係る損害賠償請求）について」「被告は，インシュリン投与後や運動後には血糖値が下がることを知っていた上，最近では，頻繁に低血糖状態になり，実際に警告症状がないまま低血糖状態に陥ったこともあり，自動車の運転中に低血糖になったこともあったのであるから，自動車の運転などといった他人に危害を加えることにもなり得る危険な行動をする際には，血糖値を把握し，必要に応じて糖分補給をするなどして低血糖状態に陥ることを回避するように血糖値を管理する義務があるというべきところ，被告は，本件事故当日，夕食前に速効型インシュリンを自己注射し，スポーツクラブで運動をし，低血糖を招きやすい状況であったにもかかわらず，簡易に血糖値を測定する器機を持ち合わせながら血糖値を測定せず，糖分補給もしないまま，血糖値管理を怠って，一人で自動車の運転をして無自覚性低血糖による意識障害に陥ったものであるから，民法713条ただし書の過失があるものというべきである。したがって，被告は，民法709条に基づく物的損

る分別もうろう状態で起こした事故について，人損は民法713条の適用を排除して運行供用者責任を肯定し，物損は713条但書の過失を認めて不法行為責任を肯定した。これに対し，名古屋高判令和4年5月27日(207)は，運転者は心房細動による心原性脳梗塞を発症し一時的な責任無能力状態を招くことを予見できなかったとして，同但書の過失を否定した。

宇都宮地判平成25年4月24日(208)は，てんかん発作を起こして意識

害に係る損害賠償義務も免れない。」

(207)　判時2535。物損事案。原審は，タクシー運転手としての職業的知見や長年の喫煙習慣，生活習慣の乱れ，事故前日からの体調不良と言った事情から713条但書の適用を認めていた。

(208)　判時2193，判タ1391，交通百選。クレーン車てんかん発作事件。「ア　自動車の運転中にてんかんの発作により意識を喪失することは，歩行者等に自動車を衝突させ，その生命，身体及び財産に損害を加えるという重大な事故を惹起させる蓋然性が極めて高い。特に，被告Y_1による自動車の運転については，被告Y_1が処方された抗てんかん薬を一度でも処方どおりに服用しないとてんかんの発作を起こす可能性が高く，現に被告Y_1が高校を中退した（略）以降は処方された抗てんかん薬を処方どおりに服用していなかったときには必ずてんかんの発作を起こしていたというのであるから，処方された抗てんかん薬を処方どおりに服用していない状態での自動車の運転は，その運転中にてんかんの発作により意識を喪失する蓋然性が高く，ひいては，歩行者等の生命，身体及び財産に損害を加えるという重大な事故を惹起させる蓋然性が高いものといえる。被告Y_3は，本件事故当日の午前5時15分ころ，被告Y_1がその前夜に服用すべきであった抗てんかん薬を服用していないことを認識し，かつ，同日は被告Y_1の被告会社への出勤日であったことから，被告Y_1が自宅を出ることがすなわち自動車の運転に従事することになることを容易に認識することができた（略）のであるから，遅くとも被告Y_1が自宅を出た午前7時ころまでには，被告Y_1による自動車の運転行為により歩行者等の生命，身体及び財産に対する重大な事故が発生することを予見することができたといえる。」「ウ　被告Y_3は，本件事故当日の遅くとも午前7時ころまでには，被告Y_1がその前夜に服用すべきであった抗てんかん薬を服用していない状態で被告会社へ出勤しクレーン車等の運転に従事することになることを認識していたのであるから，被告会社に対して，被告Y_1がてんかんに罹患していること及び本件事故当日は抗てんかん薬を処方どおりに服用していないから特に発作を起こしやすい状態にあることを通報するなどしていれば，被告会社において，被告Y_1に対して事情を確認する等の措置を講ずることができ，少なくとも漫然と被告Y_1をクレーン車の運転に従事させることはなかったものと認められる。そして，被告Y_1が自宅を出た直後に被告Y_3が被告会社に通報することは容易であったことからすれば，被告Y_3がかかる措置を執っていれば本件事故の発生を回避することができたといえる。なお，被告Y_3と被告Y_1の体力差や，現に被告Y_3は過去に被告Y_1から暴力を受けたことがある（略）こと等にかんがみると，被告Y_3が被告Y_1に対して直接に被告会社への出勤をやめさせるべき法的義務を負っていたとまではいえない。エ　したがって，被告Y_3は，遅くとも被告Y_1が自宅を出た本件事故当日の午前7時ころまでには，前日の夜に抗てんかん薬を処方どおりに服用しなかった被告Y_1による自動車の運転行為により歩行者等の生命，身体及び財産に対する重大な事故が発生するこ

喪失し，通学中の児童の列にクレーン車を衝突させ，児童6人が死亡した事案である。裁判所は，運転者と使用者（両者が損害賠償責任を負うことについては争われていない。）のほか，運転者と同居し，運転者が抗てんかん薬を服用していない状態でクレーン車を運転することを認識していたにもかかわらず，勤務先に通報しなかった運転者の母親についても，予見可能性及び結果回避可能性を認めて民法709条責任を肯定した。

とを予見することができた一方で，被告会社に通報すれば被告会社において漫然と被告 Y_1 をクレーン車の運転に従事させることはなく，本件事故の発生を防止することができたものと認められ，被告 Y_1 が自宅を出た直後に被告 Y_3 が被告会社に通報することは容易であったことからすれば，被告 Y_3 が通報しなかったことには違法性が存するというべきである。」

第3節　共同不法行為

1　共同不法行為とは何か

(1)　民法719条の意義

ア　法の規定

共同不法行為に関する民法の規定は，719条があるだけである。

> 民法719条
> 　数人が共同の不法行為によって他人に損害を加えたときは，各自が連帯してその損害を賠償する責任を負う。共同行為者のうちいずれの者がその損害を加えたかを知ることができないときも，同様とする。
> 2　行為者を教唆した者及び幇助した者は，共同行為者とみなして，前項の規定を適用する。

1項前段は狭義の共同不法行為と呼ばれており，共同行為者は全部連帯責任を負うと解されている[209]。ここまではよいとして，それ以外の前段と後段の要件と効果について学説は多岐に分かれており，共同不法行為は不法行為法の最難関の感がある。

イ　伝統的な学説と近時の有力説[210]

我妻説，加藤（一郎）説に代表される伝統的な理解は，客観的関連共同性説と呼ばれている。1項前段の成立要件は，各行為が，独立に不法行為の要件を備えていること，各行為が客観的に関連共同していること（これが個別的因果関係の要件充足判断に際しての相当性の意味を緩和する。）

---

(209)　もっとも，1項後段及び2項も「同様とする」「前項の規定を適用する」と規定している。

(210)　判例通説の形成過程と議論の状況については，新美育文「共同不法行為論―原点回帰と新たな道のり―」（「不法行為研究②」（成文堂））等を参照されたい。

であり，その効果は共同不法行為者に連帯責任を課すことであると解する。

この伝統的学説は，各行為が独立に不法行為の要件を備えていれば，各行為者は民法709条によって責任を負い，解釈上それぞれの責任は（不真正）連帯債務となるから，719条1項前段を設けた意味がなくなると批判された。近時の多数説は，同項前段に独自の意味を持たせるべく，因果関係の存在の立証を緩和するものとして，各加害行為と損害との個別的因果関係は不要で，各加害行為に関連共同性があり，これを一体的に捉えた共同行為と損害との間に因果関係があれば足りるとしている[211]。

ウ　判例

判例は伝統的学説と同様の立場だと説明されてきたが，必ずしも明確ではない。最判昭和43年4月23日[212]は，「共同」を「共同行為者各自の行為が客観的に関連し共同して違法に損害を加えた」ことと解し，「各自が右違法な加害行為と相当因果関係にある損害について」責任を

(211)　潮見Ⅱ 132頁～133頁，平井宜雄「債権各論Ⅱ不法行為」（弘文堂）195頁～196頁等。その上で関連共同性のとらえ方をめぐって多岐に分かれている。LP244頁～245頁も参照。

(212)　判時519，判タ222。山王川事件。「共同行為者各自の行為が客観的に関連し共同して違法に損害を加えた場合において，各自の行為がそれぞれ独立に不法行為の要件を備えるときは，各自が右違法な加害行為と相当因果関係にある損害についてその賠償の責に任ずべきであり，この理は，本件のごとき流水汚染により惹起された損害の賠償についても，同様であると解するのが相当である。これを本件についていえば，原判示の本件工場廃水を山王川に放出した上告人は，右廃水放出により惹起された損害のうち，右廃水放出と相当因果関係の範囲内にある全損害について，その賠償の責に任ずべきである。ところで，（略）山王川には自然の湧水も流入し水がとだえたことはなく，昭和33年の旱害対策として多くの井戸が掘られたが，山王川の流域においてはその数が極めて少ないことが認められるから，上告人の放出した本件工場廃水がなくても山王川から灌漑用水をとることができなかったわけではないというのであり，また，山王川の流水が本件廃水のみならず所論の都市下水等によっても汚染されていたことは推測されるが，原判示の曝気槽設備のなかった昭和33年までは，山王川の流水により稀釈される直前の本件工場廃水は，右流水の約15倍の全窒素を含有していたと推測され，山王川の流水は右廃水のために水稲耕作の最大許容量をはるかに超過する窒素濃度を帯びていたというのである。そして，原審は，右の事実および原審認定の本件における事実関係のもとにおいては，本件工場廃水の山王川への放出がなければ，原判示の減収（損害）は発生しなかった筈であり，右減収の直接の原因は本件廃水の放出にあるとして，右廃水放出と損害発生との間に相当因果関係が存する旨判断しているのであって，（略）原審の右認定および判断は，これを是認することができる。」

負うとする。しかし，この判決については，各不法行為者が（寄与の割合に関わりなく）全部責任を負うには独立の不法行為の要件を満たすことが必要であることを判例として明らかにしたものとはいえないと指摘されている[213]。近時の下級審裁判例も，個別的因果関係が認められないことを理由に共同不法行為の成立を否定するものは見あたらない[214]。

エ　寄与度減責の理論

共同不法行為者が負う損害賠償債務は，不真正連帯債務[215]（債務者の一人について生じた事由が他の債務者に影響を及ぼさない連帯債務）と解されてきた。しかし，交通事故事件の増加や公害訴訟の提起をきっかけに，主観的関連共同性がある場合はよいとしても，そうでない場合は，わずかな関与しかしていない者に全額の賠償責任を負わせるのは酷ではないかという問題意識の下で，全部連帯責任を修正する様々な議論が起こった（一部連帯の理論）。その流れで提唱されたのが寄与度減責の理論である。

寄与度減責理論を採用するとしても，共同不法行為のすべての場合に寄与度を考慮して減責を認めれば共同不法行為制度は崩壊するので，採用場面が問題になる。

---

(213)　最判解 H15(下)415 頁。同 H13 上 251 頁も参照のこと。山王川事件は，共同不法行為の成否自体が争われた事案ではなく，工場排水と稲の損害の間に相当因果関係が認められる事案で，他の原因（都市下水等による汚染）を理由に相当因果関係を争う論旨を排斥した（他に不法行為者がいるからといって，行為と相当因果関係がある損害について賠償責任を免れるわけではない）ものである。709 条の単独の不法行為と考えた方がすっきりする。

(214)　LP246 頁。同書は，被害者側の因果関係立証の負担を考えると，各加害行為と損害との間の個別的因果関係の存在まで証明されたとはいえない場合でも，共同不法行為の成立を認める余地があるとしている。赤い本 2008 年下巻「交通事故訴訟における共同不法行為」（齊藤顕）も，「719 条前段における共同不法行為には，各行為と損害の発生との間に個別的因果関係が認められる類型と，関連共同性が認められる共同行為と損害の発生との間に因果関係が認められれば足りる類型があると解するのが相当ではないかと思われる。」としている。

(215)　近時の民法改正においては，絶対的効力事由が大幅に削減された（特に履行の請求，免除，消滅時効の完成の相対的効力事由への変更が重要）。これによって連帯債務と不真正連帯債務の区別が意味を失い，共同不法行為者の債務も連帯債務の規律に服することになったと解される。もっとも，改正内容に照らし，「むしろ，従前の枠組みを踏まえていうならば，新法のもとでは，従前の不真正連帯債務の法理が原則とされ（略）るというシステムが採用されているとみることができる」（潮見佳男「新債権総論Ⅱ」（信山社）587 頁）と指摘されている。

近時問題になっているのは，加害者不明の場合の規定である1項後段を，加害者と加害行為の内容は特定できるが，被害に一体性があり，各行為について全損害との間に因果関係があるのか（一部との間にしか）ないのか明らかでない「損害一体型」の場合に（類推）適用できるかである。これを肯定する学説(216)によれば，1項前段では寄与度減責の抗弁や因果関係不存在の抗弁は認められないが，同項後段では認められるというように，寄与度減責の抗弁等は前段と後段の適用範囲と関連して論じられる。このため，1項前段と後段への振り分けが重要になる。

(2)　1項前段と後段の区別

ア　客観的関連共同性

719条1項前段は「共同の不法行為」と規定しており，各加害行為の関連共同性が要件となると解することは学説，判例ともに概ね一致している。関連共同性を認めるには，共謀等の意思的関与がなくても，各行為が客観的に関連していれば足りると解する見解（客観的関連共同性説）が多い。そこで要求される関連共同性については，「弱い関連共同性」を超えた「強い関連共同性」と解する説(217)，時間的場所的近接性と社会通念上の一体性によって判断される「加害行為の一体性」とする説(218)，全損害について賠償責任を負わせるのが妥当な程度に加害行為に一体性があるかどうかによるとする説(219)等がある。

---

(216)　1項後段の（類推）適用の要件について学説は多岐に分かれているが，①行為の関連性がある場合にのみ類推適用を肯定する見解，②結果の発生に何らかの寄与がある場合にのみ類推適用を認める見解，③行為の関連性がある場合にも結果の発生に何らかの寄与がある場合にも類推適用を認める見解，④行為の関連性があり，かつ結果の発生に何らかの寄与がある場合に類推適用を認める見解に大別されている（判タ1487　112頁）。

(217)　淡路剛久「公害賠償の理論（増補版）」（有斐閣）99頁等。津地四日市支判昭和47年7月24日（判時672。四日市ぜんそく訴訟1審判決）は1項前段の中に，この2類型を認める考え方を打ち出していた。潮見Ⅱ 149頁～150頁は，寄与度減責が認められるとされる「弱い関連共同性しかない共同不法行為」は，709条の不法行為責任が競合しているにすぎず，719条は適用されず，個別の不法行為責任が損害の面で共同している限りで連帯しあっている「競合的不法行為」の一場面と解する。

(218)　平井宜雄「債権各論Ⅱ不法行為」（弘文堂）196頁。

1項後段（特に損害一体型に適用する場合）については，関連共同性を不要とする説もあり，それによれば後述の純粋異時事故についても後段が適用されることになる。これに対しては，因果関係を推定し立証責任を転換するという結果は加害者に酷ではないか，被害者救済のために適用を認める必要性があるか（709条で足りるのではないか），「共同行為者」との文言は加害行為の一体性を基礎とするものではないか，等の指摘がある。

イ　近時の裁判実務の傾向

判例は，後掲最判平成13年3月13日が「（運転行為と本件医療行為とは）民法719条所定の共同不法行為に当たる」としているように，必ずしも前段と後段を区別して共同不法行為の成否等を論じているわけではないと言われてきた。一方，下級審裁判例には，学説と同様に前段と後段を区別して共同不法行為の成否を論じているものが少なくない。

実務上特に問題となる損害一体型（寄与度不明）の場合については，学説には1項後段の（類推）適用を肯定するものが多いが，裁判例にも肯定するものがある（238頁）。もっとも，必ずしも損害が不可分かどうかだけで後段の（類推）適用を決めているわけではなく，前段におけるような強度の関連共同性までは不要だが，より弱い関連共同性は必要とするなど，各加害行為間の関連共同性の存在を要求している裁判例が多い。

この点，最判令和3年5月17日（建設アスベスト訴訟）[220]は，719条

（219）　内田貴「民法Ⅱ債権各論（第3版）」（東京大学出版会）537頁。赤い本2008年下巻77頁，前掲軌跡と展開208頁も，全損害についての賠償責任を負わせるのが相当な程度に加害行為に一体性があるかどうかによらざるを得ないとする。

（220）　判時2502，判タ1487，民法百選Ⅱ，最判解R3(下)。「民法719条1項（略）後段は，複数の者がいずれも被害者の損害をそれのみで惹起し得る行為を行い，そのうちのいずれの者の行為によって損害が生じたのかが不明である場合に，被害者の保護を図るため，公益的観点から，因果関係の立証責任を転換して，上記の行為を行った者らが自らの行為と損害との間に因果関係が存在しないことを立証しない限り，上記の者らに連帯して損害の全部について賠償責任を負わせる趣旨の規定であると解される。」「本件においては，被告Y_1らが製造販売した本件ボード三種が上記の本件被災大工らが稼働する建設現場に相当回数にわたり到達して用いられているものの，本件被災大工らが本件ボード三種を直接取り扱ったことによる石綿粉じんのばく露量は，各自の石

1項後段は因果関係の立証責任を転換する規定である[221]とした上で，各加害行為の損害発生への寄与度が不明である事案についても，同規定を類推適用して共同行為者の個別的因果関係を推定できるとした。もっとも，事例判断であって，類推適用の要件についての法理を示したものではなく，異時交通事故等へ射程が及ぶかどうかは明確とはいえない。

ウ　被害者が共同不法行為を主張する意義

各加害者の行為と損害との間に相当因果関係が認められる場合は，原告は709条によって全損害の賠償を請求できるから，あえて719条を持ち出すまでもないと言える[222]。原告が共同不法行為の成立を主張する意味があるのは，個別に709条責任を追及するより被害者の保護が厚い場合であり，寄与度減責の主張が排除される場合[223]や，個別的因果関係の立証が緩和される場合[224]等である。719条1項前段を個別的因果

綿粉じんのばく露量全体の一部であり，また，被告Y_1らが個別に上記の本件被災大工らの中皮腫の発症にどの程度の影響を与えたのかは明らかでないなどの諸事情がある。そこで，本件においては，被害者保護の見地から，上記の同項後段が適用される場合との均衡を図って，同項後段の類推適用により，因果関係の立証責任が転換されると解するのが相当である。もっとも，本件においては，本件被災大工らが本件ボード三種を直接取り扱ったことによる石綿粉じんのばく露量は，各自の石綿粉じんのばく露量全体の一部にとどまるという事情があるから，被告Y_1らは，こうした事情等を考慮して定まるその行為の損害の発生に対する寄与度に応じた範囲で損害賠償責任を負うというべきである。以上によれば，被告Y_1らは，民法719条1項後段の類推適用により，中皮腫にり患した本件被災大工らの各損害の3分の1について，連帯して損害賠償責任を負うと解するのが相当である。」本件の事情の下において寄与度により賠償責任の範囲を限定していることも注目される（3分の1について立証責任を転換したものではない。）。

(221)　本判決は，1項後段について，択一的競合関係の場合に適用され，「加害者であり得る者が特定でき，ほかに加害者となり得る者は存在しないこと」（他原因者不存在）が要件であるとの通説の立場に立っている。

(222)　各加害行為間の関連共同性を請求原因として主張することはいわゆる過剰主張（a+b）となる（LP243頁）。

(223)　最判H13.3.13によれば，共同不法行為が成立する場合には寄与度減責の主張は退けられるので，単独不法行為の要件事実を主張したのに対して，寄与度減責の抗弁が主張された場合に，共同不法行為成立の要件事実を再抗弁として位置づけることも考えられる（共同不法行為が成立した場合に一定の範囲で寄与度減責が認められるか否かという問題と区別すること）（LP244頁，軌跡と展開206頁）。

(224)　(1)イのとおり，共同不法行為の成立要件として，各加害行為と損害との間の個別的因果関係が必要がどうかについては見解が分かれており，近時は「共同行為」と損害との間に因果関係が認められれば足りるとする不要説が多数説である。下級審裁判例も，同ウのとおり不要説に傾い

関係の「みなし」規定，同項後段を「推定」規定であると整理する立場が有力である。

請求側が，時間的場所的近接性がない複数の加害行為についての請求方法として共同不法行為を主張する意義については，243頁で触れる。

2　交通事故事件における共同不法行為の成否

(1)　同時（単一）事故[225]

複数の交通事故が競合する事例を論じるにあたっては，同時（単一）事故と異時事故を区別することが多い。同時事故とは，自動車同士が衝突して同乗者や第三者が負傷した事故のように，各加害行為が同一場所で同時に行われた場合である。

同時事故では，各車両の運転者に主観的関連共同性はないが，強度の客観的関連共同性が認められる。したがって，客観的関連共同性説をとる限り，719条1項前段の共同不法行為が成立し，各加害者は因果関係不存在の抗弁や寄与度減責の抗弁を主張できないと解されることについては，学説，裁判実務ともおおむね一致している。

(2)　異時事故（二重事故）

ア　意義と類型化

では，①多重衝突等複数の衝突事故が続けて起こった場合や，衝突事故後の轢過など，同時事故に近いと考えられる態様の場合はどうだろうか。さらに，②別の日に別の場所で事故に遭った場合にも，共同不法行為が成立し，各加害者は全ての損害を賠償しなければないのだろうか。

かつては，単一事故と異時事故に分類した上で，前者には719条1項前段の共同不法行為の成立を認め，後者は独立の不法行為が競合したものにすぎず同項の適用はないとされることが多かった。

ている。

(225)　村主隆行・神谷善英「共同不法行為の諸問題1」（実務）。同378頁は，H15年最判の事案も同時事故に分類している。重要論点63頁も同じ。赤い本2008年下巻は，同最判の事案を単一事故と区別しているようである。

近時は，時間的場所的近接性によって異時事故を同時類似事故（①の類型）と純粋異時事故（②の類型）に分類することが多い。その上で，同時類似事故については同項後段を（類推）適用し，純粋異時事故については同項の適用を否定することによって，共同不法行為の成立範囲を明瞭にしようとする試みがある(226)。

イ　時間的・場所的近接性が強い場合（同時類似事故）

玉突きや衝突事故直後の轢過のような事故である。裁判例の多くは共同不法行為の成立を肯定し，各加害者に連帯責任を負わせている。共同不法行為の成立を認める理由としては，ほとんどが時間的・場所的近接性(227)をあげるほか，第1事故が第2事故の原因となっていること，いずれの事故によって生じた損害か区別が困難であることをあげるものがある。共同不法行為を認める場合，責任の根拠規定としては，1項前段とするもの(228)，同項後段とするもの，1項のみをあげるものがある(229)。

このような同時類似事故について共同不法行為を肯定した裁判例は，比較的近時のものに限っても，京都地判令和4年6月16日(230)（第1加害車に衝突され転倒したところ，後続の第2加害車が轢過），大阪地判令和3年12月16日(231)（第1事故加害車に接触され転倒滑走してきた加害車が

(226)　実務376頁，385頁，軌跡と展開196頁。時間的場所的近接性によって区別しようとするものだが，基準が不明確であるとの批判もある。

(227)　第1事故の約3分後の轢過による死亡事案につき寄与度の主張を認めなかった岡山地判H6.2.28（交民27-1），第1事故後1分弱で第2事故が起き，第2事故後1分弱で第3事故が起こって被害者が死亡した事案で前段の共同不法行為の成立を認めた名古屋地判H12.9.20（交民33-5）もあるが，前掲齊藤「軌跡と展開」208頁は，第1事故による転倒後10数秒で轢過された事案について前段の共同不法行為の成立を認めた後掲京都地判H30.2.15（交民51-5）のような例が限界例として参考になるとする。

(228)　LP260頁は，玉突き事故の場合や，第1事故にあった直後に対向車や後続車による第2事故にあった場合は，時間的・場所的近接性に照らして，同時事故と同視でき，同時事故と同様に考える（1項前段が適用され，被告は因果関係不存在の抗弁や寄与度減責の抗弁を提出できない。）ことができると考えられるとしている。1項前段の共同不法行為の成立を認めた例として，後掲東京地判H27.1.26（交民48-1，最前線32）。

(229)　前掲「共同不法行為の諸問題1」（実務）。

(230)　自J2132。

(231)　自J2115。過失割合は，第1事故加害者7割，第2事故加害者3割とした。

被害自転車に衝突)，横浜地判令和2年12月16日[232]（被害車が先行事故加害車に追突して停車中に第1及び第2加害車が1分以内に続けて追突)，大阪地判令和2年3月12日[233]（第1事故直後に第2加害車が衝突)，名古屋地判令和元年5月29日[234]（第1加害車に衝突され転倒した被害者の頭部を第2加害車が前輪に挟んだまま走行)，名古屋地判令和元年5月8日[235]（対向車線にはみ出して対向車と衝突した第1加害車に第2〜4加害車が順次衝突し，押し出された第2加害車が被害車に衝突)，大阪地判平成31年2月20日[236]（非接触事故で転倒後歩行中の被害者に第2加害車が衝突)，

---

(232) 自J2088。「第1事故と第2事故は，同一の場所で1分以内に連続して発生していること，先行事故後にXに生じた傷害については，第1事故と第2事故のいずれによって生じたものか必ずしも判然としないことからすれば，本件各事故の発生については，被告らによる民法719条1項前段の共同不法行為の成立が認められるというべきである。」先行事故との関係については，同判決の否定例としての引用箇所（先行事故と第1・第2事故の関係）を参照。

(233) 交民53-2。「本件第1事故及び本件第2事故は，時間的にも場所的にも近接している上，本件第2事故後に，被告乙山及び被告丁山が亡太郎の救出活動を行っている時点では，亡太郎は生存しており，結局，亡太郎の死亡の結果が，本件第1事故により生じたものか本件第2事故により生じたものか不明であるので，被告乙山及び被告丁山には，人的損害について共同不法行為責任が成立する。」

(234) 自J2050。「A車両とY車両の衝突，A車両とZ車両との衝突及びAの頭部がZ車両の右前輪に挟まれたこと，その後のZ車両の走行から停車までの一連の出来事は，いずれも時間的場所的に近接しており，A車両とY車両との衝突がその後の一連の出来事の原因となっていることから，Yの不法行為とZの不法行為との間には客観的な関連共同性が認められる」とし，「Aは，Y車両との衝突後，Z車両の右前輪に頭部を挟まれ，Z車両が一旦停止しかけた時点で既に死亡を免れない傷害を負っていた可能性は否定できないけれども，Aの血液がZ車両の停車場所である本件道路の第1車線上に集中的に貯留しており，ヘルメットもその付近に転がっていたこと，Z車両は一旦停車しかけるまではほぼ真っすぐ走行していたのに対し，その後は左右にハンドルを転把しながら走行したものであること等に照らせば，Z車両が一旦停止しかけた地点から再度走行を始めた後に死亡に至る重大な傷害を負った可能性も否定できない」ことから，「Y及びZの各不法行為につき，民法719条1項後段の共同不法行為が成立し，Y及びZは，Aの死亡の結果を含む人的損害につき，連帯して損害賠償責任を負うものである。」対して，控訴審（名古屋高判R2.2.28自J2069）はZの過失を否定した。「Zにおいて，本件第2事故の時点で，その事故の態様ひいてはZ車両を移動させること自体の危険性を把握することが困難であったといえ，これに加え，速やかに更なる事故の発生を防止するための措置を取らなければならないという状況下にもあったのであるから，本件第2事故の地点から更なる事故の発生を防止するためにZ車両を第1車線まで進行させたとしても，それをもってZに注意義務違反（過失）があったものと評価することはできない。」

(235) 交民52-3。時間的，場所的連続性をもって発生した一連の交通事故であると評価するのが相当であるとして，第1〜4加害車の各不法行為につき共同不法行為が成立すると認めた。

横浜地判平成30年9月13日(237)（第1事故の約1分後に二重轢過），京都地判平成30年2月15日(238)（第1事故の十数秒後に二重轢過），大阪地判平成29年10月20日(239)（自損事故停止中の第1加害車に第2加害車が追突し第1加害車前方に佇立していた被害者に散乱していた積載物が衝突），東京地判平成28年9月12日(240)（第1事故で転倒後に第2加害車が衝突），

---

(236)　交民52-1。「Aは，Yが本件道路に進出したことにより急制動の措置を余儀なくされて転倒し，直ちに起き上がって本件道路上を歩行し始めた際に，W車に衝突されて死亡しているところ，Yの運転行為は，Aが本件道路上を歩行するそもそもの原因となったものであり，Aの死亡の原因が，W車との衝突のみにあったということはできない」とし，「Aが，急制動の措置を余儀なくされて転倒した後，歩道に退避することなく本件道路上を歩行したことは，安全な措置であったとはいえないものの，当該転倒によって適切な判断が困難となったことに伴う行動として異常なものであったとはいい難く，Yの運転行為によって生じた結果として評価することが相当というべきである」ことから，「Yの過失とAの死亡との間には相当因果関係が認められる」として，「被告らは，共同の不法行為によってAを死亡させたということができるから，民法709条及び719条1項に基づき，連帯してAの死亡による損害を賠償する責任を負うものである」とした。

(237)　自J2035。

(238)　交民51-5。

(239)　交民50-5。「本件事故は，被告Yの前方不注視により発生した第1事故により本件道路の第2車線を塞ぐように停車したY車に，第2車線を走行してきたV車が衝突するとともに，第1事故により散乱したY車の積載物である鉄筋を押し出して，進路前方にいたAに衝突させ，死亡させたというものであり，第1事故が本件事故の原因となっていることは明らかであり，高速道路の追い越し車線上に車両が停止していれば，追い越し車線を進行してくる車両の運転者の軽度の前方不注視によって，停止中の車両に衝突し，近傍にいる人を死傷させることは十分に予測可能であるから，被告Yの過失と，Aの死亡という結果との間には相当因果関係が認められる。」「第1事故と本件事故とが場所的，時間的に近接していることも併せ考慮すれば，被告Y（略）の不法行為と被告V（略）の共同不法行為とは，客観的関連共同性が認められる。」

(240)　交民49-5。「Yの過失が認められる第1事故により，原告車が本件道路の右側車線上に横転し，そのため，原告が原告車を移動させようとして右側車線上に留まり，第2事故が発生しており，第2事故により原告に生じた損害は，第1事故におけるYの過失との間に相当因果関係が認められる。したがって，Yは，民法709条に基づき，第1事故及び第2事故により原告に生じた損害全部を賠償する責任を負う」「それぞれの事故によって原告，原告車，着衣及び携行品に重大な衝撃があったことが認められ，軽微ではない損傷が生じたことが推認でき，かつ，それぞれの事故による損傷の程度，内容を区分することは困難である。したがって，WとYとの間に共同不法行為（民法719条1項後段）が成立すると認められる。そこで，原告の物損が，第2事故が発生する前にすでに生じていたと認められるかをみると，原告車に関し，第1事故後に原告車のハンドルとライトカバーが外れていたことは認められるものの，損傷内容が具体的に特定され，明らかになっているとは認められず，修理費用は不明であり，第2事故発生前に原告車が全損になっていたとは認められない。着衣，携行品について，（略）第2事故後の損傷が第1事故によってすでに生じていたとは認められない。したがって，Wは，民法709条，719条1項後段に基づ

神戸地判平成28年3月17日[241]（第1事故で転倒後被害車に駆け寄った被害者に第2加害車が衝突），横浜地判平成27年9月30日[242]（第1事故で転倒後第2加害車が轢過），横浜地判平成27年5月15日[243]（第1事故の約20秒後に二重轢過），東京地判平成27年1月26日[244]（自損事故を起こして停止中の第1加害車を避けて停止した被害車への第2加害車の衝突等の多重衝突），大阪地判平成27年1月16日[245]（第1事故後車外に出た被害者に9分後に第2加害車が衝突），東京地判平成26年10月28日[246]（第1事故直後に二重轢過），名古屋地判平成26年4月25日[247]（単独事故で停

き，Yと連帯して，第1事故及び第2事故により原告に生じた損害全部を賠償する責任を負う。」

(241)　交民49-2。夜間，交差点を原付自転車で進行中の原告が，対向車線から転回してきたY乗用車に衝突され，その後同一方向から進行してきた後続Z乗用車に衝突された事案。

(242)　交民48-5。

(243)　交民48-3。

(244)　交民48-1。「（略）の損害は，第2事故と第3事故による物理的衝撃を受けて生じたものであるところ，（略）の事故態様のとおり，第2事故及び第3事故は，いずれも第1事故で横転した庚山車が通行を妨害したことに起因し，第1事故，第2事故及び第3事故は一連の事故と評価しうる時間的接着性が認められ，かつ第2事故による損害と第3事故による損害を区別することは不可能である。従って，（略）の損害について，第1事故，第2事故及び第3事故の有責者の客観的関連共同性が認められ，民法719条1項前段の共同不法行為が成立する。」

(245)　交民48-1。先行車に追突して停止した甲車に乙車が追突し，甲車がその前に停止していた先行車に追突した。「第1事故と第2事故はほぼ同じ場所で発生しており，その時間的間隔はわずか9分であることからすれば，両事故には時間的場所的近接性があるということができる。また，亡太郎は，第1事故があったために同事故現場に原告車両を停止させた。同人は，第1事故により停止していた乙山車両に追突された原告車両との衝突により死亡している。これらの事実からすれば，第1事故と第2事故の間には関連共同性があるといえ，被告乙山は，被告丁山らの共同不法行為者として，亡太郎の死亡に伴う損害を賠償する義務を負うというべきである。」

(246)　交民47-5。「亡Gは，D車との第1事故の結果転倒し，その直後，後続のF車に轢過されるという第2事故が発生したものであるところ，第1事故と第2事故は時間的場所的に非常に近接しており，第1事故の衝突により第2事故の轢過が生じたと評価しうるので，被告Dと被告Fにつき共同不法行為が成立すると認めるのが相当である。これに対し，被告D及び被告会社は，亡Gの死因は車両の轢過による（略）であり，これは第2事故におけるF車の轢過によるものであるから，第1事故と亡Gの死亡損害との間に因果関係はないと主張する。しかし，亡Gの直接の死因となった（略）の傷害が直接には第2事故によって形成されたものであったとしても，交差点内での衝突事故により被害者が路上に転倒し，後続車が轢過することは通常起こり得るところであって，第1事故と第2事故が極めて近接していることも考慮すると，第1事故と亡Gの死亡との間に因果関係があることは明らかというべきである。したがって，被告D及び被告会社は共同不法行為者として亡Gの死亡による損害について損害賠償責任を負うものというべきであり，被告Dらの主張は採用できない。

止した被害車に後続車2台が追突），仙台地判平成26年4月24日[248]（第1事故の約20秒後に第2加害車が衝突），東京地判平成25年5月21日[249]（横断歩行者に2台の加害車が続けて接触），名古屋地判平成25年3月27日[250]（第1加害車が先行車に追突して停止した7分後に第2加害車が追突し，その8分後に同車を回避した第3加害車が歩行者に衝突）等がある。

1項後段の共同不法行為の成立を認める場合に寄与度減責をした裁判例は少なく，共同不法行為の成立を認めるときは，寄与度減責は容易に認めないのが裁判例の傾向と言える。寄与度減責を認めた例として大阪地判平成12年3月21日[251]等がある。

もっとも，第1事故加害者については，第1事故が第2事故の原因となっている場合には，第1事故は第2事故によって発生した損害との間でも相当因果関係が認められることが通常だから，719条1項をまたず，709条で全損害を賠償すべきことになると考えられる[252]。

では，被害者の損害が先行事故によって発生した場合（たとえば，第2事故前に第1事故で被害者が死亡していた場合）の第2事故加害者の賠償範囲（連帯責任の範囲）はどうなるだろうか。共同不法行為が成立すれば，第1事故によって発生した損害についても責任を負うのだろうか。この点，共同不法行為を認めた近時の裁判例には，第1事故から第2事故までに生じた損害について連帯責任としたものはないと指摘されてい

(247) 交民47-2。

(248) 自J1931。

(249) 自J1904。

(250) 交民46-2。

(251) 交民33-2。第1事故及び第2事故の過失割合をいずれも5：5と認定した上で，719条1項後段の類推適用により，両事故と因果関係があると推定されるが，この種の共同不法行為では因果関係不存在の抗弁や寄与度減責の抗弁が許されるとして，第1事故加害者の寄与度を8割，第2事故加害者の寄与度を2割とし，結局第1事故加害者は4割，第2事故加害者は1割の責任を負うとした。

(252) たとえば，前掲東京地判H28.9.12。第1事故加害者が第2事故によって発生した損害の賠償を免れるためには，第1事故と，第2事故によって発生した損害との間に相当因果関係がないことを基礎づける事実を主張立証する必要があり，単に被害者の損害が第2事故によって発生したことを主張立証するだけでは足りないことになる（実務375頁）。

る[253]。

同時類似事故について共同不法行為の成立を否定したものは，大阪地判平成 13 年 10 月 16 日[254]等少数である。前掲横浜地判令和 2 年 12 月 16 日[255]は，第 1 事故と約 4 分後の第 2・第 3 事故について共同不法行為の成立を否定した。東京地判平成元年 11 月 21 日[256]は，一部の損害について第 2 事故加害者の責任を否定した。

ウ　時間的・場所的近接性が弱い場合（純粋異時事故）

第 1 事故から数日後ないし数か月後に，別の場所で，別の加害者による第 2 事故にあった場合のように，時間的・場所的近接性が弱い場合である。第 1 事故は第 2 事故の原因になっていない（相当因果関係がない）から，第 1 事故加害者は第 2 事故による損害について責任を負わないし，第 2 事故加害者も第 1 事故による損害について責任を負わないことになる。

では，症状固定前に第 2 事故にあって同一部位[257]を受傷した場合な

(253)　前掲齊藤「軌跡と展開」205 頁。全部連帯を否定する理論構成としては，共同不法行為を否定するか，共同不法行為の成立は肯定するが免責，減責の抗弁が認められたということになるだろう（前掲齊藤「軌跡と展開」205 頁）。実務 375 頁～378 頁も参照。LP260 頁は，玉突き事故の場合や，第 1 事故にあった直後に対向車や後続車による第 2 事故にあった場合は，時間的・場所的近接性に照らして，同時事故と同様に考える（1 項前段が適用され，被告は因果関係不存在の抗弁や寄与度減責の抗弁を提出できない。）ことができると考えられるとしている。

(254)　自 J1464。第 1 事故による受傷が認められないこと，第 2 事故による被害者の人身損害は，被害者が先行事故後に自らの判断で路上にとどまり，危険な場所に佇立していたことにより生じたものであるから，先行事故加害者の過失と後行事故による人身損害との間には相当因果関係が認められないことを理由として，第 1 事故加害者の賠償責任を否定した。

(255)　自 J2088。第 1 事故で高速道路上に停止していた被害車に，第 2，第 3 事故の各加害車が 1 分以内に連続して追突した事案で，第 1 事故と第 2，第 3 事故には強い関連共同性までは認められないから，1 項前段の共同不法行為が成立する（注（232）の引用箇所を参照）第 2，第 3 事故加害者は両事故が寄与した限度で責任を負うとし，寄与割合を 5 割とした。

(256)　交民 22-6。深夜，酩酊して道路中央に座っていて知人に介抱されていた被害歩行者が加害 Y_1 車に衝突され，さらに後続の加害 Y_2 車に轢過されて死亡した事案につき，Y_1Y_2 の共同不法行為責任を認めた上で，Y_2 は，死亡させたことに基づく損害（死亡慰謝料と葬儀費用）に限り Y_1 と連帯責任を負い，第 2 事故時には被害者の労働能力はすべて失われていたから死亡逸失利益の賠償責任は負わないとした。北河 351 頁は，いったん 1 項前段の共同不法行為の成立を認めながら分轄責任（一部連帯）とすることは，共同不法行為の意義を大幅に減殺する結果となると指摘している。

ど，被害者の損害に一体性があり，その損害がどちらの加害行為による損害か区分できない「損害一体型」の純粋異時事故の場合でも，共同不法行為の成立は否定される（独立の不法行為の競合）のか。それとも1項後段を類推適用し，共同不法行為の成立を認めるべきか[258]。肯定説は，各事故と損害との事実的因果関係が不明な場合や寄与度が不明な場合に，事故と相当因果関係のある損害が不明となり請求棄却になる不都合を避けようとするものである。

このような場合に1項後段の共同不法行為の成立を認めた裁判例として，大阪高判令和4年7月28日[259]（第1事故の約1か月後に第2事故が発生），さいたま地判平成28年4月20日[260]（第1事故の約2か月後に第2事故が発生），東京地判平成27年3月10日[261]（第1事故の約4か月後に第2事故が発生），東京地判平成25年3月27日[262]（第1事故の約8か月後に第2事故が発生），東京地判平成21年2月5日[263]（第1事故の約2か月後に第2事故が発生），大阪地判平成12年2月29日[264]（第1事故の7日後に第2事故が発生），名古屋地判平成10年12月25日[265]（第1事故の5日後に第2事故が発生），浦和地判平成4年10月27日[266]（第1事故

---

(257)　各事故の受傷部位が異なる場合については，実務392頁（神谷）。

(258)　「共同不法行為の諸問題2」（実務），赤い本2016年下巻「時間的・場所的に近接しない複数の事故により同一部位を受傷した場合における民法719条1項後段の適用の可否等」。

(259)　自J2134。1項前段の共同不法行為は否定した。第2事故から9か月後の第3事故については，第1・第2事故との共同不法行為を否定した。

(260)　交民49-2。後遺障害への両事故の寄与度が不明であることを理由とする。

(261)　交民48-2。いずれの事故が後遺障害の原因となったのか，両事故がどの程度寄与したかを確定しがたいことを理由とする。

(262)　交民46-2。第2事故後の症状に与えた影響は，同事故よりも第1事故の方が大きいことを理由とする。

(263)　交民42-1。後遺障害が先行事故による傷害と後行事故による傷害の双方に基づくことを理由とする。

(264)　交民33-1。先行事故と後行事故が後段の共同不法行為の関係にあることにつき先行事故加害者との間では争いがないこと，後行事故加害者からは因果関係不存在の主張立証がないことを理由にあげている。

(265)　自J1316。各事故の寄与度が不明であることを理由とする。

(266)　交民25-5。「前記原告の視力低下ないしその原因と認められる視神経（束）萎縮が原告の元々の病的体質によるとか他の原因によるものとの証拠はなく，前回事故による視力の低下につ

の1年足らず後に第2事故が発生）等がある[267]。

しかし，裁判例の多くは共同不法行為の成立を否定している。時間的場所的近接性がないから関連共同性が認められないことを主な理由とするものが多い。共同不法行為の成立が否定された場合は，後遺障害損害や第2事故後の治療費，休業損害等については，各事故が相当因果関係を有する損害の範囲（寄与割合）の問題となる（242頁）。否定説に立っても，純粋異時事故において事実的因果関係や寄与度を認定することは可能であり，それらが不明であるとして請求棄却されることはほとんどないから，1項後段を用いる必要性は乏しいとも指摘されている。

共同不法行為の成立を否定した裁判例として，名古屋地判令和3年3月12日[268]（第1事故の約4か月後に第2事故が発生），福岡高判令和2年9月15日[269]（第1事故の約1年後に第2事故が発生），横浜地判令和2年3月17日[270]（第1事故の約半年後に第2事故が発生），横浜地判平成30

いては前記のとおり，レンズの調整で前記視力まで矯正されたとしても，原告の視力の5年余にわたる徐々の低下を考慮すると，前回事故と本件事故との間が1年に満たないことに照らし，視神経に作用したと認められる頭部への衝撃があった前回事故と本件事故とのいずれが原告の視神経萎縮の原因となり，あるいはいずれがどの程度に原因となったかは，本件証拠上は，未だ確定しがたいものというべく，したがつて，民法719条1項後段の趣旨に則り，被告は，損害全額について賠償義務があるというべきである。」

(267)「このようなケースで共同不法行為の成立を認める考え方の背景には，複数の加害者による結果を区分しにくいので，その不利益を被害者に転嫁するのは不適切であるから，賠償債務につき不真正連帯関係を肯定したほうがよいという考え方がある。裁判例としては，損害が競合する部分につき，それぞれの不法行為の寄与の程度を認定して，負担すべき賠償額を分割する手法を採るものが多いが，連帯関係を認めて処理をする方法を採用すると（民法719条1項後段の類推適用等の根拠づけが考えられる），実務的には面倒な判断を避けることができるので，このような考え方を採用する裁判例が出てくる余地はあろう。」（要約57頁）

(268)　自J2098。第2事故（本件事故）の寄与割合を，後遺障害に関する損害以外の損害について8割，後遺障害に関する損害について6割とした。自賠責保険からの支払の損益相殺は，今回事故の加害車の分のみを控除している。

(269)　自J2081。「第2事故の発生時点においては，第1事故による受傷は後遺症を残さずに治癒していたものと認められ，第2事故によって第1事故での受傷や後遺障害が増悪したと認めることはできない」として，「Yらが第1事故及び第2事故により生じた損害について共同不法行為責任を負うと認めることはできない」とした。

(270)　自J2074。「第2事故が発生したのは，第1事故が発生してからおよそ半年後であり，また，それぞれの事故の現場は全く別の場所であることからすると，第1事故と第2事故との間には，時間的場所的な近接性がなく，被告Yの加害行為と被告Zの加害行為には関連共同性が認められ

年7月17日[271]（第1事故の約1年1か月後に第2事故が発生），福岡高判平成30年6月21日[272]（第1事故の約8か月後に第2事故が発生），東京地判平成29年6月21日[273]（第1事故の24日後に第2事故が発生），仙台地判平成29年5月8日[274]（第1事故の約9か月後に第2事故が発生），名古屋地判平成29年1月25日[275]（第1事故の約3か月後に第2事故が発生），東京地判平成28年12月21日[276]（約18か月の間に4回の事故が発生したと主張），名古屋地判平成26年6月27日[277]（第1事故の53日後に第2事故が発生），大阪地判平成26年5月13日[278]（第1事故の1週間

ないから，被告らの行為について，共同不法行為の成立は認められない」「両事故の寄与度については，第2事故の影響が相対的に大きいというべきであり，具体的には，第1事故が3割，第2事故が7割と認めるのが相当である。」

(271)　自J2034。「原告は，第1事故と第2事故が共同不法行為の関係にある旨主張するが，第2事故は，第1事故から約1年1ヶ月が経過してから発生したものであり，場所的にも関連性を有しないこと，第2事故は，第1事故の症状固定後に発生したものであり，本件両事故により生じた損害は一体のものとはいえないことからすると，第1事故と第2事故が共同不法行為の関係にあるものとは認められない。」

(272)　自J2030。寄与度を傷害部分について5割，後遺障害部分について3割とした。前事故についての示談を理由とする主張に対しては，「本件のように，先行事故による傷害の治療中に後行事故が発生した場合に各事故の寄与度にかかわらず，後行事故後の治療費の全額を後行事故に係る保険会社が支払うものとする保険実務上の取扱いは，保険金支払事務の簡素化と早期の被害者救済に資するものであって，このような取扱いが，先行事故及び後行事故との間に民法719条1項後段の共同不法行為の成立を認めるべき根拠となるものではない。」と退けた。

(273)　自J2025。第2事故の約2か月後の第3事故については，原告は共同不法行為を主張していない。

(274)　自J2004。第2事故後の損害について，第2事故で増悪したが第2事故の直前まで第1事故で治療継続中であったこと等から，第1事故の寄与度を4割とした。

(275)　自J1996。

(276)　自J1998。

(277)　交民47-3，交通百選。異なる場所で53日の隔たりがあり，受傷部位も一部異なる2つの追突事故における各被告の加害行為につき，共同不法行為の成立を否定したうえ，第1事故の傷害部位と第2事故による傷害部位が，頚部挫傷の範囲で重なっていることから，第1事故による損害と第2事故による損害を特定することが困難な損害136万5799円について，第1事故による傷害の程度が第2事故によるものに較べて大きいものであったと推認されること等から，民事訴訟法248条に照らし，上記損害のうち5分の3に相当する金額を第1事故により生じた損害，5分の2に相当する金額を第2事故により生じた損害と認めた。

(278)　自J1928。「民法719条1項後段の共同不法行為についてみると，同条項が損害全額の連帯負担という重い義務を各不法行為者に課していることに照らし，損害に一体性があるというだけでその成立を認めることは相当でなく，両事故の時間的・場所的近接性，両事故による損害の質

後に第2事故が発生)，京都地判平成22年3月30日(279)（第1事故の約5か月半後に第2事故が発生)，横浜地判平成21年12月17日(280)（第1事故の3か月弱後に第2事故が発生)，東京地判平成17年3月24日(281)（第1事故の3か月3週間後に第2事故が発生)，横浜地判平成16年9月16日(282)（第1事故の約2年後に第2事故が発生)，横浜地判平成13年8月10日(283)（第1事故の6か月後に第2事故が発生)，大阪地判平成13年3月22日(284)（第1事故の7か月後に第2事故が発生)，東京地判平成12年3月29日(285)（第1事故の約9か月後に第2事故が発生)，神戸地尼崎支判平成6年5月27日(286)（第1事故の2か月後に第2事故が発生）等がある。

自賠責保険実務においては，第1事故の治療中に第2事故に遭ったよ

的・量的共通性，治療経過等を総合し，両事故に一定の客観的関連共同性をうかがわせる事情があり，かつ各事故の損害に対する寄与度割合の判断が困難であるといえる場合に限り，これを認めるべきである。」

(279)　自J1832。「本件第1事故と本件第2事故とが競合して発生した損害が，区分することのできない一体的な損害であるからといって，加害者が，上記損害のうち別事故の寄与部分と認められる部分の損害を賠償する義務を負うものと解するのは相当でない」。したがって，本件第1事故の加害者である被告乙山は，本件第1事故と本件第2事故とが競合して発生した損害のうち，本件第2事故が発生に寄与した部分については，賠償義務を負わず，本件第2事故の加害者である被告丙川は，上記のとおり競合して発生した損害のうち，本件第1事故が発生に寄与した部分については，賠償義務を負わない。」

(280)　自J1820。「第1事故から第3事故をそれぞれ単独の不法行為として損害賠償の義務を負うと認められる。」

(281)　判時1915。「第1事故における加害者の行為と第2事故における加害者の行為が社会的にみて一個の行為ということはできないから，共同行為者には当たらないというべきである。イ　したがって，被告Bは，第1事故による損害（第2事故後の症状について第1事故の寄与度が5%認められることから，第2事故後の治療費等の5%を含むこととなる。）を賠償すべき義務を負い，被告Cら，被告D及び被告会社は，連帯して，第2事故による損害を賠償すべき義務を負うことになる。」

(282)　自J1590。第1事故と第2事故の責任割合については，原告の請求に従い，第2事故までの損害は第1事故被告が，第2事故後症状固定までは第2事故被告が賠償すべきものとし，後遺障害による損害は，YとZの共同不法行為とはならないから，それぞれの責任に応じて，Yが6割，Zが4割を賠償すべきであるとした。

(283)　自J1410。「第2事故以後に生じた原告の損害に対する第1事故による受傷の寄与割合については，1割と認めるのが相当である。」

(284)　交民34-2。

(285)　交民33-2。

(286)　交民27-3。

うな場合でも共同不法行為として扱われる。第２事故までの損害は第１事故の自賠社が，それ以後は第２事故の自賠社が対応するが，自賠責保険は２台分（傷害の場合は 120 万円 ×2 まで）が使える。

(3)　純粋異時事故における寄与度減責

ア　寄与度の位置付け[287]

上記のとおり，学説には，加害者不明型に限らず損害一体型についても 719 条１項後段の（類推）適用を認め，同項前段と後段を寄与度減責の抗弁の可否で区別する（前段では寄与度減責の抗弁は認められず，後段では認められるとする。）ものがある。

これに対し，裁判実務においては，純粋異時事故について１項後段の（類推）適用を否定しつつ，後掲平成 13 年最判が寄与度による分割責任を否定した[288]ことから，寄与度は寄与度減責の抗弁においてではなく，損害との相当因果関係の問題として扱われることが多かったといえる。

イ　寄与割合の認定

１項後段の（類推）適用を肯定する場合でも否定する場合でも，寄与割合を認定する際の考慮事情は同じと考えられるので，結論は変わらないだろうと指摘されている。考慮事情としては，①先行事故による傷害の内容・程度，②これに対する治療状況と回復経過，③後行事故前の症状，④後行事故後の症状，⑤後行事故後の治療状況と回復経過，⑥各事故の衝撃の程度等があげられている[289]。

寄与度は損害項目によって異なるべきかという問題もある。多くの裁判例は損害項目を通じて一つの寄与度を認定しているが，損害によって異なった寄与割合を認定する裁判例もある[290]。

---

(287)　不法行為における因果関係と寄与度の関係について，軌跡と展開 200 頁〜201 頁。

(288)　もっとも，「本判決は，共同不法行為を認めた上で，全損害について連帯責任を負わせることなく，その責任を寄与度によって限定する余地を一切否定したというものではない。」（最判解 H13(上)245 頁）との指摘がある。

(289)　実務 387 頁〜389 頁。

(290)　たとえば前掲名古屋地判 R3.3.12 は，後遺障害に関する損害とそれ以外の損害に分け，後者については前回事故の寄与割合を２割，今回事故の寄与割合を８割と認め，前者については前

ウ　被害者の請求の仕方

最終的には寄与度が認定されて各加害者に分割責任が認められる場合でも，裁判所がどのような寄与度を認定するかは提訴時にはわからない。そこで，実務上，被害者は両事故が競合して第2事故後の損害が発生したとして共同不法行為を主張し，後行事故後の損害については各加害者に対して全額連帯責任と構成して請求することが多い。共同不法行為が否定された場合に寄与度不明として請求棄却されることはまずないだろうし，加害者のいずれにも任意賠責保険が付保されていれば，被害者にとって実質的な損得はない。しかし，一部の加害者が無資力（無保険）の場合は，被害者にとって切実な問題となる。

エ　物損の場合

物損で各事故による修理代の合計額が車両価格を超える場合は，各加害者の責任をどう考えたらよいだろうか[291]。

(4)　医療過誤との競合

ア　問題の所在

交通事故被害者が，搬送された病院の医療過誤によって症状が悪化したり死亡したりした場合に，交通事故加害者に全損害の賠償を請求できるだろうか。共同不法行為が成立するのか，それとも共同不法行為は成立せず，不法行為が競合しているにすぎないのか。

イ　判例

下級審裁判例は分かれていたが，最判平成13年3月13日[292]は，搬

回事故の寄与割合を4割，今回事故の寄与割合を6割と認めた。自賠責保険では共同不法行為と認定されているが，既払いの関係では，前回事故の自賠社からの支払額は控除せず，今回事故の加害車の自賠責保険からの支払額のみを控除している。実務389頁～390頁。

(291)　赤い本2001年「異時衝突事故により修理代の合計額が車両価格を超えた場合の損害額」。

(292)　判時1747，判タ1059，交通百選，民法百選Ⅱ，要約22。「本件交通事故により，Aは放置すれば死亡するに至る傷害を負ったものの，事故後搬入された被上告人病院において，Aに対し通常期待されるべき適切な経過観察がされるなどして脳内出血が早期に発見され適切な治療が施されていれば，高度の蓋然性をもってAを救命できたということができるから，本件交通事故と本件医療事故とのいずれもが，Aの死亡という不可分の一個の結果を招来し，この結果について相当因果関係を有する関係にある。したがって，本件交通事故における運転行為と本件医療事故

送された被害者（6歳）の硬膜外血腫を医師が見落として帰宅させたところ，自宅で容体が悪化し，受傷約9時間後に死亡した事案について，共同不法行為（明言していないが1項前段と思われる。）の成立を認め，原審が認めていた寄与度減責（分割責任）の抗弁は提出できないとした（医療法人に対し全損害につき1割の過失相殺のうえ賠償を命じた。）[293]。

過失相殺の手法については，複数加害者と被害者との間の過失割合が異なる場合には，各加害者と被害者との間で個別の過失相殺率を認定すべきであるとした（相対的過失相殺）[294]。

(5)　その他の行為等との競合

ア　道路管理者責任との競合

運転者の過失と道路の瑕疵があいまって交通事故が発生した場合にも，共同不法行為の成立が認められ，道路管理者は加害車運転者と連帯して，

における医療行為とは民法719条所定の共同不法行為に当たるから，各不法行為者は被害者の被った損害の全額について連帯して責任を負うべきものである。本件のようにそれぞれ独立して成立する複数の不法行為が順次競合した共同不法行為においても別異に解する理由はないから，被害者との関係においては，各不法行為者の結果発生に対する寄与の割合をもって被害者の被った損害の額を案分し，各不法行為者において責任を負うべき損害額を限定することは許されないと解するのが相当である。けだし，共同不法行為によって被害者の被った損害は，各不法行為者の行為のいずれとの関係でも相当因果関係に立つものとして，各不法行為者はその全額を負担すべきものであり，各不法行為者が賠償すべき損害額を案分，限定することは連帯関係を免除することとなり，共同不法行為者のいずれからも全額の損害賠償を受けられるとしている民法719条の明文に反し，これにより被害者保護を図る同条の趣旨を没却することとなり，損害の負担について公平の理念に反することとなるからである。」「本件交通事故と本件医療事故という加害者及び侵害行為を異にする二つの不法行為が順次競合した共同不法行為であり，各不法行為については加害者及び被害者の過失の内容も別異の性質を有するものである。ところで，過失相殺は不法行為により生じた損害について加害者と被害者との間においてそれぞれの過失の割合を基準にして相対的な負担の公平を図る制度であるから，本件のような共同不法行為においても，過失相殺は各不法行為の加害者と被害者との間の過失の割合に応じてすべきものであり，他の不法行為者と被害者との間における過失の割合をしん酌して過失相殺をすることは許されない。」

(293)　原審は共同不法行為の成立を肯定しつつ寄与度減責の抗弁を認め，交通事故と医療事故の寄与度は各5割と推認できるから，医療法人が賠償すべき損害は全損害の5割であるとし，医療事故における被害者側の過失1割を相殺した。

(294)　本判決によって，共同不法行為では相対的過失相殺が原則であるという理解がされたこともあったが，後掲最判H15.7.11でそうではないことが示された。

被害者が被った損害全額について責任を負うことがある(295)。

イ　製造物責任との競合

加害車に欠陥があった場合，被害者は，運行供用者と欠陥車の製造者の双方に対して，全損害の賠償を求めうるだろうか(296)。運行供用者責任も製造物責任も不法行為責任であると解されているが，両責任の関係について共同不法行為の成立を認める裁判例がある。

ウ　共同飲酒者や飲酒を勧めた者の責任(297)

飲酒している者が起こした交通事故において，共に飲酒した者や飲酒を勧めた同乗者も損害賠償責任を負うだろうか。同乗していなかった場合はどうだろうか。

最判昭和43年4月26日(298)は，共同飲酒者が，酩酊のために事故を

---

(295)　内田貴「民法Ⅱ債権各論第3版」(東京大学出版会) 540頁，平井宜雄「債権各論Ⅱ不法行為」(弘文堂) 198頁は，不法行為の競合であるとする。北河隆之「自賠法三条と道路管理者責任」(新大系) は1項前段の共同不法行為とする。裁判例は全部連帯責任を認めるものが多い。たとえば，山口地判H30.2.28 (交民51-1) は，二つの市道が交差する交差点において，一つの市道にのみ信号機が設置され，もう一つの市道には信号機が設置されておらず，交差点に入る車両について一時停止の規制もなされていなかったために交差点で発生した出会い頭の自動車衝突事故について，信号機の設置または管理に瑕疵を認め，加害車運転者との共同不法行為を認めた。また，東京高判H9.12.24 (判例地方自治179) は，道路上に牽引車両を切り離して駐車されていたコンテナ積載用台車 (トレーラー) の後部に，普通乗用自動車が衝突した事故について，違法駐車されたトレーラーを排除する措置等を採らなかったとして，道路を管理していた東京都に管理上の瑕疵を認め，トレーラー運転者の使用者との共同不法行為責任を認めた。「本件事故は，被告A，同B及び同東京都が，それぞれ各自の独立した不法行為によって惹起させたものであり，かつ右各行為はそれぞれ客観的に相関連し，共同して事故を惹起したものと認められるから，被告A，同B及び同東京都は，共同不法行為者として原告らに対し，連帯して損害賠償責任を負う。」

(296)　塩崎勤「自賠法三条の運行供用者責任と製造物責任」(新大系)，新類型121頁，田島純蔵「自動車事故と製造物責任との交錯」(判タ943)。

(297)　赤い本2009年下巻「飲酒運転をめぐる関係者の損害賠償責任」。

(298)　判時520。「飲酒直後には自動車の運転に従事する運転者となるものであることを知悉しながらこの者に酒を提供して飲ませ，この運転者が酩酊した状態で他人の自動車を運転するのをあえて制止せず，自らもこの自動車に同乗して運行の利益を受け，よって右運転者が酩酊のため自動車の操縦を誤り，これを転覆破壊したときには，右酒を提供して飲酒をすゝめた者は直接にその運転行為には関与していなくても右運転者の酩酊運転による自動車損壊の権利侵害に対し客観的共同原因を与え，右飲酒をすゝめた行為と自動車損壊との間には相当因果関係があるものというべく，共同不法行為者としての責任を免れないものと解するのが相当である。」とした原審の判

起こした加害運転者と同乗していた事案について，直後に運転することを知りながら酒を提供した共同飲酒同乗者の共同不法行為責任を認めた原判決を維持した。運転者の飲酒量，同乗者の運転者に対する飲酒勧誘の程度，同乗者と運転者の関係，運転開始後の運転者の運転状況等が考慮されると思われる[299]。

飲酒運転を幇助した場合でも，飲酒が過失行為の原因となっていなければ責任を負わない。大阪地判令和元年9月4日[300]は，運転者（同棲相手）に酎ハイを手渡した同乗者について，飲酒運転を幇助したものであるが，運転者の当該運転行為は飲酒による影響の有無にかかわらず起

断を是認した。

(299) 大島眞一「改訂版 交通事故事件の実務―裁判官の視点―」（新日本法規）56頁。同書は，「仲間同士で一緒に飲酒していた場合には，飲酒を勧めていたといえるし，運転者が交通事故を起こす具体的な危険性を認識している必要まではないと考えられる。」としている（同頁）。

(300) 自J2058。「ここで問題とすべきであるのは，上記の権利を侵害する原因行為となった本件過失行為であるから，被告Dが被告Cに缶酎ハイを渡したことが本件過失行為の幇助に該当するものとして，被告Dに法的責任を負担させるためには，少なくとも，被告Cの飲酒運転と本件過失行為との間に因果関係があることが必要である。」とした上で，「被告Cは，普段から，ビールを相当量摂取しても，被告Dの見るところ，口調や顔色，態度等があまり変わらなかったこと，本件事故当日も，被告Cは，（略）のように高速度で運転するまでは，特段危険な運転は行っていなかったこと，被告Cは，本件事故現場を離れる際も，被告Dが見たところ，特段酔った様子ではなかったことに加え，上記（略）で認定した飲酒による運転行為への影響を認定するに足りるような証拠も提出されていないことに照らせば，本件事故当時，被告Cの認知能力や判断能力あるいは運転行為を制御する能力に対する飲酒による影響は，証拠上判然としない」「そして，被告Cは，本件事故当日，（略），被告Eが実質的に所有する被告車に被告Dを乗せ，買い物に向かうところであり，当時23歳であった被告Cは，同居していた交際相手の被告Dに格好良いところを見せようとして，高速道路においてスピードを出し，次々と車を追い抜いて行ったのであるが，このようなことは，飲酒の影響によらずに行なわれることがあり得るのであり，このような状況で，進路の安全を十分に確認せず，制限速度を大幅に超過したまま車線変更をすることも，飲酒による影響の有無にかかわらず起こり得るものである。上記のような危険な運転をすることは法的に容認されるものではないにせよ，（略）被告Cの飲酒行為と本件過失行為との間に因果関係があると認めることは困難であるといわざるを得ず，従って，被告Dが被告Cに缶酎ハイを渡したことが本件過失行為の幇助に該当するものとして，被告Dに法的責任を負担させることも困難であるといわざるを得ない。」「以上によれば，被告Dに民法719条2項の責任があるということはできず，また，被告Cの飲酒行為と本件過失行為との間に因果関係があると認めることは困難であるから，被告Dが，被告Cに缶入りアルコール飲料を渡すなどした行為と本件事故との間の因果関係を認めることも困難である以上，被告Dに民法709条及び711条の責任があるということもできない。」

こり得るもので，飲酒行為と過失行為の間に因果関係があると認めることは困難であるとして，責任を否定した。

以上に対し，飲酒した者が運転する車に同乗していなかった場合であっても，当然に責任が否定されるわけではない(301)。たとえば，東京高判平成16年2月26日(302)は，酒を提供したバーテンダーの責任を事故との相当因果関係がないとして否定したが，東京地判平成18年7月28日(303)は，直前まで共に長時間飲酒していた同僚につき責任を肯定した。後者は，日常的な飲酒運転の事実を認識していた妻については，運転を

---

(301)　赤い本2009年下巻「飲酒運転をめぐる関係者の損害賠償責任」23頁，前掲大島146頁。

(302)　交民37-1。「次郎は，午前零時ころに仕事が終わった後明け方まで飲酒をした後運転を行い，自ら眠くなって前方注視が困難なことを認識しながら運転を続けた過失により本件事故を引き起こしたものであって，本件事故の直接の原因が，次郎において，眠くなって前方注視が困難であることを認識しながら，運転を止めて仮眠等をしなかったことにあることは否定できないところであって，飲酒自体が直接の原因ということは困難といわざるを得ない。そして，被控訴人丙川は，次郎について，飲酒運転による事故発生の一般的危険性を予見できたとはいい得るけれども，前記認定事実によれば，本件事故の発生自体を具体的に予見することができたとはいい難く，被控訴人丙川が次郎に酒類を提供したことと本件事故の発生との間に相当因果関係があるとはいえないから，本件事故発生について，被控訴人丙川に不法行為責任を認めることは困難である。」として，酒を提供したバーテンダーの責任を否定した。

(303)　判時2026，判タ1289，交通百選。長時間飲食を共にした同僚に，「被告丙川は，前記のとおり，被告春男と長時間にわたって飲酒を共にし，その結果，被告春男が正常な運転ができない程度の酩酊状態にありながら，本件車両を運転して帰宅することを認識できたのであるから，被告丙川には被告春男の運転を制止すべき注意義務があったというべきである。ところが，被告丙川は，早く家に帰って休みたかったばかりに，戊田を介して代行運転を頼むことを促すにとどまり，自らタクシーや代行運転を呼ぶことなく，被告春男を駐車場に残したまま，一緒に飲酒した丁原の運転する車両に同乗して帰宅したのであるから，被告丙川には被告春男の飲酒運転を幇助したものとして，民法719条2項の責任を認めるのが相当である。」と幇助者の責任を認めた。日常的な飲酒運転の事実を認識していた妻については，「被告松子は，（略）被告春男が飲酒後に車を運転して帰ってくることを予想できたものと認められる。しかしながら，本件事故が出勤途中に生じたのであればともかく，勤務を終えた後の帰宅途中に生じているのであるから，被告丙川の場合と異なり，被告松子には，被告春男の運転を制止させ，本件事故を回避する直接的，現実的な方策があったとまでは認められない。また，（略）被告松子は，被告春男の日常的ともいえる飲酒運転の事実を認識していたのであるが，被告春男に対して注意をしてこなかったわけではないのである。したがって，被告松子の日ごろの被告春男の飲酒運転への対応は不十分であったというべき余地のあることを否定できないが，被告春男の本件の飲酒運転を制止しなかったことについて，被告松子に不法行為責任を問うべき注意義務違反があったとか，教唆，幇助行為があったものとまでは認めることはできない。」として教唆・幇助の責任を否定した。

制止させ，事故を回避する直接的・現実的方策があったとは認められないとして責任を否定している。

運転者以外の者に，運転者の飲酒した状態での運転を制止すべき義務が発生するためには，帮助行為時において，運転者が飲酒した状態で運転すること，及び，運転者が運転開始時に酩酊または飲酒により正常な運転ができない状態にあることについて，認識しまたは認識することができたことが要件になると考えられる。

3　共同不法行為者間の求償と免除の効力

(1)　共同不法行為者間の求償

ア　求償債務の性質等

共同不法行為者のうちの一人の損保が，被害者に保険金を支払うと，保険法25条1項によって他の共同不法行為者に対する求償権を代位取得する。求償権の性質について，最判平成10年9月10日（252頁）は不当利得返還請求権ないし一種の事務管理上の費用償還請求権と解していると言われており[304]，消滅時効期間については，たとえば神戸地判令和3年9月21日[305]が10年としている。

求償債務は期限の定めのない債務として成立する（平成10年最判）から，その遅延損害金の起算日は，被害者に支払をした加害者（損保）が他の共同不法行為者に請求した翌日と考えられる[306]。

イ　求償の範囲と民法改正

判例は，共同不法行為者間では過失の割合に応じて求償が認められる

(304)　最判解 H10(下)793頁。

(305)　交民54-5。「被告Eは，原告保険会社が代位した被告Eに対する不法行為による損害賠償権は消滅時効が完成している旨主張するが，原告保険会社の請求は，本件保険契約に基づく対物賠償保険金についての求償権の行使であり，同請求権の消滅時効期間は10年である（改正前民法167条1項）から，消滅時効期間は完成していない。」

(306)　福岡地判 H19.3.2（交民40-2）。平成10年最判も，他の共同不法行為者に対する支払催告の翌日からの遅延損害金の支払を認めた原審の判断を是認した。もっとも，前掲神戸地判は，催告の翌日ではなく保険金の支払日の翌日としている（この点については交民54索引・解説号33頁を参照）。

としている（最判昭和41年11月18日[307]）。

一部弁済がされた場合については，最判昭和63年7月1日[308]が，自己の負担すべき額を超えて弁済した場合に，その超過額について求償を認めていた。たとえば，甲と乙が共同不法行為により丙に200万円の損害を与え，甲と乙の過失の割合が甲3割・乙7割の場合に，甲が丙に90万円弁済したら，甲は乙に30万円（200万円×0.3=60万円を超える部分）を求償できる（弁済額60万円以下の場合は求償できない）。

近時の民法改正では，連帯債務の規定が改正された。連帯債務者の1人が弁済等によって共同の免責を得たときは，免責を得た額が自己の負担部分を超えるかどうかにかかわらず，他の連帯債務者に対して，その免責を得るために支出した額のうち各自の負担部分に応じた額の求償権を有することになる（442条1項）。負担部分は額ではなく，割合であると解釈するものである[309]。

共同不法行為者についても，同条が適用され，自己の負担部分を超える額の支出をしなくても，支出額のうち負担部分に応じた額について他の共同不法行為者に求償できることになる（判例の立場は変更される）だ

---

(307)　判時473，判タ202。「右事実関係のもとにおいては，被上告会社と上告人及び被上告人Aらは，Bに対して，各自，Bが蒙った全損害を賠償する義務を負うものというべきであり，また，右債務の弁済をした被上告会社は，上告人に対し，上告人と被上告人Aとの過失の割合にしたがつて定められるべき上告人の負担部分について求償権を行使することができるものと解するのが相当である。」

(308)　判時1287，判タ676。「被用者がその使用者の事業の執行につき第三者との共同の不法行為により他人に損害を加えた場合において，右第三者が自己と被用者との過失割合に従って定められるべき自己の負担部分を超えて被害者に損害を賠償したときは，右第三者は，被用者の負担部分について使用者に対し求償することができるものと解するのが相当である。けだし，使用者の損害賠償責任を定める民法715条1項の規定は，主として，使用者が被用者の活動によって利益をあげる関係にあることに着目し，利益の存するところに損失をも帰せしめるとの見地から，被用者が使用者の事業活動を行うにつき他人に損害を加えた場合には，使用者も被用者と同じ内容の責任を負うべきものとしたものであって，このような規定の趣旨に照らせば，被用者が使用者の事業の執行につき第三者との共同の不法行為により他人に損害を加えた場合には，使用者と被用者とは一体をなすものとみて，右第三者との関係においても，使用者は被用者と同じ内容の責任を負うべきものと解すべきであるからである。」

(309)　改正法は，「その免責を得た額が自己の負担部分を超えるかどうかにかかわらず」と規定し，そのことを明確に規定している。

ろうか。被害者保護のために，改正法を適用せず，判例の解釈が妥当すると解することもあり得るとする考え方もある[310]。

ウ　複数の共同不法行為者に対する求償

求償の相手方が複数でも，共同不法行為者が「横並び」であれば同様に考えられるだろう。では，「縦並び」の場合，すなわち共同不法行為者に使用者がいた場合はどうなるだろうか[311]。

設例 1

Cの従業員Aが仕事で運転する車と，Bが運転する車が双方の過失で衝突し，傍らのX所有建物を損壊した。

AからB，BからAへの求償は，イで述べたとおりである。CからAへの求償及びAからCへの求償（逆求償）については，民法715条3項の問題として145頁で述べた。BからCへの求償については，前掲昭和63年最判が，使用者と被用者は一体をなすとして（負担部分を超える範囲で）求償を認めた。同最判に照らすと，CからBへの求償も同様に解される。

設例 2

Cの従業員Aが仕事で運転する車とDの従業員Bが仕事で運転する車が双方の過失で衝突し，傍らのX所有建物を損壊した。

それぞれの加害行為について使用者責任を負う者がいる場合，使用者間の求償（CからD，DからCへの求償）はどうなるだろうか。この場合も，どの加害者との関係で賠償債務を負担したかに関わらず，賠償債務者全体（A〜D）が被害者に対して連帯債務を負担するが，求償関係は

(310)　赤い本2020年下巻73頁。交民54索引・解説号33頁〜34頁，筒井健夫他「一問一答民法（債権関係）改正」（商事法務）119頁も参照。

(311)　潮見Ⅱ183頁以下，窪田493頁以下。

個々の賠償義務者につき決定される（他の賠償債務者と，求償に対して連帯負担する関係にはないことになる。）[312]のか，それとも加害者ごとにグループ分けする（グループごとの負担額（割合）を算出し，当該グループの負担額の範囲内では，他のグループからの求償に対して連帯責任を負う。）のか。最判平成3年10月25日[313]は，後者の考え方をとり，被用者の過失の割合で使用者が負担するとした。

では，共同不法行為者の1人に複数の使用者または運行供用者がいる場合はどうなるだろうか（共同不法行為に限らず，直接の加害者が1人である場合にも問題となる。）[314]。

(312)　設例ではABCDの負担部分を考え，4人の共同不法行為者がいるかのように求償関係を処理する。

(313)　判時1405，判タ773，交通百選，要約24。「1　複数の加害者の共同不法行為につき，各加害者を指揮監督する使用者がそれぞれ損害賠償責任を負う場合においては，一方の加害者の使用者と他方の加害者の使用者との間の責任の内部的な分担の公平を図るため，求償が認められるべきであるが，その求償の前提となる各使用者の責任の割合は，それぞれが指揮監督する各加害者の過失割合に従って定めるべきものであって，一方の加害者の使用者は，当該加害者の過失割合に従って定められる自己の負担部分を超えて損害を賠償したときは，その超える部分につき，他方の加害者の使用者に対し，当該加害者の過失割合に従って定められる負担部分の限度で，右の全額を求償することができるものと解するのが相当である。けだし，使用者は，その指揮監督する被用者と一体をなすものとして，被用者と同じ内容の責任を負うべきところ（略），この理は，右の使用者相互間の求償についても妥当するからである。」

(314)　前掲潮見188頁，窪田495頁。前掲最判H3は，「2　また，一方の加害者を指揮監督する複数の使用者がそれぞれ損害賠償責任を負う場合においても，各使用者間の責任の内部的な分担の公平を図るため，求償が認められるべきであるが，その求償の前提となる各使用者の責任の割合は，被用者である加害者の加害行為の態様及びこれと各使用者の事業の執行との関連性の程度，加害者に対する各使用者の指揮監督の強弱などを考慮して定めるべきものであって，使用者の一方は，当該加害者の前記過失割合に従って定められる負担部分のうち，右の責任の割合に従って定められる自己の負担部分を超えて損害を賠償したときは，その超える部分につき，使用者の他方に対して右の責任の割合に従って定められる負担部分の限度で求償することができるものと解するのが相当である。この場合において，使用者は，被用者に求償することも可能であるが，その求償し得る部分の有無・割合は使用者と被用者との間の内部関係によって決せられるべきものであるから（略），使用者の一方から他方に対する求償に当たって，これを考慮すべきものではない。3　また，複数の者が同一の事故車両の運行供用者としてそれぞれ自賠法3条による損害賠償責任を負う場合においても，右と同様に解し得るものであって，当該事故の態様，各運行供用者の事故車両に対する運行支配，運行利益の程度などを考慮して，運行供用者相互間における責任の割合を定めるのが相当である。」とした。

(2)　免除（債権放棄）の効力

改正前民法において免除は絶対的効力事由とされていたが，最判平成10年9月10日[315]は，被害者と共同不法行為者の一人との間で訴訟上の和解が成立した場合，（不真正連帯債務なので旧437条は適用されないが，）被害者が，右訴訟上の和解に際し，他の共同不法行為者の残債務をも免除する意思を有していると認められるときは，同人に対しても残債務の免除の効力が及ぶとした。

免除を相対的効力事由とした（441条参照）近時の民法改正においてもこの理は妥当するが，一部弁済をして免除を受けた連帯債務者は，他の連帯債務者に負担部分に応じて求償できることになる（445条）。

4　共同不法行為と過失相殺

(1)　過失相殺の方法

設例

XがYとZの共同不法行為によって300万円の損害を被り，それぞれの過失割合がX：Y：Z＝1：2：3の場合[316]，XはY，

(315)　判時1653，判タ985，民法百選Ⅱ，最判解H10(下)。「1　甲と乙が共同の不法行為により他人に損害を加えた場合において，甲が乙との責任割合に従って定められるべき自己の負担部分を超えて被害者に損害を賠償したときは，甲は，乙の負担部分について求償することができる（略）。2　この場合，甲と乙が負担する損害賠償債務は，いわゆる不真正連帯債務であるから，甲と被害者との間で訴訟上の和解が成立し，請求額の一部につき和解金が支払われるとともに，和解調書中に「被害者はその余の請求を放棄する」旨の条項が設けられ，被害者が甲に対し残債務を免除したと解し得るときでも，連帯債務における免除の絶対的効力を定めた民法437条の規定は適用されず，乙に対して当然に免除の効力が及ぶものではない（略）。しかし，被害者が，右訴訟上の和解に際し，乙の残債務をも免除する意思を有していると認められるときは，乙に対しても残債務の免除の効力が及ぶものというべきである。そして，この場合には，乙はもはや被害者から残債務を訴求される可能性はないのであるから，甲の乙に対する求償金額は，確定した損害額である右訴訟上の和解における甲の支払額を基準とし，双方の責任割合に従いその負担部分を定めて，これを算定するのが相当であると解される。」原審は，「控訴人と被控訴人のAに対する責任は，各自の立場に応じて別個に生じたもので，ただ同一損害の填補を目的とする限度で関連しているにすぎず，右限度以上の関連性はない（不真正連帯）のであるから，Aが控訴人に対し2000万円を超える損害賠償請求債権を放棄（ないし免除）したとしても，それが債権を満足させるものでない以上，放棄した部分を除いた現実の支払額のみを対象として求償金額の範囲を定めるのは相当ではな」いとしていた。

Zにいくら請求できるか

ア　絶対的過失相殺

Xは，Yに対してもZに対しても，300万円×(2+3)/(1+2+3)＝250万円を請求でき，Y，Zは250万円の連帯責任を負うとする考え方である。

被害者への賠償の実現（共同不法行為者中に無資力の者がいることのリスクを他の共同不法行為者に負担させる。）という共同不法行為制度の趣旨にはよりマッチすると言える。

イ　相対的過失相殺

Xは，Yに対して300万円×2/(1+2)＝200万円，Zに対して300万円×3/(1+3)＝225万円請求でき，Y，Zは200万円の限度で連帯責任を負う[317]とする考え方である。

Y，Zのいずれかの資力が不十分な場合，被害者が自分の過失の割合（設例では$\frac{1}{6}$）以上に賠償を受けられない部分が生じる。

(2)　どちらが原則か

ア　二つの最高裁判決[318]

交通事故と医療過誤が競合した事案に関する最判平成13年3月13日（243頁）は，交通事故については被害者3割，医療過誤については被害者の両親1割（経過観察や保護義務懈怠）の事案で，病院との関係では交通事故の過失割合を斟酌せず，全損害について1割の過失相殺をした

(316)　このように共同不法行為者ごとに考えるのでなく，各共同不法行為者の加害行為を一体として扱う考え方（一体的過失相殺）もある。結論は絶対的過失相殺と同じになる。

(317)　ほかにも考え方がある（再構築142頁～143頁）。

(318)　自賠責保険からの填補に関わる事案であるが，最判H11.1.29（572頁）も参考になる。新次元224頁（丸山）は，「平成11年最高裁判決は，共同不法行為者の一人と被害者との間に特別の関係があって，その共同不法行為者の過失を「被害者の過失」として考慮することができる場合には，相対的に過失相殺を行うことができることを明らかにした判決であると位置づけることができる。」としている。

(相対的過失相殺)。

これに対し，3台の自動車による同時事故に関する最判平成15年7月11日(319)は，三者間の同時事故（過失は被害車X：中央線オーバー対向車Y：走行車線はみ出し駐車車Z＝1：4：1）について，「一つの交通事故」において「原因となったすべての過失の割合を認定することができるとき」は，絶対的過失相殺によるべきであるとした。

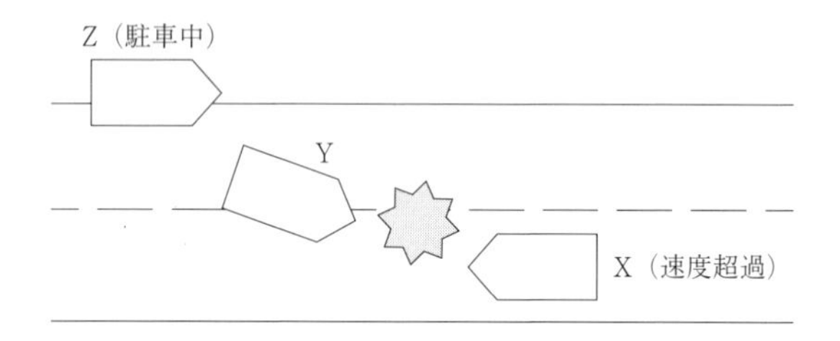

平成13年最判のように交通事故の加害者の過失と医療機関における過失が競合する場合は，過失の内容が質的に異なるため，絶対的過失割合を決めることはできないから，相対的に過失割合を決めることになるだろう。

では，交通事故が競合する場合は，絶対的過失相殺と相対的過失相殺の振り分けはどうなるだろうか。平成15年最判がいう「一つの交通事故」の意味は必ずしも明確ではないが，共同不法行為が成立するかどうかという問題と同じではないかという指摘がある。「原因となったすべての過失の割合を認定することができるとき」については，行為が同質

(319)　判時1834，判タ1133，交民36-4，要約23，交通百選。「複数の加害者の過失及び被害者の過失が競合する一つの交通事故において，その交通事故の原因となったすべての過失の割合（以下「絶対的過失割合」という。）を認定することができるときには，絶対的過失割合に基づく被害者の過失による過失相殺をした損害賠償額について，加害者らは連帯して共同不法行為に基づく賠償責任を負うものと解すべきである。これに反し，各加害者と被害者との関係ごとにその間の過失の割合に応じて相対的に過失相殺をすることは，被害者が共同不法行為者のいずれからも全額の損害賠償を受けられるとすることによって被害者保護を図ろうとする民法719条の趣旨に反することになる。」もっとも，絶対的過失割合が認定できると絶対的過失相殺が適用されるのはなぜか，ということの説明になるだろうか（窪田491頁参照）。

で各過失を同一平面で比較できるか否かによる等と説明される。同時類似事故であっても，事故被害者への「物理的入力」が一つである場合は，絶対的過失相殺が妥当するだろうが，同時類似事故の中でも「一つの事故」と言えるかが微妙な場合は理解が分かれる(320)。

イ　その後の下級審裁判例（同時類似事故）

異時事故のうち，時間的場所的近接性が認められ（同時類似事故），各加害者が連帯責任を負う場合は，横浜地判平成30年9月13日(321)，東京地判平成27年1月26日(322)，和歌山地判平成26年9月11日(323)，仙台地判平成26年4月24日(324)，横浜地判平成24年4月26日(325)のように，絶対的過失相殺による裁判例が大部分である。第1事故の発生から第2事故の発生まで10分以上経過している場合についても，名古屋地判平成25年3月27日(326)，大阪地判平成24年3月27日(327)のように，

---

(320)　再構築144頁が「先行車接触・後続車との衝突誘因型」としている類型で，先行車と衝突した被害車がすぐ後から通過しようとした後続車の進路前方に進入する場合や，衝突した被害者が路上で横臥する状態となったため後続車両との衝突の危険性が発生した場合があげられている。

(321)　自J2035。「Aが死亡するに至った直接の原因となったのは第2事故であると認められるところ，第2事故におけるAの過失割合は50％であり，Aが路上に横臥する原因となった第1事故のAの過失割合は70％であるから，本件の絶対的過失割合は，A35％，Y（第1事故加害者）15％，W（第2事故加害者）50％となる」と被害者自動二輪車に35％の過失を認定した。

(322)　交民48-1，最前線32。3台が関与する多重衝突事故について，民法719条1項前段の共同不法行為の成立を認めた。

(323)　交通事故判例速報580。第1事故加害者が車道上に転倒した被害者をそのままにして電話（119番通報）していたところ，第2事故加害車が轢過した。

(324)　自J1931。第1事故の約20秒後の第2衝突について共同不法行為の成立を認め，「第1事故及び第2事故における原告の過失割合については，第1事故及び第2事故の時間的近接性などからすれば，本件事故全体における原告の過失割合をみることが相当である」とし，原告の過失を1割とした。

(325)　自J1878。第1加害車に接触された被害原付が駐車中の第2加害車に衝突した。「本件事故については三者それぞれに過失があり，絶対的過失割合は，花子3：被告甲野（第1事故加害者）6：被告丙川（第2事故加害者）1とするのが相当である。」

(326)　交民46-2。Y普通貨物車がB大型貨物車に追突（第1事故）して第2車線に停止した7分後，Z大型貨物車がY車に衝突（第2事故），停止した8分後，X乗用車がY車等との衝突を回避したが，Yを救助に向かったA歩行者を中央分離帯付近で衝突死（第3事故）させた事案（Aの遺族に賠償したXがY・Zに求償した）で，XYZの共同不法行為を認め，各加害者の絶対的過失をX：Y：Z＝40：50：10とした。

(327)　自J1877。車線変更した第1事故加害車Yと衝突して走行不能となり第4車線に停止した被

共同不法行為の成立を認めた上で全体を一個の事故とみて絶対的過失相殺をした例もある[(328)]。なお，名古屋地判平成25年7月3日[(329)]は相対的過失相殺によっているが，絶対的過失相殺が困難と考えられる事案である。

これに対し，各加害者が連帯責任を負わない場合（第1事故と第2事故による損害との間に相当因果関係がない場合）は，事故ごとに被害者の過失割合を認定して過失相殺する（相対的過失相殺）。

では，第2事故の加害者が因果関係一部不存在の抗弁や寄与度減責の抗弁の立証に成功し，第1事故加害者が全損害の賠償責任を負うが，第2事故加害者は一部の責任しか負わない場合はどうだろうか[(330)]。

害車Xに20分後に第2事故加害車Zが追突した事案で共同不法行為の成立を認め，絶対的過失割合をX16：Y24：Z60とした。

(328)　各加害者が連帯責任を負う場合については，裁判例は概ね絶対的過失相殺によっているようだ。第2事故加害者が因果関係一部不存在の抗弁や寄与度減責の抗弁の立証に成功し，同加害者が一部しか責任を負わない場合については次に述べる。

(329)　自J1909。第1事故により路上横臥中の被害者を第2事故加害車が轢過した。「氏名不詳者の第一事故と本件事故とでは，場所においてはほぼ同一であり，場所的近接性があり，また，第一事故の時間は不明であるものの，花子は夕食後午後9時ころ就寝した後，外出しており（略），本件道路は夜間でも車両の行き来があること（略）を考慮すると，長時間道路に横臥していたとは認めがたく，時間的近接性も認められ，したがって，客観的関連性が認められ，氏名不詳者の行為と被告乙山の行為とは共同不法行為となるものといえる。」「本件において，氏名不詳者の行為と被告乙山の行為とは共同不法行為となるが，氏名不詳者は本件訴訟の当事者とはなっておらず，また，氏名不詳者の第一事故についての事故態様は不明と言わざるを得ない。そうすると，本件において絶対的過失割合を採用することは困難であり，相対的過失割合を採用するのが相当である。そして，本件事故前花子は片側2車線の幹線道路に夜明け前横臥していたものであり，過失割合は花子と被告乙山とで6対4と認めるのが相当である。」

(330)　実務380頁は，両加害者が連帯責任を負う損害については絶対的過失相殺により，第1事故加害者のみが責任を負う損害については第1加害者と被害者の過失割合によって過失相殺をすることになると考えられるとしている。

第4章
物　損

第1節　人損と物損

1　請求権の個数

(1)　人身損害による損害賠償請求権との関係

物損（物件損害）とは，人体以外の物に損傷が発生したことから生じる損害である。一つの交通事故で人の生命身体が侵害されるとともに，その財産権が侵害されることが少なくないが，生命身体の侵害による損害賠償請求権と財産権侵害による損害賠償請求権は，別個の請求権（訴訟物）であると解されている[(1)]。最高裁も，最判令和3年11月2日[(2)]で

---

(1)　LP227頁。例えば，大阪地判H8.10.29（交民29-5）は，原告が提訴後に追加した物損について，訴え提起によって時効中断効を生じていないとして時効完成を認めて請求棄却した。「原告は，本件事故に原告が被告らに対して取得する損害賠償請求権はそれが人損であれ物損であれ単一の権利であるから，物的損害のみが人的損害と切り離されて消滅時効にかかることはない旨主張するが，被侵害利益の相違等を考慮すれば，人的損害と物的損害の賠償請求権は別個の訴訟物と解するのが相当であるから，原告の右主張は採用しない。」

(2)　判時2521，判タ1496。「交通事故の被害者の加害者に対する車両損傷を理由とする不法行為に基づく損害賠償請求権の短期消滅時効は，同一の交通事故により同一の被害者に身体傷害を理由とする損害が生じた場合であっても，被害者が，加害者に加え，上記車両損傷を理由とする損害を知った時から進行するものと解するのが相当である。なぜなら，車両損傷を理由とする損害と身体傷害を理由とする損害とは，これらが同一の交通事故により同一の被害者に生じたものであっても，被侵害利益を異にするものであり，車両損傷を理由とする不法行為に基づく損害賠償請求権は，身体傷害を理由とする不法行為に基づく損害賠償請求権とは異なる請求権であると解されるのであって，そうである以上，上記各損害賠償請求権の短期消滅時効の起算点は，請求権

このことを明らかにし，消滅時効の起算点も各別に判断されるとした。

日常生活において必要不可欠のものとして身体に密着し，身体機能の一部を代行しているもの（義肢，義歯，松葉杖，補聴器，眼鏡等）に生じた損害は，自賠責実務上人身損害として扱われており，損害賠償請求においても「他人の生命又は身体を害した」（自賠法３条）不法行為として（人損として）扱えると解される。

着衣や装飾品，携行品の損害については，身体機能を代行するものではないので，「他人の生命又は身体を害した」といえず，自賠法３条責任は問えない（物損として請求する）。民法改正により，令和２年４月以降の事故については人損と物損で時効期間が異なることになったので，注意が必要である。

⑵ 複数の財産権が侵害された場合

侵害を受けた複数の財産権が同一人に帰属する場合でも，個々の財産権ごとに損害賠償請求権が生じる（損傷を受けた物件ごとに別個の訴訟物を構成する）と解されている[(3)]。もっとも，前掲令和３年最判ではこの点は問題になっておらず，最高裁は，物損と人損を区別した後に物損をさらに細分化するかどうかについては判断していない。

⑶ 具体的な帰結

消滅時効や示談の効果において，人損と物損，物損相互間で差が生じることがありえ，改正後民法が適用されない事案でも，前掲大阪地判（注⑴）のようなことがあり得る。人損について治療費が一括対応されているから安心していると，物損について消滅時効を主張されたということも起こらないとは言い切れない。

ごとに各別に判断されるべきものであるからである。」

⑶ LP227頁，実務426頁～427頁。

(4)　示談後の損害発生

ア　予想できなかった損害

示談書等の末尾には，権利放棄条項や清算条項が記載されるが，示談後に，示談当時は予想できなかった損害が発生したとして，その賠償が求められることがある。最判昭和43年3月15日[(4)]は，「全損害を正確に把握し難い状況のもとにおいて，早急に小額の賠償金をもって満足する旨の示談がされた場合」は，「その当時予想できなかった不測の再手術や後遺症がその後発生した場合その損害についてまで，賠償請求権を放棄した」と解することはできないとした。もっとも，どの程度の乖離であれば「予想できなかった」と言えるかは微妙な場合がある。

イ　留保条項

このような問題を避けるために，自賠責保険においてより上位の後遺障害が認められた場合は別途協議する等の条項（留保条項）を入れることがある[(5)]。

---

(4)　判時511，判タ218，民法百選Ⅱ，交通百選，要約45。「一般に，不法行為による損害賠償の示談において，被害者が一定額の支払をうけることで満足し，その余の賠償請求権を放棄したときは，被害者は，示談当時にそれ以上の損害が存在したとしても，あるいは，それ以上の損害が事後に生じたとしても，示談額を上廻る損害については，事後に請求しえない趣旨と解するのが相当である。しかし，（略）被害者Aは（略）左前腕骨複雑骨折の傷害をうけ，事故直後における医師の診断は全治15週間の見込みであったので，A自身も，右傷は比較的軽微なものであり，治療費等は自動車損害賠償保険金で賄えると考えていたので，事故後10日を出でず，まだ入院中の同月25日に，Aと上告会社間において，上告会社が自動車損害賠償保険金（10万円）をAに支払い，Aは今後本件事故による治療費その他慰藉料等の一切の要求を申し立てない旨の示談契約が成立し，Aは右10万円を受領したところ，事故後一か月以上経つてから右傷は予期に反する重傷であることが判明し，Aは再手術を余儀なくされ，手術後も左前腕関節の用を廃する程度の機能障害が残り，よって77万余円の損害を受けたというのである。このように，全損害を正確に把握し難い状況のもとにおいて，早急に小額の賠償金をもって満足する旨の示談がされた場合においては，示談によって被害者が放棄した損害賠償請求権は，示談当時予想していた損害についてのもののみと解すべきであって，その当時予想できなかった不測の再手術や後遺症がその後発生した場合その損害についてまで，賠償請求権を放棄した趣旨と解するのは，当事者の合理的意思に合致するものとはいえない。」

(5)　交通事故紛争処理センターの免責証書の書式には，あらかじめ留保条項が入っている。消滅時効との関係で，留保条項がある場合の「損害を知った」へのあてはめについて，前橋地判H23.7.27（判時2128）は，留保条項を限定的に解する被告の主張を退けたうえ，時効起算点については異議申立により等級が変更された時と解している。これに対し，新たな後遺障害が生じ

2　その他

(1)　請求権の帰属主体

所有権が侵害された車両所有者が車両損害の賠償を請求できるのは当然であるが，所有権留保車両やリース車両の使用者のように所有者ではない車両使用者が賠償請求できるかどうかが問題になることがある（282頁以下で検討する）。

着衣，携行品についても所有者が賠償請求する。

(2)　責任根拠

物損について自賠法3条の適用はない（したがって「第三条の規定による保有者の責任が発生した場合」（同法11条1項）に支払われる自賠責保険も働かない。）ので，709条責任等を追及することになる。訴状請求原因の記載に注意する[6]。

(3)　自賠責保険からの支払の損益相殺

自賠責保険は人損を填補するものだから，その受領額は物損の損害額から控除できない。自賠責実務上人身損害として扱われている義肢，義歯，松葉杖，補聴器，眼鏡等に生じた損害については，前述のとおり損害賠償請求においても人損として扱えると解されるから，自賠責保険からの受領額の損益相殺の対象となる。

た場合は自賠責の等級認定を受け，自賠責保険から保険金を受領して解決する旨の文言であった場合については，大阪地判H22.5.17（交民43-3。詳説237頁）は請求権放棄を認めた。このような文言は用いるべきではないだろう。

(6)「実務上，人身損害と物損を区別せずに，一体のように扱う訴えが散見されるが，適当ではない。特に，一部の携行品等は人身損害と取り扱う事例もあるところ，その内容等を十分に吟味の上，責任原因の主張や損益相殺的調整を適切に行う必要がある。」（実務429頁）。

第2節　車両の損傷による財産的損害

1　全損と分損

(1)　区別と賠償の範囲

ア　全損と分損の区別

損傷を受けた車両の修理が可能である場合を分損，修理が不可能である場合を全損という。ここに修理不能とは，物理的または経済的に修理不能となった場合や車体の本質的構造部分に重大な損傷が生じたため社会通念上買替えが相当な場合を指す。

イ　損害賠償の範囲

分損の場合は，車両の修理に要する費用が損害賠償の対象となる。このほか評価損が問題になる。

全損の場合は，修理費の請求はできず，車両価格（及び買替諸費用）と売却価格（スクラップ代金等）の差額（買替差額）を請求できるにとどまる。車両価格は時価（269頁）である。買替諸費用については272頁で述べる。

このほか，相当な修理期間または買替期間について，代車料や休車損害が認められることがある。

以上のうち，休車損害は消極損害（逸失利益）であり，その他は積極損害である。

(2)　物理的全損と経済的全損

ア　物理的全損

自動車が物理的に修理（原状回復）不能となった場合をいう。

イ　経済的全損

修理すれば自動車の機能自体は維持できるが，修理費がかかり過ぎて新たに購入したほうが経済的な場合をいう(7)。損害賠償制度の目的は被害者の経済的状態の回復にあるところ，この場合に不法行為前の経済状態の回復以上の賠償を認めるべきではないからである。

被害車両が経済的全損になったこと，すなわち適正修理費用が事故前の被害車両の価格及び買換諸費用の合計額を上回ることは，適正修理費用の賠償を免れようとする加害者において立証すべきであるとした裁判例がある[8]。

ウ 経済的全損の認定

修理費の額が車両評価額を上回る場合に経済的全損とされるが，近時の下級審裁判例をみると，単純に修理費が事故車両の時価額を上回るだけで経済的全損とはせず，修理費と比較すべき車両の評価額は車両時価額に買替諸費用を含めた額であるとした上で，経済的全損か否かを判断している（裁判例として，東京地判平成14年9月9日[9]，同平成15年8月4日[10]等）。

---

(7) 物理的全損，経済的全損のほかに，後掲最判S49.4.15を踏まえて社会的全損（フレーム等車体の本質的構造部分に重大な損傷が生じたため社会通念上買替えが相当な場合）の語が用いられることがある（北河368頁）。もっとも，「現在では，自動車の構造の変化，修理技術の進歩などの理由から修理費額が時価額を下回る場合に自動車を買い替える必要性があると認められることはほとんどないと思われる。」（注解394頁）との指摘がある。

(8) 東京地判H28.6.17（交民49-3）。

(9) 交民35-6，要約134。「車両が全損と評価される場合には，被害者は，被害車両を修理して再び使用することはできず，元の利益状態を回復するには同種同等の車両を購入するほかない。したがって，被害車両に投下した車検費用等については，その出捐に見合う使用ができなくなることになるから，残存車検費用のうち，少なくとも時価額に包含される部分を超える限度において事故による損害と認められるべきであるし，新たな車両の購入に伴って生ずる諸費用は，車両の取得行為に付随して通常必要とされる費用の範囲内において，事故による損害と認められるべきである。これら費用等が認められて初めて，被害者の経済状態は被害を受ける前の状態に回復されたといえる。こうしてみると，いわゆる経済的全損か否かの判断に当たって，修理費の額と比較すべき全損前提の賠償額については，車両時価額のみに限定すべき理由はなく，これに加えて，全損を前提とした場合に事故による損害と認められるべき車検費用や車両購入諸費用等を含めた金額であると解すべきであり，逆に，修理費の額が，車両時価額を上回っていたとしても，これが，車両時価額と全損を前提とした場合に事故による損害と認められるべき諸費用を加えた額を下回る場合には，もはや経済的全損と判断することはできず，修理費の請求が認められるべきである。」当該事案では経済的全損にあたるとした。

(10) 交民36-4。同程度の中古車両の取得に要する自動車取得税，事故車両の自動車検査証有効期間の未経過部分に相当する自動車重量税（検査証有効期間の未経過部分に相当する自動車税及び自賠責保険料については還付されるので損害と認めない），移転登録，車庫証明，廃車のための各法定費用，販売店の登録代行費用，車庫証明手続代行費用，納車費用（消費税分を含む）を損害

では，評価損が認められる場合はどうだろうか。この点について，修理費額と評価損の合計額が車両時価額と買替諸費用の合計額を上回る場合にも，経済的全損と判断すべきであるとの指摘があり(11)，この考え方に沿う裁判例がある(12)。

2　修理費

(1)　修理の流れ

ア　多くの場合

軽微事故の場合を除き，保険会社（対物社）から委託されたアジャスター(13)が事故車両を検分し，修理工場との間で，修理方法，修理内容について自研センター方式(14)に基づき協議する。協議がまとまれば，保険会社と修理工場が修理費について協定する。この場合は修理費の相当性は問題とならないことが多い。

イ　協定額が争われる場合

もっとも，協定には法的拘束力がないので，協定後に相当な修理費の額が争われることもある。請求側が，見分時には発見されなかった損傷が発見された等として協定額を上回る修理費を主張する場合と，支払側が，協定内容の検証の結果事故との相当因果関係がないと判断するに至った等として協定額を下回る修理費を主張する場合がある。

ウ　協定未成立の場合

事前に保険会社（対物社）に連絡せずに修理したり，協定が成立しないまま修理したりすると，修理の必要性・相当性が争われることになる

と認めた。

(11)　赤い本2019年下巻15頁，注解389頁〜390頁。

(12)　たとえば，後掲名古屋地判R3.1.13（自J2092）は，時価額を217万3200円と認定し，修理費210万6009円及び修理費の1割ないし2割程度の評価損が認められるとして，経済的全損として217万3200円の賠償を認めている。

(13)　（一社）日本損害保険協会に登録された事故調査員。保険会社から委託を受けて車両の損傷状態を調査し，損害額の認定を行うが，物損事故の示談交渉の補助業務も行う。

(14)　自研センターは，損害保険会社等が設立した株式会社であり，損傷自動車修理の工賃算定のために，脱着・取替，板金及び塗装に関して標準的な修理作業時間を示す指数（国産車・輸入車）を作成している。指数に掛けるレイバーレイトは修理工場により同じではない。

から，修理に先立って対物社に連絡し，立会（損傷状態の確認）の機会を与えておくべきである。

(2)　修理の相当性

ア　立証資料

損傷の事故起因性が問題となる場合は，事故態様の立証が焦点となる。実況見分調書（物損事故として処理されていれば物件事故報告書），損傷状況の写真，アジャスターの意見書や工学鑑定書等によって立証する。

修理の内容・金額が問題となる場合は，修理工場の見積書，アジャスターや修理業者の意見書，当該車両の修理マニュアル等によって立証する。

イ　全塗装か部分塗装か

補修塗装の技術は進歩しており，新車時の焼付塗装と比べて遜色がない（専門家でなければ区別できない）と言われている。そのため，全塗装の合理的理由（特段の事情）がない限り部分塗装で足りるとされる(15)。

全塗装の合理的理由について判断した裁判例として，東京地判平成元年7月11日(16)（バッテリー液が広範囲に飛散した事案について全塗装の必要性を肯定した。），同平成7年2月14日(17)（高級外車について外観に重大

(15)　全塗装が認められる特段の事情について園高明「物損事故の原状回復」（東京三弁護士会交通事故処理委員会編「交通事故訴訟の理論と展望」（ぎょうせい））372頁参照。

(16)　判時1329，判タ716。「本件事故によってバッテリー液が本件自動車の広範囲な部位にわたって飛散し，バッテリー液による塗装と下地の腐食を防ぐために補修塗装の必要があったにもかかわらず，どの範囲でバッテリー液が飛散したのか明確でなかったというのであるから，原告が，車体の保護等のため本件自動車に対する修理方法として全塗装を選択したことには合理性があるものというべきであり，原告が全塗装に要した費用54万8000円は本件事故と相当因果関係のある損害というべきである。」

(17)　交民28-1。新車購入後約2年の外国製乗用車のキャデラックについて，「部分塗装による場合，太陽光線や蛍光灯の下で，塗装しない部分とつややくすみの差が生じるというのであるが，原告車の部分塗装の範囲も考慮した場合，右の程度の差異は原告車の外観に重大な影響を与えるものとはいいがたい。」「右のような多少の光沢の差が生じるのは，原告車が購入後2年近くを経過して，既に色褪せ等が生じていたためであることや，全塗装する場合に要する費用は，原告車の損傷のひどい後部の部分塗装の場合に要する費用の2倍以上にもなることなどの事情も併せて考慮すれば，本件において，原告車の全塗装を認めるのは，過大な費用をかけて原告車に原状回

な影響を与えないとして全塗装の必要性を否定した。)，東京高判平成26年1月29日(18)（特殊な塗装を施した車両であっても損傷部の部分塗装で足りるとした。）等がある。見た目の問題にすぎない場合は，全塗装は認められにくい。もっとも，評価損として考慮される余地はあるだろう(19)。

ウ　板金修理か部品交換か

板金による修理が不可能であり，パネル等の交換が必要であると主張される場合がある。損傷が車体の枢要部分に及ぶ場合はパネル等の交換費用が認められることがあるが，外部パネルの一部の損傷にとどまる場合は，板金修理及び部分塗装が基本とされる。たとえば，大阪地判平成25年6月14日(20)は，フェンダー部分の亀裂について，構造上問題ある

復以上の利益を得させることになることが明らかであり，修理方法として著しく妥当性を欠くものといわざるをえないから，部分塗装を前提とした修理費用をもって本件事故と相当因果関係にある損害というべきである。」

(18)　自J1913，最前線22。キャンディ・フレーク塗装を施す普通貨物自動車後部十数センチメートルの擦過痕の補修について，「ア　損害賠償の対象となる塗装費用は，損害の公平な分担の観点からすると，原則として，修理のための塗装に必要かつ相当な費用，すなわち部分塗装費用ということになるのであって，部分塗装では非補修面との色の相違が誰の目にも明らかとなって美観が損なわれるとか，損傷範囲が大きく全塗装を認めても経済的に不合理ではないといった特別な事情がない限り，全塗装費用までは認められない。対象車両が高級外車であるとしても，外観的価値や威厳を保持するという観点は全塗装を正当化するものとは認められていない。イ　キャンディ・フレーク塗装に全塗装が必要であるという根拠はなく，一般の塗装と同様に部分塗装（ブロック塗装）が原則である。また，A車に施されているというキャンディ・フレーク塗装は，フレークの粒子が微細であり3コートパール塗装に類似した方法であるということができるから，補修作業時の注意点も一般的な補修塗装の延長線上にあるものであって，補修として部分塗装が不可能だとか著しく困難だという根拠はなく，損傷部である左クォーターパネルのブロック塗装で足りるものである。」とした。

(19)　注解384頁。

(20)　自J1910。「原告は，亀裂部分の修復につき，接着剤による修理（本件修理）では，高い確率で亀裂部分が拡大すると主張し，これに沿う証拠として，原告車の修理をした（略）の陳述書（略）を提出する。しかし，（略）陳述書では，亀裂の再発や拡大の確率が非常に高いと思われるとの推測が述べられているだけであり，また，陳述の裏付けとなるような客観的証拠は見当たらない。b　さらに，アウディジャパン株式会社ランボルギーニ事業部担当者は，ランボルギーニ・ディアブロGTでも，表面上のダメージでは，積層作業をし，構造上に問題あるダメージでは，ひび割れが生じたパーツを取り替えるとの作業を販売店に推奨しており，また，（略）陳述書でも「亀裂の程度が小さければ，カーボンファイバーシートマット貼付によって修理をすることは可能」としている。この点，原告車の右フロントフェンダー中央部の損傷には割損があるが，その亀裂は大きくはない（(略）陳述書でも亀裂は小さいとされている。)。したがって，構造上に問題

ダメージではないとして部品交換を認めなかった。これに対し，東京地判平成25年1月9日[21]は，枢要部分の広い範囲に損傷が生じた場合について，板金の整形やパテの補強だけでは本来の強度や外観を回復できないとして一部交換の必要性を認めた。

部品交換が認められる場合は，新品を使っても，原則として損益相殺による減額はしない。

エ　改造車の場合

原則として，改造部分を含めた全体について修理費相当額を損害と認めるが，改造内容が車両の効用を増加させるものではなく，法令に抵触したり，いたずらに損害を拡大させたりするようなものであるとして，過失相殺法理により損害額が減額されることがある[22]。

たとえば，東京高判平成2年8月27日[23]（金メッキバンパー事件）

があるダメージといい難く，積層作業で足りると考えて問題はないと認められる。」等として修理は完了しているとした。

(21)　自J1892。「証人C（略）は，本件事故により原告車の左フロントフェンダーに生じた損傷について，（略）の修理が必要であること，その理由として，損傷の範囲が広く歪みが大きいこと及び板金の整形やパテの補強だけでは本来の強度や外観を回復することができないこと等を証言するところ，その内容は，損傷部位の状況（略）に照らして信用できる。被告らは，整形等によっても原状を回復することは可能であるとして調査報告書（略）及び概算見積書（略）を提出するが，その内容は技術的な説明を欠くものであり，かつ，作成者の反対尋問を経ていないものであることから，これらの証拠によっても上記証言の信用性は左右されない。」

(22)　赤い本2005年下巻「改造車における修理費用及び車両価格の算定」159頁。LP228頁～229頁も，「自動車を改造するのは所有者の自由であるから，原則として相当因果関係を肯定したうえ，改造が道路運送車両法の定める保安基準に反するなど法令に抵触するような場合や，改造内容に照らしことさらに損害を拡大するようなものである場合には，過失相殺の法理により，例外的に減額するのが相当である。」としている。大系3　571頁～572頁も参照。

(23)　判時1387。「被控訴人らは，修理代のうちバンパーの金メッキ代14万8000円について本件事故との相当因果関係を争うので，この点について検討する。先ず，（証拠省略）によれば，損傷を受けた被害車両のリアバンパーを金メッキをした同種のものと取り替えるため，新品のバンパーに金メッキする費用として14万3000円を要したことが認められる。被控訴人らは右損害は控訴人固有の特別の損害であると主張するけれども，控訴会社が使用していた被害車両には金メッキを施したリアバンパーが取りつけられていたのであって，本件事故によりこれに損傷が生じ，同種の金メッキを施したバンパーと取り替えざるを得なかったのであるから，それに要した費用は本件事故と相当因果関係のある損害と認めるのが相当であり，被控訴人らの主張は採用することができない。しかし，そもそもバンパーは，交通事故が発生した場合に，自動車本体の損傷及び搭乗者の死傷を防止もしくは軽減させることを目的としているのであり，バンパーに金メッキ

は，バンパーの金メッキ費用を5割減額し，東京高判平成11年12月27日[24]（デコトラ事件）は，トラックのデコレーション部分の修理費を5割減額した。いずれも法律上許されない改造ではない事案である。

(3) 修理費の損害評価

ア　算定基準

必要かつ相当な修理費を請求できる。

保険実務における修理費の協定では，前述の自研センター方式が用いられている。自研センター方式は，訴訟においても尊重されているようだ。たとえば東京高判平成20年3月12日[25]は，自研センター方式と同様の方式による修理費算定の相当性を認めている。

イ　修理未了の場合

現実に修理をしていなくても，事故によって現に損傷を受けていれば，

を施すことはその効用を増加させるものではなく，かえって，損傷した場合の修復費用を増大させ無用に損害を拡大させるものであることを考慮すると，控訴人も損害の拡大について一つの原因を与えたことは否定し得ない。従って，過失相殺の法理により損害額を算定するにあたり控訴人の右行為を斟酌することができるというべきである。」

(24)　自J1328。「被控訴人の指摘する（略）の損傷箇所は，そもそも車両に装着されたデコレーションといわれる部品等の損傷箇所であるが，これらは車両自体の本来の機能とは別個に，通常の方法で製造され通常の運行機能を持つ車両本体の表面に，車両所有者の特異な好みによって特別な「飾り」を取り付けている部分をいうものであって，車両の走行等の機能にプラスの影響を及ぼすものではなく，また，車両の走行等の機能にプラスの要因としてその効用を増加させるものではないことは，その用途や機能等から明らかである。このうち特に前記（略）の部品等は車両が損傷した場合にはむしろ損害の発生を増大させるものであって，被控訴人の側にもこれらのデコレーションを装着させたことによって損害の拡大に原因を与えたと評価せざるを得ない。したがって，本件において車両のデコレーション損傷による損害額を算定するに当たっては，かかる被控訴人側の損害拡大に関与している事情をもしんしゃくして控訴人らに負担させるべき損害賠償額を定めるのが公平であると考えられるから，右（略）で認定したこれらを通常修復するに要する費用額として認められる各修理等費用の5割（合計77万2750円）を減額した上，その余の損害額をもって控訴人らに対して負担させるべき損害賠償額と認めるのが相当であ（る）」。大系3　571頁～572頁は，この判決と金メッキバンパー事件判決への疑問を呈している。たとえば車内に高額なオーディオを設置していたような場合と区別することは合理的だろうか。

(25)　自J1733。自研センター方式を基にした全国大型自動車整備工場経営協議会方式について，全国的に広く用いられているとして，この標準作業時間に1時間7000円のレイバーレイト（工賃）を乗じて修理費を算定した。

損害は既に発生しているといえ，適正な修理費を請求できる。修理見積[(26)]で計上された消費税相当額も損害に含まれる[(27)]。

ウ　異時事故の場合

異時事故で，各加害行為による修理費の合計が車両価格を超えたらどうなるだろうか。共同不法行為が成立する場合は経済的全損とすればよいが，そうでない場合（時間的間隔がある場合）が問題となる。第二事故直前の時価額と同事故による修理費額を比較するとしても，事故の時間的間隔が短い場合は前者の把握は難しいことが多いと思われる[(28)]。

3　買替差額等

(1)　買替が認められる要件

買替は全損の場合に認められる。物理的に修理が不能な場合に限らず，走行に不安が生じたり走行機能が低下したりした場合にも買替が認められるが，車両の本質的構造部分に重大な損傷が生じたことが客観的に認められることが必要である（最判昭和49年4月15日[(29)]）。

(2)　全損とされる場合の損害

ア　買替差額

買替が相当と認められれば，事故時の事故車の価値（時価）とその処分によって得られる利益（スクラップ価格ないし経済的全損の下取り価格）

---

(26)　修理費の見積書では，前部損傷の場合は前から後ろの順で，後部損傷の場合は後ろから前の順で修理内容が記載されている。

(27)　東京地判H29.3.27（交民50-6），同H30.5.15（交民51-3）等。注解385頁～386頁。青本では，修理代損害の箇所ではなく，「その他の損害」の中で消費税を扱っている。

(28)　赤い本2001年「異時衝突事故により修理代の合計額が車両価格を超えた場合の損害額」。

(29)　交民7-2，交通百選，要約133。「被害者両の所有者が，これを売却し，事故当時におけるその価格と売却代金との差額を事故と相当因果関係のある損害として加害者に対し請求しうるのは，被害車両が事故によって，物理的又は経済的に修理不能と認められる状態になったときのほか，被害車両の所有者においてその買替えをすることが社会通念上相当と認められるときをも含むと解すべきであるが，被害車両を買い替えたことを社会通念上相当と認めうるためには，フレーム等車体の本質的構造部分に重大な損傷の生じたことが客観的に認められることを要するものというべきである。」

の差額（車両価格と売却価格の差額）を請求できる（前掲昭和49年最判）。被害者がスクラップ価格等を取得している場合は，原則として（価格が不相当であると立証されない限り）売却代金額が損害から控除されるが，未売却の場合は，加害者において売却価格を立証できなければ損害から控除されないと解される[30]。

イ　時価

下取りに出すこと，及び下取り価格が決まっていた等の特殊な場合を除いて，販売価格（再調達価格・購入価格）を意味する[31]。中古車市場価格を参考にできればそれによるのが原則であり，安易に減価償却法（会計価格）によるべきではない（前掲最判昭和49年4月15日[32]）。例外的に会計価格を用いることができる場合としては，加害者及び被害者がこれによることに異議がない場合等の特段の事情がある場合（同最判）や，市場価格が形成されていないため個別的，具体的な価格算定の資料がない場合があげられる[33]。会計価格は，レッドブック等に比べてかなり低いことが多い。

中古車市場情報としては，レッドブック（「自動車価格月報」((有)オートガイド)），シルバーブック（小売価格情報）及びイエローブック（卸売価格情報）（(一財）日本自動車査定協会）[34]等がある。裁判実務ではレッド

---

(30)　スクラップ価格の位置付け及び賠償者代位（民422）については，赤い本2019年下巻「全損事故における損害概念及び賠償者代位との関係」，注解391頁～393頁。過失相殺がある場合の，過失相殺とスクラップ代控除の先後については，過失相殺前の損害額から控除した裁判例として，名古屋地判H31.2.1（2019WLJPCA02018001）等がある。交渉段階では，対物社が全損として時価額を賠償しても，被害車両を引き上げることはせず，その後スクラップを売却（下取り）して代価を受け取っても問題とされないことが少なくない。この点を考えて訴外で解決したほうがよい場合もあり得る。

(31)　交換価値の回復だけではなく，使用価値も回復されなければならないからである。

(32)「いわゆる中古車が損傷を受けた場合，当該自動車の事故当時における取引価格は，原則として，これと同一の車種・年式・型，同程度の使用状態・走行距離等の自動車を中古車市場でおいて取得しうるに要する価額によって定まるべきであり，右価格を課税又は企業会計上の減価償却の方法である定率法又は定額法によって定めることは，加害者及び被害者がこれによることに異議がない等の特段の事情のないかぎり，許されないものというべきである。」原審は，新車価額から定率法による減価償却費を控除して算定していた。

(33)　最判解S49　115頁。

ブックが用いられることが多い。レッドブックは，車検の残存期間，走行距離，装備品（オプション）等による加減があること，消費税抜き価格であることに注意する。インターネット上の中古車情報（グーネット，カーセンサー等）により同種の自動車の販売価格を参考にする場合（売買事例（サンプル）による認定）もある[35]。サンプル価格はレッドブックより高いことが多いので，積極的に利用して取引事例等の立証に努める。

ウ　改造車の場合

裁判例には，改造による付加価値を考慮して市場価格を認定するもの[36]，これを考慮しなかったもの[37]，改造のため減価したもの[38]がある。減価されるのは例外的と言えるだろう。

嗜好性の強い改造がされた場合，市場価格はどのように認定すべきだ

---

(34)　大系3　565頁，巴邦明「査定について」（交通法研究47）141頁～142頁，注解395頁～399頁。これらの中古車情報において支払価格として表示されている価格には，自賠責保険料等買替諸費用として請求できないものも含まれていることに注意。

(35)　前掲名古屋地判R3.1.13（自J2092）は，「レッドブックは裁判実務における中古車価格の認定において一定の役割を担ってきたものであり，少なくとも5台平均価格と同等の客観性を有するといえるから，乙山車の本件事故時の価格は，レッドブック価格と5台平均価格の中間値である217万3200円と認めるのが相当である。」としてレッドブックとインターネット上の価格（5台の平均値）の中間値を時価とした。ただし，「インターネット上の情報については信憑性に疑義がある場合もないとはいえず，証拠価値について慎重な検討が求められる場合もあろう。」（実務432頁）との指摘もある。

(36)　二輪車の例として，東京地判H29.10.24（自J2013）は，ベース車両価格約98万円に改造部品と直近の改造費の合計の2割程度（約64万円）を加算した。

(37)　二輪車の例として，大阪地判H31.1.15（交民52-1）は，「改造車の時価額を算定する際には，標準車の車両価格にその改造費用を含めて算定の基準とし，その交換価値を検討するのが相当であるが，その改造が法に抵触する場合や，車両の交換価値を増加させない場合やかえって交換価値を減価させる場合には，標準車の車両価格のみを算定基準とし，場合によっては標準車の車両価格を減額するのが相当である。（略）甲山車に対する改造の内容及び費用や，改造が車両の交換価値を増加させていることに関する証明がなく，標準車の車両価格である26万6720円を時価額とするのが相当である。」とした。

(38)　二輪車の例として，横浜地判R1.5.16（交民52-3）は，「シートの背もたれ部分が長く改造され，燃料タンクには富士山及び日の出の模様が施されるなどしていたものであったところ，こうした改造等が施されたことによって，その交換価値は大幅に減価されたものと考えられる。このような事情に鑑みると，本件事故が発生した当時の原告車両の価格としては，上記の89万円（注：中古車市場価格の下限）の30パーセントに相当する26万7000円と認めるのが相当である。」とした。

ろうか。裁判例の傾向を見ると，標準車のベース車両価格を基礎として，客観的価値の増加が残存しているかという観点から判断され，交換価値を低下させる改造はベース車両価格から減価されている。改造車だからといって，昭和49年最判にいう「特段の事情」があるとはいえないだろう。

エ　特殊な車両の場合

タクシーについては市場価格がしばしば問題となる。タクシーは一般に走行距離が長く，会計価格と市場価格の乖離は一般車に比べて小さい傾向があると言われることがあり，残価率を認定している裁判例も市場価格を認定していると見る余地がある。会計価格によっているものは，一定時期以降は残価率1割程度を認めているものが多いが，法定耐用年数（小型車は3年）を超えたら機械的に残価率で評価しているわけではない。減価償却方式をとる場合でも，法定耐用年数より長い年数を採用している裁判例が少なくなく，当該タクシー会社の他車両の経過年数及び使用期間が参考にされることもある(39)。観光バス（法定耐用年数5年）についても同様の問題がある。

取引事例が少なく，交換価値の認定に必要な資料が乏しいクラシックカー等の取引価格の認定は難しい(40)。特装車（ミキサー，タンクローリー，バス，保冷車等）についても取引事例は少ないが，査定協会（(一財)日本自動車査定協会）の査定があれば有力な証拠となる。

オ　納車直後の場合

納車直後で中古車市場価格が得られない場合はどうか。新車を購入した帰途に事故にあった場合等は，損益相殺されるべき利得はないと考え

(39)　たとえば，東京地判 H25.7.29（2013WLJPCA07298010）は，原告が保有するもっとも古い車両の状況をもとに耐用年数を8年（残価率0.332）とした。また，東京地判 R4.8.24（交民55-4）は，タクシー車両の一般的な使用期間（5年）からすると，法定耐用年数（3年）を基準として定率法により減価償却して車両時価を算定することは適切ではないとした上で，初度登録から2年11カ月が経過したタクシーの時価84万円にタクシー車両としての架装費用15万円を加えると修理費90万円を上回るとして，経済的全損を認めなかった。

(40)　畑中久彌「時価とは何か？クラシックカー，美術品等の不代替物が滅失した場合の損害額」（交通法研究47）4頁～7頁。

られるから，新車購入価格が賠償されるべきであるが，ある程度乗っている場合は減価されることになる(41)。査定協会は，中古車市場が形成されていない当年ものの査定基準価格の計算方法を定めている。

カ　買替諸費用

被害車両が全損の場合は，買替が必要であるから，そのために通常必要とされる費用は事故と相当因果関係があり損害として認められる（東京地判平成８年６月19日(42)等）。現実には買替をしていない場合でも，

---

(41)　大系３　568頁～569頁は，査定協会の当年ものの査定基準価格について，「合理的かはなお検討する必要がある。納車直後にいったん買い主の手に渡りナンバーが付いたという理由で市場価格が下がる登録落ちは，所有者がこれを売ろうと欲する場合には甘受せざるを得ないとしても，これを売る必要のない人には本来関係ないことであり，一般的には，わずか10日間使用しただけで新車価格より相当低い価格の自動車を中古車市場で購入することはできないからである。」としている。この点，大阪地判R4.3.24（交民55-2）は，1378万円で購入した事業用大型貨物車が，購入10日後に追突事故で大破した事案につき，購入価格とほぼ同額の車両損害（1350万円）が生じたとし，その額からスクラップを売却した代金約785万円を控除した残額約564万円を損害と認めた。名古屋地判R5.1.11（交民56-1）は納車から７日経過，走行距離70kmの事案で新車価格から5%減価した額を時価額とした。

(42)　交民29-3。「２　車両買い替え費用　５万0320円　原告Ａは，車両買い替え費用として，自動車税（未経過分相当額）２万0100円，登録費用１万8000円，同預り法定費用500円，自動車登録番号変更費用１万円，同預り法定費用1420円（プレート代実費），車庫証明費用9900円，同預り法定費用2500円及び納車費用8000円の合計７万0420円を主張し，被告は，これを否認する。原告Ａが，Ｂ車を買い替えたことは当事者間に争いがなく，（略），原告Ａが車両を買い替えるために右金額を支出したことが認められる。Ｂ車は全損であったので，買い替えが必要であり，そのために通常必要とされる費用は本件事故と因果関係のある損害と認められるところ，右のうち，登録費用１万8000円，自動車登録番号変更費用１万円及び車庫証明費用9900円は，買い替えによって生じた損害と認められる。また，自動車登録番号変更預り法定費用1420円も，ナンバープレート代の実費であることが認められるので，買い替えによって生じた，必要，かつ，相当な損害と認められる。登録預り法定費用500円，車庫証明預り法定費用2500円及び納車費用8000円は，販売店に対する報酬であると認められるが，車両購入者は，通常は，右の各手続きを販売店に依頼していること，本件における右報酬の額が不相当に高額ではないことに鑑みると，これらの費用も，本件事故と相当因果関係のある損害と認められる。他方，自動車税は，自動車の取得行為に対して課せられるものではなく，還付制度もあるので，買い替えによって損害が生じるとは認められない。したがって，Ｂ車を買い替えたことによって生じた損害は，登録費用１万8000円，同預かり法定費用500円，自動車登録番号変更費用１万円，同預かり法定費用1420円（プレート代実費），車庫証明費用9900円，同預り法定費用2500円及び納車費用8000円の合計５万0320円と認められる。３　Ｂ車の処理費用　３万2960円　原告Ａは，Ｂ車の処理費用として，保管料４万4000円，廃車料２万5000円及びこれらに対する消費税2070円の合計７万1070円を損害として主張し，被告らはこれを否認している。右のうち，廃車料２万5000円は，買い替

買替費用相当額の損害が認められる（名古屋地判平成21年2月13日[43]等)。

買替諸費用のうち損害と認められるものは，事故車両の廃車費用（法定手数料及びディーラー報酬部分のうち相当額)[44]，買替車両の登録費用，車庫証明取得費用，納車費用[45]，自動車取得税（環境性能割），車両本体価格に対する消費税相当額，事故車両の自動車重量税の未経過分(「使用済自動車の再資源化等に関する法律」により適正に解体され，永久抹消登録されて還付される分を除く）等である。

これに対し，事故車両の未経過の自動車税及び自賠責保険料[46]，買替車両の自動車税，自動車重量税，自賠責保険料等は認められない。

4　評価損

(1)　意義

ア　評価損とは

事故で損傷した車両は，修理をしても，機能や外観に欠陥が残ったり，事故歴があること自体で中古車市場での価格が低下したり（隠れた欠陥があるかもしれない，縁起が悪いなど）する場合がある。このような，事故による車両価値の低下（事故当時の車両価格と修理後の車両価格との差

えによって生じた，必要，かつ，相当な損害と認められる。また，保管料も，相当な期間分については，買い替えによって生じた，必要，かつ，相当な損害と認められるところ，本件事故後1週間程度でB車を買い替える判断が可能であったと認められ，保管料として相当な期間も1週間と認められる。したがって，買い替えによって生じた相当な保管料は1日当たり1000円（略）の7日分の7000円である。以上の次第で，本件事故と相当因果関係の認められるB車の処理費用は，前記廃車料2万5000円と右保管料7000円の合計3万2000円及びこれらに対する消費税960円の合計3万2960円である。」前掲東京地判H15.8.4（262頁）も参照。

(43)　交民42-1。被告は，廃車及び買替えの事実を認めることができないので，損害が発生したとは認められないと主張していた。同様に大阪地判H18.2.23（交民39-1）も，買い換えていない場合について，未経過分の自動車重量税，登録手数料を損害と認めた。

(44)　事故がなくてもいずれ発生する費用とも言えるが，近々廃車予定であったという場合でない限り因果関係が認められる（大阪地判H16.2.13（交民37-1）等)。

(45)　販売店から自宅等に購入車両を届ける報酬であるが，交渉段階では損保は認めないことが少なくない。損害として認めなかった裁判例もある。

(46)　いずれも還付制度がある。

額）を評価損という。

イ　技術上の評価損と取引上の評価損

評価損には技術上のものと取引上のものとがある。

技術上の評価損とは，修理によっても完全な原状回復ができず，機能や外観に何らかの欠陥が残る場合の損害である。走行性能は回復されたが美観が損なわれた場合の評価損は，車両の用途によるところが大きく，たとえば乗客を運送するタクシー・バスと貨物運送用のトラックでは扱いが異なりうる。

取引上の評価損とは，事故車であることによる中古車市場での価格低下をいう。評価損は売却時にはじめて現実化するものだとして否定する見解と，事故歴や修理歴がある車両は現実に中古車市場で価格が低下する傾向があるとして肯定する見解（骨格部分やエンジン等に影響が及んでいる場合に限るとする説もある。）がある。

裁判実務においては，次に述べるように，取引上の評価損について一概に否定することはせず，具体的事情に応じて判断している(47)。もっとも，事故にあったというだけではなく，実際の取引において影響が出ることを主張立証すべきである(48)。

(2)　請求の可否

ア　かつての消極説

かつては，重要な構造部分に異常がない場合や具体的な買替・譲渡の予定がない場合には評価損の発生を認めない裁判例が多かった。たとえば大阪高判平成5年4月15日(49)は，そのような場合の減価は潜在的・

---

(47)　赤い本2002年「評価損をめぐる問題点」，実務443頁～444頁，LP238頁～239頁。

(48)　後掲平成23年東京地判の「本件事故による修理歴があることにより商品価値が下落することが見込まれ」「原告車に修理後も機能上の欠陥が残存していることの立証はないことも併せ考慮すると」という表現を参照のこと。

(49)　交民26-2，交通百選。「本件においては，修理完了後も自動車の性能，外観等が事故前よりも劣ったまま元に戻らないこと，修理直後は従前どおりの使用が可能であるとしても時の経過とともに使用上の不便及び使用期間の短縮などの機能の低下が現れやすくなっていることを認めるに足りる証拠はない。そして，（略）被害車両について日本自動車査定協会は（略）を査定日とし

抽象的なものにすぎないとしている。

イ　近時の傾向

裁判所は，以前よりは評価損を認める傾向にあるようだ。もっとも，損保が交渉段階で評価損の発生を認めることは少ない(50)。

ウ　どのような場合に認められるか

機能上の損傷がある場合や中古車販売業者に表示義務のある修復歴がある場合に限らず，具体的な買替・譲渡の予定がなくても，次に述べる要素を総合的に考慮して交換価値下落が認められる場合には，評価損が認められる可能性がある。

購入後それほど間がなく，走行距離が少ない高級車については，評価損を認める裁判例が比較的多い。このような車で修理費用が高額な場合はほぼ認められている。これに対し，大衆車や購入後期間が経過していたり走行距離が多い車，修理費用が低額の場合（特にミラーや，バンパーの交換のみの場合）には認められないことが多い。

(3)　損害算定

ア　考慮要素

初度登録からの期間，走行距離，損傷部位・程度（骨格部分か否か，修復歴表示義務があるか否か），車種，修理の内容・程度（修理費が高額になれば評価損が認められやすい）等が考慮される。事故時の同一車種の時価を参照することもある。

事故減価額証明書(51)（日本自動車査定協会）は参考にとどめられるこ

て本件事故のための減価額が39万3200円であることを証明していることが認められるけれども，（略）本件事故前に第一審原告秋雄が被害車両を買い換える計画はなかったことが認められ，また，近い将来に被害車両を転売する予定であること，その他，右減価を現実の損害として評価するのを相当とする事情についての主張，立証はないから，右のような減価があるとしてもそれは潜在的・抽象的な価格の減少にとどまり，同原告に同額の現実の損害が発生したものとは認め難い。したがつて，第一審原告秋雄の評価損の主張は，採用することができない。」

(50)　初度登録から数か月で走行距離も1万km以下の高級車等の場合以外は，減価証明書くらいでは支払側（損保等）は認めないだろう。

(51)　査定協会の査定基準における価格算定は，事故減価（骨格等に欠陥を生じたもの，または修復歴のあるもの）は修復歴減点として，外板価値原価は外板価値原点①②として，点数によって

とが少なくない。減価証明書に基づいて評価損を主張する場合は，あわせて算出根拠が記載された減価説明書を取り付けるとよい。

イ　算定方法

事故時価格と修理後価格の差額を直接認定する裁判例や事故当時の価格の一定割合とする方法も考えられるが，修理費の一定割合とするものが多い。考慮される修復歴は，必ずしも中古車業者に表示義務のあるものに限らない。

ウ　認められる範囲

評価損が認められる場合は，修理費の20〜30%前後が認定されることが多い。購入後間もない高級車の場合は高めになる。もっとも，はっきりした目安が指摘できるほどではないので，青本等の裁判例を参照する（多くの事例にあたりたければ，過去の青本等を見るとよい）。

高めの評価損を認定した裁判例として，東京地判平成23年11月25日(52)（修理費の50%の評価損を認めた。），大阪高判平成21年1月30日(53)（同じく約67.6%を認めた。），東京地判令和5年2月14日(54)（同じく50%を認めた。）等がある。

算定される。減価証明書については，交通法研究47　150頁〜155頁，159頁〜164頁を参照。

(52)　自J1864，要約135。「ア　評価損　70万7739円(ア)前記前提となる事実のほか，証拠（略）によれば，次の事実が認められる。原告車は，平成20年7月に初年度登録がされた日産社製スカイラインGTRプレミアムエディション車であり，生産台数の限定された高級車である。原告会社は，原告車を車両本体価格834万7500円（消費税込み）で購入し，本件事故当時の走行距離はせいぜい945キロメートルにすぎなかった。原告車は，初年度登録からわずか3ヶ月後に本件事故に遭い，リアバンパー等が損傷し，その修理には141万5478円を要した。しかし，原告車は，リアフェンダーを修理した後も，トランク開口部とリアフェンダーとの繋ぎ目のシーリング材の形状に差があるなど，本件事故前と同じ状態には戻らなかった。(イ)上記認定事実によれば，原告車には本件事故による修理歴があることにより商品価値が下落することが見込まれ，評価損が生じていることが認められるところ，その額は，上記認定事実に加えて，原告車に修理後も機能上の欠陥が残存していることの立証はないことも併せ考慮すると，修理費用の50%に相当する70万7739円と認めるのが相当である。」

(53)　判時2049。購入価格1599万円，事故の4月前に初度登録，修理費222万円のポルシェ911につき，150万円の評価損を認めた。

(54)　交民56-1。クラシックカー的な希少車で塗装により被損傷部位との差が目立ったままとなり，将来的に市場価格が大幅に減損する蓋然性が高いこと等を理由に約219万円の評価損を認めた（非損傷部分の塗装費用は認めず。）。

5　代車料・休車損

(1)　代車料

ア　意義

修理や買替に必要な期間は代替車が必要になることがあり，これに要した費用を代車料という。

イ　代車使用の事実

修理費の損害認定と異なり，原則として，代車を使用して費用を負担したことが損害と認める要件とされ，実際には代車を使用しなかった場合や代車費用の負担がない場合（仮定的代車料）は原則として認められない。したがって，資料が見積書のみの場合は使用の有無を確認する。

もっとも，修理業者と対物社の協定が整わず証拠を残しておくために未修理であるような場合は，将来発生することが想定されるとして請求される代車費用が認められることがある(55)。この場合は代車使用の蓋然性の立証が必要である(56)。

ウ　必要性

代車料が認められるには，代車使用の必要性が認められる必要があり，修理中だからといって当然に認められるわけではない。自家用車の場合の必要性の判断については，使用目的，使用状況，代替車両・代替交通機関の有無等が考慮される(57)。通勤・通学，病院への送迎，買い物等

(55)　たとえば，横浜地判 H24.10.29（自 J1887）は，「原告車両は未修理であるため，代車使用料は未だ支出されていないことがうかがわれるが（略）被告の損害保険会社との間で修理の範囲等について争いがあり，証拠を残すため未修理のまま使用してきたものと認められ，現に本件において検証を行ったように未修理としておく必要性もあったものと認められるから，今後修理の際には当然要するはずの代車使用料を損害として否定するのは相当でない。」として 14 日分を認めた。大阪地判 H29.12.13（判例秘書）も，訴訟に備えて証拠を残しておくという理由によるものとして 7 日分を認めた。名古屋地判 R4.2.22（2022WLJPCA02228024）は，「被控訴人車の修理は予定されており，当該修理の際には，原告主張に係る代車費用が必要となると認められる」等とのみ述べて 7 日分を認めた。

(56)　赤い本 2022 年下巻は，これを「将来の代車費用」と呼び，事故後相当期間が経過しても現実に支出していないのであれば，今後代車を使用する高度の蓋然性及び代車費用が発生する高度の蓋然性が認められる場面はかなり限定されるだろうと指摘している（同 58 頁）。

の日常生活に用いられている場合は必要性が認められそうだが，趣味・レジャー目的の場合はどうだろうか[58]。

エ　代車使用期間の相当性

相談時にすでに代車を使用している場合は注意する。

代車を使用した全期間について代車料が損害として認められるとは限らず，修理または買替に要する期間に限定される傾向がある。修理で2週間程度，買替で1か月程度が目安だろうか[59]。もっとも，車種・装備や損傷部位・程度等に左右される。

外国車等では特殊な場合もある。たとえば，札幌地判平成11年1月28日[60]は，米国産の車両（GMC）で部品の調達に時間がかかったことを考慮して日額5250円で90日分を認め，京都地判平成14年8月29日[61]は，外車（ロールスロイス）であるため必要な部品をイギリスから取り寄せざるを得ず，これに相当な期間を要したこと等を考慮して日額1万円で118日分を認めた。

相当な考慮期間，交渉期間，見積もりに要した期間等も考慮され得る（東京地判平成8年5月29日[62]，同平成13年12月26日[63]等）。では，被

(57)　赤い本2006年下巻「代車の必要性」84頁。

(58)　赤い本2022年下巻54頁は，原則として必要性は否定されるとしている。示談交渉においては必要性についてあまり問題にしないことが多いと思われるが，訴訟では注意が必要だろう。

(59)　実務437頁。修理できなかった事情も考慮されうる。東京地判H 31.2.28（交民52-1）は，多重衝突事案で，原因となった車両間で賠償義務の存否について解決ができず，修理費の協定も締結できない状態で，修理に着工できなかったとして67日間の代車料112万円余を認めた。

(60)　自J1290。「原告は，本件事故後，すぐに原告車両の修理を依頼したが，米国製の車両で修理に必要な部品の調達に時間が掛かったため，（略）から修理が完成した（略）までの183日間，代車を借り，その費用として1日当たり5250円，合計96万0750円を支払った（略）。しかし，原告車両が米国製で部品の調達に時間が掛かったという特殊事情があったとはいえ，原告車両の修理内容（略）から想定される通常の修理期間を考慮すると，相当因果関係にある代車費用としては，90日分の47万2500円（1日当たり5250円）を認めるのが相当である。」

(61)　自J1488。

(62)　交民29-3。

(63)　交民34-6，要約136。「一般に，加害者の示談交渉を代行し，交通事故処理を専門的かつ継続的に担当する損害保険会社の担当者は，被害者に対して合理的な損害賠償額の算定方法について十分かつ丁寧な説明をなし，その根拠資料を示して，被害者の理解を得るように真摯な努力を尽くすべきであって，ことに，被害者側に何らの落ち度もない事案においては，被害感情が高いこ

害者と加害者側（損保）の対立から代車使用期間が長期化した場合は，いずれの負担となるのだろうか[64]。

オ　被害者に過失がある場合

この場合も代車料の加害者過失部分を請求できることは当然だが，対物社が代車料の支払を拒むことがあり[65]，その場合は被害者が代車料を支払った後で加害者過失部分を対物社へ請求することになる。

カ　日額（単価）

代車料の日額が争われることもある。代車は事故車と同等の車両でなければならないのだろうか。原状回復の理念からすれば，同一車種・グレードの代車料を請求できるはずだが，高級外車の代車でも国産高級車のレンタル料にとどめられることが多い（たとえば，大阪地判昭和62年1月29日[66]，前掲東京地判平成8年5月29日[67]，名古屋地判令和2年5月

とが少なく（なく），その必要性は大変高いものということができる。そして，被害者が納得するための説明，交渉等に時間を要し，その結果，修理又は買換手続に着手する以前の交渉等に費やされた期間中に代車料が生じたとしても，それが，加害者（損害保険会社の担当者）の具体的な説明内容や被害者との交渉経過から見て，通常の被害者が納得して修理又は買換手続に着手するに足りる合理的な期間内の代車料にとどまる限り，加害者（損害保険会社）はその代車料についても当然に負担する責任を負わなければならない。」「丙川は，本件事故日から12日後の平成12年9月19日までに，原告に対し，原告車が全損であり，再調達価格が110万円，最終段階でも116万円にとどまる旨繰り返し述べているが，その具体的な根拠を示しておらず，面会さえもしておらず，前示の交渉経過に鑑みても，原告にとって納得のいく説明があったとは到底認め難い。他方，前示のとおり，丙川の説明については不十分かつ不親切であるとの誹りを免れないとしても，原告は，被告（C保険会社）の最終的な見解を得た以上，修理又は買換手続を実行しないまま徒に代車料損害を膨らますことなく，できるだけ速やかに自らの判断でいずれかの手続に着手すべきであったということができる。もっとも，原告が丙川から合理的な説明を受けていない以上，原告としても今後の対応等を検討するための一定程度の猶予期間が必要であると考えられ，その期間は，前示最終回答を得た9月19日から2週間程度とするのが相当である。そして，さらに，前示のとおり本件において買換手続に着手してから完了までの間に要すると考えられる2週間をこれに加算すると，結局，本件における代車使用が必要であったと認められる合理的で相当な期間は，本件事故後，交渉期間も含めた，10月17日までの期間であると解することになる。」

(64)　実務438頁，赤い本2003年「代車使用の認められる相当期間」355頁。

(65)　過失や修理費で争いがあり代車期間が伸びそうな場合や相手方無保険の場合には，代車特約（レンタカー等諸費アシスト）の付帯を確認する。

(66)　交民20-1，要約137。「不法行為の被害者は，常に必ず事故に遭った被害車と同種又は同程度の代車料の賠償を求めうるものではなく，被害者としても信義則上損害の拡大を最小限度に押さえるべき義務があるものというべきであり，このような観点から相当性の認められる範囲で賠償

27日[68]，東京地判令和４年８月31日[69]）。

(2)　休車損害

ア　休車損害（休車損）とは

被害車両が使用不能となった期間，所有者等が車両を運行していれば[70]得られたであろう利益の喪失を休車損害（休車損）といい，交通事故により通常生ずべき損害である（最判昭和33年７月17日[71]）。

イ　要件

原則として営業用（緑ナンバー[72]）車両[73]についてのみ認められ，事故車を使用する必要性と代替車両の確保の困難性が認められることを要する。

休車損害が認められるためには，被害者側がその発生を主張立証しなければならない[74]が，遊休車があっても，それを活用することが困難

を求めうるにとどまるものというべきである。そして，被告車が高級乗用自動車（キャデラック）であることは前記のとおりであるが，証拠（略）によれば，大阪市内のレンタカー会社においては，乗用自動車についてはクラウン，セドリック，グロリヤ等のハイグレード車がその扱う最高級品であり，そのレンタル料は概ね１日当たり8500円ないし１万9200円で借り受けることができることが認められる。これらの点からすれば，本件事故と相当因果関係のある代車料は，１日当たり１万5000円，合計（11日分）16万5000円と認めるのが相当である。」

(67)　ロールスロイスの被害事例で，ベンツのリムジンのレンタル料を認めず，国産最高級車クラスの費用額の限度で認めた。

(68)　交民53-3。メルセデス・ベンツS550の代車として同等車種の代車（S300h）を日額５万1300円で使用したが，国産高級車で必要にして十分として日額２万円を認めた。

(69)　交民55-4。メルセデス・ベンツＳクラスの代車料として，高級外国車（メルセデス・ベンツＳクラス。日額３万3000円）を代車とする必要性は立証されていないとして，日額１万6500円の限度で認めた。

(70)　したがって，代車料が認められる場合は休車損は原則として認められない。もっとも，代車の使用によっても事故前の水準を確保できない場合は，代車料に加えて休車損害が認められることがある。

(71)　民集12-12。

(72)　軽貨物車については黒ナンバー。

(73)　事業用車両については，他の自動車を無許可で代替して使用することができないので，当該車両を使用できない期間は営業による利益を上げられなくなるから，休車による利益の喪失が損害として認められる。自家用自動車を営業に用いる場合でも確保が難しい特殊な車両の場合は休車損害が認められる（赤い本，青本，注解425頁～426頁）。

(74)　実務440頁，LP235頁，注解426頁～427頁。被害者の損害拡大防止義務を理由とする。北

な事情がある場合は休車損害が認められる（たとえば大阪地判平成10年12月17日(75)）。したがって，被害者側は，遊休車（代替車両）が存在しないこと，または存在しても当該車両の稼働率が高いなど事故車両の代替車両として使用する余裕がないことを立証すべきことになる(76)。

では，売上が減少したことは必要だろうか(77)。売上の減少がなくても，営業努力によるものである等として，一定割合で休車損を認める裁判例がある（名古屋地判平成15年5月16日(78)等）。

ウ　算定方法

売上がそのまま損害となるわけではなく，損益相殺の観点から，休車により支出を免れた経費（燃料費，修繕費や有料道路通行料等の実働率に応じて発生額が比例的に増減する変動経費(79)）が控除される。すなわち，休車損害の額は以下の算式による。

(1日の売上 − 支出を免れた経費)× 相当な休業日数

これに対し，固定費（減価償却費，保険料，駐車場使用料等）は損害から控除しない。人件費については，休車によって支出を免れるかどうかによると考えられる（たとえば大阪地判平成6年7月7日(80)）。

河373頁〜374頁。

(75)　交民31-6。「被告は，原告には遊休車が存在するから，休車損害は生じないと主張する。しかしながら，事故車両の所有者が遊休車を有している場合であっても，当該事故車両とほぼ同格の遊休車が多数存し，これを代替することが容易にできる等の特段の事情がある場合を除き，事故車両の所有者側に遊休車を利用してやりくりすべき義務を負わせるのは相当ではない。本件においては，原告において原告車両と同格の車両は他に一台しか所有しておらず，これらの実働率は約76パーセントであること（略）に照らすと，右特段の事情を認めることはできず，被告の右主張を採用することはできない。」

(76)　バス会社の休車損害について，争点整理手続において当事者の同意を得て，民訴248条によって損害額を算定した裁判例として，名古屋地判R5.6.28（判タ1517）がある。もっとも，多くの場合は実損害はもちろん相場より低い額が認定されることが予想されると指摘されている。

(77)　赤い本2004年482頁，LP236頁，実務441頁参照。

(78)　自J1526。49日分の休車損害請求につき，「売上の減少がなかったとしても，これは原告の営業努力による面も大きい」として「粗利益の30%に相当する」額を認めた。

(79)　実務441頁〜442頁。

(80)　交民27-4。「運転手に対する給与の中で，基本給部分は，休車期間中も支払を免れないものであるから，損益相殺の観点からみて運賃収入から控除するのは相当でないが，歩合給等の付加給部分は，休車期間中に支払う必要がないものが含まれていると解されるので，この部分を運賃

以上に対し，外注によって損害を回避した場合は，原則として，外注費から外注によって支出を免れた変動経費を控除した額が損害と認められる（たとえば東京地判平成10年2月24日[81]）。

休車期間の相当性は，修理や買替に要する期間を基準に判断する。特殊な車両で部品や新車の調達に長期間を要する場合は，相応の休車期間が認められる。捜査のために事故車両が使用できない期間を休車期間と認めた裁判例（名古屋地判平成15年5月16日[82]）もある。

6 車両所有者と使用者が分離する場合

(1) 問題となるケース

車両の所有者と使用者が分離する場合，被侵害利益の帰属主体として物件損害の賠償を請求できるのは通常は所有者であるが，割賦販売における所有権留保（販売店や信販会社に所有権が留保されている。）やカーリース（実質的には金融であるファイナンスリースが多い。）の場合も同様だろうか。残価設定型プラン（285頁。一定期間経過後に売却されることが予定され，その売却価格が一応見積もられている点が一般の所有権留保と異なる。）の場合はどうだろうか。

(2) 所有権留保

ア 所有権の帰属

所有権留保は担保としての機能を有し，停止条件付所有権移転契約として，形式的な所有権は売主に帰属すると理解されている[83]。分割払

収入から控除して営業収入を算定すべきであるにもかかわらず，これを控除していない点からすると，原告主張の営業収入額は採用できない。」

(81) 交民31-1。「原告は，所有車両を使用した方が外注に出すより費用が少ないのであるから，右外注台数の増加は，本件事故がなければ，生じていなかった事態と推認され，本件事故と相当因果関係があると認められる。しかるところ，原告は，本件事故前，外注費としてAに1回当たり平均3万2012円，BとCに1回当たり平均2万2145円（略）の1日当たり合計5万4157円を要していたものであり，変動経費として1日当たり3万4689円を要していたのであるから，右変動経費を控除した，1万9468円が原告の1日当たりの損害と認められる。」

(82) 交民36-3，要約138（イの同日裁判例とは別件）。

(83) 最判H21.3.10（判時2054）（駐車車両の所有権を留保している信販会社に対する駐車場所有

いで車両を購入した場合には，販売店または信販会社に所有権留保されているのが通常である。

イ　修理費

すでに修理済みで使用者が修理費を支払った場合は，使用者が加害者に対し，民法422条（賠償者の代位）の類推適用によって賠償を求めることができると考えられる(84)。

未修理の場合も，使用者が修理費を負担する予定がある場合（見積書があれば予定ありと認められやすい。）は，使用者が修理費の賠償を求めうることに実務上争いがないと言える(85)。一方，売主買主間の所有権留保付売買契約に，買主が修理費を負担する旨の合意があった場合でも，売主は所有者として，毀損による車両価値の低下について損害賠償を請

者からの車両撤去・土地明渡請求の事案）もこのような理解に立つ。

(84)　赤い本2017年下巻56頁，大島眞一「改訂版　交通事故事件の実務―裁判官の視点―」（新日本法規）162頁。

(85)　赤い本2017年下巻57頁～58頁，実務427頁。たとえば東京地判H15.3.12（交民36-2）は，「自動車が代金完済まで売主等にその所有権を留保するとの約定で売買された場合において，その代金の完済前に自動車が第三者の不法行為により毀滅するに至ったとき，第三者に対して自動車の交換価格相当の損害賠償請求権を取得するのは，不法行為時において自動車の所有権を有していた売主であって，買主ではないと解される。しかし，買主は，条件成就によって所有権を取得する期待権を有するとともに，当該車両の利用権を有するのであり，毀滅に至らない程度の損傷を受けた場合は，買主ないしはその意思に基づいて使用する者が，その利用権を侵害されたことを理由として，実際に支出したか，あるいは支出を予定する修理費の賠償を求めることができると解すべきである。」とした。東京地判H26.11.25（交民47-6，最前線25）は，「被控訴人は所有権留保車両の使用者であるところ，留保所有権は担保権の性質を有し，所有者は車両の交換価値を把握するにとどまるから，使用者は，所有者に対する立替金債務の期限の利益を喪失しない限り，所有者による車両の占有，使用権限を排除して自ら車両を占有，使用することができる。使用者はこのような固有の権利を有し，車両が損壊されれば，前記の排他的占有，使用権限が害される上，所有者に対し，車両の修理・保守を行い，担保価値を維持する義務を負っている。したがって，所有権留保車両の損壊は，使用者に対する不法行為に該当し，使用者は加害者に対し，物理的損傷を回復するために必要な修理費用相当額の損害賠償を請求することができる。その請求にあたり修理の完了を必要とすべき理由はない。」とした。使用者が修理費を実際に払っていなくても修理費を請求できる根拠を示した点が注目される。京都地判H24.3.19（自J1883）も，「債権者に留保された所有権の実体は担保権であり，甲野車の実質的な所有権は原告に帰属すると解することができ，原告は，第三者の不法行為により同車を損傷された場合，同車に対する完全な支配を回復するため，当該第三者に対し，不法行為による損害賠償として修理費用相当額を請求できると解すべきである。」とした。

求し得るはずである。この場合，売主と買主の請求権は連帯債権であると説明されている(86)。

ウ　買替差額

問題は，物理的全損（修理不能）となった場合の買替差額について，車両使用者が賠償を求めうるかどうかである。留保所有権は実質的に担保権にすぎないこと，買主は代金支払義務を免れない（所有者には実質的に損害が生じない）ことから，使用者が損害賠償請求できるという考え方(87)もあるが，被侵害利益の帰属主体は所有者であるとして，消極的に解する見解が多い(88)。東京地裁の扱いも消極説であると思われる(89)。

これに対し経済的全損の場合には，分損の場合と同様に，使用者が，修理をし，または修理費相当額を負担する予定があることを立証すれば，加害者に対して車両価格相当額の賠償を求めうるとの考え方がある(90)。

---

(86)　赤い本2017年下巻63頁。

(87)　最前線219頁は，所有権留保の担保としての機能を重視すれば，売主が損害賠償請求できるのは利息を含めた未払代金残額に限られ，その余は買主に帰属すると考える余地もあるとする。また，全損に伴う買い替え諸費用は，もともと買主が負担している費用であり，買主が請求できると解すべきだが，通説的理解によれば買替差額の請求権者と買替諸費用の請求権者が分離することになるとも指摘している。

(88)　赤い本2017年下巻60頁。

(89)　実務428頁。東京地判H2.3.13（判タ722）は「自動車が代金完済まで売主にその所有権を留保するとの約定で売買された場合において，その代金の完済前に，右自動車が第三者の不法行為により毀滅するに至ったとき，右の第三者に対して右自動車の交換価格相当の損害賠償請求権を取得するのは，不法行為当時において右自動車の所有権を有していた売主であって，買主ではないものと解すべきである（最高裁判所昭和41年6月24日（略）判決（略）は，この趣旨の判断を前提とするものと解される。）。しかしながら，右売買の買主は，第三者の不法行為により右自動車の所有権が滅失するに至っても売買残代金の支払債務を免れるわけではなく（民法534条1項），また，売買代金を完済するときは右自動車を取得しうるとの期待権を有していたものというべきであるから，右買主は，第三者の不法行為後において売主に対して売買残代金の支払をし，代金を完済するに至ったときには，本来右期待権がその内容のとおり現実化し右自動車の所有権を取得しうる立場にあったものであるから，民法536条2項但し書及び304条の類推適用により，売主が右自動車の所有権の変形物として取得した第三者に対する損害賠償請求権及びこれについての不法行為の日からの民法所定の遅延損害金を当然に取得するものと解するのが相当である。」とした。

(90)　赤い本2017年下巻60頁～61頁，前掲大島163頁。実際に修理がされてそのまま使用が継続される場合も多いことを理由とする。これに対し，最前線219頁は，物理的全損と区別する根拠

エ　評価損

評価損は交換価値の低下を意味するから，損害賠償請求権は交換価値を把握している所有権者（売主）に帰属すると考えられ，使用者については消極に解する見解が有力である[(91)]。

オ　代車料と休車損害

代車料は使用権の侵害に対して認められるものであるから，買主（使用者）が請求権者であることは問題がないと思われる[(92)]。休車損害についても同様に解される。

カ　残価設定型プラン（残クレ）

返済期間と返済期間満了時の価格を設定し，これを売買代金等の総額から控除した残額を分割払いにするものであり，期間満了時に車両を返還するか買い取るかを選択する。代金完済までは所有権が売主等に留保されているのが通常であるから，所有権留保の一類型と言える。

評価損以外は一般の所有権留保の場合と同じと考えられる。

評価損については，残価設定型プランの場合は，一定期間経過後の売却が予定されており，売却額も見積もられている（期間満了時に改めて査定される。）ことをどう考えるかが問題となる[(93)]。

(3)　リース

ア　性質と種類

リース契約は法形式としては賃貸借契約であり，物件の所有権はリース会社にある。リース契約には，経済的には売買に近いファイナンスリースと動産賃貸借に近いオペレーティングリースがある[(94)]。

があるか疑問であるとする。

(91)　赤い本2017年下巻62頁，実務428頁，重要論点194頁。裁判例として，前掲東京地判H15.3.12，東京地判H21.12.24（自J1821）等。もっとも，売主買主間に評価損の帰属について合意があれば，買主も評価損を請求できる。また，買主が不法行為後に代金を完済すれば買主が請求できると考えられる。

(92)　最前線220頁，赤い本2017年下巻61頁。所有権留保車両使用者の代車料損害を認めた裁判例として，前掲東京地判H15.3.12等。

(93)　大系598頁は，一般の所有権留保の場合と同じく考えるとしている。

イ　修理費

すでに使用者が修理した場合は，所有権留保の場合と同様に解される。

未修理の場合はどうだろうか。リース契約の約款では，使用者が修理義務を負うとされていることが多く，リース会社が自ら修理することは想定していないから，所有権留保と同じく，使用者が修理を予定している場合は損害賠償請求できると考えられる。また，リース業者は，所有者として交換価値低下を理由に損害賠償請求ができる(95)。

ウ　買替差額

買替差額（全損自動車の時価相当額）の損害は，所有者に帰属するのが当然であり，リース契約期間中に車両が全損になった場合は，リース業者が所有権侵害による損害賠償請求権を取得する（使用者は請求できない）と解される(96)。

エ　評価損

ウと同様に，原則として交換価値を把握しているリース業者に損害賠償請求権が帰属する（使用者は請求できない）と考えられる(97)が，リース契約が中途解約された場合は，事故車として評価が下がり使用者の負担が増加したとして，使用者が評価損を請求できるだろうか(98)。

---

(94)　赤い本2015年下巻44頁～45頁。ファイナンスリースは，リース契約期間の中途解約が（事実上）禁止され，リース対象物件の取得価額と維持管理費（金利，固定資産税等）をリース料として回収する（ユーザーが負担する）取引である。オペレーティングリースは，それ以外のリース取引であるが，典型的なものは，リース会社がリース契約終了時のリース物件の価値を査定し，リース対象価額より査定した価値（残存価額）を引いて，リース料を算定する取引である。

(95)　両者の請求権は，所有権留保付き売買と同様に連帯債権となるとする見解がある。

(96)　最前線221頁，前掲大島163頁。

(97)　たとえば神戸地判H3.3.26（交民24-2）は，リース期間満了後のユーザーへの売却価格の低下をリース会社の損害と認めた。

(98)　リース会社は返還された車両を処分し，必要な費用を差し引いた金額を算出して，これを規定損害金に充当することとされているから，評価損は使用者に帰属するようにもみえる（最前線221頁）が，東京地判H18.3.27は，カーリースのユーザー（事故車を修理しないまま保管してその間のリース料を支払い，その後中途解約金を支払ってリース契約を解約した）が，車両時価（経済的全損と主張），中途解約金相当額，評価損等を請求した事案につき，経済的全損の主張を退けた上で，「本件リース契約を中途解約することは社会通念上相当なものであったとまでは評価できないものである。このように，原告車両に機能上の障害がないにもかかわらず，事故歴があるとの理由で取引価格が減少するというような場合において，本件リース契約を中途解約し，評

オ　中途解約による違約金

オープンエンド方式(99)のオペレーティングリース契約が事故を原因として中途解約されると，使用者に契約上の違約金，清算金が発生する。理論的には特別損害ということになり，予見可能性の問題となりそうにも思えるが，裁判例は簡単には賠償を認めない(100)。

価損を現実化させることは，ユーザーたる原告会社の意思に基づくものであるから，かかる評価損は，交通事故と相当因果関係のあるものとは言えない。特に，本件リース契約が期間満了により終了する場合に現実化する評価損（略）と比べて，途中解約する場合に現実化する評価損は高額となるのは明らかであるところ，これは，原告会社の意思に基づく中途解約によって損害が拡大したものとの評価を免れない。そして，中途解約せずに期間満了により本件リース契約が終了した場合にいくらの評価損が現実化することが見込まれていたのかに関する証拠はなく，また，原告会社が本件リース契約を中途解約して損害を拡大することにつき被告乙山らにおいて予見し又は予見可能であったことを認めるに足りる証拠もない。そうすると，結局，本件リース契約を中途解約したことにより評価損が現実化したとしても，これをもって本件事故による損害として原告会社が請求することはできないと解するのが相当である。」として，使用者からの評価損の請求を否定した。これに対し，後掲大阪地判 H24.3.23 は，後掲のとおり，低い査定額に基づく清算金の支払を余儀なくされたから，評価損は使用者が負担したものであるとして賠償を認めている。東京地判 R4.1.25（交民 55-1）も，適正な評価損の額を認定した上で，使用者がリース会社に支払ったリース損害金に評価損分が含まれており，使用者に権利が移転しているとして賠償を認めた。

(99)　残価の精算方式として，残価設定額を契約時に明示するオープンエンド方式（リース満了時の車両査定額が残価設定額より高ければ差額が戻り，低ければ差額を支払う。）と，これを明示しないクローズドエンド方式がある。

(100)　赤い本 2015 年下巻「オープン・エンド方式のオペレーティング・リース契約を中途解約した場合，ユーザーが負担する中途解約違約金について」。大阪地判 H24.3.23（自 J1878。要約 140）は，全損に至らないがユーザーの判断で解約した事案につき，「残存予定価格については，本件リース会社が，本件リース契約の終了（中途解約，期間満了のいずれの場合も同様と解される。）の時点で当該価格により原告車を引き取ることを約束するものとまでは解されない。むしろ，「残存予定価格」との名称や，一般的なリース契約の内容を考慮すれば，上記時点で原告車を改めて査定又は換価し，その金額が上記残存予定価格を上回ったり下回ったりした場合は，原告 X 会社との間で，剰余額又は不足額を精算することとされている可能性が高いといえる。」「また，残存予定価格やリース会社の査定額は，実際の取引水準と比較して低額すぎ，リース会社に有利に定められている。」「上記査定額にまで低くなった理由としては，①評価損による下落のほか，②本件リース契約の内容に由来する下落（そもそも本件リース契約の終了時に，客観的な時価よりも低い査定額により原告車が引き取られる仕組みとなっていた可能性が否定できない。）や，③原告 X 会社が中途解約したことに由来する下落（中途解約の場合は期間満了の場合と比べても低い査定額とされ，これを原告 X 会社が自らの選択により受け入れた可能性がある。）もあるといえる。そして，①評価損による下落分は，本件事故との相当因果関係が認められるが，②本件リース契約の内容に由来する下落分や③原告 X 会社が中途解約したことに由来する下落分は，これを

カ　代車料と休車損害

使用者は車両の使用価値を把握しているが，所有権留保の場合と同様に，使用価値の侵害による代車料・休車損害の賠償が認められるだろうか[101]。

被告らに負担させるのが公平とはいえず，本件事故との相当因果関係は認められない。よって，リース契約終了時の査定額下落による損害としては，60万円の範囲で本件事故との相当因果関係が認められ，これを超える損害を被ったとする原告X会社の主張は採用することができない。」として，評価損が使用者に移転することを認めたが，リース契約から生じる負担（解約清算金の増額）は認めなかった。なお，前掲東京地判 H18.3.27は，使用者からの中途解約金損害の請求について，「原告会社が本件リース契約を中途解約したのは，本件事故について原告会社側には何ら過失がないのに修理した事故車両に乗りたくないという気持ち等のためであったと認められるが（略），原告車両の修理費用，損傷部位，時価等を勘案すると，本件リース契約を中途解約することが社会通念上相当なものであったとは評価できない。イ　ところで，本件リース契約上，本件車両が毀損したとしても，当然に契約が解除となるものではなく，物理的全損若しくは経済全損又は車両の盗難等の場合にリース会社から解除されるおそれがあるにすぎないのであって（略），かかる事情がないにもかかわらず本件リース契約がユーザーから解約された場合，これにより，修理費用の額を上回る規定損害金が生じたとしても，これは，ユーザーの意思により発生した損害であり，交通事故により通常生ずべき損害とは評価できない。そして，リース契約を締結している車両が一般道を走行していることを通常人が予見可能であったとしても，経済全損でない場合に高額な規定損害金（中途解約金）を支払ってまでリース契約を中途解約することが一般的であるとは言えず，このような規定損害金の発生について通常人において予見可能であるとも評価できない。そうすると，このような損害については，加害者側において予見し又は予見可能な場合に限り，交通事故による損害として賠償責任が認められるものと解すべきである。」として否定した。

(101)　所有権留保付売買と同様に，使用者には法的保護に値する利益があるとして肯定すべきように思われる（使用者に代車料損害を肯定した裁判例に，東京地判 H25.8.7（LEX/DB25514460）がある。）。最前線222頁参照。

第3節　その他の物損

1　建物等の損傷損害

被害物件の非代替性を考慮し，修理費と車両価格（時価＋買替費用）を比較する車両の損壊の場合とは異なる扱いがされる。相当な修理をして原状回復した場合は，修理費用を建物の経過年数で減価する必要はなく（たとえば東京地判平成7年12月19日[102]），建物の耐用年数が伸びたとしても不当利得として控除する必要もないが，原状回復以上の利益を与える場合は減額されることがある。

建物損傷による住居の平穏の侵害や修理に伴う不便については，慰謝料（認められる場合でも数十万円が多い。）が認められる[103]。

では，損傷したのが什器・備品の場合はどうだろうか。次に述べる積荷や着衣のように経年により減価されるのか[104]。

2　積荷・着衣等の損害

⑴　積荷損害

予見可能性が問題になることがあるが，一般人の社会通念から，相手車両に積荷等があり，事故によってそれらに損害を与えることを予見し得るときは，加害者は損害賠償義務を免れない。

基本的には，修理費と時価額の低い方が損害となるが，市場に出すた

(102)　交民28-6，要約139。築8年の店舗（レストラン）兼住宅に大型貨物車が飛び込んだ事故について，「たとえ営業用財産であっても，修理により耐用年数が延長され，あるいは，価値の増加により被害者が不当利得を挙げたような場合であれば格別，相当な範囲の修理を施しただけの場合には，原状回復そのものがなされたにすぎないというべきであるから，これについて，改めて経過年数を考慮し，減価償却をなすのは相当でない。」として修理費用285万円等をみとめた。

(103)　たとえば横浜地判H6.5.24（交民27-3）は，1階が美容室2階が住居の建物を損壊した事案で，修理費，美容室の什器備品代，営業損害のほか，慰謝料30万円を認めた。

(104)　伊豆隆義「減価償却費と営業損害との関係—事故により営業用資産の毀滅と営業損害の発生がある場合の営業用資産の減価償却費相当額控除の可否」（現状と課題）。H7東京地判は，営業用カラオケ装置，冷蔵庫，オーブンレンジ，食器，鍋等についても新品の購入価格を認めた。

めに必要な全品検品が経済的に不能である場合に，全損として損害算定した例がある[105]。事故による積荷の損傷はないものの，事故処理による延着のためにキャンセルされた積荷（鮮魚）の賠償を認めた例もある[106]。

(2) 着衣・携行品等の損害

それぞれの所有者の損害となる。着衣は，写真等で損傷が認められれば，修理費を問題にせず全損として扱われるのが通常だが，購入時の価格から減価して時価額を求めることが多い。実務では，購入時期・価格が明らかでないことが多く，その場合はかなりアバウトな認定となる（民訴法248条によって認める裁判例もある。）。

時計・宝飾品・バッグ・スマホ等は，領収書のほか，クレジットカードの履歴や購入店による証明等により購入時期・価格を立証する。ネットの中古品売買サイトの情報を参照することもある。修理費損害が認め

(105) 大阪地判 H20.5.14（交民 41-3，交通百選）は，トラックに積載されていた積荷（筆ペン）が高速道路上に散乱した場合に，当該貨物に外見上明らかな損傷が認められないとしても，運送保険契約所定の保険金支払事由である損害とは，当該貨物が交換価値を喪失したことを意味するところ，それは，物理的な損傷による場合のみならず，経済的に見て商品価値を喪失したと評価される状態となった場合をも含むため，貨物が，市場に流通させるには全品検査が必要であるにもかかわらず，全品検査を実施すれば経済的には採算が取れなくなり，むしろ検査を実施せずに一部でも安価に売却することによって少しでも回収を図る方がより経済的である場合には，貨物について損害が発生したと評価して，これを交通事故加害者に負担させることに問題はなく，保険会社が運送保険契約に基づいて貨物の持ち主に対して支払った保険金につき，加害者に対する損害賠償請求権を代位して請求することができるとした。名古屋地判 H25.12.13（交民 46-6）も，積荷（自動車のヘッドライト部品）の全部に物理的な損傷は生じていないが，一部に変形・汚損等の物理的損傷があり，個数や単価に照らし全てを検品することは経済上不能として引き取りを拒否された場合には，かかる経済的な商品価値の喪失も賠償の対象となる損害（交換価値の喪失）に含まれると認めた。

(106) 名古屋地判 R4.10.17（交民 55-5）は，積荷（鮮魚）のほとんどが売り先が決まっている相対取引用の商品であったこと，鮮魚が積載されている荷台部分に衝撃を受けたこと，警察による実況見分の立ち合いを求められたこと，事故発生の連絡を受けた荷受人は積荷について取引に間に合わないものと扱ったことを認めたうえ，荷受人が取引をキャンセルしたことには合理性があり，延着による損害と事故との因果関係は否定できないが，積荷のすべてが相対取引の商品であったとは認められないとして，積荷延着による損害を，魚ごとの販売予定価格と当初予定の２日後の販売価格の差額に各数量を乗じた金額の90％に当たる金額及び消費税の合計額と認めた。

られることもあるが，時価額を上回れば経済的全損として時価額の賠償にとどまる。

(3)　その他

自車の任意保険を使用して修理したことによって保険料が増加しても損害とは認められにくい。

3　ペット等の動物に関する損害

(1)　ペット

ア　特質

ペットは「物」であるが，その価値は主に使用価値であり，しかもその中に精神的充足という要素がある。

イ　損害の算定

赤い本，青本は算定基準を示していない。

ペットの治療費については，相当なものは損害として認められる。民法上は「物」であるとしても，修理費等と同じく時価相当額の範囲でしか認めないとは言いにくいだろう(107)。

ペットが死亡した場合は，物損である以上，同種同等のペットの時価

---

(107)　名古屋高判 H20.9.30（交民 41-5，交通百選）。被害車両の後部座席に乗っていた飼い犬（ラブラドールレトリバー）が腰椎圧迫骨折の傷害を被り，動物病院に搬送されて治療を受けた後退院したが，後肢麻痺，排尿障害の症状が残った事案で，原審判決が，事故発生後4か月の動物病院で診察を受けさせたことによる損害（治療費等 76 万 3560 円，入院雑費・介護用具代・雑費 10 万 9925 円，交通費 6840 円）を通常生ずる損害と認め，その後の診察等による損害は相当因果関係を有する損害と解することができないとしたのに対して，同犬が傷害を負ったことによる損害の内容及び金額は，同犬が物に当たることを前提にして定めるのが相当とし，一般に物が毀損した場合の修理費等については，そのうちの不法行為時における当該物の時価相当額に限り相当因果関係のある損害とされているが，愛玩動物のうち家族の一員であるかのように遇されているものが不法行為によって負傷した場合の治療費等については，生命をもつ動物の性質上必ずしも時価相当額に限られるとすべきではなく，当面の治療や生命の確保，維持に必要不可欠なものについては，時価相当額を念頭に置いた上で，社会通念上相当と認められる限度で因果関係のある損害と解するのが相当として，入院中の治療費，入院料，車椅子製作料の合計 13 万 6500 円に限って相当因果関係のある損害と認めた。時価相当額に限られないとしつつ，時価相当額（購入価格は6万 5000 円）を考慮している。

（再取得価格）が損害となるはずであるが，ペットショップで売られているのはほとんどが生後数カ月の生体であり，それを過ぎると市場価値がなくなることが多い。そのため「買替価格」の算定は難しく，購入価格をそのまま認めない裁判例もある。火葬費は損害として認められそうだが，それ以外の葬儀費は認められないかもしれない。

ウ　慰謝料

事故でペットが死亡したら買替価格だけでなく慰謝料が請求できるだろうか。「特段の事情」（294頁）の問題となるが，慰謝料を認めた裁判例として，東京高判平成16年2月26日[108]等がある。飼い主が受けた精神的苦痛を賠償するものであるから，家族の一員としてペットに強い愛情を抱いていたことが必要である。認められる場合の慰謝料額は数万円から数十万円である。

死に至らず後遺症を負った場合の慰謝料が認められることがある（たとえば前掲名古屋高判平成20年9月30日[109]）。もっとも，人間の場合以上に重度の後遺症に限られるだろう。

---

(108)　交民37-1。犬の死亡事案につき，犬の火葬費用2万7000円の他に，長い間家族同然に飼ってきたことを理由に，買主に慰謝料5万円を認めた。

(109)「近時，犬などの愛玩動物は，飼い主との間の交流を通じて，家族の一員であるかのように，飼い主にとってかけがえのない存在になっていることが少なくないし，このような事態は，広く世上に知られているところでもある（公知の事実）。そして，そのような動物が不法行為により重い傷害を負ったことにより，死亡した場合に近い精神的苦痛を飼い主が受けたときには，飼い主のかかる精神的苦痛は，主観的な感情にとどまらず，社会通念上，合理的な一般人の被る精神的な損害であるということができ，また，このような場合には，財産的損害の賠償によっては慰謝されることのできない精神的苦痛があるものと見るべきであるから，財産的損害に対する損害賠償のほかに，慰謝料を請求することができるとするのが相当である。（略）子供のいない被控訴人らは，Fを我が子のように思って愛情を注いで飼育していたものであり，Fは，飼い主である被控訴人らとの交流を通じて，家族の一員であるかのように，被控訴人らにとってかけがえのない存在になっていたものと認められる。ところが，Fは，本件事故により後肢麻痺を負い，自力で排尿，排便ができず，日常的かつ頻繁に飼い主による圧迫排尿などの手当てを要する状態に陥ったほか，膀胱炎や褥創などの症状も生じているというのである（略）。このようなFの負傷の内容，程度，被控訴人らの介護の内容，程度等からすれば，被控訴人らは，Fが死亡した場合に近い精神的苦痛を受けているものといえるから，上記2の損害とは別に，慰謝料を請求することができるというべきである。」として，飼主夫婦に各20万円の慰謝料を認めた。原審はあわせて80万円を認めていた。

(2) 盲導犬

ア　特質

ペットとの違いは，精神的な支えとなるだけでなく，視覚障害者の目の代わりとなるものであることである。

イ　損害の算定

盲導犬に社会的な必要性はあるが，取引市場がない。裁判例には，育成費をもとに損害算定する[110]ものがある（名古屋地判平成22年3月5日[111]）が，それで評価は尽くされているだろうか[112]。

4　慰謝料

(1) 請求の可否（車両の損壊）

物損の被侵害利益は財産権である以上，損害も財産的損害に限られるはずであり，慰謝料請求は原則として否定されている。

財産的損害を填補されればそれに伴う精神的損害も常に填補されると言えるか疑問がないわけではないが，裁判所は慎重である。東京地判平成元年3月24日[113]は，被害者の愛情利益や精神的平穏を強く害するような特段の事情を求めている。希少なクラシックカーであっても基本的に同様である（横浜地判平成18年9月29日[114]）。

---

(110)　畑中久彌「時価とは何か？クラシックカー，美術品等の不代替物が滅失した場合の損害額」（交通法研究47）11頁～12頁。

(111)　判時2079。盲導犬の死亡事案につき，盲導犬の客観的価値は，1頭を育成するのにかかった育成費用を，盲導犬としての活動期間を10年とみた場合の残余活動期間の割合に応じて減じた価値とするものとし，5年あまりの残余期間のあった盲導犬の客観的価値を260万円と算定した。

(112)　これに対し，視力障害者の目の代わりを果たす盲導犬の社会的価値を過小評価するものではないかという疑問が呈されている（交通法研究47　101頁～102頁）。

(113)　交民22-2。「財産的権利を侵害された場合に慰藉料を請求しうるには，目的物が被害者にとって特別の愛着をいだかせるようなものである場合や，加害行為が害意を伴うなど相手方に精神的打撃を与えるような仕方でなされた場合など，被害者の愛情利益や精神的平穏を強く害するような特段の事情が存することが必要であるというべきである。」「原告Aは原告車を仕事に使用していたものであるが，前記修理の期間中（約1か月間）はタクシーを利用して仕事をせざるをえなかったことが認められるものの，原告Aに前記特段の事情が存したことを認めるに足りる証拠はなく，右による原告Aの精神的苦痛は財産的損害の賠償とは別に慰藉料を認めるべき程度には至らないものというべきであるから，原告Aの慰藉料請求は失当といわざるをえない。」

(2)　特段の事情

前述のように，ペットの死亡など被害者のその物に対する特別の愛情が侵害されたような場合や，家屋への自動車突入の事案等その精神的平穏を害するような場合等には，慰謝料が認められることがある。もっとも，被害者個人の極めて特別な愛情まで保護されるわけではなく，結局は一般人の常識に照らして判断されることになると思われる。

5　相殺

(1)　民法改正前

ア　旧民法509条

不法行為による損害賠償請求権を受働債権とする相殺は禁止されていた。

イ　交差的不法行為

この場合でも相殺は許されなかった（最判昭和54年9月7日[115]）。

設例

A車とB車が衝突し各車両が損傷した。過失割合は50：50

A車の損害は40万円（対物保険あり，車両保険なし）

B車の損害は60万円（無保険でBは無資力）

AはBから損害賠償請求権額20万円を回収できるか。

A→Bの20万円とB→Aの30万円は相殺できない。BはAの対物社から30万円の支払を受けられるが，AはBから回収できず，20万円は支払われない。

(114)　自J1707　要約132。「身体の傷害に相当するような精神的苦痛を被ったものとは認められないから，同原告の慰謝料の請求は認められない。」赤い本2008年下巻48頁は，極めて希少性の高い車の損傷に対する慰謝料は考えられるとしつつ，裁判例の現状からみると現実的には難しいと思われるとしている。

(115)　判時954，判タ407，交通百選。交差的不法行為の場合は不法行為の誘発という事態が起こる恐れがないことを理由に反対する学説が多かった。

(2) 改正法

ア　民法509条

悪意による不法行為に基づく損害賠償債務及び人の生命または身体の侵害による損害賠償債務の債務者は，相殺をもって債権者に対抗できない。ただし，その債権者がその債務に係る債権を他人から譲り受けたときは，この限りでない。

これによって，物損については，悪意によらない不法行為に基づく損害賠償債権を受働債権とする相殺が可能となった。

イ　相手方無資力のリスクの軽減

設例では，Aは相殺を行うことができる(116)。相殺によってBのAに対する10万円の債権が残り，Bはこれを Aの対物社に請求する。Aは自己の負担でB→Aの損害賠償請求権を消滅させたことになるため，Aの対物社から20万円の支払を受けられる。

(116)　保険会社との示談等においては，旧法下でも合意による相殺処理（「相殺払い」）が行われていたので，実務への改正の影響はそれほどない。

第5章
損害（人損）

第1節　損害総論

1　交通賠償の損害論

(1)　特徴と損害算定実務

ア　損害論の比重

第1章と第3章でも述べたように，交通賠償においては，自賠法3条があるために責任論における被害者側の立証の負担が大幅に軽減されている。したがって，医療過誤，公害，労災等の損害賠償請求事件と比べて，責任論が争点となることは少なく，大部分の事件では，損害論（及び過失相殺等）が中心的な争点となる。

交通賠償実務においては，損害論に関して，多くの裁判例と精緻な議論が積み重ねられており，その成果は人身損害についての他の類型の損害賠償請求事件においても用いられている。

イ　訴訟物と損害算定実務

人身損害の訴訟物は一つである（最判昭和48年4月5日[(1)]）とされているが，実務では所定の損害項目ごとに請求の範囲で積算して認容額を

---

(1)　判時714，判タ299。交通百選。「本件のような同一事故により生じた同一の身体傷害を理由とする財産上の損害と精神上の損害とは，原因事実および被侵害利益を共通にするものであるから，その賠償の請求権は一個であり，その両者の賠償を訴訟上あわせて請求する場合にも，訴訟物は一個であると解すべきである。」

決める（個別損害項目積み上げ方式）のが一般である。もっとも，慰謝料については，請求額以上の額が認定されることがある（外貌醜状について逸失利益を否定する代わりに慰謝料を増額する場合など）。

図示すると以下のようになる。

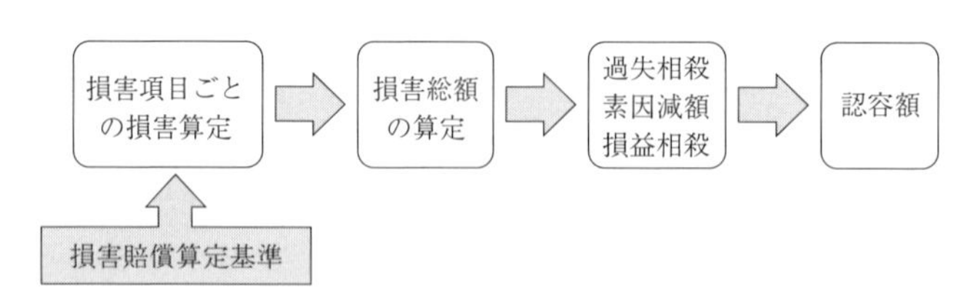

(2)　損害とは何か

ア　差額説

伝統的な考え方である差額説（財産状態差額説）によれば，当該事故がなかったら存在したであろう財産状態と当該事故により現にもたらされた財産状態の差が損害であるとされる。財産状態の差である損害は，〇〇円という金額の形で示されることになる。なお，非財産的損害（慰謝料）については，差額説で理解する財産的損害とは別に賠償が認められることになる。

判例は基本的に差額説によっていると言われている。もっとも，後遺症逸失利益の算定において，最判昭和42年11月10日(2)が，減収がなければ損害はないと言い切って典型的な差額説を採っていたのに対し，同昭和56年12月22日(3)は，「特段の事情」がない限り損害はないとし

(2)　判時505，判タ215。「交通事故による傷害のため，労働力の喪失・減退を来たしたことを理由として，将来得べかりし利益喪失による損害を算定するに当たって，上告人の援用する労働能力喪失率が有力な資料となることは否定できない。しかし，損害賠償制度は，被害者に生じた現実の損害を填補することを目的とするものであるから，労働能力の喪失・減退にもかかわらず損害が発生しなかつた場合には，それを理由とする賠償請求ができないことはいうまでもない。（略）Aは本件交通事故により左太腿複雑骨折の傷害をうけたが，その後従来どおり会社に勤務し，従来の作業に従事し，本件事故による労働能力の減少によって格別の収入減を生じていないというのであるから，労働能力減少による損害賠償を認めなかった原判決の判断は正当であって，所論の判例に反するところもない。」

(3)　判時1031，判タ463，民法百選Ⅱ，要約98。通産省技官の33歳男性（14級腰部挫傷後遺症）

ており，トーンが変わっている。

さらに近時の裁判例は，「特段の事情」についても緩やかに捉えており，休業損害については基本的に差額説を維持しているが，逸失利益については労働能力喪失説を取り入れている（修正差額説）とも言われている。「特段の事情」として，事故前と同じ水準に保つために事故前にはしなくて良かった努力をしており，それがすでに「差」であると考えれば，差額説からでも説明できることになる。減収がない場合の消極損害については，347頁，353頁，396頁を参照されたい。

イ　損害事実説

損害事実説は，損害とは被害者に生じた不利益それ自体を意味すると解する。損害そのものは単なる事実であり，それが金銭的にいくらであるかということ自体は，損害の概念には含まれないことになる。

被害者の死傷というもっとも包括的な事実をもって損害と捉える死傷損害説[4]，労働能力を喪失したという事実を損害として捉える労働能力喪失説等がある[5]。労働能力喪失説と差額説の対立は，主に消極損害

について，「かりに交通事故の被害者が事故に起因する後遺症のために身体的機能の一部を喪失したこと自体を損害と観念することができるとしても，その後遺症の程度が比較的軽微であって，しかも被害者が従事する職業の性質からみて現在又は将来における収入の減少も認められないという場合においては，特段の事情のない限り，労働能力の一部喪失を理由とする財産上の損害を認める余地はないというべきである。ところで，被上告人は，研究所に勤務する技官であり，その後遺症は身体障害等級14級程度のものであって右下肢に局部神経症状を伴うものの，機能障害・運動障害はなく，事故後においても給与面で格別不利益な取扱も受けていないというのであるから，現状において財産上特段の不利益を蒙っているものとは認め難いというべきであり，それにもかかわらずなお後遺症に起因する労働能力低下に基づく財産上の損害があるというためには，たとえば，事故の前後を通じて収入に変更がないことが本人において労働能力低下による収入の減少を回復すべく特別の努力をしているなど事故以外の要因に基づくものであって，かかる要因がなければ収入の減少を来たしているものと認められる場合とか，労働能力喪失の程度が軽微であっても，本人が現に従事し又は将来従事すべき職業の性質に照らし，特に昇給，昇任，転職等に際して不利益な取扱を受けるおそれがあるものと認められる場合など，後遺症が被害者にもたらす経済的不利益を肯認するに足りる特段の事情の存在を必要とするというべきである。」として，逸失利益損害を認めた原判決を破棄・差戻した。

(4)　実務への影響として，損害費目ごとの定額化の推進や公害・薬害等の集団訴訟における包括一律請求方式があげられる。

(5)　死傷損害説が個別損害項目積み上げ方式を否定する（当事者の主張する損害総額を超えない限りすべての費目間流用を認める）のに対し，労働能力喪失説は同方式を排除しない。

(逸失利益) を巡るものであり，労働能力喪失説は逸失利益を積極損害的に把握するものである。たとえば前掲昭和56年最判の原審 (東京高判昭和53年12月19日) は，事故当時に存在していた労働能力の全部または一部が失われること自体を損害と捉えている。

2　交通賠償の損害賠償額算定基準

(1) 「基準」の形成

これも第1章で述べたように，交通賠償実務においては，大量の事件の迅速処理，裁判官の主観・恣意の排除，被害者間の公平といった理由から，損害賠償の費目別定型化・定額化が顕著である。

確立しているとはいえ「基準」は目安に過ぎず，立証を免除するものでも主張を制限するものでもないはずだが，実務上極めて大きな役割を果たしている。かつては逸失利益の算定方法について，裁判所によって異なるところがあったが，「交通事故による逸失利益の算定方法についての共同提言」(三庁共同提言。平成11年)[(6)] によって人身損害についての地域格差の解消が図られた。

関連して，最近，東京地裁と大阪地裁では，「事案の概要」(「主張一覧表」) と共に，損害項目ごとの算定を整理するための「損害額一覧表」の書式が公表され，これを用いることが求められており，他の地方裁判所でも一覧表が導入されつつある。出来の悪い訴状も少なくないだろうし，それは (特に請求側) 弁護士が反省し勉強しなければならないところだが，運用によっては，裁判所の考える損害算定の枠組みに事件を押し込めることにならないかという懸念もある。

---

(6)　判時1692，判タ1014。骨子は以下のとおり。A 逸失利益の算定利益の算定において，原則として，幼児，生徒，学生の場合，専業主婦の場合，及び比較的若年の被害者で生涯を通じて全年齢平均賃金または学歴別平均賃金程度の収入を得られる蓋然性が認められる場合については，基礎収入を全年齢平均賃金または学歴別平均賃金によることとし，それ以外の者の場合については，事故前の実収入額によることとする。B 交通事故による逸失利益の算定における中間利息の控除方法については，特段の事情のない限り，年5分の割合によるライプニッツ方式を採用する。C 上記の A 及び B による運用は，特段の事情のない限り，交通事故の発生時点や提訴時点の前後を問わず，平成12年1月1日以後に口頭弁論を終結した事件について，同日から実施する。

⑵ 「赤い本」と「青本」

ア　赤い本

東京地裁27部（交通専門部）の裁判例をもとにした基準である。福岡地裁でも主にこちらを参照しているようだ。

示談段階では，損保は赤い本基準（特に慰謝料基準）からの減額を主張することが多い。

イ　青本

全国に対応しており，赤い本と比べて，慰謝料の基準額に幅を持たせているのが特徴である。

ウ　特徴と使い方

赤い本と青本にはそれぞれ特徴がある（4頁）ので，両方使うことをすすめる。赤い本（下巻）の裁判官講演録は必読である。青本の「特集」と後遺障害等級表の「注」（後遺障害認定基準のエッセンス）も役立つ。

エ　その他の基準

自賠責保険においては，自賠法16条の3にもとづき告示で定められた支払基準が存在する（赤い本上巻，青本に所収）。自賠責支払基準は裁判所を拘束しない（最判平成18年3月30日）ため，被害者過失が大きい場合などは要注意である（54頁）。

任意保険においては，各社が支払基準を設けており，賠責保険の支払基準と人身傷害補償保険の支払基準等がある。後遺障害事案では，交渉開始時は，対人社から，逸失利益と後遺症慰謝料の合計額として，自賠責保険の後遺障害保険金額を提示されることが少なくない。

このほか，損害賠償算定基準としては，大阪地裁における算定基準をまとめた「緑の本」（「大阪地裁における交通損害賠償の算定基準」（大阪地裁民事交通訴訟研究会））及び「緑のしおり」（「交通事故損害賠償額算定のしおり」大阪弁護士会交通事故委員会）[(7)]，名古屋地裁における基準をまとめた「黄色本」（「交通事故損害賠償額算定基準」）（（公財）日弁連交通事故

---

(7)　赤い本との主な相違について，自由と正義2023年8月号14頁。

相談センター愛知県支部)[(8)]等がある。

(3) 損害の種類

交通賠償事件においてその賠償が請求される損害は，差額説によればたとえば次表のように整理できる。もちろん請求する損害は事案によって異なり，これらに限られるものではない。

<table>
<tr><td rowspan="8">損害</td><td rowspan="5">人身損害</td><td rowspan="2">財産的損害</td><td>積極損害</td><td>治療関係費
付添看護費
将来介護費
雑費
交通費
装具費
弁護士費用等</td></tr>
<tr><td>消極損害</td><td>休業損害
後遺症逸失利益
死亡逸失利益</td></tr>
<tr><td rowspan="3">精神的損害</td><td rowspan="3">慰謝料</td><td>傷害（入通院）慰謝料</td></tr>
<tr><td>後遺症慰謝料</td></tr>
<tr><td>死亡慰謝料</td></tr>
<tr><td rowspan="3">物的損害</td><td rowspan="2">財産的損害</td><td>積極損害</td><td>修理費
買替差額
登録手続関係費
評価損
代車使用料
積荷損害等</td></tr>
<tr><td>消極損害</td><td>休車損
営業損害等</td></tr>
<tr><td>精神的損害</td><td colspan="2">（慰謝料）</td></tr>
</table>

※傷害に伴い義肢，義歯，眼鏡，補聴器，松葉杖その他身体の機能を補完するための用具が損傷した場合も人損として認める扱いである。

(8)　近年，その内容は赤い本に接近している（前掲自由と正義22頁）。

第2節　積極損害

1　積極損害とは

(1)　意義

積極損害は，交通事故によって被害者が出捐しあるいは出捐を余儀なくされることになった金銭である。

(2)　損害の算定における消極損害との違い

消極損害（事故がなければ得られたであろう得べかりし利益の喪失）の算定において「控え目な算定方法」がとられているのに対し，積極損害については，現実の支出があれば原則としてその支出を前提として損害額が算定される。もっとも，将来の費用については支出の予測が伴うことになる。

(3)　近年の傾向

介護費用の高額化や，高額な介護用品購入費，家屋改造費等の請求は，近年請求総額を押し上げる要因となっており，その要否や額（必要性と相当性）が大きな争点となることも多い。

2　治療関係費

(1)　治療費

ア　賠償の対象

必要かつ相当な実費全額が認められる。必要性・相当性の判断資料として，（経過）診断書や診療報酬明細書（レセプト）[9]が重要である。必要に応じて，カルテ・検査画像等を提出する。医師面談が必要なこともある。

---

(9)　診断書，診療報酬明細書の見方については，新型51頁。

イ 過剰診療

診療行為の医学的必要性ないし合理性がないものは損害として認められない。頚椎捻挫等での入通院期間はしばしば争われる(10)。持病の治療が行われている場合も問題となる。

歯科のインプラント治療については475頁で述べる。

ウ 高額診療

損害として認められるのは「必要かつ相当な実費全額（赤い本）とされるが，損害診療単価はいくらが相当だろうか。この問題は，加害者が賠償すべき損害の範囲（相当因果関係ないし保護範囲）の問題であると考えられる。特に，診療行為に対する報酬額が，特段の事由がないのに社会一般の水準に比して著しく高額な場合（治療内容，診療単価）に問題となる。

東京地判平成元年3月14日(11)（「10円判決」）は，自由診療の診療報酬としては健康保険と同じく1点単価を10円とする診療報酬を認めれ

---

(10) 特に入院中に外出，外泊が多い場合に問題となる。

(11) 判時1301。交通事故医療の特殊性を否定した上で，「健康保険制度が，国民皆保険といわれるまでに普及している今日，誰でも健康保険による治療を受け，医療費も平等に決められた額を支払えばよいことになっている。健康保険の医療費については，療養の給付に関する費用の額は，厚生大臣の定めるところにより請求するとされており，厚生大臣は，中央社会保険医療協議会の諮問を受けてその額を定め，その協議会は支払者側，医師会，公益の代表者で構成されているので，その諮問内容は，公正妥当なものと推定される。まさにこれが通常の医療費であって交通事故による自由診療といえども加害者に負担させるべき範囲は通常の医療費をもって責任額とすべきである。ことに交通事故により救急搬入された場合，受傷者は緊急のため医療機関を選ぶ余地もなく，その医療機関の人的・物的体制，評判，医療費の高低等について知る機会もなく，準委任契約といわれる医療契約が締結されるのであるから，通常の医療費が相当な医療費であるというべきである。なるほど，医療機関が社会保険を適用して診療する場合には，保険医療機関及び保険医療養担当規則に則った医療行為，厚生大臣の定める医薬品の使用という一定の制約があるといえるが，一般災害，労働災害及び交通事故等により受傷し，社会保険による治療を受けたために，症状が悪化し治癒しなかったとか後遺傷害が残ったという例はなく，前記のとおり，交通事故患者の大部分は傷害度一度の軽傷であって，社会保険による治療で十分である。自由診療による診療報酬として健康保険の2倍を認めるとすると，一般に医療機関は薬剤を薬価基準の3割から5割安く仕入れるといわれており，これを患者に仕入額の2.86倍から4倍で販売することとなるから，薬剤料については，他の業種と比較して医師に常識では考えられない高利益を得させることになる。以上のことからして，自由診療の診療報酬としては，健康保険と同じく1点単価を10円とする診療報酬を認めれば足りるというべきである。」とした。

ば足りるとし，実務に大きな影響を与えた。赤い本も1989年版までは「原則として，おおむね健保基準の2.5倍を超える[12]もの」としていたが，「10円判決」を受けて翌年版から削除されている。

同判決を受けて，都道府県医師会，日本損害保険協会，自動車保険料率算定会（自算会。現在の損害保険料率算出機構）の三者合意（平成元年6月）がまとめられた。自動車保険の診療費については，現行労災保険診療費基準に準拠し，薬剤等の「モノ」については単価を12円とし，その他の技術料についてはこれに20%を加算した額を上限としている[13]。日医基準（案），自賠責基準（案）と言われている。

この結果，交通事故診療においては，健保・労災診療，日医基準診療，日医基準によらない自由診療（1点15～20円が多い[14]）が並存している。

訴訟において高額な医療費が問題になった場合，診療報酬点数1点10～15円程度に抑えられる可能性がある[15]。損保・医療機関間の問題と被害者・加害者（損保）間の問題を同視できるかという問題もある。

診療単価についての裁判例をいくつかあげる。福岡高判平成8年10月23日[16]は，被害者の加害者に対する損害賠償請求訴訟（医療法人が原告に補助参加）において1点15円とした。東京地判平成23年5月31日[17]は，損保の医療機関に対する不当利得返還請求訴訟において1点10円とした。東京地判平成25年8月6日[18]は，被害者の加害者に対する損害賠償請求訴訟（医療法人が原告に補助参加）において1点10円とした。横浜地判平成31年4月26日[19]は，被害者の加害者に対する損

---

(12)　たとえば，大阪高判S60.10.29（交民18-5）参照。

(13)　ただし，医療機関への強制力はない。個々の医療機関が現実に請求し，支払を受けている診療費の水準を引き上げる主旨のものではない，とされている。

(14)　以前は25～30円という例もあったが，現在ではそれほどではない。

(15)　健保・労災の水準を超える医療費は損害として認められにくいということではない。これらを超える場合でも，被害者には事実上選択権がなく，賠償を否定することは被害者に酷だからである。10円判決等は，医療機関側の不適切さが明らかな場合の損保からの不当利得返還請求事案である。

(16)　判時1595，判タ949，要約110。

(17)　医療集中部の判決。交民44-3。

(18)　交通専門部の判決。交民46-4-1031。

害賠償請求訴訟において1点12円とし，これを超える部分は相当因果関係を認めなかった。横浜地判令和元年9月30日[20]は，被害者の加害者に対する損害賠償請求訴訟において，一括対応期間については1点25円の自由診療で認めたが，一括打切り後は1点12円とした。

エ　入通院期間の相当性

入通院期間の一部が事故との相当因果関係が否定されるのはどのような場合か。一括対応されていれば肯定されるのだろうか[21]。

治療内容と症状の推移が重要だが，医師の判断や結果的に効果があったかどうかのほか，被害者の意図や損保の対応も考慮されることがある[22]。入院中に外出，外泊が多い場合は争われる。打撲・捻挫の場合は，保険会社は3カ月程度しか通院を認めないことが多い[23]。

---

(19)　交民52-2。

(20)　交民52-5。一括対応中は，原告（被害者）は治療費の算定方法の相当性を検証する機会はなかったと言えること，打切り後は検証の機会があったと言えることを理由としている。

(21)　一括対応打切り後に通院を継続し，自己負担した治療費を16条請求して自賠責から支払を受けた場合でも，支払側は打切り後の治療の必要性・相当性を争うことが珍しくない。

(22)　横浜地判H5.8.26（交民26-4）は，「本件事故を起因とする原告の治療費（略）の大部分を占めるA整形外科における診療は，期間的・内容的に，必ずしも真摯な医療行為ばかりではなかったとの疑いを払拭することはできず，この点からすると，右治療費の全部を本件事故と相当因果関係のある損害として被告の負担とすることには些か躊躇を覚えないではない。しかし，原告がその客観的原因はともかく，本件事故を契機とする各種の自覚症状のゆえに通院を続けたことは事実というべきであり，この点について原告に詐病による利得を図る意図があつたなどとは到底考えることができないから，少なくとも右治療費を本件事故による損害として請求し得ることの可否を論ずる場面においては，右の継続的通院をもって原告を責めるのは酷である。また，A医師においても，なお自覚症状が続いているとして原告から治療を求められた以上，それに対応した何らかの診療行為を行つたのもやむを得ない面がないではなく，あえて不必要な治療に及んだとまでみることもできにくい。一方，いわゆる一括支払の合意のもとに毎月「自賠責診療報酬明細書」を送付されながら，事実上中途で支払を止めただけで，その後の診療に何らの異議も伝えなかつた保険会社はその本来あるべき責務を十分に果たしたとはいい難い。被告主張のようにA整形外科における治療が必要性・合理性の範囲を超えた期間に及んでいると考えるのであれば，直ちにその旨を伝えるなどして爾後の治療費の支払を拒むことを明らかにすべきであつた。以上のような事情を総合すると，原告主張の治療費については，損害の公平な分担についての信義則上，その全額である317万8970円を本件事故と相当因果関係があるものとして被告の負担とするのが相当である。」とした。

(23)　裁判例にも，同様の考え方をとるものがある。たとえば京都地判R4.12.22（自J2141）は，CRPSを否定して打撲，捻挫程度とした上で，「打撲，捻挫は筋肉などの軟部組織の損傷であり，

院内感染（MRSAなど）によって入院が長引いた場合にも入院期間の相当性が問題になる。

オ　効果のなかった治療

結果的に治療効果がなかった場合は，治療費の賠償は否定されるのか。

低髄液圧症候群（脳脊髄液減少症／脳脊髄液漏出症）の治療としてブラッドパッチが行われたが，症状が改善せず，発症が否定された場合は，必ずといっていいほど争われる。被害者として医師の判断と選択に事実上従わざるを得なかったのであれば，賠償を認めないのは酷だとも言える[24]が，むち打ち症と診断されて治療を受け，症状固定とされた後に，他医を受診して脳脊髄液減少症等の診断を受けてブラッドパッチをしたが発症が否定されたような場合は，症状固定後の治療費として賠償を否定する裁判例が多い[25]。

カ　公的医療保険（健保・国保等）の使用

健保・国保診療を好まない医療機関もあるが，使用できる[26]。被害者過失が比較的大きい場合，加害者が任意無保険の場合，損保が治療費を打ち切る場合などは公的医療保険の使用が特に有用である。

キ　医師への謝礼

事故との相当因果関係が争われる。これを肯定する裁判例もあるが，日本医師会「医師の職業倫理指針」では患者からの謝礼の受領は慎むべ

経時的に組織の修復により軽快し，一般的には概ね3ヶ月程度の通院治療をもって治癒ないし寛解に至るものといえ，本件事故と相当因果関係のある治療期間としては概ね3ヶ月程度経過した（略）日頃と認めるのが相当である」として，事故後約3ヶ月で症状固定と認定した。

(24)　福岡高判H19.2.13（判時1972，判タ1233）は，被害者主張の低髄液圧症候群等を否定したうえで，これに関連する治療費は事故と因果関係が認められない筋合いではあるが，低髄液圧症候群との診断をし，その治療をしたのは医療機関側の判断と責任によるものであるから，被害者が現にその関係の治療費を支払っている以上，それを安易に減額することは相当でないとして，ブラッドパッチ費用等を含めて治療費損害を認めた（心因減額5割）。

(25)　その場合，損害として認められる治療費は，末梢神経障害として通常認められる範囲に限定されることになる（最前線312頁）。

(26)　「犯罪被害や自動車事故等による傷病の保険給付の取扱いについて」（H23.8.9厚生労働省通達）は，自賠責保険の補償がある場合でも，被保険者の健康保険の使用は妨げられないことを確認している。裁判例として，たとえば大阪地判S60.6.28（判タ565）を参照。

きであるとされており，支払の事実が認められた場合でも，謝礼を支払うのが当然であるような事情がなければ認められにくい。

(2)　鍼灸，マッサージ，整骨院等

ア　医師の指示

医師の指示があれば認められやすいが，指示されることは少ない(27)。

イ　認められる場合

医師の態度のほか，症状の軽快があったか(28)，リハビリの代替・補完という意味があったか，施術費は妥当か等が考慮される。鍼灸・マッサージ等は，柔道整復師に比べて相当因果関係が否定される場合が多い。

柔道整復師についても，医療機関ではほとんど受診していない場合等は疑いの目で見られることが多く，両方に通院している場合でも，医療機関でリハビリを受けていれば整骨院治療の必要性が否定されることが少なくない。認める場合でも，一部に限定することが比較的多い。

たとえば東京地判平成16年2月27日(29)は，原則として，医師の指示が必要であるとし，さらに医師の指示の有無にかかわらず，①施術の必要性・有効性，②施術内容の合理性，③施術期間の相当性，④施術費用の相当性の各要件を満たす必要があるとした上で損害と認めた。③については初療日から6か月を一応の目安とするとの見解がある。大阪高判平成22年4月27日(30)は，原告主張の施術期間をそのまま認めた原判決を変更し，施術期間を大幅に短縮した上で，労災算定基準の上限額（保険会社の目安料金）に基づき算定した。

治療効果が確認できないとして否定した例として，東京地八王子支判平成20年7月18日(31)等がある。

---

(27)　札幌地判R6.6.5（交民57-3）は，上下肢打撲傷，頚胸腰椎捻挫等を負った被害者の135回の整骨院施術について，医師が施術を否定はしていないこと，歯科技工士である被害者が事故受傷から受ける影響が大きいことに照らし，必要かつ相当な範囲にあると認めた。

(28)　重要な要素であるが，症状の改善があっても，時の経過による治癒にすぎない（施術によるものではない）として否定されることもある。

(29)　交民37-1。

(30)　交民43-6。

ウ　カイロプラクティック等

東洋医学的施術が法的免許制度に裏付けられているのに対して，カイロプラクティックは日本では民間資格に止まる（公的医療保険も使えない）ため，その施術費は柔道整復師による施術等に比べて相当因果関係が認められにくいと言える。

一般的でない治療具，民間療法，医師の指示・承認のない漢方や温泉治療等も認められにくい。認めても減額されることがある。

⑶　特別室（個室）料

医師の指示や特別の事情（重症，空室なし，感染症罹患のおそれ[(32)]等）があれば認められる[(33)]。個室等を利用したほうが治療面で良い効果が期待できる，あるいはそうしないと病状を悪化させる等の事情を主張立証する。高次脳機能障害の脱抑制など精神状態の不安定がある場合は認められやすい[(34)]。

---

(31)　交民 41-4，要約 113。4 年余りの間に約 200 回整体治療を受けた施術費につき，医師の指示によったものであることを認めるに足りる証拠がないこと，「原告に施された「健康指導」の内容は明らかでなく，客観的にみてその治療効果が持続して上がっていたことを的確に認めるにはたりない。」として否定した。

(32)　たとえばさいたま地判 H21.2.25（交民 42-1）は，個室しか空きがなかったことや症状（意思疎通困難・全介助，感染症予防の必要）から個室利用の必要性は認めた上で，個室料のうち 1 万円（日額 2 万 1000 円の特別室の必要性は明らかでないとした。）を入院期間について認めた。

(33)　大阪地判 H27.7.2（交民 48-4）は，下顎骨骨折・挫創等を受傷した被害者につき，「入院先の C センターでは完全看護の体制が取られていた上，個室の利用について医師の指示があったわけではない。しかし，原告は，治療のために口をワイヤーで固定されていたため，話すことができず文字で花子らとやり取りをしており，また，食事も流動食が続いていたというのであり，原告の置かれたこのような状況や，けがの内容・程度，さらには，治療の内容と原告の精神的負担の大きさなども考慮すると，個室の病室を選択することはやむを得ないといえ，個室代は，その額を含めて必要かつ相当なものと認められる。」として個室代 57 万円を認めた。

(34)　東京地判 H18.3.29（交民 39-2），京都地判 H27.10.26（交民 48-5）等。後者は，「原告 A は，C 病院入院時，病床への適応困難との主治医の判断により個室に収容されたこと，（略）主治医は，（略），保険会社からの個室使用に関する質問に対し，医学的に個室管理の必要がないと判断した場合には個室から出て行ってもらう旨回答したことが認められる。しかし，（略）原告 A が医師から個室から出るよう指示を受けた等の事情は認められないことに加えて，（略）入院中，原告 A には高次脳機能障害を原因とする脱抑制の症状があり，退院直前まで対人トラブルが発生していたことが認められることに照らすと，入院中，原告 A を個室に収容する必要があったというべ

必要性が認められても，症状の推移を踏まえて相当性が認められる期間が制限されることがある。

(4)　症状固定後の治療費（支出済み）

ア　請求の可否

症状固定とは治療効果が期待できなくなったことを意味するから，以後の治療費については相当因果関係を否定されることが多いが，機械的に「診断書記載の症状固定日以後は請求できない」と判断することなく，必要性と相当性を具体的に考える。

むち打ち症の症状固定後の継続通院については，相当因果関係を否定されることが多い(35)。

イ　認められる場合

現状を維持し症状悪化を防いだ（損害防止費用のように考える）として認められる場合もある。たとえば，てんかん予防のための投薬・検査費(36)や関節拘縮悪化を防ぐためのリハビリ，在宅介護への移行準備としての入院治療等であるが，それ以外にも，現に治療によって症状が改善した場合等に認められることがある。

損害として認められる場合は，口頭弁論終結までに支出した治療費損害については利殖の可能性はないから中間利息控除をすべきでないと考える(37)。

きであり，個室使用料は，本件事故との相当因果関係のある損害というべきである。」とした。

(35)　もっとも，異議申立等において，症状固定後も自費で治療を受けたが改善しなかったことが，後遺障害が認定される一要素になることはあるようだ。

(36)　次頁の東京地判 H7.10.31 を参照。

(37)　もっとも，前注の平成 7 年東京地判，312 頁の大阪地判 H27.9.4 等は，口頭弁論終結前の支出分も含めて中間利息控除をしている。赤い本 2007 年下巻 184 頁は，「症状固定後，口頭弁論終結時までに現実化した治療費の実費で金額が少ないものについては，中間利息を控除しない例がほとんどである」とする。将来介護費について 321 頁を参照のこと。

⑸　将来の治療費[38]

ア　請求の可否

症状固定後の治療費のうち将来分については，支出済みの症状固定後の治療費と同様ないしそれ以上に必要性・相当性の立証が求められるほか，支出の蓋然性についても立証が必要である。

イ　認められる場合

たとえば次のような場合に賠償が認められることがある。一般的には，重度後遺障害の場合は必要性・相当性が認められやすい。

遷延性意識障害者の生命維持に必要な治療については認められる。脳損傷や脊髄損傷による重度の身体麻痺の場合等の関節拘縮を防ぐためのリハビリ的治療行為についても肯定されることが多い。もっとも，リハビリが継続されていても，真に将来にわたって必要かどうかが争われることが多いので，医証等で必要性を立証すべきである。それほど重度の障害ではない場合を含め，身体機能の悪化などを監視するための検査，訪問医療・看護なども，以前に比べると認められる傾向にある。てんかん治療・検査のための通院・投薬は比較的認められやすい[39]。

RSD や CRPS 等（それ以外は難しいことが多いかもしれない）の疼痛障害による強い痛みがある場合に，痛みの緩和のための神経節ブロック注射の費用が認められることがあるが，認める場合でも平均余命まで認めるかどうかは問題になりうる。

将来実施すべき小児の人工骨頭置換や醜状の形成手術の手術費用が認められることもある[40]。時期がわからないと中間利息控除の計算が困

---

(38)　森健二「将来要する費用の諸問題2」（実務）。青本は，「このような治療行為が将来にわたって行われる必要があれば，「症状固定後の治療費」というより「将来治療費」として損害認定することになる。」としている（29訂版５頁）。

(39)　たとえば東京地判 H7.10.31（自 J1131，要約 112）は，「原告は，（略）症状が固定したが（当時 60 歳），今後も将来にわたりてんかん予防と脳の能力悪化防止のため，抗けいれん剤の服用と年１回の脳波検査，MRI 検査の実施が必要であり（略），その費用は，抗けいれん剤が年 10 万 9920 円（略），脳波検査及び MRI 検査には，少なくとも年 10 万円を要することが認められ，症状固定時の平成５年簡易生命表による 60 歳女子の平均余命が 24.94 年であることから，24 年間の治療費の現価をライプニッツ方式（係数 13.798）により算定すると，（略）289 万 6476 円となる。」とした。

難なので，手術内容や金額とともに時期の立証が必要である。

インプラントの交換については475頁で触れる。

将来治療費が損害として認められる場合は，治療費の他に，将来の付添費（介護費），雑費，交通費も認められることがある。

ウ　請求の範囲

将来の治療に公的医療保険の利用を予定している場合，賠償の範囲は公的保険者負担分を含む10割分か，自己負担分に限るか(41)。将来治療費や将来介護費を含む和解をする場合は，公的保険給付の支給制限（568頁）に注意して和解条項を作成する必要がある。

エ　中間利息控除

将来治療費について賠償が認められる場合は中間利息が控除される。口頭弁論終結時までに現実化した治療費については310頁で触れた。

---

(40)　人工骨頭・人工関節手術につき，東京地判H13.3.28（交民34-2），東京地判H17.11.28（交民38-6），さいたま地判H23.11.18（交民44-6）等，プレート除去手術につき，東京地判H17.10.27（交民38-5）等，足底再建手術につき，大阪地判H14.5.31（交民35-3）等。

(41)　赤い本2008年下巻「施設入所中の重度後遺障害者の損害算定に関する諸問題」は，「近時の裁判例の中には，（略）の裁判例のように，将来の治療費や入所費用の自己負担分に限られず，高額な将来の治療費や入所費用を認めたものがあります。これに対し，将来の治療費や入所費用については自己負担分を認めるにとどまるものの，これに加え，将来の介護費用等について，必要な介護の具体的な内容・程度を考慮して算定しているものも少なくありません。」としている。10割分で損害算定した裁判例として，大阪地判H23.4.25（交民44-2。寝たきり1級1号），神戸地判H26.3.7（自J1926。将来の人工膝関節再置換術），大阪地判H27.9.4（交民48-5。遷延性意識障害），千葉地判R2.9.10（自J2083。RSD）等。自己負担分に限った裁判例として，東京地判H22.3.26（交民43-2。遷延性意識障害），東京地判H25.8.6（交民46-4-1051。高次脳1級），金沢地判H29.8.29（自J2015。高次脳1級）等。後者は，いずれも原告が自己負担分を請求した事案のようである。10割説の根拠としては，給付内容・水準が将来も維持されるかどうか不確実であることをあげるもの，免責規定により被害者が二重に損害の填補を受けることにはならないことをあげるもの，両者をあげるもの等がある。請求側代理人としては，現在の公的医療保険実務を前提として，将来も自己負担分のみで給付を受けられることを前提に，自己負担分に限って請求することも少なくないように思われる。一方，支払側からみると，紛争解決時に未給付である公的医療保険については，給付時には損害賠償請求権が消滅しており，公的保険者からの代位に基づく請求を受けることはない（最判平成10年9月10日）。したがって，自己負担分に限って賠償された場合は，和解条項等に「将来の市町村からの求償に応じる」等の条項がない限り（もっとも，支払側はそのような条項を入れることを拒むかもしれない），社会保険の負担において加害者が免責されることになる。

3　付添費・介護費

(1)　入院付添費（症状固定日までの）

ア　付添人

問題になるのは通常対価が支払われない近親者付添である。かつては，家族による付添は肉親の情誼に出た行為なので財産的損害とは評価できないとして賠償を否定する裁判例もあったが，最判昭和46年6月29日(42)は肉親の情誼に出ることが多いとしても労働を金銭的に評価できないものではないとして賠償を認めており，現在では，近親者の情誼というだけで財産的損害の発生を否定されることはない。

イ　付添いの必要性

近親者の付添費が損害として認められるには，付添いの事実だけでなく，その必要性が認められることが必要である。親族の情誼による見舞いというだけでは足りないが，受傷の程度(43)や被害者の年齢等から必要性があれば認められる(44)。入院○日だから○円というだけでなく，実情に即した主張立証が必要である。入院中に相談を受けた場合は，親族に入院付添ノートの作成を依頼し，雑費や交通費の支出（レシートを貼付する），症状，医師の説明，誰がどのくらい付き添ったか，付添の内容等を記載してもらうと後々役に立つ。

---

(42)　判時636，判タ265，要約114。金銭収入のない専業主婦の家事労働の消極損害を肯定する理由付けと類似の理屈である。

(43)　重傷の場合は認められやすいといえる。生命の危険がある場合やICUで治療されている場合など極めて重篤な場合は，付添看護するような状態ではないとして必要性を否定する裁判例があるが，近親者の情誼として認める裁判例もある（注解42頁）。

(44)　たとえば大阪地判H20.12.24（交民41-6）は，鎖骨・肩甲骨・肋骨骨折，右腕神経叢損傷等を負った被害者につき，「証拠（略）及び弁論の全趣旨によれば，原告（注：固定29歳女性）の入院中，原告の両親らが原告に付添い，食事，入浴（シャワー），歯磨き，洗濯物の交換等の生活動作全般にわたり介助を行うほか，体の清拭や右腕のむくみを防止するためマッサージを行うなどしていたことが認められるところ，原告の受傷内容は多岐にわたり，右腕神経叢損傷のため右腕が全く使えない状態であったことを考慮すると，上記付添看護に伴う費用は本件事故と相当因果関係のある損害と認めるのが相当であり，その費用は入院1日当たり6000円が相当であり，入院日数は107日であるから，64万2000円を損害と認める。」とした。

精神面の安定等，身体介護以外の目的による付添の場合にも認められることがある[45]。医師の意見が重要だが，医師の指示がなければ認められないともいえない。支払側からは，「完全看護なので付添は不要である」と主張されることがあるが，いわゆる完全看護（現在では制度としては存在しない。）だからといって，看護師がすべてやってくれるはずもなく，親族等の付添が不要になるわけではない。

退院後自宅介護へ移行するためのリハビリへの参加を求められた場合にも付添いの必要性が認められやすい[46]。

ウ　日額

近親者は6500円（赤い本）とされているが，実情（症状，年齢等）により増減がある。生活動作全般について介助を行っている場合やエの場合はこれを上回ることがある一方，付添いの内容によって2～3000円程度を認めることもある。

エ　有職親族が付き添った場合[47]

当該親族の休損相当額を参考にすることがある[48]。親族の消極損害

---

(45)　たとえば，名古屋地判H17.8.26（交民38-4，要約115）は，遷延性意識障害の状態にある原告について，「A病院は，いわゆる完全介護の看護体制であるが（略），同病院の担当医師は，「原告の場合，脳賦活及び脳機能維持のための環境整備が重要である。家族による刺激は最も有効な手段で医療行為の一環として望ましい。家族にも刺激を与えるための声かけ，過去によく聞いた音楽を聞かせる，興味のあったテレビでの相撲鑑賞等の協力をお願いしている。」としている（略）。そうすれば，原告には，入院中の付添看護の必要性があったと考えられる。イ　そこで，原告の家族（長男，姉妹）は，ほぼ毎日，一時間から半日程度，原告に付き添って，原告に話しかける，テレビを鑑賞させる，車椅子に乗せて移動するなどして，絶えず刺激を与えたり，おむつや下着の着替えを手伝ったりしている（略）。ウ　以上の原告の家族の付添時間，看護の内容及びその時間等を総合して勘案し，原告の症状固定日までの492日間について，一日当たり3000円の割合で付添看護費を認めるのが相当である」とした。

(46)　大阪地判H21.2.16（交民42-1）は，高次脳機能障害を残す事故時69歳の女性について，「(事故から）18日間については，急性期であることや看守及び転院準備等の必要があったことなどを考慮し，近親者1名の付添いを要したものとして日額6000円とし，A病院においては専らリハビリテーションの参加を要求されたことにかんがみ，同病院入院中の115日間のうち日祝日20日間を除く日数については，日額3000円とすることを相当と認める」とした。転院後は，「日中は家人の付添いがあるため危険行動がないとの看護師の指摘もみられること」もあげている。

(47)　赤い本合本Ⅱ262頁「高額所得者が看護した場合の付添看護費」。

(48)　大阪基準（緑のしおり）では，「有職者が休業して付き添った場合，原則として，休業による損害と近親者の付添看護費（注：6000円）の高いほうを認める。」としている。

としてではなく，被害者本人の積極損害として算定できる。当該親族が原告となり，自らの損害として休業損害の賠償を請求することも可能である[49]。

(2) 通院付添費（症状固定日までの）

ア　付添いの必要性

通院に付添いが必要であれば付添費が損害として認められるが，必要性に争いがない場合を除き，一人での外出が危険なことについて具体的な主張・立証が必要である。

必要性が認められやすいものとして，小児や高齢者の場合，高次脳機能障害（情動障害により付添が必要な場合もある。）や下肢骨折（歩行困難）を負っている場合等[50]がある。

イ　日額

基準は3300円（赤い本）とされているが，入院付添費と同様に増減がある。児童の通学付添費が認められることもある。

(3) 自宅付添費（症状固定日までの）

ア　必要性

退院後，自宅での付添費が損害と認められることがある。ここでも年齢，症状，ADL[51]の自立度，必要な介護（見守りを含む）の内容等，具

---

(49)　赤い本が「(付添費が）被害者本人の損害として認められる」としているのは，近親者固有の損害として請求したら認められないという意味ではない（注解41頁，44頁）。もっとも，付き添った親族の収入が高額で職業付添人の報酬を相当上回る場合，全額の賠償が認められるかどうかについては，具体的事情による（要約239頁～240頁）。「休業による損害が職業付添人の付添費を超える場合には，職業付添人を雇うべきであるから，職業付添人の付添費が上限金額となるであろう。」との指摘（北河132頁）もあり，それに沿う裁判例もある（たとえば，横浜地判R5.1.16（交民56-1）は，職業介護日額2万円の限度で認めた。）。

(50)　名古屋地判H16.7.28（交民37-4，要約116）は，頚部挫傷，左上肢外傷性末梢神経障害（裁判所は左上下肢RSDを併合5級とした。）を負う被害者につき，具体的状況を検討した上で，108日間の通院のうち7日間について日額3000円で認めた。

(51)　Activities of Daily Livingの略。日常生活動作。人が日常生活において繰り返す基本的かつ具体的な活動のことであり，主に食事，排泄，整容（着替え，洗面，歯みがき，整髪など），移動，

体的な必要性についての主張立証が必要である。

症状固定後は要介護状態ではない場合であっても，固定までの付添費が認められることがあり得る。つまり，自宅付添費には，①退院後身体機能が回復し日常生活が独力で可能になるまでに必要な付添と，②重度障害が残り将来も介護が必要となることが予想される場合の付添があることになる(52)。

イ 日額

ア①の場合は入院付添より低額になることが多い。

同②の場合は，将来介護費以上の日額で認められることが比較的多い(53)。障害の程度と介護の負担は症状固定後より重いからである。

ウ その他

付添のために借りた住居の家賃等（のうち相当額）が認められることもある(54)。

(4) 将来介護費

ア 介護の必要性

しばしば必要性と日額等が争われる。

「後遺障害が○級だから○円」ではなく，障害内容を踏まえ，どのような介護がどの程度必要なのかを具体的に主張立証する。将来介護費を認めた裁判例との共通点を指摘することも有用である。別表2の障害については1級でも否定されることがある。

入浴などの動作をいう。

(52) 青本14頁。

(53) たとえば大阪地判H31.1.30（交民52-1）は，頚髄損傷による四肢麻痺等2級の被害者について，退院後症状固定日までの1062日間の家族による（通院時の職業付添人の付添を含む）付添費を日額8000円と認め，将来介護費については，介護に当たっている姉が67歳になるまでは日額6000円を，その後は職業付添として日額8000円を認めた。

(54) たとえば東京地判H12.5.31（交民33-3）は，19歳男性大学生の右足切断（4級）につき，被害者の入院によって不要となった賃借アパートを解約せず，母親が入院付添のために居住した事案について，滞在宿泊費用として2か月分8万2000円の限度で認めた。

イ　介護の程度・内容

常時介護か随時介護かが争われ，判決でもこれらの語が用いられることがあるが，結局，日額をいくらとして介護費を算定するかという問題である。基準日額程度（以上）を認める場合は常時介護の語を用い，それから減額するときは随時介護の語が用いられることが多い。

別表1の後遺障害の「介護」とは，「生命維持に必要な身の回り処理の動作」（食事・入浴・用便・更衣等）についての介護である（精神の障害については「高度の認知症や情意の荒廃のための監視」等も含む。）が，高次脳機能障害を残した被害者については，見守り（看視），声掛け，後始末等の看視的付添が必要となったとして争われることが多い。

ウ　介護の場所

遷延性意識障害等の場合，自宅介護か施設（病院，障害者施設等）介護かがしばしば問題になる。自宅介護のほうが施設介護よりも費用が高額になる場合が多いことから，自宅介護が可能かという形で争われることが多い。判断要素としては，施設退所の時期・蓋然性，施設の性格，医師の判断，被害者及び近親者の意向，受け入れ家庭の状況，在宅介護に向けた準備状況，施設介護と自宅介護の比較などがあげられる。これらにより，自宅介護を前提とした将来的な介護計画等について一応の主張・立証がなされた場合は，自宅介護の蓋然性を否定する事情がなければ，自宅介護の蓋然性を認めることが相当であるとの指摘がある(55)。

自宅介護への移行の蓋然性を否定する事情としては，①近い将来に退所が見込まれるにもかかわらず，近親者から入所中の施設に対し在宅介護の申出がされていないこと，②自賠責保険金等を受領していながら自宅改造に着手していないこと，③相当期間経過にもかかわらず，在宅介護に向けた準備や検討がされていないこと，④他施設への入所が予想されること，⑤在宅介護への移行による生命の危険性が推認されることな

(55)　赤い本2008年下巻「施設入所中の重度後遺障害者の損害算定に関する諸問題」137頁は，重度障害者の長期入院等が困難となっており，地域的には施設への入所が困難になっている状況を踏まえると，在宅介護の蓋然性はある程度緩やかに解するのが相当であるとしている。

どがあげられている[56]。

遷延性意識障害を負う被害者の自宅介護費用の算定方法の一例として，東京地判平成28年9月6日をあげておく[57]。

エ　介護の担い手

近親者介護か，職業介護か，両者の併用かが問題となる。いずれを前提として損害算定するかについては，被害者の要介護状態，現在までの介護態勢，介護者及び被介護者と同居する近親者の有無及びその介護能力，被介護者と同居する近親者の就労の有無，予定，準備状況及び実績等が判断要素となる。

近親者介護の場合も，介護者が67歳に達した後は職業介護を前提とすることが多い[58]。その場合，介護の担い手である近親者の年齢（67

---

(56)　同138頁～139頁。

(57)　交民49-5。原告（固定時38歳女性）は，「遷延性意識障害，四肢不全麻痺，気管切開，経管栄養，尿便失禁，言語障害があり，日常生活動作は常に全介助を必要とする状態である。原告は，平成25年11月25日から自宅介護を受けているところ，自宅介護は，職業介護人とともに，母親が主に行っているが，父親及び弟も手伝うことがある。介護内容は，体位変換，バイタルチェック，経管栄養，着替え，排便処置，清拭，経口訓練，自立座位，リハビリ，マッサージ等であり，夜間も2時間毎に体位変換，バイタルチェック，おむつ交換を行っている。介護体制は，現在，概ね，午前中に1から2時間，午後に4時間，夜間に週3日の割合で訪問ヘルパーないし訪問看護を受けており，他に，週に2回の訪問入浴がある。職業介護人使用時の費用は，午前中2時間が4000円ないし5000円，午後4時間が8400円ないし1万0500円，夜間9時間が約3万円であり，訪問入浴は1回約9000円である」，「原告の介護は，主に母親が自宅で職業介護人の助力を得ながら行っているところ，平成25年11月25日から口頭弁論終結日である平成28年6月30日までの949日の介護費は，母親の介護費相当額（全日1人での介護につき日額8500円）及び職業介護にかかる実負担額を考慮し，中間利息控除分も踏まえ，日額1万円を相当と認める」とした。職業介護人による将来介護費については，「母親はすでに満67歳を超えており，職業介護を利用する必要性は今後さらに高まっていくこと，職業介護及び訪問入浴にかかる費用は，現在，日額約2万5000円から2万7000円程度を要していることを勘案すると，口頭弁論終結日後の介護費は，控え目に算定しても，日額2万円を下らないと認められる」として，合計9978万円余を認めた。

(58)　近親者介護＋補助的な職業介護→職業介護というパターンもある。たとえば，東京地判H15.8.28（判時1839，要約117）は，母67歳まで両親による介護を想定して日額11,692円（近親者介護費8000円＋補助的な職業付添人の費用3692円），その後は職業介護を前提に日額24,000円を認めた。原告が一時金賠償を求める場合に将来予測の困難を理由とする損害の控え目な認定によっている点が注目される。一時金賠償の場合は中間利息控除もされるから，さらに（二重に）「控え目」な認定となる可能性がある。

歳が多い）によって日額を変えて算定する裁判例と，余命期間を通じて同じ日額で算定する裁判例[59]がある。

オ　日額等

赤い本では，職業付添人は実費全額[60]，近親者は8000円[61]（具体的状況により増減）とされている。障害の実情を踏まえた介護の内容や負担の程度を丁寧に主張立証する。裁判例を見ると，職業介護では，1級で日額1万5000円～2万円程度，2級で1万円前後を認めるものが多いが，看視的付添がメインとなる高次脳機能障害の場合はこれより低くなることが多い。複数の職業付添人を必要とする場合等は2万円を超えて認めることがある。近親者介護は，1級では8000円～1万円を認めるものが多い。複数の近親者による介護が必要な場合は1万円を超えて認められる。随時介護とされる場合は4000円～8000円程度が多い。3級以下の場合については次項で述べる。

職業付添と近親者付添では，認定される日額に大きな差があるが[62]，それは当然だろうか。特に兄弟姉妹に対し，残りの人生の大半を介護に捧げることを求められるのか[63]。

近親者介護においては，介護休み（レスパイト）が考慮されることが

---

(59)　東京地判R4.11.29（自J2143）は，症状固定時29歳の被害者（遷延性意識障害）の将来介護費用について，両親が67歳になるまで近親者介護と職業介護の併用，以降は職業介護とし，余命全期間について日額1万6000円とした。

(60)　もちろん領収書があれば全額が認められるというわけではなく，必要かつ相当な額に限られる。

(61)　青本（29訂版）は，「常時介護（注：1級を想定している）を要する場合で1日につき8000円～9000円を目安に算定を行う。」としている。赤い本に比べて，青本はより自賠責保険をベースとしていると言える。

(62)　たとえば，最判H5.12.3（交民26-6，交通百選）は，近親者日額4500円，職業付添日額1万6800円とした原審の判断を維持していた。前掲最判S46.6.29（注(42)）が，「このような場合には肉親たるの身分関係に基因する恩意の効果を加害者にまで及ぼすべきものではな」いとしていることを思い出すべきだろう。

(63)「これらの近親者（注：兄弟姉妹）については，前述の職業介護における付添いとの質的な差や，その費用に利益部分が含まれることをふまえても，職業介護の標準額の7～8割程度の金額（1万5000円が標準的な額であるとしたら1万円～1万2000円）までは認めてよいのではないだろうか。」との指摘もある（新次元129頁）。

ある[64]。

施設介護の場合，居住費や食費に相当する費用や入所一時金，近親者が付き添う場合の近親者介護費用の賠償は認められるか（損害から控除すべきではないのか）という問題もある[65]。

カ　後遺障害3級以下の場合

裁判所の認定が3級以下でも認められることがある[66]（労働能力の残存と介護の必要性は必ずしも矛盾しない。）。

高次脳機能障害で，ADL（日常生活動作）は自立しているが声掛け・見守り等が必要な場合にしばしば問題になる。高次脳機能障害3級の事案については，67歳までは近親者介護，それ以後は職業介護（日額5000～10000円程度）として算定するものもある[67]が，多くは平均余命

---

(64)　たとえば，さいたま地熊谷支判H29.7.5（自J2024）は，母67歳までは母による介護を前提に介護費を算定したが，介護者の「精神的負担を軽減するために介護以外に休息をとるための時間（レスパイト）」として年間30日は職業介護が行われるとして，年335日は日額8000円，30日は日額2万円とした（母67歳以降は職業介護日額2万円）。

(65)　赤い本2021年下巻「重度後遺障害の将来介護費の算定に関する諸問題～施設関係費用，介護保険給付の扱いを中心に」，同2008年下巻「施設入所中の重度後遺障害者の損害算定に関する諸問題」。赤い本2021年下巻は，事故に遭わなくても生じていた居住費（したがって，持ち家があったり同居人が症状固定後も自宅に居住しているような場合は損害と認める方向に傾く）や食費（注：特に胃瘻により摂取する栄養剤が問題となる）は損害とは認められないとし，近親者の付き添いについても，「たとえば施設スタッフによる介護では不足があるなどのため施設側から付添いの指示があり，将来においても近親者の付添いが継続する蓋然性があるといったような例外的な場合でない限りは，仮に近親者が一定の頻度で施設を訪問するとしても，見舞いにとどまらないような損害賠償請求の対象となるような付添いと認めるのは基本的には困難と思われます。」としている。「ただし，近親者が重度障害を負った被害者を放置して施設に赴かないというわけにもいかないことが多いから，単純に完全否定できるかは難しいところであろう。施設に赴く頻度を相当程度に落として損害認定する方法も考慮に値するであろう。」（注解58頁）。

入所一時金については，後遺障害の内容及び程度，施設の種類，地域の特性，想定されている入所期間を踏まえるとともに，含まれている費用を確認する。

(66)　赤い本2007年下巻「後遺障害等級3級以下に相当する後遺障害を有する者に係る介護費用及び家屋改造費について」，同2020年下巻「後遺障害等級3級以下の場合の将来介護費」。

(67)　たとえば，札幌地判H29.6.23（判時2420。逸失利益についても定期金賠償を認めた令和2最判の1審）は，固定時10歳の男性について，「原告Aの自立度からすると，身体的介護は不要であるが，生活面全般における支援の必要性に鑑みて，原告Aの介護費用については，原告Aが義務教育期間中は平日においては親族による介護の負担がないが，休日，祝日，春休み，夏休み，冬休みの期間もあってその期間は介護による負担が増加することから，原告Aの義務教育期

まで日額2000～6000円程度の近親者介護費用を認めている。高次脳5級の事案でも2～3000円程度を認める例が少なくない[(68)]。高次脳7～9級でも認めた例がある（特に他の障害との併合事案）。

高次脳機能障害以外の事案についても，3級の四肢麻痺では日額3000～8000円を認める裁判例や，CRPS，上下肢の関節機能障害で認めた裁判例[(69)]もある。一人暮らしの高齢者が下肢の障害のために施設入所となった場合等は認められにくいかもしれない[(70)]。

キ　計算方法

中間利息が控除される（民法改正前の裁判例の大勢は5%ライプニッツ係数によっていた。）。控除の基準時は症状固定時とするものが多い[(71)]。もっとも，すでに現実化した分（口頭弁論終結までに支出済み分）については控除の必要はないと考えられる[(72)]。

間は日額3000円（年額109万5000円，月額9万1250円）の介護費用とするのが相当である。また，原告Aが義務教育期間終了後は，原告B及び原告Cが主として原告Aの生活全般の支援を行っていくことになるが，原告B及び原告Cはともに有職者であるため，親族及び職業介護が中心となるものと認められるから，職業介護による介護費用を1日1万円，休日（祝日を含む。）は親族介護による費用として日額5000円として算定するのが相当である（年額302万5000円，月額25万2083円）。そして，原告Aの介護を中心的に担う原告Cが67歳に達した以降は，職業介護が中心となるものと推認されるから，日額1万円（年額365万円，月額30万4166円）（略）として算定するのが相当である。」とした。

(68)　たとえば札幌地判H19.5.18（自J1771，要約118）は，5級高次脳機能障害を残す30歳男性について，「H病院を退院した後も，食事，排泄等の日常生活能力には特段の問題がなく，歩行その他の身体的能力にも特に問題はないため，常時介護が必要という状態でないことは明らかであるが，指示がなければ生活に必要なことを自発的に行おうとせず，新しいことを覚えることができず，同時に違う作業も行えず，時間の管理もできないなど，自分で自らの生活を組み立てるなどの判断が必要となる一般就労を含む社会的な生活能力が欠けていると言わざるを得ないから，1人で自立して会社勤めその他の社会的な生活を営むことは困難というべく，随時，家族による声かけ等の介助が必要な状態であったということができる。また，原告の通勤に際し，原告を時間通り安全に職場に行かせるために，B及びAがその都度送り迎えをしていることをも考慮すると，介護費用としては，1日3000円の範囲で相当因果関係が認められるというべきである。」として症状固定日までの介護費用を認め，将来介護費につても平均余命まで日額3000円を認めた。

(69)　横浜地判H26.4.22（自J1925）は，CRPSによる右上肢の筋萎縮等により現に介助や訪問介護を受けている固定時47歳男性について，平均余命まで日額3000円を認めた。

(70)　赤い本2025年下巻「高齢被害者に後遺障害が残存した場合における将来介護費の認定について」。

(71)　赤い本2007年下巻「損害算定における中間利息控除の基準時」，注解8頁～9頁。

遷延性意識障害（いわゆる植物状態）等の場合，将来介護費の算定の基礎となる被害者の余命は平均余命より短縮すべきだと主張されることがある。最判平成6年11月24日(73)は余命10年として算定した原審を維持しているが，最近の傾向としては，被害者の健康状態が思わしくない状態を繰り返すなど特別の事情がない限り，短縮を認めず平均余命まで算定する裁判例が多い(74)。

---

(72)　介護に介護保険や障害者総合支援法のサービスが利用される場合，後者は損害からの控除が否定されることが一般（口頭弁論終結時までの分は自己負担分を請求することになると考えられる。）だし（547頁），将来の介護保険給付については最判H5.3.24の射程が及び損害から控除されないと考えられるから，これらを利用する場合は，症状固定から弁論終結時までの分と終結後の（純粋な）将来分を区別して算定することが多い。その場合の中間利息控除について，東京地判H28.4.26（自J1978），同R2.11.26（交民53-6）等は終結前までの将来介護費（職業介護）の算定において中間利息を控除していない（後者は近親者介護分については中間利息を控除している。）。対して，神戸地伊丹支判H30.11.27（自J2039）等は症状固定時から弁論終結までの分についても中間利息を控除し，終結後の分は余命に対応するライプニッツ係数から終結までの上掲係数を引いた係数によって控除している（赤い本2021年下巻70頁の考え方）。赤い本2007年下巻は，「紛争解決時までに現実化した実額がそのまま請求されているような場合は，その実額（そのうちの相当額）を認定すれば足り，あえて症状固定時又は事故時にまでさかのぼって中間利息を控除しなければならないとはいえないように思います。」（194頁）としている。

(73)　交民27-6，交通百選。遷延性意識障害の後遺障害を負った固定時33歳男性の就労可能年数について，1審は67歳までの44年としたが，控訴審は以下のように口頭弁論終結時から10年間とした。「自動車事故対策センターが昭和54年8月にいわゆる植物状態患者に対する介護料の支給を開始して以来平成2年3月末までに1794名の受給者があったが，そのうち144名（8.0%）が植物状態から脱却し，925名（51.5%）が死亡し，586名が引き続き受給中であるところ，脱却者のうち半数以上の者が事故後4年以内に回復し，そのうち約60%を20歳台以下の者が占めており，若年層ほど回復の可能性が高いこと，死亡者のうち交通事故発生から死亡時までの経過年数が5年未満の者が614名（66.3%），5年以上10年未満の者が202名（21.8%），10年以上15年未満の者が77名（8.3%），15年以上20年未満の者が28名（3.0%），20年以上の者が4名（0.4%）であったこと，受給中の者のうち交通事故発生からの経過年数が5年未満の者が271名（46.2%），5年以上10年未満の者が180名（30.7%），10年以上15年未満の者が83名（14.1%），15年以上20年未満の者が43名（7.3%），20年以上の者が9名（1.5%）であることが認められる。右の事実及び前記三の事実並びに控訴人Aの症状の固定時が本件事故から約1年後の平成4年3月20日であること，当審の口頭弁論終結時が平成6年3月30日であること等を総合勘案すると，右口頭弁論終結時から約10年間（本件事故時から約13年間，症状固定時から12年間）であると推定するのが相当である。」最高裁は上告棄却した。

(74)　たとえば，東京地判H10.3.19（判タ969，要約91）は，「原告一郎は，植物状態にあるが，非常に安定した状態にあり，自宅療養中，肺炎に罹患し，一時危篤状態に陥ったことはあるが，その後は，嘔吐を原因とする数日間の入院があったものの，痙攣もみられず，発熱のほか，痰がからむこともないのであるから，いわゆる植物状態患者としては，安定しており，当分の間，生

ク　将来の介護保険給付等の扱い

介護保険[75]等を利用する場合将来介護費はどのように算定するのか。

高齢被害者が，後遺障害を負って介護保険を利用するようになった場合には，将来介護費の算定の基礎となる日額は，10割分か自己負担分のみか（公的給付分は損害の填補として考慮すべきか）が問題となる。次のような考え方があり得る[76]。

A説：公的保険者負担分を含む保険給付額（10割分）を基に損害算定する[77]。

B説：公的保険者負担分は損害に含めず自己負担分のみを損害と認める[78]。

命の危険を推認させる事情は認められない。したがって，症状固定時の原告一郎の平均余命については，平成6年簡易生命表22歳男子の該当数値である，55.43年と推認するのが相当である（以下，55年として使用する。）。この点，被告は，（略）（自動車事故対策センター作成の調査嘱託回答書）を主たる根拠として，一般的に植物状態患者の平均余命は10年程度であるから，原告一郎の余命についてもこれと同程度であると主張するが，同資料における，サンプル数は極めて少ないこと，いわゆる植物状態患者を巡る介助及び医療の水準は日進月歩であるというべきところ，同資料は，本件事故が発生した平成5年よりも古い平成4年3月31日までの状況が示されているにすぎないこと，原告一郎は，前記のとおり，原告花子らの手厚い介護を受けているほか，毎週丙川医師の診療をも受けており，これまでの原告一郎の状況をみる限り，今後も異常があれば，直ちに医療機関の処置等を受ける態勢が整っていること等の状況に照らすならば，（略）をもとに原告一郎の余命年数を推測することは相当でないというべきであり，この点の被告の主張は採用できない。」と短縮を否定した。H6最判の控訴審判決が依拠した自動車事故対策センターのデータに依拠しなかった点が注目される。症状が安定していることが重視されたと言える。現在では，余命問題は定期金賠償の合理性を裏付ける論拠の一つとして主張されることの方が多い印象を受ける。

(75)　介護保険法21条（3項略）

市町村は，給付事由が第三者の行為によって生じた場合において，保険給付を行ったときは，その給付の価額の限度において，被保険者が第三者に対して有する損害賠償の請求権を取得する。

2　前項に規定する場合において，保険給付を受けるべき者が第三者から同一の事由について損害賠償を受けたときは，市町村は，その価額の限度において，保険給付を行う責めを免れる。

(76)　赤い本2008年下巻「施設入所中の重度後遺障害者の損害算定に関する諸問題」，2011年下巻「重度後遺障害の将来介護費の算定に関する諸問題」，2021年下巻「重度後遺障害の将来介護費の算定に関する諸問題～施設関係費用，介護保険給付の扱いを中心に」，高齢者67頁。

(77)　大阪地判H24.5.16（自J1883。自宅介護・高次脳2級等），名古屋地判H30.11.14（自J2039。施設介護・高次脳1級等），大阪地判H31.1.24（交民52-1。施設介護・高次脳1級），大阪高判H31.1.25（自J2048。施設介護・高次脳等2級）等。

C説：損害を自己負担分に限定しないが，公的保険者等が負担する部分もあることを前提に算定する(79)。

(78)　名古屋地判 H26.12.26（交民 47-6。施設介護・高次脳等1級。原告も市給付分の控除は認めていた。），名古屋地判 H29.5.26（交民 50-3。施設介護・高次脳2級。原告も食費を除く自己負担額をもとに請求していた。）等。

(79)　東京地判 H22.3.26（交民 43-2。NASVA の療護センター→自宅介護・遷延性意識障害。在宅介護費につき，もっぱら職業付添人による可能性が高いが，介護用リフトの必要が認められること，介護のすべてを介護保険等の公的サービスで賄うことは到底できないが，これらのサービスを一定程度受けることも可能であるという事情を考慮して，日額2万5000円を認めた。），大阪地判 H23.10.5（交民 44-5。自宅介護・遷延性意識障害。住宅改築，介護器具の賠償，公的介護サービスが利用可能なこと，労災保険の介護補償給付や市の特別障害者手当受給が見込まれること（将来も相当程度の保険制度及び公的介護サービスは維持されると期待できる）等を考慮し，近親者介護＋公的介護サービス（両親が高齢となった後は職業介護）の費用として日額2万円を認めた。），大阪地判 H26.10.2（自 J1933。施設介護・高次脳3級等併合2級。施設における介護サービス利用料自己負担額を月額16万円余りと認めたうえ，介護保険制度が，将来，現在と同じ制度設計及び水準で維持されるかどうかについて予測困難な面がないとはいえないが，少なくとも今後約15年間については，現在のものに近い制度設計及び水準で維持されると推認できること，入居施設が同種の施設の中で利便性が高く，サービス全般が充実した施設であることから，固定後の介護費用を日額1万2000円とした。），東京地判 H28.9.6（交民 49-5。自宅介護・遷延性意識障害。介護にあたる母はすでに67歳を超えており，職業介護を利用する必要性は今後さらに高まっていくこと，職業介護及び訪問入浴にかかる費用は，現在，日額約2万5000円から2万7000円程度（総合支援法による給付で1割負担）を要していることを勘案すると，控え目に算定しても日額2万円を下らないと認められるとして日額2万円を認めた。），名古屋地判 H29.10.17（交民 50-5。自宅介護・遷延性意識障害。介護費用は，現状，その大部分が公的給付によって賄われているが，障害者総合支援法に基づく公的給付は，障害者の福祉の増進を図ることを目的とし，損害の補填を目的とするものではないし，給付を行った市町村等による代位の規定も設けられていない。かえって，介護保険給付が障害者総合支援法に基づく給付に優先するとされ，介護保険給付については，第三者から損害賠償を受けたときは，市町村は免責される。そうすると，将来にわたって，丁山三郎に対して現在と同水準の公的給付が維持されるという蓋然性までは認め難く，困難な将来予測の場面で，現状の公的給付を所与の前提として将来介護費を算定することは，相当ではない。したがって，同法に基づく公的給付は，既給付及び将来給付の分も含めて，損益相殺的調整を図るべきものではないと解するのが相当である，として近親者介護費と職業介護費をあわせて日額2万円とした。），東京地判 R2.9.30（自 J2085。自宅介護・上下肢麻痺2級。介護保険給付分及び自己負担分（10割が給付となる居宅介護支援分も含む）の合計が月額約39万円，日額1万3000円となることも踏まえ，近親者介護分も含む介護費用の日額を1万3000円とした。原告は介保自己負担額＋近親者介護として日額約2万円を請求していた。）等。近親者介護を伴わない施設介護の場合は，将来治療費と同様にA説とB説に別れる傾向がある。これに対し自宅介護の場合は，将来治療費と異なり，公的サービスを利用しながら，しばしば近親者も相当部分を担うことになる。その場合，介護体制や公的サービスの利用状況等が変動する可能性は無視できず，介護保険や障害者総合支援法のサービスのほか，市町村等の障害者福祉施策につ

最高裁判例によれば，公的保険者による代位規定がある場合は，被害者の損害賠償請求権が「損益相殺的調整」を受ける。最判平成5年3月24日（551頁）は既給付分及び確定分のみを控除（損益相殺的調整）できるとしているから，実務上将来介護費の算定においては公的負担分は控除しない（給付がされないことを前提に10割分で損害算定する）ことが一般である(80)。もっとも，介護費用の算定にあたり，介護保険制度による給付の存在やその将来被害者が受けると見込まれる公的給付の内容をあげて，減額の方向で考慮する（C説）裁判例は多い。「控え目認定」の理由付けとして援用されていると言える。

社会福祉的な給付で代位規定もない障害者総合支援法による給付は考慮しない（給付がされないことを前提に損害算定する）ことが多い(81)。

いても現在の給付水準が維持されるとは限らないことが指摘されている。そのため，近親者による介護の必要性が認められる自宅介護の事案については，公的給付10割分と近親者介護費を合わせて日額を算定している裁判例もあるが，自宅介護の場合は公的給付額や自己負担分を介護費日額の算定の一資料とした上で，将来の給付水準の見通しや介護する近親者の負担等の諸事情を勘案して日額を算定する裁判例が比較的多いようだ。C説に近い考え方と言えるだろう。「損害の控え目な認定」がなされているということもできる。東京地判H15.8.28（注(58)）は，「被告らは，原告花子が平成52年に65歳となった以降は介護保険制度の適用があるから，同年以降は自己負担額以上の介護費を認めるべきではなく，また，介護費の算定に当たっては公的介助の存在を斟酌すべきであると主張するが，平成52年以降に現行の介護保険制度がそのまま維持される保障はないことからすれば（平成17年に介護保険制度の見直しないし再検討が予定されていることは，被告らが自ら主張するところである。），給付が確実に受けられるとは到底いい難く，損害額から控除することはもとより，介護費算定の一事情として斟酌することも相当ではないから，被告らの主張は理由がない。」としたが，介護費の価格水準の問題として控え目認定をしている。

(80)　示談，損害賠償金受領後も給付が行われることが多い介護保険については，免責に特に注意が必要である（571頁）。

(81)　たとえば，前掲東京地判H28.9.6（交民49-5）は，「被告らは，障害者総合支援法に基づく給付を受けられる分については損害が発生していないと解すべきであると主張するが，同法に基づく給付が今後も確実に継続するかは不明といわざるを得ない以上，損害が発生しないとは認められず，被告らの主張は採用できない。」とした。前掲東京地判H15.8.28も，「その他各種の生活扶助に関する主張についても，被告らの主張する特別障害者手当と重度心身障害者手当は，いずれも重複障害者（重度の知的障害と身体障害が併存する者）を対象とするところ，ここにいう知的障害とは，ほぼ18歳までの発達期に起きた障害を指すとされており，原告Aの障害はこれには含まれないために原告Aは受給を受けられないことが認められる（証拠略）。そして，被告らの主張する他の生活扶助の内容等は必ずしも判然としない上，福祉目的の給付（現在，原告Aが受給している心身障害者福祉手当を含む。）については，これを原告Aの損害から控除するこ

ケ　被害者が事故と相当因果関係のない原因で死亡した場合

事故後，被害者が口頭弁論終結前に私病や他の事故で死亡した場合でも，以後の介護費用を請求できるだろうか。死亡は事故後の事情だから考慮できないと考える（継続説）か，現に要介護状態はなくなっているから損害は発生していないと考える（切断説）か[(82)]。

最判平成11年12月20日[(83)]は切断説を採った。後遺症逸失利益の算定と扱いを異にすることに注意されたい。「損害は不法行為時にすべて発生してしまうから，その後の事情で消滅するいわれはない」という理

とは相当ではない」としている。赤い本2021下巻69頁〜70頁。

(82)　武富一晃「後遺障害を負った被害者が後日死亡した場合の逸失利益・将来介護費」（重要論点），北河隆之「後遺障害を負った被害者の死亡と逸失利益及び介護費用」（不法行為研究③（成文堂））。

(83)　判時1700，判タ1021，交通百選，最判解H11。「1　交通事故の被害者が事故に起因する傷害のために身体的機能の一部を喪失し，労働能力の一部を喪失した場合において，逸失利益の算定に当たっては，その後に被害者が別の原因により死亡したとしても，右交通事故の時点で，その死亡の原因となる具体的事由が存在し，近い将来における死亡が客観的に予測されていたなどの特段の事情がない限り，右死亡の事実は就労可能期間の認定上考慮すべきものではないと解するのが相当である（最高裁平成（略）8年4月25日（略），最高裁平成（略）8年5月31日（略）参照）。これを本件について見ると，前記一の事実によれば，亡Dが本件事故に遭ってから胃がんにより死亡するまで約4年10箇月が経過しているところ，本件事故前，亡Dは普通に生活をしていて，胃がんの兆候はうかがわれなかったのであるから，本件において，右の特段の事情があるということはできず，亡Dの就労可能期間の認定上，その死亡の事実を考慮すべきではない。2　しかし，介護費用の賠償については，逸失利益の賠償とはおのずから別個の考慮を必要とする。すなわち，㈠介護費用の賠償は，被害者において現実に支出すべき費用を補てんするものであり，判決において将来の介護費用の支払を命ずるのは，引き続き被害者の介護を必要とする蓋然性が認められるからにほかならない。ところが，被害者が死亡すれば，その時点以降の介護は不要となるのであるから，もはや介護費用の賠償を命ずべき理由はなく，その費用をなお加害者に負担させることは，被害者ないしその遺族に根拠のない利得を与える結果となり，かえって衡平の理念に反することになる。㈡交通事故による損害賠償請求訴訟において一時金賠償方式を採る場合には，損害は交通事故の時に一定の内容のものとして発生したと観念され，交通事故後に生じた事由によって損害の内容に消長を来さないものとされるのであるが，右のように衡平性の裏付けが欠ける場合にまで，このような法的な擬制を及ぼすことは相当ではない。㈢被害者死亡後の介護費用が損害に当たらないとすると，被害者が事実審の口頭弁論終結前に死亡した場合とその後に死亡した場合とで賠償すべき損害額が異なることがあり得るが，このことは被害者死亡後の介護費用を損害として認める理由になるものではない。以上によれば，交通事故の被害者が事故後に別の原因により死亡した場合には，死亡後に要したであろう介護費用を右交通事故による損害として請求することはできないと解するのが相当である。」

屈を貫けば，後遺症逸失利益についての判断（最判平成8年4月25日（貝採り事件），同平成8年5月31日）と同様に，事故と相当因果関係のない原因で死亡しても損害算定に影響しない（継続説）ことになりそうだが，本判例は，将来介護費用については「別個の考慮」が必要であり，死亡して介護不要となっているという事実は無視できないとしている(84)。

コ　定期金賠償

将来介護費用が定期金賠償の対象になることには争いがない(85)。

将来介護費の定期金賠償については，原告の申立てがない場合に定期金賠償を命じることの可否が争われてきた(86)。最判昭和62年2月6日(87)は，請求権者が一時金を求めている場合は定期金賠償を命じることはできないとしたが，民訴法117条(88)（変更判決制度）が創設されたことで議論が再燃した(89)。

肯定裁判例には，東京高判平成15年7月29日(90)，東京地判平成24

---

(84)　上記の形式論は，将来発生したはずの積極損害の賠償の当否の場面で破綻をきたしており，損害の性質の違いが結論の違いを導いたと言える（要約204頁）。

(85)　仮定的な収入を前提として計算される逸失利益に対し，積極損害である将来介護費は，実際に費用が生じる将来のそれぞれの時点で発生するという性質がある。最判R2.7.9（418頁）は，後遺症逸失利益について初めて定期金賠償（就労可能期間の終期まで）を認めたが，将来介護費の定期金賠償については，これを認めた原審（札幌高判H30.6.29）で確定している。逸失利益の定期金賠償については417頁。

(86)　支払側が，在宅介護が行われるかどうかや，平均余命まで生存するという前提について，強い疑問を持っている場合に主張される。

(87)　判タ638。「損害賠償請求権者が訴訟上一時金による賠償の支払を求める旨の申立をしている場合に，定期金による支払を命ずる判決をすることはできないものと解するのが相当であるから，定期金による支払を命じなかった原判決は正当である。」

(88)　平成8年改正。1項は「口頭弁論終結前に生じた損害につき定期金による賠償を命じた確定判決について，口頭弁論終結後に，後遺障害の程度，賃金水準その他の損害額の算定の基礎となった事情に著しい変更が生じた場合には，その判決の変更を求める訴えを提起することができる。ただし，その訴えの提起の日以後に支払期限が到来する定期金に係る部分に限る。」と規定する。

(89)　大島眞一「重度後遺障害事案における将来の介護費用――時金賠償から定期金賠償へ」（判タ1169）は，変更判決制度の創設によって，定期金賠償の採用には慎重であるべきだとの前提問題が解消したから，原告の申立てなしに定期金賠償を命じても昭和62年最判に抵触しないと解している。

(90)　判時1838。主文は，「控訴人は，被控訴人花子に対し，平成15年6月25日からその死亡又

年10月11日[91]・東京高判平成25年３月14日[92]等がある。定期金の終期については判断が分かれ，15年判決は死亡または平均余命の早い時期までとし，24年判決・25年判決は死亡までとした。民訴法改正後，交通賠償を担当する裁判官に肯定説が増えている[93]。

否定裁判例には，大阪高判平成23年２月25日[94]等がある。

は被控訴人花子が満84歳に達するまでのいずれか早い方の時期に至るまでの間，１か月金25万円の金員を，毎月24日限り支払え。」

(91)　自J1883。主文は，「被告会社及び被告Y_5は，原告Y_1に対し，連帯して平成24年７月20日からその死亡に至るまで，１か月25万円の割合による金員を毎月19日限り支払え。」

(92)　判タ1392，交通百選，要約47，最前線3。「控訴人太郎の後遺障害の内容や程度等に照らすと，現時点で控訴人太郎の余命について的確に予想することが困難であることは前示（原判決引用部分）のとおりであることに加え，交通事故の被害者が事故のために介護を要する状態になった後に死亡した場合には，死亡後の期間に係る介護費用を交通事故による損害として請求することはできないことに鑑みると，本件において，平均余命を前提として一時金に還元して介護費用を賠償させた場合には，賠償額に看過できない過多あるいは過小を生じ，かえって当事者間の公平を著しく欠く結果を招く危険があることが想定されるから，このような危険を回避するため，余命期間にわたり継続して必要となる介護費用を，現実損害の性格に即して現実の生存期間にわたって定期的に支弁して賠償する定期金賠償方式を採用することは，合理的であるといえる。そして，控訴人太郎に対して賠償金の支払をするのは事実上は被控訴人保険会社であって，その企業規模等に照らし，将来にわたって履行が確保できているといえることからすると，控訴人花子や控訴人次郎が，金銭の授受を含む法的紛争を速やかに終了させて，控訴人太郎の介護に専念したいという強い意向を有し，定期金賠償方式による賠償を全く望んでいないという事情を考慮しても，本件において，定期金賠償方式を採用することが不相当であるとはいえず，むしろ，定期金賠償方式を採用するのが相当というべきである。なお，一時金賠償方式による将来の介護費用の支払を求める請求に対し，判決において，定期金賠償方式による支払を命じることは，損害金の支払方法の違いがあることにとどまっていて，当事者の求めた請求の範囲内と解されるから，処分権主義に反しない。」主文は，「被控訴人会社及び被控訴人丙川は，控訴人太郎に対し，連帯して平成25年２月１日からその死亡に至るまで，１か月25万円の割合による金員を毎月末日限り支払え。」

(93)　前掲大島，同「改訂版　交通事故事件の実務―裁判官の視点―」（新日本法規）75頁，白石史子「定期金賠償の諸問題」（実務），中園浩一郎「定期金賠償」（大系３）等。

(94)　労判1029。昭和62年最判を引いて，損害賠償請求者が訴訟上一時金による賠償の支払を求める旨の申立てをしている場合には，定期金による支払を命ずる判決をすることはできないとした。

4　その他の積極損害

(1)　入院雑費・通院交通費

ア　入院雑費

入院中は治療費以外の支出を余儀なくされるが，受傷しなければ支出不要な費用であるから，賠償の対象となる。少額にとどまる諸雑費を一つ一つ立証させるのは煩雑であるうえ実益に乏しいので，定額化（日額1500円が多い。）されている。その限りで入院日数の立証で足りる。

日用品雑貨費（寝具，衣類，洗面具，食器等購入費）(95)，栄養補給費（栄養剤等），通信費（電話代，切手代），文化費（新聞雑誌代，ラジオ・テレビ賃借料等），家族交通費（付添目的等特別の事情があるときは別途損害として認められることがある。）等が該当する。

1500円では不足の場合は，現実の出費と必要性を立証する。

イ　将来雑費（重度障害の場合等）

たとえば重度障害者を自宅介護する場合は，紙おむつなどの衛生用品等が継続的に必要となる。

これらの雑費は，過去の現実の支払額等をもとに金額を認定する。入院雑費のように定額化が一般的とはいえないが，入院や施設入所による介護の場合等は，治療期間中の入院雑費の水準の金額を認定するものもある。

雑費として請求されたもののうち，通常の生活の中でも必要な費用が混在している場合は，減額されることがある(96)。

---

(95)　紙おむつ代は，治療費に含めて医療機関から請求されていることが多い。

(96)　青本29訂版30頁。その解説として注解64頁～65頁。遷延性意識障害者の将来雑費の算定例として，神戸地判H29.3.30（自J1999）は，「おむつ，胃瘻注入栄養液，たん吸引カテーテル，手袋，清掃用のしり拭き等の雑費が将来にわたって必要になると認められる。原告らは，これらの雑費について，（略）の支出額の平均が月額11万8474円であるから，月額10万円を下らないと主張し，（略）上記期間において上記金額の支出があったと認められるが，その中には，被服費，電気代，交通費などや，雑費としての必要性が必ずしも判然としないものも含まれており，本件事故と相当因果関係のある損害としては，諸般の事情を考慮して，月額4万円すなわち年額48万円（4万円×12月）の限度で認め，在宅介護移行後平均余命までの46年間に対応するライプニッツ係数により算定するのが相当である。なお，被告らは，将来の雑費は生活費から支出すべき

ウ　通院交通費等

症状や交通の利便性等によりタクシー利用が相当とされる場合(97)以外は電車，バスの料金による。自家用車を使用した場合は実費（ガソリン（1km 15円とするものが多い），高速代，駐車場料金）相当額が認められる。相当性については，傷害の程度，交通機関の便等を考慮する。

治療(98)や看護のために宿泊する必要がある場合には，宿泊費等が認められることがある。

治療やリハビリのための将来交通費が認められることもある(99)。

通院の付添のための家族の交通費（駆け付け費用を含む）(100)や，本人の通勤・通学・買い物・子の送迎等のための交通費が認められることも

であると主張するが，逸失利益の算定において生活費控除が行われない場合でも，一般に，健常人の日常生活においても必要とされる費用には含まれないと認められるものであればこれを雑費として認めるのが相当であり，採用できない。（略）将来の雑費は858万2400円（48万円×17.8800〈46年間に対応するライプニッツ係数〉）となる。」とした。

(97)　注解66頁～67頁。京都地判H26.10.31（交民47-5）は，9級非器質性精神障害等を残した固定時21歳男性大学生につき，一人で外出は困難として，タクシーによる通院交通費89万3160円とともにタクシーによる通学費116万6560円を認めた。

(98)　横浜地判H29.4.17（交民50-2）は，3級認定の腕神経叢引き抜き損傷等を負った被害者（固定時34歳女性。神奈川県在住）につき，極めて専門性の高い手術を受けるため，豊富な症例を有する山口県の病院で治療を受ける必要等があったとして，入通院（入院91日，通院16日）のためのホテル代33万円余，入院中夫が付添看護のために賃借した住居の賃料35万円余を認めた。

(99)　横浜地判H28.3.24（自J1977）は，「原告（注：右足関節機能障害8級等併合7級を残す36歳男性）は，症状固定後も40年間にわたって年2回の頻度で，D病院に通院しなければならなくなったと主張するところ，（略）人工関節を使用する限り医師による経過観察が必要であること，主治医が原告に対して年2回の頻度で経過観察のために受診するよう指示していることが認められるものの，主治医も将来的には通院の頻度を1年に1回程度に変更するというのであるから，将来の通院の必要性は年1回の頻度の限度で認められる。そして（略）原告の住所からD病院までの交通費は往復2万8668円であることが認められる。他方，（略）原告は現在の通院においては宿泊していないというのであるから，宿泊費の必要性は認められない。したがって，将来通院費は次のとおり算定される。（計算式）交通費2万8668円（往復）×年1回×ライプニッツ係数17.1591（将来通院期間40年間）＝49万1917円」とした。

(100)　最判S49.4.25（交民7-2，要約121）は，当時留学のためにウィーンに赴こうとしていたが，父が事故で危篤状態となったため，経由地のモスクワからとって返して看病にあたった被害者の娘について，最初のウィーンまでの交通費13万円余と，モスクワからの帰国費用8万円余の賠償を認めた。

ある。

(2) 家屋改造費等

ア　家屋改造費(101)

重度障害が残った被害者等の日常生活上の困難を軽減するための住宅建築や改造に要する費用が損害として認められることがあるが，必要性・相当性（価格を含めて）の立証が必要である(102)。間取りが以前より大幅に拡張されている（居住スペースが拡大されている）(103)，不要な介護器具（エレベーター，リフト等）が設置されている，不必要な暖房・給湯などの生活用設備が新規導入されている，改築建物の仕様が高級すぎる

---

(101)　赤い本2007年下巻「後遺障害等級3級以下に相当する後遺障害を有する者に係る介護費用および家屋改造費について」。

(102)　たとえば大阪地判H21.1.28（交民42-1，要約119）は，低酸素脳症等で1級1号植物状態の被害者につき，「a　証拠（略）によれば，原告ら宅は，原告太郎の看護のため，段差の解消等，その主張にかかる改築（バリアフリー改修工事）をする必要があること，これについて原告らは，改築費用として1138万8300円の見積を受けたこと（証拠略）が認められる。そして，前記認定の原告太郎の傷害内容に照らせば，上記改築工事は，基本的には，その必要性を認めることができる。b　被告らは，仮に本件において原告ら宅の改築をする必要があるとしても，前述した被告らの主張において指摘した箇所は不必要，あるいは単価が高額に過ぎる旨主張し，証拠（略）中には，これに沿う部分がある。しかしながら，前記認定の原告太郎の状況，特に体温の調節ができず，感染症に罹患しやすい状況にあること，今後看護が相当長期間に及ぶことが予想されることにかんがみれば，これらの工事は相当であると認められる。c　もっとも，これらの改装工事は，居宅の改装として，原告ら居住者の便益を高め，その価値を向上させる面もある。また，証拠（略）によれば，居宅を改造する場合においても，どの程度のものとするのか，特に，工事や取り替えるべき部材の範囲，グレード等については，専門家の間で必ずしも意見が一致しておらず，より少ない費用でも足りるとの被告らの主張を一概に排斥できないこともうかがわれる。以上に照らせば，原告らの主張する改築費用のすべてを直ちに損害として認めることは相当ではなく，上記の事情を一定程度斟酌することが相当である。d　結局，本件事故と相当因果関係のある損害は，上記見積金額に対し，材質その他仕様について一定割合を控除することにより，8割の限度で工事代金を認め，そのうえで，当該工事によって原告ら宅の便益や価値が向上する面もあることを考慮し，さらに2割の限度で減額することが相当であると考える。そうすると，本件事故と相当因果関係のある損害として認められる改築費用は，上記見積金額の64%にあたる728万8512円である。」とした。

(103)　もっとも，バリアフリーや介護のしやすさの点で，部屋や廊下が十分広いことは必要だから，広くなったからといって余計な改造だとはいえないだろう。なお，被害者本人のための改造にあわせてそれ以外のリフォームも行う場合は図面でそれぞれの範囲を特定し，見積書等も分けておく。

（価格水準が高すぎる）等として争われる。

家屋改造費は後遺障害1級，2級の場合に認められることが多いが，具体的事情によってはより下位の障害等級でも認められることがある（手すり，トイレ，浴室等）。

家族の便益をどう評価するかも問題となる。損益相殺的な調整をするのか，反射的利益にすぎないとして考慮しないのか。

新築[104]や転居[105]の場合はどうだろうか。敷地も購入した場合はどうだろうか[106]。

イ　自動車改造費・購入費

重度障害が残った被害者の移動のために自動車を購入したり改造したりする場合，その費用が損害として認められることがある[107]。購入費については，自動車は後遺障害とは無関係に所有されることが多いので，通常取得する自動車以外にも特にその自動車を購入する必要性がある場

---

(104)　たとえば，大阪地判H24.7.25（交民45-4）は，固定時30歳男性（遷延性意識障害）につき，自宅介護のためには旧居宅の改造での対応が困難であることから新築の必要性・相当性を認め，建築費のうち介護スペースに1753万円余を要したが，トレーニングルームのスペースが広いことやエレベーターの必要性がないこと等を考慮して，その65％を認めた。

(105)　たとえば，東京地判H28.2.25（交民49-1）は，症状固定時7歳女性（1級1号）につき，在宅介護のために賃貸マンションからバリアフリー賃貸マンションに2回転居したうち，2度目の転居については事故との因果関係を否定した上で，同じ面積でもシニア向けの分譲マンションが一般の分譲マンションよりも2割高であること等から，賃料差額を月額3万円として平均余命まで計704万円余を認めた。

(106)　土地が資産として将来も残ることから，どこまでを損害と認めるかが問題となる。土地代金を含む新居取得費用の何割かを損害と認める裁判例もある。

(107)　購入価格の賠償を認めた例として，東京地判H13.7.31（交民34-4）（胸から下が完全麻痺の原告が運転できるように特別の改造を施した自動車を購入した。），同H21.10.2（自J1816，最前線6）（車椅子で生活しており移動のために改造した自動車を購入した。）。本人が使用するためのものであるからか，家族の便益は考慮されていない。H21判決は，「被告らは，原告Aの年齢や事故前の収入，家族構成等に照らせば，仮に本件事故が発生しなかったとしても近い将来自動車を購入したであろう蓋然性が極めて高いから，車両を購入するための費用自体は本件事故との相当因果関係を欠いていると主張する。しかしながら，原告Aは，これまで自動車を購入したことがあったわけではないし，自動車を購入する計画があったわけでもないことからすると，同原告が本件事故による被害を受けたか否かにかかわらず近い将来自動車を購入したであろう蓋然性が高いということはできないから，被告らの上記主張は採用できない。」としている。次注の裁判例と比較されたい。

合に限定されるべきであるとの指摘がある（青本）。

家屋改造費と同じく，家族の便益を考慮して減額することがある（たとえば大阪地判平成23年10月5日[108]）。

改造費の計算例を示す。事故直後（1台目）については購入金額を損害額とすることも多い。

設例

固定時50歳・男（平均余命31年），改造費（標準車両との差額）100万円，耐用年数8年（固定時，8年後，16年後，24年後に購入）とする。

ライプニッツ係数5％の場合

1,000,000×(1＋0.6768＋0.4581＋0.3100)＝2,444,900円

ライプニッツ係数3％の場合

1,000,000×(1＋0.7894＋0.6232＋0.4919)＝2,904,500円

ウ　装具・器具購入費

後遺障害により失われた身体機能を補助し，生活上の困難を軽減するための機材には，（電動）車椅子[109]，介護ベッド，バスリフト等高額の

---

(108)　交民44-5，要約120。「原告一郎は，J病院で月1回受診し，週1回リハビリを受けているところ，そのための交通手段として車椅子のまま乗車できる自動車を購入する必要があると認められる。証拠（略）によれば，原告一郎は，トヨタヴェルファイア・サイドリフトアップシート車を購入し，上記通院等に使用していること，上記車両の本体価格は484万円であること，この費用は，介護タクシーを利用し続けるよりは安価といえることが認められる。被告は，トヨタヴェルファイアの通常車両416万9000円との差額のみを損害と認めるべきである旨主張するが，原告一郎が重度の後遺障害を負っていなければこの大きさの車両を必要としたとは解されないから，損害を上記差額に限定するのは相当ではない。また，被告は，車椅子は別途損害として認められているから，車椅子が付属している車両は不要である旨主張するが，屋外用と屋内用の車椅子が必要であり，車両に付属している車椅子を屋外用として使用している旨の原告らの説明に照らし，被告の上記主張は採用しない。しかし，以上の事情のほか，上記車両により家族も便益を受けているといえることも総合考慮して，本体価格484万円の概ね3割相当の150万円を本件事故と相当因果関係のある損害と認める。イ　原告らは，上記自動車の耐用年数を7年である旨主張するが，一般に，自動車は，週に1回程度の利用頻度であれば，10年程度は使用することができるものと解される。ウ　症状固定時点からの平均余命47年間について，10年ごとに4回買い替えるとすれば，自動車購入費用は354万6000円と認められる。」

(109)　車椅子購入費用の損害算定例として，東京地判H22.2.12（交民43-1）は，頚髄損傷による

ものも少なくないが，その購入費用はどこまで賠償が認められるだろうか[110]。要否のほか，グレード等も争われる[111]。これらは損害賠償請求額の高額化をもたらしており，請求側は請求漏れがないように気を付けなければならない。

買替に伴う計算は自動車と同様であり，中間利息を控除する。耐用年数については，「補装具の種目，購入または修理に要する費用の額の算定等に関する基準」[112]等による。

介護保険法や障害者総合支援法による購入費用の援助を受けた場合は，損益相殺の是非等が問題になる。介護保険による装具や介護用品に関する給付は，代位規定があり，既給付分については損害から控除される。将来分については給付が確定したものを除き控除しない裁判例が多い。障害者総合支援法による補装具費の給付については，損害填補目的の給付ではなく，代位規定等もないので，将来分については，裁判例は損害額からの控除を否定している（547頁）。既給付分についてどう考えるかは難しいが[113]，初めから損害から除外することもある（同頁）。

(3)　葬儀関係費用等

ア　葬祭費（葬儀費）

人はいずれ死ぬことから，かつては賠償の対象になるか議論されたが，判例及び現在の実務は損害として認めている。個別の支出を主張立証しても定額（150万円とするものが多い）とされることが多い。お布施等領収証が発行されない費用もあるから，150万円程度であれば立証は不要

四肢体幹麻痺等1級の後遺障害を負う23歳男性（事故6年後に死亡）につき，電動車椅子購入費用280万円のうち140万円を認めた。

(110)　損益相殺との関係について，髙木宏行「有形財取得型積極損害における差額説と損益相殺の関係」（現状と課題）。

(111)　装具・介護用品についての裁判例をまとめたものとして注解82頁～85頁。

(112)　平成18年9月29日厚生労働省告示第528号。厚生労働省のホームページ等に掲載されている。

(113)　介護費用について損益相殺的調整を否定した裁判例（名古屋地判H29.10.17（自J2013））もあるが，これを肯定する裁判例もある（大阪高判H31.1.25（自J2048），神戸地伊丹支判H30.11.27（自J2039））。注解86頁。

とすべきではないかと考えるが，原則として現実の支出の立証が必要であると考えたほうがよい[114]。150万円を超える請求をする場合は，個別事情をもとに相当性を立証する[115]。

特定の遺族が支出した場合は，その遺族の固有損害として請求することも可能である。

香典については損益相殺を行わず，香典返しは損害と認めない（赤い本）。

イ　墓碑・仏壇

損害として認めることがあるが，最判昭和44年2月28日[116]が述べるような厳密な算定が行われることはほとんどない。現実の支出額の一部（社会通念上相当と認められる限度）に限定し，葬儀費用とあわせて150万円程度の水準で認めることが比較的多いが，これらの費用支出があることを考慮してより高額を認めたり，葬儀費用に別途上乗せして葬儀関係費を認めたりする例もある[117]。

---

(114)　名古屋地判H15.5.14（自J1511）は，死亡後葬儀が行われたことは認められないが，葬儀は訴訟が解決した場合等を契機として行われることを考慮して，葬儀を行う蓋然性が高いとして80万円の葬儀費用を認めた。大島眞一「交通事故訴訟のこれから」（判タ1483）17頁は立証不要とする。

(115)　たとえば札幌地判H13.7.11（自J1439）は，「亡Aは，本件事故時，勤務会社の支店長をしていたこと，その葬儀には，亡Aの社会的地位からして相当大規模にせざるをえなかったことが認められ，被告がその支出について争わない，別紙葬儀関係費用一覧表記載の諸費用も相当額に上ることからすると，葬儀費用として多くの費用を要したと認めることができる。これらの事情を考慮すると，亡Aの葬儀費用は200万円が相当である。」とした（葬儀関係諸費用を含む）。葬儀を2回行う必要があった場合や参列者多数の場合等は，200万円程度（以上）が認められることがある（さいたま地判H26.8.8（交民47-4），福岡地判R3.2.4（自J2094）等）。

(116)　判時547，交通百選，要約122。「もっとも，その墓碑または仏壇が，当該死者のためばかりでなく，将来にわたりその家族ないし子孫の霊をもまつるために使用されるものである場合には，その建設ないし購入によって他面では利益が将来に残存することとなるのであるから，そのために支出した費用の全額を不法行為によって生じた損害と認めることはできない。しかし，そうだからといつて右の支出が不法行為と相当因果関係にないものというべきではなく，死者の年令，境遇，家族構成，社会的地位，職業等諸般の事情を斟酌して，社会の習俗上その霊をとむらうのに必要かつ相当と認められる費用の額が確定されるならば，その限度では損害の発生を否定することはできず，かつその確定は必ずしも不可能ではないと解されるのであるから，すべからく鑑定その他の方法を用いて右の額を確定し，その範囲で損害賠償の請求を認容すべきである」

(117)　たとえば横浜地判H26.11.6（交民47-6）は，部長職会社員につき年齢，職業，社会的地位，

(4) その他

ア　子どもの学習費等

受傷による学習進度の遅れを取り戻すための補習費(118)，留年によって新たに支払った，または無駄になった支払済みの授業料(119)，被害者が子を養育監護できなくなったことにより負担した保育費等(120)が問題となる。

イ　損害賠償請求関係費用

交通事故証明書料や診断書料等文書料は必要かつ相当な範囲で認められる。

後遺障害が認められなかった場合の後遺障害診断書作成料は判断が分かれる(121)。現在の損害賠償実務における後遺障害等級認定の重要性を考えると，等級認定を受けることは損害賠償請求権を行使するために必要と言えるから，明らかに不必要な場合を除き損害と認めるべきだと思う。

カルテや検査画像の取得費用，医師面談料・意見書作成費用(122)，刑

家族構成等に鑑み，葬儀関係費570万余円の請求のうち葬儀費用として200万円，墓代及び埋葬料として150万円を認めた。

(118)　東京地判H30.9.24（自J2035）は，2か月入院し中学校を欠席した14歳女性につき，学習の遅れを取り戻すための通塾の必要性を認め，補習塾費用の3分の1である10万円余を認めた。

(119)　神戸地判H30.3.29（自J2027）は，19歳男性薬学部生につき，入院治療のために1年留年となったことから，既払いの後期授業料89万円余及び事故前に進級に必要な単位を取得済みで受講の必要がなく休学した翌年前期の在籍料6万円を認めた。

(120)　山口地判H4.3.19（判タ793）は，3歳女性の付添看護のため，母親が2歳と0歳の子2人を常時面倒を見ることが困難となり保育所に預けざるをえなくなった場合に，保育園・幼稚園に入園させることが一般に見受けられる満4歳になるまでの保育料166万円余を認めた。

(121)　注解105頁～106頁。交渉段階では，損保は（一括対応・事前認定の場合を除き）支払わないことが多い。紛セでも損害認定しないと思われる。肯定裁判例として，神戸地判H28.8.24（自J1986）は，後遺障害等級認定では非該当とされたが，「後遺障害診断書の取得は交通事故で通常想定されるものであり，原告の診断書料2万7000円は本件事故との相当因果関係がある損害であると認めるのが相当である。」とした。名古屋地判R3.7.21（自J2105）も同じ。これに対し，仙台地判R3.6.30（自J2105）は「本件事故に起因する後遺障害は認められないから，後遺障害等級認定のために作成した診断書料等は本件事故と相当因果関係のある損害とは認められない。」と否定した。

(122)　たとえば，東京地判H17.2.15（交民38-1）は，RSDの診断が争われた事案で，「原告の右膝痛，右膝の異常知覚等の症状については，反射性交感神経性ジストロフィー（RSD）であると

事記録謄写費用が認められることもある[123]。加害者の過失の有無等が争われている場合に，加害者の損害賠償責任を証明するために必要となった調査・証拠収集費用のうち，訴訟費用や弁護士費用に含まれない部分が損害として認められる場合もある（青本）[124]。事案によるので裁判例を調べた上で請求する。

ウ　成年後見申立関係費用[125]

成年後見開始の審判手続費用，後見人報酬など，必要かつ相当な範囲で認められる（赤い本）。成年後見申立費用・成年後見申立に伴う鑑定費用は認められる。

成年後見人報酬相当額については，報酬決定が既になされ支払がなされていれば実際に支払われた金額，未だ報酬決定されていない期間についてはそれまでの報酬決定額をベースに算定する。未選任の場合や選任されたが未だ報酬決定されていない場合は月額2万円程度とするものが比較的多いが，家裁の報酬額基準が参考にされると思われる。

成年後見申立弁護士費用は，成年後見実務においても原則として本人の財産から支出することはできないものであり，事故と相当因果関係を有する損害とは認められないことが多い。

認められること，（略）の症状固定時においてRSDの後遺障害が明確に残存しているかという点については判断が分かれるところであるが，少なくとも後遺障害として「局部に頑固な神経症状を残すもの」（自賠等級12級12号）に該当するものと認めることができる。」としたうえ，「原告は，本件証拠として提出した国立病院東京医療センター整形外科A医師の意見書の作成費用として50万円を要したことが認められるが，そのうち，相当因果関係ある損害として30万円の限度で損害と認める。」とした。

(123)　これらの費用は弁護士費用特約で支払われることもあるので，取付け時に確認するとよい。

(124)　東京地八王子支判H10.9.21（交民31-5）は，交通事故により死亡した被害者（17歳）につき，「原告らは，本件事故態様を解明するために事故状況を交通事故工学の専門家に，スリップ痕の位置特定を写真及び測量の専門家に，それぞれ鑑定を依頼する必要があったことが認められる。そして，原告A本人尋問の結果によると，鑑定に要した費用として，Bに対して170万円，C及びD測量事務所に対して65万円の合計235万円を支払ったことが認められるところ，これらの費用のうち，200万円（略）が本件事故と相当因果関係のある損害と認めるのが相当である。」とした。

(125)　赤い本2012年下巻「交通事故の被害者に成年後見人が選任された場合に伴う諸問題」。

エ ペットの保管料等

被害者の受傷によりペットの世話ができなくなりペットホテルに預ける等した場合の費用が損害と認められることがある(126)。

オ 旅行のキャンセル料等

被害者の受傷により本人やその家族が予定していた旅行を中止した場合やコンサートに行けなかった場合のキャンセル料や無駄になったチケット代が損害として認められることがある(127)。

カ 弁護士費用

被害者が負担する弁護士費用のうち一定程度が損害として認められる(最判昭和44年2月27日(128))。認容される元本額の10%程度が多い(129)。不法行為以外による請求でも認められることがある(130)。

自賠責保険に16条請求をしていない場合はそのことを考慮して弁護士費用を算定するべきだろうか(131)。定期金賠償の場合はどうだろうか(最判令和2年7月9日については418頁を参照)。

---

(126) たとえば東京地判H28.11.17(交民49-6)。

(127) たとえば大阪地判R2.6.10(交民53-3)は，被害者が事故翌日に親族と行くことを予定していたテーマパーク(USJ)行きを中止したことによる損害(東京在住の叔母の交通費，チケット代)を損害と認めた。

(128) 判時548，判タ232，要約123。「訴訟追行を弁護士に委任した場合には，その弁護士費用は，事案の難易，請求額，認容された額その他諸般の事情を斟酌して相当と認められる額の範囲内のものに限り，右不法行為と相当因果関係に立つ損害というべきである。」

(129) かつては損害額が高額(特に1億円以上)の場合は5%前後に減額するものが少なくなかったが，現在ではそのような場合でも10%とすることが多い。反面，損害額が少額の場合でも，たとえば15%とするものは少ない。大島眞一「交通事故訴訟のこれから」(判タ1483)18頁を参照されたい。

(130) 不法行為による損害賠償請求ではなく，債務不履行を請求の根拠とする場合でも，事実関係が不法行為による損害賠償請求と同質性がある場合，たとえば，労災事故における安全配慮義務違反を根拠にする損害賠償請求の場合(最判H24.2.24(判時2144))や医療過誤訴訟といった人身損害の賠償を求める場合には認められる傾向にあると言える。また，自賠法16条に基づき，被害者が自賠社に損害賠償額の支払を請求する訴訟においても，自賠社は不法行為責任を負うのではないにもかかわらず，判例は弁護士費用相当の賠償を肯定している(最判S57.1.19(判時1031，判タ463。要約257頁))。

(131) これを考慮する裁判例(大阪地判H20.7.4(交民41-4))もあるが，大阪地判H20.3.13(交民41-2)，名古屋地判R2.11.20(交民53-6)等，被害者は訴訟に先だち直接請求をする義務はないことから斟酌を否定するものが多い。

弁護士後見人が訴訟を提起する場合の後見人報酬も損害として認められる(132)ので，損害計上を忘れないようにする。

弁護士費用特約から支払われた着手金の額は弁護士費用損害から控除すべきだろうか(133)。代位規定を根拠に控除を認める裁判例もあるが，控除すべきでないと考える(134)。裁判例も，控除を否定するものが多い（東京地判平成24年1月27日(135)，大阪地判令和元年12月24日(136)等）。判決で弁護士費用の賠償が認められた場合の弁護士費用特約保険金の請求については，129頁で触れた。

弁護士費用損害についての遅延損害金の起算点は不法行為時である（最判昭和58年9月6日(137)）。自賠責保険の損害賠償額を遅延損害金に充

---

(132)　神戸地判H17.5.31（判時1917），広島高岡山支判H27.4.23（自J1952）等。東京地判R6.3.18（自J2178）は，元本の約1割相当額を成年後見人弁護士の報酬と認めた。

(133)　大東恭治「交通事故と弁護士費用特約の問題点（仕組みと範囲）」（法理），髙木宏行「弁護士費用保険」（「損害保険の法律相談Ⅰ　自動車保険」（青林書院）），伊藤雄司・損害保険研究77-1　275頁参照。重複利得の問題は，返還金条項や報酬の保険金算定において考慮すれば足りると考える（大東605頁）。

(134)　最終的に依頼者と弁護士の間の委任事務が終了して弁護士費用が確定するまでは，依頼者である被保険者の損害は確定しないし，保険法25条2項で差額説が採用され，片面的強行規定とされている（同26条）趣旨からも控除は否定されるべきである（大系2　555頁，前掲髙木432頁。法理601頁も参照）。「また，判決で認定された弁護士費用損害と弁護士費用保険（特約）からの支払額との調整規定を定めていることからは，この規定によって調整できる場合には代位は生じないと考えられ，この点からも着手金支払時には，保険金を支払ったときに保険会社が代位する旨の約款文言にかかわらず，保険会社による代位は生じないと解することになると考えられる。」（注解126頁）

(135)　交民45-1。被害者が，弁護士費用特約に基づいて弁護士費用相当額の保険金を受け取った場合でも，その保険金は保険料の対価であり，弁護士費用相当額の損害が発生していないとはいえないとして弁護士費用の賠償を認めた。

(136)　自J2068。原告が弁護士費用補償特約を利用した場合は，保険会社による代位規定があるのが通常であるから，原告の弁護士費用分の損害賠償請求権は，保険会社が保険金支払の限度で代位取得しており，原告が行使することはできないとの被告の主張を退け，弁護士費用の賠償を認めた。

(137)　判時1092，判タ509，交通百選。「不法行為に基づく損害賠償債務は，なんらの催告を要することなく，損害の発生と同時に遅滞に陥るものと解すべきところ（最高裁昭和（略）37年9月4日（略）），弁護士費用に関する前記損害は，被害者が当該不法行為に基づくその余の費目の損害の賠償を求めるについて弁護士に訴訟の追行を委任し，かつ，相手方に対して勝訴した場合に限って，弁護士費用の全部又は一部が損害と認められるという性質のものであるが，その余の費目の損害と同一の不法行為による身体傷害など同一利益の侵害に基づいて生じたものである場合

当している場合等は，請求の趣旨を間違えないようにする。

には一個の損害賠償債務の一部を構成するものというべきであるから（最高裁（略）昭和48年4月5日（略）），右弁護士費用につき不法行為の加害者が負担すべき損害賠償債務も，当該不法行為の時に発生し，かつ，遅滞に陥るものと解するのが相当である。なお，右損害の額については，被害者が弁護士費用につき不法行為時からその支払時までの間に生ずることのありうべき中間利息を不当に利得することのないように算定すべきものであることは，いうまでもない。」

第3節　消極損害

1　消極損害とは

(1)　意義

消極損害は，被害者が事故にあわなければ得られたであろう金銭を失った損害であり，受傷による治療期間中の休業により現実に喪失した収入である休業損害と，死亡や後遺障害によって労働能力を喪失したために失った，将来得られたであろう収入である逸失利益がある。

損害の概念をめぐる労働能力喪失説と差額説の対立は，主に消極損害，特に死亡及び後遺症による逸失利益をめぐる争いである。差額説を貫けば事故後減収がなければ損害として認めにくいが，労働能力喪失説によれば，就労を制約する状態を損害ととらえるから，その状態がある以上損害が発生しているという結論になりやすい。実務的には，本当はわからない将来の収入状態を予測する上で，事故後の減収の有無をどの程度重視するかという問題でもある。

(2)　判例の立場

最判昭和56年12月22日は，差額説を修正するものと評価されているが，その後の同平成8年4月25日（貝採り事件判決）が継続説をとる理由とするところからは，消極損害においては身体の毀損状況そのものを損害と評価するものであると指摘されている[138]。

実務では，休業損害，後遺症逸失利益，死亡逸失利益のそれぞれについて，損害賠償請求の「作法」ともいうべき算定方法が広く行われている。特にフィクション性が強い損害項目である逸失利益については，「控え目な算定方法」がとられることが少なくない。

---

(138)　注解131頁～132頁。

2　休業損害

(1)　休業損害とは

ア　意義

休業損害は，治癒（症状固定）までの間に生じた就労不能または通常の就労ができないことによる収入の減少(139)をいう。

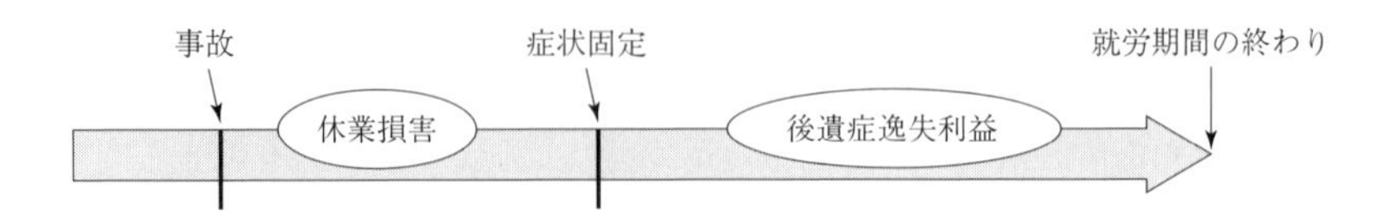

イ　逸失利益との比較

いずれも事故後の収入の減少を損害と見ているものだから，フィクションであり蓋然性の問題である。もっとも，逸失利益と比べて対象期間はすでに経過した一定期間なので，フィクションの度合いはより低い。

ウ　収入減少の必要性

休業損害は，被害者が事故による受傷や治療のために休業し，それによって現実に喪失したと認められる，得べかりし収入額であるから，休業が必要であったことのほか，原則として現実に収入が減少したことが必要である。減収のない場合については347，353頁で触れる。

エ　家事労働

家事労働も金銭的に評価され得る労働であり，従事していた者が事故によってこれを行えなかった不利益は，消極損害として賠償される（358頁）。

もっとも，家事労働等においては，就労できるか否かの二者択一ではなく，入院期間以外は部分的に行える場合が多い。また，労働の制限は，治療期間を通じて漸減していくのが通常であり，次に述べるように，症状固定日までの日数を段階的に区切り，割合的に休業損害を算定するこ

(139)　通院期間であっても，勤務先が欠勤扱いしていない場合は，当然に収入が減少し損害が生じたとはいえない。最判 H7.10.24（交民 28-5，交通百選）。

とが比較的多い。家事従事者について，症状の推移や家事の制限状況等について具体的な主張立証をせず（聞き取りさえしていないことがある。），単純に賃セ平均賃金日額 × 症状固定日までの日数で休業損害を請求している例が散見するが，現状を踏まえた主張立証を行うべきである。

⑵　算定方法

ア　一般的な算定式

休業損害日額（基礎収入）× 休業日数

イ　逓減方式

障害の程度や回復状況により，就労が一部可能であった場合は，事故前の収入と比較した減少分を休業損害とする。

通院期間については，時期を分けて就労制限の割合を設定することも多い。休業期間が比較的長期になった場合や自営業，家事従事者など部分的就労が可能な場合に用いられる。

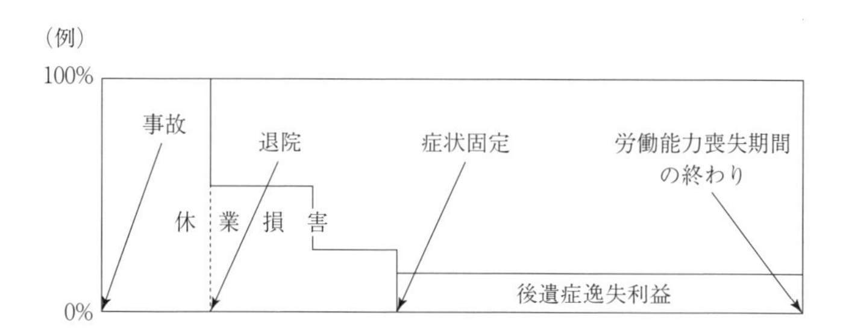

ウ　休業期間中（症状固定前）の解雇・退職

事故との相当因果関係が問題となる（346 頁）。

エ　休業日数・期間

原則は症状固定（治癒）までだが，症状や休業期間の長さによっては休業の必要性や部分的就労の可否が問題になる。

示談交渉において，損保は，基礎日額 ×（休業期間ではなく）実通院日数で提案してくることが多いが，実情を反映していない場合も少なくない。

(3)　基礎収入（現実収入がある場合）

ア　基礎収入（日額）の算定

事故前３か月の現実収入を基礎とする（税込額であり手取り額ではない。）。

継続して完全休業する場合は，支給金額合計を90日で除す（その日額に休業期間の日数を掛ける）方法が一般的である。

欠勤日が連続していない場合等で，当該欠勤日のみについて休業損害が発生したとして算定するときは，実労働日１日当たりの収入額が明確であれば，当該期間中の実労働日数で除して基礎日額とすべき（その日額に実際の休業日数を掛ける）だろう[140]。

イ　季節毎の収入の変動が大きい場合

直近３カ月ではなく前年度（年間ないし同時期）の収入をもとにすることもあるが，蓋然性の立証が必要である。

ウ　基礎資料

給与所得者は，勤務先の休業損害証明書や源泉徴収票等による。休業損害証明書の信用性が争われることもあり，その場合は源泉徴収票や所得証明書の提出が求められる。

自営業者は，基本的に確定申告書や所得証明書による。申告の正確性が問題になる（申告外所得が主張される）ことが少なくない。

エ　社会保険料，所得税・住民税

これらは基礎収入額から控除しない。

オ　認定困難な場合

生活水準の立証等によって平均賃金を上回っていると認められれば賃金センサスを使えるかもしれない[141]。

---

(140)　青本29訂版62頁，北河151頁。
(141)　赤い本2001年「休業損害をめぐる二，三の問題について」。

(4) 給与所得者

ア　原則

事故前の現実収入を基礎とする。実務では，自賠責保険所定の書式（休業損害証明書）をもとに，事故前３カ月の給与（本給＋付加給）を基礎に算定される。税込額であり，社会保険料等を差し引く前の額である（手取り額ではない）。

基礎収入に含まれる手当金については赤い本・青本等に掲載された裁判例を参考にされたい。就労に伴って発生する実費を弁償するものについては，欠勤によって支給されなくても損害とはいえない。通勤手当は実態によるだろう。

イ　有給休暇

事故のために有給休暇を利用した場合は，表面上は減収がないようにも見え，かつては財産的損害を否定して慰謝料で斟酌する裁判例も少なくなかった。近時の裁判例の大勢は損害の発生を認めている（たとえば東京地判平成６年10月７日[(142)]）。

損害算定においては計算方法に気を付ける。基礎日額は収入を暦日で割ったものか，労働日で割ったものか。有給消化日数を掛けるのであれば基礎日額は後者をとるべきだろう[(143)]。

欠勤による不利益を回避するために有給休暇を取得した場合ではなく，事故による欠勤によって有給休暇取得の要件である全労働日の80％以上の出勤というという条件が満たさず，年休権を失った場合に，その喪失を損害と認めた裁判例がある[(144)]。

ウ　休業による降格，昇給昇格の遅延，賞与の減額

事故後の休業によって昇給が遅れた等として，その差額が損害だと主

(142)　交民27-5，要約53。「有給休暇はその日の労働なくして給与を受けるもので労働者の持つ権利として財産的価値を有するものというべく，他人による不法行為の結果有給休暇を費消せざるを得なかった者はそれを財産的損害として賠償請求し得ると解するのが相当である。」

(143)　たとえば前掲平成６年東京地判は，年収を365で割った額×有給消化日数としており，疑問がある（要約130頁参照）。

(144)　東京地判H16.8.25（自J1603，要約54）等。財産的損害としてではなく慰謝料で斟酌する裁判例もある。赤い本2001年「休業損害をめぐる二，三の問題について」。

張されることがある[145]。もちろん，昇給遅延等が事故による欠勤によるものであることが必要である。

昇給率は，就業規則[146]，同期社員の昇給状況[147]等から認定される。給与体系が明確でなく，将来予測が難しい場合（近年は難しいことも多いと思われる。）は，認められても期間は限定的となるだろう。

事故による欠勤によって賞与が減額されたり不支給となったりした場合は，損害として認められる。賞与が賃金規程（給与規程）等によって定められている場合は，当該規定と賞与減額（不支給）証明書で立証するが，規定を欠く場合等は前年度の支給額等を参考にすることになる。

エ　就職（転職）直後の場合

就・転職直後に事故に遭った場合等，事故前収入との比較がしにくい場合は，雇用契約書や労働条件通知書等によって基礎収入額を求める。

オ　休業中の退職・解雇

事故後症状固定前に退職した場合，休業損害が認められるのはいつまでだろうか（退職後についても認められるだろうか）。

事故による傷害またはその療養のための欠勤等を理由に退職や解雇となった場合は，事故との相当因果関係が認められれば，退職・解雇後の分を含めて症状固定までの間の収入減について賠償が認められる[148]。

退職・解雇後も治癒（症状固定）までに再就職の可能性が認められな

---

(145)　横浜地判 H9.10.30（自 J1238，要約 55）は「原告は，平成4年4月時において2万円の昇給が行われるはずであったところ，本件事故による長期欠勤のため現状据え置きとされたこと，他の同僚と比較して給与面で差が生じていること，据え置かれた昇給を回復する処置は未だとられていないが，賞与は増加しており，年収としては減額にはなっていないことが認められる。右の事実によると，原告は，本件事故により昇給が行われなかったことによる減収があり，現在のところ昇給の遅れは解消されていないが，右解消に10年間を要することを認めるに足りる証拠はなく，昇給の遅れが解消されるには5年間を要するものと認めるのが相当である。したがって，休業損害として，月2万円の5年分に相当する120万円を損害と認める。」とした。

(146)　たとえば京都地判 H14.4.25（自保 J1467）は，52歳男性タクシー乗務員につき，症状固定まで3年7か月間の休養損害を，就業規則に従ったその期間の定期昇給を前提として算定した。

(147)　たとえば東京地判 H16.12.21（交民 37-6）は，32歳男性銀行員につき，同期入社社員の事故後の昇給状況から，症状固定まで年5%の上昇を前提とした推定年収によって休業損害を算定した。

(148)　LP145頁。肯定例として横浜地判 H20.4.17（自 J1747）等。

いような場合は，治癒後についても，さらに再就職に必要な期間について休業損害を認めることがある(149)。

事故と退職・解雇との間の相当因果関係が立証されたとまでは認めがたい場合でも，事故の影響を否定できないような場合は，慰謝料算定の事情として斟酌される可能性がある。

カ　減収がない場合

休業損害についても，「特段の努力」等の考え方により休業損害を認めた裁判例があるが，後遺症逸失利益と異なり比較的短期間の回顧的な判断であることから，否定されることが多いと思われる(150)。

(5)　会社役員（役員報酬）

ア　基礎収入

役員報酬額をそのまま基礎収入額とするのではなく，報酬中の労務対価部分を認定してその金額を基礎として損害算定され，利益配当の実質を持つ部分は除外される（たとえば東京地判昭和61年5月27日(151)）(152)。

賃金センサスを参照して基礎収入（労務対価部分）を認定する裁判例もある（たとえば横浜地判平成20年12月15日(153)，大阪地判平成21年3月24日(154)，大阪地判平成24年9月27日(155)）。

---

(149)　赤い本合本Ⅱ 142頁。

(150)　赤い本2022年下巻「減収がない場合の消極損害（休業損害及び逸失利益）」。

(151)　判時1204，判タ621，要約51。「会社役員の報酬中には，役員として実際に稼働する対価としての実質をもつ部分と，そうでない利益配当等の実質をもつ部分とがあるとみるべきところ，そのうち後者については，傷害の結果役員を解任される等の事情がなく，その地位に留まるかぎり，原則として逸失利益の問題は発生しないものと解されるから，前者についてのみ逸失利益の判断をすればよいと解されるが，本件においては，原告Aは，原告会社の従業員としても実質上稼働していたものであるから，その収入の名目を問わず実質に着目すると，この部分についても逸失利益を考慮する必要があり，以上の全ての面を勘案すると，原告Aの収入（注：役員報酬1500万円）のうち年900万円を本人の稼働による収入とするのが相当である。」

(152)　もっとも，死亡逸失利益については，利益配当の実質を有する部分を基礎収入に含める裁判例もある（LP79頁）。

(153)　自J1789。平均賃金賃セと役員報酬を比較し，より低額の平均賃金を基礎収入とした。

(154)　交民42-2。平均賃金と役員報酬を比較し，より低額な役員報酬全額を基礎収入とした。

(155)　交民45-5。平均賃金と比較して，役員報酬の一定割合を労務対価部分とした。

イ 労務対価部分の判断要素

労務対価部分の認定は，会社の規模（同族会社[156]か否か）・利益状況，当該役員の地位・職務内容，年齢，役員報酬の額，他の役員・従業員の職務内容と報酬・給与の額（親族役員と非親族役員の報酬額の差異），事故後の当該役員及び他の役員の報酬額の推移，類似法人の役員報酬の支給状況等を参考に，報酬額のおおむね50～100％の間で事案ごとに判断されている[157]。

ウ 役員報酬を受ける主婦

労務対価性が希薄な場合においても，東京地判平成12年11月6日[158]のように，家事労働の評価を踏まえて賃金センサスが用いられることがある。

(6) 事業所得者（個人事業主）

ア 原則

現実の収入減があった場合に休業損害が認められる。事故前後の収入額を比較し，収入減少額をもとに休業損害を算定する裁判例もあるが，原告の請求の仕方もあって，事故前の収入額をもとに休業損害を算定する（事故前の申告所得額を基礎収入とし，その日額に休業期間の日数（治療経過等に応じて休業率を漸減させる場合が多い。）を乗じる）裁判例が多い。

基礎収入は確定申告額[159]が重視されるが，年ごとの変動が大きい場

---

(156) 同族会社等では，生活保障的（ないし税金対策的）に，労務に相応しない報酬の支払がなされることがある。次にあげる東京地判H12.11.6は銀行振込や請求書のチェック等をしていたがタイムカードは免除され，毎日は出勤していなかった主婦取締役の逸失利益（報酬年額480万円）を，女性学歴計平均賃金（60歳まで全年齢，以後は年齢別）をもとに認定した。

(157) 赤い本2005年下巻「会社役員の休業損害・逸失利益」11頁。報酬が高額の場合は低めに認定されることがある。たとえば，報酬年額1億2000万円の医療法人理事長兼唯一の常勤医師の後遺症逸失利益について，労務対価部分を10％とした大阪地判R2.2.5（交民53-1），2社から給与年額7248万円を受ける役員の休業損害及び後遺症逸失利益について，基礎収入とする労務対価部分を2000万円とした大阪地判R3.9.3（自J2109）等。

(158) 交民33-6，要約52。

(159) 確定申告書の控えへの受付印押捺は令和7年1月から廃止されており，申告内容を確認するには，PC等からe-Taxを利用してPDFファイルを取得する，個人情報開示請求（法人は不可）

合は数年間の平均によることもある。確定申告額を用いる場合はイのとおり本人の寄与部分の割合による。

申告額と実収入額が異なる（申告外所得が主張される）場合は，立証があれば実収入額を基礎とするとされるが，ウで述べるように控えめな認定となることが多い。

イ　寄与部分

役員報酬と同様の考え方により，本人の寄与部分を基礎に算定される（最判昭和43年8月2日(160)）。被害者本人の個人的寄与による収益以外の，企業としての物的設備によって生み出される部分や家族・従業員等人的組織によって生み出される部分は除外される(161)。

事業主の寄与部分の算定においては，事故前後の事業の収支の状況，事業の種類・業態，被害者の特殊な技能の有無や担当職務の内容・稼働状況，家族その他の従業員の関与の程度やその給与等の金額等が考慮される。寄与部分の認定例として大阪地判平成17年6月6日(162)をあげる。

による，税務署で閲覧して写真を撮る等の手段によることになる。収入額は市町村発行の課税証明書（所得証明書）でも確認できる。

(160)　判時530，判タ227，交通百選，要約58。「企業主が生命もしくは身体を侵害されたため，その企業に従事することができなくなったことによって生ずる財産上の損害額は，原則として，企業収益中に占める企業主の労務その他企業に対する個人的寄与に基づく収益部分の割合によって算定すべきであり，企業主の死亡により廃業のやむなきに至った場合等特段の事情の存しないかぎり，企業主生存中の従前の収益の全部が企業主の右労務等によってのみ取得されていたと見ることはできない。したがって，企業主の死亡にかかわらず企業そのものが存続し，収益をあげているときは，従前の収益の全部が企業主の右労務等によってのみ取得されたものではないと推定するのが相当である。ところで，（略）Aの営業収益額は昭和27年から同31年までの5年間の平均で年間978,044円であり，同人死亡後その営業を承継した被上告人らがあげた同33年度の営業収益は208,318円であるというのである。したがって，被上告人らのあげた同34年度以降の営業収益が右同33年度の営業収益と同額であるとすれば，特段の事情のないかぎり，右説示に照らして，Aが生命を侵害されて企業に従事することができなくなったことによって生ずる昭和33年度以降の1年あたりの財産上の損害額は右978,044円から208,318円を差し引いた額であると推定するのが相当である。」もっとも，実務においては，このように事故前後の収益の引き算ではなく，注(162)のように申告所得額等の○％と認定する例が多い。

(161)　もっとも，企業としての物的設備によって生み出される部分の大部分や家族・従業員等人的組織によって生み出される部分の多くは，所得算出の過程で経費として収入から控除されている。

(162)　交民38-3，要約59。申告額98万円のスナック経営者の休業損害・逸失利益の基礎収入につき「原告は，Wの経営による収入及び家賃収入により生活していたこと，家賃収入は月々35万

ウ　申告外所得の主張

裁判所は申告額を超える収入を認めることに慎重(163)であり，申告外所得の主張は容易ではない。

もっとも，事業内容や家族の生活状態からみて，申告額が明らかに過少だと思われるケースでは，平均賃金以下のレベルに抑えた上で，申告額と異なる額を現実収入額として認定することがある(164)。裁判例として，前掲大阪地判平成17年6月6日のほか，東京地判平成13年4月24日(165)，岡山地判平成13年9月18日(166)をあげる。

円程度あったが借入金返済として毎月30万円程度支払っていたこと，原告は，家賃7万円の賃貸マンションに住み，妻と4年制大学と短期大学にそれぞれ通う娘2人を扶養していたことが認められる。これらの事実からすると，原告は，少なくとも平成14年賃金センサス第1巻第1表産業計・企業規模計・学歴計男性労働者の平均賃金555万4600円程度はWの経営より得ていたと考えることができる。もっとも，原告の妻はWを手伝っていたが，給与を支払われていなかったから（原告本人），前記収益には妻の収入も含まれているので，これを前記収益から控除する必要がある。本件事故前のWの経営において，調理，収入支出の管理，帳簿記入，掃除等は原告がしており，原告の妻は客から注文を取ること，料理を運ぶこと，客と話すくらいであったから（証拠略），Wの収益の7割が原告の収入とみるのが相当である。したがって，原告の基礎収入は上記男性労働者の平均賃金の7割である388万8220円となる。」とした。

(163)　経費の水増しによる申告額を上回る収入の主張について，大阪地判H13.3.15（交民34-2，要約63）は，65歳の男性漁師の休業損害と後遺症逸失利益について，「原告の基礎収入額については，事故前年度の申告所得額である138万6174円とするのが相当である。原告は，現実に要する経費は水揚げ高の3割程度に過ぎないから，原告の基礎収入は少なくとも346万5436円程度になると主張し，証人Aは，これに沿った証言をするが，その証言内容自体，必ずしも明確な根拠に基づくものと認めることはできず，ほかに税務申告時に認められた経費が明らかに過大なものであって，原告が申告所得を上回る収入を得ていたことを認めるに足りる証拠はないから，原告の主張は採用することができない。」とした。「ごく一部の例外的な事業を除くと，売り上げに対応する売上原価及び販管費の額を的確に認定するためには，会計帳簿，とりわけ日々の入出金があまねく記帳され，日々締められることにより継続性と正確性が担保された現金出納帳の存在とその吟味が不可欠であろう。」（実務135頁）。事業所得者の基礎収入額認定の基礎となる確定申告書の控えに受付印がない場合（注(159)を参照）等は，納税証明書または課税証明書による補完が必要であることに注意（実務134頁，LP78頁）。

(164)　これに対し，大阪地判H14.8.21（交民35-4，要約61）のように，一定水準の金額が申告されている場合は，実際の所得額が平均賃金以上だという裏付けが明確でなければ，申告額どおりの認定がされる可能性が高い。

(165)　交民34-2，要約60。「原告の基礎収入額については争いがあり，原告は，567万1600円（平成8年賃金センサス男子労働者学歴計）を主張する。この点，原告の事故前平成6年度の申告所得額は130万円であり，本件全証拠によるも，原告が上記平均年収を得ていたことの立証はない。しかし，（略）によれば，原告は，1級造園師の資格を有しており，平成3年に独立して事

事故後に行った修正申告が証拠として提出されることがある。有力な証拠となることもあるが，他の証拠とあわせて高度の蓋然性をもって修正前の申告額より多くの収入があったと言えなければならない。

エ　赤字申告の場合(167)

大幅な赤字であった事業が，事故後も赤字が拡大し続けている場合は，損失拡大額全てを事故と相当因果関係がある損害と認めることは少ない。損害算定方法には以下のようなものがある。

A　損害拡大額のうち受傷との相当因果関係が認められる範囲で割合的に認定する方法(168)

B　上記損害拡大額に固定費のうち相当額を加算する方法

C　賃セ平均賃金を用いる方法(169)

申告所得額に固定費を加算してもなおマイナスにとどまる事案について，休業損害の認定はできず傷害慰謝料（入通院慰謝料）算定の要素と

業を行い，本件交通事故のあった平成7年になって，車を購入するとともに，アルバイトの助手も雇っていること，（略）原告は，仕事が忙しくて治療を中断していること，などによれば，原告が従前，C造園に勤務して得ていたという450万円は少なくとも得ていたものと認められる。」

(166)　交民34-5，要約62。事故前年の申告額90万円弱の61歳男性漁師の休損・死亡逸失利益について，漁師として優れ，ある程度の漁獲高があったと認められること等から，妻の寄与度を控除した後の年収として，少なくとも賃セ60～64歳中卒男子378万円余を得ていたものとして，これを基礎収入額とした。なお，販売先に税務調査が入り，被害者の申告内容も調査され，修正申告するに至った事案である。

(167)　赤い本2014年下巻。

(168)　たとえば横浜地判H26.12.26（自J1943，最前線8）は，「原告（事故時25歳女・トリマー）は平成19年度に事業を開始したばかりであるから，同年度の所得金額と翌年である平成20年度の所得金額の平均値を採用すべきところ，原告が事業を開始した平成19年度以降，休業期間（略）を含めた平成23年度（略）までの所得は大幅な赤字傾向にある（略）から，休業期間中の所得の減少は専ら本件傷害による就労制限によるものではなく，原告の事業の経済効率の悪さ，社会・経済状況の変動及び同業者との競合等による受注減少という可能性も否定できない上，本件傷害が漸次回復することからすれば，原告の休業損害については，休業期間中の所得減少額（損失拡大額）のうち，7割の限度で本件事故との相当因果関係を認めるのが相当である。」とした。後遺症逸失利益については，休職中の無職者との均衡，赤字幅を縮減できなかったことも損害と評価し得ること，原告の年齢（固定時26歳）からすれば，民訴248条の趣旨を考慮し，症状固定時の高専・短大卒平均賃金の7割を基礎収入額と認めるのが相当としている。

(169)　赤字申告が続いていても，事業主の生活が成り立っている場合に，その生活状況等からこのような算定方法をとるものがある（最前線107頁）。

して考慮すべきであるとした裁判例もある。

オ　固定費

事業所得者の場合，休業による損害は失った所得分にとどまらないことが多い。事業の存続，維持に必要な固定費は，経費であって所得ではないが，休業中にもかかわらず支払わざるを得ない費用であるから，休業損害の算定において考慮する必要がある。

アで述べた所得減少額を休業損害として認める方法をとれば，固定費の支出を経費として考慮しており，その分だけ所得減少額も増加していることになるから，所得減少額をもとに休業損害を算定する場合は，固定費を加算する必要はないことになる（加算すると二重計上になる）[(170)]。

これに対し，多くの裁判例のように，事故前の収入額をもとに休業損害を算定する場合は，部分的にせよ営業を再開している以上無駄な支出ではないとして損害の発生を否定する[(171)]のではなく，申告所得額（及び青色申告をしている場合は青色申告特別控除額）に固定費額を加算した額を基礎収入額として休業損害を算定するか，売上から流動経費を控除して（固定費を控除せず）基礎収入額とする[(172)]。これらの算定方法によれば，固定費額 × 休業率を損害と認めることになる。

固定費として損害と認められる固定費は，損害保険料，地代家賃，リース料，利子割引料，減価償却費[(173)]，従業員給与，租税公課等であるが，勘定科目に関わらず，実際に休業中も支払を免れないことが必要である。水道光熱費・通信費の基本料金も通常は加算すべきであると解される。

---

(170)　東京地判 H24.7.18（交民 45-4）の判示。

(171)　かつてはこのような考え方が一般的であり，完全休業でなければ固定費分の損害は認められないことが多かった（注解 150 頁）。

(172)　実務 140 頁～141 頁，注解 151 頁。前者の例として高松高判 H24.7.5（交民 45-4），後者の例として徳島地判 H24.2.1（同）。大阪地判 H24.5.29（交民 45-3）は，後者によりつつ，原告の司法書士事務所は開業しており売り上げもあること，月ごとの売上の変動が大きいことから，固定費のうち 3 割を損害と認め，前年収入から（同年経費 ＋ 専従者給与 － 固定費の 3 割）を控除した額を 365 で除して基礎日額とした。

(173)　当該期間に現実に支出している金額ではないが，すでに支払済みなのであるから，休業期間に対応する償却額分を収入額で回収しなければ，その分の損害が生じることになる（注解 151 頁）。

もっとも，事業の再開・維持のために必要な固定費は，事業を廃止することになれば不要であるから，大阪地判平成9年7月29日[174]が述べるように，事業の再開の可能性がなくなった後の固定費は基礎収入に加算できないと考えられる[175]。

カ　事業再開後の売上減少

事故によって休業していた事業をその後再開したが，休業による客離れによって売上が減少している場合に，これを損害として請求できるだろうか。売り上げ減少はすべて事故によるものか[176]，その影響はいつまで残るとして計算するのかが問題となる。

キ　廃業・事業再開の費用

事故後に廃業した場合回収できなかった投下資本の賠償が問題になるが，もともと収益性の悪い事業の場合は，廃業がすべて事故のせいとは言いにくいため，事故との相当因果関係が争われる。賠償が認められる場合も，投下資本の一部は回収済みとして，投下額全額ではなく，償却後の残存価格を参考に認定することになりそうだ（たとえば高松高判平成13年3月23日[177]）。

ク　減収がない場合[178]

原則として否定されるが，事故後に減収がないようにみえる場合でも，家族の協力により売り上げを維持していた等，特段の事情がある場合に，休業損害を認める裁判例がある[179]。もっとも，減収が顕在化していな

---

(174)　交民30-4，要約64。

(175)　歯科医薬材販売業を経営し，基本的に一人で仕事をしていた被害者につき，事業再開の可能性がある間は申告所得額に固定経費額を加えた額を基礎収入とし，事業廃止が確定した（廃業届の提出をもって認定している）以降は申告所得額を基礎収入とするのが相当であるとした。

(176)　たとえば名古屋地判H14.9.27（交民35-5，要約65）。

(177)　自J1404，要約66。開業時から廃業までの期間経過による内外装及び諸設備の劣化，陳腐化等の諸事情に照らして，開業時に出した費用564万6200円の約5割に相当する280万円を本件事故と相当因果関係のある損害と認めた。

(178)　赤い本2022年下巻「減収がない場合の消極損害（休業損害及び逸失利益）」。

(179)　たとえば名古屋地判H26.12.8（自J1942）は，事故後の身体の状況，金銭管理ができないこと等から，従前同様に事業を経営しているとは考え難く，事故後の所得は実質的に本人に代わって事業を維持している親族の収入であるとして，事故による減収を認めた。赤い本2022年下巻

い理由について厳密な主張立証が必要であろうと指摘されている[180]。

(7)　企業損害

ア　意義

法人化されている企業の代表者・役員や従業員の死傷による企業収益の悪化が生じた等の場合に，当該企業が損害賠償（いわば企業の逸失利益）を請求できるだろうか。

イ　請求の可否

学説上は条件付きにせよ企業損害を肯定する見解が多いが，企業自体が直接的な損害を受けているわけではないことから，裁判例はかなり厳しい要件を課しており，原則否定説によっていると言える。賠償を認めた裁判例もあるが，そのほとんどは代表者が受傷した事案であり，企業に生じた損害といっても，実質的には代表者に生じた損害であると評価できる場合である。

最判昭和43年11月15日[181]は，会社の代表者が負傷した事案で，代表者の非代替性（「余人をもって代え難い」）と代表者個人と会社の経済的一体性を要件[182]として，企業損害の賠償請求を認めた[183]。

これに対し，企業にとって代替性のない役員や従業員が受傷した場合であっても，企業と一体をなすといえなければ，企業損害の賠償が認め

25頁，26頁。

(180)　注解149頁～150頁。なお赤い本2022年下巻27頁。

(181)　判時543，判タ229，民法百選Ⅱ，交通百選（真明堂薬局事件）。「被上告会社は法人とは名ばかりの，俗にいう個人会社であり，その実権は従前同様A個人に集中して，同人には被上告会社の機関としての代替性がなく，経済的に同人と被上告会社とは一体をなす関係にあるものと認められるのであって，かかる原審認定の事実関係のもとにおいては，原審が，上告人のAに対する加害行為と同人の受傷による被上告会社の利益の逸失との間に相当因果関係の存することを認め，形式上間接の被害者たる被上告会社の本訴請求を認容しうべきものとした判断は，正当である。」

(182)　判断要素として判タ842（湯川）は，法人格取得前からの営業形態，企業規模（資本金額，売上額，従業員数等），出資割合・持株比率，代表者の担当する業務内容，経営に関する実権の所在，会社財産と代表者個人財産の混同の有無・程度，会計区分の確立の有無・程度，代表者の個人保証・担保差し入れの有無，株主総会・取締役会等の開催状況等をあげる。

(183)　近時の肯定例として，名古屋地判H31.3.27（交民52-2。解説として交民52索引・解説号）。

られることはまずない[184]。

ウ　反射損害

以上述べた企業損害は，反射損害と区別しなければならない。反射損害（肩代り損害）とは，代表者や従業員が受傷のために就労できなかった期間，会社が役員報酬や給料を支払ったことによる損害である。反射損害を被った企業は，その賠償を求めることができるが，被害者本人が賠償請求できる損害であることが前提であり，会社役員に払われた報酬については，労務対価性がある部分（の一部）に限られる[185]。

(8)　その他の所得

ア　不労所得（家賃，地代，利息等）

就労不能状態になっても減収にならないから否定される。

では，逸失利益も認められないだろうか[186]。

イ　違法所得[187]

違法所得といってもいろいろある。単なる行政法規違反にとどまり公

---

(184)　東京高判 H24.12.20（判タ 1388，最前線 1）は，「被控訴人が主張する損害は，（略）いわゆる間接損害であり，かつ，その実質は，被控訴人が従業員から雇用契約上の義務の履行を受けられなかったという債権侵害による損害であるといえる。そして，第三者の不法行為により侵害される権利が債権である場合には，（略）第三者による債権侵害による損害について加害者の不法行為責任が認められるのは，（略）第三者である加害者の行為につき，故意があるか又はこれに準じる場合であることを要件とすると解される。本件において，控訴人の従業員Bによる本件事故の発生は，そのような場合であるとは，本件全証拠によるも認めるに足りない。」「雇用あるいは委任等の契約関係にある個人に対する不法行為により間接損害を被った企業が，例えばいわゆる個人会社であり，その実質が個人と変わりがなく，その個人には企業の機関としての代替性がない場合等において，経済的にその個人と企業が一体をなす関係にあると認められるときには，企業に対する加害者の不法行為責任が肯定されると解される。しかし，前記認定事実によれば，本件事故の被害者であるAは，被控訴人に入社して間もない試用期間中の従業員であって，被控訴人と経済的一体関係にある者とはいえないことが明らかである。」とした。原審は，代替措置を取ったことによる実損の事案だから昭和43年最判によるのは相当でないとして，請求にかかる外注費用は事故と相当因果関係ありとしていた。

(185)　たとえば，東京地判 R6.2.7（自 J2164）。

(186)　高松高判 S61.5.26（交民 19-3）は，貸家業を営む69歳女性被害者の死亡逸失利益について，貸家業による収入は損害賠償の対象から外しつつ，68歳以上の女性平賃を基礎に5年間の逸失利益を認めた（労働していなかったのは家賃収入等があったからであり，労働能力が欠けていたからではない）。

序良俗違反でない場合には，消極損害が認められうる(188)。もっとも，休業損害のように比較的短期間の場合は現実収入に基づき損害算定されるだろうが，逸失利益については違法事業の不安定さは無視できず，控え目な認定となることが多いだろう(189)。

(9)　現実収入がない場合

ア　失業中の場合(190)

失業中でも休業損害が認められることがあるが，休業期間中に就労できた蓋然性の立証が必要である。就労していなかった期間，年齢，それまでの生活状況，健康状態，無職となった経緯と技能・経歴・資格等を踏まえた就職の見通し等を考慮する(191)。就労可能となるまでが比較的

---

(187)　赤い本合本Ⅱ 13 頁「違法所得者，高額所得者の逸失利益など」。

(188)　たとえば，無免許の自動車運送事業に関する大阪地判 S62.7.17（要約 67）は，「かかる無免許営業者は，道路運送法との関係において免許営業者に比し，その営業の継続，したがってまたそれによる収益についてはその確実性，永続性の点において不安定であるということができるけれども，本件においては，原告が右のような処分を受けたことは認められないから，休業損害の算定に当たってこの点を斟酌するのは相当でない。」とした。

(189)　もっとも前注の S62 大阪地判では，労働能力喪失期間を 4 年間しか認めなかったこともあり，休業損害と同額の基礎収入額をもとに逸失利益を認定している。違法収入は事業者でない場合も同様の問題がある。典型は売春による収入であり，公序良俗に反するため基礎収入とすることはできないが，平均賃金により損害算定される。

(190)　赤い本合本Ⅱ 78 頁「無職者・高齢者の休業損害」。生活保護受給中でも，就労の可能性がある場合には一定の休業損害を認める例もある（神戸地判 H21.5.27（自 J1832））。

(191)　赤い本 2007 年下巻 106 頁。仙台地判 H9.11.25（自 J1249，要約 82）は，「原告は，第一事故当時，失業中であったものの，調理師としての資格及び経験を有し，調理師として稼働する意欲があったのであるから，第一事故当時，相当期間経過後には，調理師として就業できた蓋然性があったということができる。したがって，右相当期間経過後の休業損害を認めるのが相当というべきである。右相当期間については，原告の前記経歴，年齢等からみて，第一事故後 1 か月程度と考えるのが相当であるところ，弁論の全趣旨によれば，第一事故後 1 か月の間に，原告が A 病院に通院した回数は，15 回程度であると認められる。また，休業損害の基準とすべき収入の額については，平成 6 年 4 月，B に勤務していた当時の月収は，第一事故に基づく傷害による症状が，固定前の時期であり，一定の限度で，労働能力の制約を受けていた時期のものであるから，右収入を基礎として計算するのは相当でなく，離職時の収入である月収 24 万 9600 円（略）を基礎として計算すべきである。この点，本件では，具体的な就職先が決まっていたものではないし，第一事故当時，離職時から 5 か月しか経過していなかったことから考えると，右離職時の収入よりも高額となる賃金センサス平成 4 年の全労働者 35 歳の平均年収 468 万 7000 円を基礎として計

短期間の場合は否定例が多い。労働能力・労働意欲・就労蓋然性があって認める場合でも，平均賃金より低めである[192]。

イ　学生

アルバイト収入[193]は，収入発生の継続性，確実性を吟味する。事故までは休暇中にアルバイトをしていたというだけで，具体的なアルバイト先が決まっていなかった場合は，事故が休暇前であったとしても休業損害は認められにくい。休業損害が認められる場合でも，就職活動等による制約も考え，卒業まで丸々認めることは少ない[194]。

卒業・就職の遅延による逸失利益も認められる[195]。就職が内定していて給与額が明確に推定できるような場合にはその額によるが，そうでないときは，学歴別の初任給平均値（例えば男女別の20〜24歳の平均賃金）によることになるだろう[196]。

算するのは相当ではないというべきである。」とした。逸失利益は，原告主張の年齢別全労働者平均を基礎として固定後2年間認めた。

(192)　大阪地判H25.8.29（自J1914）は，「原告は，平成19年11月1日には，就職ができていたと考えられる旨主張するが，前記アの認定事実からすると，本件事故当時，未だ，企業訪問，面接のような具体的な活動を行っておらず，その予定もなかったのであり，本件事故当時の雇用を巡る社会情勢等も考慮すれば，新卒者でもない，原告が早期に就職できたものとは解し難く，現に，原告が資料請求等をした企業の中には，原告の当初考えていた条件に合致する企業は1社もなかったというのである。しかしながら，原告の経歴，症状固定後の平成21年8月には，具体的に就職していることなどを考慮すれば，原告に就労意欲，能力はあったといえるのであり，年度の変わった平成20年4月1日には，平成20年産業計・企業規模計・学歴計30〜34歳の男性労働者平均賃金483万3300円の75％相当である362万4975円程度の収入を得ていた蓋然性は認めうる。」とした。

(193)　赤い本合本Ⅱ78頁「無職者・高齢者の休業損害」。たとえば名古屋地判H23.2.18（交民44-1）は，「原告Aが，本件事故当時，まだ大学3年生になったばかりの時期であり，すぐに本格的な就職活動のためにアルバイトを自粛しなければならないような状況になるともいえないこと（入院中の症状固定時でもまだ大学4年生になって間もない時期である平成20年4月30日である。），本件事故当日もアルバイトに行く予定であったこと，本件事故当日のように大学の講義が終わってからの時間帯にアルバイトに行くということであれば，学業や就職活動とアルバイトを両立することは十分に可能であると考えられることからすれば，本件事故前日までの102日間の収入を基礎収入として384日分の休業損害を認めるのが相当である。」とした。

(194)　たとえば大阪地判H23.3.25（自保J1859）。

(195)　事故がなければ就職できたであろう時点から，実際に就職した時点までに得られたはずの収入額が損害として認められることになるが，事故との相当因果関係が認められることが必要である。

留年費用は積極損害として認められる。

ウ　主婦（夫）（家事従事者）

かつては，主婦の家事労働は愛情と相互扶助の精神に基づく無償行為であるとして，交通事故で家事ができなくなっても損害は生じないという考えがあったが，現在では，家事労働は財産上の利益を生じるものであって金銭評価が不可能とは言えないとして，損害の発生が認められる(197)。通院期間の家事休損算定における逓減方式は343頁で述べたが，後遺症逸失利益においても，実収入を伴う労働と同様に労働能力喪失率を用いて算定される。

実収入を伴わない家事労働の損害算定のためには，これを金銭評価しなければならないが，他にこれといった評価方法がないため，賃金労働者の平均的な収入（平均賃金）が用いられる。平均的な家事労働の経済的価値は平均的な（女性の）賃労働の経済的価値と同じだと仮定して金銭評価していることになるが，価値判断であり，それほど根拠のあるフィクションとはいえないだろう。

賃セ女性平均賃金（全年齢または年齢別）を基礎に主婦の逸失利益（消極損害）を認める扱いは，最判昭和49年7月19日(198)，最判昭和50年

---

(196)　たとえば名古屋地判H15.5.30（交民36-3，要約81）は，卒業遅延につき，「原告は，同大学学部卒業後は専修課程に進学する希望を持っていたことから，本件事故時には具体的な就職先は決まっていなかったが，例年，同大学の卒業生は音楽教室のピアノ講師等に就職していること，さらに，原告は，同大学学部を平成14年3月に卒業し，同年4月に音楽教室のピアノ講師に就職したこと（原告本人）からすれば，原告は，平成13年4月には音楽教室のピアノ講師に就職した可能性が高いと認められ，そうすれば，原告は，1年間留年したことによりピアノ講師等としての収入を得る機会を失ったと認められる。」「平成13年3月に大学学部を卒業していれば，1年目に少なくとも上記平均賃金に相当する302万0800円の収入を得る蓋然性が高かったと認められる。」として卒業遅延による損害を認めた（留年中のアルバイト収入40万円を控除した）。

(197)　生活保護受給者が家事を行っていた場合でも家事労働者として休業損害を算定した裁判例がある（大阪地判H24.7.4（交民45-4）等）。

(198)　判時748，判タ311，要約68。7歳女性の死亡逸失利益を肯定した。「結婚して家事に専念する妻は，その従事する家事労働によって現実に金銭収入を得ることはないが，家事労働に属する多くの労働は，労働社会において金銭的に評価されうるものであり，これを他人に依頼すれば当然相当の対価を支払わなければならないのであるから，妻は，自ら家事労働に従事することにより，財産上の利益を挙げているのである。一般に，妻がその家事労働につき現実に対価の支払を受けないのは，妻の家事労働が夫婦の相互扶助義務の履行の一環としてなされ，また，家庭内に

7月8日[199]等により基礎が作られ，三庁共同提言で明確にされた[200]。同提言によれば，逸失利益算定のための基礎収入額は，専業主婦は原則として女性学歴計全年齢平均賃金（事情によって年齢別を参照して減額する），有職主婦は，実収入額と平均賃金の高い方（家事労働分の加算はしない）となる。賃労働の休職がなかった有職主婦であっても，家事労働が制限されれば休業損害が認められる[201]。

休業損害や逸失利益の対象になるのは，自分以外の家族のための家事労働だとされている（生活に必要なことが自分でやれなくなった場合は積極損害（介護費用等）として認められるかどうかという問題になる。）。家族と同居していた場合でも，家事労働の実態が乏しいとして損害発生が否定されることがある[202]。

おいては家族の労働に対して対価の授受が行われないという特殊な事情によるものというべきであるから，対価が支払われないことを理由として，妻の家事労働が財産上の利益を生じないということはできない。のみならず，法律上も，妻の家計支出の節減等によって蓄積された財産は，離婚の際の財産分与又は夫の死亡の際の相続によって，妻に還元されるのである。かように，妻の家事労働は財産上の利益を生ずるものというべきであり，これを金銭的に評価することも不可能ということはできない。ただ，具体的事案において金銭的に評価することが困難な場合が少くないことは予想されうるところであるが，かかる場合には，現在の社会情勢等にかんがみ，家事労働に専念する妻は，平均的労働不能年令に達するまで，女子雇傭労働者の平均的賃金に相当する財産上の収益を挙げるものと推定するのが適当である。」

(199)　交民8-4，交通百選。昭和49年判決を引いて，2児の母である専業主婦の休業損害を認めた原判決を維持した。

(200)　「原則として，幼児，生徒，学生の場合，専業主婦の場合，及び，比較的若年の被害者で生涯を通じて全年齢平均賃金又は学歴平均賃金程度の収入を得られる蓋然性が認められる場合については，基礎収入を全年齢平均賃金又は学歴別平均賃金による」「(ア)専業主婦の場合……原則として全年齢平均による（略）。ただし，年齢，家族構成，身体状況及び家事労働の内容などに照らし，生涯を通じて全年齢平均賃金に相当する労働を行い得る蓋然性が認められない特段の事情が存在する場合には，年齢別平均賃金を参照して適宜減額する。」「(イ)有職主婦の場合……実収入額が全年齢平均を上回っている時は実収入によるが（略），下回っているときは上記(ア)に従って処理する（略）。」

(201)　たとえば東京地判H28.10.12（交民49-5）。赤い本2025年下巻「兼業家事従事者の休業損害について」

(202)　たとえば名古屋地判H12.8.30（交民33-4，要約73）は，娘と同居する61歳女性について，「原告は，本件事故直前の平成5年に年額212万0600円（1日当たり5810円）の収入があったことが認められるから，これを休業損害の基礎収入とするのが相当である。」「原告は，本件事故当時夫は既に死亡し，本件事故当時はたまたま娘が同居していたものの，娘は30歳を越した既婚者

多くの裁判例で取られている，以上のような家事従事者の消極損害の算定手法は，すでに定着したように見えるが，疑問もある。

第一に，家族のあり方の変化（共働き家庭が増え，家事は夫婦が共同して行うことが当たり前になりつつある。），賃金の推移（女性労働率の「M字カーブ」は解消方向に向かっているが，男女の平均賃金の格差は縮小しつつも残っている。非正規労働が増え，平均賃金は上がっていない。），家事の質・量の変化（家電製品による省力化等により負担が軽くなった反面，育児や介護を担っている家事従事者の負担は重い。）等を踏まえると，家事労働は女性平均賃金で評価できるという考え方は前提が怪しくなっているのではないかと感じる[(203)]。

第二に，女性平均賃金を上回る兼業主婦（夫）について家事労働分を加算しない扱いも疑問である。最判昭和62年1月19日[(204)]は，女子中学生の死亡逸失利益について家事労働分の加算を否定したが，現に収入

であり夫が単身赴任であったために原告宅にいたものであって当時稼働していた様子もないことが認められ，これらの生活状況に照らすと，原告が前記の収入以外に一家の主婦としても稼働していたとは認めることができないから，賃金センサスを用いて基礎収入とすることはできない。」とした。なお，交通事故紛争処理センター福岡支部では，「家事従事者の休業損害について」と題する書式により，家族構成，身体の不具合の状況，家事はどうしていたか（どの程度できなかったか），家事ができなかった期間はどうしていたか等について申告してもらっている。

(203)　岸郁子「家事従事者の逸失利益」（再構築）は，社会情勢の変化から，家事労働について女性労働者の平均賃金を用いる前提が維持されているかどうか疑問であり，女性年少者と同様，全労働者平均賃金を用いて評価するのが妥当ではないか，少なくとも，固定化された扱いの「例外」をより広く認めるべきではないか，「一定の場合には，家事労働について女性平均賃金以上の，全労働者平均賃金や，平均賃金の何割増し等の評価を行ったり，現実収入に加えて，家事労働分を平均賃金の何割等という形で加算して評価するなどの，より実態に即した認定があってもよいのではないだろうか。」とする（同59頁～60頁，62頁）。

(204)　判時1222，判タ629，民法百選Ⅱ，交通百選。「原審が，Aの将来の得べかりし利益の喪失による損害賠償額を算定するにあたり，賃金センサス昭和56年第1巻第1表中の女子労働者，旧中・新高卒，企業規模計（パートタイム労働者を除いたもの）の表による平均給与額を基準として収入額を算定したことは，交通事故により死亡した女子の将来の得べかりし利益の算定として不合理なものとはいえず（略），Aが専業として職業に就いて受けるべき給与額を基準として将来の得べかりし利益を算定するときには，Aが将来労働によって取得しうる利益は右の算定によって評価し尽くされることになると解するのが相当であり，したがって，これに家事労働分を加算することは，将来労働によって取得しうる利益を二重に評価計算することに帰するから相当ではない。」

を得ている兼業主婦についても，現実収入と平均賃金の高い方をとり，家事労働分の加算は認めない（平均賃金ですべて評価されていると考える）裁判例が多い(205)。しかし，家事労働の実態があれば，勤務先を掛け持ちしている場合とどう違うのだろうか。外で働く傍ら行ってきた家事労働は，「労働社会において金銭的に評価されうるもの」（昭和49年最判）ではなかったのだろうか。

兼業主婦についての家事労働分の加算に関しては，加算をストレートに認めないものの，年齢別平均賃金を用いるなど一定の評価をする裁判例もある(206)が，家事労働の実態（家事労働に充てられる時間，家族構成（低年齢の子どもや介護や見守りを要する高齢者等の存在），家事の質と量，家事分担者の存在等）が立証された場合は，その内容によって家事労働分の加算を認めるべきではないかと考える。少なくとも，年齢別（35～59歳は全年齢より高い）や全労働者平均賃金程度までは認めるべきではないだろうか(207)。

---

(205)「有職の主婦の家庭では，家事は主婦のみでなく，夫や子供などが家事労働を一部分担することが少なくないから，右主婦の家事労働は他の家族の構成員に対して特別のサービスを提供しているというよりも家族の構成員としての仕事を分担しているにすぎないという要素がかなり濃厚であるうえ，その家事労働も時間的な制約等から専業主婦と比較して質量ともに劣るのが通常である（注：本当にそうだろうか？）から，特別の事情がない限り，有職の主婦については，家事労働と他の労働をあわせて一人前の労働分として評価するのが相当ではないかと思われる。」（塩崎勤「主婦の逸失利益」（判タ927）28頁）。なお，S62最判は，賃セの女性労働者の平均賃金を基準として逸失利益を算定すれば，将来労働によって取得しうる利益はそれで評価し尽くされており，これに家事労働分を加算すれば将来労働によって取得しうる利益を二重に評価することになるから相当でないとしているのであって，現に平均賃金以上の収入を得ている有職主婦が家事労働を行っている場合に，家事労働分を加算することを二重評価としたものではない。

(206)　たとえば神戸地判H12.9.26（交民33-5，要約71）は，「休業損害の算定に当たって主婦の場合は，一般的には女子労働者学歴計全年令平均の年収額をもってすることとされ，有職の主婦の場合であっても，パート等による収入が平均賃金の額に満たないときは，平均賃金額によるものとされている。しかしながら，有職の主婦の場合と専業主婦の場合とを同一に論ずるのは相当ではなく，原告の場合は，賃金センサス平成10年第1巻第1表女子労働者学歴計全年令平均の年収額341万7900円に右パートによる平均収入の12倍の55万2000円を加えると396万9900円となるが，右額は，女子労働者学歴計35歳ないし39歳の年収額389万9100円とほぼ等しいので，少なくとも右額をもって基礎収入とするのが相当である。」とした。

(207)　裁判例がよっている取扱いは，「本来主婦業は24時間労働であり，その主婦労働全体の経済的価値を平均賃金をもって評価しようとするものであるから，その一部の時間をさいて現実の収

これに対し，共働きの夫婦二人暮らし（成人した子が同居している場合でも同様の場合があるだろう。）で，もともと多くない家事を夫婦で分担しているような場合は，平均賃金を上回る実収入を得ていた場合に家事労働分の加算をしないことが実態に即すると言えそうだし，実収入が女性平均賃金を下回る場合には，平均賃金ではなく実収入を基礎収入とすることも不合理ではない場合があるだろう(208)。

高齢の家事従事者についても注意が必要である。子の独立等から家事の負担も軽減されるだろうし，体力的にも家事労働の能力は低下する傾向にあるだろうから，経済的評価は低くなる傾向がある(209)。年齢別平均賃金が全年齢を下回る60～64歳の場合も，女性年齢別によることが比較的多い（全年齢平均の○割とすることもある。）。70歳台については大部分が女性年齢別または割合認定である(210)。夫婦二人暮しで，ともに高齢で無職であれば，逸失利益が認められないこともある。80歳代に

入を得たとしても，それは主婦労働の一部が現実収入のある別の労働に転化したにすぎないとの理由付け」によるとされる（青本29訂版75頁）が，そのような前提を含めて疑問である。溝口優「社会情勢の変化等を踏まえた主婦休損についての考察」（交通法研究52）は，未成年の子がいる完全共働き世帯や一人親世帯については，実際の減収がなくても主婦（夫）休損を認め，減収があれば減収額に加えて主婦休損を認めるべきであるとする。

(208)　重要論点253頁。フルタイムで働いて平均賃金以下の収入を得ている場合に，平均賃金を基礎収入とすることに抵抗感を感じる裁判官は少なくないと思われる。支払側から，フルタイムで働いているから平均賃金によるべきではないと主張されることもある。しかし，これは家事労働分の加算を認めないことからくる問題であるように思える。家事をしていないのであれば，家事従事者としてその労働を評価する必要はない。上掲溝口は，介護等のない成人のみの世帯については，原則として主婦休損を認める必要はないのではないかとする。

(209)　三庁共同提言は以下の算定例をあげる。①88歳専業主婦（夫と2人で年金暮らし）：家事労働は，もはや自ら生活していくための日常的な活動と評価するのが相当として，逸失利益は認められない。②74歳専業主婦（夫と2人で年金暮らし）：65歳以上の女性の平均賃金の7割を基礎収入として逸失利益を算定する。自賠責保険では，高齢家事従事者でも逸失利益が比較的認められやすい。

(210)　たとえば東京地判H16.6.28（交民37-3，要約69）は，「無職であった夫の原告一郎が脳梗塞や老人性痴呆症を患っていたため，亡花子（注：73歳）は，原告一郎の身の回りの世話を初めとして家事全般に従事していたことが認められる。そうすると，基礎となる収入は，平成11年賃金センサス第1巻・第1表における産業計・企業規模計・学歴計による65歳以上（注：当時は65歳以上がひとまとめになっていた）の女性労働者の平均年収293万8500円の8割に相当する235万0800円とみるのが相当」とした。死亡逸失利益については，生活費控除30%としている。

なると，年齢別平均賃金が70歳以上はあわせて示されていることもあり，逸失利益を認める場合でも70歳以上の○割とする裁判例が多い。

介護をともなうなど，家事労働の実態により，（年齢別より高い）女性全年齢平均賃金や全労働者全年齢平均賃金が基礎収入とされることがある[211]。

もともと病気等で労働能力が制限されていた場合は，家事労働者としての基礎収入額が減額される[212]。

男性家事従事者（主夫）[213]の逸失利益算定のための基礎収入額も，女性労働者の平均賃金が基にされる[214]。家事労働の実態が必要であるこ

---

(211)　東京地判H28.1.22（交民49-1）は，実弟及び精神障害を抱える引きこもりの子と同居し，同人らのために炊事，洗濯，掃除等の家事を主として行っていた75歳主婦について，賃金センサス第1巻第1表女性全年齢学歴計を基礎とした。また，大阪地判H18.10.18（自J1715，要約72）は，障害を持つ娘の介護をしていた55歳主婦について，「亡花子は，家族のなかで中心となって，原告春子の介護を担っていたことが認められる。また，亡花子の死亡後，原告春子の介護をする必要があるために，原告夏子は仕事を辞め，同一郎も勤務時間を減らし，それぞれ原告春子の介護にあたるようになり，額はともかくとして，原告一郎，同夏子の収入がある程度減少したことも認められる。このように，亡花子は，単なる家事労働だけでなく障害者である原告春子の介護をも担っていたもので，本件事故後，残された家族である原告一郎及び同春子に大きな負担がかかっていることを考慮すると，亡花子の基礎収入については，平成15年度賃金センサス産業計・企業規模計・全労働者全年齢平均賃金488万1100円を採用するのが相当である。」として全労働者全年齢平均を用いた（生活費控除30%）。

(212)　たとえば大阪地判H14.8.29（交民35-4，要約70）は，多発性脳梗塞と軽度痴呆の既往症を持つが，ADLはほぼ自立し家事労働もほぼ一人でこなせていた72歳の主婦について，女性65歳以上の5割を基礎収入として休業損害を，同じく4割を基礎収入として逸失利益を認めた。もっとも，「ちょっと能力に問題がある，あるいは病弱で寝込みがちという程度ではこのような減額を考えるべきではない。」（要約153頁）赤い本2014年下巻「高齢者の損害算定に伴う諸問題」，高齢者98頁も参照。

(213)　夫が無職で妻の所得で家族が生活しているからといって，夫に女性の場合（実際にどの程度家事をしていたかを詳しくみるわけではない）と同様に家事休損が認められるわけではない。双方の勤務状態・収入，従事していた家事の内容・程度，主夫である期間や主夫となった経緯等を考慮する。

(214)　たとえば京都地判H17.7.28（自J1617）は，有職の妻に変わって家事をしていた57歳男性の後遺症逸失利益について，「原告は，平成11年2月に勤務先を解雇された後は，職業訓練を受けたり，短期間の就労をした以外は失業状態にあり，ハローワーク内の京都障害者職業相談室に登録し求職活動を行っていたものの，本件事故当時無職であったこと，原告の妻（略）は，株式会社A社に勤務し，年額318万円（平成15年）から330万円（平成14年）程度の給与所得を得ていたこと，原告は，本件事故当時，妻に代わって家事労働をしていたことがそれぞれ認められ，

とは当然である。

家事や育児ができないために家政婦代や子の保育費を支出した場合に，別途損害と認められることがあるが，その場合は休業損害との重複填補は認められないと解される。独居の場合の家政婦費用は，自宅付添費の問題となる。

子ども夫婦と同居する親など，従たる家事従事者である場合や他に家事分担者がいる場合は，家事の内容や分担状況等(215)によって，割合的に認定される(216)。

事故後に家族構成が変動している場合は，これを考慮すべきか否かという問題もある(217)。

これを覆すに足りる証拠はない。以上認定の事実関係によれば，休業損害を算定するに当たっては，家事従事者として平成15年賃金センサス産業計・企業規模計・女子労働者・学歴計・全年齢平均の賃金額（349万0300円）を基礎とするのが相当である。」とした。

(215)　事故前の家事のボリューム（家族構成，健康状態等）・分担状況や，他の家事負担者の事情（仕事，年齢，健康状態等）を具体的に主張立証することが必要だろう。

(216)　たとえば東京高判H9.4.23（判時1618，要約74）は，母親とともに自宅で塾を経営する34歳独身女性について，「控訴人は，本件事故当時，両親と妹の4人暮らしであったこと，父親は月額8万円ほどの年金収入があるのみで，母親（本件事故当時61歳）が控訴人とともに自宅での塾経営に当たっていたが，妹は会社勤めをし，父親も母親も病気がちで，家事労働については控訴人が母親以上に重要な役割を果たしてきたことが認められる。そうすると，控訴人は家事労働にも相当の時間を割きながら塾経営，家庭教師などの仕事を兼ねていたもので，休業損害算定の基礎としては（後記逸失利益の算定についても同じ。），いわゆる兼業主婦に準ずるものとしてその家事労働分を斟酌すべきであり，本件に顕われた上記家族構成，生活状況，控訴人の家事労働以外の実収入等をも勘案し，賃金センサスによる女子労働者の平均賃金の4分の3に相当する金額とすることが相当である。」とした。独身で母親がいるため，家事を大部分担っているとは言いにくかったのだろうが，塾等の仕事もあり，女性全年齢賃セ程度は認めてよかったようにも思える。

(217)　東京地判H19.12.20（交民40-6，要約76）は，夫と死別し息子と同居する57歳専業主婦の後遺症逸失利益について，「平成16年11月まで同居していた息子が結婚予定の女性と同居するようになったことに伴い，その後は一人暮らしをしている（証拠略）が，本件事故当時，息子の別居が客観的に予定されていたなどの事情を認めるに足りる証拠はない。そうすると，平成12年9月30日の症状固定時（当時58歳）以降，家事労働につき逸失利益を認めるのが相当であり，基礎収入（年収）は賃金センサス平成12年第1巻第1表の産業計・企業規模計・女性労働者学歴計全年齢平均349万8200円とするのが相当である。」とした。貝採り事件判決（最判H8.4.25）の論理によっている。同様の考え方により，死亡逸失利益算定における生活費割合について事故後の家族関係の変動を考慮すべきでないとする裁判例として，東京地判H16.1.20（交民37-1），大阪地判H17.4.1（交民38-2）。これに対して，家事・介護の対象者である家族の死亡後につき家事労働の逸失利益性を否定した例もある（大阪地判H11.7.29（交民32-4），福岡地行橋支判

⑽　外国人の休業損害・逸失利益

ア　問題の所在

日本国内で発生した事故に基づく損害賠償請求については，外国人が被害者の場合も日本の裁判所が管轄権を持つ（外国人同士の事故も同じ）。準拠法も原則として日本法である（法の適用に関する通則法17条，20条）[(218)]。

外国人が被害者である場合には，損害算定において特別の扱いが必要となることがある。消極損害の算定においては，永住者等は日本人と同じでよいが，それ以外は，就労可能な在留資格の有無，その更新の蓋然性，現実就労の有無によって算定するのが一般である。永住資格がなくても，将来日本での就労が予想される場合は，日本の平均賃金を基礎収入とすることがあるが，相当程度の「定着度」が求められるだろう[(219)]。

イ　一時滞在中の場合

観光，商用等の一時滞在中の場合は，母国における収入額が基礎となる。一時滞在中に就労している場合は，合法的就労か不法就労かが考慮される。対象期間が在留期間を超える場合は更新の蓋然性が問題となる。

休業損害は，退去強制の対象となる不法就労者であっても，日本における現実収入を基礎として算定される。資格外活動やオーバーステイのほか密入国者であっても同様に扱う裁判例がある。

逸失利益については，事実上滞在可能な期間（A）と逸失利益算定期間（B）を比較し，A≧Bの場合は，日本国賃金基準（現実収入または平均賃金）により，A＜Bの場合は，Aの期間は日本国，B－Aの期間

H17.2.22（判時1919，判タ1233））。

(218)　死亡事案では相続に関して本国法が適用される（反致に注意）。赤い本2025年上巻421頁。

(219)　大阪地判H15.9.3（要約86）は，「留学」の在留資格で在留し，某大学商学部で経済を学んでいた中国人男性原告について，本件事故当時には既に，同大学卒業後も日本に残って日中貿易の仕事に就くことを希望し，Aとも半同棲の状態であったことを認めた上で，「これらの事実によれば，原告は，本件事故当時，将来にわたって，在留資格を得て，本邦に在留して収入を上げていく高度の蓋然性が認められたというべきであり，現に，原告は，（略）Aと婚姻し，その在留資格も，平成13年7月23日，「日本人の配偶者等」に変更されている。よって，原告の後遺障害逸失利益の算定に当たっては，症状固定時の平成13年の賃金センサス産業計・企業規模計・男子大卒の全年齢平均の収入である680万4900円を基礎収入とするのが相当である。」とした。

は出国先賃金基準による(220)とする考え方が有力である。たとえば最判平成9年1月28日(221)は，不法就労者について，休業損害と逸失利益3年分は日本国基準で，その後39年分は出国先賃金基準で算定した原判決を維持した。

---

(220)　日本の平均賃金（賃セ）を参照することがある。名古屋地判 H16.9.29（交民 37-5，要約 85）は，「亡Aの逸失利益については，同人の将来の長期間にわたるものであるところ，以上のごとき事実に今日の中国なかんずく上海市の目覚ましい経済的発展を併せ考えると，亡Aが未だ 25歳の若者でその能力・努力からして将来一般よりかなり高額の収入を得られる蓋然性が認められ，亡Aの上海市における推定年収は，上海市と日本との経済的事情を加味したとしても，日本の年収水準をやや下回る程度であると考えるのが相当である。なお，亡Aが，日本で就職をする予定であったのであり，いずれは中国に帰国する予定であったわけではない旨の原告らの主張が採用できないことは，上記のとおりである。iii　すると，日本の賃金センサス平成14年産業計，企業規模計，男性労働者高専・短大卒全年齢年平均賃金である501万1200円をもって，亡Aの基礎年収と認めるのが相当である。」とした。これに対し名古屋地判 H25.7.19（自 J1908，最前線 41）は，事故時23歳の中国籍被害者について，「基礎収入は，日本と中国との経済的事情等に，亡Aの学歴，日本留学歴，2級自動車整備士技能を有していることなどをも考慮し，平成22年賃金センサス高専・短大卒，男，年齢別（20～24歳）平均収入291万4100円の3分の1に相当する97万1366円とするのが相当である。」とした。

(221)　判時 1598，判タ 934，交通百選，要約 84。「在留期間を超えて不法に我が国に残留し就労する不法残留外国人は，（略）退去強制の対象となり，最終的には我が国からの退去を強制されるものであり，我が国における滞在及び就労は不安定なものといわざるを得ない。そうすると，事実上は直ちに摘発を受けることなくある程度の期間滞在している不法残留外国人がいること等を考慮しても，在留特別許可等によりその滞在及び就労が合法的なものとなる具体的蓋然性が認められる場合はともかく，不法残留外国人の我が国における就労可能期間を長期にわたるものと認めることはできないものというべきである。3（略）上告人は，パキスタン回教共和国（略）の国籍を有する者であり，昭和63年11月28日，我が国において就労する意図の下に，同共和国から短期滞在（観光目的）の在留資格で我が国に入国し，翌日から被上告会社に雇用され，在留期間経過後も不法に残留し，継続して被上告会社において製本等の仕事に従事していたところ，平成2年3月30日に本件事故に被災して後遺障害を残す負傷をしたものであり，その後も，国内に残留し，同年4月19日から同年8月23日までの間は別の製本会社で就労し，更にその後は，友人の家を転々としながらアルバイト等を行って収入を得ているが，出入国管理及び難民認定法によれば，最終的には退去強制の対象とならざるを得ないのであって，上告人について，特別に在留が合法化され，退去強制を免れ得るなどの事情は認められないというのである。原審は，右事実関係の下において，上告人が本件事故後に勤めた製本会社を退社した日の翌日から3年間は我が国において被上告会社から受けていた実収入額と同額の収入を，その後は来日前にパキスタン回教共和国（略）で得ていた収入程度の収入を得ることができたものと認めるのが相当であるとしたが，上告人の我が国における就労可能期間を右の期間を超えるものとは認めなかった原審の認定判断は，右に説示したところからして不合理ということはできず，原判決に所論の違法があるとはいえない。」

ウ　技能実習生

昨今話題の技能実習生は，帰国が予定されているから，帰国が見込まれる時期以降は（技能取得による優位性を考えても）主に来日前の収入が参照されるだろう[222]。

3　死亡逸失利益

(1)　算定式

基礎収入 ×(1− 生活費控除率)× 就労可能だった期間（年金の場合は余命期間）に対応するライプニッツ係数

将来予測の問題ではあるが，差額説と労働能力喪失説の対立は，後遺症逸失利益におけるほど損害算定に影響しない。

(2)　基礎収入

ア　原則

事故前の現実収入が判明していれば，原則としてそれによる。

将来，現実収入額以上の収入が得られると認められれば，その額を算定基礎とする。給与所得者の場合は本給のほか，歩合給，各種手当（通勤手当は実費弁償であれば含まれないと解される。），賞与を含む税込額である。

現実収入が賃金センサスの平均賃金額を下回っている場合でも，将来平均賃金程度の収入を得られる蓋然性が認められれば賃金センサスの平均賃金額による。

もっとも，事故前の現実収入が就労可能年数の終期まで変わらないという前提は，それほど確かなものではない（というより非現実的でさえある。）。比較的若年の被害者については，将来の定期昇給・ベースアップ

(222)　交通事故事案ではないが，千葉地判 H6.9.30（判時 2248）は，中国人技能実習生の逸失利益について1年間は日本での実収入，1年後に帰国してから67歳までは来日前の年収112万円を基礎として算定した。

を織り込めるかが問題となるし[223]，定年までそれほど年数がない被害者については，再雇用・再就職によって収入が下がることが多いとも考えられる。結局，機械的に上記(1)の算定式どおりになるとは限らず，諸事情を考慮して蓋然性が認められる額を求めることになるから，事案に即した主張立証が必要である。

被害者が失った収入であっても，相続人等がその収入ないし経済的利益を承継できるものは，逸失利益算定の基礎収入から除かれる。

イ　若年労働者[224]

三庁共同提言は，「原則として，（略）比較的若年の被害者で生涯を通じて全年齢平均賃金または学歴平均賃金程度の収入を得られる蓋然性が認められる場合については，基礎収入を全年齢平均賃金または学歴別平均賃金による。」としており，現在の裁判実務もこれによっている。

全年齢平均賃金を用いる若年者は，概ね30歳未満とされている[225]。30歳以上の被害者についても全年齢平均賃金が用いられることがあるが，上記蓋然性の立証が重要である。たとえば，大阪地判平成16年9月10日[226]は，転職後間もない34歳男性について全年齢平均賃金を採用した。

---

(223)　横井弘明「将来的に減収・昇格昇給の制限が予想される場合の逸失利益の算定方法」（新潮流）。最判S43.8.27（判時533，判タ226）は，必ずしも昇給基準が明確に確立されていなくても，「このような平均値的な昇給率によって予測された昇給をしんしゃくして将来の収入を定めることは，なお控え目な算定方法にとどまるものとして是認することができる」として昇給を前提に逸失利益を認めるが，現在では通用しないかもしれない。

(224)　赤い本2007年下巻「逸失利益の算定における賃金センサス」，同2019年下巻「賃金センサスによる基礎収入額認定上の問題点」，同2024年下巻「若年労働者の逸失利益算定における基礎収入」。

(225)　自賠責保険では35歳未満の被害者がこのように扱われる。

(226)　自J1582，要約50。「原告太郎は，平成12年5月31日（当時34歳）にH会社を退職して同年6月1日にG会社に就職し，平成12年中の収入はH会社で179万9000円，G会社で257万9000円であり，その収入で原告夏子，同秋子及び同冬子を扶養していたことが認められるところ，G会社での収入は就職してから約6か月間のものであり，転職後間もない時期に本件事故が起きたことを考慮すると，同人の逸失利益算定に当たっては，平成14年度賃金センサス産業計・企業規模計・学歴計の男子労働者全年齢平均年収額である555万4600円を基礎とするのが相当である。」

一方，30歳未満の被害者について平均賃金を基礎収入とするのは，生涯を通じてその程度の収入を得られる蓋然性がある場合であるとされており，30歳未満でも収入が低い場合は，将来全年齢平均程度の収入が得られる蓋然性が低いとして，「平均賃金の○%」等と減額されることがある。三庁共同提言の「共同提言の骨子についての補足説明」も，「現在の職業，事故前の職歴と稼動状況，実収入額と年齢別平均賃金（略）または学歴別かつ年齢別平均賃金との乖離の程度及びその乖離の原因などを総合的に考慮して，将来的に生涯を通じて全年齢平均賃金または学歴別平均賃金程度の収入を得られる蓋然性が認められること。」をその判断要素としているが，これを厳格に解し，全年齢平均賃金から減額する裁判例が増加しているとの指摘(227)があり，注意したい。

年少者については370頁で述べる。

大卒の場合は大卒の賃金センサスを用いるが，高卒・中卒の場合に「学歴別」ではなく「学歴計」を用いる裁判例もある。令和2年の賃金センサス（赤い本では2022年版以降に掲載）から，「高専・短大卒」は「専門学校」と「高専・短大」に，「大学・大学院卒」は「大学」と「大学院」に細分化された。

使用する賃金センサスの年度について，共同提言は死亡した年のものを使用するとしている。

ウ　全年齢平均賃金を上回る若年者

では，若年であっても全年齢平均賃金を上回る収入を得ている者についてはどうだろうか。事故時の現実収入によるか，将来の増収の見込みを織り込むか。事案によるが，たとえば東京地判平成15年11月26日(228)は，高収入の若年女性労働者について，将来ある程度の昇給が見

---

(227)　注解243頁～244頁。

(228)　交民36-6，要約49。航海訓練所の女性教官として，男性同僚と比べて遜色のない約831万円の給与を得ていた33歳の被害者の死亡逸失利益について，「本件事故当時の俸給体系や支給水準が将来にわたって維持され，かつ，亡Aが原告ら主張のとおり昇格・昇給し続けたであろうとまではいい難い。したがって，原告らが主張するように，亡Aの逸失利益について，本件事故当時の俸給体系・支給水準に基づき，60歳まで昇給し続けることを前提として算定することは困難である。しかし，ある程度の昇格・昇給があり得たはずであり，亡Aが，定年までの全期間を通

込まれるとして，男性の年齢別平均年収と全年齢平均年収の比率をもとに死亡逸失利益を算定している。

エ 将来の定年後の基礎収入

定年後は，それ以前の収入より減収するものとして損害算定することが多い(229)。年齢別（60～64歳等）の平均賃金を基礎収入とするもの，定年前の収入額の一定割合（60～80％が多い）を基礎収入額とするもの等がある。

オ 年少者

古くは，幼児の逸失利益について，算定不能であるとしてこれを認めない裁判例もあったが，最判昭和39年6月24日(230)は8歳の男性について賃金センサスの平均賃金を用いて逸失利益を算定することを認めた。女性については，最判昭和49年7月19日（358頁）に至って，7歳の被害者に男性と同様に死亡逸失利益を肯定した(231)。

じて本件事故の前年の収入程度しか得られなかったと解するのは合理的ではない。この点，賃金センサス（略）によれば，男性労働者学歴計の30ないし34歳の平均年収は516万9200円であるのに対し，その全年齢平均年収は562万3900円であり，全年齢平均年収は，30ないし34歳の平均年収の約8.796332121％増の額となっている。このことに照らし，亡Aは，本件事故に遭わなければ，将来にわたり，平均して，少なくとも，本件事故の前年の収入831万2001円の約8.796332121％増である904万3152円（略）の収入を得たであろう高度の蓋然性があると認めるべきである。」とした。

(229) たとえば大阪地判H17.12.16（交民38-6，要約48）は，33歳男性の死亡逸失利益の基礎収入（事故前年収入は男性大卒同年齢平均賃金の8～9割）につき，男性大卒全年齢平均賃金の8割とし，61歳以後は男性学歴計60～64歳平均賃金を採用した。

(230) 民集18-5-874，判時376，判タ166，民法百選Ⅱ。「なるほど，不法行為により死亡した年少者につき，その者が将来得べかりし利益を喪失したことによる損害の額を算定することがきわめて困難であることは，これを認めなければならないが，算定困難の故をもつて，たやすくその賠償請求を否定し去ることは妥当なことではない。」，「年少者死亡の場合における右消極的損害の賠償請求については，一般の場合に比し不正確さが伴うにしても，裁判所は被害者側が提出するあらゆる証拠資料に基づき，経験則とその良識を十分に活用して，できうるかぎり蓋然性のある額を算出するよう努め，ことに右蓋然性に疑がもたれるときは，被害者側にとつて控え目な算定方法（たとえば，収入額につき疑があるときはその額を少な目に，支出額につき疑があるときはその額を多めに計算し，また遠い将来の収支の額に懸念があるときは算出の基礎たる期間を短縮する等の方法）を採用することにすれば，慰藉料制度に依存する場合に比較してより客観性のある額を算出することができ，被害者側の救済に資する反面，不法行為者に過当な責任を負わせることともならず，損失の公平な分担を窮極の目的とする損害賠償制度の理念にも副うのではないかと考えられる。」控えめ認定に言及している点が注目される。

近時の下級審裁判例は，東京高判平成13年8月20日[232]あたりから，年少女性の逸失利益について，全労働者（男女計）の全年齢平均賃金を基礎とする傾向にある。

では，年少女性として全労働者平均賃金を用いるのは何歳くらいまでだろうか。義務教育終了後はどうか。かつては義務教育終了までとする考え方が強かったが，最近では高校卒業くらいまでは全労働者（男女計）平均賃金を基礎とすべきだとの考え方が有力になりつつある。たとえば東京地判平成16年10月18日[233]は，19歳専門学校生について，

---

(231)　原審は女性は25歳で結婚して離職し専業主婦になることを前提とし，逸失利益は25歳までしか認めなかった。

(232)　判時1757，判タ1092，要約78。「すなわち，女子においても，従来の社会通念に捕らわれず，その意思によりさほどの困難なく男子と同じ職種や就労形態を選択し，その有する労働能力を就労の場において発揮することも可能な状況にあり，現にそのような就労形態を選択する女子が増加しているのであって，今後ともこの趨勢に変わりはないものと考えられるのである。もっとも，そうであるからといって，近い将来において，女子の方が男子に比べて低い収入の就労条件の下で就労する者の割合が多いという現状に大きな変化が生じ，平均賃金の男女間格差が解消するという見込みがあるとは言い難いのであるが，このことと，年少者の1人1人について就労可能性が男女を問わず等しく与えられているということとは別個の問題であって，現に職に就いている者の賃金の平均値に男女差があることが個々の年少者の将来得べかりし収入の認定や蓋然性の判断に必然的に結び付くものではない。そもそも，性別は個々の年少者の備える多くの属性のうちの1つであるにすぎないのであって，性別以外にも，例えば，知能その他の能力の差，親の経済的能力の差その他諸々の属性が現実社会においては将来の所得格差をもたらし得るのである。にもかかわらず，他の属性をすべて無視して，統計的数値の得られやすい性別という属性のみを採り上げることは，収入という点での年少者の将来の可能性を予測する方法として合理的であるとは到底考えられず，性別による合理的な理由のない差別であるというほかはない。年少者の逸失利益を算定するのに，性別以外の属性は無視せざるを得ないというのであれば，性別という属性も無視すべき筋合いであると考えられるのである。したがって，高等学校卒業までか，少なくとも義務教育を修了するまでの女子年少者については，逸失利益算定の基礎収入として賃金センサスの女子労働者の平均賃金を用いることは合理性を欠くものといわざるを得ず，男女を併せた全労働者の平均賃金を用いるのが合理的と考えられる」とした。生活費控除率45%。

(233)　交民37-5，要約79。専門学校生の19歳女性について，「義務教育を修了した後は，一般に将来の進路，職業選択についての希望や予定がある程度具体化するであろうから，あらゆる職種に就く可能性を前提にした全労働者の平均賃金を用いる根拠が薄弱化することは否定できないし，未就労であったことのみをもって，現在の女性の賃金水準を反映したものではない全労働者の賃金水準で算定すると，既に就業した同年代の若年労働者の逸失利益の算定方法との均衡を失することになりかねない。証拠（略）及び弁論の全趣旨によれば，亡花子（略）は，平成14年3月にW高等学校を卒業し，同年4月にV専門学校芸術専門課程放送芸術科に入学し，平成16年4月に卒業することが見込まれ，その後生涯を通じて全年齢平均賃金程度の収入を得られる蓋然性が

既に就労した若年者との均衡等を理由に女性高専・短大卒全年齢平均賃金を基礎収入としたが，東京地判令和5年3月14日(234)は16歳の高校生について男女計学歴計全年齢を基礎収入とした。

カ　年少者に大卒センサスを適用する場合

年少者の逸失利益算定は，就労可能期間の始期を18歳としたうえで，学歴計・全年齢平均賃金を用いるのが原則的な扱いだが，大学進学を予定していたとして大卒の平均賃金を基礎収入とすべきだと主張されることがある。大学進学の蓋然性が高いかどうかが問題になる（大卒センサスを採用した裁判例として東京高判平成15年2月13日(235)）。

さらに，大学進学率が上昇し，若年労働者では大卒者数が高卒者数を上回っていることを踏まえ，年少者については大卒の平均賃金を用い，就労開始を22歳とするのが相当であるとの指摘もある(236)。

もっとも，大卒センサスによる場合は就労開始が22歳とされるので，18歳から学歴計を使う場合と比べて逸失利益額が大幅に増えるわけではないから注意が必要である(237)。

認められる。そうすると，亡花子の死亡逸失利益としては，死亡した年である平成14年の賃金センサス第1巻第1表産業計・企業規模計・女子労働者高専・短大卒の全年齢の平均年収である383万3400円を基礎収入とし」（生活費控除3割）大学編入の蓋然性は認めなかった。

(234)　交民56-2。「亡春子は，本件当時16歳であり，就職前の若年者であることを考慮すれば」とだけ述べて男女計学歴計全年齢平均額を採用した。生活費控除は45%とした。死亡慰謝料は親族分を合わせて2570万円としている。

(235)　交民36-1，要約77。「Aの高校第1学年時の成績は必ずしも優れたものではなかったものの，勉学，特に英語の勉強に対する意欲があり，家庭環境においても，大学へ進学するのを当然とする環境にあって，控訴人C及び控訴人Dは，Aが大学に進学することを希望し，Aも担任教員に大学進学の意思を明確にしていたのである。このような事情からすると，Aが本件事故により死亡しなければ，大学に進学していた蓋然性が高いということができる。したがって，Aの逸失利益の算定に当たっては，男子大学卒業者の全年齢平均年収額を基準とするのが相当である。」として，大学進学の蓋然性を否定して学歴計センサスによるとした原審を変更した。

(236)　大島眞一「交通事故訴訟のこれから」（判タ1483）13頁〜14頁。

(237)　17歳男性について，中間利息をライプニッツ式で3%控除して（生活費控除50%とする）計算すると以下のようになる（賃セはR4）。

学歴計　5,549,100×(1−0.5)×(25.7298−0.9709)＝68,694,805円

大卒　6,402,700×(1−0.5)×(25.7298−4.5797)＝67,708,872円

いずれで請求するかは遺族の感情も考慮して選択することになるだろう。

キ　特別な資格取得が予想される若年女性

たとえば医師資格取得の蓋然性が高い医学部の学生について，男性医師の平均賃金を基礎収入とする裁判例がある（京都地判平成12年3月23日(238)）。

ク　障害児・障害を持つ年少者

障害を有する未就労の児童や年少者が交通事故で死傷した場合，逸失利益の基礎収入はどう考えるべきか。人間としての価値や尊厳を損害賠償実務がどう受け止めるかという課題が示されている(239)。

---

(238)　判時1758，要約80。22歳医大生の女性の死亡逸失利益の基礎収入として賃セによるべきであるとした上で，「専門職である医師の収入は一般の大卒労働者よりも高額であることが認められ，前記認定のとおり，花子が大学卒業後医師として勤務することはほぼ確実であったことから，花子の死亡による逸失利益算定に当たって，一般の大卒労働者の平均賃金を基礎とするのは相当ではなく，医師の平均賃金を基礎とするのが相当である。そして，花子が本件事故当時未だ学生であったとはいえ，前記認定の花子の医師になろうとする意欲や能力，就労可能期間等から見て，就労開始時の平均賃金を基礎収入とするのは相当でなく，平成8年賃金センサス第3巻・第5表医師（男）の経験年数計平均賃金1099万4800円（略）を基礎とするのが相当である。」とした。生活費控除は，被害者が婚姻・出産後も医師として稼働し続けるためには保育料等相当の出費を要したであろうと推認されることなどを総合考慮すると生活費控除率はその収入の40%とみるのが相当であるとした。

(239)　東京地判H31.3.22（労判1206）は，施設入所中の自閉症で重度の知的障害がある15歳男児の死亡逸失利益の基礎収入を238万余円（男女計・学歴計・19歳までの平均賃金）とした。広島高判R3.9.10（判時2516）は，全盲の17歳女性の後遺症逸失利益の基礎収入を391万余円（男女計・学歴計・全年齢の平均賃金の8割）とした。名古屋地判R3.1.13（交民54-1。評釈として交民54索引・解説号）は，後遺障害4級相当の聴覚障害がある18歳男性大学生の死亡逸失利益の基礎収入を594万余円（男性大卒全年齢平均賃金の90%）とした。大阪地判R5.2.27（判時2572，判タ1516）は，後遺障害4級相当の聴覚障害がある11歳女性の死亡逸失利益の基礎収入を422万余円（全労働者平均賃金の85%）とした。そして，最近，先天性の聴覚障害を有していた11歳女児の死亡事案で，大阪高判R7.1.20（自J2177）は，被害者の聴覚の状態を分析し，就労可能年齢に達したときの労働能力の見通し，社会情勢・社会意識や職場環境の変化を踏まえた就労の見通しを検討して，全労働者平均賃金を減額するべき程度に労働能力に制限があるとはいえないと評価し，上記平均賃金を減額（注：原審は賃セ全労働者の85%としていた）せずに基礎収入額として死亡逸失利益を認定した。なお，障害者基本法の平成23年改正で，いわゆる障害の社会モデルが採用され，合理的配慮の概念が盛り込まれた。同25年には，障害者差別解消法が成立し，合理的配慮義務が規定されたが，民間事業者については努力義務をされていたところ，同法は令和3年に改正され，合理的配慮義務は民間事業者についても法的義務とされた。吉村良一「障害を持つ年少者の逸失利益」（交通法研究52）。

ケ　主婦（夫）（家事従事者）

358頁を参照されたい。

コ　無職者

事故当時無職で就職先が内定していた等の事情もないからといって当然に逸失利益が否定されるわけではないが，労働能力と労働意欲が必要である（最判昭和44年12月23日(240)）。

失職中の被害者に逸失利益を認める場合，基礎収入はどの金額を採用すべきだろうか。失職前の収入額か，賃金センサスか。失職前の収入が再稼働時点の収入より明らかに低いと認められなければ，事故前の収入が基礎とされることが多いと思われる（平均賃金を基礎とした裁判例として仙台地判平成9年11月25日(241)）。

それでは，定年退職後，年金生活者として余生を送っていた高齢の無職者には，逸失利益が認められないだろうか。高齢になると稼働収入としての逸失利益は認められにくくなるが，年齢だけでなく，定年退職後の非就労期間（年金生活者としての生活期間）の長さや過去の就労実績(242)が重要である。就労へ向けた取り組みをしていたかどうかも考慮される。

東京地判平成26年9月10日(243)の事案では，年齢的にも一般的に稼

(240)　判時584，判タ243，交通百選。「訴外Aは本件事故死の当時同人自身の生活費として1ケ月に少なくとも金8250円を要したものであるところ，同人は病弱にして勤労意欲に乏しく，かつ，昼間から飲酒にふけることもあって，同人の右事故死の当時の収入額は右生活費の金額にも満たなかった，という事実関係は，挙示の証拠関係に照らして，首肯することができないわけではない。そして，右事実関係のもとにおいて，右Aが右事故死の結果喪失した将来得べかりし利益の存在ないし金額はたやすく認定することができない，とした原審の判断は，正当として是認することができないわけではない。」として48歳男性の死亡逸失利益を否定した。

(241)　自J1249，要約82。退職後約5ヶ月で事故にあった34歳調理師の男性の休業損害については平均賃金を基礎とするのは相当でないとして離職時の収入を基礎とした（356頁）が，後遺症逸失利益については，休業損害における基礎収入と異なり，逸失利益は将来の昇進，転職の可能性等の仮定的要素をも考慮に入れたものであるとして，平成4年度（第1事故前年，第2事故の2年前）賃金センサス，産業計，企業規模計，学歴計，男性労働者35歳平均賃金を基礎とした（労働能力喪失率は5%とし，労働能力喪失期間は後遺障害が自覚症状のみに基づくものであること，時間の経過と共に次第に軽快に向かうものと考えられること等から2年間とした）。

(242)　赤い本2014年下巻50頁。

働可能年齢の範囲内と言える（事故時65歳）うえ，就労のための資格を取得するなどの具体的事情から就労の蓋然性が認められた。これに対し，就労していなかっただけでなく，年金で生活が維持できており，就職へ向けての努力もしていなかった場合は難しいだろう[244]。

サ　会社役員

休業損害についての説明（347頁）を参照されたい[245]。

シ　事業所得者（個人事業主）

休業損害についての説明（348頁）を参照されたい。

ただし，固定費については，事業が再開・継続されることはなくなっているから（親族が事業を引き継ぐ場合でも，被害者との関係では事業の継続のための支出は問題にならない。），これを基礎収入に加算することはできないと考えられる。

(3)　就労可能年数

原則として67歳までとし，67歳までの年数より平均余命の2分の1の方が長い場合（令和5年簡易生命表によれば，男性は53歳，女性は47歳で両者が等しくなる。）は後者を用いるのが一般的である。職業や健康状態によって増減することがある。

もっとも，高齢者の就労率は年々上昇しており（65〜69歳でも5割を

---

(243)　交民47-5。「原告は本件事故（注：H20.1）当時65歳であり，高校卒業後，企業に就職するなどしていたが，平成15年12月にE株式会社を定年退職した後は職に就かず，具体的な就労の予定はなかったこと，原告は，退職後，両親の介護をするなどしていたほか，ホームヘルパーとして稼働することを考え，社会福祉法人Fに通い，平成17年6月22日，（略）研修の2級課程を修了したことがそれぞれ認められる。以上の事実によれば，本件事故当時，原告は無職であったものの，就労の意欲及び能力はあったというべきである。そして，上記事情を総合考慮すれば，原告の後遺障害逸失利益算定に当たって基礎とすべき収入額は，平成20年賃金センサス高卒男性65歳から69歳年収額313万7100円の7割とするのが相当である。」

(244)　千葉地判H1.2.28（交民22-1，要約83）は，「原告（注：65歳）は右各年金の収入のみによって生計を維持していたのであって，他に稼働していた訳ではなく，右年金収入額も同年代男子の平均賃金額に近い金額であったから，同人が現に稼働していたとか，あるいは稼働することが確実であつたなど特別の事情の認められない限り，平均賃金に基づく逸失利益の請求は認められないというべきである。」として，年金以外の稼働所得についての逸失利益を否定した。

(245)　死亡逸失利益における労務対価部分の扱いについて，北河161頁参照。

超えている。），令和３年４月に施行された改正高年齢者雇用安定法も，事業主に対し70歳までの定年引上げ等を講じる努力義務を課している（同法10条の2）ことを踏まえると，就労可能年数の前提となる就労の終期の原則は67歳から70歳に引き上げるべきではないかと考える(246)。少なくとも，健康状態や職種等によっては，終期を70歳（以上）とすべき事案は少なくないのではないだろうか。

裁判例は，67歳基準及び2分の1基準によるものが大半であるが，職種によっては70歳（以上）を終期とするものがある(247)。

(4) 中間利息の控除

ア ライプニッツ式（複利）とホフマン式（単利）

最判平成22年1月26日(248)はいずれも不合理とはいえないとするが，平成11年三庁共同提言を契機にライプニッツ式が大勢となっている。札幌高判平成20年4月18日(249)等ホフマン式を採用する裁判例も少数ながらあった。

イ 利率

5％を下回る利率を採用する裁判例も少数ながらあったが，最判平成17年6月14日(250)は民事法定利率によるとした。

ウ 民法改正

近時の民法改正において，中間利息控除についても重要な改正が行わ

---

(246) 垣内恵子「死亡逸失利益における就労可能年数」（現状と課題），大島眞一「交通事故訴訟のこれから」（判例タイムズ1483），同「逸失利益算定の現在と課題」（交通法研究52）を参照されたい。

(247) たとえば，京都地判H12.3.23（373頁）は医学部3回生の22歳女性について，京都地判H7.12.21（自J1146）は56歳男性開業医について，終期を70歳とした。大阪地判H22.3.11（自J1840）は，60歳男性税理士について，「通常の職種よりも長期にわたり稼働し得る」「健康について疑問を呈すべき事情は見当たらない」として75歳まで認めた。

(248) 判時2076，判タ1321。H20札幌高判の上告審。最判H2.3.23（判時1354，判タ731，交通百選）も，9歳男児の死亡逸失利益につき，男性労働全年齢平均賃金額を基礎とし，ホフマン式で中間利息を控除した算定方法を「直ちに不合理な算定方法ということはできない。」とした。

(249) 自J1819。

(250) 判時1901，判タ1185，交通百選，要約103，重要判例110頁。

れた。

民法404条は，法定利率を変動制とし，当初の利率を3%とした。また，同法417条の2は，中間利息控除について明文（1項は将来取得すべき利益（逸失利益等），2項は将来負担すべき費用（将来介護費等）の規定）を置き，控除の算定基準時（いつの時点における法定利率を用いるか）は「その損害賠償の請求権が生じた時点」とした。不法行為による損害賠償請求についても，同法722条が417条の2を準用している。

交通賠償においては，後遺症逸失利益の算定において，中間利息控除の計算期間の始期（起算時）が争われてきたが，実務の大勢は症状固定時説を基本としている（416頁）。適用利率の基準時とは別に，改正後も同様に解する見解が有力であるが，問題が残っている[251]。

利率の変更によって，遅延損害金は減少するが，死亡事案や重度障害事案（特に次に述べる若年者の場合）では，控除額が減少するため逸失利益の額が増大する。

エ　18歳未満の未就労者

18歳未満の未就労者の死亡逸失利益の算定においては，平均賃金を基礎収入とする（370頁）が，就労開始時期までの中間利息が控除される。たとえば，10歳の男児が死亡した場合（生活費控除50%とする。）の死亡逸失利益は以下のように算定するのが一般であるが，利率変更による差が大きいことがわかる（もちろん，遅延損害金の額は減少する。）。

5%のライプニッツ係数が適用される場合

5,549,100[252]×(1－0.5)×(18.7605(67－10＝57年に対応する5%ライプニッツ係数)－6.4632(18－10＝8年に対応する5%ライプニッツ係数))＝34,119,473円

---

(251)　「改正民法はあくまで適用利率決定の基準時についての規律を設けるものであって，中間利息の控除に当たっての起算時について何らかの規律を定めるものではない。この点はこれまでと同じく解釈に委ねられているといえる。」（赤い本2021年下巻137頁）。潮見他編「Before/After民法改正」（弘文堂）102頁～103頁を参照。

(252)　比較のため，基礎収入は，いずれについても令和4年男性労働者（産業計・企業規模計）学歴計全年齢平均賃金とする。

3%のライプニッツ係数が適用される場合

5,549,100×(1−0.5)×(27.1509−7.0197)＝55,855,020円

オ　中間利息控除への疑問

民法改正によって，少なくとも利率については立法論の問題になってしまったが，理論的には将来の損害の賠償における中間利息控除には疑問の余地があるように思える[253]。

(5)　退職金差額の逸失利益性[254]

ア　どのような場合に認められるか

退職金差額とは，退職時に現に支払われた退職金と定年まで勤務すれば支払われたであろう退職金の差額である。若年者でも逸失利益損害として認められることがある（ただしイのような場合がある。）が，勤務継続の蓋然性（勤続年数，勤務先との結び付きの程度が考慮される。）と退職金支払の蓋然性（退職金規程の存在，企業規模等が考慮される。）が必要である。

肯定例として最判昭和43年8月27日（368頁）[255]，東京地判平成13年2月22日[256]等が，否定例として大阪地判平成8年3月21日[257]等が

---

(253)　「少なくとも」と断ったのは，民法417条の2は「その利益を取得すべき時までの利息相当額を控除するときは」と規定しているからである。二木雄策「交通死」（岩波書店），同「逸失利益の研究」（知泉書館），同「逸失利益の算定方式・再論」（損害保険研究81巻4号）等を参照されたい。

(254)　赤い本2012年下巻「退職金差額請求について」。

(255)　22歳で死亡した会社員につき，定年退職予定時（55歳）における退職金規程に基づく退職金請求を認めた。

(256)　交民34-1，要約56。「亡A（昭和38年10月13日生まれ）は，昭和61年に大学を卒業した後，B村に地方公務員として採用され，本件事故当時，B村役場の主幹の地位にあったことが認められる。その職業としての安定性を考慮すると，亡Aは，本件事故に遭わなければ，定年に達する60歳までB村役場での勤務を継続したものと認められる。」「亡Aは，本件事故に遭わなければ，定年に達する60歳までB村役場での勤務を継続し，退職時に約2700万円の退職金の支給を受けたものと認められる。そこで，ライプニッツ方式により年5分の割合による中間利息を控除して退職金の現価を算定すると，次の計算式のとおり，688万7528円となる。2700万円×0.25509364＝688万7528円　これから死亡退職金として支給済みの249万1000円を控除すると，その差額は439万6528円となる。そして，退職金が，給与の後払いの性格を有しており，退職後の生活保障の機能をも有していること等を考慮すると，これにつき3割の生活費控除を行う

ある。

イ　死亡退職金の控除

退職金の逸失利益性が認められる場合は死亡退職金が控除される。定年時に支払われる退職金額は中間利息が控除されるのが一般であり，死亡退職金を控除すれば損害発生を主張できない（中間利息控除後の退職金額≦受領した退職金額）場合もあり得る（後遺症により退職した場合にも同じ問題がある。）[(258)]。

ウ　生活費控除

退職金の逸失利益性が認められる場合に生活費控除をするかどうかについて，下級審裁判例は分かれている[(259)]。

(6)　年金の逸失利益性

ア　受給中の年金

逸失利益として賠償が認められるか否かは，①給付の目的[(260)]，②拠

のが相当である。そうすると，退職金の逸失分は，307万7569円となる。」

(257)　交民29-2，要約57。大手電機メーカーの系列会社に勤務する大卒25歳の女性につき，「亡Aは若年であり，勤務期間も入社から2年半であり，定年まで勤務を継続する蓋然性があると言いえないので退職金については逸失利益として算定しない。」と否定した。

(258)　青本29訂版87頁。

(259)　赤い本合本Ⅱ 224頁「退職金・年金の生活費控除」。たとえば東京地判H15.11.26（交民36-6）は，事故時32歳の女性（航海訓練所教官）について，「控え目にみても，平成11年9月当時の俸給33万6300円と原告主張の退職時の俸給59万1000円の差額（略）の少なくとも半分（12万7350円）の昇給はあり得たものと推認すべきである。そうすると，33万6300円と12万7350円の合計額46万3650円に退職金支給率62.7を乗じ，28年間に対応するライプニッツ係数（年5%の現価表）0.25509364を用いて中間利息を控除すると，その現価は741万5790円（小数点以下切捨て）となる。」として将来の昇給をも（控えめに）見込んで退職金の逸失利益性を認め，生活費控除をしなかった。大阪地判H18.4.7（交民39-2）も退職金の逸失利益性を認め，生活費控除をしなかったが，昇給は考慮していない。赤い本2012年下巻23頁が検討している裁判例では控除しないものが多いが，その後の裁判例には，東京地判H25.1.11（交民46-1），大阪地判H25.9.17（交民46-5），東京地判H30.5.31（交民51-3），東京地判H31.3.6（交民52-2）など生活費控除をするものが少なくない。

ところで，生活費控除する場合の計算の仕方は下記のいずれによるべきだろうか（要約134頁）。

①（退職金額 × ライプ － 死亡退職金額）×（1－ 生活費控除率）

②退職金額 ×（1－ 生活費控除率）× ライプ － 死亡退職金額

(260)　目的・機能が受給権者及びそれと生計を同じくする者の生計の維持のみにあるかどうか（一

出された保険料と給付との間の対価性，③給付の存続の確実性によるとされる[261]。

具体的には，老齢基礎・厚生年金（退職共済年金）については逸失利益性が認められる。障害基礎・厚生年金（障害共済年金）についても肯定されるが，妻子の加給分については逸失利益と認められない（後掲最判平成11年10月22日）。労災の障害（補償）年金・障害特別年金についても逸失利益性が肯定されている。遺族基礎・厚生年金（遺族共済年金）については，エのとおり否定されている。

逸失利益損害として認められる場合は，通常，余命年数をもって損害額を算定する。

イ　受給前だが受給資格を満たしていた場合

受給前であっても逸失利益の発生が認められる。最判平成5年9月21日[262]は，普通恩給の逸失利益性を認めた最判昭和59年10月9日[263]と同様の理由で国民年金（老齢年金）の逸失利益性を認めた。

ウ　まだ受給資格を満たしていない場合

前掲東京地判平成13年2月22日[264]は否定する。認める場合でも控

身専属性)。

(261)　LP82頁。なお，年金逸失利益が認められる場合，支払側が将来支払う保険料を控除すべきである主張することがある。横浜地判R6.5.16（交民57-3）はこれを退けた。

(262)　判時1476，判タ832，交通百選，要約105。「公務員であった者が支給を受ける普通恩給は，当該恩給権者に対して損失補償ないし生活保障を与えることを目的とするものであるとともに，その者の収入に生計を依存している家族に対する関係においても，同一の機能を営むものと認められるから（略），他人の不法行為により死亡した者の得べかりし普通恩給は，その逸失利益として相続人が相続によりこれを取得するものと解するのが相当である（略（注：最判S59.10.9を引用））。そして，国民年金法（略）に基づいて支給される国民年金（老齢年金）もまた，その目的・趣旨は右と同様のものと解されるから，他人の不法行為により死亡した者の得べかりし国民年金は，その逸失利益として相続人が相続によりこれを取得し，加害者に対してその賠償を請求することができるものと解するのが相当である。」最判H5.3.24（551頁）も，その前提として，地方公務員共済組合法による退職年金の逸失利益性を肯定している。

(263)　判時1140，判タ542。

(264)　「亡Aは，昭和61年にB村役場に就職したものであり，退職共済年金の受給資格を取得するには組合員等としてなお十数年の期間を要する（略）。しかし，現在，年金制度の改革が進められており，年金額，支給開始年齢や保険料の額のみならず，果して，保険料の拠出を要件とする現行の社会保険方式が今後も維持されるのかどうかも明らかではなく，将来においても年金の逸

えめになることが少なくない[(265)]。

エ　遺族基礎／厚生年金・扶助料，障害基礎／厚生年金加給分

遺族年金の逸失利益性は否定される（遺族厚生年金，共済遺族年金等について最判平成12年11月14日（同日2件）[(266)]）。障害年金の子・配偶者の加給分についても否定される（最判平成11年10月22日[(267)]）。保険料

失利益性が認められるのか否かは不確実というほかない。そうすると，いまだ年金の受給資格を取得していない亡Aについては，将来受給すべき年金を逸失利益として認めることはできず，この点に関する原告の請求は理由がない。」

(265)　保険料の将来支払分を考えてもプラスなら逸失利益を請求することになるが，若年者は保険料分を考えるとマイナスになりそうだ。

(266)　①判時1732　78頁，判タ1049　220頁，交通百選，社会保障百選5版，要約107。遺族厚生年金と市議会議員共済の遺族年金について逸失利益性を否定した。「遺族厚生年金は，厚生年金保険の被保険者又は被保険者であった者が死亡した場合に，その遺族のうち一定の者に支給される（略）ものであるところ，その受給権者が被保険者又は被保険者であった者の死亡当時その者によって生計を維持した者に限られており，妻以外の受給権者については一定の年齢や障害の状態にあることなどが必要とされていること，受給権者の婚姻，養子縁組といった一般的に生活状況の変更を生ずることが予想される事由の発生により受給権が消滅するとされていることなどからすると，これは，専ら受給権者自身の生計の維持を目的とした給付という性格を有するものと解される。また，右年金は，受給権者自身が保険料を拠出しておらず，給付と保険料とのけん連性が間接的であるところからして，社会保障的性格の強い給付ということができる。加えて，右年金は，受給権者の婚姻，養子縁組など本人の意思により決定し得る事由により受給権が消滅するとされていて，その存続が必ずしも確実なものということもできない。これらの点にかんがみると，遺族厚生年金は，受給権者自身の生存中その生活を安定させる必要を考慮して支給するものであるから，他人の不法行為により死亡した者が生存していたならば将来受給し得たであろう右年金は，右不法行為による損害としての逸失利益には当たらないと解するのが相当である。また，市議会議員共済会の共済給付金としての遺族年金は，市議会議員又は市議会議員であった者が死亡した場合に，その遺族のうち一定の者に支給される（略）ものであるが，受給権者の範囲，失権事由等の定めにおいて，遺族厚生年金と類似しており，受給権者自身は掛金及び特別掛金を拠出していないことからすると，遺族厚生年金とその目的，性格を同じくするものと解される。したがって，遺族厚生年金について述べた理は，共済給付金たる遺族年金においても異なるところはない。」②判時1732　83頁，判タ1049　218頁。軍人恩給の遺族の扶助料等の逸失利益性を否定した。「恩給法の一部を改正する法律（略）附則10条に基づく扶助料は，専ら受給権者自身の生計の維持を目的とした給付という性格を有するものと解される。また，扶助料は，全額国庫負担であり，社会保障的性格の強い給付ということができる。加えて，扶助料は，受給権者の婚姻，養子縁組など本人の意思により決定し得る事由により受給権が消滅するとされていて，その存続が必ずしも確実なものということもできない。これらの点にかんがみると，扶助料は，受給権者自身の生存中その生活を安定させる必要を考慮して支給するものであるから，他人の不法行為により死亡した者が生存していたならば将来受給し得たであろう扶助料は，右不法行為による損害としての逸失利益には当たらないと解するのが相当である。」

の対価性がなく，受給者自身の生計維持が目的であることが理由とされている。

オ　生活費控除率

年金収入に逸失利益性が認められる場合でも，年金は生活費にあてられる割合が高いのが通常であることから，年金が唯一の収入である場合は，比較的高い控除率（概ね50～60%）を認める例が多い。

(7) 生活費控除

ア　意義

生前の収入がそのまま死亡逸失利益となるわけではない。死亡逸失利益の算定において，被害者が生きていれば費消したであろう生活費相当分を控除することを生活費控除という。控除されるのは，死亡によって不要となった本人分の生活費であり（最判昭和43年12月17日(268)），差額説によれば損益相殺的に捉えられる(269)

---

(267)　判時1692，判タ1016，要約106。相続人は，被害者が得べかりし障害基礎年金及び障害厚生年金相当額を逸失利益として請求できるとした上で，「もっとも，子及び妻の加給分については，これを亡Aの受給していた基本となる障害年金と同列に論ずることはできない。すなわち，国民年金法33条の2に基づく子の加給分及び厚生年金保険法50条の2に基づく配偶者の加給分は，いずれも受給権者によって生計を維持している者がある場合にその生活保障のために基本となる障害年金に加算されるものであって，受給権者と一定の関係がある者の存否により支給の有無が決まるという意味において，拠出された保険料とのけん連関係があるものとはいえず，社会保障的性格の強い給付である。加えて，右各加給分については，国民年金法及び厚生年金保険法の規定上，子の婚姻，養子縁組，配偶者の離婚など，本人の意思により決定し得る事由により加算の終了することが予定されていて，基本となる障害年金自体と同じ程度にその存在が確実なものということもできない。これらの点にかんがみると，右各加給分については，年金としての逸失利益性を認めるのは相当でないというべきである。」とした。

(268)　判時546，判タ230。「本件の被害者Aの学歴等原審の認定した諸般の事情に徴し，かつ被害者の得べかりし利益を算定するにあたり控除すべき被害者の生活費とは，被害者自身が将来収入を得るに必要な再生産の費用を意味するものであって，家族のそれを含むものではないことに鑑みれば，被害者Aの得べかりし利益を算定するにあたり控除すべき同人の生活費が，その全稼働期間を通じ，収入の5割を越えないとする原審の判断は不当とはいえない。したがつて，論旨は採用できない。」

(269)　生活費控除を損益相殺的なものと考えると，理論的には稼働可能期間終了後も余命期間中の生活費を控除すべきことになるが，実務は稼働可能期間（逸失利益が算定される期間）についてのみ生活費を控除している。

イ　控除率（赤い本）

赤い本によれば，一般的な生活費控除率は以下のとおりである。「一家の支柱」とは，当該被害者の世帯が，主として被害者の収入によって生計を維持している場合をいうと解されている。男性が女性より高いのは，男女間格差を是正するためである。

一家の支柱	被扶養者１人	40%
	被扶養者２人以上	30%
女性（主婦，独身，幼児等を含む）		30%
男性（独身，幼児等を含む）		50%

ウ　年少女性

近時は，男女間格差是正の観点から，基礎収入を全労働者平均とした上で，生活費控除率を50%とする年少男性に対してこれを45%とする裁判例が多い(270)（たとえば東京地判平成13年3月8日(271)）。

(270)　生活費控除による是正なので後遺症逸失利益の場合は使えない。

(271)　判時1739，要約89。「従来，未就労年少者の逸失利益算定のための基礎収入としては，一般に，被害者の性別に応じて，男女別の賃金センサスによる男子労働者又は女子労働者の全年齢平均賃金が用いられてきた。しかし，①未就労年少者は，現に労働に従事している者とは異なって，多様な就労可能性を有するものであるから，現在就労する労働者の労働の結果として現れる労働市場における男女間の賃金格差を，将来の逸失利益の算定に直接的に反映させるのは，将来の収入の認定ないし蓋然性の判断として必ずしも合理的なものとはいい難いこと，②かえって，未就労年少者の将来の逸失利益に，男女の性の違いのみにより，現在の労働市場における男女間の賃金格差と同様の差異を設けることは，未就労年少者の多様な発展可能性を性により差別するという側面を有しており，個人の尊厳ないし男女平等の理念に照らして適当ではないこと，③また，最近では，雇用機会均等法により広い職業領域で女性労働者の進出の確保が図られ，これを支援する形で，労働基準法が女性の勤務時間などの勤務規制を緩和し，さらに，男女共同参画社会基本法が制定され，女性をめぐる法制度，社会環境が大きく変化しつつあること，④その結果，今日においては，男女間の賃金格差の原因となっている従来の就労形態にも変化が生じ，女性が，これまでの女性固有の職業領域だけでなく，男性の占めていた職業領域にも進出しつつあること等にかんがみると，未就労の年少女子が死亡した場合における逸失利益の算定の基礎としては，賃金センサスにおける女子労働者の平均賃金ではなく，女性が将来において選択し得る職業領域の多様さを反映するものとして，男女の労働者全体の就労を基礎とする全労働者の平均賃金を採用することが，より合理性を有するものと考えられる。このように解することは，年少女子の死亡による逸失利益を賃金センサスの女子労働者の全年齢平均賃金を基準として算定しても不合理なものとはいえないとした最1小判昭和56年10月8日（略），最3小判昭和61年11月4日

エ　シングルマザー

シングルマザーが未成年の子１人を養育している場合は，専業主婦等とのバランスを考慮して，一家の支柱（被扶養者１人）として40%とするのではなく，女性として30%とすべきであると考えられる(272)。

オ　男性単身者

男性単身者でも，親と同居して経済的支援をしていた場合等は，50%を下回る控除率がとられることがある(273)。

離婚後，養育費を支払っている単身者について，「一家の支柱」であると主張されることがあるが，慰謝料の場合（432頁）と同様に，養育費を支払っているだけでは足りず，別居する子等の生活が被害者の収入によって支えられていたことが必要だろう。もっとも，「一家の支柱」とは扱わなくても，男性の場合に通常の50%より低めにすることはある(274)。

事故時は独身でも将来結婚の予定があった男性単身者については，40%とする裁判例もあるが，近時は50%とする裁判例が優勢であるよ

（略），最２小判昭和62年１月19日（略）と抵触するものではない。⑶そうすると，亡花子については，事故発生の年である平成11年の賃金センサス第１巻第１表の産業計・企業規模計による全労働者の全年齢平均年収496万7100円をもって，逸失利益算定の基礎収入とするのが相当である。⑷そして，未就労の年少男子の場合との均衡，女性の消費支出の動向等にかんがみると，生活費控除率は45%とするのが相当である。」45%とするものが多いのは，40%だと，若年男性の場合の男性平均賃金と生活費割合50%の組み合わせによる逸失利益額を超えてしまうためである。民法改正後（ライプ3%）は次のとおり（賃セは令和４年学歴計，女性は全労働者平均給与）。

男性11歳（50%）5,549,100×(1−0.5)×20.7352=57,530,849円

女性11歳（45%）4,965,700×(1−0.45)×20.7352=56,630,630円

女性11歳（40%）4,965,700×(1−0.4)×20.7352=61,778,869円

(272)　当該被害者は，死亡慰謝料については一家の支柱として扱われ，生活費控除については一家の支柱として扱われないということになる（注解294頁）。

(273)　たとえば横浜地判H28.7.25（交民49-4）は，事故時33歳の男性について，年金収入のみの母及び無収入の兄と同居し，両者の生活費を一部負担していたこと，子らとは同居していなかったが養育費及び定期的な支出を行っていたことから，控除率を30%とした。

(274)　たとえば，東京地判R3.9.27（LEX/DB25601223）は，離婚後子（事故時19歳）に月額５万円の養育費を払っていた被害者につき，子が浪人して大学入学を目指していたこと等から，20歳以降の養育費についての取り決めは認められないものの，何らかのサポートをする蓋然性は認められるとして45%とした。

うだ。50%を下回る控除率を主張する場合は，具体的に結婚の準備をしていたことを主張立証すべきだろう。非婚率の上昇と出生率の低下もあり，「いずれ結婚して子どもが生まれていたはずだ」という主張はなかなか通らない。

カ　高額所得者

高額所得者の場合，本来は手元に残らないはずの，税金で取られる部分の金額まで損害とすると，事故がなければ確保できなかった部分まで賠償されることになり不当だという主張がなされてきたが，判例は税金分の控除を否定している（最判昭和45年7月24日(275)）。

もっとも，税金分を控除しないかわりに生活費割合を高めに認定して損害額を調整することがある（たとえば東京地判昭和61年8月29日(276)）。

女性について生活費控除率を30%としたのは平均収入の男女間格差を是正するためであるから，男性と同程度（以上）の収入を得ている独

---

(275)　判時607，判タ253。「被上告人が本件事故による負傷のためたばこ小売業を廃業するのやむなきに至り，右営業上得べかりし利益を喪失したことによって被った損害額を算定するにあたって，営業収益に対して課せられるべき所得税その他の租税額を控除すべきではないとした原審の判断は正当であり，税法上損害賠償金が非課税所得とされているからといつて，損害額の算定にあたり租税額を控除すべきものと解するのは相当でない」とした。次の東京地判も参照されたい。

(276)　交民19-4，要約90。被害者（経費控除後の稼働収入が年額4082万9707円であった開業医）は「一家の支柱」であり，通常であれば30%となるが，判決は，「亡太郎の収入額が一般に比較して極めて高額であって，その支出しあるいは負担すべき諸経費も少なくないと考えられる一方で，右のような扶養ないし生活費援助の関係が認められること等の事情を総合勘案すると，亡太郎の収入から控除すべき生活費の割合は50%とするのが相当と認められるから，右収入を基礎とし，生活費として50%を控除」とした。税金分の控除については，「被告らは，亡太郎の逸失利益を算定するに当たっては，同人の収入が極めて高額であったことに鑑み，同人の昭和59年分の所得税1604万1100円及び地方税535万6130円を同人の収入額から控除した残額1943万2477円を基礎として算定すべきである旨主張する。しかしながら，被害者が，その稼働によって取得した収入から，いつ，誰に，いくらの税金を納入するかは，専ら立法政策によって決められる被害者と課税権者との関係にとどまり，加害者とは関係のない事柄であるから，加害者としては，被害者がその稼働によって取得していた収入の全額を賠償しなければならないものとして，被害者が事故に遭遇しなければ取得していたであろう収入額を回復させるのが，損害賠償法の根本理念である原状の回復の観点から相当というべきであり，また，加害者が被害者の収入の全額を賠償したのち，被害者ないしその遺族が取得した損害賠償金に対して，課税がなされるか否かは，被害者らと課税権者との関係にすぎず，加害者の損害賠償額とは別個の事項というべきであるから，現行法において損害賠償金に対して課税されていないことから，損害賠償額の算定にあたって収入額から税額を控除すべきであるということはできないものというべきである。」と否定した。

身女性は，40～50％とされることがある[277]。

キ　共働き夫婦

共働き世帯は全体の7割近くになっており，もはや当然に夫が一家の支柱であるとは言えなくなっている。とはいえ共働き夫婦も様々であり，事案に即して判断されるべきである。夫婦それぞれが同世代の平均的な収入を得て，未成年の子を養育している場合，基本的には，夫婦のいずれが被害者となった場合でも30～40％がありえ，子どもがいない場合は，いずれについても40～45％がありうる（夫については50％とすることも考えられないではないが，妻について50％とするのは極めて高額の所得を得ているなど例外的な場合に限られる）との見解がある[278]。

ク　年金生活者

382頁で述べたように，高めの控除率が採用されることが多い。

ケ　遷延性意識障害[279]

死亡ではなく植物状態（遷延性意識障害）の場合にも生活費控除すべきであると主張されることがある[280]が，裁判例の大勢は非控除説である（421頁）。

---

(277)　たとえば横浜地判H24.9.27（交民45-5，最前線16）は，「確かに（注：被告は，男性と同一賃金を得ていたのであるから50％とすべきであると主張した。）一家の支柱ではない場合，独身者を含めて，女性につき原告らの主張する30％，男性につき被告らの主張する50％とする例が多いと見られるが，A（事故時30歳女性・特別地方公共団体であるB事業団に勤務）の場合，女性ではあるが，男性と同等に稼働するとの前提で逸失利益を算定していることに鑑み，中間の40％とするのが相当である。」とした。

(278)　赤い本2009年下巻「生活費控除をめぐる問題」。注解297頁～299頁も参照のこと。

(279)　persistent vegetative state（PVS）。疾病・外傷により種々の治療にもかかわらず，3か月以上にわたる，①自力移動不能，②自力摂食不能，③糞便失禁状態，④意味のある発語不能，⑤簡単な従命以上の意思疎通不能，⑥追視あるいは認識不能の6項目を満たす状態にあるものをいう（日本脳神経外科学会（1976年））。

(280)　「このような被害者においても健常者と同様に要する費用はあること等から，一般には生活費の控除はしていない。」（LP178頁）。介護雑費の請求との関係にも注意が必要である。日用品購入費等は生活費に属するものであり，生活費控除を否定しつつこれらを介護雑費として請求するのは二重請求にならないか。生活費を控除していないから雑費は認められないという主張もみられる。請求側としては，どのような介護雑費がなぜ必要かを具体的に立証することが重要だろう。植物状態の被害者の損害算定においては，生存期間がより短いと主張されることもある。322頁を参照のこと。

コ　将来の家族構成の変動

生活費控除率を何%とするかについて，事故後の事情の変更を考慮すべきか。たとえば，一家の支柱が死亡した場合に，将来の被扶養者の独立を見越して，定年退職後等の生活費控除率を変動させるべきだろうか。

将来の家族構成の変動を予想することは難しいから，生活費控除率は，被害者の稼働可能期間を通じて一つの数値が採用されることが通常であるが，給与所得者の定年の前後で基礎収入額を変える場合は，生活費控除率も変えることが少なくない。東京地判平成13年6月28日[281]は，特段の事情がない限り考慮すべきでないとして全期間を通じて30%としたが，東京地判平成15年2月3日[282]は，定年後については子が独立している蓋然性が高いとして40%とした。

(8)　相続構成と扶養構成

ア　相続構成

死亡した被害者に損害（財産的・精神的）が発生し，それを遺族が相

(281)　交民34-3，要約87。被告は，10年以内に娘が独立し扶養家族が一人になると予想されるので，ずっと30%とするのはおかしいと主張したが，判決は，「死亡による逸失利益を算定するときは，得べかりし収入額から生活費相当分を控除すべきであるが，死亡した者が生存していたならば，将来にわたり，収入のうちどの程度の割合を生活費として費消したのかは，事柄の性質上，これを証拠に基づいて相当程度の確かさをもって認定することは困難である。したがって，生活費控除率は，特段の事情がない限り，被害者の性別，家族構成，年齢など，被害者の死亡当時の事情を基礎として，ある程度類型的に，収入額に対する一定割合をもって定めるのが相当であり，死亡後の事情については，それが具体的に明確になっているような場合を除き，これを考慮することは，損害賠償額算定の方法としては相当でない」とした。

(282)　交民36-1，要約88。妻と子2人を扶養する48歳男性会社員（年収1158万円，定年60歳）の死亡逸失利益について，「定年退職後の得べかりし収入　証拠（略）によれば，亡太郎が大学卒業という学歴を有していたことが認められ，（略），亡太郎が，本件事故当時，比較的高収入を得ていたことも併せ考慮するならば，定年退職後の基礎収入としては，大卒男子労働者60歳ないし64歳の平均賃金（年収699万0900円）を採用するのが相当である。また，（略）亡太郎が定年でD会社を退職したと仮定すると，その時点で，原告一郎は30歳，原告三郎は27歳にそれぞれ達していることが認められるから，原告一郎及び原告三郎は，いずれも別に世帯を設けている蓋然性が高いというべきである。そうとすれば，亡太郎は，原告花子と2人だけの生活を送っているということになるから，生活費控除率は40%とするのが相当である」とした（定年までの期間については30%とした）。

続すると考えるのが相続構成であり，判例の基本的立場である[283]。

イ　扶養構成

一方，扶養利益を奪われた者が固有の損害賠償請求権を取得すると考えるのが扶養構成である。判例も，内縁配偶者（重婚的内縁の夫または妻について肯定した裁判例もある。），母，未認知の子等法律上相続権のない者（後掲平成5年最判）や相続放棄した者（同平成12年最判）が，扶養利益の喪失による財産的損害という構成で請求することを認めている。

相続構成がより簡便であり，ほとんどの事案では，死亡被害者の相続人は相続構成で請求しているが，扶養構成による請求も可能である（選択行使できる）[284]。

ウ　扶養構成による賠償請求の要件

扶養構成による賠償請求の要件として，被害者の扶養可能状態と遺族の要扶養状態があげられるが，後掲平成5年最判以降の裁判例の多くは，原告が被害者から扶養を受けていたことから扶養利益（扶養請求権）の侵害を認めている。

エ　扶養利益の侵害による損害賠償額

最判平成12年9月7日[285]は，被害者の相続人が相続放棄しても，扶養利益喪失による損害賠償を請求できるが，その額は，相続により取得すべき死亡者の逸失利益額と当然に同額となるわけではなく，個々の事案の具体的事情に応じて算定するとした。

具体的な算定についてはいくつかの方法が考えられる[286]。

A[287]　具体的に認定された扶養料額

---

(283)　相続構成に対しては論理的矛盾がある（死亡損害が発生した時点で法益帰属主体である被害者は存在しないから，その者が損害賠償請求権を取得することはないはずである。），逆相続で親が逸失利益を取得することは不合理である，笑う相続人を認めることになる等の批判が強い（たとえば，平井宜雄「民法各論Ⅱ不法行為」（弘文堂）177頁～181頁）が，裁判実務において相続構成による賠償が定着しているのは，傷害との均衡と賠償額の高額化の要請による結果の妥当性によって支えられていると指摘されている（伊藤文夫他編「損害保険の法律相談Ⅰ」（青林書院）152頁，注解308頁も参照のこと）。

(284)　青本29訂版146頁，LP90頁。横浜地判S44.8.18（交民2-4）も原告が選択できるとする。

(285)　判時1728，判タ1045，要約108。

(286)　大系3　419頁以下。

× 扶養を受けられた期間に対応するライプニッツ係数

B[288]　(被害者の年間収入 − 被害者本人の生活費)× 家族構成を考慮して決定される扶養利益分（割合）× 扶養関係の存続期間（に対応するライプ）

C　被害者の逸失利益額 × 各遺族の扶養の比率

近時の裁判例は，後掲平成9年大阪地判，同14年神戸地判，同15年鹿児島地判等C説を採るものが多いようだ。扶養を受けられる期間は被害者の就労可能年数と当然にイコールになるわけではない（被害者の親や子が賠償請求の主体となる場合等）。

オ　相続構成の賠償請求と扶養構成の賠償請求の関係[289]

相続人と相続人以外の扶養請求権者（内縁配偶者等）から同時に請求（併合，訴訟参加）された場合は，後者の扶養利益の損害分を被害者の逸失利益から控除したものを相続人が相続すると考えられる。被害者が生存していれば，その得べかりし収入から扶養利益相当額を費やした残額が相続されると考えられるためである。裁判例も同様の考え方によっている[290]。

---

(287)　青本29訂版146頁。たとえば名古屋地判 H21.7.29（交民42-4，最前線17）は，「Aは年400万円を下らない収入があり，（略）原告B（内妻）の収入は月14万円くらいで（略）Aの半分以下である。（略）（Aの子である）原告Cは病気であり，原告Dは未成年者である。原告BはAの逸失利益の半分を扶養利益の侵害として主張し，生活保持義務があるところ，生前の収入，生計の維持に充てる部分，被扶養者につき扶養利益として認められる比率割合，扶養を要する状態が存続する期間等を考慮して決めるべきであり，半額をもって直ちに扶養利益の侵害額とすることはできない。」「生前の双方の収入の合計は47万円余りであったこと，その差は約19万円であること，原告Bは，今後現在と同程度の収入を得る可能性があること，生活費の3分の2はAが出していたこと，その他本件で現れた事情を考慮すると，扶養料としては月8万円程度で，1年で100万が相当であり，30年で1537万2400円（注：100万円 ×15.3724（死亡時37歳Aの就労可能年数30年に対応するライプ））となる。」とした。

(288)　赤い本合本Ⅱ「内縁配偶者の賠償請求権の損害額の算定方法」191頁～192頁。

(289)　同上189頁，同2002年「内縁配偶者と相続人の損害賠償請求権の関係」，大系3　422頁～433頁。

(290)　大阪地判 H9.3.10（交民30-2）は，加害者と逸失利益を含めて示談した被害者の相続人に対する内妻からの不当利得返還請求訴訟であるが，24年にわたって内縁の夫婦として共同生活を送ってきた内妻は，夫の死亡当時，現に扶養を要する状態にあり，相続人が請求しうる逸失利益は，右扶助に当てられるべき部分を控除した残額に限られると解するのが相当であるとして，逸

扶養請求権者による請求が先行した場合も同様に考えられる。最判平成5年4月6日[291]は，被扶養者（内縁配偶者）にその扶養利益の喪失に相当する額を支払ってその損害を填補したときは，その填補額は相続人に填補すべき被害者の逸失利益額から控除するとした。

問題は，相続人による損害賠償請求が先行した（扶養請求権者が訴訟参加しない）場合である。

第一に，相続人が扶養利益相当分を含む全損害を請求するのに対し，加害者は，他に損害賠償請求権を持つ被扶養者がいるとして，その扶養利益相当額の控除を抗弁として主張できるだろうか。

第二に，相続人からの請求に対して賠償額全額を支払った加害者は，扶養請求権者からの請求に対して，債権の消滅を主張できるだろうか。裁判例には，内縁配偶者の債権の消滅を認めたもの[292]と，債権の準占有者に対する弁済としたもの[293]がある。

失利益額の3分の2の金額について，内妻の相続人から被害者の相続人に対する不当利得返還請求を認めた。

(291) 判時1477，判タ832，交通百選，要約109。相続人が自賠法72条1項に基づき政府保障事業による保障金の支払を求めた事案。「政府が死亡被害者の内縁の配偶者にその扶養利益の喪失に相当する額を支払い，その損害をてん補したときは，右てん補額は相続人にてん補すべき死亡被害者の逸失利益の額からこれを控除すべきものと解するのが相当である。」結果的に扶養構成による賠償請求が相続構成による賠償請求に優先することを認めたようにも思われるが，両者の優先関係を明らかにしたものではない。

(292) 神戸地判H14.8.29（交民35-4）は，「被害者請求をした参加人ら（注：相続人）に対し，自賠責から保険金2752万5550円が支払われていることが認められ，これを4項の4615万4826円（注：逸失利益合計額。内訳は内妻分2045万円余，相続人分2569万円余と認定している。）から差し引くと，残額は1862万9276円となる（参加人らの請求しうる金額は2569万9158円であるが，そのことは参加人に対し支払われた保険金2752万5550円を原告（注：内妻）の関係でも損害が填補された扱いとすることに影響を及ぼさない。）。そうであれば，原告の請求は，1862万9276円の限度で理由がある」とした。また，鹿児島地判H15.3.26（LEX/DB28081475）は「死亡被害者の逸失利益は同人が死亡しなかったとすれば得べかりし利益であり，死亡被害者の内縁の配偶者の扶養に要する費用は当該利益から支出されるべきものであるから，死亡被害者の相続人が承継した逸失利益相当額の損害賠償請求権と死亡被害者の内縁の配偶者の扶養利益喪失相当額の損害賠償請求権は，扶養利益喪失相当額の範囲で重なり合う関係にあるといえる。このため，加害者は，両者の損害賠償請求権が重なり合う範囲において，いずれか一方に支払った金額の限度で他方に対する関係でも責任を免れ，その後は，死亡被害者の内縁の配偶者と相続人の間において，不当利得あるいは求償の問題として解決すべきことになると解するのが相当である（最判平成5年4月6日（略）参照)。」とした。

これらは，逸失利益の損害賠償請求権のうち内縁配偶者の扶養利益喪失損害分は内縁配偶者のみに帰属するのか，相続人は逸失利益全体についての損害賠償請求権を有し内縁配偶者の扶養利益喪失分の範囲で重なっていると考えるのかという問題に関わる難問である。前者の立場をとると，第一の問題は減額の主張を認めることに，第二の問題は債権の準占有者への弁済として有効とならない限り免責されないことになりそうであり，後者の立場をとると，第一の問題は加害者に減額の主張を認めないことに，第二の問題は扶養請求権者の権利の消滅を認める（扶養請求権者は相続人に不当利得返還請求をすることになる。）ことになりそうである。平成5年最判は，扶養請求権者に支払われた填補額は「相続人にてん補すべき死亡被害者の逸失利益の額から」これを控除すべきものとしており，後者の立場に親和的であるようにも見える。

(9) 定期金賠償

417頁以下を見られたい。

4　後遺症逸失利益

(1) 後遺症と後遺障害

ア　意義

実務上両者を区別せずに用いることも多いが，厳密には，賠償の対象は，自賠責保険や労災保険で定義されている「後遺障害」による逸失利益ではなく，後遺症による逸失利益損害である（445頁）。

労災保険における後遺障害は必携（445頁）が，自賠責保険における後遺障害については自賠法施行令（446頁）が定義している。

イ　評価

自賠責保険において，後遺障害の程度は，自賠法施行令2条の別表第

---

(293)　仙台地判S48.2.21（交民6-1）は，相続人に対する支払のうち，被扶養者（被害者の母）の被扶養利益喪失相当額の支払は，債権の準占有者に対する弁済としての効力を有し，被扶養者は相続人に対して不当利得返還請求はできるにしても，加害者に対して重ねて支払を求めることはできないとした。

1，第2にあてはめて判断され，別表第1は1級と2級に，同第2は1～14級に分類している。裁判所は自賠責保険の後遺障害等級の考え方に拘束されるわけではないが，実務上，自賠責保険の等級認定の考え方に準拠して損害を算定している（裁判所が，自賠責の後遺障害等級認定と異なる等級認定をすることはもちろんある。）。

ウ　損害の捉え方

差額説と労働能力喪失説について，298頁を参照されたい。

事故後に減収がない場合については，396頁で触れる。

(2)　算定式

> 基礎収入 × 労働能力喪失率
> × 労働能力喪失期間に対応するライプニッツ係数

中間利息控除については，376頁以下を参照されたい。

(3)　基礎収入

ア　事業所得者

事業所得者の後遺症逸失利益算定においては，固定費の扱いに注意が必要である。休業期間中の固定費は，将来の事業再開・継続のために従前どおりに支払い続けなければならない（休業期間中に無駄に支払わざるを得なかった）といった事情があるために休業損害の基礎収入額に加えることができるのであり，このような事情がない症状固定後の逸失利益の算定においては固定費を基礎収入額に加えることはできないのではないかという指摘がある[294]。裁判例は分かれているが，「事業を継続する場合には固定経費は被害者側で負担すべきものであり，事業を廃止する場合には固定経費は発生しない」[295]等として，固定費の基礎収入への加

(294)　実務144頁。

(295)　東京地判H27.3.26（交民48-2）。大阪地判H25.1.29（自J1898）も「逸失利益については，休業損害と異なり，固定経費分は損失とは解されないので，（基礎収入額に）加算しない。」としている。最近の裁判例として，神戸地判R5.3.9（交民56-2），東京地判R4.11.30（自J2143），

算を否定するものが優勢であるようだ。否定裁判例にも，減価償却費については加算する裁判例がある[296]。

しかし，休業損害については，部分休業期間（フル稼働できなかった期間）についても，固定費を基礎収入額に加算したうえで休業率を乗じて算定するのが近時の裁判例の傾向である（352頁）。症状固定後の消極損害である後遺症逸失利益についても，後遺症によって縮小した事業規模に応じて当該費用を縮減する（被害者の損害拡大防止義務）ことを期待できない場合は，事故によって過大な支出を強いられるに至ったといえる。したがって，このような場合には，休業損害算定と同様に，基礎収入額に固定費を加算する（固定費額 × 労働能力喪失率を損害と認めることになる。）ことが，より実情に即した逸失利益を算定することになるのではないだろうか。裁判例にも，逸失利益算定の基礎収入として，休業損害と同様に，申告所得額等に固定費を加算しているものがある[297]。

もっとも，事業を廃止した，または廃止が見込まれる場合のほか，事故後売り上げが増加している場合は，無駄になった固定費はないと考えられるから基礎収入に加算すべきではないだろう。

イ　賃金センサスを用いる場合

賃金センサスを用いる場合は，症状固定日の属する年のものを用いることが多い。

女性年少者の後遺症逸失利益算定における基礎収入には，死亡逸失利益と同様に賃金センサス男女計を用いることが多い[298]が，死亡逸失利

横浜地判 R4.6.3（交民55-3）等。

(296)　前掲東京地判 H27.3.26は，減価償却費は，過去に投資したものについて所得税法上必要経費として償却費を控除することができるとされているにすぎないのであるから，基礎収入に加算すべきであるとして，他の固定費と扱いを変えている。注(173)で述べたことは逸失利益算定においても当てはまる（将来分についても，事業を継続するためには対応する支出が必要である。）から，他の固定費について基礎収入に加算しない場合でも，減価償却費はこれを加算すべきである。

(297)　名古屋地判 R5.7.19（自 J2162），広島地判 H5.5.19（自 J1023），大阪地判 R3.2.4（自 J2094），東京地判 H31.2.26（LEX/DB25558241），さいたま地判 H29.8.31（交民50-4），東京地判 H28.10.19（自 J1989）等がある。ただし，固定費を基礎収入に加算すべきである理由について特段述べた裁判例は見当たらない。

(298)　名古屋地判 H26.1.9（交民47-1，最前線10）は，「原告は本件事故当時D大学附属高校（1

益のように生活費控除率で調整（男女間格差を是正）できず，全労働者平均賃金によっても格差は解消されない[299]。そのため，格差是正のために様々な平均賃金が使われることがある[300]。

ウ　基礎収入額を逓減する場合

また，特に比較的高収入の被害者については，定年が近づいてくると，定年後の再就職（再雇用）時の賃金水準の見通しから，67歳まで事故前年収入が基礎収入とされない（定年後の再雇用になれば年収が下がることが多いことが考慮される。）可能性がある[301]。

その他，休業損害及び死亡逸失利益の項を見られたい。

⑷　労働能力喪失率

ア　何をもとに認定するか

労働能力喪失率表[302]（454頁）が重視されるが，あくまで参考資料で

年生）で同大学への進学を見込める成績を修めていたものであり，原告は同大学への進学も視野に入れて同高校に進学したものと認められること，原告が現に同大学に進学したことにも照らすと，原告には，本件事故当時，D大学又はその他の大学に進学する蓋然性があったものと認められる。そうすると，本件事故がなかったとしても原告は大学を卒業した後に就労したことが見込まれるのであるから，原告の後遺障害逸失利益は，賃金センサス（略）男女計，大学・大学院卒，全年齢平均年収額591万7400円（略）を基礎収入とし，（略）算定するのが相当である。」とした。

(299)　大嶋芳樹「女児の逸失利益を考える」（再構築），大島眞一「逸失利益算定の現在と課題」（交通法研究52）は，男女とも男性平均賃金を使用すべきであるとするが，賛成である（名古屋地判H15.4.28交民36-2は，専門的な技術を有しており，このような職種で男女間の賃金格差があるとは認められないとして，大卒男性全年齢平均賃金の9割を基礎収入とした。）。性別のみによる稼得能力の差を認めない限り，男性の賃金カーブこそ，（結婚・出産・育児等でそれまでの就労を中断されない）人の労働能力をすべて評価したものと言える（家事・育児労働は女性平均賃金に反映されない）。

(300)　たとえば東京地判H26.11.27（交民47-6，最前線11）は，口頭弁論終結時薬学部6年生，製薬会社就職予定の女性被害者に女性薬剤師全年齢平均508万円余を基礎に逸失利益を認めた。

(301)　たとえば，名古屋地判R3.10.6（自J2118）は，55歳会社員の男性について，65歳まで事故前年収入の990万余，その後70歳まで男性大学・大学院卒平均賃金65～69歳の533万円余を後遺症逸失利益算定の基礎収入額とした。また，京都地判R4.3.24（自J2126）は，12級右第1趾用廃を残す53歳電気工事士男性について，60歳までは事故時収入980万円余，その後64歳まで男性60～64歳平均賃金，その後68歳まで同65～69歳を基礎収入額とした。

(302)　労働能力喪失率の法令上の定めはなく，第三者行為災害の求償についての労働基準局通牒に依拠した自賠責保険支払基準（平成13年金融庁・国交省告示第1号）別表Iが喪失率を定めている。労基局通達の喪失率は，労基法77条別表第2（身体障害等級及び災害補償表）の災害補償日

ある。等級認定のための努力を尽くした上で，障害の内容が就労にどのように影響するのか，実態に即した主張立証が重要である。喪失率表で100％喪失とされる重度障害（特に2級と3級）の場合でも，訴訟では，支払側から「植物状態ではなく，少し（10～20％）は労働能力が残っているはずだ」と主張されることがある。

後遺障害等級の認定は，自賠責においても労災と同じく「労災補償障害認定必携」に準拠しているが，労災と認定に差が出ることがあり，その場合は，どちらかといえば自賠責の等級認定の方が被害者に厳しいことが多いようだ。

イ　喪失率表より高い喪失率の認定[303]

被害者の職業，年齢，性別，後遺症の部位・程度，事故前後の稼働状況等（赤い本）によって，喪失率表と異なる喪失率が認定されることは珍しくない。最判昭和48年11月16日[304]は，音楽等の家庭教師であった被害者が膝関節等に9級～10級に該当する後遺障害が残り，家庭教師を辞めた事案について，「損害賠償制度は，被害者に生じた現実の損害を填補することを目的とするものであるから，被害者の職業と傷害の

数をもとに定められている（下掲）。労災の喪失率表も，第三者行為災害事案で国が加害者に対する求償を行うにあたって，代位の対象となる被災者の加害者に対する損害賠償請求債権額の限度の目安を付けるために示されたもの（保険給付額の限度で，かつ被災者が加害者に対して有する損害賠償請求権の限度でしか代位できないが，後者の額は裁判所の判断を待たなければ確定せず，一応の目安を付けて手続を行わざるをえない。）にすぎない。自賠責保険の労働能力喪失率にも，それ以上の確たる根拠があるわけではなく，他に基準がないから使っているにすぎない。

等級	災害補償（日分）	喪失率（％）	等級	災害補償（日分）	喪失率（％）
1	1340	100	8	450	45
2	1190	100	9	350	35
3	1050	100	10	270	27
4	920	92	11	200	20
5	790	79	12	140	14
6	670	67	13	90	9
7	560	56	14	50	5

(303)　赤い本合本Ⅱ277頁「有職者の後遺障害による逸失利益」，同2005年下巻「労働能力喪失の認定について」，同2008年下巻「12級又は14級の後遺障害等級において労働能力喪失率表より高い喪失率が認められる場合」，同2013年下巻「特殊な職業と後遺障害による逸失利益」。

(304)　交民6-6。

具体的状況により，同表に基づく労働能力喪失率以上に収入の減少を生じる場合には，その収入減少率に照応する損害の賠償を請求できることはいうまでもない。」とした上で，被害者の具体的状況をふまえて90%の喪失率を認定した原審を支持した。

ウ　労働能力喪失（率）が争われる後遺障害(305)

後遺障害等級への該当を前提としても，支払側が，喪失率表どおりの労働能力喪失率は認められないとして争うことが少なくない。多くの裁判例が蓄積されているので，年齢，性別，職業，障害の内容等の個別事情を踏まえて説得的な立証を行う。

後遺障害の損害評価について，赤い本裁判官講演録で取り上げられたものは以下のとおりである。

後遺障害	赤い本下巻
醜状障害	2001年、2011年下巻、2020年下巻
嗅覚・味覚障害	1994年合本Ⅱ，2004年
腸骨採取による骨盤骨変形	2004年
脊柱変形	同上
鎖骨変形	2005年下巻
歯牙障害	同上
脾臓喪失	2004年
腓骨偽関節	2006年下巻
下肢短縮	同上
性的能力の喪失・減退	1994年合本Ⅱ

エ　減収がない場合(306)

差額説を貫けば，事故前と比べて減収がなければ逸失利益損害は否定

(305)　鈴木尚久「後遺障害の諸問題2　労働能力への影響が問題となる後遺障害等（醜状障害等）」（実務）。

(306)　赤い本合本Ⅱ 277頁「有職者の後遺障害による逸失利益」，同2008年下巻「減収がない場合における逸失利益の認定」，同2022年下巻「減収がない場合の消極損害（休業損害及び逸失利益）」，注解207頁～214頁。

されるはずである。最判昭和42年11月10日は，「労働能力の喪失・減退にもかかわらず損害が発生しなかつた場合には，それを理由とする賠償請求ができないことはいうまでもない。」としていた。しかしその後，同昭和56年12月22日（298頁）は，収入の減少を回復するための本人の特別の努力や，将来の昇給，昇任，転職等に際して不利益な取扱を受けるおそれなど，「特段の事情」がある場合は後遺症逸失利益を認める余地があるとして差額説を修正している。

請求側は，安易に「○級だから○％」と主張するのではなく，事故後の収入の推移を確認し，減収がない場合は，障害内容・年齢・職種等を踏まえた将来の昇進等で不利益を受ける蓋然性，就業や日常生活における現実の支障の発生，本人の努力，職場や家族の協力等を踏まえ，裁判例も参照して，説得的な主張・立証に努めるべきである。

近時の裁判例をみると，重度の後遺障害を負った事案でも，減収がないことを理由に逸失利益損害の発生を否定されることがないではない(307)が，完全否定例は少なく，昭和56年最判が想定する原則例外の関

(307)　たとえば札幌地判H11.12.2（交民32-6　要約99）は，併合1級（1眼失明等3級，神経・精神7級，骨盤変形12級）の後遺障害を残す51歳男性大学職員（国家公務員）について，「原告は，国家公務員であるところ，本件事故後に復職し，従前と同様の給与を得ており，その重大な後遺障害にもかかわらず，本件事故から約4年を経過した現在に至るまで給与上の不利益を受けていないことが認められ，こうした事情に照らすと，昭和19年10月25日生（略）の原告が満60歳の定年（略）を迎えるまでの向こう約5年間に，現在の職場での就労ができなくなって，その給与所得を喪失するとは認めることができないし，また，今後給与面でどのような不利益を受けるのかも確知し難いものである。したがって，原告が，定年に達するまでの期間については，本件事故による後遺障害を理由とする逸失利益があると認めることは困難であり，この間に原告が後遺障害をおして勤務を続けることによる様々な苦痛については慰藉料の算定において斟酌するほかはないものと判断する。原告が定年後，就労可能な満67歳までの7年間の逸失利益については，後遺障害のため労働能力を100％喪失しており，再就職はできないと考えられる。そこで，平成7年の賃金センサスの（略）の産業計，企業規模計，新大卒（略）の男子60歳から64歳までの年収額770万2000円及び同65歳以後の年収額746万0500円を用いて，原告が本件事故時からの遅延損害金を請求していることに鑑み本件事故時を基準時として中間利息をライプニッツ係数により控除すると，別紙のとおり，その逸失利益は合計2850万0896円となる。」「慰藉料については，（略）後遺障害については，その内容及び程度に加えて前述の事情をも充分に勘案して3000万円（注：当時の赤い本基準は2600万円）をもって相当と判断する。」とした。また，神戸地判R4.2.8（自J2123）は，頚背部痛，左肩関節痛，左肘痛・痺れ等併合14級を残す公務員男性について，減収がなく仕事や将来の昇格等に影響が出ているとは認められないとして逸失利益

係は実態としては逆転しているとも言われる。もちろん，だからといって喪失率表どおりの喪失率が認められるとは限らず，減収がなければ喪失率表より低い喪失率を認めることも多い。[(308)]

オ　後遺障害等級非該当の場合

たとえば，上下肢の1関節に関節可動域制限があるが，その程度が健側の4分の3以下の制限に達しない（12級にあたらない）場合，逸失利益はゼロとすべきだろうか[(309)]。

また，慰謝料についてはどうだろうか（429頁）。

カ　14級の障害が複数ある場合

自賠責保険では併合14級にとどまるが，裁判所もそれだけで5%を超える喪失率を認めることは少ない。

を否定した。

(308)　最近の裁判例として，大阪地判R3.1.29（自J2095。12級難聴，14級ふらつき，併合12級を残す固定時30歳の国家公務員（裁判所書記官）の女性について，直ちには減収が生じることはないとしても，現に裁判所書記官としての業務に支障が生じていることが認められ，昇任昇給等の人事評価上不利益を被ることがあり得ること，その不利益が現実化しない部分があるとすれば，作業効率が下がった中での本人の努力によるものというべきであることが認められるとして，事故前年の収入を基礎に，加齢による聴力低下を考慮し，労働能力喪失期間を30年間，労働能力喪失率を10%として後遺症逸失利益を認めた。），名古屋地判R3.4.7（自J2098。12級足指用廃等併合12級を残す固定時33歳で減収のない会社員の女性について，減収が生じていないのは本人の努力等が寄与しているとし，配置転換の可能性は否定できず，その際事務職以外への転換が難しく，今後の昇給や昇格に不利益が生じる可能性が否定できないとして，67歳まで10%の労働能力喪失を認めた。）。派遣社員の場合は転職の可能性が高いことが考慮される（京都地判R3.11.16（自J2112））。東京地判R3.4.7（自J2097）は，12級手関節機能障害を残す45歳会社員男性について，事故後増収しているが労働への現実的影響が出ているとして，「12級の労働能力喪失率14%より若干減じた12%とするのが相当である。」とした。福岡地判R5.7.13（自J2157）も，12級足指用廃等併合12級を残す減収のない24歳女性公務員について，後遺障害がもたらす経済的不利益を是認するに足りる特段の事情が認められるとして，67歳まで12%の労働能力喪失を認めた。仙台地判R5.10.31（自J2159）も，11級脊柱変形等併合10級と認めた減収のない54歳男性国家公務員について，定年までは実収入を基礎に20%，以降9年間は賃セ学歴計年齢別平均を基礎に27%の喪失率で逸失利益を認めた。

(309)　赤い本合本Ⅱ218頁「後遺障害非該当の場合の逸失利益」。たとえば大阪高判R5.8.25（自J2164）は，自賠責併合14級の頚部痛及び腰痛等につき，14級を否定したが，神経症状が残存し労働能力を3年間3%喪失したとして逸失利益を認めた。

(5) 既存障害がある場合[310]

ア　既存障害の損害評価が問題となる場面

既存の障害を持つ人が交通事故にあい，更に後遺障害を負った場合，後遺症逸失利益の算定において既存障害をどう扱うべきか問題となる（後遺症慰謝料については429頁で述べる。）。

労災保険及び自賠責保険における後遺障害は，部位と系列で分類されているが，現症と既存障害が「同一部位」（原則として同一系列であることを言う。必携87頁）であるかどうかで扱いを異にし，同一部位であれば「加重」（460頁）が問題となる。

既存障害が現症と同一部位でない場合は，基本的には，既存障害は今回事故による労働能力喪失に影響していないと考えられるから，既存障害がない場合と同様に後遺症損害を計算してよい。逸失利益は今回事故時の実収入に現症の労働能力喪失率を乗じる方法により算定するのが原則的な扱いである。なお，同一部位（系列）の範囲が広い神経・精神の障害において，損害算定上同一部位として扱うべきかどうかが問題となる場合については，461頁（同一部位判決）を参照されたい。

これに対し，既存障害が現症と同一部位で，加重の扱いを受ける場合（過去の自動車事故で自賠責保険による後遺障害等級が認定されている場合のほか，過去に自賠責の等級認定を受けていないが，後遺障害等級に該当する事故前からの障害が認定される場合がある。）は，既存障害の影響と今回事故の影響が一部重なっている可能性があるため，今回事故による後遺症逸失利益の賠償をどの範囲で認めるかは難しい問題となる。

イ　加重の場合の逸失利益算定の考え方

裁判例に表れた加重の場合の逸失利益算定の考え方は，おおむね以下のように整理できる[311]。

---

(310)　赤い本2006年下巻「加重障害と損害額の認定」，同2024年下巻「既存障害のある被害者の損害算定について」，豊田正明「既存障害がある場合の労働能力喪失率の認定方法と逸失利益の算定方法」（新潮流），田中陽「素因減額と加重障害」（到達点）。

(311)　分類は前掲赤い本2006年下巻，同2024年下巻，LP178頁～179頁による。百選129頁は，Aを喪失率認定方式，Bを全体差引方式，Cを寄与度減額方式と呼んでいる。

A　今回事故直前の実収入（または既存障害を考慮して平均賃金を減額した額）を基礎収入とし，これに今回事故自体による労働能力喪失率を乗じる方法

B　加重後の後遺障害による逸失利益から，今回事故による受傷がなかった場合の（既存障害のみによる）逸失利益を控除する方法（今回事故時の実収入から逆算した，既存障害がなければ得られた収入を基礎収入とし，現症の喪失率から既存障害の喪失率を控除したものを喪失率とする。）

C　既存障害の存在を考慮せずに算定した加重後の逸失利益額から，既存障害を理由に素因減額（ないし寄与度減額）する方法（今回事故時の実収入から逆算した既存障害がなければ得られた収入，または実収入を基礎収入とする。）

今回事故時の実収入を基礎収入とすることができる等の比較的材料が揃った事案では，一般的な逸失利益算定（事故時の実収入 × 事故の障害による労働能力喪失率 × ライプニッツ係数）と同様の考え方に立つA方式を原則とすべきであると考えられる[312]。

ウ　A方式の問題点

A方式をとる場合，今回事故による喪失率をどう認定するかが問題である。近時の裁判例には，後述のように既存障害を考慮する必要がないとされた場合を除き，今回事故自体による喪失率を独自に認定する[313]のではなく，加重後の後遺障害の喪失率から既存障害の喪失率を

---

(312)　前掲赤い本2006年下巻138頁。

(313)　喪失率を独自認定した裁判例として，以下のものがある。東京地判H14.11.26（交民35-6。要約102，交通百選）は，現症左肩関節機能障害，右手指・右手関節機能障害，鎖骨等の変形で併合5級（既存障害の慢性関節リウマチによる右手関節機能障害につき裁判所は8級に当たると認定）の被害者について，「労働能力喪失率表を適用すれば，原告は，本件事故前，既に45%の労働能力を喪失していたところ，本件事故後，79%の労働能力を喪失した状態になったから，本件事故により加重された労働能力喪失率はその差である34%ということになる（略）。しかし，（略）原告は，本件事故前は，慢性関節リウマチによる右手関節の機能障害があったものの，電車で通勤してドイツ語教師として稼働することができたのに，本件事故の結果，これに加えて，左肩関節の機能障害，右手指の機能障害，左鎖骨・肋骨・肩甲骨等の体幹骨の変形障害が残ったため，階段の昇降等が不自由になり，電車による通勤が困難となって，20数年間勤務していた

控除する方法（引き算方式）をとるものが多い(314)。

しかし，今回事故時の実収入＋喪失率引き算方式は，既存障害の影響下で得られた基礎収入額を採用した上で，喪失率については既存障害が影響するとされる割合を差し引く点で，理論的に問題がある。特に，前回事故後に減収がある場合は，引き算方式をとると既存障害が二重に評価されることになり，過少算定となるおそれがある。かといって，現症に対応する喪失率は，既存障害のない者が障害を負ったことを前提としているところ，加重後の喪失率は既存障害による労働能力の喪失分を含んでいると考えられるから，加重後の等級に対応する喪失率をそのまま採用すればよいともいえない。

前回事故時の収入に関する資料があり，前回事故後収入が減少していないことが確認できる場合は，既存障害の影響が現実化する前の収入が維持されていると言えるから，喪失率引き算方式をとることが過少算定になるとはいえないだろう。また，前回事故から相当期間が経過している等により，今回事故時の収入における既存障害の影響が判然としない

（略）におけるドイツ語教師の仕事を辞めざるを得なくなったこと等の事情を考慮すると，本件事故を原因とする原告の新たな労働能力喪失の程度は50％と認めるのが相当である。」とした。慰謝料も独自認定（引き算方式なら1400－830＝570万円のところ850万円）。京都地判H27.1.26（自J1947）は，現症高次脳機能障害5級，（既存障害右上肢の神経障害12級）を残す被害者について，事故前年の年収127万円余を基礎収入とし，喪失率を100％とした（原告は79％を主張していた。）。固定時68歳であったことも関係しているかもしれない。慰謝料も独自認定（1300万円）。京都地判R3.12.21（自J2118）は，現症脊柱変形6級（既存脊柱変形8級相当）の被害者について，薬局経営者としての収入が主であり，自身が十分稼働できるかどうかによって左右される部分は小さかったこと，現症により業務への支障がどの程度大きくなったか判然としないことから，5％とした（慰謝料は1180－830＝350万円）。

(314)　A方式（喪失率は引き算方式）をとる裁判例をあげる。名古屋地判H27.7.22（交民48-4）は，現症脊柱変形6級，右膝痛12級の併合5級（既存障害腰椎変形11級）を残す被害者について，事故年推計収入361万円余を基礎収入とし，喪失率を79－20＝59％とした。名古屋地判R3.3.16（2021WLJPCA03169004）は，現症脊髄症状2級（既存障害神経症状12級，脊柱変形6級の併合5級）を残す被害者について，既往症があったこと，家事を分担していたことから，基礎収入を120万円とし，喪失率を100－79＝21％とした。神戸地判R3.6.25（交民54-3）は，現症左下肢CRPS7級，右下肢神経障害12級（残存期間10年）の併合6級（既存障害頚部痛等14級）を負う被害者について，基礎収入を60歳の退職まで事故前年の年収903万円余，退職後64歳まで435万円余（男性60～64歳），65歳以降372万円余（同～69歳），喪失率を右下肢の障害の残存期間中は67－5＝62％，その後は56－5＝51％とした。

場合も，引き算方式による喪失率を今回事故による喪失率とすることは必ずしも不当とはいえないだろう。この場合は，慰謝料額を増額することが考えられる。

結局，事案に即して適切な喪失率を認定すべきことになるが，既存障害及び現症障害の部位・内容・程度，両事故の時間的間隔，既存障害及び現症障害の就労状況や日常生活への影響，実収入の推移等を勘案して，今回事故時の収入が既存障害をどの程度反映しているか（既存障害が今回事故時の収入にどの程度影響していたか）を認定し，本件事故時の収入が既存障害の影響を相当程度受けていたと認められる場合は，単純な引き算ではなく，影響の程度に応じて，現症の喪失率の範囲内で，実情に即した喪失率を認定することが適切ではないかと考える。もちろん，労働能力喪失率表の喪失率も参考にすぎないはずであり，実態を反映した喪失率を積極的に主張立証すべきである。

なお，A 方式をとる場合でも，喪失率について，引き算方式ではなく，今回事故後の労働能力と今回事故前の労働能力の比率による（減少比方式）裁判例もある(315)。

エ　B 方式の問題点

B 方式は，今回事故時の実収入から既存障害がなければ得られた収入を逆算する（割り戻す）ものである(316)。今回事故時の収入は既存障害の

---

(315)　たとえば，既存障害が 11 級で現症が 8 級（11 級の加重）の場合，喪失率は，{(100−20)−(100−45)} ÷(100−20)＝31.25%となる。A 方式で減少比方式をとる場合と，B 方式で引き算方式をとる場合とでは同じ逸失利益額になる。理論的にはこの方式が正しいと言える（最前線 72 頁）が，現実には，前回事故による減収を資料によって確認できる上，前回事故からの経過年数が数年にすぎない等の事案を除き，より実態に即した結果が得られるとはいえず，限界がある。裁判例として，広島高判 H28.1.22（自 J1970）は，脊柱変形の既存障害を有する 73 歳女性の 8 級胸腰椎運動障害による後遺症逸失利益算定につき，「X の胸腰椎部の運動障害は 8 級に相当するものであり，これによる労働能力喪失割合は 45%と認められる。これに左臂部のしびれ（14 級相当）が加わっても，上記労働能力喪失割合は変わらない。もっとも，X には，11 級に相当する脊柱変形障害の既存障害があり，これによる労働能力喪失割合は 20%と認められるから，本件事故による X の労働能力喪失割合を 30%と認めるのが相当である」とした。1−(1−0.45)÷(1−0.2)＝0.3125 を参考としていると解される。現症の等級に対応する喪失率が 100%の場合について，赤い本 2024 年下巻 60 頁及び前掲名古屋地判 R3.3.16 を参照のこと。

(316)　B 方式をとる裁判例として，名古屋地判 H22.5.14（交民 43-3。最前線 2）は，現症難聴 9

影響の下で得られたものであるから，既存障害がなければ得られた収入を基礎収入とし，喪失率について引き算方式をとるのは，既存障害を二重評価しないという点では理論的に正しいと言える。

しかし，収入の減少には既存障害以外にも様々な要因があり得るし，被害者の努力等により減収が抑えられている場合もあるから，逆算によって得られた額が既存障害がなければ得られた収入であるとは直ちにいえず，実態から離れた結果となるおそれがある(317)。

オ　基礎収入に賃金センサスを用いる場合

家事従事者や年少者のほか，若年者につき全年齢平均賃金を用いる場合等，既存障害の影響を反映した実収入を算定できない場合は，賃金センサスの平均賃金が基礎収入とされる。

その場合，労働能力喪失率は，現症の喪失率から既存障害の喪失率を控除して求める裁判例が多い（B方式）(318)。この場合の基礎収入額は既存障害の影響を受けていない状態を前提としているから，実収入を基礎収入とする場合に比べて理論的な問題は少ないとは言える。もっとも，この場合でも，今回事故による喪失率を的確に認定できる（現実には難しい場合が多いだろうが）場合は，A方式による（基礎収入は既存障害の影響を織り込んで平均賃金から減額されるだろう。）ことも可能であると解される(319)。

では，障害を持つ未就労の若年者の死亡及び後遺症逸失利益の算定における基礎収入はどう考えるべきだろうか。学説においては平均賃金からの減額に疑問が呈されているが，実務家としてはどう考えるべきだろ

級程度（既存障害難聴11級程度）を残す被害者について，事故時年収240万円を(1－0.2)で除して基礎収入とし，喪失率を35－20＝15％とした。素因減額については，「素因を考慮すべき部分については，既往症からの増悪部分で後遺障害慰謝料や逸失利益を算定した部分において考慮し尽くされているというべきである。」として否定した。

(317)　既存障害が，今回事故と比較的近い時期に発生した前回事故により発症し，それが原因となって今回事故以前に減収が生じていたと認められる場合は，前回事故時の実収入を既存障害がなければ得られたであろう収入として認定できるとの指摘がある（赤い本2024年下巻63頁）。

(318)　たとえば，若年労働者で賃セ平均賃金を基礎収入とする場合について，横浜地判H25.7.25（自J1909）は，現症併合7級（既存10級）の被害者の喪失率を56－27＝29％とした。

(319)　赤い本2024年下巻61頁。

うか。注(239)の裁判例を参照されたい。

カ　引き算方式（A方式・B方式）の前提を欠く場合

既存障害と現症が同一部位であっても，既存障害が労働能力に影響していないと認められる場合は，引き算方式をとる前提を欠くから，喪失率の認定において考慮しない(320)。既存障害がむち打ち症等による神経症状である場合については，406頁以下で検討する。

既存障害とは別部位の後遺障害のみでも現症の併合等級の認定ができる場合も，同様に既存障害を考慮せず，現症の等級を前提とした喪失率を採用する(321)。

キ　C方式の問題点

既存障害の程度や今回事故自体による喪失率の認定が困難である場合にも逸失利益額が算定できるという長所があるが，大雑把であり，事案ごとのばらつきが大きくなると指摘されている。

C方式をとる裁判例には，加重とならない，現症と既存障害がいずれも14級9号等の場合(322)のほか，心因的要因の寄与が素因減額事由とし

---

(320)　たとえば，大阪地判H27.11.27（自J1965）は，現症歯牙障害12級，疼痛14級の併合12級（既存歯牙障害13級）を残した被害者について，歯牙障害は労働能力に影響しないとして現症，既存障害ともに考慮せず，喪失率を5%とした。名古屋地判H25.1.24（交民46-1）は，現症醜状障害7級，歯牙障害13級の併合6級（既存歯牙障害14級）を残す高校生の被害者について，女性高専・短大卒全年齢平均賃金を基礎に，歯牙障害は考慮せず喪失率を12%とした。

(321)　たとえば，神戸地判H26.3.7（自J1926）は，右膝関節機能障害10級，醜状障害12級，右下肢瘢痕14級，歯牙障害10級の併合9級（既存歯牙障害11級の加重）を残した被害者について，労働能力喪失率27%とした（外貌障害と歯牙障害は労働能力に影響を及ぼしたとは認められないとした。）。

(322)　たとえば，後掲東京地判H26.11.18（交民47-6）は，現症頚部痛等の14級（既存障害も14級神経症状）を残した被害者について，受傷部位が前件事故での部位と同一の頚部であるが，前件後遺障害が14級であったこと，前件事故から10年以上が経過していること，本件事故前に頚部痛等の症状がなかったこと等から，本件事故時には前件後遺障害はかなり軽減しており，本件事故によって症状が再発または悪化したものと認められるとして，14級後遺障害を認定した上で，前件事故と受傷部位が同一であることから，前件後遺障害の影響があるとして，損害合計から3割素因減額した。また，後掲大阪地判H26.4.10（自J1930）は，現症頚部痛等14級（既存障害頚部痛等14級）を残す被害者について，基礎収入を年齢別平均賃金の8割，喪失率を5%とした上で，前回事故の通院打切りから今回事故まで3月10日しか経過していないこと，症状の部位及び内容はほぼ同一であることから，素因減額20%とした。

て考慮された事案[323]や，既存障害が精神障害である事案[324]が比較的多い。実収入が既存障害のために低くなっている場合に実収入を基礎収入としたうえで加重障害を理由にさらに減額すると，既存障害を二重評価することになるため，減額率を調整（低く）すべきであるとされる[325]。

素因減額を行う考え方としては，C 方式（一段階方式）のほか，少数ながら，A 方式またはB 方式による損害算定後に，既存障害の影響を考慮して更に素因減額を行う方法（二段階方式）もある[326]。二段階方式をとる場合，素因減額は，受傷程度と現症とのアンバランスが大きいなど，A 方式またはB 方式のみでは既存障害の影響を反映しきれない場合において，そのような事情を反映させる限度にとどめられなければならない（同一事由を二重に評価してはならない。）[327]。

---

(323)　東京地判 H19.11.7（交民 40-6）は，左下肢神経障害 7 級，右下肢神経障害 12 級の併合 6 級（既存障害左下肢 RSD12 級）を残す被害者（家事従事者）について，基礎収入を女性学歴計全年齢平均賃金とし，喪失率を 67%とした上で，本件事故は比較的軽微な事故であり，頚椎，腰椎及び頭部については，レントゲン及び CT の結果，特に異常が認められなかったことを踏まえ，本件事故及び心因的素因が競合して左下肢の既存障害が増悪し，右下肢の症状を発症させたとして 5 割素因減額した。

(324)　大阪地判 H25.3.8（交民 46-2）は，現症脊髄損傷による下半身麻痺等 1 級（既存障害症状精神病 9 級）を残す被害者について，刑務所出所後仕事をしていなかったこと，覚せい剤による症状精神病は完全に治癒しているとは認めがたいこと，技能講習を修了していること等から，基礎収入を男性中卒年齢別の 50%とし，喪失率を 100%とした上で，症状精神病は覚せい剤使用による行動の障害が含まれ，行動にも障害が現れていたことから，素因減額 25%とした。

(325)　赤い本 2006 年下巻 146 頁。

(326)　2 段階方式をとる裁判例として，たとえば，さいたま地判 H18.8.4（自 J1682）は，現症神経障害 1 級（既存障害多発性脳梗塞 9 級）を残す被害者（家事従事者）について，基礎収入を女性 60 歳の平均賃金とし，喪失率を 100－35＝65%とした上で，既往の多発性脳梗塞が，本件事故による外傷性のびまん性軸索損傷による症状の増幅に寄与したことは否定できないとして，30% 素因減額した。2 段階方式をとる裁判例は，現症が重い（対応する喪失率が大きい）場合が多い。なお，素因減額が行われるのは，自賠責で加重の扱いがされる既存障害が認められる場合に限らない。

(327)　赤い本 2024 年下巻 75 頁は，「二段階方式は，素因減額をするか否か，また素因減額をする場合にはその対象とする損害について，裁量が及ぶ範囲が限定されているといえます。素因減額で考慮する事情についても，（略）一段階目の基礎事情とは一応区別できるものといえます。」としている。

(6)　既存障害がむち打ち症等である場合

ア　局部神経症状の損害算定

前回事故で頸椎捻挫，腰椎捻挫等により12級や14級が認定された被害者が，今回事故で新たに神経系統の障害を負ったと主張する場合（自賠責で同一部位であり加重にあたらないとして後遺障害認定を得られなかった場合を含む。），支払側から，現症は前回事故の影響によるものであるとして因果関係が争われたり，素因減額（寄与度減額）が主張されたりすることが多い。

頸椎捻挫，腰椎捻挫等による局部神経症状については，時の経過とともに労働能力への影響が減少するとして，労働能力喪失期間を5年程度（14級）ないし10年程度（12級）に制限して逸失利益を算定する裁判例が多いが，今回事故時には既存障害の影響を無視できると評価されれば，既存障害を考慮せず損害算定すべきことになる。

イ　古いむち打ち症等

古い(328)むち打ち後遺症等は，今回事故の損害算定では無視される（素因減額・寄与度減額されない）ことが多い。

減額を否定した裁判例として，京都地判令和3年5月18日（前回事故から約16年）(329)，神戸地判平成29年9月28日（同約7年6月）(330)，

---

(328)　14級で5年，12級で10年程度という一般的な労働能力喪失期間を明らかに過ぎている場合である。最前線71頁～72頁。

(329)　自J2100。自賠責は加重に至らず非該当とされたが裁判所は後頚部痛及び腰背部痛それぞれ14級で併合14級と認定，既存障害は後頚部痛，後頭部痛及び頭痛等14級。自賠責保険の認定と異なり，「損害賠償の算定においては，自賠法施行令の「加重障害」に当たらない場合であっても，先行事故後の後遺障害による損害と後行事故後の後遺障害による損害とが実質的に重なるものではなく，損害賠償を二重に利得する関係になければ，後者による損害賠償を認めることは何ら不当ではなく，むしろ損害の公平な分担を図る趣旨に適うものといえる。」「本件事故は前回事故の約16年後に発生したものであること，いわゆるむち打ちによる14級の神経症状の残存期間は一般に3～5年程度と考えられており，原告の場合も前回事故による神経症状は数年程度で完全に消失していたと認められることからすれば，前回事故による後遺障害は，本件事故による後遺障害認定に影響しないと解するのが相当である。」

(330)　自J2012。現症頚・項頚部痛14級，腰痛等14級の併合14級（自賠責は加重に至らず非該当），既存障害頚部痛等14級，腰部痛等14級の併合14級。「自賠責保険の事前認定手続における判断（略）も，他覚的所見が認められず，別件後遺障害認定があるため，本件事故による後遺障

名古屋地判平成29年4月21日（同約8年5月）(331)，東京地判平成28年10月12日（同約7年10月）(332)，大阪地判平成28年3月16日（同約25年）(333)，神戸地判平成27年3月10日（同約26年）(334)，横浜地判平成26年8月28日（前々回事故から約8年，前回事故から約4年）(335)，大阪高判平成25年7月11日（前回事故から約20年）(336)等がある。

害が別表第二14級相当に留まる限り，障害程度を加重したものとは捉えられず，自賠責保険における後遺障害には該当しないとの判断をしているのであり，本件事故による別表第二14級相当の後遺障害が残存することを否定する趣旨とまではみられないことを併せ考えれば，反訴原告が本件事故を機に訴えるようになった各症状については，自賠責保険の事前認定手続における判断にかかわらず，別表第二併合14級と認めるのが相当である。」

(331)　交民50-2。現症後頚部・腰部痛14級（自賠責は加重に至らず非該当），既存障害頚椎捻挫後の両頚部から上肢への痛み等，腰部捻挫後の腰痛等併合14級。平成18年の交通事故後，他の交通事故や手指の骨折等で通院しているが，同21年5月の診断書に頚部痛，腰痛が残存している旨の記載があるものの，それ以降カルテには当該症状の記載がないことも考慮している。

(332)　交民49-5。現症頚部痛14級（自賠責は加重に至らず非該当），既存頚部痛等14級。「前回事故以後の症状の推移，通院実績及び本件事故時の勤務状況等に照らせば，原告の上記残存症状が，前回事故による後遺障害ないし変形性頚椎症の既存障害によるものとは認められないというべきである。」原告の年齢（事故時46歳）及び本件事故による後遺障害が14級9号の神経症状であること等に照らせば，変形性頚椎症の既存障害を理由に素因減額することも相当でないとした。

(333)　交民49-2。7級RSD（既存頚肩部痛，左手しびれ等14級）の後遺症慰謝料の算定に加重障害は考慮しないとした。

(334)　自J1948。現症神経障害9級，歯牙障害10級の併合8級（26年前の事故による既存神経障害12級，歯牙障害12級の併合11級の加重）を残す被害者について，12級神経症状は事故後5年ないし10年で消失等により労働能力に影響を及ぼすことがなくなると考えられており，これを考慮するのは相当ではないとした。減収がないが収入維持のための努力をしているとして喪失率25%とした。

(335)　交民47-4。現症頚部及び腰部神経症状14級（自賠責は加重に至らず非該当），既存腰部・頚部神経症状14級。「このような別件事故1ないし別件事故2による後遺障害の程度や本件事故までの間に相当期間が経過していることに加えて，原告は，平成24年7月に富士山に登頂した他，同年11月に野球の試合に4番1塁手として出場するなどしており，本件事故当時，積極的にスポーツをしていたこと，原告は，本件事故当時，腰痛や右上肢しびれの症状等のための通院等しておらず，別件事故1ないし別件事故2による後遺障害が残存していたことをうかがわせる証拠も見当たらないこと（略）を併せて考えれば，原告の別件事故1ないし別件事故2による後遺障害は，本件事故当時，残存していたと認めることはできない（なお，このように解することは，一般に，後遺障害等級表の第14級第9号の神経症状についての後遺障害に係る労働能力喪失期間が3から5年程度に制限されていることとも整合的である。）。」

(336)　自J1902。現症頚部神経症状14級（自賠責は非器質性精神障害12級と併合12級），既存頚部神経症状14級。「原告が後遺障害14級の認定を受けたのは20年ほど前であり，これによる症状の程度は本件証拠上明らかでないこと，原告が平成18年及び平成19年，平成21年1月に頸部

もっとも，古いむち打ち等でも，今回事故後の損害発生・拡大に寄与しているとして，今回事故の損害算定において考慮（素因減額）されることがある。素因減額を認めた裁判例として，大阪地判令和2年11月16日（前回事故から約9年）(337)，東京地判平成26年11月18日（同約10年）(338)，神戸地判平成26年6月27日（同約6年10月）(339)等がある。

痛を訴えてB病院整形外科を受診したが，いずれも継続的に通院した旨の記録はないこと，平成19年11月9日の検診の結果では普通就労が可能と診断されていることからすると，本件事故当時に原告が鍼灸治療を受けていたとしても，本件事故後に原告が訴えた頸部痛の症状が，本件事故当時まで残存していた過去の事故に起因する後遺障害の症状であるとは認められない。また，本件事故の態様からは，上記認定の程度の頸部痛が残存することも十分に考えられるものであり，原告が本件事故から一貫してその症状を訴え，医師もその訴えをとりあげて頸椎捻挫と診断し，治療を施していることからすると，本件事故による頸部の神経症状が被告らの主張するような極めて軽度の頸椎捻挫であるとは認められない。」

(337) 自J2087。現症頚部痛，頭痛，左上肢放散痛，左小指しびれ感，めまい，左手指脱力感14級（自賠責は加重に至らず非該当），既存頚部痛等14級。「前件事故から本件事故までに約9年が経過しており，原告は，本件事故前の5年間（診療録の保存期間）において，前件事故による治療のために，C整形外科や他の医療機関に通院していたとは認められない。また，本件事故後の救急搬送時及び後遺障害診断書において，既存障害ないし既往症はないと診断されている」ことから，「被告の主張する上記①，②の各事情をもって，本件事故により後遺障害等級表14級9号に相当する後遺障害が生じたとの認定を覆すには足りない」としたが，「本件事故による後遺障害（頸部痛，頭痛，左上肢放散痛，左小指しびれ感，めまい，左手指脱力感の症状）と前件事故による後遺障害等級認定において認定された後遺障害（頸部痛，頭痛，両上肢しびれ感，めまい，両手指脱力感，立ちくらみ等の症状）とは，部位及び症状の内容の点で同一であることからすると，本件事故による損害は，本件事故による後遺障害と，前件事故による後遺障害とが共に原因となって発生したと認められる」ことから，「前件事故から約9年経過していることなどの事情を考慮し，当事者の公平の観点から，1割の素因減額をする」とした。

(338) 交民47-6。現症頭痛，頚部痛，両肩甲部痛，背部痛及びめまい（自賠責は加重に至らず非該当），既存頚部痛，僧帽筋痛，頭痛，背部痛等14級。「前回事故により本件事故と同一の部位である頸部を受傷し，後遺障害が認定されている（略）ものの，前回後遺障害が，後遺障害等級表14級9号相当の軽微な神経症状であったこと，前回事故から本件事故までに10年以上が経過していること，本件事故前，原告に本件事故後と同様，同程度の頸部痛，頭痛等の症状があったと認めるに足りる証拠はないことを総合すると，本件事故時には，前回後遺障害はかなり軽減していたものであり，本件事故により症状が再発又は悪化したものと認めるのが相当である。」として14級9号の後遺障害を認めたが，「本件事故による受傷部位と前回事故による受傷部位が同一であることからすると，原告の本件事故による傷害，後遺障害の発症又は悪化には，前回後遺障害の影響があるものと認められるから，当事者の公平の観点により，3割の素因減額をするのが相当である」とした。

(339) 自J1933。現症頚部神経症状14級（自賠責の判断なし），既存頚部痛等14級。本件で14級9号認定（前回事故で自賠責14級）の被害者について，「本件事故の衝撃が必ずしも小さいもの

ウ　新しいむち打ち症等

新しいむち打ち等の既往がある場合は，今回事故による後遺障害が認められても，素因減額（寄与度減額）されることが少なくない。

素因減額を認めた裁判例として，大阪地判平成30年10月30日（前回事故から約5年半）(340)，大阪地判平成26年4月10日（前回事故から1年3月余り）(341)，千葉地判平成26年1月31日（前回事故から1年半弱）(342)等がある。

ではなかったことや，原告が本件事故後からの新たな頸部痛を一貫して訴えていることなどをも考慮すると，原告は，本件事故により，頸椎捻挫の傷害を負い，頸部痛の自覚症状を内容とする後遺障害が残存したものであって，その程度につき14級9号（略）に該当するものと認める」とした上で，「前回事故は乗車中の自動二輪車が他車と衝突し，原告が路上に転倒して大きな衝撃を受けたもので，その結果，本件事故と同じ頸椎捻挫の傷害を負っていたことや，前回事故後，原告が身体障害者5級の認定を受け，本件事故当時は自動車の運転や魚釣りができる程度の身体状況になっていたものの，未だ無職で就職活動もできない状況であったことなどをも考慮すると，前回事故による後遺障害が本件事故による負傷にかなりの程度寄与したものと考えるのが相当であり，その寄与度減額として全損害の40%を減額するのが相当である。」とした。

(340)　自J2037。現症頚部痛等，腰痛等併合14級（自賠責も加重の扱いをせず併合14級），既存障害腰椎捻挫後の左腰痛，臀部痛，右下肢痛，しびれ感等で14級。「本件事故前から原告に存在した腰部の疾患が，本件事故による治療期間（注：約1年）を通常より長期化させたものと認められ，素因減額を行うことが相当である。そして，その割合は，症状固定日までの期間，原告に認定された後遺障害の程度等の事情に照らし，20%とする」とした。

(341)　自J1930。現症頚部痛，腰痛，右手しびれ14級（自賠責は加重に至らず非該当），既存障害頚部痛，両手しびれ14級。前件事故による治療は，「前件事故による後遺障害診断がされた後も続けられたが，（略）に多少の痛みを残す程度には改善したため，リハビリ治療のための通院を打ち切っていたこと，本件事故後に痛みが生じて通院が再開されていること，前件事故による症状が頸椎捻挫を原因とする神経症状であること等からすれば，素因減額を考慮する必要性はさておき，本件事故による後遺障害の評価が前件事故による評価で全て尽くされているとはいえない」として14級9号にあたるとした上，「前件事故による通院を打ち切ってから本件事故までは3ヶ月10日間しか経過していないこと，前件事故の通院を打ち切った際にもいまだ痛みが残っている状況にあったこと，前件事故と本件事故による症状の部位及び内容はほぼ一致していることに照らすと，前件事故によって負った後遺障害が，本件事故による傷害の治療経過及び後遺障害の程度に寄与したと認められる。そして，上記各事情に照らすと，後述の原告に発生した損害額の2割をその素因として減額することが相当である」と2割の素因減額を適用した。

(342)　自J1917。現症頚部神経症状・耳鳴り14級，めまい12級（自賠責はめまい14級，耳鳴りは加重に至らず非該当），既存左側後頭部の神経症状14級。「原告は，本件事故当時，頸部に疾患を抱えた状態にあって，これが本件事故により増悪したものであり，本件事故後の原告の頸部の症状には，原告に以前からあった疾患が相当程度影響していたものと認められる。一方，原告には本件事故によってめまいや耳鳴りの症状も発生したのは（略）のとおりであるところ，前回事

もっとも，新しいむち打ち等も当然に考慮されるわけではない。既存障害による減額を否定した裁判例として，東京地判平成29年1月30日（前回事故から約5年5月）[(343)]，大阪地判平成28年2月26日（同約3年）[(344)]等がある。

エ　まとめ

裁判例を検討すると，今回事故による逸失利益算定に当たっては，前回事故から今回事故までの期間だけでなく，諸事情が個別に検討されている。請求側代理人は，症状の部位・内容，治療経過（カルテの記載が重要な資料となる。），収入の推移等を踏まえて，今回事故時には既存障害の影響が消失または軽減していたこと，今回事故による症状は同事故によって発生または増悪したことを，丁寧に主張立証しなければならない。

(7)　労働能力喪失期間

ア　始期

症状固定日である。

未就労者は原則として18歳だが，大学卒業を前提とする場合は，22歳（大学卒業時）とする。372頁を参照されたい。

18歳未満の未就労者については，67歳までのライプニッツ係数から18歳まで（大卒の平均賃金を用いる場合は22歳まで）のライプニッツ係

故によってめまいや耳鳴りの症状が発生したことをうかがわせる証拠はなく，本件事故と前回事故による原告の症状が相違点を有することに鑑みて，損害の公平な負担の観点から，原告に生じた損害についてその2割を減額する」とした。

(343)　自J1997。前回事故で自賠責は頚部痛14級，裁判所は今回事故の頚部痛を14級認定。「原告には後遺障害等級14級の既往症があるが，本件事故時，自転車に乗って稼働先に行く途中であり，後遺障害による就労制限が残存していたとは認めがたく，既往症による減額はしない。」として減額を否定した。原告の頚髄損傷1級の主張を退けている。

(344)　自J1974。現症めまい14級（自賠責はめまいを14級，頚部痛等は加重に至らず非該当とした。），既存障害後頚部痛，頭痛等14級。「これらの各事実（注：自転車や原付による転倒事故による通院）によっても，原告に，本件事故時において，前件事故を含む本件事故より前に発生した事故の際の負傷による症状が残存していたと推認することはできず，原告について，素因減額をすべきであるということはできない。」として素因減額を否定した。

数を差し引く（中間利息控除）。

イ　終期

原則として67歳[345]だが，症状固定時に67歳を超える者は原則として平均余命の２分の１を喪失期間とする。症状固定時から67歳までの年数が平均余命の２分の１より短くなる者については，原則として平均余命の２分の１を喪失期間とする。大部分の裁判例はこの基準によって喪失期間を算定しているが，職種，地位，健康状態，能力等を考慮して，これと異なった認定がされることがある[346]。死亡逸失利益の項（376頁）を参照されたい。

ウ　むち打ち損傷等

裁判では，むち打ち損傷等の局部神経症状について，14級で５年程度，12級で10年程度に制限されることが多い[347]。示談交渉段階では，むち打ち損傷のほか，それ以外[348]の局部神経症状についても，相当短縮した労働能力喪失期間によって逸失利益額が提示されることが多い。しかし，障害の発生機序や程度等の具体的事情に基づいて判断されなければならない。

エ　骨折後の疼痛の残存等

14級９号が認定されたむち打ち損傷以外の局部の疼痛についても，喪失期間を短縮する裁判例が少なくないが，５年に短縮される傾向があるとはいいにくい。たとえば，神戸地判平成25年10月10日[349]はケロ

(345)　もともと，昭和40年の生命表の０歳男性の平均余命67.74歳によったものであるが，現在まで定着している。これを70歳とすべきではないかということについては375頁のとおり。

(346)　たとえば京都地判S62.5.6（交民20-3，要約93）は，54歳女性被害者（芸事の教授）の事案である。事故時の平均余命の２分の１は14年であったから，54+14=68だが，現在では２分の１は16年であるから70歳となる。比較的高齢の場合は，平均余命の２分の１という原則でいくか，職業の特質（高齢でも稼働可能）を踏まえてそれ以上主張するか検討する。

(347)　14級９号につき10年とするものもある（横浜地判H23.12.21（自J1869）等)。札幌地判R6.6.5（交民57-3）は，上肢打撲，頚胸腰椎捻挫後の14級神経症状を残す固定時48歳男性歯科技工士につき，67歳まで10%を認めた。

(348)　赤い本2007年下巻「むち打ち症以外の原因による後遺障害等級12級又は14級に該当する神経症状と労働能力喪失期間」75頁（12級の検討を含む)。

(349)　自J1922。膝瘢痕と疼痛を残す30歳女性について，減収はないが67歳まで37年間5%喪失

イド状瘢痕部の疼痛について67歳まで，神戸地判平成25年9月12日[350]等は骨折部の疼痛等について10年間としている。

骨折部の疼痛でも，12級13号については，年齢，障害内容，就労への影響等を考慮して，喪失期間を短縮せず67歳まで認めるものも少なくない[351]。

外貌醜状については労働能力喪失率が争われるが，労働能力喪失期間が短縮されることもある[352]。

非器質性精神障害による労働能力喪失期間も，改善の見込みがあるとして短縮される（10年とするものが比較的多い。）傾向にある[353]。

を認めた。骨折後の頚部痛等14級について，東京高判R4.3.2（自J2122）も67歳まで16年認めた。

(350) 自J1913。42歳男性公務員（ごみ収集業務）の左手関節部痛及び左足趾痛による後遺症逸失利益について，減収はないが，「原告の就労状況や職務上の支障の状況，原告の左手関節部痛について，現在でもその自覚症状が続いているものの，左橈骨遠位端骨折部の骨癒合は得られており，関節面の不整等の異常所見は認められず，神経症状は，経年により緩和する可能性が高いと考えられることなどを総合考慮すると，原告の後遺障害逸失利益の算定については，原告の本件事故前年の年収（略）を基礎として，原告の労働能力喪失率は5%，労働能力喪失期間は10年間」とした。

(351) たとえば京都地判H21.2.18（交民42-1，要約94）は，「原告の症状固定時（略）の年齢（42歳（略））に照らし，労働能力喪失期間は25年と認められる（略）。なお，この点につき，被告らは，原告に残存する神経症状は経年により緩和することに照らし，労働能力喪失期間は2年から3年までが限度とされるべきであると主張するものの，（略）原告の膝関節面に不整が生じているというのであって，このことを前提とすると，必ずしも原告に残存する神経症状が経年により緩和するとまでは認められない。」とした。

(352) たとえば，名古屋地判H14.8.14（自J1466，要約95）は，36歳女性生保外務員の顔貌醜状等6級（12級1号右眼球障害と併合）による後遺症逸失利益について，「外貌醜状による稼働・収入獲得能力の低下の程度は加齢によって順次低下していくと解するのが相当である。他方，1眼の眼球の著しい運動障害・複視の後遺障害による稼働・収入獲得能力の低下は加齢によっては克服しがたいものと解される。」「原告は，その職務の性質及び給与体系等のおかげで，前記のとおり欠勤期間も月々の給与収入の低下は確認できず，欠勤終了翌月，翌々月の給与収入にも低下は見られないが，現に，欠勤終了直後の賞与は前記のとおり減額されており，欠勤のため昇給査定にマイナスの影響を受けるとされているのであって，今後の収入面においては，上記稼働・収入獲得能力の低下に応じた収入減少は避けられないものと推認される。以上の諸事情からすれば，原告は，前記休業の終了した平成11年10月1日（その時点で36歳）以降20年間は平均して40%の稼働・収入獲得能力を喪失して同割合の収入減少を余儀なくされ，その後稼働年限である67歳までの11年間は通じて14%の稼働・収入獲得能力を喪失して同割合の収入減少を余儀なくされるものと認めるのが相当である。」とした。

オ　事故と無関係な後発的事情による死亡[354]

交通事故にあって後遺障害を負った被害者が，事故と無関係な（相当因果関係がない）後発的事情，たとえば病死，第2事故による死亡，自殺等によって死亡した場合，後遺症逸失利益の算定期間の終期はどうなるだろうか。死亡の事実を考慮せず一般的な扱いと同様に扱う（継続説）か，死亡時までとする（切断説）か。

最判平成8年4月25日[355]（貝採り事件）は，症状固定の直後に病死した被害者の後遺症逸失利益について，死亡時までの逸失利益しか認めなかった原判決を破棄し，継続説を採用した。

> 「交通事故の被害者が事故に起因する傷害のために身体的機能の一部を喪失し，労働能力の一部を喪失した場合において，いわゆる逸失利益の算定に当たっては，その後に被害者が死亡したとしても，右交通事故の時点で，その死亡の原因となる具体的事由が存在し，近い将来における死亡が客観的に予想されていたなどの特段の事情がない限り，右死亡の事実は就労可能期間の認定上考慮すべきものではないと解するのが相当である。」[356]

---

(353)　稲垣喬他「うつ病を後遺障害とする被害者の労働能力喪失率・喪失期間の認定と素因減額」（新潮流），赤い本2019年下巻「非器質性精神障害をめぐる問題」。たとえば，大阪地判H11.2.25（交民32-1，要約96）は，抱いていた乳児が死亡した母親について，PTSDり患を認め，障害の程度を7級，労働能力喪失率を56%としたうえ，喪失期間については，「原告の予後は難しく，原告の心的外傷後ストレス障害は，一過性に出て，あとは消失していくタイプというより，むしろより複雑なタイプと認められるが，原告の症状は，丁山が後遺障害診断書を書くため診断した時とその後の状態とでは微妙な改善の兆しが窺えなくもないこと，一般的に言って，遺族が悲しいけれど，もう1度，生き直さなければいけないという気持になるのに長い人でも数年から10年くらいであるとも言われていることからすると，原告の右後遺障害の残る期間も長い方で考えても10年間とみるのが相当である。」とした。必携154頁は，「業務による心理的負荷を原因とする非器質性精神障害は，業務による心理的負荷を取り除き，適切な治療を行えば，多くの場合概ね半年〜1年，長くても2〜3年の治療により完治するのが一般的であ（る）」としている。

(354)　詳説100頁〜108頁，影浦直人「交通事故の被害者の事故後の自殺と因果関係の判断」（新大系），武富一晃「後遺障害を負った被害者が後日死亡した場合の逸失利益・将来介護費」（重要論点），北河隆之「後遺障害を負った被害者の死亡と逸失利益及び介護費用」（不法行為研究③（成文堂））。

(355)　交民29-2，民法百選Ⅱ，交通百選，要約97，最判解H8。

では，病死ではなく，症状固定後に別の事故で死亡した場合はどうだろうか。最判平成8年5月31日[357]は次のように述べて，この場合にも継続説が妥当するとしている。

「（最判平成8年4月25日を引用して）右のように解すべきことは，被害者の死亡が病気，事故，自殺[358]，天災等のいかなる事由に基づくものか，死亡につき不法行為等に基く責任を負担すべき第三者が存在するかどうか，交通事故と死亡との間に相当因果関係ないし条件関係が存在するかどうかといった事情によって異なるものではない。

本件のように被害者が第二の交通事故によって死亡した場合，それが第三者の不法行為によるものであっても，右第三者の負担すべき賠償額は最初の交通事故に基づく後遺傷害により低下した被害者の労働能力を前提として算定すべきものであるから，前記のように解することによって初めて，被害者ないしその遺族が，前後二つの交通事故により被害者の被った全損害についての賠償を受けることが可能となるのである[359]。」

「交通事故の被害者が事故に起因する後遺障害のために労働能力の一部を喪失した後に死亡した場合，労働能力の一部喪失による

---

(356)「特段の事情」を認めて喪失期間を2年とした裁判例として，東京地判 H23.3.9（交民44-2）は，「花子は，本件事故時，その死亡の原因となった乳癌に罹患しており，当該乳癌は，進行性が高く，懸命の化学療法によって縮小傾向を示すことがあるものの，再び，転移，悪化し，左乳房全切除術から約5年，本件事故から約2年で死亡するに至っていることに照らすと，本件事故時において近い将来における死亡が客観的に予測されていたものと認めるのが相当であるから，花子の死亡の事実を就労可能期間の認定上考慮し，これを2年とする」とした。

(357)　交民29-3，要約92。最判解 H8(上)。

(358)　従来，事故と自殺による死亡との間に相当因果関係がある場合には，原告（遺族）は死亡による逸失利益を請求してきたが，後遺症逸失利益を請求するか，死亡逸失利益を請求するか，原告に選択権があることになる。自殺の場合は心因的要因を理由に大幅な減額がされるから，重度障害の場合は後遺症逸失利益を請求するほうが賠償金が多くなることがあり得る（北河223頁）。赤い本2000年「後遺障害発生後死亡事案の逸失利益」。

(359)　先行事故の後，被害者が無関係な後続事故で死亡した場合に，先行事故による後遺症逸失利益額を，後続事故で死亡した時点までしか損害算定しないと，どちらの加害者からも賠償を受けられない損害が残ってしまう。

財産上の損害の算定に当たっては，交通事故と被害者の死亡との間に相当因果関係があって死亡による損害の賠償をも請求できる場合に限り，死亡後の生活費を控除することができると解するのが相当である[360]。」

以上に対し，積極損害（将来介護費）については，判例は切断説を採用している（326頁）。

では，被害者が症状固定前に死亡した場合はどうだろうか。後遺障害等級認定がされていない以上，傷害事案と同様に死亡時までの損害を算定するのか。それとも，死亡しなかったらどの程度の後遺症を残して症状固定したかを認定し，それに基づいて損害を算定するのか。症状固定時にどの程度の障害を残すかが予測でき，「仮に死亡しなかった場合の後遺障害」を認定できる場合[361]は，予想される後遺障害について後遺障害損害を認定できると考えられる。もっとも，神経症状の後遺障害等では，一定の治療を経ないとどの程度まで回復するかの判断が難しい場合が多いだろう[362]。

(360)「本判決に従えば，被害者側が事故で後遺障害が残存し逸失利益が発生したと立証しさえすれば，生活費控除を請求したいと考える側，いわば加害者側が，事故により死亡したことを立証する必要が出てきたことになる。事故後相当期間経過後の被害者の死亡例では，加害者側が事故により死亡したと主張し，被害者側がそれを否定して争うという攻守逆転現象も現れてきている。」（要約196頁）。

(361) 欠損傷害が典型だろう。それ以外の障害についても，京都地判H13.12.14（自J1436）は，事故による40日間の入院の退院当日に自殺した被害者について，「本件事故によるAの受傷は，本件事故から約1年が経過した平成13年1月ころに症状固定にいたり，後遺障害等級10級11号に該当する右膝の動揺関節及び可動域制限が残存し，労働能力を27%喪失した蓋然性があったことが認められる。」として，逸失利益と後遺症慰謝料を認めた。

(362) たとえば，横浜地判H27.7.15（交民48-4）は，腰椎捻挫を負った事故から2か月13日後に既往症（腰部脊柱管狭窄症）の手術による出血性ショックで死亡した事案について，「被害者が症状固定前に後発の事故により死亡した場合，先行事故による後遺障害の症状固定を前提とする損害の発生を認めることができるかであるが，先行事故による傷害の治療中はそれによる後遺障害の有無，程度は不明であるし（殊に他覚的所見を伴わない「神経症状」については，死亡しなければ治療の継続により先行事故に基づく後遺障害が残存しなくなる可能性も否定できない。），死亡時を症状固定時期とみなすことも著しい擬制を前提とすることになり相当とはいえない。そうすると，Z_4は，被告に対し，死亡時までの治療費，通院交通費，入通院慰謝料，休業損害等については請求できるが，本件事故による上記傷害の症状固定を前提とする逸失利益及び後遺障害慰謝料の請求はできないというほかない。」と後遺症損害を否定した。

(8) 中間利息の控除

ア　方式，利率等

376頁を見られたい。

イ　基準時（起算点）

事故時説，症状固定時説，紛争解決時説に大別され，ライプニッツ係数の取り方により，この順で逸失利益額が大きくなる。

事故時説は，損害賠償額の算定の基準時は原則として不法行為時とされていること，遅延損害金が不法行為時から発生すること等を根拠とする。

症状固定時説は，後遺障害による逸失利益が具体化するのは症状固定時であることを根拠とし，金銭債権である損害賠償請求権の元本の確定と，確定した金銭債権の履行遅滞による損害の賠償は，別の問題であるとする。

紛争解決時説は，賠償金の運用による利息の発生は，賠償金の受領があって初めて論じる基礎が生じることを重視する。

以上の説のうち，症状固定時説が実務の大勢である（遅延損害金の起算点と異なることになる。）。事故時説を退け固定時説をとった例として，福岡高判平成17年8月9日(363)をあげておく。

同高判は事故時から症状固定時まで5年5か月余りの事案だったが，

---

(363)　判タ1209　要約104。支払側の事故時説の主張に対し，「しかし，不法行為の債務者に対する遅延損害金の起算時と被害者の逸失利益の現在価額を算定するに際しての中間利息控除の基準時を同一に解さなければならない必然性は全くない。すなわち，不法行為による損害賠償の実務において，治療費等の積極損害については，具体的な金銭的評価として現実化した時点の額をもって直ちに損害額として認め，これに対する不法行為時からの遅延損害金の起算が許容されてきていることは異論がないであろう。これと同様に，逸失利益についても，これが具体的な金銭的評価として現実化した症状固定時の現在価額をもって損害額と認定することも十分可能である。また，本件においては，事故時から症状固定時までの期間が5年5か月余と長いが，症状固定の時期自体，平成14年3月18日の一点に特定することが必然というものでもない上，原判決説示のとおりの控訴人の治療経過等からみて，本件事故による控訴人の後遺障害の部位と程度から治療に時間を要したものというべきであるから，控訴人にその責任があるものとは到底いえない。このような事情からすると，本件においては，むしろ症状固定時を基準にその現在価額を計算するのが当事者間の公平に適うものというべきである。」とした。

さらに長期間の場合も同じだろうか[364]。

(9) 退職金差額

死亡逸失利益の算定において退職金差額請求が問題となるが（378頁），後遺障害により退職した場合にも請求できるだろうか。損害として認められる要件として，勤務継続の蓋然性と退職金支払の蓋然性に加えて，事故と退職との間の相当因果関係が必要であるが，労働能力喪失率100％と認められる1～3級の場合は問題ないとして，後遺障害が軽い場合は難しいことが多いだろう[365]。

(10) 定期金賠償

ア　従来の裁判例

死亡逸失利益については，その相続構成（387頁）との関係で否定例が多く（たとえば大阪地判平成16年9月27日[366]），肯定例は東名高速道路事件についての東京地判平成15年7月24日[367]くらいしか見当たらない。

---

(364)　赤い本2007年下巻「損害算定における中間利息控除の基準時」は「事故時説によることがもっとも適切であるとされる事案は，事故から症状固定までの期間が10年を超えるような（略），ある程度限られた事案になるのではないかと思います。」としている。裁判官の感覚としては，理屈よりも結果の妥当性が重視されるから，遅延損害金とのアンバランスがあまりに大きくなる場合は，中間利息を無視しにくくなるということだろう。東京地判H26.11.27（交民47-6，最前線11）は，「本件事故時から原告が症状固定と診断されるまでには，16年以上という長期間が経過しているところ，後遺障害逸失利益も不法行為の日に発生し，かつ，何らの催告を要することなく遅滞に陥ることを考慮すると，本件においては，中間利息の控除の計算に当たっての起算点は本件事故時とするのが衡平の理念に照らして相当である。そうすると，中間利息の控除の係数は，61年（6歳の原告が67歳になるまでの期間）のライプニッツ係数18.9803から19年（6歳の原告が25歳（薬学部を卒業・就職予定）で就業するまでの期間）のライプニッツ係数12.0853を控除した6.895となる。よって，原告の後遺障害逸失利益は1930万6000円（500万円×56％×6.895）となる。」とした。

(365)　赤い本2012年下巻「退職金差額請求について」21頁は，軽度後遺障害事案（労働能力喪失率20％以下を念頭に置いている）では，多くの場合は退職との相当因果関係を肯定するのは難しいのではないかとする。

(366)　交民37-5，要約46。

(367)　判時1838，判タ1135。

後遺症逸失利益については請求されることがまれで，裁判例は少なかったが，中間利息控除の回避策として意味があるだろう。たとえば東京地判平成18年3月2日(368)は，後遺症逸失利益について定期金賠償を認めうる場合があることを認めた(369)が，当該事案では合理性・必要性を否定した。

イ　賠償終期は死亡時か就労可能期間終了時か

将来介護費については，死亡したら発生しないことが明らかであり，切断説に照らしても死亡までとすることに異論は少ないと思われる。

対して後遺障害逸失利益について定期金賠償を認める場合は，貝採り事件判決等を踏まえても，労働能力の一部喪失として全損害が既に発生しているという捉え方は相続構成のもとで一時金賠償を認める際の便法であり，定期金賠償を求める場合には妥当しないとして切断説をとる学説と，一時金の場合について判断した同判決と同様に継続説をとる学説が対立していたが，後掲令和2年最判は継続説をとった。

ウ　原告の申立てなしに定期金賠償を命じうるか

将来介護費用について327頁を見られたい。

エ　最判令和2年7月9日(370)

最高裁は，高次脳機能障害等で3級の4歳児の後遺障害逸失利益につ

(368)　自J1650。後遺障害逸失利益については，民事訴訟法117条1項により，定期金賠償を認めうる場合もあるが，一時金賠償の場合では，被害者が事後的に交通事故とは別原因により死亡した場合でも損害は存続すること，被害者の後遺障害の内容，程度が将来の介護費用を一体のものとして定期金賠償を認めるべき場合でないこと，また15年間分しか定期金賠償を求めない（以後は一時金を請求）合理的理由が明らかでないことなどを考慮すると，本件後遺障害逸失利益について，定期金賠償方式によるべき合理性及び必要性はないとした。

(369)　白石史子「定期金賠償の諸問題」（実務），大系3　806頁等，裁判官には肯定説が多かった。

(370)　判タ1480，判時2471，民法百選Ⅱ，民訴百選。原審札幌高判H30.6.29（判時2420，判タ1457），1審札幌地判H29.6.23（判時2420）。「4(1)同一の事故により生じた同一の身体傷害を理由とする不法行為に基づく損害賠償債務は1個であり，その損害は不法行為の時に発生するものと解される（略）。したがって，被害者が事故によって身体傷害を受け，その後に後遺障害が残った場合において，労働能力の全部又は一部の喪失により将来において取得すべき利益を喪失したという損害についても，不法行為の時に発生したものとして，その額を算定した上，一時金による賠償を命ずることができる。しかし，上記損害は，不法行為の時から相当な時間が経過した後に逐次現実化する性質のものであり，その額の算定は，不確実，不確定な要素に関する蓋然性に

き，継続説（平成8年最判）と衡平の理念から，被害者が後遺障害逸失

基づく将来予測や擬制の下に行わざるを得ないものであるから，将来，その算定の基礎となった後遺障害の程度，賃金水準その他の事情に著しい変更が生じ，算定した損害の額と現実化した損害の額との間に大きなかい離が生ずることもあり得る。民法は，不法行為に基づく損害賠償の方法につき，一時金による賠償によらなければならないものとは規定しておらず（722条1項，417条参照），他方で，民訴法117条は，定期金による賠償を命じた確定判決の変更を求める訴えを提起することができる旨を規定している。同条の趣旨は，口頭弁論終結前に生じているがその具体化が将来の時間的経過に依存している関係にあるような性質の損害については，実態に即した賠償を実現するために定期金による賠償が認められる場合があることを前提として，そのような賠償を命じた確定判決の基礎となった事情について，口頭弁論終結後に著しい変更が生じた場合には，事後的に上記かい離を是正し，現実化した損害の額に対応した損害賠償額とすることが公平に適うということにあると解される。そして，不法行為に基づく損害賠償制度は，被害者に生じた現実の損害を金銭的に評価し，加害者にこれを賠償させることにより，被害者が被った不利益を補填して，不法行為がなかったときの状態に回復させることを目的とするものであり，また，損害の公平な分担を図ることをその理念とするところである。このような目的及び理念に照らすと，交通事故に起因する後遺障害による逸失利益という損害につき，将来において取得すべき利益の喪失が現実化する都度これに対応する時期にその利益に対応する定期金の支払をさせるとともに，上記かい離が生ずる場合には民訴法117条によりその是正を図ることができるようにすることが相当と認められる場合があるというべきである。以上によれば，交通事故の被害者が事故に起因する後遺障害による逸失利益について定期金による賠償を求めている場合において，上記目的及び理念に照らして相当と認められるときは，同逸失利益は，定期金による賠償の対象となるものと解される。⑵また，交通事故の被害者が事故に起因する後遺障害による逸失利益について一時金による賠償を求める場合における同逸失利益の額の算定に当たっては，その後に被害者が死亡したとしても，交通事故の時点で，その死亡の原因となる具体的事由が存在し，近い将来における死亡が客観的に予測されていたなどの特段の事情がない限り，同死亡の事実は就労可能期間の算定上考慮すべきものではないと解するのが相当である（最高裁平成8年4月25日（略）判決，最高裁平成8年5月31日（略）判決参照）。上記後遺障害による逸失利益の賠償について定期金という方法による場合も，それは，交通事故の時点で発生した1個の損害賠償請求権に基づき，一時金による賠償と同一の損害を対象とするものである。そして，上記特段の事情がないのに，交通事故の被害者が事故後に死亡したことにより，賠償義務を負担する者がその義務の全部又は一部を免れ，他方被害者ないしその遺族が事故により生じた損害の填補を受けることができなくなることは，一時金による賠償と定期金による賠償のいずれの方法によるかにかかわらず，衡平の理念に反するというべきである。したがって，上記後遺障害による逸失利益につき定期金による賠償を命ずる場合においても，その後就労可能期間の終期より前に被害者が死亡したからといって，上記特段の事情がない限り，就労可能期間の終期が被害者の死亡時となるものではないと解すべきである。そうすると，上記後遺障害による逸失利益につき定期金による賠償を命ずるに当たっては，交通事故の時点で，被害者が死亡する原因となる具体的事由が存在し，近い将来における死亡が客観的に予測されていたなどの特段の事情がない限り，就労可能期間の終期より前の被害者の死亡時を定期金による賠償の終期とすることを要しないと解するのが相当である。⑶以上を本件についてみると，被上告人は本件後遺障害による逸失利益について定期金による賠償を求めているところ，被上告人は，本件事故当時4歳の幼児で，高次脳機能障害という本件後

利益について定期金賠償を求めている場合において，原状回復の目的と損害の公平な分担という理念に照らして相当と認められる場合は，後遺障害逸失利益について定期金賠償によることが相当な場合があるとし，本件においては定期金賠償の対象とすることが相当であるとした。

定期金の終期については，定期金賠償の場合も一時金賠償の場合と同一の損害を対象とすること，及び衡平の理念を理由にあげて，一時金による賠償と同様に，その後就労可能期間の終期より前に被害者が死亡したからといって，上記特段の事情がない限り，就労可能期間の終期が被害者の死亡時となるものではないとした。

最高裁は以上のように判示しているが，従来の判例理論との関係が問題になるように思われる。まず，損害論の差額説との関係をどう考えるかが問題になるだろう。差額説によれば，不法行為がなければ存在していたであろう財産状態と，不法行為によって現実にもたらされた財産状態の差額が損害であるから，被害者の財産状態の確定に当たって，これに影響を与えるすべての事情を考慮しうることになるように思える。本判決や平成8年最判は，（典型的な）差額説によっては説明が困難であり，損害事実説により親和的であると言えると指摘されている。

不法行為による損害賠償債務は1個であり，その損害は不法行為時に発生するという判例法理（最判昭和48年4月5日，同58年9月6日）等との関係はどうだろうか[371]。

本判決からは，どのような場合に定期金賠償が相当と認められるか必ずしも明らかではないが，被害者の年齢及び労働能力喪失の程度という

遺障害のため労働能力を全部喪失したというのであり，同逸失利益は将来の長期間にわたり逐次現実化するものであるといえる。これらの事情等を総合考慮すると，本件後遺障害による逸失利益を定期金による賠償の対象とすることは，上記損害賠償制度の目的及び理念に照らして相当と認められるというべきである。」将来介護費については死亡時までの定期金賠償が認められている。

(371)　この法理は，消極損害についての継続説とは整合的だが，積極損害についての切断説とは緊張関係にありそうだ。なお，損害賠償請求権のように，数額の確定によってはじめて給付の目的が決まる債権については，債権の発生の認定とその数額の確定という二段階の問題があるとされる。本判決も，「その損害は不法行為の時に発生する」としつつ，「上記損害は，不法行為の時から相当な時間が経過した後に逐次現実化する性質のもの」であるとし，損害の発生と現実化を分けることによって後遺症逸失利益の定期金賠償を認めている。

要素に着目しているようにもみえる(372)。変更を認める事情変更も，将来介護費用とは異なり，これを認めるのが難しいことが多いのではないだろうか。

⑾　生活費控除

植物状態の被害者の後遺症逸失利益について，健常者より生活費が安く済む（労働能力再生産に必要な生活費は不要）から，逸失利益から生活費を控除（損益相殺）すべきだという主張がされることがあるが，実務の大勢は消極説である。裁判例として東京地判平成10年3月19日(373)等がある。

(372)　名古屋地判 R6.12.20（自 J2180）は，原告（遷延性意識障害1級，固定時12歳男性）が求めた定期金賠償を，将来介護費については認めたが，逸失利益については，将来労働能力に変動が生じる可能性は低いといえること，長期間が経過しても賃金水準が大幅に変動するとは考え難いことから否定した。

(373)　判タ969　要約91。「被告は，原告Xの将来の生活に必要な費用は治療費と付添介護費に限定されており，労働能力の再生産に要すべき生活費の支出は必要でないから，生活費を控除すべきであると主張する。しかし，生活費は，必ずしも労働能力の再生産費用だけを内容とするものではなく，また，原告Xは，今後も生命維持のための生活費の支出を要することは明らかである上，自宅療養中の雑費の多くは，逸失利益中から支出することが見込まれる（前記8で認めた部分（注：日額200円を認めた紙おむつ代等の将来的消耗品費）を除く）から，逸失利益の算定に当たり，生活費を控除するのは相当ではなく，被告の右主張は，採用できない。」

第4節　慰謝料

1　慰謝料の意義

(1)　慰謝料の本質

慰謝料を精神的苦痛等の非財産的損害の填補としての賠償であると考える賠償説（填補説）と，私的制裁であると考えて制裁機能を重視する制裁説がある。判例は賠償説（填補説）をとっており，悪質事案でも，超高額の慰謝料が認定されることはなく，「相場」が形成されている。

(2)　根拠条文

ア　民法710条

「財産以外の損害」に対する賠償を規定する。非財産的損害の典型は精神的損害である。精神的損害に対する賠償を慣用的に慰謝料と呼んでいる。

イ　同法711条

生命侵害について，被害者の父母，配偶者，子に固有の慰謝料を認めている。

(3)　判例による拡張

ア　死亡事案（711条以外の近親者）

民法711条は，慰謝料を請求できる親族を父母，配偶者及び子に限定しているが，それ以外の親族（兄弟姉妹等）にも固有の慰謝料が認められることがある。

最判昭和49年12月17日[374]は，長年被害者と同居し，その庇護の下

---

(374)　交民7-6。「不法行為による生命侵害があった場合，被害者の父母，配偶者及び子が加害者に対し直接に固有の慰藉料を請求しうることは，民法711条が明文をもつて認めるところであるが，右規定はこれを限定的に解すべきものでなく，文言上同条に該当しない者であっても，被害者との間に同条所定の者と実質的に同視しうべき身分関係が存し，被害者の死亡により甚大な精

で生活していた身体障害のある被害者の夫の妹について711条を類推して慰謝料を認めた。これに対し，東京高判平成13年1月31日[375]は，被害者の姉妹につき否定している。

近親者の固有慰謝料を請求するときは，それぞれの近親者について，被害者との同居の有無や交流の親密さ等を十分主張立証する。

イ　後遺障害事案[376]

死亡事案以外の場合は，711条のような規定がないため，近親者固有の慰謝料が認められるかどうかが争われたが，最判昭和33年8月5日[377]は，女児の醜状につき，「死亡したときにも比肩しうべき精神上の

神的苦痛を受けた者は，同条の類推適用により，加害者に対し直接に固有の慰藉料を請求しうるものと解するのが，相当である。（略）被上告人Aは，Bの夫である被上告人Cの実妹であり，原審の口頭弁論終結当時46年に達していたが，幼児期に罹患した脊髄等カリエスの後遺症により跛行顕著な身体障害等級二号の身体障害者であるため，長年にわたりBと同居し，同女の庇護のもとに生活を維持し，将来もその継続が期待されていたところ，同女の突然の死亡により甚大な精神的苦痛を受けたというのであるから，被上告人Aは，民法711条の類推適用により，上告人に対し慰藉料を請求しうるものと解するのが，相当である。」

(375)　交民34-1，要約125。「確かに，被控訴人EはAの姉であり，被控訴人DはAの妹であって，2人の姉妹が本件事故によってAを失い，強い悲しみや苦痛を受けたことは想像するに難くない。しかしながら，（略）被控訴人E（昭和59年1月15日生）及び被控訴人D（平成2年7月24日生）の本件事故当時の年齢，生活状況や被控訴人らの家族構成等を考慮すると，本件事故による被控訴人E及び被控訴人Dの慰謝料は，前記Aの慰謝料，被控訴人B（注：Aの父）及び被控訴人C（注：Aの母）の各慰謝料を算定するに当たって斟酌されるべきものであって，本件において，被控訴人E及び被控訴人Dに固有の慰謝料を認めるに足りる特段の事情を見出すこともできない。」一審判決は，姉妹にもそれぞれ150万円の固有慰謝料を認めていた。

(376)　赤い本合本Ⅱ169頁「重度後遺障害の場合の近親者慰藉料を認める現実的なめやす」，小川雄介「重度後遺障害における近親者慰謝料」（交通法研究32）。

(377)　判時157，要約127。「被上告人Aは，上告人の本件不法行為により顔面に傷害を受けた結果，判示のような外傷後遺症の症状となり果ては医療によって除去しえない著明な瘢痕を遺すにいたり，ために同女の容貌は著しい影響を受け，他面その母親である被上告人Bは，夫を戦争で失い，爾来自らの内職のみによって右A外一児を養育しているのであり，右不法行為により精神上多大の苦痛を受けたというのである。ところで，民法709条，710条の各規定と対比してみると，所論民法711条が生命を害された者の近親者の慰藉料請求につき明文をもつて規定しているとの一事をもつて，直ちに生命侵害以外の場合はいかなる事情があってもその近親者の慰藉料請求権がすべて否定されていると解しなければならないものではなく，むしろ，前記のような原審認定の事実関係によれば，被上告人Bはその子の死亡したときにも比肩しうべき精神上の苦痛を受けたと認められるのであって，かかる民法711条所定の場合に類する本件においては，同被上告人は，同法709条，710条に基いて，自己の権利として慰藉料を請求しうるものと解するのが

苦痛」ありとして，709条，710条を根拠に，母親に固有慰謝料を認めた。また，最判昭和45年7月16日[378]は，男児の重度障害につき，精神的苦痛は「死亡した場合に比してもまさるとも劣らない」として，両親に慰謝料を認めた原判決を維持した。

近親者の固有慰謝料は，本人が要介護状態となり，介護のために近親者の自由が奪われる重度障害の場合に肯定されることが多く，本人分を含めた後遺症慰謝料の高額化をもたらしている。

近親者固有慰謝料を請求する場合は，同居の有無や交流の親密さのほか，介護の負担や同居によって受ける苦痛等を十分主張立証する。身体介護の負担だけでなく，たとえば易怒性が強い高次脳機能障害の場合に同居親族が被る苦痛は固有慰謝料の対象となりうる。事故を目撃したストレスも考慮される[379]。

(4)　慰謝料の機能

ア　損害填補

慰謝料の第一次的な機能は被害者の精神的損害の填補（金銭による代替）である。もっとも，次に述べるように，それ以外の機能も認められるのではないかと指摘されている。

イ　補完的機能

財産的損害の賠償では不十分だと考えられる場合（財産的損害の立証が困難な場合を含む）に，慰謝料で調整されることがある。たとえば，外貌醜状[380]等[381]で逸失利益を否定しながらで慰謝料を増額することが

相当である。」原審は709条，711条を類推適用するとしていた。

(378)　判時600，交通百選。7歳男児の傷害（頭蓋骨折，右眼失明，左眼視力0.06で矯正不能，両耳は感音性難聴，歩行異常）につき，「（略）被上告人Aの傷害の程度に徴するときは，同被上告人の両親である被上告人B・同Cの受けた精神的苦痛はAが死亡した場合に比してもまさるとも劣らないものであると認めて，右被上告人両名の慰藉料請求を認容すべきものとした原審の判断は正当であり，原判決に所論の違法は存しない。」とした。

(379)　札幌高判R5.5.30（自J2155）は，下肢切断5級の9歳女性の母親について，事故状況を目撃してPTSDと診断されて通院していること，介護のために転職し収入が減少していること等を考慮して，固有慰謝料150万円を認めた。

(380)　赤い本2020年下巻「外貌醜状に関する逸失利益，慰謝料をめぐる諸問題」。最近では，外貌

ある（508頁）。もっとも，多くは数十万円の増額にとどまるので，請求側代理人は，まずは財産的損害を認めさせる努力をすべきである。

⑸　基準

傷害（入通院）慰謝料，後遺症慰謝料，死亡慰謝料に分けてそれぞれ「基準化」されている。裁判基準（裁判例を分析して基準化したものであり，赤い本基準，青本基準等がある。），自賠責基準（支払基準），任意保険会社の基準等がある。

2　傷害慰謝料の算定

⑴　慰謝料基準

ア　赤い本基準と青本基準

赤い本別表Ⅰ・Ⅱ，青本が参照されることが多い（福岡地裁では赤い本によっているようだ。）。赤い本が別表ⅠとⅡを示しているのに対し，青本は上限と下限を定めた一つの基準表を示しており，「その他の通常の障害」は，上限の7～8割程度の額を目安とするとしている。いずれもあくまで目安であるから，「〇日だから〇円」ですませるのではなく，現実の苦痛や不自由を踏まえた主張立証をすべきである。

イ　赤い本別表Ⅰ

赤い本は，別表Ⅱの事案以外は別表Ⅰを用いるとしている。

裁判例でも，別表Ⅱ以外の事案は別表Ⅰが用いられることが多く，様々な重傷度のものが含まれる。上下肢，脊柱，骨盤骨等の多発・複雑

醜状の逸失利益を完全否定しない裁判例も増えていることに注意。

(381)　たとえば，東京高判 H20.9.4（自 J1754　要約 130）は，「本件事故により，被告には自賠法施行令別表第2の13級に相当する左精巣摘出の後遺障害が残存したもので，精巣の1つを喪失したことが若い男性である被告にとって著しい精神的打撃を与えたことは十分理解しうるものであるが，被告の精巣の片方が残存していること，精巣の喪失が直接的に労働能力の制限につながるものではないことなどに照らすと，本件において，被告の後遺障害逸失利益を認めることができない。」として否定する一方，「本件事故による後遺障害のために被告が受けた精神的打撃は著しいと考えられることなどに照らせば，後遺障害慰謝料の額は270万円と認めるのが相当である。」とした。

でない骨折がある事案では別表Ⅰの基準額程度の額が認定されることが多いが，手指，足指，肋骨，鎖骨骨折のみの比較的軽傷の事案や骨折のない事案では，基準額を下回る額が認定されることが少なくない。非器質性精神障害の場合は，むち打ち並みに扱われることがある。

赤い本は，「通院が長期にわたる場合は，症状，治療内容，通院頻度を踏まえ実通院日数の3.5倍程度を慰謝料算定のための通院期間の目安とすることもある。」としているが，原則はあくまで通院期間が目安であり，実通院率は慰謝料額をそれほど左右しない。もっとも，骨折事案でも比較的軽傷で実通院率がかなり低い場合や，非骨折事案で実通院率が低い場合は，別表Ⅰの基準額を下回ることが比較的多い。ギプス固定中等安静を要する自宅療養期間は，入院期間とみることがあるが，増額事由にとどまる場合もあり，生活や就労場面での不自由や不利益の程度による。

ウ　赤い本別表Ⅱ

赤い本は，「むち打ち症で他覚所見がない場合等」（「「等」は軽い打撲・軽い挫創（傷）の場合を意味する。」とされている。）については別表Ⅱを用いるとしている。

別表Ⅱの対象となる事案について，多くの裁判例は別表Ⅱの基準額（付近）を採用している。以前は，実通院が少ない場合，実通院日数 ×3 を通院期間とする扱いであり，現在も「通院が長期にわたる場合は，症状，治療内容，通院頻度をふまえ実通院日数の3倍程度を慰謝料算定のための通院期間の目安とすることもある。」とされているが，多くの裁判例は通院期間のみで算定し，実通院率はあまり考慮されていないようだ。別表Ⅱ事案の中でも軽傷といえる場合等は減額されることがあるが，その場合でも，実日数 ×3 を通院期間として算出される額よりは高い額が認定されている。

もちろん，治療期間の相当性は別の問題であり，相当な治療期間を実際の治療期間より短縮することは少なくない。この場合は，慰謝料も短縮された期間に応じた別表Ⅱ基準付近とされることが多い。

(2)　傷害慰謝料の増額事由（4も参照）

ア　症状が重い場合

赤い本は，「傷害の部位，程度によっては，別表Ⅰの金額を20〜30％程度増額する」と，青本は，「症状が特に重い場合については，上限の2割程度の金額まで加算を考慮する」としている。裁判例をみると，重傷事案でも別表Ⅰを増額した例は多くないが，請求が別表Ⅰ基準であることが多い。請求側は過少請求にならないよう気を付けるべきである。

イ　特別な不利益がある場合

解雇，留年・退学・試験の断念等，特別な不利益がある場合は加算を検討する。被害者側の事情（幼児を持つ母親や仕事の都合等）により，無理して入院期間を短縮した場合も同様だろう。

(3)　算定の実際

ア　入院が複数回にわたる場合

時間経過とともに慰謝料額の増加率が逓減するため，単純に入院期間と通院期間を足す（積算方式）のではなく，接ぎ木方式と呼ばれる算定方法が取られることが多い。（通院（入院）終期の慰謝料額 − 通院（入院）始期の慰謝料額）を当該期間の慰謝料額とし，各期間の慰謝料額を合計して慰謝料基準額とする(382)考え方である。

イ　通院が先行する場合

この場合は，基準表をそのまま使うと接ぎ木方式による慰謝料額と差が大きくなるが，入院先行の場合より当然に低額でよいとはいえないようにも思える。請求側は，接ぎ木方式を意識しつつ実態を踏まえて主張すべきである。

ウ　入院後数日で死亡した場合

受傷した後に死亡した場合は，受傷から死亡までの傷害慰謝料を算定

---

(382)　たとえば，1カ月入院→3カ月通院→1カ月入院→3カ月通院の場合，赤い本別表Ⅰによれば，以下のとおりとなる。53＋(90−28)＋(217−184)＋(132−105)＝175万円。これに対し，単純に入院2カ月→通院6カ月と考えると（積算方式）181万円となる。1回目の通院期間が長くなると差はより大きくなる。

し，死亡慰謝料と合算するのが一般的だが，受傷後数日で死亡した場合はどうだろうか。この場合も基準額の死亡慰謝料のほかに傷害慰謝料を認定することが多いが，死亡慰謝料で評価すべきであるとして否定されることもある。

3 後遺症・死亡慰謝料の算定

(1) 後遺症慰謝料

ア 基準

赤い本と青本の後遺症（後遺障害）慰謝料の算定基準は次のとおりである。

等級	赤い本	青本	等級	赤い本	青本
1級	2800	2800～3100	2級	2370	2300～2800
3級	1990	1800～2300	4級	1670	1500～1800
5級	1400	1300～1500	6級	1180	1100～1300
7級	1000	900～1100	8級	830	760～890
9級	690	610～730	10級	550	490～590
11級	420	370～450	12級	290	260～320
13級	180	170～210	14級	110	100～140

（単位：万円）

大部分の裁判例は，基準どおりの額を認定しており，硬直性が指摘されている。請求も基準どおりであることが多いが，ここでも，単に「〇級だから〇円」ではなく，事案に応じて具体的な主張立証を心がける。類似事案の裁判例の調査も有益である。

上記の基準額は本人分のみの額であり，重度障害等で近親者慰謝料が認められる場合は，両者を合わせると青本上限を上回ることもある。

別表第1と同第2の後遺障害がある場合，自賠責保険では繰り上げはないが，慰謝料算定に当たっては平成14年以前と同様に併合によって繰り上げる（赤い本）[383]。請求側代理人は間違えないようにしたい。

(383) たとえば，東京高判 R2.2.19（自 J2072）は，「原告花子の後遺障害は，高次脳機能障害

イ　14級の後遺障害が複数ある場合

自賠責保険の扱いと同じく14級の基準額しか認めない傾向があるが，近時は実態を考慮して増額する裁判例もみられる。

ウ　非該当の場合

たとえば，歯牙障害で2歯補綴の場合（3歯以上は14級）や14級の認定基準に達しない醜状のように，後遺障害認定基準に達せず，自賠責で等級非該当の場合でも，後遺症慰謝料が認められることがある(384)。

エ　既存障害がある場合

逸失利益の算定については399頁以下で述べた。

既存障害が自賠責における「同一部位」ではなく，加重に当たらない場合は，既存障害を考慮せず，現症の等級をもとにして慰謝料を算定するのが原則的な扱いとなる(385)。

加重に当たる場合の後遺症慰謝料の考え方としては，逸失利益についての考え方（A～C）に対応して，以下のようなものがある。

A　今回事故自体による後遺症の程度に相応する慰謝料額を求める方法

B　加重後の後遺症慰謝料額から，既存障害による慰謝料額を控除する方法

C　加重後の後遺障害に相応する慰謝料額から，既存障害を理由に素因減額（ないし寄与度減額）する方法

慰謝料においてもA方式をとり，B方式に比べて高額の慰謝料を認める裁判例も散見する(386)が，逸失利益の算定において基礎収入を賃金

（別表第一第2級1号）と複視（別表第二第10級2号）の併合であるので，後遺症慰謝料の算定の上では，1級繰り上げて，1級相当額の2800万円と評価するべきである。」とした。

(384)　たとえば，名古屋地判R1.6.14（交民54-3）は，16歳男性ガソリンスタンド等従業員の後遺障害に該当しない上半身及び後頭部の複数の瘢痕につき，衣服等に隠れる部位で労働能力や日常生活に直ちに影響を及ぼすとは認められないが，プールや銭湯等の利用において相当程度の苦痛を与えるとして後遺障害慰謝料50万円を認めた。さいたま地判H29.6.1（交民50-3）は，37歳男性会社員の疼痛につき，14級9号に該当するとは言えないとしながら後遺障害慰謝料80万円を認めた。赤い本では「無等級」としている。

(385)　赤い本2024年下巻50頁。

(386)　たとえば，さいたま地判H25.12.10（交民46-6）は，現症頚椎症性脊髄症3級（既存障害

センサスとして喪失率を引き算方式とする場合（B方式）だけでなく，今回事故時の実収入を基礎収入とする場合（A方式）においても，慰謝料についてはB方式をとる裁判例[387]が多い。今回事故自体による慰謝料を積極的に認定することが難しいこと，個別事情を考慮した事実認定が求められる逸失利益に対して，慰謝料はもともと基準化になじむ損害項目であることによると考えられる。

既存障害を素因と考えて素因減額を行う裁判例には，C方式によるもの[388]のほか，引き算方式等により減額した慰謝料額を更に素因減額するもの（二段階方式）がある[389]。後者の場合は，逸失利益について述べ

脳出血に伴う右半身のしびれ9級）を残す被害者について，B方式なら1990−690＝1300万円のところ1400万円とした（逸失利益もA方式（喪失率は引き算)。慰謝料はB方式を増額したとも見れる。)。京都地判H27.1.26（自J1947）は，現症高次脳機能障害5級（既存障害右上肢の神経障害12級）を残す被害者について，B方式なら1400−290＝1110万円のところ1300万円とした（逸失利益は実収入＋喪失率独自認定)。仙台地判H24.6.14（自J1882）は，現症脳挫傷等で2級，既存社会不安障害9級を残す被害者について，逸失利益は，男子高卒20〜24歳賃セの65%を基礎収入とし，労働能力喪失率100−35%で算定し（B方式)，慰謝料は2100万円（>2370−690＝1680）とした。現症等級の基準額を認定した裁判例もある。前橋地判H28.7.20（自J1981）は，現症高次脳機能障害3級，半盲・運動障害等8級相当の併合1級，既存精神発達遅滞（9級だが喪失率は17%と認定）の被害者について，逸失利益は賃セ全年齢を基礎収入として喪失率を83%で算定し（B方式)，慰謝料は2800万円（赤い本の1級基準額）とした。

(387)　横浜地判H24.2.27（交民45-1）は，現症抑うつ気分・意欲低下・易疲労性12級（既存障害同14級）を残す被害者について，後遺症慰謝料を290−110＝180万円とした（逸失利益はA方式（喪失率は引き算))。名古屋地判R3.3.16（2021WLJPCA03169004）は，現症脊髄症状2級（既存障害神経症状12級，脊柱変形6級の併合5級）を残す被害者について，2370−1400＝970万円とした（逸失利益はA方式（喪失率は引き算))。

(388)　たとえば，東京地判H19.11.7（交民40-6）は，左下肢神経障害7級，右下肢神経障害12級の併合6級（既存障害左下肢RSD12級）を残す被害者（家事従事者）について，6級に対応する1180万円とした上で，本件事故は比較的軽微な事故であり，頚椎，腰椎及び頭部については，レントゲン及びCTの結果，特に異常が認められなかったことを踏まえ，本件事故及び心因的素因が競合して左下肢の既存障害が増悪し，右下肢の症状を発症させたとして5割素因減額した。また，大阪地判H25.3.8（交民46-2）は，現症脊髄損傷による下半身麻痺等1級（既存障害症状精神病9級）を残す被害者について，1級に対応する2500万円とした上で，症状精神病は覚せい剤使用による行動の障害が含まれ，行動にも障害が現れていたことから，素因減額25%とした。

(389)　大阪地判H14.8.29（交民35-4）は，現症神経系統の障害1級，醜状障害7級の併合1級（既存障害神経系統の障害7級）を残す被害者について，慰謝料を現症及び既存障害の程度等を考慮して1500万円（なお近親者慰謝料計200万円）とした上で，事故後の精神症状やADLの悪化について多発性脳梗塞の既往症が相当程度寄与したとして45%素因減額した。

た（405頁）ように既存障害を二重評価してはならない。

オ　親族の固有慰謝料

423頁を見られたい。

(2)　死亡慰謝料

ア　死亡した本人の慰謝料

死者が慰謝料請求権を取得し，これを相続人が相続する（最判昭和42年11月1日[390]。相続構成（387頁））。

イ　基準[391]

赤い本		青本	
一家の支柱	2800	一家の支柱の場合	2800～3100
母親・配偶者	2500	一家の支柱に準ずる場合	2500～2800
その他	2000～2500	その他の場合	2000～2500

（単位：万円）

このように，被害者の家庭内の地位によって基準額が分けられている[392]。一家の支柱（青本によれば「当該被害者の世帯[393]が，主として被害者の収入によって生計を維持している場合」）の死亡慰謝料が最も高額なのは，死亡によって家族全体の生活基盤が失われること（生活維持的要素）

(390)　判時497，判タ211，要約124。「ある者が他人の故意過失によって財産以外の損害を被った場合には，その者は，財産上の損害を被った場合と同様，損害の発生と同時にその賠償を請求する権利すなわち慰藉料請求権を取得し，右請求権を放棄したものと解しうる特別の事情がないかぎり，これを行使することができ，その損害の賠償を請求する意思を表明するなど格別の行為をすることを必要とするものではない。そして，当該被害者が死亡したときは，その相続人は当然に慰藉料請求権を相続するものと解するのが相当である。」1審と原審が，死亡した本人が請求の意思を表示すれば，相続人は本人の慰謝料請求権を相続できるとした大審院判例に従い，本人が請求の意思を表示していないとして慰謝料請求権を否定していたのに対し，死亡本人の慰謝料の相続性を正面から肯定して判例変更した。

(391)　田口勤「死亡慰謝料一般における交通事故算定基準の位置づけ」（新次元），高野真人「青本及び赤い本における慰謝料基準と課題」（交通法研究33）。

(392)　赤い本・青本のように3区分の基準と大阪基準（緑のしおり）や名古屋基準（黄色い本）のように「一家の支柱」と「その他」の2区分の基準とがある。

(393)　内縁や同性婚の場合は，実態により「一家の支柱」ないしそれに準ずる者と同程度の慰謝料が認定されそうだが，他に相続人がいる場合は配分が問題となる（注解327頁）。

を考慮したものである。母親・配偶者の死亡は経済的影響が深刻とはいえないとしても，家族の生活に与える影響が大きいことを考慮したものである。「一家の支柱に準ずる場合」とは，例えば家事の中心をなす主婦，養育を必要とする子を持つ母親，独身者であっても高齢な父母や幼い兄弟を扶養し，あるいはこれらの者に仕送りをしている者などをいうとされている。「その他」については，その者の死亡により，経済的にも家族の生活の面でも，「一家の支柱」等に比べて家族の人生を大きく変えることはないと考えられていることになる。

いずれについても，慰謝料額は具体的な斟酌事由により増減されるべきで，基準は一応の目安を示したに過ぎない。家族のあり方が変わってきた現在では，このような類型化は実情にそぐわないのではないかという指摘もある。

被害者が「一家の支柱」にあたるかどうかが問題となることがある。たとえば，就労している子が同居している場合はどうだろうか。他に生活費の稼ぎ手がいる場合でも，収入額や生活費の分担状況によっては「一家の支柱」にあたりうるだろう。では，それぞれがそれなりの収入を得ている共働き夫婦の場合はどうか。所得額と家計への貢献度，家事の分担状況等を踏まえて「一家の支柱」と「母親・配偶者」ないし「一家の支柱に準ずる場合」の間で適切な慰謝料額を認定することになるだろうが，扶養する子等がいない場合は通常の配偶者の場合の基準に近くなりそうだ。シングルマザーなど配偶者はいないが相応の収入があり，扶養する子がいる場合も，基本的に「一家の支柱」でよいだろうが，2800万円が認められるとは限らない（特に低所得の場合）。

離婚後養育費を支払っていた被害者を「一家の支柱」と認めた裁判例(394)があるが，単身者であれば，子等の生活が主に被害者によって支えられていたことが必要だろう。

---

(394)　大阪地判 R5.1.26（交民 56-1）。2800万円を認めた（生活費控除も 30%とした）。離婚後，二人の子のうち一人を自ら養育し，妻が養育する他の一人の子に月額5万円の養育費を支払っていた事案である。

就労前の若年者や就労年齢に達していても若い独身者の場合は，「その他」の上限2500万円程度とされることが比較的多い。緊密な関係にある親族のいない単身者はやや低額とされることが比較的多いだろう。

高齢者も「その他」に含まれるとされるが，裁判例は下限の2000万円に近いものから上限の2500万円程度までまちまちである。若年者や子どもに比べるとやや低額となる傾向があるが，近親者固有慰謝料を含めて2500万円を認めることも珍しくない。

高齢者については，「一家の支柱」や「母親・配偶者」との境界が問題となる。高齢でも稼働収入があり配偶者等の被扶養者がある場合は一家の支柱として慰謝料額を認定してよい(395)。これに対し，年金で配偶者や子を扶養している場合は一家の支柱の基準はあてはめにくいと思われる。年金額が少なければ，遺族の生活維持に配慮する必要性も低いといえるから，「その他」の基準額が用いられるだろう。高齢者夫婦で相応額の年金によって家計の維持に寄与していた場合は，「母親・配偶者」の基準でよいように思える。家事に従事していた場合も同じである。

なお，赤い本・青本は，基準額は近親者慰謝料を含めた額であるとするが，裁判実務上は，被害者の慰謝料に近親者の固有慰謝料を加えると「基準」を上回ることが多い（特段増額事由がなくても一家の支柱で合計3200～3500万円が認められることは珍しくない。）。

ウ　親族の固有慰謝料

民法711条が定めているが，判例によって拡張されていることについて422頁で述べた。

エ　死亡被害者の親族が精神疾患（PTSD等）にり患した場合

固有慰謝料にとどまらず，財産的損害についても賠償を求めうるだろ

(395)　東京地判H29.7.5（LEX/DB25555788）は，被害者（77歳男性，年金受給者・警備員）の死亡慰謝料につき，一家の支柱というべき立場にあったといえること，長年連れ添った妻と2人で幸せな生活を送り，孫の成長を楽しみにする等していたにもかかわらず，加害者の重大な過失による本件事故によって死亡させられたものであり，被害者が被った精神的苦痛は甚大であったこと等を考慮して2400万円（近親者固有分を含めて2800万円）を認めた。また，大阪高判H30.1.26（自J2020）は，被害者（79歳男性，年金受給者・宗教法人役員）の死亡慰謝料につき，近親者分を含めて2800万円を認めた。

うか。いわゆる間接被害者の問題である。437頁を見られたい。

4　慰謝料増額事由

(1)　態様の悪質さ

ア　事故態様の悪質さ（重過失）

無免許，飲酒，赤信号無視，著しい速度違反，ひき逃げなどの場合は基準額からの増額が認められやすい。この傾向をはっきりさせた東名高速道路事件（東京地判平成15年7月24日）[(396)]は，子1人につき死亡本人分と両親固有分合計3400万円を認めた。近時は，これほど言語道断の事案ではなくても，近親者固有分を含めて3500万円を超える死亡慰謝料を認めるものは珍しくない[(397)]。

傷害慰謝料と後遺症慰謝料についても，基準額から10〜15％程度増額する裁判例は少なくない。横浜地判令和3年3月10日[(398)]のように，被告の過失が極めて初歩的かつ重大である等から，基準額から傷害慰謝料を約24％，後遺症慰謝料を約20％それぞれ増額したものもある。

イ　事故後の態様の悪さ

証拠隠滅，被害者への不当な責任転嫁などが考慮される。立場の違いによる感情的な行き違いにとどまらず，正当な理由がないことが明らかなのに被害者を誹謗中傷するなど極めて不誠実な対応をしていたような場合には増額事由となる。保険会社の担当者等の態度が悪いことが増額

---

(396)　判時1838，判タ1135　要約129。刑法改正により危険運転致死傷罪が新設される一つの契機ともなった事件である。加害者が，相当程度酩酊した状態で大型貨物自動車を運転して被害車両に追突させ，親の目の前で被害者（1歳と3歳）が被害車両内で焼死した事案において，被害者側の悲惨さ，加害運転者の常習飲酒運転や事故後の責任回避等の態度，雇用主企業が飲酒運転防止に対する積極性に欠けている点等を詳細に指摘した上で，子一人につき本人分2600万円，両親固有分各400万円の計3400万円ずつを認めた（当時の赤い本基準額（「その他」）は2000〜2200万円だった）。基準の1.5倍を超えているが，同等の事案が見当たらないほどの極度に悪質な事案である。現在のところ，かなり悪質な事案でも親族固有分を含み4000万円前後が上限となっているようだ。

(397)　神戸地判R6.3.15（交民57-2）は，酒気帯び・ひき逃げ事故の被害者（34歳独身男性）の死亡慰謝料を親族分（事故を目撃した両親には各350万円）を含め4000万円認めた。

(398)　自J2098。12級後遺症慰謝料は350万円認めた。

事由として主張されることもある[399]。

これに対し，見舞いに来ない，謝罪がないというだけでは増額は認められにくい。刑事手続で自己の過失を否認したというだけでも同様だろう。

(2)　胎児の死亡等

ア　事故による胎児の死亡

受傷した母親の慰謝料を増額する理由となる。金額算定には出産期に近いかどうかが関わる。

（事故に遭っていない）父親にも，胎児死亡による慰謝料が認められる場合がある。たとえば東京地判平成11年6月1日[400]は母に700万円，父に300万円を，高松高判昭和57年6月16日[401]は母に120万円，父

---

(399)　神戸地判H10.6.4（判時1678）は，信号機による交通整理の行われていない交差点で，右折しようとした普通貨物自動車（加害車両）と横断歩道を横断しようとした自転車（被害車両）とが衝突し，被害車両運転の被害者（66歳女性・兼業主婦）が死亡した交通事故において，加害車両運転者の過失が重大で過失相殺が認められない場合に，加害車両運転者の加入する損害保険会社の担当者が被害者遺族に被害者の過失割合が30％であると告げ，また，加害者が訴訟で被害者の過失割合が40％であると主張したことは，相当な権利主張の範囲を著しく逸脱しているとして，慰謝料算定の一事由として考慮し，被害者及びその夫と子の慰謝料として計2400万円を認めた。また，東京地判H6.1.25（交民27-1）は，有罪が確定している刑事裁判では完全治癒までの治療費は全額支払うと再三述べているにもかかわらず，被害者の父親が示談書に押印しなかつたことから治療費の支払を一方的に打切った事等を，傷害慰謝料算定にあたり考慮している。

(400)　交民32-3，要約126。「原告花子が胎児を失ったのは，妊娠36週であり既に正期産の時期に入っており，当時胎児に何らの異常はなかったこと，現在の医療水準を考えれば胎児が正常に出産される蓋然性が高いことが認められる。すなわち，本件において死亡した胎児は，まさに新生児と紙一重の状態にあり，これを失った両親とりわけ母親の悲しみ，落胆は相当なものであるというべきである。このように考えると，法律の建前として法人格を有する新生児と胎児の取り扱いに区別を設けることはやむを得ないとしても，出産を間近に控えた胎児の死亡についての損害賠償額は，それなりに評価されるべきと考える。このような観点から，本件においては，慰謝料として母親の原告花子については金700万円，父親である一郎について半額の300万円を相当な額として認める。」

(401)　判タ474，交通百選。「被控訴人Aは妻の被控訴人Bが妊娠していることによって自分と一番血縁の深い子供を得られようとしていたのに控訴人の不法行為のため妻のBが流産を余儀なくされ，当然得られるはずであつた子供を失ったのであるから，この場合の被控訴人Aは本件事故と相当因果関係の範囲内にある損害の直接の被害者であると解するのが相当でこれを間接被害者だという控訴人の主張は採用できない。」

に50万円を認めた。これに対し大阪地判平成8年5月31日[402]のように，母に150万円を認めたが父には認めなかったものもある。

イ　治療のために中絶手術を受けた場合

妊娠している被害者が，事故の治療や検査による影響を懸念して中絶手術を受けることがある。東京高判昭和56年3月25日[403]は，仮に事故後に妊娠した場合であっても避妊という損害回避義務はないとして，中絶による損害を認め，中絶治療費，入院雑費のほか，中絶関係慰謝料として10万円を加算した。

⑶　減額事由

赤い本は特に触れていない。搭乗者傷害保険金が支払われても損益相殺の対象とならないとされているところ（573頁），慰謝料で斟酌（減額）した裁判例があるが疑問である。

外国人については次に述べる。

5　その他

⑴　外国人

傷害慰謝料は原則として別扱いする理由はない。

後遺症慰謝料は，見込まれる滞在期間と将来の生活の本拠を勘案して

---

(402)　交民29-3。事故時まで診察を受けておらず，医師は妊娠8週前後で胎児が死亡したと判断している。

(403)　判時1001，判タ446，交通百選。「なお被控訴人は，控訴人の妊娠が事故後に生じたことを前提として，交通事故にあった女性の被害者が受傷治療中妊娠することは一般に予見できないばかりでなく，かかるときは極力懐妊を避け妊娠中絶の必要が生ずることのないように注意し損害拡大（妊娠中絶費用の支出等）を未然に防止すべきであると主張するので検討する。（略）によれば，控訴人が「妊娠3カ月」と診断されたのは昭和53年7月末（略）医院で診察を受けたときであることが認められるが，そのことから直ちに妊娠した日が本件事故日（昭和52年5月18日）の後であったと断ずることは早計に過ぎるといわざるをえず，むしろ前記認定事実に徴すれば，事故前の妊娠の可能性もこれを否定しえないが，かりに事故後早い時期に懐胎したものであるとしても，元来妊娠は夫婦間の自然の営みにより日常おこりうる出来事であり，社会通念上も被控訴人主張の如き義務が一般に肯認されているとはいい難いから，事故前に妊娠していた場合はもちろんのこと，事故後に妊娠したと仮定しても，なお，妊娠中絶による控訴人の損害が本件事故により通常生ずべき損害の範囲内にあることを否定しえないというべきである。」

認定されている。永住者等，在留活動に制限がない場合は日本人と同じく扱われる。

死亡慰謝料は，母国の物価・所得水準を考慮して基準を修正する裁判例がある(404)。

(2) 間接被害者(405)

たとえば，直接事故の被害を受けなかった近親者（特に子どもが死亡した場合の親）が精神疾患を発症した場合に，その治療費や休業損害・逸失利益が認められるか。裁判例は，近親者慰謝料を増額することがあるにとどまり，近親者固有の財産的損害としては否定することが多い(406)。精神的損害の金銭的評価の問題と，事故と精神疾患発症の相当

---

(404)　たとえば東京高判 H13.1.25（判タ 1059，要約 131）は，「慰謝料として支払われる金銭がどこで費消されるかによって，日本との経済的事情の相違によりその実質的価値が大きく異なることは否定できない事実である。すれば，被害者の死亡による精神的苦痛や損害の程度は日本人と外国人とで本来的に差違がないものとしても，右のような貨幣価値その他の経済的事情の相違を考慮することなく慰謝料額を同一に算定することは，結果として精神的苦痛や損害の程度に差を設けるのと同じことであり，被害の実質的公平な賠償の要請に反することといわざるを得ない。したがって，死亡慰謝料額の算定にあたっては，日本人と外国人とを問わず，その支払を受ける遺族の生活の基盤がどこにあり，支払われた慰謝料がいずれの国で費消されるのか，そして当該外国と日本との賃金水準，物価水準，生活水準等の経済的事情の相違を考慮せざるを得ないものというべきである。」「被控訴人らも本件被害者と同様，スリランカ民主社会主義共和国の国籍を有し，これまで同国を生活の基盤としており，将来も同様と予測されること，主だった品物の物価水準や所得水準，経済的な生活実態を比較すると，同国と日本とではその貨幣価値におよそ 10 倍近くの相違の存することが認められる。そこで，右のような経済的事情の相違を加味し，本件事故の態様，本件被害者の年齢，家族構成，職業，その他諸般の事情を考慮して本件被害者の死亡慰謝料を算定すると，その額は 500 万円が相当と認められる。」とした。原審は，「外国人であるというだけでこれを日本人と全く異なった扱いをするのは相当ではなく，（略）訴外人は，原告ら一家の支柱であったから，原告らの慰謝料は合計で 2600 万円とするのが相当である。」としていた（逸失利益については，日本での就労予想期間を 3 年に限定し，その後はスリランカでの低水準の収入にとどまると想定して 1300 万円程度を認定するにとどめた）。

(405)　赤い本 2004 年「間接損害―直接被害者の近親者の損害」，同 2021 年下巻「間接損害（従業員が死傷した場合の会社の損害）」，古笛恵子「トラウマ精神医学をふまえた間接被害者論」（新次元），古市文孝「間接損害の諸問題 2（被害者の近親者の損害）」（実務），鹿士眞由美「間接被害者の損害」（現状と課題）。

(406)　たとえば東京地判 H15.12.18（交民 36-6，要約 128）は，「ア　休業損害　0 円　原告花子（注：9 歳男児の死亡事故を目撃した母親）は，本件事故によって PTSD に罹患し，4 年間にわた

因果関係の問題は，別の問題であるということだろう(407)が，間接損害というだけで否定するのは疑問である。

(3)　物損の慰謝料

292頁で述べたとおり，ペット等で認められることはあるものの，原則として認められていない。

り全く労働に従事することができなかった旨主張し，前記1(4)において認定したとおり，原告花子が本件事故後稼働することができない状況にあったことは事実である。しかし，（略），原告花子の被った損害は，本件事故により直接生じたものとはいえず，間接損害にとどまるものであり，本件事故による損害と認めることはできない。イ　慰謝料　600万円（略）本件事故により何にも代え難い亡太郎の生命を奪われた原告花子の精神的苦痛，悲しみは甚大で，測り知れないものであり，これにより被った精神的損害についての原告花子固有の慰謝料は，原告花子が4年間稼働できないほどの深刻な精神的打撃を受けたことも考慮のうえ，600万円が相当であると認める。」

(407)　注解373頁。前掲実務172頁は，近親者の財産的損害を一切認めないのはやや硬直的であり，相当因果関係説に立ってさらに詳細な分析と検討を行って結論を導くことがあってもよいとする。

第5節　遅延損害金

1　遅延損害金の発生

(1)　遅延損害金の起算日

ア　損害賠償請求権

損害賠償請求権の遅延損害金は，不法行為時（事故日）から発生する（不法行為時に損害賠償請求権が発生し直ちに遅滞に陥る）と解するのが判例（最判昭和37年9月4日[(408)]）・通説である[(409)]。弁護士費用損害についても同様である（最判昭和58年9月6日[(410)]）。

起算点は，被害者側が損害額等を争ったからといって変わらない（最判平成7年7月14日[(411)]）。

任意社に対する直接請求権も同様であるが，請求は被保険者（加害者）に対する判決確定を条件とする（79頁）[(412)]。

イ　16条請求権と政府保障事業の填補請求権

これらの請求権は，履行の請求を受けた時から遅滞に陥るとされていたが，自賠法改正により規定が新設された（16条の9，73条の2）。

---

(408)　民集62-9。「本件は，被上告人らが上告人の不法行為によりこうむった損害の賠償債務の履行およびこの債務の履行遅滞による損害金として昭和31年1月22日以降年5分の割合による金員の支払を求める訴訟であることが記録上明らかである。そして，右賠償債務は，損害の発生と同時に，なんらの催告を要することなく，遅滞に陥るものと解するのが相当である。」

(409)　判例通説の遅延損害金の発生時の理解に対して，平井「債権各論Ⅱ不法行為」（弘文堂）166頁は，請求時または訴状送達時と解すべきであるとし，森島「不法行為法講義」（有斐閣）412頁は，原則として金銭的評価の時点である口頭弁論終結時を一応の基準時とすべきであるとする。

(410)　判時1092，判タ509。「不法行為に基づく損害賠償債務は，なんらの催告を要することなく，損害の発生と同時に遅滞に陥るものと解すべきところ（注：最判S37.9.4を引用），弁護士費用に関する前記損害は，（略）その余の費目の損害と同一の不法行為による身体傷害など同一利益の侵害に基づいて生じたものである場合には一個の損害賠償債務の一部を構成するものというべきであるから（注：最判S48.4.5を引用），右弁護士費用につき不法行為の加害者が負担すべき損害賠償債務も，当該不法行為の時に発生し，かつ，遅滞に陥るものと解するのが相当である。」

(411)　交民28-4，交通百選。

(412)　たとえば，東京地判H8.7.31（交民29-4）。

最判平成30年9月27日[413]は，自賠法16条の9第1項の「当該請求に係る（略）確認をするために必要な期間」の判断要素について述べており，直接請求権を訴訟上行使した場合も同じであるとしている[414]。

ウ　任意社に対する直接請求権

約款で支払期を定めているが，実務上問題となるのは，事故日からの遅延損害金を請求できるかどうかである。裁判例は，任意社も被告とした場合（78頁）の請求の趣旨及び判決主文における遅延損害金の起算日につき，事故日とするものが多い[415]。

(2)　民法改正

ア　利率

改正民法419条1項本文は，金銭債務の不履行は「債務者が遅滞の責任を負った最初の時点における法定利率によって定める。」とし，同法404条2項は法定利率を3%とする。将来の法定利率の見直しに注意する。

イ　起算点

「遅滞の責任を負った最初の時点」とは，判例・通説によれば不法行

---

(413)　判時2401，判タ1458。最判解H30。「（自賠法16条の9第1項の）規定は，自賠責保険においては，保険会社は損害賠償額の支払をすべき事由について必要な調査をしなければその支払をすることができないことに鑑み，民法412条3項の特則として，支払請求があった後，所要の調査に必要な期間が経過するまでは，その支払債務は遅滞に陥らないものとし，他方で，その調査によって確認すべき対象を最小限にとどめて，迅速な支払の要請にも配慮したものと解される。そうすると，自賠法16条の9第1項にいう「当該請求に係る自動車の運行による事故及び当該損害賠償額の確認をするために必要な期間」とは，保険会社において，被害者の損害賠償額の支払請求に係る事故及び当該損害賠償額の確認に要する調査をするために必要とされる合理的な期間をいうと解すべきであり，その期間については，事故又は損害賠償額に関して保険会社が取得した資料の内容及びその取得時期，損害賠償額についての争いの有無及びその内容，被害者と保険会社との間の交渉経過等の個々の事案における具体的事情を考慮して判断するのが相当である。このことは，被害者が直接請求権を訴訟上行使した場合であっても異なるものではない。」

(414)　自賠法73条の2については，札幌地判R1.11.27（自J2065）が，「てん補すべき損害の金額を確認するために必要な期間」とは「損害調査のために必要な合理的な期間」であるとして，填補請求書提出から約半年と認定した。

(415)　赤い本2025年下巻287頁，LP115頁。注解501頁～502頁が理論的に検討している。

為時となる（前掲最判昭和37年9月4日）。

ウ　経過措置

令和2年4月1日以降発生の事故について新法が適用される。年5%で請求できるのに3%で請求することのないよう気を付ける。

同年3月31日までに発生した事故の場合には，訴状の「よって書き」は，たとえば，「平成29年法律第44号による改正前の民法所定の年5分の割合による遅延損害金の支払を求める。」とする。

2　既払金充当と遅延損害金

(1)　自賠責保険からの支払額

最判平成16年12月20日（557頁）があり，自賠責保険からの支払額は簡単に元本から引いてはいけない。

設例

以下の場合の請求額（提訴時）は？
損害1億円（過失相殺等なし）
事故発生1年後に自賠責から3000万円受領
事故発生2年後に訴訟提起

（考え方）[416]

①元本に充当し，確定遅延損害金請求しない方式

(1億 −3000)×(1+0.03×2)＝7420万円

令和2年3月31日以前発生の事故の場合は7700万円。

②元本に充当し，自賠からの受領金額に対する確定遅延損害金を請求する方式（たとえば，最判平成12年9月8日[417]）

7420+(3000×0.03×1)＝7510万円

令和2年3月31日以前発生の事故の場合は7850万円。

③法定充当（元本に対する遅延損害金に充当後元本充当）する方式（最

(416)　赤い本2025年下巻「訴状作成のチェックポイント」(289頁) 参照。
(417)　金法1595。

判平成16年12月20日[418])

{1億 −(3000−1億 ×0.03×1)}×(1+0.03×1)＝7519万円

令和2年3月31日以前発生の事故の場合は7875万円

このように，①<②<③となる。かつての実務は①によっていたが，今では①は弁護過誤の誹りを受けるかもしれない。赤い本でも，このような方法での請求は「過少請求となるおそれがあるので，注意を要する。」と戒められている[419]。

(2) 任意保険からの支払額

「自賠責保険等」の支払について法定充当の規定の適用を認めた平成16年最判の射程が問題となる。治療費の一括払い等については，被害者の認識を踏まえても，内払いによって損害賠償債務元本の一部が減少すると解する（損害が発生すると同時に支払われたと擬制する）ことが可能だろう。裁判例として，千葉地判平成23年4月12日[420]等がある。

---

(418) 判タ1173，要約35。同判決は，自賠責保険からの損害賠償額に限らず，労災保険や厚生年金保険の給付金も，まず遅延損害金に充当すべきとした（本件自賠責保険金等の「等」に労災保険や厚生年金保険も含まれる）と解されていた。しかし，その後に出された最判H22.9.13は，この平成16年最判と事案が異なるものの，労災保険及び厚生年金保険の給付金について，元本に充当されると判示しており，同最判と矛盾するのではないかと言われていた。この点について，最判H27.3.4により，平成22年最判に合わせる形で，平成16年最判が明確に変更されている（両判決については558頁〜559頁）。平成16年最判の自賠責損害賠償額の遅延損害金充当についての判例は，平成22，27年最判によっても変更されていない（「最高裁判例解説民事篇　平成27年(上)」（法曹会）99頁〜100頁）。

(419) 2025年赤い本下巻291頁。訴状においても，請求側代理人がこのような請求をしていることが少なくない。初心者は注意すべきである。

(420) 交民44-2。「上記認定事実によると，保険会社を介し，被告会社と原告との間では，原告に生じた損害のうち医療機関の治療関係費は医療機関が直接保険会社に請求して支払を受け，その他費用等は，原告が損害の発生を示す領収証等の書類を添付して保険会社に請求し，保険会社がその請求に係る費用等の損害を請求後相当期間内に遅滞なく支払うことが合意されるとともに，そのような支払が履行される限り，当該支払は請求にかかる費目に対応する損害の元本に充当すること及び同元本に対する本件事故発生日から支払までの遅延損害金は別途請求しない（免除）ことについて，少なくとも黙示に合意され了解されていたと認めるべきである。そして，前記認定事実によれば，本件においては，原告又は医療機関から請求された各損害については，保険会社において，その都度審査の上，相当期間内にこれを支払っていたものと認められるから，支払われた任意保険金額に対応する本件事故発生日から支払日までの遅延損害金は免除されたと解す

なお，人傷保険金を受領した後に損害賠償請求をする場合（人傷先行），人傷保険金が支払われた日まで，代位額に対応する遅延損害金が請求できる（最判平成24年2月20日。112頁。）。請求していない請求側代理人が極めて多いが，気を付けたい。

3　遅延損害金の元本組み入れ

民法405条を（類推）適用して，遅延損害金を元本に組み入れ，重利計算すべきである（遅延損害金にさらに遅延損害金が付くことになる。）と主張されることがある[421]。不法行為による遅延損害金の発生時期に関する考え方（通説・判例によれば，債務不履行と異なり損害賠償債務発生時から発生するとされている。439頁）と関連する。下級審裁判例は分かれていたが，最判令和4年1月18日[422]は，不法行為に基づく損害賠償債務の遅延損害金については，民法405条の趣旨は妥当しないとして，同条の（類推）適用（元本組み入れ）を否定した。

るのが相当である。」

(421)　落とし穴142頁～146頁，益井公司「遅延損害金と民法405条―交通事故に基づく損害賠償請求権について民法405条が適用されるか」（軌跡と展開）。

(422)　判タ1496，判時2522。「これ（注：貸金債務の履行遅滞により発生する遅延損害金）に対し，不法行為に基づく損害賠償債務は，貸金債務とは異なり，債務者にとって履行すべき債務の額が定かではないことが少なくないから，債務者がその履行遅滞により生ずる遅延損害金を支払わなかったからといって，一概に債務者を責めることはできない。また，不法行為に基づく損害賠償債務については，何らの催告を要することなく不法行為の時から遅延損害金が発生すると解されており（最高裁（略）昭和（略）37年9月4日（略）参照），上記遅延損害金の元本への組入れを認めてまで債権者の保護を図る必要性も乏しい。そうすると，不法行為に基づく損害賠償債務の遅延損害金については，民法405条の上記趣旨は妥当しないというべきである。したがって，不法行為に基づく損害賠償債務の遅延損害金は，民法405条の適用又は類推適用により元本に組み入れることはできないと解するのが相当である。」履行すべき債務の額がわからないというなら，それにもかかわらず事故時に遅滞に陥るというのは変な気もするが，被害者保護のため不法行為時に遅滞に陥るとする通説判例を前提としたバランス論と言えるだろう。

第６章
後遺障害

第１節　後遺障害総論

1　後遺障害と症状固定

(1)　後遺障害の概念

ア　「後遺症」と「後遺障害」

損害賠償の対象として問題となるのは「後遺症」，すなわち事故の怪我が完全に回復せず，身体や精神の機能に不完全な状態が残っていることである。赤い本や青本も「後遺症（による）」逸失利益／慰謝料として損害賠償額の基準を示している[1]。これに対し「後遺障害」は，保険や補償の分野において，法令等で定義された，いわば業界用語である。もっとも，裁判実務においては厳密に区別して用いられていない。

イ　労災保険における後遺障害

自賠責保険の後遺障害概念は労災保険から借用している。労災補償手続では，「（傷病が）なおったときに残存する当該疾病と相当因果関係を有し，かつ，将来においても回復が困難と見込まれる精神的又は身体的なき損状態（以下「障害」という。）であって，その存在が医学的に認め

---

(1)　たとえば赤い本は後遺症慰謝料について「無等級　X」とし，「自賠責 14 級に至らない後遺症があった場合等（略）は，それに応じた後遺症慰謝料が認められることがある。」と解説している。

られ，労働能力のそう失を伴うものを障害補償の対象としている」（「労災補償 障害認定必携」第17版69頁）。

ウ　自賠責保険における後遺障害

自賠責保険において，後遺障害は，交通事故による「傷害が治ったとき身体に存する障害」（自賠法施行令2条1項2号）（必携69頁〜70頁を参照）と定義されている。「傷害が治ったとき」を症状固定という。より正確には，自賠責保険においても，イのとおり，後遺障害とは，

①負傷又は疾病（以下「傷病」という）がなおったときに残存する当該傷病と相当因果関係を有し，かつ，

②将来においても回復が困難と見込まれる精神的又は肉体的なき損状態（以下「障害」という）であって，

③その存在が医学的に認められ，

④労働能力の喪失を伴うもの

をいう（必携69頁）。ここに「労働能力」とは，一般的な平均的労働能力を意味し，本人の年齢，職種，技能等を考慮しない(2)。

自賠責保険の後遺障害認定は，損害調査の一環として「必携」をもとに行われている。

エ　損害賠償における後遺障害概念の機能

後遺症による損害の賠償は，後遺症（回復しない身体・精神機能の不調）によって発生する不利益状態を金銭で填補するものであり，本来「後遺障害（等級）」にとらわれずに「後遺症」を評価し適正な損害算定をすればよいはずである。しかし，そうはいってもそれをどう評価するのか，他にこれといった拠り所があるわけでもない。

そこで交通賠償実務においても，自賠責保険制度の後遺障害概念（それも労災保険制度から借用しているものであるが）を用い，自賠責の後遺障害認定基準にあてはめて障害を評価し，それを損害算定に反映させる扱いが一般である。そして，裁判所は，自賠責保険の手続で認定された

---

(2)　これに対し裁判所の損害認定においては当該被害者の具体的な労働能力が問題となる（赤い本上巻の「自賠責保険より高い等級や喪失率が認定された事例」を参照されたい。）。

後遺障害等級の結果をかなり信用しており，これを追認することが多い[3]。したがって，損害賠償実務においても，自賠責保険の後遺障害認定について理解し，自賠責保険の手続において正当な後遺障害等級評価を獲得することが重要である。

オ　永久残存性

「将来においても回復が困難と見込まれる」（永久残存性）ことが後遺障害の要素であるが，自賠責保険の後遺障害認定手続においても，裁判所の損害算定においても，常に厳密に求められるわけではない。むち打ち損傷や非器質性精神障害等について問題となる。

(2)　症状固定とは

ア　意義

症状固定とは，傷害が治ったということであるが，「なおったとき」とは，

①傷病に対して行われる医学上一般に承認された治療方法（以下「療養」という）をもってしても，その効果が期待し得ない状態（療養の終了）で，かつ，

②残存する症状が，自然的経過によって到達すると認められる最終の状態（症状の固定）に達したとき

をいう（必携69頁～70頁）。

イ　機能

症状固定は，後遺障害による損害を傷害による損害から切り離すための技術的概念である。したがって医師はあまり使わない[4]。

労災保険や自動車保険の実務において，後遺障害による損失をカバーする給付・支払と傷害による損失をカバーする給付・支払を切り分ける

---

(3)　「後遺障害に基づく損害を請求する場合においては，訴訟提起前に，自賠責保険の被害者請求（略）又は加害者からの事前認定手続によって，後遺障害等級認定を済ませておくことが望ましい。」「自賠責保険の後遺障害等級認定を経ていない事案については，裁判所は被害者請求又は事前認定手続により等級認定を受けるよう被害者側に促している。」（別冊判タ38　2頁～3頁）。

(4)　井上久「医療審査「覚書」」（自動車保険ジャーナル）67頁。

技術的概念である症状固定は重要な役割を果たしているが，損害賠償実務においても同様であり，訴状の請求原因においても特定が必要である。

ウ　症状固定日が争われる場合

裁判実務でも，主治医による後遺障害診断書記載の症状固定日が不合理でなければ，その日をもって損害認定における症状固定日と認めている。

もっとも，裁判所がこれと異なる症状固定日を認定することもある。症状固定日は，受傷内容，治療効果，治療の必要性，既往症の影響等が疑われたときに争われる。支払側が，症状固定日は後遺障害診断書記載の日より早いと主張することが比較的多いが，それ以後も症状が改善している等としてより遅い日が固定日であると主張されることもある。

エ　症状固定時期の判断要素

2013年赤い本下巻講演録は，症状固定時期が問題となる場合には，医師の判断を踏まえて，その合理性を以下の点等から判断するとしている。代理人はこれらを念頭に置いて主張立証を行いたい。

①傷害及び症状の内容（たとえば，神経症状のみか）
②症状の推移（たとえば，治療による改善の有無，一進一退か）
③治療・措置の内容（たとえば，治療は相当なものか，対症療法的なものか，治療内容の変化）
④治療経過（たとえば，通院頻度の変化，治療中断の有無）[(5)]
⑤検査結果（他覚所見の有無）
⑥当該症状につき症状固定に要する通常の期間
⑦交通事故の状況（たとえば，衝撃の程度）

---

(5)　なお，自賠責用の診断書（経過診断書）の「転帰」欄に「中止」とされていても，主治医が症状固定と診断したことを示しているわけではなく，対人社が一括対応を打ち切ったことを示しているにすぎないことが多い。

(3) 後遺障害等級表の意味と見方

ア 「後遺障害」の格付け

自賠責保険実務においては，自賠法施行令2条別表第1及び第2（自賠責後遺障害等級表と呼ばれる）にあてはめて後遺障害等級を認定している。この別表は，労働者災害補償保険法施行規則別表第1と基本的に同じものであり，後者を借用しているものである。

イ 二つの「別表」

労災保険と異なり，自賠法施行令の「別表」には別表第1（1級及び2級）と別表第2（1級～14級）がある。これは，介護[6]の要否により保険金額を同一障害等級内で異なるものとするためである。

後遺障害等級表（別表第1及び同第2）を次に掲げる。なお，これを系列ごとに整理して一覧表にしたもの（後遺障害等級早見表）が，裁判実務34頁～37頁等に掲載されている。

後遺障害等級表

※平成22年6月10日以降発生の事故に適用

〈自動車損害賠償保障法施行令別表第一〉

等級	介護を要する後遺障害	保険金額
第1級	1　神経系統の機能又は精神に著しい障害を残し、常に介護を要するもの 2　胸腹部臓器の機能に著しい障害を残し、常に介護を要するもの	4,000万円
第2級	1　神経系統の機能又は精神に著しい障害を残し、随時介護を要するもの 2　胸腹部臓器の機能に著しい障害を残し、随時介護を要するもの	3,000万円

備考　各等級の後遺障害に該当しない後遺障害であって，各等級の後遺障害に相当するものは，当該等級の後遺障害とする。

（注）既に後遺障害のある者がさらに同一部位について後遺障害の程度を加重したときは，加重後の等級に応ずる保険金額から既にあった後遺障害の等級に応ずる保険金額を控除した金額を保険金額とする。

〈自動車損害賠償保障法施行令別表第二〉

等級	後遺障害	保険金額
	1　両眼が失明したもの 2　咀嚼及び言語の機能を廃したもの	

(6)　後遺障害認定基準における介護とは，「生命維持に必要な身の回り処理の動作」（食事・入浴・用便・更衣等）についての介護であり，精神の障害については「高度の認知症や情意の荒廃のための監視」等も含む（必携141頁，143頁～144頁，196頁）。

第１級	3　両上肢をひじ関節以上で失ったもの 4　両上肢の用を全廃したもの 5　両下肢をひざ関節以上で失ったもの 6　両下肢の用を全廃したもの	3,000万円
第２級	1　１眼が失明し、他眼の視力が0.02以下になったもの 2　両眼の視力が0.02以下になったもの 3　両上肢を手関節以上で失ったもの 4　両下肢を足関節以上で失ったもの	2,590万円
第３級	1　１眼が失明し、他眼の視力が0.06以下になったもの 2　咀嚼又は言語の機能を廃したもの 3　神経系統の機能又は精神に著しい障害を残し、終身労務に服することができないもの 4　胸腹部臓器の機能に著しい障害を残し、終身労務に服することができないもの 5　両手の手指の全部を失ったもの	2,219万円
第４級	1　両眼の視力が0.06以下になったもの 2　咀嚼及び言語の機能に著しい障害を残すもの 3　両耳の聴力を全く失ったもの 4　１上肢をひじ関節以上で失ったもの 5　１下肢をひざ関節以上で失ったもの 6　両手の手指の全部の用を廃したもの 7　両足をリスフラン関節以上で失ったもの	1,889万円
第５級	1　１眼が失明し、他眼の視力が0.1以下になったもの 2　神経系統の機能又は精神に著しい障害を残し、特に軽易な労務以外の労務に服することができないもの 3　胸腹部臓器の機能に著しい障害を残し、特に軽易な労務以外の労務に服することができないもの 4　１上肢を手関節以上で失ったもの 5　１下肢を足関節以上で失ったもの 6　１上肢の用を全廃したもの 7　１下肢の用を全廃したもの 8　両足の足指の全部を失ったもの	1,574万円
第６級	1　両眼の視力が0.1以下になったもの 2　咀嚼又は言語の機能に著しい障害を残すもの 3　両耳の聴力が耳に接しなければ大声を解することができない程度になったもの 4　１耳の聴力を全く失い、他耳の聴力が40センチメートル以上の距離では普通の話声を解することができない程度になったもの 5　脊柱に著しい変形又は運動障害を残すもの 6　１上肢の３大関節中の２関節の用を廃したもの 7　１下肢の３大関節中の２関節の用を廃したもの 8　１手の５の手指又はおや指を含み４の手指を失ったもの	1,296万円
	1　１眼が失明し、他眼の視力が0.6以下になったもの 2　両耳の聴力が40センチメートル以上の距離では普通の話声を解することができない程度になったもの 3　１耳の聴力を全く失い、他耳の聴力が１メートル以上の距離では普通の	

第７級	話声を解することができない程度になったもの 4　神経系統の機能又は精神に障害を残し、軽易な労務以外の労務に服することができないもの 5　胸腹部臓器の機能に障害を残し、軽易な労務以外の労務に服することができないもの 6　１手のおや指を含み３の手指を失ったもの又はおや指以外の４の手指を失ったもの 7　１手の５の手指又はおや指を含み４の手指の用を廃したもの 8　１足をリスフラン関節以上で失ったもの 9　１上肢に偽関節を残し、著しい運動障害を残すもの 10　１下肢に偽関節を残し、著しい運動障害を残すもの 11　両足の足指の全部の用を廃したもの 12　外貌に著しい醜状を残すもの 13　両側の睾丸を失ったもの	1,051万円
第８級	1　１眼が失明し、又は１眼の視力が0.02以下になったもの 2　脊柱に運動障害を残すもの 3　１手のおや指を含み２の手指を失ったもの又はおや指以外の３の手指を失ったもの 4　１手のおや指を含み３の手指の用を廃したもの又はおや指以外の４の手指の用を廃したもの 5　１下肢を５センチメートル以上短縮したもの 6　１上肢の３大関節中の１関節の用を廃したもの 7　１下肢の３大関節中の１関節の用を廃したもの 8　１上肢に偽関節を残すもの 9　１下肢に偽関節を残すもの 10　１足の足指の全部を失ったもの	819万円
第９級	1　両眼の視力が0.6以下になったもの 2　１眼の視力が0.06以下になったもの 3　両眼に半盲症、視野狭窄又は視野変状を残すもの 4　両眼のまぶたに著しい欠損を残すもの 5　鼻を欠損し、その機能に著しい障害を残すもの 6　咀嚼及び言語の機能に障害を残すもの 7　両耳の聴力が１メートル以上の距離では普通の話声を解することができない程度になったもの 8　１耳の聴力が耳に接しなければ大声を解することができない程度になり、他耳の聴力が１メートル以上の距離では普通の話声を解することが困難である程度になったもの 9　１耳の聴力を全く失ったもの 10　神経系統の機能又は精神に障害を残し、服することができる労務が相当な程度に制限されるもの 11　胸腹部臓器の機能に障害を残し、服することができる労務が相当な程度に制限されるもの 12　１手のおや指又はおや指以外の２の手指を失ったもの 13　１手のおや指を含み２の手指の用を廃したもの又はおや指以外の３の手指の用を廃したもの 14　１足の第１の足指を含み２以上の足指を失ったもの 15　１足の足指の全部の用を廃したもの 16　外貌に相当程度の醜状を残すもの	616万円

	17　生殖器に著しい障害を残すもの	
第10級	1　１眼の視力が0.1以下になったもの 2　正面を見た場合に複視の症状を残すもの 3　咀嚼又は言語の機能に障害を残すもの 4　14歯以上に対し歯科補綴を加えたもの 5　両耳の聴力が１メートル以上の距離では普通の話声を解することが困難である程度になったもの 6　１耳の聴力が耳に接しなければ大声を解することができない程度になったもの 7　１手のおや指又はおや指以外の２の手指の用を廃したもの 8　１下肢を３センチメートル以上短縮したもの 9　１足の第１の足指又は他の４の足指を失ったもの 10　１上肢の３大関節中の１関節の機能に著しい障害を残すもの 11　１下肢の３大関節中の１関節の機能に著しい障害を残すもの	461万円
第11級	1　両眼の眼球に著しい調節機能障害又は運動障害を残すもの 2　両眼のまぶたに著しい運動障害を残すもの 3　１眼のまぶたに著しい欠損を残すもの 4　10歯以上に対し歯科補綴を加えたもの 5　両耳の聴力が１メートル以上の距離では小声を解することができない程度になったもの 6　１耳の聴力が40センチメートル以上の距離では普通の話声を解することができない程度になったもの 7　脊柱に変形を残すもの 8　１手のひとさし指、なか指又はくすり指を失ったもの 9　１足の第１の足指を含み２以上の足指の用を廃したもの 10　胸腹部臓器の機能に障害を残し、労務の遂行に相当な程度の支障があるもの	331万円
第12級	1　１眼の眼球に著しい調節機能障害又は運動障害を残すもの 2　１眼のまぶたに著しい運動障害を残すもの 3　７歯以上に対し歯科補綴を加えたもの 4　１耳の耳殻の大部分を欠損したもの 5　鎖骨、胸骨、ろく骨、けんこう骨又は骨盤骨に著しい変形を残すもの 6　１上肢の３大関節中の１関節の機能に障害を残すもの 7　１下肢の３大関節中の１関節の機能に障害を残すもの 8　長管骨に変形を残すもの 9　１手のこ指を失ったもの 10　１手のひとさし指、なか指又はくすり指の用を廃したもの 11　１足の第２の足指を失ったもの、第２の足指を含み２の足指を失ったもの又は第３の足指以下の３の足指を失ったもの 12　１足の第１の足指又は他の４の足指の用を廃したもの 13　局部に頑固な神経症状を残すもの 14　外貌に醜状を残すもの	224万円
	1　１眼の視力が0.6以下になったもの 2　正面以外を見た場合に複視の症状を残すもの 3　１眼に半盲症、視野狭窄又は視野変状を残すもの 4　両眼のまぶたの一部に欠損を残し又はまつげはげを残すもの 5　５歯以上に対し歯科補綴を加えたもの	

等級	後遺障害	保険金額
第13級	6　1手のこ指の用を廃したもの 7　1手のおや指の指骨の一部を失ったもの 8　1下肢を1センチメートル以上短縮したもの 9　1足の第3の足指以下の1又は2の足指を失ったもの 10　1足の第2の足指の用を廃したもの、第2の足指を含み2の足指の用を廃したもの又は第3の足指以下の3の足指の用を廃したもの 11　胸腹部臓器の機能に障害を残すもの	139万円
第14級	1　1眼のまぶたの一部に欠損を残し又はまつげはげを残すもの 2　3歯以上に対し歯科補綴を加えたもの 3　1耳の聴力が1メートル以上の距離では小声を解することができない程度になったもの 4　上肢の露出面にてのひらの大きさの醜いあとを残すもの 5　下肢の露出面にてのひらの大きさの醜いあとを残すもの 6　1手のおや指以外の手指の指骨の一部を失ったもの 7　1手のおや指以外の手指の遠位指節間関節を屈伸することができなくなったもの 8　1足の第3の足指以下の1又は2の足指の用を廃したもの 9　局部に神経症状を残すもの	75万円

備考　①視力の測定は，万国式試視力表による。屈折異状のあるものについては，矯正視力について測定する。
②手指を失ったものとは，おや指は指節間関節，その他の手指は近位指節間関節以上を失ったものをいう。
③手指の用を廃したものとは，手指の末節骨の半分以上を失い，又は中手指節関節若しくは近位指節間関節（おや指にあっては，指節間関節）に著しい運動障害を残すものをいう。
④足指を失ったものとは，その全部を失ったものをいう。
⑤足指の用を廃したものとは，第一の足指は末節骨の半分以上，その他の足指は遠位指節間関節以上を失ったもの又は中足指節関節若しくは近位指節間関節（第一の足指にあっては，指節間関節）に著しい運動障害を残すものをいう。
⑥各等級の後遺障害に該当しない後遺障害であって，各等級の後遺障害に相当するものは，当該等級の後遺障害とする。

（注）1. 後遺障害が2つ以上あるときは，重い方の後遺障害の該当する等級による。しかし，下記に掲げる場合においては等級を次の通り繰上げる。
・第13級以上に該当する後遺障害が2つ以上あるときは，重い方の後遺障害の等級を1級繰上げる。ただし，それぞれの後遺障害に該当する保険金額の合算額が繰上げ後の保険金額を下回るときはその合算額を保険金額として採用する。
・第8級以上に該当する後遺障害が2つ以上あるときは，重い方の後遺障害の等級を2級繰上げる。
・第5級以上に該当する後遺障害が2つ以上あるときは，重い方の後遺障害の等級を3級繰上げる。
2. 既に後遺障害のある者がさらに同一部位について後遺障害の程度を加重したときは，加重後の等級に応ずる保険金額から既にあった後遺障害の等級に応ずる保険金額を控除した金額を保険金額とする。

ウ　等級表の機能

本来，自賠責の後遺障害等級は，自賠責保険金額（支払限度額）を定めるためのものであって，損害賠償額を算定するためのものではない。その等級表の元となっている労災保険の後遺障害等級表も，障害補償の内容を定めるためのものであって，もちろん損害賠償額を算定するためのものではない。

しかし，損害賠償実務は，後遺障害等級表と損害算定を密接に関連させている。後遺症逸失利益の算定において用いられる労働能力喪失率については，被災労働者が第三者に対して有する損害賠償請求権の金額（政府による求償額の限度となる。）算定のために昭和32年労基局長通達が示した労働能力喪失率表を借用し，自賠責保険において認定された後遺障害等級を，この表にあてはめて損害が算定されることが多い。もちろん喪失率表は裁判所を拘束しないから，同表と異なる喪失率によって損害算定することはしばしばある。もともと，喪失率表の喪失率もしかるべき裏付けのあるものではなく，便宜上使用されているにすぎない。

労働能力喪失率

障害等級	労働能力喪失率
第1級	100／100
第2級	100／100
第3級	100／100
第4級	92／100
第5級	79／100
第6級	67／100
第7級	56／100
第8級	45／100
第9級	35／100
第10級	27／100
第11級	20／100
第12級	14／100
第13級	9／100
第14級	5／100

昭和32年7月2日基発第551号による。

エ　等級表の見方

後遺障害は，「部位」・「系列」・「序列」によって分類され，等級付けされている。これらがわかっていないと併合等がわからない。

部位とは，解剖学的観点からのどこの障害かという問題である。眼球・内耳等（相対性器官＝左右二つの器官で一つの機能を有する器官のこと）は両眼球，両内耳等を同一部位とし，上肢・下肢は左右を別部位とする。

系列とは，部位ごとに区分された身体障害をさらに生理学的観点からどんな障害か細分化するものであり，35系列に分類されている。「みなし系列」（458頁）に注意する。

序列とは，労働能力喪失の程度によってどの程度の障害か区分するものであり，系列ごとに1級から14級までに格付けされている。

2　自賠責保険における後遺障害の認定

(1)　後遺障害等級認定システム[(7)]

ア　認定主体

自賠責保険・共済実務においては，損害保険料率算出機構（損保料率機構）が独占的に後遺障害等級認定を行っている。「機構」は，保険料率を算出して損害保険会社が保険料を決定するための組織であるが，算出過程で得られた損害調査の結果（後遺障害等級認定を含む）を，各自賠社が保険金の支払にあたって行うべき損害調査に代えて利用するという慣行が行われている。

イ　認定手続

自賠責保険の後遺障害等級が決まる手続には，加害者請求（15条請求），被害者請求（16条請求／直接請求），事前認定（一括払い）の三通り

---

(7)　自転車が加害車の場合は，自動車事故の場合のような自賠責保険による後遺障害認定手続を利用することはできない。もっとも，加害者が個人賠責保険に加入していたり，被害者が人身傷害保険に加入している場合等は，保険会社を通して自賠責調査事務所による後遺障害認定のサービスを受けられることがある。もちろん労災事故であれば，自転車による事故でも，労災の後遺障害等級認定が受けられる。

がある。それぞれについて第2章で説明した。

ウ　認定基準

自賠責保険・共済の支払基準（52頁）は，「等級の認定は，原則として労働者災害補償保険における障害の等級認定の基準に準じて行う」としている。

労災保険の障害等級認定基準は，「労災補償 障害認定必携」（労災サポートセンター）に掲載されており，自賠責保険においても，損害保険料率算出機構は「必携」をもとに等級認定を行っている。もっとも，高次脳機能障害，非器質性精神障害，醜状障害の評価方式は労災保険とやや異なる(8)。

認定基準は改訂されることがある。適用の基準時は，労災では症状固定時であるが，自賠責保険では事故時である。

エ　労災との比較

労災保険では障害認定のために面接が行われるが，自賠責保険においては，醜状障害以外に面接は行われず，原則として書面審査である。

自賠責保険の後遺障害認定基準は，原則として労災保険のそれに準拠しているが，結論が労災認定と異なることが珍しくない。どちらかといえば，労災認定のほうが「被害者に優しい」ことが多いようだ。裁判所は，自賠責保険の認定を重視することが多い。

オ　後遺障害等級認定の重み

自賠責の後遺障害認定は，法的拘束力を持つわけではないが，その後の損害賠償請求にきわめて強い影響を持ち，請求側が訴訟で引っくり返すことは容易ではない。したがって，請求側代理人は，損害賠償請求訴訟と同様の労力を自賠責の後遺障害認定に注ぐべきことが少なくない。

---

(8)　労災補償制度では賃労働に従事する成人の稼働年齢の者について就労への影響を中心に考えているのに対し，自賠責保険の救済対象は老若男女広範囲にわたり，就労状況もまちまちである。また，労災補償の対象が財産的損害の補償に限定されるのに対し，自賠責の対象には非財産的損害も含まれ社会生活全般の不利益も評価される。

⑵　等級認定の構造[9]

ア　複数の障害がある場合の扱い

自賠法施行令2条1項によれば，後遺障害等級表に該当する障害が2つ以上ある場合は，最上位の障害等級を最大3級上位に繰り上げる（「併合の方法」。保険金額が上がることになる。）。あくまで自賠責保険金額を決めるための規定であるが，損害賠償実務上も後遺症の程度評価としてそのまま用いられることが多い。

<table>
<tr><td></td><td></td><td colspan="4">最上位の等級</td></tr>
<tr><td rowspan="5">次順位の等級</td><td></td><td>1～5級</td><td>6～8級</td><td>9～13級</td><td>14級</td></tr>
<tr><td>1～5級</td><td>最上位の等級＋3級</td><td colspan="3">－</td></tr>
<tr><td>6～8級</td><td colspan="2">最上位の等級＋2級</td><td colspan="2">－</td></tr>
<tr><td>9～13級</td><td colspan="3">最上位の等級＋1級</td><td>－</td></tr>
<tr><td>14級</td><td colspan="3">最上位の等級</td><td>14級</td></tr>
</table>

併合は被害者ごとに一度しか行われない。たとえば，両眼の視力が0.6以下になり（9級1号），外貌に醜状を残し（12級14号），頚椎部に運動障害が残った（8級2号）場合は，9級1号と12級14号で併合8級になり，さらに8級2号を併合して併合6級になることはない。13級以上のものが2以上あるので，高いものを1級繰り上げて併合7級となるにとどまる。

また，別表第1の後遺障害が認定される場合，他系列の障害とは併合されない。たとえば，高次脳機能障害2級1号（別表第1。保険金額3000万円）と1上肢の関節機能障害で12級6号（別表第2）が認定された場合，併合されず2級のままである。別表第1は保険金額の限度を上げるために設けた類型であり，併合しなくても別表2の2級と12級で併合1級とした場合の保険金額（3000万円）と同じなので不都合はない。もっとも，損害賠償請求における慰謝料算定には注意しなければならず，上の例では併合1級と同じく扱うべきである（428頁）。

⑼　必携70頁～93頁，裁判実務17頁～37頁を読まれたい。

さらに，以下のように複雑なルールがある。

イ　系列内評価の原則

まず同一系列内で評価を行う。同一系列内で該当するものが一つの場合，他に他系列の障害があれば併合等級を認定する。

これに対し，同一系列内で該当するものが複数ある場合は，まずその系列内に限定して等級評価する。その組み合わせが系列内にない場合，たとえば，右上肢の肘関節の著しい機能障害（10級）に同上肢の肩関節の機能障害（12級）が加わった場合は，「併合の方法を用いて」9級相当が認定される。これは，系列全体の障害の程度評価のために仮に認定される等級であり，自賠責保険実務では「相当[(10)]等級」と呼ぶ。労災（「必携」）では「準用」と呼ばれている。

ウ　異系列だが同一系列として扱う場合

同一身体部位でも系列を異にすれば併合等級を認定することになるが，同系列として扱う方が合理的な場合もある。これをみなし系列という。

たとえば，眼の障害には，視力障害，調節機能障害，運動障害，視野障害の4系列があるが，両眼の各障害相互間については，それぞれの（本来の）系列で等級評価し，さらに運用上の系列全体の中で「併合の方法を用いて」等級評価する。

同一上・下肢の機能障害と手・足指の欠損・機能障害の関係も同様である。たとえば，上肢の1関節用廃（8級6号）に同一上肢の他の1関節の著しい機能障害（10級10号）が加わると，同一系列であるが併合の方法を用いて7級相当となる（上記イ）。これに1手の母指喪失（9級12号）が加わると，本来異系列だがみなし系列として再び併合の方法を用い，6級相当となる。さらに脊柱変形（11級7号）が加わると併合5級となる。これに対し，みなし系列によらなければ，7，9，11級で併合6級にとどまることになる。

---

(10)　裁判実務では，後遺障害等級表の障害に該当するという意味で「相当する」という表現を用いることがある。

エ　左右がある場合の扱い

左右対称の部位（眼，耳，上肢，下肢）で，左右両部位に障害がある場合，それぞれ等級評価して最終的に併合扱いすることになりそうだが，左右で一つの機能を営む（相対性器官）両眼球，両内耳は同一部位として扱われる。上肢，下肢は左右別部位とされるが，等級表の規定の仕方自体に両側の器官の状態をセットで規定しているものがある（組み合わせ等級）。たとえば，両上肢の肘関節以上での欠損（1級3号），両上肢の手関節以上での欠損（2級3号），両上肢の用の全廃（1級4号）などである。

オ　相当等級

ある障害が，障害等級表上のいかなる障害の系列にも属さない場合，及び障害等級表上にその属する障害の系列はあるが，該当する障害がない場合に，等級表の障害に準じて定める等級を「相当」等級という（自賠令別表第1備考，同第2備考六）。労災では「準用」と呼ばれる（必携83頁～84頁）。

相当等級には，同一系列の複数の障害の評価において，併合の方法を用いて「相当」等級を認定する場合（イ）と後遺障害等級表のどの系列にも分類できない障害の場合がある。後者の例として，嗅覚脱失，味覚脱失は12級相当，嗅覚減退，味覚減退は14級相当，外傷性散瞳は11，12，14級相当，動揺関節は上肢が10，12級相当・下肢が8，10，12級相当とされる。

カ　併合の取扱いにおける注意点

第一に，繰上げにより序列を乱さない。たとえば，4級4号の障害に5級4号の障害が加わった場合は，障害として1級3号より軽いので併合1級ではなく併合2級とする（必携81頁）。

第二に，組合せ等級の場合（エ）は併合によらない。たとえば，右下肢7級8号の障害に左下肢7級8号の障害が加わった場合は，併合せず4級7号を認定する（必携82頁）。

第三に，一つの障害を複数の観点で評価している場合は併合しない。たとえば，大腿骨変形（12級8号）を残し，その結果下肢短縮（13級8

号）を残した場合は，併合せず12級で評価する（必携82頁〜83頁）。

第四に，一方から他方が通常派生する関係にある場合は併合しない。たとえば，同一下肢に8級9号（偽関節）の障害と12級13号（局部の頑固な神経症状）の障害が残った場合は，8級で評価する（必携83頁）。

自賠責の保険金額についても注意すべき点がある。併合によって得られた等級の保険金額は，各々の等級における保険金額の合算額を超えない。たとえば，外貌醜状9級16号に，5歯以上に補綴を加えた歯牙障害（13級5号）が加わると併合8級になるが，616万円＋139万円＝755万円となり，8級の保険金額819万円を下回るので，保険金額は755万円となる(11)。

キ　加重について

既に後遺障害（先天的なものや自動車事故以外の事由によるものを含む）のある者が，さらに同一部位について後遺障害の程度を加重したときは，加重後の等級に応ずる保険金額から既にあった後遺障害の等級に応ずる保険金額を控除した金額を保険金額とする。

ここに「同一の部位」とは，同一の系列の範囲内をいう。

ただし，異なる系列であっても，欠損または機能の全部喪失は，その部位における最上位の等級であるので，障害が存する部位にそれらが後に加わった場合(12)は，それが系列を異にする障害であっても同一部位の加重として扱う（必携87頁）。

「神経系統の機能又は精神の障害」は全体が同一部位（同一系列）とされるから，末梢神経系の症状と中枢神経系の症状とは同一部位・系列として加重の扱いをされる(13)。ただし，原因が異なる局部の神経症状については，部位ごとに障害を認定するのが自賠責実務である(14)。

---

(11)　仮に，これらに加えて14級の障害があれば，755＋75＝830 > 819なので819万円が保険金額となる。このように，併合の事案では14級はあっても意味がないとは必ずしも言えない。

(12)　たとえば，右下肢の下腿骨に変形の障害が存する場合に，その後新たに右下肢を膝関節以上で失ったとき（部位は右下肢で同一だが，変形障害と欠損障害は系列を異にする）。

(13)　たとえば，頚椎捻挫後の神経症状14級の認定を受けていた者が，新たな事故で1級の精神障害を認定された場合は，既存障害14級の加重とされるようだ。

(14)　「局部」の疼痛とされるためである。たとえば，大阪地判H29.10.18（自J2015）の事案では，

では，中枢神経の障害がある者が事故によって末梢神経の障害を負った場合はどうだろうか。末梢神経の障害は中枢神経のより下位に位置付けられるので，かつての自賠責実務は，加重にならず後遺障害非該当としていた。

この扱いに一石を投じたのが東京高判平成28年1月20日(15)である。同判決は，脊髄損傷により別表第1の1級1号の後遺障害を有する被害者が，事故によって頚部痛等の症状（裁判所は14級とした）を残した事案につき，既存障害と同症状は「同一の部位」とはいえないとして損害

過去の事故で併合14級（頚部痛14級，腰痛14級）の既存障害がある被害者について，今回事故後の頚部の神経症状，腰痛はいずれも加重に至らず非該当だが，今回事故後の左下肢しびれについては自賠責でも14級が認定されている。

(15)　判時2292。同一部位判決。肥塚肇雄「自賠法施行令2条2項にいう『同一部位について後遺障害の程度を加重した場合』の意義」(損害保険研究79-2)。落とし穴166頁～168頁，裁判実務27頁，青本29訂版320頁～321頁も参照のこと。「施行令2条2項にいう「同一の部位」とは，損害として一体的に評価されるべき身体の類型的な部位をいうと解すべきであるところ，本件既存障害と本件症状は，損害として一体的に評価されるべき身体の類型的な部位に当たるとは認められないから，「同一の部位」であるとはいえないことは，前記判断のとおりである。」原審（さいたま地判H27.3.20判時2255）は，「自動車損害賠償責任保険は，保有者が被害者に対して損害賠償責任を負担することによって被る損害をてん補することを目的とする責任保険であるところ，被害者及び保有者双方の利便のための補助的手段として，自賠法16条1項に基づき，被害者は，保険会社に対して直接損害賠償額の支払を請求し得るとしているものであり（略），同損害賠償額の支払は，交通事故による身体障害から生じた損害賠償請求権全体を対象としている（略）。そして，施行令2条2項は，自賠法13条1項の保険金額につき，既に後遺障害のある者が傷害を受けたことによって同一部位について後遺障害の程度を加重した場合における当該後遺障害による損害については，当該後遺障害の該当する別表第一又は別表第二に定める等級に応ずるこれらの表に定める金額から，既にあった後遺障害の該当するこれらの表に定める等級に応ずるこれらの表に定める金額を控除した金額とするものとしているところ，同項の趣旨は，その内容からして，保険会社に対し，「同一の部位」について二重の損害賠償の負担を負わせることを避けることにあると解され，上記のとおり，同法16条1項の損害賠償が交通事故による身体障害から生じた損害賠償請求権全体を対象としていることを踏まえれば，同項にいう「同一の部位」とは，損害として一体的に評価されるべき身体の類型的な部位をいうと解すべきである。イ　この点，被告東京海上日動は，認定基準における解釈に従って，本件既存障害は，脊髄という中枢神経の障害であり，本件症状は，末梢神経の障害であるから，いずれも神経系統の機能又は精神の障害として「同一系列」の身体障害に当たると主張する。しかしながら，上記(3)認定説示のとおり，胸椎と頸椎（注：胸髄と頸髄？）とは異なる神経の支払領域（注：支配領域？）を有し，それぞれ独自の運動機能，知覚機能に影響を与えるものであるから，本件既存障害と本件症状とは，損害として一体的に評価されるべき身体の類型的な部位に当たると解することはできず，「同一の部位」であるということはできない。」としていた。

算定した。これを受けて自賠責実務も変更されている[16]。

問題は「同一の部位」に関する扱いが変更される範囲である。既存障害が脊髄を原因とする神経症状を既存障害として有する被害者について，既存障害が及ばない脊髄の支配領域に新たに局部の神経症状が生じた場合等は，東京高判と同様の認定になるのではないかと考えられるが，認定基準が変更されない限り，自賠責実務に及ぶ射程は限定的ではないかとの指摘がある[17]。

なお，最近，広島地判令和5年6月29日[18]は，神経系統の機能・精神の障害ではない後遺障害について，同一部位の障害と言えるか否かは，現存障害に係る損害から既存障害に係る損害を控除しないと，保険会社が当該交通事故と相当因果関係のない損害について賠償金を払うことになるかで決すべきであるという判断を示した。

(3) 後遺障害診断書のポイント

ア 後遺障害診断書の重要性

治療中の依頼者へのアドバイスとして，「主治医（または保険会社）に症状固定と言われたら後遺障害診断書を書いてもらって保険会社に出してください。等級認定が出たらまたいらっしゃい。」でよいのだろうか。

後遺障害診断書の記載内容は，後遺障害認定に直結し，保険金請求，損害賠償請求などその後の経過を支配する。不足があれば調査事務所が（まして支払側である任意対人社が）補ってくれるだろうと考えてはいけない。

---

(16) 青本29訂版320頁。

(17) 最前線69頁。

(18) 判時2593。自賠責は，現存障害が高次脳機能障害7級，難聴9級，右股関節機能障害12級の併合6級で既存障害両変形性膝関節症14級の加重として，既存障害に係る損害額を控除して946万円を支払った。裁判所は，同一部位とはいえないとして，6級の保険金額1296万円との差額350万円の支払を命じた。控訴審の広島高判R6.7.26（LEX/DB25621725）は，一審と異なり自賠責の上限額（現症6級の1296万円）を超えない損害額を認定したため，同一部位か否かの判断は不要であるとしている。

イ　よく見かける後遺障害診断書

医師は，保険及び賠償実務における後遺障害診断書の位置づけ（重要性）を理解しているとは限らず，自覚症状[19]が一部しか記載されていない，自覚症状を基礎づける他覚所見の記載がないか不十分である[20]，神経学的検査をしているのに記載がない，関節可動域について主要運動（屈曲のみで伸展がない等）や必要な参考運動の記載がないなど，必ずしも十分ではないものが作成され，それをもとに後遺障害等級認定手続が進んでいくことが少なくない。

後遺症の内容を反映した後遺障害診断書を作成してもらうためには，作成前の依頼者からの丁寧な聞き取りと適切な助言が必要である。医師面談が必要・有益な場合も少なくない。

ウ　医師面談[21]のポイント

医師面談をする際は次のような点に気を付けるべきだと思う。

第一に，面談の目的を明確にする。そのために，面談前に経過診断書，レセプト，カルテ，医学文献等を検討してヒントを探し，質問事項を整理しておく。ポイントを絞ること。

第二に，医師は「治らない」ことを証明する後遺障害診断書に興味がないことが少なくないので，その重要性（患者の救済に必要であること）を説明することが必要な場合もある。

第三に，基礎的な医学知識も必要である。頚髄と頚椎，中枢神経と末梢神経の区別もつかないようでは，医師に質問もできず，その説明も理解できない。

第四に，書面作成を依頼する場合は，質問事項を絞り，Q&A 形式に

---

(19)　自賠責の等級認定の理由を読むとわかるが，自賠責の後遺障害等級は，後遺障害診断書に記載された自覚症状に対応して認定される。後遺障害診断書には，自覚症状がきちんと書かれていることがまず重要である。

(20)　圧迫骨折（少なくとも 11 級が付く）や麻痺がなく高次脳機能障害も目立たない脳挫傷（12 級が期待できる）が後遺障害診断書の傷病名に漏れていることがある。他に後遺障害がない場合にも後遺障害分の 16 条請求を忘れないように。

(21)　医師面談は後遺障害診断書の作成以外においても必要な場合（異議申立，訴訟における損保の主張や意見書への反論など）が少なくない。面談の留意点については18 頁も参照されたい。

するなどして医師の負担軽減に留意する。

3 自賠責保険の異議申立

(1) 意義

ア 異議申立とは

自賠責保険の支払について，損保料率機構が行った損害調査の結果に基づく自賠社（被害者請求の場合[22]）・任意社（事前認定の場合。この場合は，任意社に異議申立書を提出するのが一般的である。）の認定に不服がある場合は，機構内の審査手続で再検討してもらうことができる。自賠法に規定はないが，これを異議申立と呼んでいる。

しばしば試みられる後遺障害についての異議申立のほか，有無責等（重過失減額，因果関係判断困難による減額，3条但書免責，運行起因性，他人性に関するもの等）の判断も異議申立の対象となる。

イ 審査部門

審査は，損保料率機構の地区本部または本部の自賠責保険（共済）審査会で行われる。

ウ 回数

制限はなく何度でもできる。もっとも，時効（70頁）に注意する。

エ 紛争処理機構

異議申立のほかに自賠責保険の支払についての不服の申し立て先として，（一財）自賠責保険・共済紛争処理機構がある[23]。自賠責保険の損害認定における最終判断機関であり，異議申立が退けられた後に利用することが多い。20頁，69頁も参照されたい。

---

(22) 任意対人社が一括対応している場合でも，被害者は自賠社へ提出できる。なお，一括社（保険契約の被保険者）も異議申立（再調査依頼）をすることができる。

(23) 機構の紛争処理委員会の判断は，自賠社を片面的に拘束する（被害者は不満であれば訴訟を提起することになる。)。同機構の紛争処理の実態（したがって自賠責保険の考え方）を理解するには「自賠責保険・共済紛争処理事例集」（同機構）が役立つ。

(2) 後遺障害等級認定についての異議申立のポイント

ア　認定理由の確認

目指した等級が得られなかった理由を確認する。他覚所見の欠如か，基準に達しないほど軽微なのか，因果関係が認められなかったのか。

イ 「障害認定必携」との照合

必携を踏まえず闇雲にやっても結果は期待できない。たとえば，脊柱の運動制限として認定されるためには，可動域制限の存在だけでなく，その器質的原因が認められることが必要である。

ウ　医学的知見との照合

自覚症状は受傷内容から医学的に導かれるか。症状経過が不自然な場合は否定されることが多い。画像は「見方の問題」であることもある。医師との面談が有効である。

エ　新たな資料はないか

同じ資料で同じ主張をしても結論は変わらないだろう。認定理由と認定基準（必携）のギャップをどうやって埋めるかが悩みどころである。異議申立の際に筆者が提出することが多い資料としては以下のようなものがある。

①主治医の意見書（意見照会書）（丸投げをしないこと）
②主治医や他の専門医による新たな（後遺障害）診断書[24]
③カルテ等（症状の一貫性，経過の自然さが重要である。）
④画像検査や神経学的検査の結果（追加して検査することもある。）
⑤刑事記録や修理費の明細（衝撃の程度が問題になる場合等）
⑥日常生活についての報告書　など

オ　14級9号（他覚所見を欠く局部神経症状）が問題となる場合

この場合の後遺障害等級認定はやや特殊な印象を受ける。「受傷当初から症状の訴えの一貫性が認められ，その他受傷形態や　治療状況など

(24)　頚・腰椎捻挫等で治療期間が短い（6カ月未満）場合には非該当の判断を受けやすいが，その後も症状が軽減せず治療を継続している場合は，非該当の前提となった後遺傷害診断書の症状固定の判断が早すぎるとして，その後の治療経過を踏まえた後遺障害診断書を再度取り付けて提出することがある。

も勘案すれば，将来においても回復が困難と見込まれる障害と捉えられる」という14級9号認定の決まり文句を引き出すことが必要である。したがって，受傷状況を踏まえ，症状と治療の経過を丁寧にたどることが必要であり(25)，症状を強調するだけでは足りない。

症状固定後の通院についての資料を提出することもある。「訴えに一貫性が認められる」，「将来において回復が困難と見込まれる」という評価を引き出す根拠の一つになることがある。

4　裁判所における後遺障害の認定

(1)　自賠責の後遺障害等級認定手続と裁判所の判断

裁判所は，後遺障害等級表や障害認定基準に拘束されるわけではないが，大部分の事案では，障害認定基準を踏まえ，後遺障害等級表に当てはめて等級認定をしており，認定基準によらない判断は少数である。

認定する障害等級についても，裁判所が自賠責の後遺障害等級認定の結果に拘束されないことはいうまでもないが，前述のとおり，裁判所は，自賠責の後遺障害等級認定に信頼を置いており，その結果を追認することが多い。もっとも，次に述べるように，これと異なる後遺障害等級を認定して損害を算定することも珍しくないから，請求側代理人は，自賠責の等級認定を得たからといって安心してはならないし，自賠責で目指す等級が得られなかったからといって諦めてもならない。

(2)　裁判所が自賠責と異なる判断をする場合

裁判所も，自賠責の障害等級認定に準じて，後遺症を「後遺障害○級」と評価して損害を算定しているが，自賠責保険手続における等級認定と裁判所の判断が異なることは珍しくない。裁判実務14頁～16頁はその場合を分類している。自賠責と異なる判断をする場合でも，障害認

---

(25)　異議申立をする上で，「神経学的所見の推移について」，「頸椎捻挫・腰椎捻挫の症状の推移について」（いずれも自賠責調査事務所が被害者の同意を得て医療機関等から取り付ける。）の検討が重要である。被害者請求の場合は自賠社から，事前認定の場合は任意対人社から入手できる（自賠社は保険会社によるかもしれない。）。

定基準と異なる考え方で等級評価（後遺障害等級表へのあてはめ）を行っているものや，等級表にない障害について「相当等級」（自賠令別表１備考，同別表２備考六）を認定するものは少なく，判断資料（画像等の検査結果）の評価の違いや訴訟における新たな立証によることが多い。

第２節　眼・耳・鼻・口の障害[26]

1　眼の障害

(1)　後遺障害等級認定

ア　眼球

左右両器官をもってひとつの機能を営む（相対性器官）ことから，左右を同一の部位・系列として扱う（必携の「障害系列表」には「(両眼)」とされている。)。したがって，左右それぞれ等級評価して併合することをしない。たとえば，両眼の視力障害は，等級表の両眼の視力障害の該当する等級で認定し，１眼ごとの等級を定めて併合の方法を用いて相当等級を定めることはしない[27]。

系列は，視力障害，調節機能障害，運動障害，視野障害の４系列である。

相当等級（労災では「準用」）として，外傷性散瞳（瞳孔が開大し対光反応が障害される），流涙（眼表面の涙液量が過剰になる）がある。

みなし系列（458 頁）に注意する。眼球に系列を異にする２以上の障害（たとえば視力障害と調節機能障害）が残った場合は，同一系列として扱い，併合の方法で相当等級を定める。ただし，序列を乱さない[28]。

以下，他部位を含めて，後遺障害等級認定の詳細は，必携及び「裁判実務」を参照していただくこととして，省略する。後遺障害事案を扱うときは，まず両書を参照されたい。

---

(26)　部位別後遺障害は必ず後遺障害等級表と必携を確認しながら勉強すること。各器官の構造と機能についても必携に説明がある。なお，以下の説明においては，「別表第2」の等級については原則として「別表第2」を省略し，たとえば別表第２の３級３号は単に「3 級３号」と表記している。眼，耳の医学的知識については 2024，2020 年赤い本下巻の医師講演を参照。

(27)　ただし，両眼の該当する等級よりもいずれか１眼の該当する等級が上位である場合は，その１眼のみに障害が存するものとみなして等級認定する（必携 100 頁）。

(28)　たとえば１眼については８級（失明）を超えて７級相当とはしない。また，両眼の場合にも視力が保たれている限り，併合の方法をもって１級相当とは取り扱わない。

イ　眼瞼（まぶた）

左右別部位・系列とされる。系列は，左右それぞれ欠損及び運動障害である。

(2)　争われ方

ア　因果関係

事故から相当期間経過後に発症した場合は，事故と障害との因果関係が問題となることが多い(29)。糖尿病や白内障等の疾患が原因ではない

---

(29)　否定例として，東京地判 H17.3.24（判時 1915）は，「同医師も指摘するとおり，他覚的所見として対光反応には明らかな異常が検出できなかったことや，視力視野異常に見合う細隙灯所見，眼底所見は得られないことに加え，C 医師の意見（略）が，事故を原因とする視力低下は，網膜を含む視路において何らかの原因で障害が生じ，情報が伝達できなくなるために発生するものであるから，事故直後に発生するはずであり，事故後四か月経ってから視力低下等がおきることは不自然であり，視覚誘発脳波検査は，意識レベルの影響を受けるために信頼性が低いとして，視力低下と事故（第二事故）との間に因果関係はないとしていることも考慮すると，仮に視覚路の障害があったとしても，本件証拠上，それと第二事故との間に相当因果関係があるとまで認定することはできない。」とした。肯定例として，横浜地判 H19.1.18（自 J1699）は，「被告らは，原告の眼症状が本件事故後 1 週間程度経過してから発現することは不自然であると主張し，医師である A が被告ら代理人宛に提出した意見書（証拠略）によれば，受傷後 1 週も経って調節障害の症状が現れることは考えられない旨記載されている。しかし，（証拠略）によれば，むち打ち運動による損傷を含む頭頸部外傷症候群は，外傷直後には発症せず，3 週から 3ヶ月後にみられるものが多いとされ，（証拠略）によれば，むち打ち症候群は受傷直後よりも日を追って症状が増悪すると記載されていることに鑑みると，被告らの上記主張及び（証拠略）の上記記載は採用しがたい。」「確かに，前記のとおり，本件事故の際，原告が頭部，眼部を打撲した事実は認めることができない。しかし，前記のとおり，頭部打撲，眼部打撲の事実がなくとも，頸椎捻挫に基づいて原告の眼症状は発現しうるものであるから，頭部打撲，眼部打撲の事実がないからといって，B 医師が本件事故と原告の眼症状との間の因果関係についての判断を誤ったことにはならないというべきである。」「被告らは，外傷性の調節障害は進行性の疾患ではなく，事故から半年後に 4D の調節力があったものが，その後 1 年近く経過して悪化することはありえないと主張し，A 医師も，事故による病態の悪化は，事故直後に発症し，半年以上もたってから悪化し始めることは考えられないと記載する（証拠略）。しかし，（証拠略）によれば，むち打ち症候群の症状は増悪することがある旨が記載されており，（証拠略）中の文献によれば，事故で頸椎捻挫を受傷した後，相当期間経過後に外傷性調節障害が生じた事例が記載されていることからすると，被告らの上記主張及び（証拠略）の上記記載は採用しがたい。」「自覚的症状に基礎をおく検査といえども，医療専門家たる医師が主治医としてこれを施行し，その結果の正確性に疑いを差し挟んでいない以上は，特にこれが事実に反するという証拠がない限りは，その正確性を肯定して差し支えないというべきである。」とした。

かとして争われることもある(30)。

イ　心因性

視力障害等が後遺障害として認められるためには器質的原因が必要とされるから，器質的原因がはっきりしない場合は心因性ではないかとして争われることが多い。心因性とされれば因果関係が否定されることが多いが，事故のストレスによるものであるとして因果関係が肯定されることもある(31)。肯定される場合は素因減額が問題となる。

---

(30)　たとえば，神戸地判 R3.9.16（自 J2110）は，63 歳男性原告の労災 13 級認定視力障害及び視野障害について，既往症の糖尿病網膜症による視力低下や視野狭窄の可能性から事故による後遺障害の残存を否定した。東京地判 R4.4.13（自 J2124）は，追突により顔面打撲，頚椎捻挫等の傷害を負った 45 歳男性の外傷性白内障による調節機能障害を残したとの主張に対して，外傷性異常所見がなく加齢性白内障にり患していた可能性がある等として因果関係を否定した。その他，裁判例については入門 210 頁を見られたい。

(31)　否定例として，大阪地判 H10.7.9（交民 31-4）は「原告の傷病のうち，視力低下や視野狭窄に関するものは，心的葛藤を抑圧している等の原告の心因によるものと認められるところ，原告の心的葛藤等が何によるものかは本件全証拠に照らしても不明であるといわざるを得ない。したがって，原告の傷病のうち，視力低下や視野狭窄に関するものは，これと本件事故との間に相当因果関係が存在することを認めるには足らず，他にこれを認めるに足りる証拠はない。」とした。肯定例として，仙台地判 H21.9.11（自 J1845）は「原告の右眼については，（略）外傷性という観点でみた場合，障害が存することにつき合致する他覚的検査の結果と合致しない結果が混在しているといえる。ただし，外傷性視神経障害の鑑別疾患には心因性及び詐病があり，これらとの鑑別の最大のポイントとなるのは RAPD であるところ，これが異常所見なしとの結果であることからは，原告の右眼の障害が心因性のものであることを示している。イ　医学的知見としても，心因性による視力低下ないし視野狭窄がありうることが認められる。すなわち，A医師の意見書においても，上記のとおり，他覚的検査結果と自覚的検査結果の矛盾の有無や視力低下・視野障害の原因となる器質的異常の有無を精査し，異常がなければ心因性視力低下や詐病を疑う旨述べており，外傷性視神経症でなければ心因性の視力低下がありうることを認めている。また，視野狭窄についても心因性のものがありうることが示されている。ウ　そして，上記の状況をふまえて，本件鑑定書は，結論部分において「外傷による直接の傷害とは認められにくく」としたうえ，「その他の心因性等に起因するものとするのが妥当である」とし，「唯一心因性等についてであれば心的ストレス等によりこれ程度の進行が見られても矛盾しないと考えられる」とし，そして総括部分において「100％外傷性視神経症によるものではないと言い切れないにしても，現在の通常医学レベル常識をもって判断するならば交通事故による直接的な外傷ではなく，心的ストレス等による心的視機能障害の可能性が高いと判断するのが妥当と思われる」としている。エ　これらをふまえるならば，原告の右眼の視力低下及び視野狭窄という障害は，外傷が影響を与えている可能性は否定できないが，心的ストレス等による心的機能障害，すなわち心因性によるものであると認めるのが相当である。」「かかる原告の心的ストレスの大きさにかんがみれば，右眼の視力低下及び視野狭窄という障害を発症することは不自然なことではない。他方で，（略）原告におい

ウ　むち打ち損傷等と調節機能障害

むち打ち損傷等の場合に視力障害や調節機能障害が訴えられることがある。器質的な原因が認められないとして視力障害が否定されることが多いが，その場合でも調節機能障害を認める裁判例がある。

2　耳の障害

(1)　後遺障害等級認定

ア　内耳等

相対性器官であることから，左右を同一の部位・系列として扱う（必携の「障害系列表」には「(両耳)」とされている。)。系列は聴力障害である。頭部外傷による脳の機能障害や頚椎捻挫等の末梢神経障害とともに出現することが多い。内耳の損傷による平衡機能障害については，神経系統の機能の障害として評価する。

耳鳴・耳漏等は相当等級（459頁）で評価される。

自賠責実務は，後遺障害として認定するためには器質的原因によることを求めており，裁判実務でも，むち打ち損傷（バレ・リュー症候群）における耳鳴や聴力障害は，耳鳴や聴力障害として評価するのではなく，神経症状として12級または14級で評価されることが多い。

イ　耳かく（耳介）

左右別部位・系列とされる。系列は左右の欠損障害である。外貌醜状として評価した場合といずれか上位の等級に認定する。

(2)　争われ方

ア　遅発性

難聴や耳鳴が事故からしばらくして生じたとされる場合は，事故との因果関係が争われる[32]。持病（たとえば高血圧による耳鳴）が問題になる

ては，本件事故後，本件事故に匹敵するものはもちろんのこと，右眼の障害を発症させるに値すると思料される心的ストレスの要因は何ら認められない。以上の点を考慮すれば，本件事故と原告の右眼の障害との間には，相当因果関係を認めるのが相当である。」として視力障害を9級と認め，素因減額も否定した。

こともある。

イ　心因性・自律神経障害

器質的損傷ではなく，自律神経障害（バレ・リュー）や心因性の症状ではないか（症状は将来残存しないのではないか）と争われることがある。

ウ　労働能力喪失期間

聴力障害や耳鳴を後遺障害として認めた場合は，67歳までを労働能力喪失期間とすることが多い(33)が，むち打ち損傷に併発する難聴・耳鳴で器質的損害が認められず，神経症状として評価される場合は，一般的な末梢神経障害と同様に労働能力喪失期間が争われる。

エ　素因減額

持病の影響がある場合や心因的要因が影響しているとされた場合は，素因減額が行われることがある(34)。

3　鼻の障害

(1)　後遺障害等級認定

ア　部位と系列

部位・系列ともに，欠損を伴う著しい機能障害のみである。

---

(32)　たとえば，大阪地判H8.1.29（交民29-1）は，「原告は事故後，他覚的検査に裏付けられた高度の右後迷路性難聴が認められるところ，前記認定の原告の症状，難聴の機序，特に，原告は，本件事故前難聴はなかったと推認できること，本件事故は頭部外傷を伴っており，脳震盪が起こった可能性もあること，原告には，頭部レントゲンによって骨折等は認められなかったが，骨折の伴わない脳震盪による後迷路性難聴もありうること，担当医も外傷と関連する可能性があるとすることからすると，原告の前記難聴が本件事故に基づく可能性もあるものの，逆に，原告が明確に難聴を訴え出したのは平成4年11月頃（注：事故から約7カ月後）であること，突発性難聴の可能性も否定できないことも考慮にいれると，原告の前記難聴が，本件事故によるとの蓋然性の立証はないと言わざるをえない。」として因果関係を否定した。裁判例については入門225頁。

(33)　たとえば，東京地判H25.1.16（交民46-1）は器質的損傷が認められる自賠責14級認定の難聴・耳鳴について，さいたま地判H30.4.24（自J2029）は自賠責14級認定の難聴に伴う耳鳴について，喪失期間を67歳までとした。

(34)　たとえば，横浜地判H26.11.13（自J1939）は，14級相当の耳鳴・難聴を認めつつ，耳鳴の既往や突発性難聴の治療歴があること，耳鳴の原因として心因的な要因が大きいことを考慮して4割素因減額した。

イ　外貌醜状との関係

鼻の障害は外貌醜状と併合せず，いずれか上位の等級で認定する。たとえば，鼻軟骨の全部または大部分の欠損は，醜状障害としては7級12号なので，醜状障害として7級が認定される。鼻軟骨の一部または鼻翼の欠損は，「外貌の（単なる）醜状」に該当すれば12級14号に認定する。

ウ　相当等級

欠損を伴わない機能障害（嗅覚脱失・減退，鼻呼吸困難）は相当等級（嗅覚脱失，鼻呼吸困難は12級相当，嗅覚減退は14級相当）が認定される。

自賠責保険は，嗅覚障害を，T&Tオルファクトメータ（実施できる医療機関は多くない。）による検査かアリナミン静注（よく行われているアリナミンFを除く。）による検査によって認定している。

(2)　争われ方

ア　因果関係

嗅覚の脱失・減退が事故から相当期間経過後に発現した場合は，因果関係が認められにくい。もっとも，他の障害（嗅覚の障害は頭部外傷後に生じることが少なくない。）の程度や治療状況等によっては，嗅覚の減退や脱失に気付くのが遅れたり，発生自体が遅れたりすることもある。心因性ではないかと争われることもある。

イ　逸失利益の算定

労働能力喪失が争われる。嗅覚脱失・減退による逸失利益は否定されることが少なくないが，職業等の具体的事情によっては認められる[35]。料理人について認められやすいのは当然だが，主婦（夫）の場合も家事労働の支障は明らかだから，労働能力の喪失を認めるべきである[36]。

---

(35)　赤い本1994年合本Ⅱ 177頁。たとえば，大阪地判H5.1.14（交民26-1）は，幼稚園教諭の12級相当（併合11級）の嗅覚脱失について，「通常の職についている女性と比較し，一層の支障を来していることは容易に推察が可能」等として，労働能力喪失率を20%とした。調理師兼料理店経営者の12級嗅覚脱失について，喪失率を20%とした裁判例もある（東京地判H13.2.28（交民34-1））。

4　口の障害

(1)　後遺障害等級認定

ア　部位と系列

咀嚼及び言語の機能，歯牙障害の2系列である。歯牙障害が認定されるのは歯科補綴を加えたものである。

歯牙障害は加重に注意する。たとえば，既存障害歯（虫歯）として4歯に後遺障害等級に該当する程度の歯科補綴を加えていたが，事故でさらに3歯に補綴を加えた場合は，12級（14級の加重）となる。

イ　併合等級

咀嚼及び言語の障害には，咀嚼機能障害と言語機能障害を組み合わせた障害等級があるが，等級表に組み合わせのない障害については併合の方法を用いて相当等級を認定する。著しい嗄声（させい（かすれ声）），開口障害により咀嚼に相当時間を要する場合は12級相当とする。

頭部外傷その他顎周囲組織の損傷及び舌の損傷による味覚脱失は12級相当，味覚減退は14級相当が認定される。

嚥下機能障害は，咀嚼機能障害の等級に準じて相当等級を認定する。

ウ　後遺障害診断書

歯牙障害については，通常の診断書に加えて歯科用の後遺障害診断書が用いられる。

(2)　争われ方

ア　障害の存在

咀嚼機能障害の基準該当性等が問題になることがある。疼痛や知覚鈍麻が主訴であるとして14級の局部神経症状で評価されることもある。

---

(36)　赤い本2004年442頁は，少なくとも12級相当として14%の喪失率を認めるべきであるとしている。東京地判H25.5.27（LEX/DB25512982）は，12級相当の嗅覚障害と頭頚部受傷後の頚痛，頭痛，めまい，肩こり等14級9号（併合12級認定）を残す症状固定時40歳の兼業主婦について，67歳まで14%の労働能力喪失を認めた。裁判例は，入門239頁を見られたい。

イ　因果関係

味覚障害については，症状が漸次回復する場合が多いので，原則として療養を終了してから6か月を経過したのちに等級を認定するが，受傷から訴えがあるまで相当期間が経過している場合は因果関係が争われる。

ウ　治療費

小児等の場合に将来の治療費（矯正・補綴費用）が認められることがある。

近時は，インプラント治療費や将来のインプラントメンテナンス費用について相当性を認める裁判例も少なくない(37)が，費用が高額になることが多いため，争いになる。これらを請求する場合は，なぜインプラント治療が必要（または最適）なのか，裁判官を説得しなければならないだろう。

エ　後遺症逸失利益

味覚障害や12級相当とされた咀嚼機能障害等は，労働能力に直接影響することは少ないとして，逸失利益が否定されることが少なくない。認める場合でも労働能力喪失率が抑えられることが多い。

逸失利益を肯定する場合は，職業や日常生活への影響，将来の就業等

---

(37)　赤い本2025年下巻「インプラント治療に関する費用」，裁判実務485頁～486頁，清水秀規「交通事故被害者の歯牙破折に対する口腔インプラント治療による損害賠償に関する考察」（損害保険研究82-2）。たとえば名古屋地判H28.7.27（自J1984）は，インプラント体の将来治療費として，「（略），A病院歯科口腔外科のB医師は，原告の歯牙治療に関して，耐用年数については不明であるが，10年以上にて上部構造体（注：人工歯）の補修・再製等の可能性があり，インプラント体についても経過により再埋入の可能性も否定できないと回答していることが認められるから，原告の年齢から推測される生活状況等も考慮して，インプラント体の耐用年数は20年と認めるのが相当である。そうすると，原告は今後将来にわたり少なくとも3回，インプラント体の再埋入が必要となるから，その費用は，1回当たり33万6750円（費用：インプラント体1本当たり15万円×2本＝30万円，診療費：インプラント再診料1万0500円，歯科自費診療6300円，インプラントCT・1万9950円の合計）と認めるのが相当である。」とした上で，20年後，40年後，60年後につき対応するライプニッツ係数を乗じて合計した19万2780円を本件事故と相当因果関係のある損害と認めた。上部構造体等の将来治療費については，耐用年数を10年とし，少なくとも6回再治療が必要となるとして，1回当たり64万1360円（上部構造体：24万円，クラウン：8万円×2本＝16万円，ブリッジ：24万円，再診料230円，レントゲン撮影1130円の合計）をもとに，10年後，20年後，30年後，40年後，50年後，60年後のライプニッツ係数を乗じて合計した96万5224円を本件事故と相当因果関係のある損害と認めた。

が考慮されている。味覚障害は，調理師等に限らず，家事従事者についても労働能力喪失を肯定すべきである(38)。

歯牙障害については，補綴によって機能が回復するとして労働能力喪失を否定されることが多い。逸失利益損害を認めない場合は，慰謝料で考慮することが比較的多い(39)。

歯牙障害等につき，（醜状障害とあわせて）将来の職業選択上の不利益等を考慮して，基準より低めの喪失率を認める裁判例もある。

---

(38)　赤い本2004年442頁も，少なくとも12級相当として14%の喪失率を認めるべきだとする。この点，大阪地判H29.4.17（自J2002）は，12級相当味覚障害と12級相当嗅覚障害（併合11級相当）を残した症状固定時48歳の主婦につき，67歳まで20%の労働能力喪失を認めた（ただし，うつ病のため基礎収入は平均賃金の6割とした。）。

(39)　たとえば，横浜地判H22.2.8（自J1836）は，13級歯牙障害を残す男性会社員について，「歯牙傷害による後遺障害に基づく逸失利益についても，通常，歯の状態が職業に影響を与えることはなく，原告は，歯の後遺障害により，客と食事をする際，食べ終わるのが最後になる等食事に時間がかかること等の不都合を述べるが，原告は，現在，不動産会社で勤務していることからすると，上記のような不都合が労働能力に影響を与えるということはできない。したがって，原告の歯牙障害による後遺障害のために労働能力が減少し，逸失利益が発生したことを認めることはできない。」「歯牙破損等による後遺障害は，後遺障害等級13級の認定を受けていること，後遺障害と認められるものの，労働能力喪失には影響を与えないとされるものの，食事等に不都合が生じてはいることを考慮し，その後遺障害慰謝料としては，200万円が相当である。」とした。

第3節　神経系統の機能・精神の障害

1　はじめに

(1)　部位と系列

労災の後遺障害認定基準（必携）では,「神経系統の機能または精神」は一つの部位であり，障害の系列も一つである[40]。障害等級表上，神経系統の機能または精神の障害と局部の神経系統の障害に分けて等級が定められている。

別表第1の1，2級，別表第2の3，5，7，9級は，神経系統の機能または精神の障害，同12，14級は局部の神経系統の障害とされている。おおまかに言うと，前者は中枢神経の障害であり，後者は末梢神経（のみ）の障害である。中枢神経系は脳と脊髄から，末梢神経系は体性神経系（脳神経，脊髄神経），自律神経系からなる。

(2)　分類

神経系統の機能または精神の障害の等級認定の基準は，脳の障害，脊髄の障害，末梢神経障害，その他特徴的障害（外傷性てんかん，頭痛，失調・めまい及び平衡機能障害，疼痛等感覚障害）に分けて定められている。

2　脳の障害（器質性の障害）

(1)　後遺障害等級認定

ア　器質性の障害と非器質性の障害

「脳の障害」は，脳が器質的に損傷したことによる器質性精神障害（高次脳機能障害）及び神経系統の障害（身体性機能障害）と，脳の器質的損傷が認められない非器質性精神障害に分類される。

---

(40)　神経系統の組織は全身にわたり連続性のある組織であり，各部分が関連していることによると考えられる。この考え方を貫くと生じる不合理として，461頁に述べる問題がある。

同じ脳の障害でも，器質性の障害と非器質性の障害ではその等級評価は大きく異なる（前者は1級まで認定されるが後者は原則として9級止まりである）ため，障害が器質性か否かがしばしば争われる。

イ　器質性の障害とは

器質性の障害とは，医学的には症状や疾患が臓器・組織の形態的異常にもとづいて生じている状態をいう（機能性に対する概念である。）。

これに対し，労災及び自賠責実務においては，脳外傷や脊髄損傷など外部からの物理力が加わって身体組織が変化を起こし，異常状態が発生するものを器質性と呼んでいる。これに対しそのような器質的病変によらないものを非器質性と呼んでいる。

ウ　器質性の脳の障害の等級評価

自賠責保険では，別表第1の1，2級と別表第2の3，5，7，9級で評価される（労災では別表の区別はない。）。

その等級評価は，高次脳機能障害の程度，身体性機能障害の程度及び介護の要否・程度を踏まえて総合的に判断する[41]。高次脳機能障害は目立つものの麻痺がほとんどないケースも珍しくない。

(2)　高次脳機能障害と身体的機能障害の評価

ア　高次脳機能障害

労災の認定基準は必携141頁～146頁，163頁～166頁のとおり。

高次脳機能障害については別に述べる。

イ　身体性機能障害（麻痺）

労災の認定基準は必携146頁～150頁のとおり。

麻痺には運動障害と感覚障害があるが，「麻痺の程度については，運動障害の程度をもって判断すること。」（必携146頁）とされており，身体的機能障害として認定の対象となるのは運動障害である。運動障害に伴わない感覚障害は，末梢神経障害として評価される。四肢の運動障害

(41)　たとえば，高次脳機能障害が5級に相当し，軽度の片麻痺が7級に該当する場合，併合の方法を用いて3級相当とするのではなく，全体病像として，1～3級に認定する（必携141頁）。

は，運動性，支持性，巧緻性及び速度についての支障で評価する。

麻痺はその生じた部位により，四肢麻痺，片麻痺（一側上下肢の麻痺。右脳が損傷すると左半身が，左脳が損傷すると右半身が麻痺する。），対麻痺（両下肢または両上肢の麻痺）及び単麻痺（上肢または下肢の一肢のみの麻痺）に分類される。脳の損傷による麻痺としては，四肢麻痺，片麻痺または単麻痺が生じる。脳の障害で対麻痺が生じることは通常ない[42]。

麻痺の程度は，重度，中等度，軽度で評価する。詳しくは必携を見られたい。

3　非器質性精神障害

(1)　後遺障害等級認定

ア　後遺障害の残存

必携によれば，非器質性精神障害の後遺障害が存しているというためには，以下のａの精神症状のうち一つ以上を残し，ｂのうち一つ以上の能力について障害が認められることを要する。ａは症状をあげるのみで診断名は例示されていない。

ａ　精神症状（各項目については必携166頁～168頁）

①抑うつ状態

②不安の状態

③意欲低下の状態

④慢性化した幻覚・妄想性の状態

⑤記憶又は知的能力の障害

⑥その他の障害（衝動性の障害，不定愁訴など）

ｂ　能力に関する判断項目（各項目については必携168頁～169頁）

①身辺日常生活

②仕事・生活に積極性・関心を持つこと

③通勤・勤務時間の遵守

④普通に作業を持続すること

---

(42)　必携146頁。

⑤他人との意思伝達

⑥対人関係・協調性

⑦身辺の安全保持，危機の回避

⑧困難・失敗への対応

これに対し，自賠責保険の後遺障害認定手続における医師への照会項目は，以下のとおりである(43)。請求側代理人は，被害者請求等において念頭におくとよい。

Ⅰ　抑うつ状態

1 抑うつ気分　2 思考制止　3 行動制止　4 自殺念慮　5 自殺企図

Ⅱ　躁状態

1 爽快気分　2 易怒性　3 行為心迫　4 観念奔逸　5 誇大性

Ⅲ　不安状態

1 不安・焦燥　2 恐怖症状　3 強迫症状

Ⅳ　ストレス反応症状

1 侵入的回想　2 回避　3 感情の鈍化　4 過覚醒

Ⅴ　身体表現性症状・解離（転換）症状

1 身体症状へのとらわれ・訴え　2 疾病恐怖　3 解離（転換）症状

Ⅵ　幻覚妄想状態

1 幻覚　2 妄想　3 思考過程の障害　4 著しい奇異な行為

Ⅶ　その他

1 不眠　2 記憶障害　3 知的能力の障害

イ　等級評価

別表第2の9，12，14級（平成15年に労災基準が改定された。）が認定される。例外的に7級以上が認定されることもないわけではない(44)。

---

(43)　裁判実務182頁。なお，労災の心理的負荷認定基準が交通賠償にはそのまま適用できないことにつき同184頁。

(44)「非常にまれに「持続的な人格変化」を認めるという重篤な症状が残存することがある。「人格変化」を認める場合とは，①著しく調和を欠く態度と行動，②異常行動は持続的かつ長期間にわたって認められ，エピソード的ではない，③異常行動は広範にわたり，広い範囲の個人的社会的状況に対して非適応的である，④通常，職業，社会生活の遂行上重大な障害を伴う，という要件を満たすことが必要とされており，こうした状態はほとんど永続的に継続するものと考えられ

労災の障害認定基準が就労への支障によって評価するのに対し，自賠責保険の後遺障害認定においては，広く日常生活上の支障に着目しており，労災の判断方法がそのまま用いられているわけではないが，労災の手法を参考にしている。

非器質性精神障害の事案は，自賠責保険の後遺障害認定において，後遺障害の専門部会で審査される。後遺障害診断書のほか，「非器質性精神障害にかかる所見について」という書式が用意されており，ICD-10(45)による傷病名の記載が求められている。

(2) PTSD（心的外傷後ストレス障害）

ア　交通事故事案における非器質性精神障害

必携の本来の守備範囲である労災事案においては，非器質性精神障害として，業務の心理的負荷によるうつ病発症が問題となることが多いのに対し，交通事故事案でもっとも争われるのはPTSD(46)である。

イ　PTSD論争

PTSDは，高次脳機能障害，脳脊髄液減少症，RSD・CRPS等とともに弁護士が注意すべき後遺症である(47)。かつては，非器質性精神障害の労災・自賠責等級認定は14級止まりだったが，横浜地判平成10年6月8日(48)，大阪地判平成11年2月25日(49)等がPTSD発症を認め7級

ている。」（必携169頁～170頁）。

(45)　国際疾病分類。WHOにより定められた，国際的に統一した基準で定められた死因・疾病の分類である。2019年のWHO総会で改訂版であるICD-11が承認されたが，日本での導入時期はまだ発表されていない。

(46)　Post Traumatic Stress Disorder（心的外傷後ストレス障害）。PTSDないし非器質性精神障害の損害評価についての文献として，赤い本2004年「交通事故賠償訴訟におけるPTSD」，同2019下巻「非器質性精神障害をめぐる問題」，新型83頁以下，有冨正剛「後遺障害の諸問題4（低髄液圧症候群，・RSD（CRPS）・PTSD）」（実務），山口成樹「事故とPTSDとの因果関係の認定とその基準」（新潮流），中武由紀「交通損害賠償事件における非器質性精神障害をめぐる問題(1)～(3)」（判タ1377～1379），入門120頁，賠償科学202頁「PTSD問題」。

(47)　診断名と後遺障害等級認定や裁判所の後遺症認定が食い違うことが少なくないという意味である。溝部克己「交通事故における賠償医療の知見と損害算定論の交錯」（再構築）。

(48)　判タ1002。

(49)　交民32-1。要約96。控訴審判決（大阪高判H13.3.27（自J1392））は，症状が改善されてい

評価したことによって，PTSD 論争が起こり，基準改定に至った。

東京地判平成 14 年 7 月 17 日[50]以降は，基準改定後も含め，裁判所はPTSDを認めることに慎重である。

ウ　PTSD の診断基準

代表的な診断基準として，DSM-Ⅳ（-TR），DSM-5，ICD-10 があり，DSM-5 では，①外傷体験，②再体験，③回避，④認知及び感情の変化，⑤覚醒等の項目について該当するかどうかを評価する[51]。当該事故がPTSD 診断基準の予定する外傷体験を発生させる原因事故[52]にあたるかどうかが問題になることが多い。

エ　近時の裁判例

近時の裁判所は，支払側が争っているのに主治医の診断だけでPTSDを認めることはなく，ICD や DSM の診断基準に照らし，外傷体験について，PTSD を発症させるような衝撃や恐怖感の強いものではないとして発症を否定するものが多い。肯定例もあるが，支払側が積極的に争っていない場合等であり，診断基準を厳密に適用したうえで肯定したもの

るとして 9 級（喪失率 35%），喪失期間 7 年とした。

(50)　判時 1792，交通百選。外傷性神経症により重度の障害を伴う後遺障害として位置づけられたPTSD の判断に当たっては，DSM-IV 及び ICD-10 の示す要件を厳格に適用する必要があるとした上で，原告の症状が PTSD に該当することを否定し，事故に起因する心因反応としての外傷性神経症として労働能力を 10 年間にわたり 5%喪失したものとして逸失利益を算定した（素因減額 2 割）。

(51)　DSM について裁判実務 208 頁。詳細は，「DSM-5　精神疾患の診断・統計マニュアル」（医学書院）269 頁以下。DSM と ICD-10 との比較について新型 87 頁以下。

(52)　DSM-5「A．実際にまたは危うく死ぬ，重症を負う，性的暴力を受ける出来事への，以下のいずれか 1 つ（またはそれ以上）の形による曝露：(1)心的外傷的出来事を直接体験する。(2)他人に起こった出来事を直に目撃する。(3)近親者または親しい友人に起こった心的外傷的出来事を耳にする。家族または友人が実際に死んだ出来事または危うく死にそうになった出来事の場合，それは暴力的なものまたは偶発的なものでなくてはならない。(4)心的外傷的出来事の強い不快感をいだく細部に，繰り返しまたは極端に曝露される体験をする（例：遺体を収集する緊急対応要員，児童虐待の詳細に繰り返し曝露される警官）。」DSM-Ⅳとの違いについて，「注目すべき変化としては，外傷体験につき，DSM-Ⅳにあった，被災者の驚愕反応の存在が診断要件から外された点（ただし，外傷体験の前提となる被災の激烈さについては，ゆるめられてはいない。）および被災者自らが受傷ないし被災体験をした場合だけでなく，近親者の被災者の伝聞であっても外傷体験の要件を満たすとされた点である。」（裁判実務 208 頁）との指摘がある。

は見当たらない。

もっとも，診断基準（ICD，DSM）を満たさないとしてPTSD発症を否定した場合でも，事故態様，受傷内容，症状の推移，日常生活や就労への影響等を踏まえて，非器質性精神障害として12級ないし14級とすることがある（東京地判平成23年10月24日[53]等）。

オ　間接被害者

事故を目撃したためにPTSD等を発症したとされる被害者の近親者が，それによって生じた損害（治療費，休業損害，慰謝料等）の賠償を求めることができるかが問題となる（437頁）。

(3)　争われ方

ア　発症の有無と因果関係

非器質性精神障害は，画像でははっきりわからない（SPECT等の機能画像は決め手にならないとされることが多い。）だけでなく，客観性の高い検査も少なく，医師の診断も分かれやすいため，診断名がついても安心

---

(53)　交民44-5，最前線38。ICD-10のあげる例等から外傷的な出来事の強度は相当強いものが想定されているというべきであり，加害車が低速だったことや原告自転車や加害車の損傷の程度等から，診断基準を満たす外傷的な出来事であると認めることは困難である等としてPTSDの発症を否定した上で，「もっとも，原告が，本件事故により左大腿骨頚部骨折等の傷害を負い，そのために2回の手術を受け，左股関節の可動域制限が残ったほか，左大腿部のしびれや疼痛に苦しみ，骨頭が壊死するおそれもあったこと，左大腿部の2回目の手術が行われた直後から，精神症状が強く現れるなどしたこと，横断歩道を回避するなど，本件事故と関連する症状もあることに照らし，原告に残存した精神障害と本件事故との間には相当因果関係が認められる。（略）エ　本件事故により原告に残存した精神障害の程度については，冬期に左大腿部の疼痛が増すと症状が悪化するなど，症状に変動はあるが，メンタルクリニックMでの治療開始後，睡眠や食欲，家事，行動範囲などが次第に改善しており，平成20年から平成22年には，冬期に左大腿部の疼痛が強くなると，気分の落ち込みを訴え，外出しなくなるなどするが，疼痛が減少した時期であれば，ウォーキングや買い物に行くなど，外出をしたり，家事をしたりすることもできていることが認められる。また，左股関節の機能障害や疼痛，左大腿部のしびれなど左大腿部の受傷に伴う後遺障害も外出や家事などに対する支障となることは明らかであり，上記のとおり，左大腿部の疼痛が強くなった時期に気分の落ち込みなどの症状の悪化が見られるという原告の症状の変動の態様も併せ考えると，原告の精神障害と左大腿部の受傷による後遺障害が重なり合って日常生活や家事に対する支障が生じているというべきであり，原告の精神障害の程度を評価するに当たってはそのことも考慮すべきである。以上によれば，原告の精神障害は，後遺障害等級第12級の12（略）に該当すると認めるのが相当である。」とした。

できない。発症や因果関係の有無が争われることも少なくない。

因果関係の認定においては，事故後まもなく症状が発現し，継続しているかどうかが重要である。相当期間経過後に診断を受けた場合は，他の原因で症状が現れたのではないかとして争われる。

イ 等級評価

「非器質性精神障害については，症状が重篤であっても将来において大幅に症状の改善する可能性が十分あるという特質がある。」（必携153頁～154頁）とされており，裁判所もこれを踏まえて判断することが多い。PTSD以外の非器質性精神障害が認められることは増えたが，多くは14級止まりである。診断名にかかわらず，必携の記述を踏まえて現実の障害（日常生活の支障，助言・援助の要否と程度）の実情を主張立証することが必要である。

ウ 労働能力喪失期間

上記の必携の記載に沿って10年以下に限定するものが多く(54)，67歳まで認めるものは少ない(55)。

エ 素因減額

14級認定の場合は素因減額まですることは少ないが，より重い後遺障害を認定する場合は素因減額する裁判例が多い。たとえば京都地判平成26年10月31日(56)は，脳の器質的病変を否定したうえ，非器質性精神障害として9級を認定したが3割素因減額した。

診断基準を厳格に適用した結果PTSDと判断できる場合は，素因減額は否定されると思われる。

---

(54) たとえば，12級につき東京地判R2.3.27（交民53-2），14級につき東京地判R4.5.26（交民55-3）。非器質性精神障害の裁判例は入門131頁，裁判実務189頁等を参照されたい。

(55) 症状固定時47歳の主婦（情緒不安定等で14級）につき，金沢地判H30.12.12（自J2062）は症状の消退の蓋然性の有無は判然としないとして67歳まで5%の労働能力喪失を認めた。

(56) 交民47-5。「非器質的精神障害は，その発症及び症状の残存に，事故に直接関連する要因のほか，環境要因や個体側要因が関連し合う多因性の障害とされているのであって，原告の症状の推移等に照らしても，現在の症状には，原告自身の心因的要因等，本件事故以外の要因が関与しているものと認められるから，素因減額が相当である。」「非器質的精神障害に基づく原告の現在の症状には，原告自身の心因的要因等，本件事故以外の要因が関与しているものと認められ，原告に生じた人的損害のうち30%を，その素因によるものとみて減額するのが相当である。」

4　脊髄の障害

(1)　後遺障害等級認定

ア　基礎知識の必要性

脊髄の障害は複雑な症状を呈することが多く，難しい。訴訟では医学的な論争になることも少なくないから，脊髄損傷が問題になっている事案を扱うには，脊髄の構造と機能についての基礎的な知識が必要である。脊椎と脊髄の位置のずれ(57)や高位診断(58)にも注意する。

脊髄損傷は，損傷の程度により完全損傷（損傷部位以下に完全麻痺を生じる）と不完全（不全）損傷，骨傷の有無により骨傷性脊髄損傷（骨折や脱臼を伴う）と非骨傷性脊髄損傷に分類される。後述の中心性脊髄損傷は脊髄不全損傷の一分類であり，非骨傷性脊髄損傷の典型である。

イ　後遺障害等級認定

必携154頁〜158頁が認定基準を定めており，各等級の例をあげている。脊髄損傷による麻痺には，広範囲の感覚障害，神経因性膀胱障害，脊柱の変形や運動障害が伴うことが多いが，原則として，運動障害の程度をもって判断される麻痺の範囲と程度によって等級認定される。

脊髄の後遺障害が認められるためには，脊髄の器質的損傷が確認できることが必要である。画像診断（特にMRI）が重視される。

通常の後遺障害診断書のほか，各機能における脊髄症状の程度（「脊髄症状判定用」）や神経学的所見の推移に関する所定の照会書式が用いられている。

---

(57)　脊椎と脊髄の成長の差によって生じる。たとえば，第6頚髄髄節は第5頚椎の高さに位置しているが，第6胸髄髄節は第4胸椎の高さに位置している。

(58)　脊髄のどのレベルが障害されているかを診断するもの。より高位の脊髄が損傷しているほど重症であり，頚髄損傷は四肢麻痺，胸髄損傷は体幹と対麻痺，腰髄は対麻痺などを生じる。裁判実務223頁〜229頁。

(2) 争われ方

ア　脊髄損傷受傷の有無

主治医が脊髄損傷と診断しても，自賠責で脊髄損傷の後遺障害が認められないことが少なくない。訴訟でも，交通事故によって脊髄損傷を負ったのか，むち打ち症のように脊髄損傷の発生機序が確認できない症状ではないのかが争われることは多く，自賠責で認められた場合でも，訴訟で脊髄損傷と認められるとは限らない。逆に，自賠責で否定された脊髄損傷が訴訟で認められることもないではない(59)。

訴訟においてもMRI等の画像所見が重視される。画像の見方や評価が争いになることもある。

被害者が訴える症状は脊髄損傷の一般的知見と整合的か否か，症状や神経学的所見の推移が自然か否かも問題になる(60)。症状や所見の推移

---

(59)　名古屋地判H22.4.23（交民43-2）は，自賠責は14級9号とした頚椎捻挫後の頚部痛や左手のしびれ等について，「鑑定の結果によれば，鑑定人（略）は，画像所見につき，骨傷は認められないものの，B病院，Cリハセンターでの MRIで，C3/C4，C4/C5，C5/C6において脊柱管狭窄を認め，特にC3/4高位では脊髄圧迫を中程度に認め，さらに左側外側陥凹から椎間孔にかけて重度の狭窄を認め，また，C3/4高位を中心として脊髄高輝度領域を（略）撮影のMRI，T2強調像で認められるとしており，したがって，脊髄障害を示唆する所見が認められる。そして，原告は，当初より頸部痛，頸部から両肩，上腕部痛，そして左下腿痛，下腿腓腹部痛を訴えており，歩行困難を呈しており，手指のぴりぴり感も受傷直後から訴えていた。以上を考慮すると，原告は本件事故により脊髄障害を負い，後遺障害として巧緻運動を呈する著しい機能障害，下肢につき歩行困難の障害を残したものと認められ（る）」として，7級4号とした（心的素因減額15%）。

(60)　脊髄損傷事案の難しさが現れた裁判例として高松高判H13.7.26（自J1410）をあげる。「被控訴人の症状及び訴えは，時間的経過とともに徐々に多彩になり，より悪化するという経過を辿っている。（略）これらの点は，同（脊髄損傷の）障害の存在を疑わせる重大な理由になるといわざるを得ない」とし，「脊髄造影における前屈位でのC5-C6辺りの「軽い圧迫扁平化」は，他のCT，MRI所見と比較して「病的所見」とすることは医学的にみて適切ではない。すなわち，たとえ前屈時に脊髄の圧迫所見らしきものが存在しても，中間位・背屈位に正常であれば脊髄は脊柱管内で圧迫から逃れることができるから損傷は生じない。画像所見は，臨床的に脊髄損傷の症状が存在したときにその損傷部位を特定するために意味を持つものであり，前屈時軽度の圧迫扁平化という脊髄造影所見をもって直ちに脊髄損傷の診断根拠とすることはできない」との医師意見は合理的なものと認められること，衝突の衝撃が比較的軽微であったこと，筋力低下に関する後遺障害診断書の内容の疑問等を理由に脊髄損傷を否定した（医師意見書を採り，「心因性むち打ち症」と診断すべきものであり，症状の悪化もかかる心因的要素が影響していると考えられるとした。）。12級12号を認定し素因減額2割。

が不自然な場合（事故直後は歩行可能だったが徐々に増悪して四肢麻痺が生じた場合など）は，非器質的な要因が問題となる。

症状が身体の広範囲に及んでいるが脊髄損傷や脳損傷を裏付ける所見がない場合，身体機能の障害の程度で後遺障害等級評価をした上で，大幅な素因減額をするもの(61)もあるが，頸椎捻挫等で通常生じる症状が認められれば，むち打ち損傷の場合と同様に，他覚所見の有無により12級ないし14級とするものが比較的多い(62)。症状の一貫性が重要である。非器質的精神障害として評価されることもある(63)（この場合も素因減額の可能性がある。）。脊髄損傷の主張が退けられる可能性がある場合は，これらの主張も検討すべきかもしれない。

イ　中心性脊髄損傷

脊髄損傷の存否が問題となる事案には，中心性脊髄（頚髄の場合が多い）損傷の診断を受けているものが多い。中心性頚髄損傷は，頚椎過伸展損傷が主な受傷機転であるとされ，上肢機能が下肢機能に比べて（不釣り合いに）優位に障害されるのが特徴である。

中心性脊髄損傷は脊髄不全損傷であるが，画像（T2強調MRIの髄内輝度変化が外傷性かどうか(64)など）や症状の推移（遅発性など）等に関連して，発症の有無（発症しても自然経過で神経症状が改善することが少なくない。）が争われることが多い。自賠責でも14級止まりの認定が少なく

(61)　名古屋地豊橋支判H23.6.10（自J1857）は，脊髄損傷は否定したが，身体表現性障害の発症を認めて2級1号にあたる（労働能力喪失率100%）としたうえで，「約3ヶ月間にのべ10か所以上の病院等を受診し，同じ日に2，3か所の病院を受診することもあったこと」や複数の医師の見解や鑑定結果から「本件麻痺は，原告の心因的素因が著しく寄与して生じたものと認める」として9割素因減額した。

(62)　最近の裁判例として，大阪地判R5.7.20（交民56-4）は，脊髄損傷の主張（自賠責非該当）を画像所見，交通外傷による一般的な症状経過との不整合等を理由に退けたうえ，事故態様，頚部痛の訴えは継続していること等から，本件事故により生じたと説明することは可能であるとして14級を認定した。東京高判R5.9.21（自J2165）も，非骨傷性頚髄損傷の主張を画像所見，頚髄損傷の一般的な症状経過等と大きく異なっていること等から退け，自賠責同様14級とした。

(63)　東京地判H22.12.21（自J1853）等。

(64)　脊髄空洞症が問題になることもある。たとえば名古屋地判H30.4.18（自J2026。等級評価296頁）は，玉突き事故の被害者について，脊髄空洞症が外傷性であるとして9級と認定（自賠責は14級認定）した。事故の衝撃の程度と医師の意見が重視されている。

なく，弁護士が注意すべき診断名の一つと言える。

中心性脊髄損傷が問題となった事案のうち，脊髄損傷肯定例として大阪地判平成7年3月30日[65]を，否定例として東京地判平成26年3月28日[66]をあげておく。後者は，脊髄損傷は否定しつつ，他覚所見を伴

---

(65)　交民28-2。「原告は，本件事故時の衝撃により頸椎の後屈を強く強制され，頸椎の軟部組織に損傷を受けるとともに，中心性頸髄損傷に近い頸髄不全損傷の傷害を負ったと認めることができる。この点に関し，被告A補助参加人は，(1)原告が本件事故により受けた衝撃が軽微であること，(2)原告の症状には頸髄損傷の代表的症状である脊髄ショック，膀胱直腸障害等が認められないことを理由（他の理由については後述する。）に，原告の症状は頸髄損傷ではないと主張する。しかし，(1)については，前記の事故状況（急制動以前の直進車の速度及び本件事故による損壊状況）に照らせば，原告が衝突直前に両腕で側頭部を保護したことや原告以外に負傷者がいないことを考慮しても，原告の受けた衝撃の程度は必ずしも軽微とは認められない（しかも，（略）頸髄損傷は，相当軽微な衝撃によっても発生する場合があることが認められる。）ので首肯し得ない。又，(2)について検討するに，（略），頸髄損傷との診断は，頸髄が損傷を受けたことを意味するにとどまり，特に頸髄不全損傷においては，損傷の部位，態様，程度により，代表的とされる各種症状の有無，程度には極めて広範囲な差異があるから，代表的症状の全部又は一部を明確に具備することが頸髄損傷の診断に不可欠な要件ではなく，症例毎に全症状・経過を総合的に考察し，かつ，他病因の可能性をも検討した上，頸髄損傷の有無を判断すべきところ，（略）原告の症状・経過には，形態的に重篤な頚髄の変化や脊髄ショック，膀胱直腸障害等がみられなかったものの，受傷当初に四肢麻痺が存在し，下肢麻痺は早期に回復したとはいえ，上肢障害特に手指の巧緻運動障害及び知覚障害が明確に残存し，しかも，このような症状・経過は，障害の発生が上肢に限定される頸椎捻挫をはじめ他の疾患では医学的に説明し難い（略）ので，中心性頸髄損傷に近い頸髄不全損傷との診断は妥当である。したがって，(2)の主張も採用し得ない。」として9級10号と認定した。なお，中心性脊髄損傷の発症は認めたが，症状経過等から中心性脊髄損傷による後遺障害の残存を否定した裁判例として，東京高判R5.9.13（自J2161）。

(66)　自J1926。労災は9級，自賠は12級を認定した事案につき，脊髄損傷を否定して12級13号とした。「原告には，（略）後遺障害等級12級13号相当（略）の後遺障害が残存することが認められる。これに対し，原告は，本件事故により，頚髄中心性損傷，上肢不全麻痺の傷害を受け，現在も後遺障害等級9級10号相当の後遺障害が残存すると主張し，これに沿う（略）の各後遺障害診断書及び本件労災決定が存する。しかしながら，（略）医師は，頚椎MRIによる診断の結果，「全体的にnarrow canalの疑問あるも，脊髄輝度変化—」と診断しており，頸髄損傷の所見である髄内輝度変化等の器質的な異常知覚が何ら認められないこと，CT検査やMRI検査の結果において，脊髄や神経根に対する圧迫所見等の外傷的変化が見られず，膀胱直腸障害や神経伝達速度の異常も見られないこと，A病院では，当初頚髄損傷の疑いがある旨診断されたものの，他覚的所見は認められず，Bでも「頚椎捻挫，頚椎椎間板ヘルニア疑い」と診断され，頚髄損傷の所見が得られていないこと，他方，（略）の上記後遺障害診断書並びに本件労災決定は，専ら原告の愁訴を前提として作成ないし決定されたもので，他覚的所見を前提としない判断に基づくこと，これに上記リハビリテーションの経過等を併せかんがみれば，原告が，本件事故により，頚髄中心性損傷，上肢不全麻痺の傷害を受けたと認めることはできない。」大阪地判H26.10.31（自J1938。

う神経系統の障害として12級を認定している。

ウ　既往の変性等がある場合

明確な脊髄損傷や脊髄への圧迫所見がなくても，OPLL（後縦靱帯骨化症）や脊柱管狭窄症等の既往の変性等がある場合は，そのような脆弱性を持った脊髄周辺部に力が加わったために脊髄の障害が発生したのではないかと争われることがある。

このような場合に事故との因果関係を認めて後遺障害として認定されるときは，素因減額が問題となる。たとえば大阪地判平成24年9月19日(67)は，一般的なOPLLの自然的経過を超える症状経過を来していること等から，OPLLによる脊髄症状は事故を契機として発症悪化したと認めて5級とした上で素因減額5割とした。京都地判平成26年2月28日(68)は，事故前から脊柱管狭窄症や骨棘だけでなく脊髄の圧迫が認められ，神経症状を起こしやすい状態にあったことを踏まえて7級とした上で素因減額5割とした。

5　末梢神経障害

(1)　基礎知識

ア　末梢神経とは

神経系は，中枢神経系（脳，脊髄）と末梢神経系（脳神経，脊髄神経系，自律神経系）に分けられる。末梢神経には，興奮伝導の方向により，求心性神経（知覚神経等）と遠心性神経（運動神経等）がある。

イ　末梢神経の分類

脳神経は脳と末梢を連絡し12対ある。

脊髄神経は脊髄と末梢を連絡し，頚神経（8対），胸神経（12対），腰神経（5対），仙骨神経（5対），尾骨神経（1対）の合計31対がある。

等級評価300頁）も同様に中心性脊髄損傷を否定しつつ脊髄圧迫所見や脊髄内高輝度像を他覚所見として12級を認めた（自賠責は14級）。裁判例の分析は，「交通事故後の中心性頚髄損傷に関する裁判例分析」（長野博文）（損害保険研究87-1）を参照されたい。

(67)　交民45-5。

(68)　自J1924。なお，最判H8.10.29（OPLL事件）については615頁。

自律神経系は，交感神経系と副交感神経系からなる。

ウ　末梢神経障害の症状

末梢神経は運動神経，知覚神経，自律神経を含むから，末梢神経が障害されると運動麻痺，感覚障害，自律神経障害が生じる。

運動麻痺には中枢性のものと末梢性のものがある。末梢性運動麻痺（下位運動ニューロン障害）は，末梢神経損傷部位以遠の支配筋[69]に生じ，筋緊張の低下，腱反射の減弱・消失，筋萎縮が出現する[70]。

感覚障害は，損傷を受けた神経の支配する皮膚の領域に出現する。損傷を受けたとされる神経と皮膚の感覚障害の領域に食い違いがないかを確認する（もっとも，神経支配は重なり合うこともある。）。神経と皮膚の感覚障害の領域の対応を表したものを皮膚分節（デルマトーム）という。

自律神経障害は，発汗障害，血管運動障害，栄養障害等が生じる。

(2)　後遺障害等級認定

ア　後遺障害としての末梢神経障害の特徴

「末梢神経麻痺に係る等級の認定は，原則として，損傷を受けた神経の支配する身体各部の器官における機能障害に係る等級により認定することとなる。」（必携158頁）。したがって，「神経系統の機能又は精神」の障害として問題となる末梢神経障害は，身体部位の機能障害として独立に評価されないものである。たとえば，関節機能障害の認定基準に達しないときに末梢神経障害として認定されることがある。

頚椎捻挫や腰椎捻挫等の末梢神経障害（局部の神経症状）については，自賠責調査事務所から所定の医証（「頚椎捻挫・腰椎捻挫の症状の推移について」「神経学的所見の推移について」）を求められることがある。

---

(69)　たとえば，正中神経，尺骨神経損傷により手指屈筋が麻痺する。ただし，腕神経叢損傷では，複雑な解剖学的構造を有するため，正確に神経損傷部位を診断することは困難な場合が多い（裁判実務281頁〜282頁）。

(70)　これに対し中枢性運動麻痺（上位運動ニューロン障害）では，筋緊張亢進，腱反射亢進（抑制系の信号途絶によって生じる），病的反射が出現する（筋萎縮はないか，あっても廃用性萎縮）（裁判実務281頁）。

末梢神経障害は損害賠償実務においてしばしば争われる。特に争われるのはむち打ち損傷（頚椎捻挫，外傷性頚部症候群，バレ・リュー症候群[71]等の傷病名が付けられる。）後の後遺症である。むち打ち損傷後に低髄液圧症候群（脳脊髄液減少症，脳脊髄液漏出症）を生じたかどうかが争いになることもある。

イ　等級評価

末梢神経障害は，別表第2の12級13号（局部に頑固な神経症状を残すもの）と14級9号（局部に神経症状を残すもの）[72]で認定される。ただし，特殊な疼痛であるカウザルギー，RSD，CRPS（534頁）については別に認定される。

労災認定基準は，受傷部位の疼痛については，「通常の労務に服することはできるが，受傷部位にほとんど常時疼痛を残すもの」を14級としており（必携161頁），自賠責においても疼痛の常時性が要求されている。むち打ち損傷について述べるように，後遺障害診断書の自覚症状の記載が常時痛を否定するようなものであれば非該当の可能性が高い。疼痛以外の感覚障害（蟻走感，感覚脱失等）は，その範囲が広いものに限り14級9号が認定される（同）。「違和感」では非該当とされやすい。

12級と14級は，「頑固な」が入るかどうかの違いだが，両者の分かれ目はしばしば悩ましい。必携は「第12級は「通常の労務に服することはでき，職種制限も認められないが，時には労務に支障が生じる場合があるもの」及び第14級は第12級よりも軽度のものが該当する。」（141頁）としているだけである。平成15年改正以前の必携は，12級を「他覚的に神経系統の障害が証明されるもの」，14級を12級よりも軽度のものとしていた。

現在の自賠責実務においては，12級は「障害の存在が医学的（他覚的）に証明できるもの」であり，14級は「障害の存在が医学的に説明

(71)　バレ・リューという診断名はしばしば争われる。自賠責や裁判所は，バレ・リューだからといって特別に扱うことはせず，一般的なむち打ち損傷と同様の評価をしていると言える。

(72)　自賠責保険実務では，9級以上の神経症状がある場合は，他の神経症状を含めて評価する。たとえば，7級胸髄損傷と14級末梢神経障害がある場合は，併合7級ではなく7級となる。

可能なもの」であるという考え方が採用されている。裁判実務もそのような考え方によることが多い。

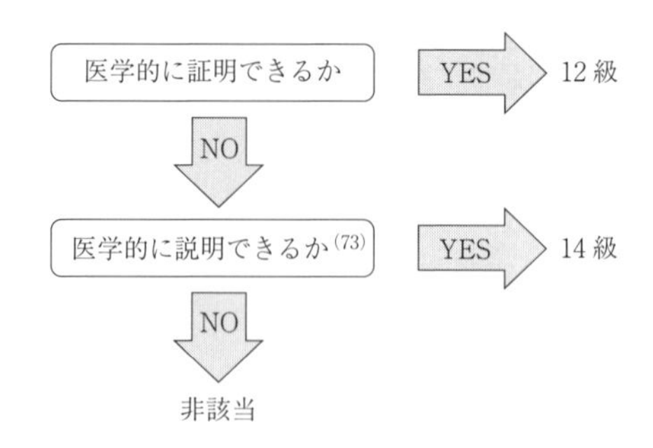

ウ　12級，14級，非該当を決めるもの[74]

「医学的に証明できる」とは他覚所見があることをいうと考えられる。他覚所見は画像所見（たとえばMRIでの神経根圧迫所見）に限らず，椎間孔圧迫テスト，反射，MMT，知覚検査など各種の神経学的検査結果[75]を含むが，自賠責実務は画像（XP，CT，MRI）を重視している。「医学的に説明できる」については，事故態様，治療経過，症状の推移等を踏まえて，医学的に見ておかしくないかが判断される。

特に訴訟においては，医師の意見書が，医学的説明（14級）ないし医

---

(73)　「医学的に説明可能とは，現在存在する症状が，事故により身体に生じた異常によって発生していると説明可能なものということになる。それゆえ，被害者に存在する異常所見と残存している症状との整合性が必要となる。従って，被害者の訴え（自覚症状）のみでは，被害者の身体の異常と整合性がないとして等級非該当とされることが多い。」（青本29訂版315頁）

(74)　裁判実務309頁～317頁が詳しい。青本29訂版314頁～315頁も参照のこと。裁判例は等級評価が詳しい。

(75)　神経学的検査方法にはたとえば以下のような検査がある。ジャクソンテスト，スパーリングテスト，アドソンテスト，ライトテスト，エデンテスト，モーレイテスト，ルーステスト，ラセーグテスト，下肢伸展挙上テスト（SLR），ホフマン反射・バビンスキー反射・トレムナー反射・ワルテンベルグ反射等（病的反射の検査で，上位運動ニューロン障害（錘体路障害）か末梢神経障害かを診る。），筋電図検査（EMG），神経伝導速度検査（NCVテスト），サーモグラフィ（温熱画像診断法），徒手筋力テスト（MMT）。一般的には，患者の意思と無関係に結果が得られる検査（病的反射等）のほうが，患者の応答や協力が必要な検査（ジャクソン，スパーリング，MMT等）より客観性が高く信頼性が高いといえるだろう。もっとも，症状との整合性や検査結果の推移及び各検査結果間の整合性が重要である。

学的証明（他覚所見）（12級）についての判断をしばしば左右する。請求側が，自賠責で非該当とされた事案について訴訟で12級や14級を主張する場合や，14級とされた事案について12級を主張する場合に，主治医等の意見書は必須といえる。

エ　骨折や靭帯損傷後の疼痛

骨折や靭帯損傷等による治療が終わった後も疼痛等が残る場合があるが，自賠責保険で後遺障害と認められるには，骨折等の部位に症状が残っている理由が問題である。骨折部位の骨癒合が不完全である場合は12級が期待できそうだが，癒合が良好であれば非該当とされることが多く，せいぜい14級（骨折が適切に修復されているからといって神経の損傷がないとは言い切れない。）にとどまる。裁判所における後遺症の評価も基本的に同じである[76]。

骨癒合が良好でも，骨折部に残置された髄内釘（ずいないてい）やプレートが疼痛の原因であることがあるとして，12級が認められることがある[77]。

関節に近い部位の骨折の場合は，上下肢の機能障害（関節可動域制限）との関係が問題となるが，ここでも骨折の整復が良好であれば機能障害としては認められにくく，14級止まりとされる傾向がある。

靭帯，腱板，半月板，TFCC（516頁）等の軟部組織の損傷については，画像等で事故によって発生したと確認できれば12級が認定されることがあるが，損傷が確認されても変形や症状が残存しているのかが問題となることもある。症状も軽快して就労や日常生活への影響が軽減していれば非該当とされる可能性がある。

頭部を打撲して顔面やその周囲に骨折を生じた後に残る神経症状（疼痛や知覚異常）については，神経損傷が確認できれば12級が認定される

(76)　自賠責が14級とした骨折後の疼痛につき，ティネルサイン及び筋委縮の存在から，他覚的所見によって医学的に証明されているとして12級13号を認めた裁判例として，福岡高判H28.1.28（自J1970）がある。
(77)　たとえば，京都地判H28.6.14（交民49-3）は，大転子部の外側への髄内釘の突出を症状をもたらす他覚所見とみて，自賠責14級認定を12級とした。

が，損傷が直接確認できない場合も，骨折部位の神経の支配領域に症状が出ていると他覚的に確認できるとして12級と認めることがある[78]。

オ　裁判所における損害評価

裁判所は，後遺症の程度を認定する上で自賠責保険の後遺障害等級の評価方法によることがほとんどであり，末梢神経障害については，特殊なものを除き，12級，14級，非該当の三段階に認定している。もっとも，例外がないわけではない[79]。

自賠責保険では，14級が複数認められても併合14級（後遺障害の保険金額は75万円のままである。）だが，訴訟ではどうだろうか。併合は自賠責保険の保険金額を決めるための扱いにすぎず，損害賠償額の算定においては複数の障害があれば賠償額は増えてよいようにも思えるが，裁判例には，自賠責と同様に，逸失利益，後遺症慰謝料ともに14級の障害が一つの場合と同じ扱いをするものが多い。請求側代理人としては，複数の障害があるというだけでなく，それらが就労や日常生活にどのような影響を与えているかについて主張立証すべきだろう。

また，後遺障害は永久残存性をその要素とするから，12級や14級の神経症状でも，逸失利益算定における労働能力喪失期間は就労可能期間

---

(78)　たとえば，横浜地判R3.7.30（自J2105）は，右上顎骨骨折後の右眼窩下神経領域（右頬）の知覚鈍麻等につき，訴訟中に受けた精密触覚機能検査により右側三叉神経ニューロパチーの診断を受けていることを踏まえて，自賠責と同様に12級とした。

(79)　たとえば大阪地判H7.8.25（交民28-4）は，末梢神経障害について9級認定した（ただし，労働能力喪失率は15%とした）。「原告は，恒常的なフレームコルセットの着用や腰部の可動域制限を根拠に，原告の障害を脊柱の著しい運動障害ないしその運動障害として評価すべきであると主張するものの，それらは，腰部の疼痛及びその防止のためのフレームコルセットの長期着用によっていわば間接的に生じたものであって，脊柱の固定術等の機械的な原因によって直接的・物理的に生じたものではないから，運動障害として評価するのではなく，神経症状として評価すべきである。そして，その程度は，（略）特に，症状固定日以降の症状の程度からすると，原告は，本件事故による腰部ヘルニアないし腰椎の不安定性によって，腰痛及び下肢の筋力低下の神経症状の障害が残存し，疼痛及びそれを避けるためのフレームコルセット長期装着によって，現実には腰部の運動が三分の一程度に制限され，フレームコルセットの着用を余儀なくされ，肉体労働は困難で，軽作業程度しか携わることができず，デスクワークも長時間に渡っては困難で，下肢の神経症状，即ち筋力低下によって，歩行にも支障がある状態といえるから，その障害は，神経系統の機能に障害を残し，服することができる労務が相当な程度に制限されるもの（9級10号）と解するのが相当である。」

の終期までになるはずだが，裁判実務では12級で10年程度，14級で5年程度に制限することが多い（411頁）。もっとも，障害の内容・程度によってはより長く（場合によっては67歳まで）認めることもあるので，「局部神経症状14級なら5年（12級なら10年）」と決めつけることはできない。むち打ち症以外の神経症状（骨折部の疼痛等）の場合はなおさらである(80)（411頁）。

(3)　むち打ち損傷(81)

ア　傷病名

診断書には頚椎捻挫と記載されることが多いが，外傷性頚部症候群，頚部挫傷等の傷病名が付けられることもある。むち打ち損傷，むち打ち関連障害，むち打ち症候群等は，ほぼ同じ病態を示す。もっとも，むち打ち症（むち打ち損傷）は，受傷機転(82)を示すものにすぎず，診断名としては不適当であるとも言われる。人身交通事故事件でもっともしばしば目にする傷病名が頚椎捻挫（と腰椎捻挫）であり，原因は停車中の追突が比較的多い。

頚椎捻挫（と腰椎捻挫）は，骨折や脱臼のない頚部（腰部）脊柱の軟部支持組織（靭帯，椎間板，関節包，頚部（腰部）筋群の筋・筋膜）の損傷であるとされる。しかし，たとえば足関節の靭帯損傷の場合と異なり，損傷を画像（MRI）で確認できないことが多い。

イ　検査所見

むち打ち損傷において実施される検査には，例えば次のようなものがある。検査結果の推移や各検査所見間の整合性に留意する。

---

(80)　赤い本2007年下巻「むち打ち症以外の原因による後遺障害等級12級又は14級に該当する神経症状と労働能力喪失期間」，実務195頁。

(81)　赤い本2011年下巻「頚椎加齢性疾患と頚部損傷」，新型274頁以下，神経痛について同312頁以下，失調・めまい・平衡機能障害について同317頁以下，頭痛について同327頁以下。栗生他編「交通事故におけるむち打ち損傷問題　第二版」（保険毎日新聞社），日野一成「（超低速度衝突）むち打ち損傷受傷疑義事案に対する一考察―工学的知見に対する再評価として―」（損害保険研究79-1），賠償科学116頁「むち打ち損傷問題」。

(82)　事故による頚部の過伸展・過屈曲の衝撃によって生じた頭頚部症状であることをいう。

○関節可動域（ROM）[83]

○筋力（握力，MMT）・筋萎縮（上下肢の周囲径の左右差）

○反射（深部腱反射[84]，病的反射[85]）

○神経根症状誘発テスト[86]（ジャクソンテスト，スパーリングテスト）

○画像検査（単純X線，CT，MRI）[87]

○電気生理学的検査（EMG[88]，NCV[89]）

ウ　後遺障害等級認定

むち打ち損傷ないし頚椎捻挫（腰椎捻挫についても同様である。）によって生じる末梢神経障害は，「神経系統の機能又は精神」の障害として評価され，12級13号，14級9号が問題となる。12級と14級を分ける

(83)　むち打ち損傷による頚部運動制限は脊柱運動制限（関節機能障害）として後遺障害認定されることはない。器質的変化ではなく機能的変化にとどまるとされるからである。

(84)　末梢神経障害で減弱（＋－）ないし消失（－）する。正常は＋で，中枢神経系の障害では亢進（＋＋，＋＋＋，＋＋＋＋）する。

(85)　ホフマン反射，トレムナー反射，ワルテンベルク反射など。中神経系の障害により出現する。

(86)　神経根の圧迫性障害の有無を診断する。障害を受けた神経根の支配領域に放散痛を生じるため，放散痛の部位によって，神経根の障害レベル（高位）を推測できる。腰椎捻挫・腰部挫傷については，下肢伸展挙上テスト（SLR）やラセーグテストが行われる。むち打ち損傷では，ジャクソンテストとスパーリングテストの両方が実施されることが多い。いずれも特異度（偽陽性を排除する確率）は高いが，感度（偽陰性を排除する確率）は必ずしも高くないようだ。したがって，これらが陰性でも頚椎神経根症状がないとはいえず，事故態様，症状経過等から14級が認定されることもあるが，陽性であれば14級が認定される可能性は相対的に高くなるとはいえる。腰椎捻挫のSLRやラセーグテストも同様である。いずれも14級認定の決め手とはいえない。

(87)　むち打ち症の診断を困難にしている大きな理由は，損傷を画像診断で発見することが困難な場合が多いことである。「MRIは，脊髄・靭帯・椎間板の描出に有効であるが，むち打ち損傷で無症状であっても19%に異常所見があるという報告もあり，さらに正常者でも40歳以上では28%になんらかの異常所見があることが報告されている。そのため異常所見があったからといって，事故との因果関係を同定するのは困難であるといえる。しかしMRIは，むち打ち損傷後に頚部神経根症状や脊髄症などの神経学的所見が出現した場合には，その責任部位を観察することができるため診断価値は高い。」（遠藤健司編著「むち打ち損傷ハンドブック（第2版）」（丸善）100頁）ストレートネックや頚椎の後弯が認められても事故による異常所見とは言いにくいとされているようだ（赤い本2011年下巻111頁）。

(88)　筋電図。骨格筋の筋力低下が，運動神経に起因するのか（神経原性変化），筋自体に起因するのか（筋原性変化）を判定する。

(89)　神経伝導速度検査。運動神経の伝導速度を検査するものと知覚神経の伝導速度を検査するものがある。末梢神経障害，特に脱髄性病変があると伝導速度が低下する。

のは他覚（的）所見の有無であるが，画像等の「客観的な」他覚所見に乏しいことが多く，非該当と14級，12級と14級の分かれ目は微妙である。他覚所見については，どの検査が他覚的なのかということではなく，どのような検査所見等がどういう具合に揃っているかの問題になると思われるとの指摘がある[90]。

後遺障害等級認定の「認定票」には，12級，14級の「決まり文句」があり，これを念頭におくべきだろう[91]。12級については「外傷性の異常所見」または「神経学的異常所見」を，14級については「治療状況，症状経過」を踏まえる必要がある。

エ　判断材料

むち打ち損傷に限らず，神経症状については，自覚症状が医証から確認できることがまず必要である[92]。痛みやしびれがどこにどのように生じているのか，医証になるべく具体的に記載されていることが望ましい[93]。

初診から終診までの症状の一貫性[94]と症状の推移の自然さ[95]は重要

---

(90)　裁判実務290頁。当該事案で得られた複数の所見から見て，他覚所見がある（＝医学的に証明できる）と評価できるかということだと思われる。所見の整合性が重要である。

(91)　14級の例：「頚椎捻挫後の○○，○○（後遺障害診断書に記載された自覚症状）については，提出の診断書上，本件事故による骨折等の明らかな外傷性の異常所見は認め難く，後遺障害診断書上からも明らかな神経学的異常所見は認められず，他覚的に神経系統の障害が証明されるものとは捉えられません（注：12級を否定）が，治療状況，症状推移なども勘案すれば，将来においても回復が困難と見込まれる障害と捉えられることから，「局部に神経症状を残すもの」として別表第二第14級9号に該当するものと判断します。」非該当の例：「……（注：12級を否定）……治療状況，症状経過等を勘案しても，将来においても回復が困難と見込まれる障害と捉え難く（注：14級を否定），自賠責保険における後遺障害には該当しないものと判断します。」

(92)　たとえば14級の受傷部位の疼痛は，受傷部位にほとんど常時疼痛を残すもの（必携161頁）であるから，後遺障害診断書の自覚症状の記載が，「雨の日は痛む」では非該当になりそうな感じがする。いつも痛いが雨の日は特に痛いということであればそのように書いてもらう。

(93)　後遺障害診断書の自覚症状欄には，たとえば「右上肢しびれ」ではなく，「右肩～右手指にかけてのしびれ。デスクワークで増強。」等なるべく具体的に書いてもらうとよい。痺れ等によって困難な動作を書いてもらうのもよい。

(94)　診断書や施術証明書で症状について「軽減」等の記載がある場合には，自賠責では後遺障害非該当とされることが多いが，そのような場合でも，その後も症状が一貫して認められる場合は，裁判所が14級を認めることがある（そもそも治療によって症状が軽減しているのは当然で，軽減したが残ったのが後遺障害ではないだろうか。）。例として，東京地判H28.5.20（交民49-3）は，

である。事故から相当期間経過後に訴えられた症状(96)や，増悪傾向にある場合は，後遺障害等級非該当とされる可能性が比較的高い。軽減傾向が明らかな症状についても同様である。もっとも，自覚症状の訴えが遅いように見えても，事故当初は他の症状が強かったため主治医に伝えていなかった可能性もあり，事故態様から当該部位を受傷していてもおかしくなければ症状の一貫性が認められる場合がある。複数の部位に症状がある場合は，それぞれについて推移を確認する。

事故態様・車両の損傷状況にも注意する。低速度衝突では受傷しないとはいえないが，車両の損傷がごく軽微（たとえば修理費が数万円）であれば，後遺障害は否定されやすい(97)。画像所見（変性等）があっても，症状が軽減傾向にあれば難しいかもしれない。これに対し，事故態様が激しい場合は，画像所見が乏しくても，症状改善傾向がなければ14級が認定されることが少なくない。

治療期間や治療内容にも注意する(98)。感覚的だが，通院期間が6カ

45歳女性被害者につき，「「軽減」または「徐々に消退」の事実から直ちに将来においても回復が困難と見込まれる障害と捉え難いとはいえないこと，前記のとおり，原告の後頸部痛は当裁判所が認定した症状固定日から3年以上にわたって存続していることに照らすと，原告の後頸部痛は（略）第14級9号（略）に該当すると認めるのが相当である。」とした。骨粗鬆症等を有すること，同乗者の症状は軽く後遺障害は残らなかったことから，素因減額3割としている。

(95)　自賠責損害調査事務所では，被害者の同意を得て，病院等に様々な照会を行う。頸椎捻挫，腰椎捻挫については「頸椎捻挫・腰椎捻挫の症状の推移について」と題する書式で回答を求める。これは「神経学的所見の推移について」と題する書式による回答とともに後遺障害認定の重要な資料となる。「症状の推移について」の「初診時（症状出現時）から終診時までの推移」は「消失」「軽減」「不変」「増悪」から選ぶようになっているが，まだかなり痛いけれど受傷直後よりはマシになった（不変とはいえない）という場合に「軽減」に○を付けると，非該当とされることがあり，疑問を感じる。前注も参照のこと。

(96)　感覚的には，事故から初診まで1～2週間経っていると（納得できる説明ができない限り）14級も認められにくいと感じる。

(97)　かつては，無傷限界値論・閾値理論について大論争があったが，現在では否定されている。北河隆之「いわゆる「鞭打ち症」に関する「賠償医学」的アプロウチに対する批判的検討」「「頚部外傷性症候群」再論」（人身賠償・補償研究第2巻（判例タイムズ社）所収），東京三弁護士会交通事故処理委員会むち打ち症特別研究部「むち打ち症に関する医学・工学鑑定の諸問題」（判例タイムズ737号所収），日野一成「（超低速度）むち打ち損傷受傷疑義事案に対する一考察―工学的知見に対する再評価として―」（損害保険研究79-1）等を参照。

(98)　治療期間の長短と通院頻度は重要である。特に頑張ってリハビリを続けているにもかかわら

月未満の場合は非該当とされる可能性が相対的に高いように感じる。リハビリや投薬の内容や自覚症状との整合性も確認する。ブロック注射やトリガーポイント注射は，痛みが強く日常生活や就労への支障が大きい場合や，投薬等では治療効果が得られない場合に選択されていると思われ，これらが行われていることが，14級か非該当かを左右しているように思える事案がある。非ステロイド系消炎鎮痛薬（NSAIDs[99]）が効きにくい痛みに用いられるリリカ（プレガバリン）等やノイロトロピンが処方されている場合も同様である。整骨院通院が多い場合は，施術費が損害と認められるかどうかという問題とともに，医証によって症状経過が辿れない等の問題もある。

神経学的所見は，各所見間の整合性[100]，画像所見との整合性（神経根圧迫が確認され，その支配領域と症状が出ている部位が一致する[101]など）が認められるかどうかが重要である（画像は12級では必須と言える。）。検査結果の推移が自然か否か[102]も問題となる。症状と所見の推移については，自賠責保険所定の「頚椎捻挫・腰椎捻挫の症状の推移について」，「神経学的所見の推移について」が重要である。訴訟においては，医師の意見書が，所見の整合性等についての評価を左右することがある。

ず改善傾向が乏しい場合は，他覚所見がなくても14級が認定されることが比較的多いと感じる。

(99)　エヌセイズ（エヌセイド）。ロキソニン，アスピリン，セレコックス，ボルタレンなど。処方薬について調べるときは，「今日の治療薬」（南江堂），「治療薬マニュアル」（医学書院）が役立つ。

(100)　治療経過や症状推移にもよるが，ジャクソンテスト，スパーリングテスト陽性だけで，筋力低下，知覚異常，深部腱反射の異常等がない場合は非該当とされるかもしれない。また，検査結果が変動しており一貫性がない場合も要注意。

(101)　自賠責が，脊髄の圧迫所見や髄内の異常画像があるが，画像や自訴に対応する腱反射，筋力，知覚といった神経学的異常が見られないことから非該当とした被害者について，大阪地判R3.1.15（交民54-1）は，事故を契機として椎間板ヘルニアが増悪したと認められ，上肢のしびれ等の神経症状は増悪したヘルニアによる脊髄圧迫に起因するものとして合理的に説明できるというべきであるとして12級を認めた（素因減額3割）。所見の整合性に疑問がある場合は14級止まりのことが多いだろうが，神経支配領域と症状が出る範囲がずれることもあり得るとの考え方をもとに整合性を肯定する裁判例はときどきある（特に14級を認定する場合は，支配領域との整合性はそれほど重視されていないようだ。）。確かに教科書通りとはいかないことはあるだろうが，ずれがある場合は，他の異常所見（ジャクソンテスト，スパーリングテスト，MMT，知覚異常等）が欲しい。

(102)　事故直後が最重症で徐々に改善することが多い。

頚椎の加齢性変化（椎間板変性（椎間板の水分が減って固くなりクッション性が低下する），骨棘（こつきょく）形成，椎間板ヘルニア・膨隆等）がある場合は，事故との因果関係や素因減額が問題となる。ヘルニアが確認できても，事故が軽微である場合や骨棘などの加齢性変化が認められる場合は，外傷性か否かが争われる（純粋な外傷性の椎間板ヘルニアは少ないと言われている(103)。）。

自賠責では，ヘルニアの画像所見がある場合でも，事故によって発生したものではないとして非該当とすることが少なくないが，既往のヘルニアだからといって，直ちに事故と症状との因果関係が否定されるわけではない。椎間板狭小化や骨棘形成などの変性所見が14級認定の根拠となる場合もある。神経根圧迫所見があり，これと整合する神経学的所見がある場合には12級13号の可能性がある。

裁判においても，事故を契機として症状が発生したとして，既存のヘルニアが因果関係を肯定する材料となることがある。椎間板ヘルニアによる脊髄神経の圧迫を示す画像所見があり，圧迫されている神経の部位と整合する神経学的所見が認められるような場合は，12級13号が認められやすい。もっとも，そのような評価に値する程度の症状の出現に既往症が相当程度関与していると認められて，素因減額が肯定されることが多い(104)。

---

(103)　椎間板ヘルニアによる頸髄の圧迫（椎間板ヘルニア）が事故によって生じたと認めて12級13号に該当するとした裁判例として，たとえば横浜地判H23.7.20（交民44-4）がある。MRI撮影当時，放射線科医が「原告のC4とC5の間に存在する椎間板が正中後方へ突出して頸髄を圧排している」との所見を述べていることが重視されていると思われる。自賠責は14級認定だった。

(104)　重要論点347頁。12級認定事案の例として，前掲大阪地判R3.1.15のほか，横浜地判H31.4.26（交民52-2）は，「本件事故前の原告には，既に経年性変化による頸椎椎間板ヘルニアが存在したものの，その症状が現れるには至っていなかったものと認めるのが相当である。」としつつ，医師が，MMTでの右腕及び右手指の筋力低下，握力検査での右手握力の低下，右手指の知覚鈍麻を確認していること，事故直後のMRIでC5/6右側の椎間板ヘルニアのほか，C3/4及びC5/6右側の椎間孔狭窄が認められており，自賠責でも「MRI上，C5/6レベルで右椎間孔狭窄と椎間板の変性膨隆による右神経根圧迫の所見が認められる」と判断されているところ，これらの画像所見は，右の手や指のしびれ等を訴える原告の臨床経過及び右腕や右手指に見られる神経学的検査所見と整合すること，事故以前の原告には上記各症状による通院歴はなく，これらの症状があった形跡はうかがわれず，本件事故後になってその症状が出現したと考えるのが自然であ

オ　胸郭出口症候群

むち打ち損傷等において，胸郭出口症候群（TOS）という診断がなされることがある。胸郭出口症候群は，上肢の運動や感覚を司る神経や血管が肋骨と鎖骨の間等で圧迫されてしびれや脱力等が生じる状態である。画像所見（MRI，X線）のほか，モーレイテストやルーステスト，筋電図検査，神経伝導速度検査，体性感覚誘発電位検査等の結果が重要である[105]。

6　その他の特徴的障害

(1)　外傷性てんかん

ア　等級評価

発作の型（転倒する発作または意識障害を呈し状況にそぐわない行為を示す発作かどうか）及び回数（頻度）によって，5，7，9，12級が認定される。かつては，2級や3級も規定されていたが，そのようなてんかん発作は通常脳外傷による高次脳機能障害に伴って生じ，単独で残存することは考えにくいことから，3級以上の設定は廃止された。

イ　診断の難しさ

脳波所見はてんかんの診断に不可欠だが，脳波の異常がてんかん発作

ることから，「原告は本件事故により頸椎捻挫，頸肩腕症候群の傷害を負ったほか，C5/6右側の椎間板ヘルニアに起因する神経症状を発症したものと認めるのが相当である。」として12級13号を認めた。素因減額2割。14級認定事案の例として，京都地判H27.5.27（自J1952）は，「本件事故前には，原告に，前記頸椎椎間板ヘルニアによる神経症状は現れておらず，本件事故後，頸部から左肩の疼痛，左肩から上腕にかけての重み，左手の痺れ，左手の知覚鈍麻等の神経症状が出現し，1年以上の通院治療を経てもこれらの症状が残存していることが認められる。かかる症状の発現状況に鑑みれば，原告の前記頸椎椎間板ヘルニアは，本件事故前は神経症状が現れる以前の状態にとどまっていたものが，本件事故により，神経症状を発現する段階に至ったものと解される。」として14級を認めた。14級認定の場合は素因減額しない裁判例が少なくないが，本件のヘルニアは明らかな椎間板脱出を伴う重いものであったことから，経年変化の程度を超えるものとして素因減額3割としている。既存のヘルニアによる素因減額については618頁を参照のこと。

(105)　自転車加害事故（したがって自賠責等級認定はない）の被害者について，画像所見や各種検査結果をもとに事故によるTOSの発症を認めて12級認定した裁判例として，名古屋地判H30.2.23（自J2022）。

に直結するとはいえず，脳波異常のみでてんかんと診断されるわけでもない。脳波異常が認められない場合でもてんかん発作と認めた裁判例もあるが，非てんかん発作との鑑別が問題となる。

ウ 因果関係

事故直後の脳波検査では，てんかん発作に特徴的な脳波（棘波）がみられなかったのに，相当期間経過後にてんかん発作を起こした場合等は，事故によって外傷性てんかんが発症したのかが争われる。遺伝が問題になることもある(106)。

裁判例では，脳波異常のほか，衝撃や意識障害の程度，画像所見等が参考にされている。

てんかん発作は一時的な障害であるが，発作による転倒が死亡の原因となることがあり，そのような場合は事故と死亡との因果関係が問題となる。

エ 症状固定時期

てんかんの治療は服薬が長く続く（その間薬物の血中濃度を検査する必要がある。）ことが少なくなく，外傷性てんかんの症状固定時期を決めるのは難しい。

オ 損害評価

裁判所は，てんかん発作の頻度・程度等によって後遺障害等級を認定し，損害評価している。意識消失を伴う発作がある場合等は，職種（自動車運転等）も考慮される。

症状固定後（310頁）ないし将来（311頁）の治療費（投薬と診察・検査）が認められることがある。

(2) 頭痛

ア 頭痛分類

国際頭痛学会が発表した国際頭痛分類が日本でも用いられている。

(106) てんかんには，遺伝が関わらない脳梗塞，脳出血，脳外傷等による症候性てんかんと，脳に明らかな異常がないのに生じ，遺伝が関わることがある特発性てんかんがある。

2018年に第3版（ICHD-3）が発表された。

イ　等級評価

頭痛の型の如何にかかわらず，疼痛による労働または日常生活上の支障の程度を疼痛の部位，性状，強度，頻度，持続時間及び日内変動並びに疼痛の原因となる他覚所見により把握し，障害等級を認定する（必携159頁）。

頭痛は，神経症状として，9級，12級，14級で認定される。単に頭痛による就労の制限を訴えても認定されず，9級は原則として中枢神経（脳・脊髄）の異常に基づくことが必要である。12級は「医学的に証明できるもの」でなければならず，頭痛の型に応じて，頭痛が生じていることを裏付ける他覚所見が必要である。14級は，障害の存在が「医学的に説明可能」でなければならず，他覚所見と自覚症状との整合性（矛盾しないこと）が必要である。自覚症状（頭痛の部位，性状，強度，頻度，持続時間及び日内変動）については，早期の段階から，頭痛に関する詳細なメモを作っておくことが望ましい。

ウ　争われ方

頭痛はきわめて多くの疾患を原因として生じるが，頭痛が単独で問題になることは少なく，むち打ち，脳外傷等の症状の一つとして問題になる。特殊な頭痛として，低髄液圧症候群（脳脊髄液減少症）によるものがある（低髄液圧症候群については529頁）。

(3)　失調，めまい及び平衡機能障害

頸椎捻挫後のめまい等は，原因が不明であるとして，他の神経症状（疼痛やしびれ等）と合わせて等級認定されることが多い。これに対し，脳損傷に伴うめまいや内耳の損傷による平衡機能障害等については独自の判断基準（必携160〜161頁）に基づいて等級認定される。めまいについて12級以上が認定されるには，眼振その他平衡機能検査に異常所見が認められることが必要である[107]。

---

(107)　たとえば，大阪地判H27.7.24（自J1958）は，脳外傷（急性硬膜外血腫，後頭骨骨折）後

(4)　疼痛等感覚障害

必携は,「特殊な性状の疼痛」としてカウザルギー，RSD について記載している。534 頁以下で扱う。

特殊な性状の疼痛として，他に線維筋痛症がある（538 頁)。

のめまいについて，当初見られた眼振が消失しているものの，重心動揺計検査や Mann 試験等は陽性であること等から 12 級とした（原告は 7 級を主張)。

第4節　醜状障害，胸腹部臓器・体幹・上下肢の障害

1　醜状障害

(1)　後遺障害等級認定

ア　等級評価

外貌（頭部，顔面部，頚部等，上下肢以外の日常露出する部分をいう。）醜状は，場所（頭部，顔面部，頚部），大きさ（瘢痕，頭蓋骨の欠損，陥没）ないし長さ（線条痕）によって，7級（著しい醜状），9級（相当の醜状），12級（(単なる）醜状）に認定される。いずれも「人目につく程度以上のもの」をいうとされている。2個以上の瘢痕または線状痕が相隣接し，またはあいまって1個の瘢痕または線状痕と同程度以上の醜状を呈する場合は，それらの面積，長さ等を合算して認定する。

上肢・下肢の露出面の醜状は，12級相当，14級で認定される。12級相当は手のひらの大きさを相当程度超える（3倍程度以上）もの，14級は手のひら大の瘢痕を残すものとされている。「露出面」の範囲は労災基準（必携）と範囲が異なる(108)。

胸腹部，背，臀部等日常露出しない部位は，12級相当，14級相当(109)が認定される。

イ　他の障害との関係

必携188頁～189頁が定めている。

顔面神経麻痺による「口のゆがみ」は（単なる）醜状として，閉瞼不能は眼瞼の障害として扱う。頭蓋骨の手のひら大以上の欠損により頭部の陥没が認められる場合で，それによる脳の圧迫により神経症状が存する場合は，醜状障害の等級と神経障害の等級のうち上位の等級で認定す

(108)　肩・股関節以下をいい，労災基準の肘・膝関節以下より広い。

(109)　胸部及び腹部，または背部及び臀部の全面積の4分の1程度以上の範囲に瘢痕を残す場合には14級相当，2分の1以上の範囲に瘢痕を残すものは12級相当と認定される。これも労災認定基準（必携190頁～191頁）と異なることに注意。

る。眼瞼，耳介，鼻の欠損障害については，欠損障害の等級と外貌の醜状障害の等級のうち上位の等級で認定する。

(2) 注意点

ア　基準の改正

平成23年5月に別表が改定された（平成22年6月10日以降の事故について適用される。）。要点は以下のとおりである。

①外貌についての男女格差を解消した。著しい外貌醜状について女は7級，男は12級とする障害等級表は憲法14条1項に違反するとした京都地判平成22年5月27日(110)を踏まえたものである。

②「相当程度の醜状」9級を新設した。顔面部の長さ5cm以上の線状痕で人目につく程度以上のものがこれにあたる。

イ　損害評価

後遺障害等級については，自賠責認定基準をそのまま当てはめて判断している裁判例が多い。認定基準に達しない醜状障害について慰謝料を認めたものも少なくない。

レーザー治療等で消失する可能性が主張されることもあるが，損害拡大防止義務に反すると評価できる場合はともかく，侵襲を伴う治療を受けなかったことを後遺症の存否の認定において斟酌することには疑問がある(111)。

ウ　争われ方

醜状障害は，労働能力喪失率が争われる後遺障害の代表格である(112)。

---

(110)　判時2093，判タ1331。

(111)　大阪地判H8.12.12（交民29-6）は，7歳女性の色素沈着，皮下異物について，「原告の顔面に存する醜状痕は，レーザー治療等により，治癒する可能性も否定できないが，原告の母親は，原告の担当医から，レーザー治療は，最近始まった治療法であって，その効果については，まだはっきりとしたことは言えず，今よりさらに症状を悪化させる場合もあり得る旨説明を受けているのであるから，原告の父母が原告にレーザー治療を受けさせることに躊躇するのは無理からぬところがあり，原告の父母が原告にレーザー治療を受けさせないのには相当な理由があると認められる。」とした。

(112)　赤い本2001年「醜状痕を理由とする後遺障害慰謝料額及び醜状痕が残った男性被害者の後遺障害の評価」，同2011年下巻「外貌の醜状障害による逸失利益に関する近時の裁判実務上の取

醜状の内容・程度，性別，年齢，職業，減収の有無等が考慮される。

外貌については，それが収入を大きく左右する職業の場合(113)以外についても，以前よりは認められやすくなったと言えるが，職業が肉体労働中心の場合だけでなく，デスクワーク中心の場合も，労働能力喪失を

扱いについて」，同2020下巻「外貌醜状に関する逸失利益，慰謝料をめぐる諸問題」，慰謝料をめぐる諸問題」，新型261頁以下，横井弘明「外貌醜状」（到達点）。

(113)　名古屋地判H21.8.28（交民42-4，要約100）は，7級顔面醜状を残す固定時22歳ホステスの後遺症逸失利益について，「原告が本件事故当時に就いていたホステスという職業は，容貌が非常に重要な意味を持つから，原告が上記のとおりの顔面醜状痕を負った以上，ホステスの職業を継続することは客観的にも困難であると解される。そして，前記のとおり，原告が本件事故まで1年以上継続してホステスとして稼働しており，その後もホステスの職業を継続していく意向であったこと，本件事故による受傷がなくても原告が早期にホステスを辞めたであろうと推認し得る具体的な事情は認められないこと等からすると，少なくとも35歳まではホステスとして稼働し，本件事故当時と同程度の収入を得ることができたと解するのが相当であるから，現に事務職に転職して本件事故当時の半分以下の収入となっていることや，現在は契約社員であって安定した就労状態であるとはいい難いことなども併せ考慮すると，症状固定時（22歳）から35歳までの13年間については，本件事故当時の収入を基礎に，56%の労働能力の喪失を認めるのが相当である。また，35歳以降についても，原告の顔面醜状痕が前記のとおり広範囲にわたっていること，顔面醜状痕の存在により原告が現に精神的負担を感じていること（略），顔面醜状痕の存在によって，女性である原告の選択し得る職業が制限されたり，原告の就労意欲等に影響を与えたりする可能性があると考えられることなどを考慮すれば，36歳から67歳までの32年間については，女子の平均収入を基礎に25%の労働能力の喪失を認めるのが相当である。」と認めた（後遺症慰謝料は940万円とした。）。これに対し，大阪地判H14.3.29（交民35-2。要約101）は，7級顔面醜状を残す飲食店勤務の30歳女性の後遺症逸失利益について，「原告の醜状については，右側頭部の長さ約6センチの線状痕が主なものであるが，女性である原告にしてみれば，主観的には精神的苦痛を被っていることは確かであろうが，（略）比較的目立たず，髪型によっては相当部分を隠せるもので，原告の事故当時の職業である食堂や居酒屋における接客であれば，それほど大きな支障にはならないと言える（それらの客に不快感を与えるようなものではない。）。原告は，本件事故前にはスナックのホステスの経験もあるものの，それ以外の職種に付いていた期間も長く，本件事故当時も食堂と居酒屋に勤務して特にホステスへの就職を考えていたわけではないのである（原告本人）から，ホステスという職業だけを前提として醜状の影響を考慮する必要はない。そして，原告は本件事故後，知人の経営するスナックではあるものの，現にホステスとして就労できているし，また，それ以外に，現在は子供の病気のために辞めているが，ハウスクリーニングの仕事をしたこともあることからすれば，醜状が今後の原告の就労に大きな影響を及ぼすとは考えられない。以上の事情からすると，原告が醜状により被る不利益を労働能力喪失による逸失利益という形で明確に算定することは困難であり，逸失利益を認めることはできない。但し，醜状により転職の場合等に何らかの不利益を受けるおそれを完全に否定できるわけでもないから，醜状について逸失利益を認めない点は，慰謝料において考慮することとする。」とし，後遺症慰謝料（請求額1000万円）を1200万円認めた。

認めないことが少なくない。

これに対し，労働能力の喪失は円滑な対人関係という観点からも把握されるべきであるとの指摘があり，名古屋地判平成24年4月13日[(114)]のように，（再）就職時の不利益の可能性を指摘して喪失を認める裁判例もあるが，労働能力喪失を認める場合も，喪失率表より低い喪失率を認めることが多い[(115)]。

外貌醜状について逸失利益を否定する裁判例には，慰謝料で考慮する（「基準額」から増額する）ものが少なくない[(116)]。特に，若年者について逸失利益を否定する場合は，慰謝料が大幅に増額されることがある[(117)]。

---

(114)　自J1875。55歳男性会社員の7㎝の頬の挫創痕（12級，神経症状12級と併合11級）につき，「症状固定時の原告の年齢が55歳と60歳の定年が5年以内に迫っており，定年後の再雇用や新たな就職の問題も生じるところ，その際には外貌の著しい醜状も就職に不利益を生じる蓋然性が高いと考えられるから，外貌の著しい醜状も本件においては労働能力を低下させる要素になると認めるのが相当である。被告の上記主張は採用できない。」として20%の喪失率を認定した。

(115)　さいたま地判H27.4.16（自J1950。最前線15）は，39歳男性（運送会社運転手）の9級外貌醜状等について，「外貌醜状によって，初対面に近い顧客との折衝に消極的になっていること，社内の評判が落ちて将来の昇進や転職に影響したりする可能性が否定できないことが認められる。そして，男性においても外貌醜状をもって後遺障害とする制度が確立された以上，職業のいかんを問わず，外貌醜状があるときは，原則として当該後遺障害等級に相応する労働能力の喪失があるというのが相当であり，原告について当該後遺障害等級の定める労働能力の喪失を否定するような特段の事情があるとまでいえないから，併合9級相当の労働能力の喪失があるものというのが相当である。」として67歳まで35%の労働能力喪失を認めているが，やや例外的な裁判例と考えるべきだろう。

(116)　前掲大阪地判H14.3.29等。横浜地判H26.9.12（交民47-5）も，7級外貌醜状を残す43歳女性（歯科衛生士）につき，「右頬部，唇右上の線状痕，瘢痕が生じているが，後遺障害の慰謝料の対象として考慮可能であるが，これらは格別の事情（俳優，モデル等の容姿が重視される職業）のない限り，店の客足が減るとか，給与が減額になることはないから，労働能力の喪失に繋がるとはいえない。」として否定し，後遺症慰謝料を1200万円とした。さいたま地判R5.1.19（自J2151）は，22歳個人事業主の女性の12級前額部瘢痕について，売上げは事故前と同程度に戻っていることから労働能力喪失を否定し，後遺症慰謝料を390万円とした。

(117)　たとえば，京都地判H29.2.15（自J1998）は，7歳女性の9級外貌醜状について，逸失利益を否定したが，「髪型等で目立たなくできるとしても，女性として髪型の制限を受けること自体が精神的負担となりうる。また，本件事故当時7歳であった原告が，今後成長期を迎えていく中で線状痕の存在を気にして対人関係や対外的な活動に消極的になり，そのことが原告の性格形成に影響を及ぼす可能性が否定できず，そのことは，（略）原告の主治医も指摘している。そして，具体的に労働能力への影響が生じる蓋然性が認められないとしても，原告の線状痕の部位及び程度からすれば，将来選択できる職業に一定程度の制約が生じる可能性は否定できない。」として870

上下肢の醜状については，年少者の場合も，将来の就労の可能性が制限される職業は限定されるとして逸失利益損害の発生を認めないものが多いようだ。この場合も慰謝料で評価することがある。

醜状障害の逸失利益に関しては，示談交渉の方が被害者にとって有利な解決ができることもある（裁判では逸失利益を否定されるかもしれない。）から，訴訟を選択すべきかどうか検討すべき場合がある。

2　胸腹部臓器の障害

(1)　胸腹部臓器の扱い

交通事故による受傷で胸腹部の臓器に障害を残すことは多くないが，重度障害を残すこともある。障害等級は生殖器とそれ以外の臓器に区分して規定されており，生殖器以外の臓器は，呼吸器，循環器，腹部臓器，泌尿器に分けて障害等級認定基準が定められている。

(2)　後遺障害等級認定

ア　生殖器以外の臓器の障害

系列は，生殖器を含み「胸腹部臓器の障害」の1系列である。呼吸器，循環器，腹部臓器，泌尿器の障害は，その内容と程度に応じて，1～3，5，7，9，11，13級，14級相当（排尿障害）が認定される。排尿障害が脊髄損傷によるものである場合は，脊髄の障害として等級評価される。

イ　生殖器の障害

生殖器の障害は，その内容と程度に応じて7級（相当），9級，11級相当，13級相当が認定される。

ウ　基準の改正

平成18年の障害認定基準改正に伴い，自賠法施行令別表が改定された。認定基準改正では，評価方法を細かく規定している。脾臓喪失は8級から13級に格下げとなり，一側の腎臓亡失は，8級から機能低下の程度により7，9，11，13級で評価されることになった。

万円の後遺症慰謝料を認めた。

エ　複数の臓器に障害がある場合

同一系列の障害として，併合の方法（458頁）によって胸腹部臓器系列の障害の等級を認定する。

(3)　注意点

ア　損害評価

原則として，臓器の器質的な障害に起因することが必要である。もっとも，器質的な損傷が確認できなくても，受傷機転や症状経過等から，胸腹部臓器の後遺障害が認められることがある[118]。

臓器自体の損傷がなくても，神経損傷により神経因性膀胱や勃起不全が生じたことが確認されれば，胸腹部臓器の障害として評価される（ただし，神経系統の障害としての評価とあわせて評価されることになる）。心因性とされた場合は，他覚所見のない神経症状（14級）（の一部）として評価されることがある。

検査結果（数値）は重要であるが，それだけでなく，就労や日常生活への具体的な支障の程度を把握しなければならない。

生殖器の障害は，逸失利益の算定において等級どおりの喪失率が認められないことが多いが，慰謝料を増額することがある[119]。

イ　輸血による肝炎のり患

輸血による肝炎から肝機能障害を生じた場合に，事故と肝炎り患及び

---

(118)　札幌高判R3.2.2（判時2509）は，被害者の腹圧性尿失禁につき，尾骨付近に受けた骨折を疑うに足る程度の衝撃が仙骨に伝わり，仙骨を通る骨盤神経，下腹神経，陰部神経（いずれも下部尿路を支配する神経）を損傷した可能性がある等とし，薬剤の効果が心因性にそぐわないことも考慮すると，「本件事故による外傷によって下部尿路を支配する神経損傷や骨盤内の膀胱尿道支持組織の損傷等による異常がもたらされ，器質的な病変は特定できないものの，これらに起因して生じた高度の蓋然性があると認めるのが相当であり，本件事故との相当因果関係を肯定することができる。」として11級10号を認めた。

(119)　東京地判H31.4.22（交民52-2）は，11級相当の生殖器障害等併合10級を残す症状固定時37歳の女性につき，生殖器の障害については等級どおりの喪失率をもって労働能力に影響が生ずるとは認められないが，その障害内容には恥骨部痛等も含まれていることを考慮し，労働能力喪失率を20%とした上で，生殖器の障害により自然分娩が困難となり，出産の際に帝王切開を余儀なくされることから，将来に対する不安の程度はより大きいとして，慰謝料600万円を認めた。

肝機能障害との間に相当因果関係が認められることがある(120)。

ウ　脾臓喪失と労働能力喪失

脾臓の機能は未解明の部分があり，脾臓を失っても他の器官が機能を代替するとも言われている一方，感染症のリスクが高まるとも言われている。そのため，訴訟において労働能力喪失の有無及び程度が争われてきた。もっとも，後遺障害等級が8級から11級に引き下げられたため，裁判実務では喪失率表どおりの喪失率を認定することが多いと思われる。

3　体幹の障害

(1)　脊柱(121)

ア　後遺障害等級認定

系列は変形または運動障害の1系列であるが，頚椎と胸腰椎は原則として別部位として扱い(122)，両方に障害があれば併合の方法を用いて相当等級を定める。別部位として扱われるのは，等級認定は脊柱の支持機能に着目しているところ，頚椎は主として頭部の支持機能を，胸腰椎は主として体幹の支持機能を担うためである。

変形障害は，その程度により，6級（著しい変形），8級相当（中程度の変形），11級（変形）が認定される。事故による脊椎圧迫骨折が認められれば，変形が軽度でも11級の変形障害が認定される。

運動障害は，その程度により，6級（著しい運動障害）及び8級（運動障害）が認定される。荷重機能障害は，自賠令別表第2に該当するものがないので，硬性補装具の必要を前提として，保持に困難があるのが頚部と腰部の双方かその一方かによって，相当等級を認定する（6級相当，8級相当）。

---

(120)　たとえば岡山地判 H10.3.26（交民 31-2）。

(121)　自賠責等級表上は仙骨・尾骨を含まない。支持機能・運動機能に着目しているためである。仙骨の後遺障害は骨盤骨の後遺障害に含めて扱われる。赤い本 2016 下巻「胸・腰椎の疾患と外傷」。

(122)　可動域も頚部と胸腰部に区分して測定する。

イ　注意点

運動障害として認められるには脊柱の器質的変化が確認できることが必要である。XP 等で，脊椎圧迫骨折等や脊椎固定術も項背腰部軟部組織の器質的変化も認められず，単に疼痛のために運動障害を残すものは，局部神経症状として等級認定する。圧迫骨折が認められる場合でも，事故によるものかどうかや固定術の妥当性が問題になることがある。

変形障害（特に圧迫骨折によるもの）は，労働能力喪失率が争われる(123)。8級と認定された場合でも，喪失率は45%より低く認定することが少なくない(124)。11級の場合は，労働能力に影響を与えるのは神経症状（疼痛）であるとして喪失率14%程度で評価するものが少なくないうえに，さらにこれを年数によって逓減するものもある(125)。特に変形

---

(123)　赤い本2004年436頁は，高度の脊柱変形は原則として喪失率表の定める喪失率を適用すべきであるとしつつ，「若年者においては，圧迫骨折した局所について当初残存していた疼痛が次第に緩解し，将来消失する可能性も否定できませんから，このような場合に就労可能終期まで喪失率表の喪失率をそのまま認めるというのも相当ではないように思います。」として，「脊椎の器質的損傷があるものの，若年者であり，脊柱の支持性と運動性の低下が軽微であるような事案においては，後遺障害の残存期間及びその程度を予測することが難しいことを考慮して，労働能力喪失期間を分けた上，期間ごとに喪失率を逓減する裁判例の考え方」（注：例として，喪失期間25年として，10年間20%，10年間14%，5年間5%とする考え方をあげている）を提案している。なお，同講演録の当時は，脊柱変形は6級と11級だけであったが，その後，中程度の変形につき8級相当とし，3段階で認定することになった。認定基準見直し後について，実務207頁は，「障害等級認定基準の見直し経緯及び内容を踏まえると，高度の脊柱変形については，基本的に現在の後遺障害等級表の等級及び労働能力喪失率表の喪失率を採用すれば足りると考えられる。もっとも，脊柱変形が軽微なものにとどまる場合には，このような取扱いが相当ではないこともあり得る。このような場合には，被害者の職業，神経症状その他の症状の有無及び内容等を総合的に考慮して判断することになろう。」としている。脊柱変形は後遺障害診断書に疼痛に関する記載があるか確認するとよい。等級を左右する訳ではないが，損害評価に影響することがある。8級事案で，就労や就学の影響が大きい場合は，喪失率表どおりの喪失率を認めるものが少なくない。東京地判 H31.3.26（LEX/DB25559314），東京地判 H25.11.26（自 J1917），さいたま地判 H27.4.7（自 J1949）等。参考文献として，赤い本2021年下巻「脊柱変形の障害による労働能力の喪失について」，堺正仁「交通外傷における脊柱圧迫骨折の逸失利益算定に関する考察」（損害保険研究84-1。運動障害についても裁判例を紹介している。)。

(124)　たとえば，名古屋地判 R4.3.25（自 J2126）は，8級脊柱変形を残す33歳兼業主婦について，家事労働に最も影響を与えているのは腰痛にとどまることから，喪失率を20%とした。

(125)　たとえば，東京地判 R1.12.25（自 J2066）は，変形の程度が大きいこと，就労への負担が重いことから20%としたが，大阪地判 H26.11.25（自 J1940）は，脊柱変形に伴って脊柱の安定

が比較的軽度の場合は，年齢を考慮し（若年者については，疼痛が将来軽減する可能性が指摘されることがある。），変形の部位・程度・安定性，就労への影響等について具体的に主張立証する。

(2) その他の体幹骨

ア　対象

鎖骨，胸骨，肋骨，肩甲骨，骨盤骨（ここでは尾骨を除き，寛骨（腸骨・坐骨・恥骨）と仙骨を指す。）。

イ　等級評価

12級変形障害（著しい変形）のみである。

ウ　注意点

著しい変形とは，裸体になったときに変形や欠損が明らかに分かる程度のものをいう。これに対し，外見からはわからずX線写真で初めて確認できるものは「著しい変形」にあたらないとされる。

変形障害は後遺障害診断書の傷病名に記載されないことがあり，16条請求を忘れないようにする。

エ　相当等級

2か所以上の著しい変形は併合の方法（458頁）を用いて11級相当とする。これに対し，たとえば脊柱の変形または運動障害と本障害は系列を異にするので併合される。

通常派生する関係にあるもの（局部神経症状）は併合せず，いずれか上位等級の後遺障害の等級で評価する（460頁）。

オ　争われ方

骨盤骨（特に移植のための腸骨採取による変形），鎖骨等の変形は労働能力喪失が争われることが多い。逸失利益の主張に当たっては，日常生

性・保持性自体に重大な支障が生じているとはいえず，11級に相当する労働能力喪失率をそのまま認めることはできないが，少なくとも腰椎に生じた頑固な神経症状としての後遺症があることは否定できない等として14%とした。神戸地判R4.11.1（自J2143）は，18歳女性家事従事者について，年齢につれて就労への影響は軽減されていくことも考えられる等として，10年間14%，その後67歳まで10%とした。

活や労働への支障を具体的に主張立証する。

4　上肢・下肢等の障害

(1)　上肢・下肢[(126)]の障害

ア　後遺障害等級認定

左右を別部位とする。したがって，左右の上下肢に障害があり，それぞれ等級認定されれば，併合となる。

系列は，欠損または機能障害，変形障害，短縮障害（下肢），醜状障害の3（上肢）ないし4（下肢）系列である。

欠損障害は，欠損部分により，上肢1，2，4，5級，下肢1，2，4，5，7級で認定される。

機能障害は，上下肢とも1，5，6，8，10，12級で認定される。序列は3大関節（上肢は肩関節[(127)]，肘関節，手関節。下肢は股関節，膝関節，足関節）の可動域制限の程度によって決められている。

可動域測定（測定法[(128)]は必携等を参照されたい。）は原則として他動運動によるが，麻痺や我慢できない疼痛による場合は自動運動によるとされている。人工関節・人工骨頭の置換術を行った場合は，平成16年の障害認定基準改定によって，当然に用廃とするのではなく，手術後の関節可動域の程度によって評価がされることになった。

動揺関節（正常では存在しない異常な関節運動が生じている状態）[(129)]は，硬性補装具の要否等により相当等級（上肢につき10，12級，下肢につき[(130)]8，10，12級）が認定される。

---

(126)　赤い本2009年下巻「下肢骨折の形態と機能障害，その問題点」。

(127)　赤い本2018年下巻「肩関節～腱板断裂を中心に～」。

(128)「関節可動域表示ならびに測定法」（日本整形外科学会・日本リハビリテーション医学会）に準拠している。改訂（令和4年4月1日発効）に注意すること。たとえば，足関節について「屈曲」・「伸展」の語は使わない（「背屈」・「底屈」による）ことになる。確かに足関節を上側に曲げることを「伸展」，下側に曲げることを「屈曲」というのは誤解を招きかねない。

(129)　下肢の動揺関節は，前・後十字靭帯損傷等により発症する。検査方法として，ストレスXP，関節鏡，ラックマンテスト，前方引出テスト，後方引出テスト等がある。

(130)　下肢の動揺関節に関する裁判例として，横浜地判H27.1.22（自J1944）は，自賠責において，左下腿開放骨折後の変形障害につき長管骨に変形を残すものとして12級8号，左踵骨骨折

短縮障害（下肢）は，8，10，13級（過成長は8，10，13級相当）で認定される。測定値の正確性が争われることがある。

変形障害は，7，8級（偽関節），12級（長管骨変形）で認定する。偽関節とは，骨折部の癒合がとまって異常可動を示すものをいう。下肢では立位保持，歩行が困難になる。長管骨変形のうちゆ合（癒合）不全は，それが生じた場所（骨幹部・骨幹端部か骨端部か）と硬性補装具の必要性の程度等によって評価する。

イ　注意点

自賠責保険において機能障害として障害認定されるには，関節の動きを制限する原因となる器質的損傷（関節部分の骨折後のゆ合不良，関節拘縮，神経の損傷等）が必要である。これが認められない場合は局部の神経症状として評価されるにとどまる。裁判例も同様の評価をするものが大部分である。

機能障害の評価は，可動域制限を健側と比較して行われるので，患側だけでなく健側の測定数値も重要である。

ウ　争われ方

第一に，可動域制限の原因とされる器質的損傷の有無が争われる。受傷機転，症状の推移，画像所見が重視される。器質的損傷が認められても，事故前からのものではないかと争われることがある。

第二に，可動域の測定値の信用性が争われることも少なくない。自賠責で等級認定を受けていても安心できないこともある(131)。測定方法は

（開放骨折）後の左踵部の疼痛・しびれ等の症状につき局部に頑固な神経症状を残すものとして12級13号等の認定を受けた下肢の障害について，「硬性補装具を必要とする下肢の荷重障害は，後遺障害等級表に規定する後遺障害には直接該当しないものの，同備考6においては，各級の後遺障害に該当しない後遺障害であっても，各等級の後遺障害に相当するものは，当該等級の後遺障害として取り扱うべきものとされている。そして，下肢の動揺関節については，後遺障害等級表に規定する後遺障害には直接該当しないものの，それが他動的なものであると，自動的なものであるとにかかわらず，常に硬性補装具を必要とするものを後遺障害等級表8級（用を廃したもの）に準ずる機能障害として取り扱うべきこととされている。そうすると，原告の荷重障害は，常に硬性補装具を必要とする歩行障害をもたらす点で上記動揺関節の後遺障害と同様といえるから，後遺障害等級表8級に相当する機能障害と認められる。」とした。

(131)　たとえば，名古屋地判 R5.8.23（自 J2159）は，自賠責12級6号認定の肩関節機能障害に

認定基準（測定要領）に従っているだろうか。疼痛をどの程度我慢させるかは医師の判断によるが，この点が問題になることもある。なお，測定が運動器リハの直後に行われている場合は，一時的に可動域が広がっていることがある。

器質的損傷と可動域制限の内容に整合性があるか否かも問題となる。測定値に変動がある場合は争われやすい。もっとも，症状が増悪していれば直ちに不合理だとはいえず，拘縮進行，RSD等によって説明できる場合もあり得るだろう。

第三に，変形障害や短縮障害については労働能力喪失率が争われる。特に腓骨偽関節，下肢短縮が問題となる。

基準に達しない可動域制限について，実態に照らして後遺症として評価する裁判例もある。

エ　TFCC損傷

手首の小指側には靭帯と軟骨が複合した支持組織（三角線維軟骨複合体。TFCC）があり，損傷すると手首をひねる動作(132)等に痛みを伴う。TFCC損傷を負い，可動域制限や神経症状が基準に該当すると後遺障害等級認定が受けられる可能性がある。MRI，関節鏡等の所見が重要である。症状が軽快しているか，就労や日常生活への影響がどの程度残っているかも問題となる。

交通事故によるTFCC損傷を認めた裁判例として，名古屋地判平成25年4月19日(133)，東京地判平成26年3月14日(134)，仙台地判平成27

ついて，診断書作成時の可動域測定値は，それまでの可動域数値の推移を踏まえると，「何らかの理由により一時的に制限された数値が測定されたものと推認され，同数値を基礎として関節機能障害の有無を認定するのは相当ではない」等として，14級9号肩関節痛を認定した。

(132)　認定基準上，手関節の主要運動は屈曲・伸展であるが，TFCC損傷の場合は参考運動の撓屈・尺屈を計測しなければならない。後遺障害診断書に計測結果が記載されていない場合は，撓屈・尺屈の計測の有無を確認し，計測されていない場合は再計測を依頼する（調査事務所が調査することもあるようだ。）。

(133)　自J1905。他覚所見（MRI）ありとして12級を認定した。被告は手術すれば回復したと主張したが，医師も回復するかどうかわからないと述べており，原告も仕事が休めず手術をしなかったものであり，手術しないからと言って原告を責められないとして退けた。

(134)　自J1925。TFCC損傷12級。もともと尺骨が橈骨より長いためTFCC等を生じやすく，病

年12月17日(135)，東京地判令和2年7月22日(136)等がある。

一方，発症を否定した裁判例として，名古屋地判平成26年10月22日(137)，東京地判平成27年12月16日(138)，神戸地判平成28年2月18日(139)，大阪地判平成30年6月22日(140)，東京地判平成31年2月22日(141)，東京地判令和元年5月31日(142)，東京地判令和3年4月19日(143)等がある。

事故によるTFCC損傷の発症を認めても，癒合術で修復されており神経症状が他覚的に証明されていないとして，14級とした裁判例もある(144)。

また，TFCC損傷が認められても，尺骨と橈骨の相対長(145)，加齢変性(146)，職業による手首への負荷等を理由に素因減額されることがある。

的な所見と言えること，事故前に症状があったことは窺われないことから，素因減額10%。

(135)　自J1970。自賠責14級だが，MRI所見等からTFCC損傷の可能性は否定できないとして，原告の職業（整体師）を考慮して労働能力喪失率14%とした。

(136)　自J2081。事故から2か月半後にMRI等によりTFCC損傷と診断。事故態様と当初からTFCC損傷の典型的症状と整合する症状を継続的に訴えていることから因果関係を認めた（後遺障害なし）。

(137)　自J1938。症状の訴えが一貫しないとして因果関係を否定した。

(138)　自J1968。事故が比較的軽微，症状の訴えが事故の約1か月後であること等から因果関係を否定した。

(139)　自J1973。医師の見解が分かれていること，治療経過，症状推移等から因果関係否定。

(140)　自J2030。MRIの輝度変化が小さいこと等からTFCC損傷を否定し自賠責同様14級とした。

(141)　自J2045-119。MRI等で異常所見なし，TFCC損傷をうかがわせる症状なし等から否定した。

(142)　自J2052。ゴルフ事故で既に損傷していた可能性もある等として否定した。

(143)　自J2099。手首を負傷する受傷機転が認められず，医学的所見もないとして因果関係を否定した。

(144)　神戸地判R2.6.8（自J2080）。被告は，事故前から変性があった，事故後に手首に負荷がかかる仕事をしていたとして素因減額を主張したが，退けられた。

(145)　尺骨が橈骨に対して相対的に長いことによる尺骨突き上げ症候群が原因であると主張されることがある（TFCC損傷はしばしば同症候群に併発するとされている）。素因減額の「身体的特徴」の問題である。名古屋地判R4.9.14（自J2135）は，尺骨プラスバリアンス程度，医師の意見等をもとに素因減額を否定した。前掲東京地判H26.3.14は減額1割。

(146)　横浜地判R4.4.13（自J2129）は，「原告のTFCCには本件事故前から相当程度の加齢変性があったと認められる。本件事故が比較的軽微な衝突であり，それ自体で明らかなTFCC損傷の受傷機転とまでは認め難いことに照らすと，上記加齢変性がTFCC損傷という結果の発生又は拡

(2)　手指・足指

ア　後遺障害等級認定

系列（左右は別部位）は欠損または機能障害である。手指は欠損障害につき3，6〜9，11〜14級，機能障害につき4，7〜10，12〜14級に，足指は欠損障害につき5，8〜10，12，13級，機能障害につき7，9，11〜14級に認定される。

欠損障害は，手指はIP（指節間関節）（親指）またはPIP（近位指節間関節）（それ以外の指），足指はMTP（中足指節関節）以上を失ったものをいう。用廃との関係に注意する。手指及び第1の足指は末節骨（指先の骨）の半分以上を失った場合は「用廃」となる。

機能障害は，手指は用廃と親指以外の手指の遠位指節間関節を屈伸することができなくなったもの，足指は用廃である。手指の可動域制限の評価は上肢と異なり，2分の1以下で用廃とされる。

イ　複数の障害がある場合

指についての障害認定の構造は複雑であり，複数の障害がある場合には認定のルールが修正されることがある。

同一系列内での序列を乱さない（459頁）例として，環指の用廃（12級10号）と同一手の子指の亡失（12級9号）が加わると，併合の方法によると11級相当となるが，親指以外の2の手指の用廃（10級7号）より重く親指以外の2の手指の亡失（9級12号）より軽いので，10級相当とされる。

また，上肢の機能障害と手指の障害，下肢の機能障害と足指の障害は，同一系列として扱われる（みなし系列。458頁）。たとえば[147]，上肢の3大関節中2関節に著しい障害（10級10号）がある場合，同一系列だから併合はされないが，併合の方法を用いて9級相当とされるが，これに，

大に寄与していることは明らかというべきである。このことに，前回事故後の後遺障害診断書においても右手関節につきほぼ同様の自覚症状を訴えていたこと及び上記認定にかかる後遺障害の程度等を併せ考えれば，本件においては，当事者の衡平の見地に照らし，10%の素因減額をするのが相当であると認められる。」とした。

(147)　設例は裁判実務534頁〜535頁による。

上掲の環指の用廃と同一手の小指の亡失の10級相当が加わると，同一系列と扱われ，8級相当となる。さらに，たとえば外貌醜状12級が加わると，併合7級となる。

ウ　争われ方

可動域制限の判定が争いになりやすいこと，原因が器質性のものであると判断されることが必要なことは上下肢の場合と同様である。

第5節　近年問題になっている後遺障害

1　高次脳機能障害

(1)　脳の器質的損傷の態様と障害の特徴

ア　局在性脳損傷とびまん性脳損傷

大脳半球の局在性損傷による障害は，損傷を受けた部位の担当する脳機能の障害（巣症状）として現れる（失語，失行，失認，半側空間無視，地誌的障害等）(148)。

これに対しびまん性脳損傷は，脳の各部位を連結する脳神経線維まで損傷されるため，損傷部位の巣症状だけでなく，各部位のネットワークによる機能（高次脳機能）が障害される。近時注目されるようになった「脳外傷による高次脳機能障害」は，巣症状のみならず，主にびまん性脳損傷（特にびまん性軸索損傷）を原因とする認知障害や情動障害を含む障害であり，様々な症状を総称するものである。

イ　特徴と自賠責保険の対応

局在性脳損傷と異なり，大脳白質部（神経軸索）の（広範囲の）損傷（＝びまん性軸索損傷）はCTやMRIに写りにくく，外見上も麻痺を伴わなければ障害がわかりにくい（「見えない障害」と言われることがある。）。そのため，長く医療や福祉の谷間におかれてきた（労災，自賠責においても同様）。その問題意識から，平成13年に厚労省の「高次脳機能障害支援モデル事業」が始まり，自賠責保険においても，同年に「高次脳機能障害認定システム」が導入された。

ウ　主要症状

「高次脳機能障害支援モデル事業」等では，高次脳機能障害の代表的

---

(148)　失語を例にとると，ブローカ野の損傷で運動性失語（言葉を聞いて理解できるがうまく話せない）が，ウェルニッケ野の損傷で感覚性失語（言葉は聞こえるが理解できず，言葉や内容の間違いが多い）が生じる。

な症状として，記憶障害，注意障害，遂行機能障害，社会的行動障害があげられている。

記憶障害は，高次脳機能障害で最も多く見られる障害であり，特に前向性健忘（発症より後の記憶の障害であり，新しい事実や事件を覚えこむ（記銘）ことができず，記憶が形成されない障害），エピソード記憶の障害が生じる。

注意障害（全般的注意障害）には，持続性注意障害（注意の持続・集中の障害），配分性注意障害（複数の刺激に同時に注意を向ける能力の障害），選択性注意障害（複数の刺激から特定の刺激を見つけ出す能力の障害），転換性注意障害（注意の方向を転換する能力の障害）があるとされている。注意は他の認知機能の基盤である。

遂行機能障害は，目標設定→計画立案→計画実行という一連の行動を効率的に行う能力の障害である。遂行機能は高次脳機能の中でも特に高度な能力であるが，保護的な環境である病院や施設の中では目立たず，自宅や社会（職場等）での生活において顕在化することが少なくない。

社会的行動障害（情緒・行動の障害）には，自発性の低下，自己中心的（他人への配慮の低下），脱抑制・易怒性（キレやすい，暴言・暴力），依存・幼稚性，固執性，病識低下などさまざまな症状があり，社会（家庭，地域，就労等）復帰を困難にする大きな要因となる。

エ　行政診断基準

前記モデル事業において診断基準が示されていたが，最近，ICD の改定（ICD-10 から-11 へ移行）にあわせて，これを修正した新たな診断基準が示されている(149)。もっとも，次に述べるように，行政上の診断

---

(149)　Ⅰ．主要症状等

1. 脳の器質的病変の原因となる疾病の発症や事故による受傷の事実が確認されている。
2. 現在，日常生活または社会生活に制約があり，その主たる原因が記憶障害，注意障害，遂行機能障害，社会的行動障害などの認知障害である。

Ⅱ．検査所見

脳 MRI，頭部 CT，脳波などにより認知障害の原因と考えられる脳の器質的病変の存在が確認されているか，あるいは医学的に十分合理的な根拠が示された診断書等により脳の器質的病変が存在したと確認できる。

基準に該当しても自賠責や訴訟で高次脳機能障害が認められるとは限らない。

(2) 後遺障害等級認定

ア　労災認定基準

高次脳機能を，①意思疎通能力，②問題解決能力，③作業負荷に対する持続力・持久力，④社会的行動能力の4能力に区分し，これらを6段階で評価した主治医の判断に基づき等級評価（1～14級）する。3級（労働能力100％喪失）以上の被害者については，介護ないし監視の要否と程度に応じて1～3級に格付けを行う。

イ　自賠責認定基準

「神経系統の機能又は精神の障害」として，別表1の1，2級，別表2の3，5，7，9級に認定される（高次脳機能障害と身体性機能障害（麻痺）を総合的に評価する）。

認定手続においては，損保料率機構の調査事務所から，CT・MRIなどの脳画像検査記録のほか，意識障害の状態等に関する「頭部外傷後の意識障害についての所見」，医師作成の精神症状等に関する意見書であ

Ⅲ．除外項目

1. 脳の器質的病変に基づく認知障害のうち，身体障害として認定可能である症状を有するが上記主要症状（Ⅰ-2）を欠く者は除外する。
2. 発症または受傷以前から有する症状や検査所見が存在する場合には，発症または受傷後に新たに現れた症状や検査所見に基づき診断し，それらが十分とは言えない者は除外する。
3. 先天性疾患，発達障害，周産期における脳損傷，を原因とする者は除外する。

Ⅳ．診断

1. Ⅰ～Ⅲをすべて満たした場合に高次脳機能障害と診断する。
2. 高次脳機能障害の診断は脳の器質的病変の原因となった外傷や疾病の急性期症状を脱した後に行う。
3. 神経心理学的検査の所見を参考にすることができる。

なお，診断基準のⅠとⅢを満たす一方で，Ⅱの検査所見で脳の器質的病変の存在を明らかにできない症例については，慎重な評価により高次脳機能障害として診断されることがあり得る。

また，この診断基準については，今後の医学・医療の発展を踏まえ，適宜，見直しを行うことが適当である。

る「神経系統の障害に関する医学的意見」(150)，家族等による被害者の日常生活の状況の報告である「日常生活状況報告」(151)等が求められる。神経心理学的検査の結果報告書が「医学的意見」に付けられることもある。「日常生活状況報告」は所定の項目に○を付けるだけでなく，別紙等に当該項目に関する詳細な説明や具体的なエピソードを記載すべきである。

自賠責保険においては，労災保険と異なり非就労者（小児，高齢者等）も対象にしていること等から，労災基準を微修正している。自賠責保険の等級認定については，「脳外傷による高次脳機能障害の等級認定にあたっての基本的な考え方」(152)が参考になる。

労災基準では，12級，14級も規定されているが，自賠責保険実務では，通常，脳の器質的損傷による精神障害の発症は9級以上で評価され，12級が認定されるのは，CTやMRIで脳損傷の痕跡（脳挫傷痕）が確認されるが当該脳損傷から生じる具体的な障害（労働能力の制限を生じる程度の障害）が認められない場合である。

ウ　自賠責報告書と青本マニュアル

自賠責保険の高次脳機能障害認定システム導入後，平成19年，23年，30年に，自賠責保険における高次脳機能障害認定システム検討委員会による「自賠責保険における高次脳機能障害認定システムの充実について」（報告書）が出されている。これらの報告書は，高次脳機能障害事案を扱う上で必読であり，裁判例でもしばしば引用される。

平成23年報告書は，意識障害の審査対象選定基準を変更する(153)とともに，MTBI（軽傷頭部外傷と訳している）についての認定の考え方を示

(150)　乳幼児（0～6歳）用には専用の書式がある。

(151)　0～3歳未満，3歳～就学前の被害者用には専用の書式がある。生徒・学生の場合は「学校生活の状況報告」という書式があり，担任等に記入してもらう。障害が診察室では明らかにならず，日常生活のさまざまな場面でさまざまな困難が見られるという高次脳機能障がいの特質ゆえに，「日常生活状況報告」の記載内容は極めて重要であり，作成には十分な労力を用いる必要がある。「医学的意見」等の医証との整合性にも留意する。

(152)　高次脳機能障害認定システム確立検討委員会報告書（H12.12.18）。青本29訂版305頁。

(153)　JCS3～2桁（GCS12点以下）が6時間以上の事案及び健忘or軽度意識障害（JCS1桁，GCS13～14点）が1週間以上継続した事案に広げた。JCS，GCSについては裁判実務54頁～56頁等を見られたい。鎮静剤の投与の影響が問題になることもある。

した。

平成30年報告書は，画像所見については23年報告書とあまり変わらない。意識障害を重視することも変わらないが，画像所見が明確でない場合の基本的な評価を示している。MTBIについての考え方にも変更はない(154)。症状の推移の評価についても基本的に23年報告書と変わらない。

青本「脳外傷による高次脳機能障害相談マニュアル」も必読である。こちらも判決に引用されることがある。

(3) 争われ方

ア 脳の器質的損傷の有無

高次脳機能障害は，外傷による器質性精神障害であることを前提として等級評価される。

器質性か否かについて，自賠責（裁判所も）は意識障害と画像（CT，MRI）を重視している。後述のMTBI問題に関連して問題となる。

出血・挫傷痕，脳室拡大・脳萎縮等が重要な所見であるが，医師の診断書には，これらの画像所見が乏しいにもかかわらず高次脳機能障害と記載されていることがあり，そのような場合は注意が必要である。

器質性精神障害としての高次脳機能障害を否定した上で，非器質性精神障害を認めることがある(155)。したがって，意識障害や画像の点で器

---

(154) H23報告書ではMTBIの「診断基準」と訳していたが，これによってMTBIかどうか判断できるという性質のものではないとして，「定義」と表現することにしている。

(155) たとえば，東京地判R4.7.12（交民55-4）は，「SPECTにおける異常所見も，脳機能に問題が生じている現状を示すものとはいえても，その原因を一義的に指し示すものではなく，脳外傷といった脳の器質的損傷に由来する場合でなくても，異常を示すことはあり得ると考えられる」「意識消失を伴わない脳損傷の可能性があり得ることを考慮しても，これらの検査結果をもって，前記の原告の精神神経科症状が，本件事故による外傷性の脳損傷に起因するものであることが，高度の蓋然性をもって立証されているとまではいえない」として高次脳機能障害を否定した上で，うつ病との因果関係を認めて12級とした。また，大阪地判R4.9.16（自J2139）は，急性硬膜下血腫が認められたものの脳室拡大・脳萎縮は認められないこと，意識障害が軽いこと，神経心理学的検査結果に異状がないことから高次脳機能障害を否定したが，記憶障害・注意障害の残遺を認め12級とした。

質性の障害が認められない可能性がある場合は，予備的に非器質性精神障害を主張することも検討する。

イ　事故との因果関係

高次脳機能障害と同様の認知障害・人格変化は他の疾患（内因性の精神疾患等）によっても出現することがあるので，これらとの鑑別が重要である。

症状の推移にも注意する。受傷から数か月以上経って発症したり増悪したりしているように見えることがあり，そのような場合は脳の器質的損傷の一般的な症状経過と異なるとして発症や因果関係が争われることになる。高齢者の場合は，しばしば認知症との関係が問題になる(156)。

ウ　障害の程度・内容

脳挫傷痕が確認でき，自賠責で12級の認定を受けていても，就労や日常生活に支障があると認められなければ，裁判所が後遺障害として評価しないことや14級と認定することがある(157)。

高次脳機能障害の発症・残存が認められる場合でも，労働能力喪失率，介護(158)の必要性等がしばしば争われる。裁判例にも，認定の基礎になった資料の違い等によって，自賠責保険で認定された後遺障害等級を変更したものが少なくない。裁判所が認定等級を切り下げる場合は，症状が改善していることを理由にあげることが比較的多い(159)。労災の認定

(156)　たとえば，東京地判 R3.12.24（自 J2113）は，自賠責9級認定の高次脳機能障害を残す89歳女性について，年齢による機能低下と区別することが困難であるとして，高次脳機能障害の残存を否定した。

(157)　後遺障害を否定したものとして神戸地判 H29.12.13（自 J2017），14級としたものとして東京地判 H27.3.20（自 J1948）。これに対し，高松高判 H29.12.1（自 J2020）は，「脳挫傷痕があり，これに起因して時々立ちくらみがあること，正面視以外を見た場合に複視の症状を残している（注：13級認定）こと，左感音性難聴，左近視の後遺障害を残存していることに加え，Xが未だ学生（注：事故時10歳）でいかなる職業に従事するか不明であることを総合考慮すると，Xの労働能力喪失率は20%（注：脳の障害を12級と評価したことになる。）と認める。」とした。

(158)　赤い本2023年下巻「高次脳機能障害の等級認定」。特にADL（日常生活動作）が自立している場合の見守り・声掛け等の看視的介護が問題となることが多い。3級以下でも認められることが少なくない（320頁）。松居英二「高次脳機能障害被害者と介護費用」（再構築）。

(159)　高次脳機能障害事案に限らないが，支払側が障害の程度についての自賠責認定に疑問を持つ場合に，尾行やビデオ撮影（行動調査）が行われることがある。被害者等のSNSがチェックされ

等級が切り下げられる可能性はさらに高く，自賠責の等級認定にもまして安心できない。

神経心理学的検査[160]の評価にも注意する。知能指数（WAIS[161]等）が正常でも障害が軽いとは限らないし，情動に関する障害を測定する検査は未だ実用化されていない。

復職・就職，復学・進学の評価も争われる。小児は特に将来予想が難しい。脳の可塑性が指摘されることもあるが，新たに学ぶ力が損なわれているため，格差が拡大する恐れがあることも指摘されている。また，学校は保護的な環境であり，非選択的な人間関係を強いられることもないから，学校生活が送れれば将来も円滑に社会生活が送れるはずだともいえない。

(4)　MTBIと遷延性意識障害

ア　MTBI[162]

Mild Traumatic Brain Injury の略であり，軽度外傷性脳損傷と訳されることが多いが，前掲自賠責保険報告書は「軽傷頭部外傷」と訳している。WHO の定義がある[163]。

ることもある。

(160)　下田正代「高次脳機能障害の心理的諸側面」（青本23訂版），新開由香理「脳損傷後の高次脳機能障害の評価における神経心理学的検査の現状」（損害保険研究79-2）。

(161)　ウェクスラー成人知能検査，現在は第4版（WAIS-Ⅳ）が使用できる。児童版として WISC（現在は第4版の WISC-Ⅳ）がある。

(162)　髙木健司「後遺障害の諸問題3（高次脳機能障害，軽度外傷性脳損傷（MTBI））」（実務），手塚泰史「新型後遺障害—MTBI（軽度外傷性脳損傷）—」（交錯）。

(163)　平成23年報告書が引用する WHO の定義は以下のとおりである。

「MTBI は，物理的外力による力学的エネルギーが頭部に作用した結果起こる急性脳損傷（注）である。

臨床診断のための運用上の基準は以下を含む。

(i)以下の一つか，それ以上：混乱や失見当識，30分あるいはそれ以下の意識喪失，24時間以下の外傷後健忘期間，そして／あるいは一過性の神経学的異常，たとえば局所神経徴候，けいれん，手術を要しない頭蓋内病変

(ii)外傷後30分の時点あるいはそれ以上経過している場合は急患室到着の時点で，グラスゴー昏睡尺度は13-15

上記の MTBI 所見は，薬物・酒・内服薬，他の外傷とか他の外傷治療（たとえば全身の系統的

労災補償及び損害賠償の世界では，WHO の作業部会報告（2004 年）を機に，MTBI 論争が起こった。明確な画像所見がなく，事故後の意識障害も軽いか認められない場合でも，脳外傷による高次脳機能障害として損害評価されるかという問題である。

平成 19，23，30 年の自賠責報告書（523 頁）は必読である。平成 30 年報告書は，「前記 MTBI の定義を自賠責保険において事故後に発生した残存症状との因果関係を判断するための基準とすることは適切ではなく，前記 MTBI の定義に該当することのみをもって高次脳能障害に該当すると判断することはできないとする平成 23 年報告書の結論は維持されるべきである。」としている(164)。なお，労災保険においては，画像所見が認められない症例であって MTBI に該当する受傷時に意識障害が軽度であるものにあっても，高次脳機能障害を残す可能性について考慮する必要性があるとされており(165)，微妙な違いがあるようだ(166)。

訴訟においては，発症（脳の器質的損傷）の有無及び因果関係が争われる。特に機能画像（SPECT，PET 等）の評価，既往歴（ADHD 等の発達障害が問題になることもある。），症状の推移（症状が悪化しているように

外傷，顔面外傷，挿管など），他の問題（たとえば心理的外傷，言語の障壁，併存する医学的問題）あるいは穿通性脳外傷などによって起きたものであってはならない。

（注）ここでいう「脳外傷」は，上記(2)で定義した「脳の器質的損傷」と同義の「脳外傷」ではなく，脳の器質的損傷の有無にかかわらないものとして用いられている。」

(164)　国交省から損保協会に対して「「高次脳機能障害（MTBI）」への適切な対応について」（平成 25 年 7 月 1 日国官参自保第 250 号の 1）が示されている。

(165)「画像所見が認められない高次脳機能障害に係る障害（補償）給付請求事案の報告について」（平成 25 年 6 月 18 日基労補発 0618 第 1 号）。

(166)　最近改正された診断基準ガイドライン（注(149)）は，脳画像所見を認めない MTBI について，「現時点では，単回の MTBI に特徴的な脳画像所見に関する知見は確立していない。そのため，現状では，MTBI によって高次脳機能障害が残遺した可能性については，MTBI に関する病歴，神経心理学的検査による評価，高次脳機能障害診断基準の対象とならない精神疾患の除外などから総合的に判定する必要がある。」とし，診断に際しての留意事項として，「診断においては脳損傷の存在は必要条件であっても，脳損傷の可視化は決して必要条件ではない。そこで，特に画像診断で有意な異常所見が得られないケースにおいては，臨床経過と神経心理学的検査の所見が極めて重要になる。脳損傷の原因となる疾病の発症が病歴上明らかであり，そこを起点に認知機能障害による生活上の困難が出現している場合は，神経心理学的所見をもとに診断を下すことができる。」等としている。

見える場合は特に問題となる。）が問題になることが多い。

裁判例は，自賠責報告書に表れた自賠責保険の考え方に沿って判断しているものがほとんどであり（たとえば東京地判平成26年12月25日[(167)]），WHOのMTBI診断基準をクリアするから高次脳機能障害であるとしたものは見当たらない[(168)]。同基準を満たさないものはなおさら難しい。

イ　遷延性意識障害

いわゆる植物状態であり，日本脳神経外科学会植物状態患者研究協議会の定義[(169)]がある。

遷延性意識障害の状態にある被害者において争われることの多い損害費目として，将来介護費（介護体制・日額），住宅改造費等，介護用品費等がある[(170)]。将来介護費等の算定においては，余命期間が問題になることがある（322頁）。

遷延性意識障害は，定期金賠償が問題となる代表的な障害である。定期金賠償については，327頁（将来介護費），417頁（後遺症逸失利益）を見られたい。

---

(167)　自J1941，最前線37。

(168)　WHOの定義に該当するかどうかを確定することは必要ないとして，自賠責非該当の被害者（脳外傷による高次脳機能障害，右不全麻痺，神経因性膀胱等を主張）について，事故との相当因果関係を肯定して9級10号とした東京高判H22.9.9（交民43-5）が注目される。松居英二「医学的立証と後遺症損害の算定―眼に見えない後遺障害を題材に―」（現状と課題）を参照されたい。

(169)　1972年。「useful lifeを送っていた人が脳損傷を受けた後で以下に述べる6項目を満たすような状態に陥り，ほとんど改善がみられないまま満3カ月以上経過したもの。

(1)　自力移動不可能。

(2)　自力摂食不可能。

(3)　尿失禁状態にある。

(4)　たとえ声は出しても意味のある発語は不可能。

(5)　「眼を開け」「手を握れ」，などの簡単な命令にはかろうじて応ずることもあるが，それ以上の意思の疎通が不可能。

(6)　眼球はかろうじて物を追っても認識はできない。」

定義で明らかなように，遷延性意識障害は疾病名ではなく，一つの臨床上の症候群である。

(170)　赤い本2004年「重度後遺障害に伴う諸問題～将来の介護費用を中心として」，同2008年下巻「施設入所中の重度後遺障害者の損害算定に関する諸問題」，同2011年下巻「重度後遺障害の将来介護費の算定に関する諸問題」，同2021年下巻「重度後遺障害の将来介護費の算定に関する諸問題～施設関係費用，介護保険給付の扱いを中心に」，入門81頁～83頁参照。

2　低髄液圧症候群（脳脊髄液減少症／脳脊髄液漏出症）

⑴　意義

ア　病態など

低髄液圧症候群は，硬膜とくも膜が何らかの原因で破綻して，髄液が漏れる（修復不全が本態ではないかとの考え方もある。）ことによって起こる[(171)]と考えられており，起立性頭痛が代表的な症状とされている。

保存的療法で硬膜の破綻箇所が閉塞しないときは，硬膜外自家血注入療法（ブラッドパッチ／EBP）が適応となる。

イ　注意点

起立性頭痛以外の症状は，めまい，頚部痛，耳鳴り，吐き気，倦怠感等様々であり，頚椎捻挫やバレ・リュー症候群等の症状と共通している。そのため，むち打ち損傷との関係で問題になることが多い。

低髄液圧症候群と脳脊髄液減少症とは異なる疾患概念であるとしたほうが適切であるとの指摘があり，付けられた診断名に注意する。

ウ　国際頭痛分類

交通事故との関係が問題となる低髄液圧症は，国際頭痛分類　第3版（ICHD-3）（2018年）の「7.2　低髄液圧による頭痛」のうち，「7.2.2　髄液瘻性頭痛」，「7.2.3　特発性低頭蓋内圧性頭痛」に分類されているようだ。

⑵　診断

ア　画像診断

硬膜穿刺が不要なものとして，頭部MRI，脊髄MRI，MRミエログラフィー，硬膜穿刺が必要な検査として，CTミエログラフィー，RI脳槽シンチグラフィーがある。また，髄液漏出を直接捉える画像所見と，これを間接的に捉える画像所見（たとえばびまん性硬膜肥厚）に分けることができる。

---

(171)　髄液漏出→髄液圧低下→脳が下方に移動→痛覚の受容体を刺激→頭痛，と説明される。

イ　診断の難しさ

むち打ち損傷等の交通事故被害者について，髄液漏出の直接的な画像所見が得られることは少ない。診断基準にも決定的なものがなく，複数の診断基準から総合的に判断されることも多い。

ウ　診断基準

後に見るように，訴訟においては，いずれの診断基準によるべきか（特に脳脊髄液減少症研究会のガイドラインの評価）が争われることが多い。主な診断基準としては以下のようなものがある。

○国際頭痛分類による診断基準（2004年のICHD-Ⅱ(172)，2013年のICHD-3β(173)，2018年のICHD-3(174)）

○ Mokri（モクリ）4基準

○脳脊髄液減少症研究会のガイドライン（2007年）(175)

○日本脳神経外傷学会の「外傷に伴う低髄液圧症候群」の診断基準（平成22年）(176)

---

(172)　交通事故で問題となる髄液漏性頭痛と特発性低髄液性頭痛は，いずれも座位または立位をとると15分以内に増悪する頭痛（起立性頭痛）が要件の一つとされている。特発性低髄液圧性頭痛は，ブラッドパッチ後72時間以内の頭痛消失も要件としている。

(173)　βとは暫定版のこと。特発性低髄液圧性頭痛についての起立性頭痛の要件を緩和し，診断基準には用いないとしている。ブラッドパッチの治療効果も診断基準から外している。低髄液圧による頭痛の診断基準として，低髄液圧（60mm水柱未満）または画像で髄液漏の証拠を認めることが要件とされている。

(174)　内容はβ版と概ね同じだが少しだけ違う。ウェブサイトで公開されている日本語版を参照されたい。

(175)　交通外傷で多数の低髄液圧症候群の患者が発生しているとする論文を発表した篠永正道医師らの日本脳脊髄液減少症研究会による診療指針。その当否が交通賠償訴訟において激しく争われることになった。同ガイドラインは，RI脳槽・脊髄液腔シンチグラムについて，現時点では，脳脊髄液減少症に関して最も信頼性の高い画像診断法であるとし，下記の1項目以上を認めれば髄液漏出と診断する。⑴早期膀胱内RI集積（RI注入3時間以内に円蓋部までRIが認められず，膀胱内RIが描出される）⑵脳脊髄液漏出像（クモ膜下腔外にRIが描出される）⑶RIクリアランスの亢進（脳脊髄液腔RI残存率が24時間後に30％以下である）。頭部MRI・MRミエログラフィーは参考所見としている。

(176)　前提基準は起立性頭痛または体位による症状の変化。外傷に伴うと診断するための条件は「外傷後30日以内に発症し，外傷以外の原因が否定的（医原性は除く）」。報告された21例中外傷による低髄液圧症候群の確定診断に至ったものは4例だったことから，「「外傷に伴う低髄液圧症候群」という病態は存在すると考えられるが，その頻度は極めて低く稀な疾患であると考えられ

○厚労省研究班の「脳脊髄液漏出症の画像判定基準・画像診断基準」（平成23年）[177]

る。」としている。

(177)　同研究班は，起立性頭痛患者を研究対象としている。対象100人のうち，髄液漏れが確実なものが16例，そのうち外傷によるものが5例（うち交通事故2例）であったことについて，「交通事故を含む外傷が約1／3の5例に認められ，外傷が契機になるのは，決してまれではないことが明らかとなった。」としている。RIシンチだけで脳脊髄液漏出を確実に診断できる症例は少ないとしている。脳脊髄液漏出症（CSF leak）と低髄液圧症を分け，それぞれ画像所見等の診断基準を設けている（びまん性硬膜肥厚所見は低髄液圧症の所見とする。）。画像診断基準によれば，脳脊髄液漏出症の画像診断の基準は下記のとおりであり，『確定』所見がある場合には，脳脊髄液漏出症であるとの確定診断をし，『確実』所見がある場合には，脳脊髄液漏出症であることが確実であるとの診断をし，脳槽シンチグラフィーと脊髄MRI/MRミエログラフィー検査において，同じ部位に『強疑』所見と『強疑』所見，あるいは，『強疑』所見と『疑』所見の組み合わせが得られた場合には，脳脊髄液漏出症であることが確実であるとの診断をし，脳槽シンチグラフィーと脊髄MRI/MRミエログラフィー検査において，同じ部位に『疑』所見と『疑』所見，あるいは，一方の検査のみ『強疑』，『疑』所見が得られた場合には，脳脊髄液漏出症の疑いがあるとの診断をするとされている。

(a)『確定』所見

CTミエログラフィー検査により，くも膜下腔と連続する硬膜外造影剤漏出所見があった場合

(b)『確実』所見

〔1〕CTミエログラフィー検査により，穿刺部位と連続しない硬膜外造影剤漏出所見があった場合

〔2〕脊髄MRI/MRミエログラフィー検査により，くも膜下腔と連続し造影されない硬膜外水信号病変があった場合

〔3〕脳槽シンチグラフィー検査により，片側限局性RI異常集積が認められ，かつ，脳脊髄液循環不全が認められる場合

〔4〕脳槽シンチグラフィー検査により，非対称性RI異常集積，もしくは，頸～胸部における対称性のRI異常集積が認められ，かつ，SPECT水平断像でRI異常集積が確認でき，かつ，脳脊髄液循環不全が認められる場合

(c)『強疑』所見

〔1〕脊髄MRI/MRミエログラフィー検査により，造影されない硬膜外水信号病変が認められるか，もしくは，くも膜下腔と連続する硬膜外信号病変が認められる場合

〔2〕脳槽シンチグラフィー検査により，片側限局性RI異常集積が認められる場合

〔3〕脳槽シンチグラフィー検査により，非対称性RI異常集積，もしくは，頸～胸部における対称性のRI異常集積が認められ，かつ，SPECT水平断像でRI異常集積が確認できるか，もしくは，脳脊髄液循環不全が認められる場合

(d)『疑』所見

〔1〕脊髄MRI/MRミエログラフィー検査により，硬膜外水信号病変が認められる場合

〔2〕脳槽シンチグラフィー検査により，非対称性RI異常集積が認められるか，もしくは，頸～胸部における対称性のRI異常集積が認められる場合

⑶　後遺障害等級認定

ア　系列と等級評価

低髄液圧症候群（脳脊髄液減少症）ということになると，障害の系列としては「神経系統の機能又は精神」の障害が問題になるが，同じく神経系統の障害でも中枢神経系に由来するものか末梢神経に由来するものかで序列（障害等級）は大きく異なる。髄液が漏れていることを他覚的に証明できれば，脳・脊髄という中枢神経系の異常が原因ということになり，9級以上の評価がされる可能性が出てくるはずである。

イ　自賠責の認定実務

低髄液圧症候群の代表的な症状は頭痛であるが，自賠責保険において，頭痛は「神経系統の機能又は精神」の「その他特徴的障害」として，労務への影響によって9級，12級または14級で評価される。もっとも，自賠責が低髄液圧症候群の発症を認めて9級以上を認めた例はほとんどなく，9級以上を主張する場合は訴訟提起を視野に入れることになる。低髄液圧症候群の発症が認められない場合は，「受傷部位にほとんど常時疼痛を残すもの」等の要件を満たす症状で医学的に説明可能である場合に14級が認定されるにとどまる。

発症の有無については，日本脳神経外傷学会基準を用いていたが，現在は画像診断基準を含め総合的に判断しているようだ。

ウ　発症を主張する意味

低髄液圧症候群をめぐる問題は，むち打ち損傷事案の理論的再構成の意味を持つとされる。これまでむち打ち損傷として処理されてきたケースでも，髄液漏れが他覚的に証明できれば9級以上の可能性がでてくるが，他方，12級以下にとどまるのであれば，低髄液圧症候群等を主張する意味が問われる（従来の診断名でも同様の等級認定は得られたのではないか？）ことになる。

⑷　裁判実務

ア　争点

発症の有無については，どの診断基準によるべきか（特にガイドライン2007の採否）が争われる。各診断基準等へのあてはめ（特に画像の評価は分かれやすい。[178]）も争われる。

発症が肯定されれば，事故との因果関係が争われることになる。その場合は症状経過が重要であり，事故から相当期間経過後に症状が確認された場合は特に問題となるだろう。

損害論はブラッドパッチに関連して争われることが多い。発症が否定された場合のブラッドパッチ費用が損害として認められるかという問題もある（307頁）。

イ　診断基準

起立性頭痛が必須かどうかはしばしば争われる[179]。診断基準として必須はでないとしても特徴的な症状であることは否定できない。頭痛の発症時期や，被害者が訴えている頭痛が起立性頭痛かどうかが争われることもある。

髄液圧低下が認められない場合も発症の有無が問題になる[180]。

---

(178)　MRI・CTの漏出画像の評価（髄液が漏れているのか？ 神経根部のくも膜下腔への貯留ではないか？ アーチファクト（虚像・ノイズ）ではないか？ 造影剤注入のための穿刺部からの漏出ではないか？），脳MRIの評価（びまん性硬膜肥厚と言えるか？ 硬膜下腔の拡大というがくも膜下腔ではないのか？ 小脳扁桃下垂と言えるほど偏位しているか？ 頭蓋内静脈拡張と言えるか？），RI脳槽シンチの漏出画像の評価（腰椎穿刺による漏出ではないか？ 25Gの針でも漏れるか？）等が争われる。

(179)　起立性頭痛は裁判例において重視されてきた。たとえば，後掲東京高判H25.1.24は，起立性頭痛につき，「起立性頭痛とは，起立時に生ずる頭部全体及び・又は鈍い頭痛であり，本件新基準によれば，座位又は立位を取ると30分以内に増悪する頭痛であるとされている。起立性頭痛は牽引性頭痛の一種とされている。牽引性頭痛とは，頭蓋内の痛覚感受組織がひっぱられたり，圧迫されたりするために起こる頭痛である。脳脊髄液漏出症の場合，髄液腔を包む硬膜，くも膜に何らかの理由で穴があき，髄液が漏れると，内部の水とともに脳が動き，痛覚受容体のある脳神経，脳血管，頭蓋底硬膜などが刺激され，痛みを感じるとされている。脳脊髄液漏出症の患者に起立性頭痛が発生する機序は，立位もしくは座位になることにより，髄液が多く存在する頭蓋の位置が，髄液の漏出部位よりも相対的に高くなり，髄液の漏出量が増えるためと考えられている。㈦本件新基準は，起立性頭痛を主訴とする患者を対象とした研究の成果として公表されたものであるから，本件新基準に基づいて脳脊髄液漏出症であるとの確定診断を下すためには，その前提として，当該患者に起立性頭痛の症状が存在することが必要となるものと解される。」としている。前述のとおりICHD-3βおよび同3は起立性頭痛を診断基準から外している。

(180)　厚労省研究班「低髄液圧症の診断基準」は，起立性頭痛を前提に，びまん性硬膜造影所見と60mmH_2O以下の髄液圧のいずれか一つで低髄液圧症「確実」としている。

RI シンチグラフィの評価はガイドライン 2007 の採否に関わっている[181]。

ブラッドパッチによる改善が微妙な場合や一時的な場合も否定されることが多い。効果があったようにみえても，プラシーボ（偽薬）効果の可能性があるとして否定されることもある。

ウ　裁判例の傾向

交通事故による低髄液圧症候群（脳脊髄液減少症／脳脊髄液漏出症）の発症を認めた裁判例は少なく，国際頭痛分類（ICHD）や日本脳神経外傷学会の診断基準等により，ガイドライン 2007 の診断基準による診断を退けるものが多い[182]。近時は，ICHD-3β・同 3 及び厚労省研究班の画像診断基準を拠り所にする裁判例が多い。

3　カウザルギー・RSD・CRPS

(1)　意義

ア　なぜ問題となるのか

軽度な外傷でも痛みが遷延する場合，詐病や心因性が疑われることがあるが，CRPS 等となれば症状を説明できることになる。また，受傷部位の疼痛及び疼痛以外の感覚障害（末梢神経障害）は通常 12 級止まりで

---

(181)　厚労省研究班の脳脊髄液漏出症画像診断基準は，片側限局性 RI 異常集積についてもそれだけでは「強疑」所見とする（脳脊髄液循環不全（円蓋部の RI 集積遅延）もあれば「確実」所見）。腰部両側対称性の集積（クリスマスツリー所見など）は参考所見とされているにすぎない。

(182)　否定例の代表として，東京高判 H27.2.26（自 J1940，最前線 40）をあげる。原審は，脳脊髄液減少症を発症したと確定的に認めることまではできないものの，参考所見が複数見られること等から，その疑いが相当程度あり，仮にそうでないとしてもその症状は重いものであるから 9 級 10 号に該当するなどと判断したが，控訴審は，ICHD-3β 及び厚労省研究班の画像診断基準により脳脊髄液減少症の発症を否定した。また，東京高判 H25.1.24（自 1896）は，脳脊髄液漏出症の診断基準としては，最新のものである厚労省研究班の画像判定基準・画像診断基準によるべきものとし，脳脊髄液漏出症の原因が特定の外傷に基づくものと言えるか否かの判断基準としては，日本脳神経外傷学会「『外傷に伴う低髄液圧症候群』の診断基準」が存在するだけであるのでこれによるべきであるとして，発症を否定した。近時の肯定例として，大阪高判 R3.12.15（LEX/DB25591421）をあげる。同判決は，画像診断基準（CT ミエロ）によって脳脊髄液漏出症の発症を認めて 9 級とし，67 歳までの 15 年間の逸失利益を認めた（労働能力喪失率は専業主婦であること等から 25%とした。）。

あるのに対して，「特殊な性状の疼痛」として９級や７級の可能性が出てくる。12級と評価するかどうかの場面においても，CRPS（RSD）とされれば障害の残存が医学的に証明できたと言える（後述するように，自賠責ではCRPS（RSD）は特殊な疼痛障害として12級以上に認定される。）ことになる。

このようなことがあるので，CRPS（RSD）の発症は争点化しやすく，代理人が注意すべき診断名の一つである。

イ　カウザルギーとは

末梢神経損傷後の四肢の激しく焼けつくような疼痛を特徴とする慢性疼痛性症候群である。末梢神経の部分損傷，不全麻痺の病態とされている。

ウ　RSDとは

Reflex sympathetic dystrophy（反射性交感神経性ジストロフィー）の略。名称は発症機序についての「悪循環説」[(183)]に由来し，異常な交感神経反射を基盤とする四肢の疼痛疾患の総称である。

エ　CRPSとは

Complex regional pain syndrome（複合性局所疼痛症候群）の略。外傷等の後にり患部位より通常末梢側に局所的に生じ，その侵害事象の程度に不釣合に強く，長期にわたり持続し，時に重度の運動障害を伴う疼痛症候群について付された名称である。タイプⅠ（神経損傷のない従来のRSD）とタイプⅡ（神経損傷と関係するカウザルギー）に分類されていたが，この分類もなくなりCRPSに一本化されている（国際疼痛学会2005年版診断基準）。

(2)　CRPSの診断基準

ア　Gibbonsの診断基準

①アロディニア[(184)]または疼痛異常過敏，②灼熱痛，③浮腫，④皮膚

(183)　青本29訂版317頁。
(184)　通常では痛みを引き起こさないような非侵害刺激（接触や軽度の圧迫，非侵害的な温冷刺激

の色調または体毛の変化，⑤発汗異常，⑥皮膚温の変化，⑦X線写真上の骨の脱灰像，⑧血管運動障害と発汗障害の定量的測定，⑨骨シンチグラフィ所見，⑩交感神経ブロックの効果について評価する。

イ　1994国際疼痛学会（IASP）の診断基準

CRPS typeⅠ（RSD）と typeⅡ（カウザルギー）に分類して，それぞれの要件を示している。

ウ　2005年の同学会基準

typeⅠとⅡの分類をなくした。診断根拠となる症状・所見（兆候）として以下のものがあげられている。

①感覚障害：自発痛，痛覚過敏

②血管運動障害：血管拡張，血管収縮，皮膚温非対称，皮膚色変化

③浮腫・発汗機能障害：腫脹，発汗過多，発汗減少

④運動栄養障害：筋力低下，振戦，ジストニア(185)，協調運動欠損，爪または毛の変化，皮膚萎縮，関節拘縮，軟部組織変化

エ　2008年日本版CRPS判定指標

国際疼痛学会の基準は，感度は高いが特異度が低いことが問題とされ，これに代わる判定指標が模索されたが，国内では，臨床用と研究用のCRPSの判定指標が提唱されている。内容については裁判実務342頁〜343頁等を見られたい。この判定指標にはただし書きが付いており，補償や訴訟で使用すべきではないとされている（次に述べるように，RSDに関して，労災補償や自賠責における等級評価と裁判所における後遺症の評価は一般に厳しい。）。

(3)　後遺障害等級認定

ア　問題点

臨床診断基準と後遺障害認定基準との間にかなり隔たりがあり，診断を受けても自賠責で認められないことが少なくない。症状所見の評価も

など）で痛みを生じてしまう感覚異常のこと。神経障害性疼痛の代表的症状の一つ。

(185)　身体の筋肉が異常に緊張した結果，異常な姿勢・異常な運動を起こす不随意運動の一種。

医師により異なることがある。

イ　障害認定基準

平成15年に労災認定基準が改訂され,「疼痛等感覚障害」の「特殊な性状の疼痛」として,カウザルギーに加えてRSDの概念を導入し,7級4号,9級10号,12級13号が認定されることになった。RSDについては関節拘縮,骨萎縮,皮膚の変化(皮膚温の変化,皮膚の萎縮)が必要とされている(自賠責保険も同じ)。訴訟においては,この「3要件」を満たすかどうか,満たさなければRSD(CRPS)と認められないかが争われる。

(4)　裁判実務

ア　傾向

後遺障害の等級評価においては,労災の障害認定基準の3要件を必須とまではしないものの,これらを重視するものが大部分である[186]。主治医がRSD,CRPSと診断していても,自賠責においてRSDと認定されていない場合は,RSDと評価されないことが多い(たとえば東京地判平成24年3月27日[187])。

肯定裁判例は多くないが,3要件を満たすことを理由にするもの[188]

(186)　なお,痛みが灼熱痛でないからといってRSD,CRPSでないとは限らない。交感神経ブロックが効果的と言われてきたが,効かないからといって否定することもできない。症状の推移に特徴があるとも言われるが,決め手にはならない。損害賠償実務においては,CRPSかどうかではなく,あくまで損害算定のために障害の重さを判断することが課題である。

(187)　交民45-2。「原告の症状については,厚生労働省CRPS研究班によるCRPS判定指標によれば,原告について,臨床用の判定指標にはCRPSとして合致するものの,同判定指標は交通外傷による診断やその後遺障害の有無又は程度の判定に用いるのは適切ではないこと,労働者災害補償保険の障害等級別認定基準における骨の委縮は認められないことからすれば,医師が医療機関において原告を診療する際には,CRPSあるいはその疑いがあるとして診療に当たるのが相当であるものの,それを超えて,実際に原告にCRPSが発症した結果,それによる後遺障害が残存したとまでは認定することができないというべきである。なお,原告は,骨の委縮はCRPSの診断基準として適切ではない旨主張するが,少なくとも,CRPSの発症によって不可逆的な関節機能障害等の後遺障害が残存したか否かを判断するに当たっては,骨の委縮の有無をも含めて検討するのが相当であり,本件においてこれを含むその他の症状等を考慮しても,CRPSの発症によって不可逆的な関節機能障害等の後遺障害が残存したことが明らかであるとはいえない。」

のほか，骨萎縮が認められないにもかかわらず肯定したもの(189)がある。障害認定基準を満たさない場合は，CRPSを認めても12級を認めるにとどまる可能性が高い。その場合でも，症状や所見及びそれらの推移がCRPSをうかがわせるものでなければならない。

CRPSが否定されれば，無視できない症状があり，サーモグラフィで皮膚温の変化が確認できても，14級止まりの評価を受けることが多いが，障害認定基準は満たさないが日本版CRPS判定指標を満たすことを踏まえて12級を認める裁判例もある(190)。

イ 素因減額

RSDは心因的要素による素因減額が主張されることが少なくない。支払側が，被害者の性格等の心因によって症状が悪化したと主張するのに対し，請求側は，痛いからうつになったのだと主張するような場合である。かつては，RSDが問題になる場合には素因減額が付き物であったが，現在では，裁判所も以前ほど簡単には減額を認めなくなっているようだ(191)。もっとも，その反面，上述のとおりCRPS（RSD）の認定は厳格に行われている。

(5) 線維筋痛症

ア 線維筋痛症とは

CRPS（カウザルギー，RSD）の他に，特殊な性状の疼痛疾患として線維筋痛症がある。原因不明の全身の疼痛を主症状とし，様々な随伴症状がある。アメリカリウマチ学会の分類基準によって診断されていたが，

---

(188) 東京高判H23.10.26（自J1863）は，自賠責はRSDを否定して12級とした事案で，いずれの診断基準からもRSD発症が認められるとして9級10号とした（心的要因の関与の可能性等から素因減額2割）。名古屋地判H26.1.28（交民47-1）は，自賠責認定と同様に7級相当とした上で，心的要因の影響についての個別的客観的根拠の主張立証がないとして素因減額の主張を排斥した。

(189) 名古屋地判H18.9.29（交民39-5）は，自賠責非該当事案で，RSDスコア等からRSDの発症を認め12級とした（後遺障害損害につき素因減額5割）。

(190) 京都地判H26.5.20（交民47-3）。等級評価312頁。自賠責は14級だった。これに対し，東京高判R6.9.12（自J2182）は，判定指標をそのままあてはめることはできないとしている。

(191) 青本29訂版318頁。

同学会は2010年に予備診断基準を発表した。翌年に簡略化した改訂基準が示され，2016年にも改訂されている。日本では2017年に線維筋痛症診療ガイドライン2017[192]が発表された。

イ　後遺障害等級認定と裁判実務

RSDと異なり自賠責保険の特別な認定基準は設けられていない。自賠責では，線維筋痛症の診断がなされている事案でも，「疼痛等感覚障害」として局部神経症状（12級・14級）が認定されことがあるにとどまるが，神経の障害を裏付ける他覚所見が得られにくい（線維筋痛症の診断は臨床症状のみをもとに行われる。）ため，後遺障害等級が認定される場合でも14級止まりとなることが多い。裁判例も，かつては7級を認めたものがあったが，近時は自賠責実務と同様の考え方によるものが多い[193]。

---

(192)　線維筋痛症診療ガイドライン2017（日本医事新報社）。

(193)　アメリカリウマチ学会診断基準にあたること等から7級相当と認めた京都地判H22.12.2（自J1844）や，線維筋痛症を否定しつつ慢性広範痛症を認めて7級4号とした横浜地判H24.2.28（自J1872）もあるが，例外的である。否定例として，自賠責同様めまい等併合12級を認めるにとどめた東京地判H24.9.13（自J1885）をあげておく。

第7章
損害賠償の調整

第1節　損益相殺

1　総論

(1)　損益相殺とは

不法行為によって被害者が損失を被るとともに利益も受ける場合に，損失からこの利益を控除して損害額を算定することをいう。原状回復の反面としての利得防止の思想に基づくと言われる。

交通賠償においては，加害者からの金銭給付（香典，見舞金等），公的保険給付，自動車保険からの給付，その他の私保険からの給付等が問題となる。

(2)　重複填補の調整方法

被害者が不法行為によって利益を受けた場合に，損害賠償請求権がどうなるかについては，次の3通りの処理がある。

第一に，被害者が受けた利益を損害から控除しない非控除型である。

第二に，給付を行った者に損害賠償請求権が移転する代位型である[(1)]。

---

(1)　最高裁が損害賠償請求権と社会保険給付等の調整の場面で損益相殺的調整の名で呼ぶものはこれを含むが，最判 H5.3.24（551頁）の事案は代位が問題とならない事案であった。最高裁は，代位の可否にかかわらず，加害者に対する損害賠償請求権と被害者側への社会保険給付等の重複支給が問題となる場面を「損益相殺的調整」の枠組みでとらえている（体系3　733頁）。

第三に，被害者が受けた利益を損害から控除する（その限りで加害者を免責する）免責型である。これが狭義の損益相殺である。

代位型（損益相殺的調整）と免責型（狭義の損益相殺）をあわせて（広義の）損益相殺と呼ぶことがある。両者は，被害者の加害者に対する損害賠償請求権を減縮させる点では共通するが，狭義の損益相殺では損害賠償請求権が絶対的に消滅するのに対して，代位型では他に移転するだけである（消滅したら代位できない）。

(3)　公的保険給付と損害賠償の調整のあり方

ア　調整が行われる場面

公的保険給付等の原因が第三者の行為で発生することは少なくない。その多くは交通事故である。

公的保険給付と損害賠償の調整のあり方は，次の３場面で問題となる。

第一に，公的保険給付が先行した場合の被害者と加害者との間では，「損益相殺的調整」が問題となる。

第二に，同じく公的保険給付が先行した場合の，公的保険者と加害者との間では，代位による求償が問題となる。

第三に，損害賠償が先行した場合の被害者等と公的保険者との間では，支給制限（免責）[2]が問題となる。

これらを図示すると以下のようになる。

公的保険給付が先行する場合

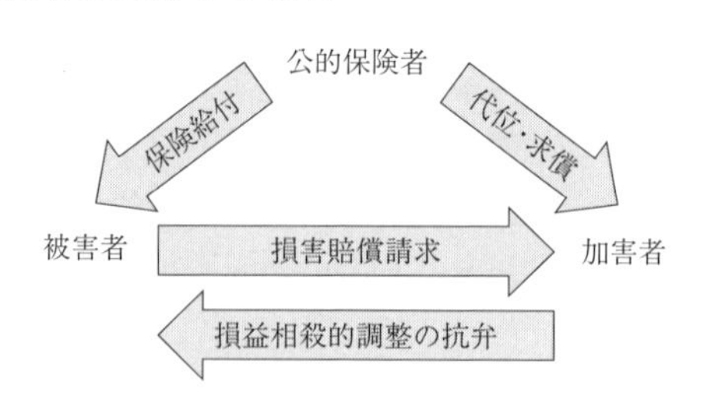

(2)　労災保険では控除，国保・健保・介護保険では免責，国民年金・厚生年金では支給停止といっている。

損害賠償が先行する場合

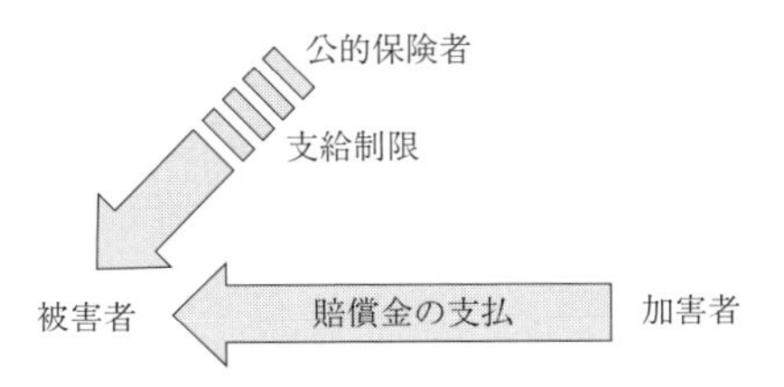

イ　公的保険代位と支給制限に関する法の規定

公的保険者による代位は，保険法が規律する私保険の場合と異なり，保険給付の根拠法令に規定されている。健康保険法57条，国民健康保険法64条，高齢者医療確保法58条，介護保険法21条，国民年金法22条，厚生年金保険法40条などがその規定である。

たとえば，労働者災害補償保険法12条の4は次のとおり規定する。

「政府は，保険給付の原因である事故が第三者の行為によって生じた場合において，保険給付をしたときは，その給付の価額の限度で，保険給付を受けた者が第三者に対して有する損害賠償の請求権を取得する。（代位）

2　前項の場合において，保険給付を受けるべき者が当該第三者から同一の事由について損害賠償を受けたときは，政府は，その価額の限度で保険給付をしないことができる。（控除）」

他の法律の規定も，用語の違いはあるものの同じような規定である（もっとも，控除・支給制限・免責の規定には，当然に免責とするものと裁量的支給停止とがある。）。生活保護法（医療扶助・介護扶助）には代位規定のみが置かれている（同法76条の2）。

以上に対し，自賠法の政府保障事業（同法73条1項）の填補金の規定は次のとおりである。

「被害者が，健康保険法（略），労働者災害補償保険法（略）その他政令で定める法令に基づいて前条第一項の規定による損害の填補に相当する給付を受けるべき場合には，政府は，その給付に相当する金額の限度において，同項第1号又は第2号の規定による損害の填補をしない。」

2　公的保険給付等の損益相殺の当否

(1)　控除するかどうかの考慮要素

ア　考慮要素

青本29訂版は，給付額を損害から控除するかどうかを決める要素として，以下のような要素をあげている。

○給付が本来損害の填補を目的とし，非定額か

○給付原因事由が事故と因果関係を有するか

○給付目的からみて損害額から控除することが妥当か

○損害賠償制度との調整規定（代位，求償，返還義務等）があるか

○給付についての費用負担者は誰か

○負担した費用との対価性があるか　等

しかし，理屈だけでははっきりせず，判例や裁判例を調べて覚えるしかない。損益相殺の解説は赤い本より青本の方が詳しい（より詳しい解説としては注解を勧める。）。

イ　損害算定過程への取り込み

かつて損益相殺として扱われた死亡被害者の生活費は，生活費控除として損害（死亡逸失利益）算定のプロセスに取り込まれ，現在では損益相殺として議論されることはない。

死亡した幼児・児童等の養育費・教育費も，かつては控除されることが多かったが，最判昭和39年6月24日は控除を否定した(3)。現在は，被害者本人の生活費控除という形で逸失利益の算定に取り込まれている。

なお，税金については，損害賠償金が非課税となることから議論されたが，最判昭和45年7月24日は控除を否定した(4)。もっとも，高額所

(3)　民集18-5-874，判時376，判タ166。「損益相殺により差引かれるべき利得は，被害者本人に生じたものでなければならないと解されるところ，本件賠償請求権は被害者ら本人について発生したものであり，所論のごとき利得は被害者本人に生じたものでないことが明らかであるから，本件賠償額からこれを控除すべきいわれはない。」

(4)　判時607。

得者の場合は税負担の重さを考えて生活費控除率が高めにされることがある（385頁）。

(2)　公的保険給付の控除の当否

ア　労災保険給付

労災保険法による給付については，代位規定があり，原則として損害額から控除されるが，社会復帰促進等事業（労災保険法29条）からの特別支給金には代位規定がなく，保険給付とは性質が異なるため控除されない[(5)]。にもかかわらず，請求側が受給した特別支給金を控除して請求していることがある（過少請求）。

イ　健保・国保等の公的医療保険による給付

代位規定があり，損害額から控除される。もっとも，実務的には，治療費負担に関して給付された分は損害賠償請求から除外する扱いをするので，損益相殺が論じられることは多くない。

また，各自治体には，子どもや障害者等を対象とした医療費助成制度が設けられている。これらには，第三者行為調整規定（代位・譲渡，支給制限，返還）が設けられている場合とそうでない場合がある。代位規定がある場合は，損害から控除することになると思われる[(6)]。

---

(5)　最判H8.2.23（判タ904，判時1560，社会保障判例百選第4版，同第5版，要約140）は，「政府は，労災保険により，被災労働者に対し，休業特別支給金，障害特別支給金等の特別支給金を支給する（略）が，右特別支給金の支給は，労働福祉事業の一環として，被災労働者の療養生活の援護等によりその福祉の増進を図るために行われるものであり（略）使用者又は第三者の損害賠償義務の履行と特別支給金の支給との関係について，保険給付の場合における前記各規定と同趣旨の定めはない。このような保険給付と特別支給金との差異を考慮すると，特別支給金が被災労働者の損害をてん補する性質を有するということはできず，したがって，被災労働者が労災保険から受領した特別支給金をその損害額から控除することはできないというべきである。」とした。なお，加害者（損保）から損害全額の賠償を受けた場合でも，特別支給金のみを請求することができる。

(6)　大阪地判H25.3.27（交民46-2）は，「本件各条例には（略）代位規定（略）がない。本件吹田市条例9条には，「市長は，第三者の行為による傷病に対し医療費を助成した場合において，対象者が当該第三者から同一事由につき損害賠償を受けたときは，当該損害賠償額の限度内において，助成金の返還を命ずることができる。」と規定されている（略）が，「返還を命ずることができる」との文言から，直ちに受給者に法的返還義務が定められているとまではいえない。本件各

後期高齢者医療制度に基づく医療給付も，代位規定があり，損害額から控除される（最判令和元年9月6日（562頁））。

ウ　公的年金給付

公的年金制度（国民年金・厚生年金）による給付についても代位規定があり，損害額から控除される。障害による給付としては，障害基礎年金，障害厚生年金，障害手当金（厚生年金のみ），遺族への給付としては，遺族基礎年金，寡婦年金，遺族厚生年金が調整の対象となる。死亡一時金については，保険料の掛け捨て防止の考え方に立った給付であり，その給付額にも鑑み，損害賠償を受けた場合であっても，調整は行われない(7)。なお，費目の対応関係が問題となることがある（549頁）。

エ　介護保険給付

代位規定があり，損害額から控除される。費目の対応関係が問題となることがある（549頁）。

オ　雇用保険給付

失業による被保険者の損害を軽減する作用を持つことは否定できないが，損害填補目的の給付ではなく代位規定もないから，損害から控除されないと解される(8)。

カ　生活保護法による給付

社会保険ではなく，公的扶助に属する生活保護法による給付について

条例の目的につき，本件尼崎市条例1条では「この条例は，（略）身体障害者（略）に対し，医療費の一部を助成することにより，これらの者の保健の向上に寄与するとともに，その福祉の増進を図ることを目的とする。」とされており，本件吹田市条例1条では「この条例は，身体障害者（略）に対し医療費の一部を助成することにより，その健康の保持及び生活の安定に寄与し，もって身体障害者（略）の福祉の増進を図ることを目的とする。」とされている。以上のことから，当該助成金は，損害を填補する性質はなく，本件各条例に基づく助成金を損害から控除すべきではないと解するのが相当である。」として控除を否定した。これに対し，たとえば福岡市においては，子ども医療費助成制度，重度障がい者医療費助成制度，ひとり親家庭等医療費助成制度といった医療費助成制度のいずれについても，条例で代位と支給制限が定められている。

(7)　「厚生年金保険法及び国民年金法に基づく給付と損害賠償額との調整の取扱いについて」（H27.9.30）（年管管発0930第6号）。なお，共済年金は厚生年金に一元化された。

(8)　現在の失業等給付の基本手当について，東京地判S47.8.28（判時690）等。なお，雇用対策法に基づく職業転換給付金について，東京地判S63.11.24（交民21-6）。

は，賠償金を受領すれば返還することとされているため，控除は否定されてきた[9]。しかし，医療扶助及び介護扶助については，代位規定が設けられたので，これらについては損害額から控除されることになると思われる。

キ　障害者福祉制度，福利厚生制度等による給付

社会福祉に属する，障害者総合支援法による自立支援給付（介護給付，訓練等給付（この二つを障害福祉サービスと呼んでいる。），計画相談支援給付，地域相談支援給付，自立支援医療，補装具）については，目的が障害者福祉であること，第三者行為調整規定がないことから，下級審裁判例の多くは，損害額からの控除を否定している[10]。

そのほか，障害児福祉手当，特別障害者手当，特別児童扶養手当等の福祉制度による給付（社会手当）は，損害填補を目的とせず，代位規定もなく求償されないので，控除されない。

3　最高裁による損益相殺的調整の準則

(1)　控除の客観的範囲（どこから引くか）

ア　費目拘束性[11]（同質性原則）

公的保険給付額を損害額から差し引く場合でも，総損害額からそのまま引いてはいけない。過失相殺等の減額が行われる場合に問題となる。判例によれば損害の内容と給付の性質に「同質性」「相互補完性」がある範囲でのみ控除でき，控除した残額があっても他の費目からさらに控除することは否定される（費目拘束性）。

---

(9)　最近の裁判例として，事故により休業を余儀なくされて生活保護を受給した事案に関する大阪地判 R2.11.25（交民 53-6）。

(10)　もっとも，自立支援給付を受けた場合に，損害として計上しなければ（補装具費，移動用リフト，特殊寝台，住宅改造費等で既給付分を控除して請求する），実際上は損害から控除されているのと同じである。なお，子ども（18歳未満）については，障害児福祉サービスとして，児童福祉法の障害児通所支援（市町村），障害入所支援（都道府県）等があるほか，障害者総合支援法の介護給付の居宅系サービス（原則として重度訪問介護を除く）を受けることもできる。児童福祉法にも第三者行為調整規定はなく，損害からも控除しないことになると思われる。

(11)　赤い本 2002「労災保険給付がある場合における損害の填補額の計算（第三者行為災害事例）」。

費目拘束性をどの範囲で認めるかについて，最高裁は以下のとおり判断しており，積極損害・消極損害・慰謝料の（少なくとも）3分説である。

最判昭和37年4月26日(12)は，労災保険の遺族給付は慰謝料から控除できないとした。

最判昭和58年4月19日(13)は，労災保険の障害補償一時金及び休業補償金は慰謝料から控除できないとした。

最判昭和62年7月10日(14)は，労災保険の休業補償給付及び傷病補償年金，厚生年金の障害年金は消極損害（逸失利益）からのみ控除でき，積極損害（入院雑費，付添看護費を含む）及び精神的損害（慰謝料）からは控除できないとした。

最判平成11年10月22日(15)は，国民年金法及び厚生年金保険法に基づく障害年金受給者の死亡により遺族が受給した遺族年金は逸失利益のみから控除でき，他の財産的損害や慰謝料から控除できないとした。

最判平成16年12月20日(16)は，不法行為により死亡した被害者の相続人が，その死亡を原因として遺族厚生年金の受給権を取得したときは，被害者が支給を受けるべき障害基礎年金等にかかる逸失利益，すなわち年金の逸失利益だけでなく，給与収入等を含めた逸失利益全般との関係で控除できるとした。

---

(12)　民集16-4-975。

(13)　判時1078，判タ497。

(14)　判時1263，判タ658，社会保障百選。「政府が被害者に対し労災保険法又は厚生年金法に基づく保険給付をしたときは，被害者が被用者及び使用者に対して取得した各損害賠償請求権は，右保険給付と同一の事由（略）については損害の填補がされたものとして，その給付の価額の限度において減縮するものと解されるところ，右にいう保険給付と損害賠償とが「同一の事由」の関係にあるとは，保険給付の趣旨目的と民事上の損害賠償のそれとが一致すること，すなわち，保険給付の対象となる損害と民事上の損害賠償の対象となる損害とが同性質であり，保険給付と損害賠償とが相互補完性を有する関係にある場合をいうものと解すべきであって，単に同一の事故から生じた損害であることをいうものではない。」なお，東京地判R2.3.9（交民53-2）は，労災上積み保険である労働災害総合保険の保険金を消極損害（休損，逸失利益）から控除している。

(15)　判時1692，判タ1016。要約106。

(16)　判時1886，判タ1173。

イ　費目拘束性に関するいくつかの問題

過失相殺との先後について最高裁が控除前相殺説（552頁）をとる労災保険では，費目拘束性が特に重要である。

積極損害においては，療養（補償）給付と積極損害の細目との対応が問題となる。入院雑費，通院交通費，入院付添費・付添看護費，器具購入費・装具代，将来介護費については充当を認めるものが多いと言えるが，文書料や家屋改造費についてはどちらともいえない(17)。

消極損害間では，休業（補償）給付，傷病手当金を後遺症逸失利益へ充当できるか，障害（補償）給付，公的年金を休業損害へ充当できるか（消極損害として一括りにできるか）が問題となり，下級審裁判例は分かれている。

介護保険給付についても，その中には様々なサービスが含まれており，すべて介護費用に充当するのかが問題となる。施設サービスや身体介護等の居宅サービスについては，将来分を含めた介護費と同質性・相互補完性があるといえそうだが（家族介護との混合介護の問題はある。），生活援助については損害としての介護費と同質性・相互補完性があるだろうか。家屋改造費等の積極損害に対応する給付もある。

(2)　控除の主観的範囲

ア　問題の所在

公的年金の受給者が交通事故で死亡した場合に，死亡被害者の遺族への年金給付(18)が行われることがあるが，その場合でも，労災保険や国民年金・厚生年金等において遺族給付を受給できるのは遺族のうち一人だけであり，相続人（損害賠償請求権者）全員が受給権者となるわけではない。この場合，遺族給付は遺族給付の受給者以外の相続人の相続分からも控除されるのだろうか。

---

(17)　青本29訂版208頁～209頁。

(18)　老齢基礎年金では遺族基礎年金が，老齢厚生年金と障害厚生年金では遺族厚生年金が（遺族共済年金は遺族厚生年金に統合された。）遺族に支給される場合がある（切替給付）。障害基礎年金と遺族補償年金では切替給付はない。

イ　判例の立場

公的年金の逸失利益性（379頁）[19]が肯定される場合，遺族給付の受給権者が被害者の相続人であれば，稼働分を含む被害者の死亡逸失利益の受給権者相続分から遺族給付を控除し，受給していない者の相続分からは控除しない（相続人別控除）。最判昭和50年10月24日[20]がこの理を明らかにした。

(3)　控除の時的範囲

ア　問題の所在

年金等将来（事実審の口頭弁論終結後）の給付が見込まれる場合は，将

---

(19)　判例は，公的年金受給者の死亡による年金受給権の喪失の逸失利益性を，切替給付がある場合にも肯定している。前掲最判H11.10.22は，障害基礎年金と障害厚生年金について，「保険料が拠出されたことによる給付」であること，すなわち掛け金の対価性を根拠に逸失利益性を肯定したが，障害基礎年金の妻子の加給額については，保険料拠出とのけん連性がないこと，本人の意思により決定しうる事情によって加算が終了するから給付存続の確実性がないことを理由に逸失利益性を否定した。

(20)　判タ329，判時798。「遺族に支給される右各給付（注：国家公務員の退職手当，遺族年金，遺族補償金）は，国家公務員の収入によって生計を維持していた遺族に対して，右公務員の死亡のためその収入によって受けることのできた利益を喪失したことに対する損失補償及び生活保障を与えることを目的とし，かつ，その機能を営むものであって，遺族にとって右各給付によって受ける利益は死亡した者の得べかりし収入によって受けることのできた利益と実質的に同一同質のものといえるから，死亡した者からその得べかりし収入の喪失についての損害賠償債権を相続した遺族が右各給付の支給を受ける権利を取得したときは，同人の加害者に対する損害賠償債権額の算定にあたっては，相続した前記損害賠償債権額から右各給付相当額を控除しなければならないと解するのが相当である（略）二　ところで，退職手当，遺族年金及び遺族補償金の各受給権者は，法律上，受給資格がある遺族のうちの所定の順位にある者と定められており，死亡した国家公務員の妻と子がその遺族である場合には，右各給付についての受給権者は死亡した者の収入により生計を維持していた妻のみと定められている（略）から，遺族の加害者に対する前記損害賠償債権額の算定をするにあたって，右給付相当額は，妻の損害賠償債権からだけ控除すべきであり，子の損害賠償債権額から控除することはできないものといわなければならない。けだし，受給権者でない遺族が事実上受給権者から右各給付の利益を享受することがあっても，それは法律上保障された利益ではなく，受給権者でない遺族の損害賠償債権額から右享受利益を控除することはできないからである。」後掲平成5年最判が将来給付分の控除を否定する以前のものである（したがって，控除額が受給権者の相続分を上限とすることによる被害者遺族全体のメリットが大きい事案であった。）ことに注意。「相続人別控除」準則には疑問が呈されている（大系1　739頁～742頁）。

来給付が予想される分も損害額から控除されるのか。最高裁は，かつては「衡平の理念」を理由に将来分の控除を認めていた。

イ　判例の立場

その後，最高裁は将来分の控除を否定する立場に転じた。

さらに，最判平成5年3月24日(21)は，現実に履行された場合またはこれと同視し得る程度にその存続及び履行が確実である（受給が確定）と言える場合に限り控除するとした（確定分控除）。現在の年金実務を前提にすると，既給付分に加えて，口頭弁論終結時から1〜2か月先までの分が控除されることになる。

ウ　政府保障事業の損害填補金（自賠法72条1項）の場合

最判平成21年12月17日(22)は，平成5年最判で問題となった公的年金の場合と異なり，自賠法73条1項は，被害者の損害賠償請求権を前提とする支給調整の問題であって損益相殺の問題ではないとして，将来

(21)　判タ853，判時1499，交通百選，社会保障百選。「したがって，被害者又はその相続人が取得した債権につき，損益相殺的な調整を図ることが許されるのは，当該債権が現実に履行された場合又はこれと同視し得る程度にその存続及び履行が確実であるということができる場合に限られるものというべきである。」「既に支給を受けることが確定した遺族年金については，現実に履行された場合と同視し得る程度にその存続が確実であるということができるけれども，支給を受けることがいまだ確定していない遺族年金については，右の程度にその存続が確実であるということはできない。2　退職年金を受給していた者が不法行為によって死亡した場合には，相続人は，加害者に対し，退職年金の受給者が生存していればその平均余命期間に受給することができた退職年金の現在額を同人の損害として，その賠償を求めることができる。この場合において，右の相続人のうちに，退職年金の受給者の死亡を原因として，遺族年金の受給権を取得した者があるときは，遺族年金の支給を受けるべき者につき，支給を受けることが確定した遺族年金の額の限度で，その者が加害者に対して賠償を求め得る損害額からこれを控除すべきものであるが，いまだ支給を受けることが確定していない遺族年金の額についてまで損害額から控除することを要しないと解するのが相当である。」

(22)　判タ1315，判時2066，交通百選，要約39。損益相殺との関係については「被害者が加害者に対して有する損害賠償請求権の額を確定するに当たっては，被害者が不法行為と同一の原因によって債権を取得した場合，当該債権が現実に履行されたとき又はこれと同視し得る程度にその存続及び履行が確実であるときに限り，被害者の被った損害が現実に補てんされたものとしてこれとの損益相殺が認められるが（最高裁（略）平成5年3月24日大法廷判決（略）参照），自賠法73条1項は，被害者が加害者に対して有する損害賠償請求権を前提として，保障事業による損害のてん補と他法令給付による損害のてん補との調整を定めるものであるから，損益相殺の問題ではなく，上記と同列に論ずることはできない。」としている。

分も損害から控除すべきであるとしている。政府保障事業の法的性格については，その社会保障的性格（自賠責保険との差異）を重視する異質説（29頁を参照）を前提としている。

(4)　過失相殺等の減額事由がある場合[23]

ア　過失相殺と控除の先後

被害者に過失相殺等（素因減額や好意同乗減額も問題となる。）の減額事由がある場合，損害からの控除と過失相殺のいずれを先に行うかが問題となる。A説は損害からの控除を先に行うもの，B説は過失相殺を先に行うものである。

A　控除後相殺説（相対説）

(損害額 － 給付額)×(1－ 過失割合)＝損害賠償額

B　控除前相殺説（絶対説）

損害額 ×(1－ 過失割合)－ 給付額 ＝ 損害賠償額

用語が紛らわしいが，「相殺」とは損益相殺（的調整）ではなく過失相殺のことである。当該社会保険給付の機能について，損害の填補性を重視するか，社会保障的性質を重視するかについての対立と言える。もちろん，控除後相殺説が被害者に有利である[24]。

設例

損害額300万円，給付額100万円，過失割合50%の場合，
被害者の損害賠償請求権の額はいくらか。

控除後相殺説　(300－100)×(1－0.5)＝100万円

控除前相殺説　300×(1－0.5)－100 ＝ 50万円[25]

---

(23)　古市文孝「いわゆる損益相殺と過失相殺の先後」（軌跡と展開）。

(24)　被害者に有利といっても，被害者と公的保険者との関係で公的保険者の負担が増えるということであって，加害者が負担すべき金額については，求償が適正に行われれば差は生じない。

(25)　若林（大系1　745頁）は，控除前相殺によっても，代位の趣旨（被害者の利得禁止と加害者の免責防止）から，代位範囲と控除範囲を一致させるべきだとして（平成元年最判（554頁）の

イ　保険代位の範囲との関係

過失相殺と控除の先後に関する考え方（控除後相殺説と控除前相殺説）は，保険代位についての考え方[26]と対応しなければ不合理な結果を生じる。控除後相殺説は保険代位に関する比例説に，控除前相殺説は同じく絶対説に，それぞれ対応すべきであると考えられる。たとえば，次の設例では，加害者の支払総額は賠償債務額である280万円となるべきだが，比例説＋控除前相殺説では，加害者の負担額は賠償債務額を下回る220万円となって加害者が利得することになり，絶対説＋控除後相殺説では，加害者の負担額は賠償債務額を上回る340万円となって加害者が過大な負担を強いられることになる。

伊藤反対意見を参照），控除の範囲も加害者過失割合に制限すべきだとする。このように（割合的控除）考えれば，控除後相殺説と結論が同じになる。（300×（1－0.5）－100×（1－0.5）＝100）。つまり，項目別控除原則に照らして同性質の損害項目の算定レベルの問題として処理されることになり，結果として過失相殺との先後関係はもはや問題にならないことになる。

(26)　保険代位の考え方には次の3説がある。

絶対説……保険者は，損害賠償請求権がある限り保険給付分を取得する。

	被害者	保険者
過失相殺分	損害賠償請求権	

比例説……保険者は，保険給付額を過失相殺した金額で損害賠償請求権を取得する。

	被害者	保険者	
過失相殺分	損害賠償請求権		過失相殺分

差額説……保険者は，過失相殺部分の金額を超えて給付して初めて代位できる。

被害者	保険者	過失相殺分
損害賠償請求権		過失相殺部分

※着色部分が，被害者と保険者がそれぞれ損害賠償請求権を取得できた部分である。

平成20年に制定された保険法は，損害保険の保険代位（請求権代位）について差額説を採用した。公的保険給付についても差額説をとるべきであるとする考え方もあり得るが，保険法のような明文がないことのほか，保険料の負担者，国庫負担があること，応益負担というより応能負担であること等から，私保険と同様に解することは難しいかもしれない。

設例

総損害額400万円，保険給付額200万円，被害者の過失30%の場合，加害者は，被害者と公的保険者に合計いくら払うのか（ウで述べる費目拘束は考慮しない）。

求償額 ＼ 賠償債務残額		控除後相殺説	控除前相殺説
		140	80
比例説	140	280	220
絶対説	200	340	280

（着色部分は加害者の支払総額）

ウ 費目拘束

控除には費目拘束性の制限がある（(1)）。過失相殺等による減額後の当該費目の損害賠償請求権額を当該費目に係る給付額が上回る場合に問題となる。判例上控除前相殺説がとられる労災保険給付等の場合は，費目拘束性は特に重要である。

設例

総損害額500万円（治療費（すべて労災から給付）200万円，休業損害200万円，慰謝料100万円），被害者過失30%

	損害額	被害者の債権額	保険給付額	費目別保険代位額	被害者の受領額
治療費	200	140	200※	140	0
休損	200	140	0	0	140
慰謝料	100	70	0	0	70
合計	500	350	200	140	210※※

※このように全額給付されている場合は控除後相殺説と控除前相殺説で結論は異ならない。
※※350－200＝150ではないことに注意。「過失があるときは労災を使え」ということである。

エ 各公的給付の扱い

以下のような扱いであるが，判例の立場が明確ではない給付もある。

労災保険給付については，判例は控除前相殺説をとっている（最判平成元年4月11日[27]）。

健保・国保（療養の給付）については，下級審裁判例は控除後相殺説をとっているとされる(28)。そのため，545頁で述べたように，実務的には，給付分は損害賠償請求から除外している。

もっとも，最判平成17年6月2日(29)は，政府保障事業の給付調整に

---

(27)　判タ697，判時1312，交通百選。「労働者災害補償保険法（略）に基づく保険給付の原因となった事故が第三者の行為により惹起され，第三者が右行為によって生じた損害につき賠償責任を負う場合において，右事故により被害を受けた労働者に過失があるため損害賠償額を定めるにつきこれを一定の割合で斟酌すべきときは，保険給付の原因となった事由と同一の事由による損害の賠償額を算定するには，右損害の額から過失割合による減額をし，その残額から右保険給付の価額を控除する方法によるのが相当である（略）。けだし，法12条の4は，事故が第三者の行為によって生じた場合において，受給権者に対し，政府が先に保険給付をしたときは，受給権者の第三者に対する損害賠償請求権は右給付の価額の限度で当然国に移転し（1項），第三者が先に損害賠償をしたときは，政府はその価額の限度で保険給付をしないことができると定め（2項），受給権者に対する第三者の損害賠償義務と政府の保険給付義務とが相互補完の関係にあり，同一の事由による損害の二重填補を認めるものではない趣旨を明らかにしているのであって，政府が保険給付をしたときは，右保険給付の原因となった事由と同一の事由については，受給権者が第三者に対して取得した損害賠償請求権は，右給付の価額の限度において国に移転する結果減縮すると解されるところ（略），損害賠償額を定めるにつき労働者の過失を斟酌すべき場合には，受給権者は第三者に対し右過失を斟酌して定められた額の損害賠償請求権を有するにすぎないので，同条1項により国に移転するとされる損害賠償請求権も過失を斟酌した後のそれを意味すると解するのが，文理上自然であり，右規定の趣旨にそうものといえるからである。」伊藤裁判官の反対意見が大変参考になる。

(28)　現物給付ではない高額療養費や傷病手当金についても控除後相殺説をとるものが多いようだが定着しているとまではいえない。代位で公的保険者が取得するのは「損害賠償請求権」であるが，過失相殺後の残額のみが損害賠償請求権なのだから，代位により控除計算される部分は過失相殺されずに残った部分しかあり得ないという平成元年最判の理屈は，法律の文言を労災とほぼ同じくする健保・国保・公的年金等についても妥当するようにも見えるが，下級審裁判例において平成元年最判のような文理解釈が貫かれているわけではない。

(29)　判時1900，判タ1183。「法72条1項後段の規定により政府が被害者に対しててん補することとされる損害は，法3条により自己のために自動車を運行の用に供する者が賠償すべき責めに任ずることとされる損害をいうのであるから，法72条1項後段の規定による損害のてん補額は，被害者の過失をしんしゃくすべきときは，被害者に生じた現実の損害の額から過失割合による減額をした残額をいうものと解される。そして，法73条1項は，被害者が，健康保険法，労働者災害補償保険法その他政令で定める法令に基づいて法72条1項の規定による損害のてん補に相当する給付を受けるべき場合には，政府は，その給付に相当する金額の限度において，上記損害のてん補をしないと規定し，自動車損害賠償保障法施行令21条14号は，法73条1項に規定する政令で定める法令の一つとして国民健康保険法を挙げているから，同法58条1項の規定による葬祭費の支給は，法73条1項に規定する損害のてん補に相当する給付に該当する。したがって，法72条1項後段の規定による損害のてん補額の算定に当たり，被害者の過失をしんしゃくすべき場合で

ついて，国保の葬祭費との関係で，（自賠法73条1項の解釈の問題であり損益相殺的調整の問題ではないものの）控除前相殺説と同じ計算方法を採用している。

国民年金・厚生年金からの給付については，下級審裁判例の多くは控除前相殺説をとっていると言われていたが，最近は，控除後相殺説をとるものが多いようでもあり，赤い本も同説を取っている(30)。

介護保険給付は，健康保険等の医療保険制度と同質性があることから，控除後相殺説をとる下級審裁判例もある(31)が，まだ裁判例は少ない。行政実務は加害者の過失割合に制限して求償している（563頁）。

生活保護法による給付のうち，医療扶助及び介護扶助については，新たに代位規定が設けられたが（547頁）いずれの説で控除されるだろうか。

オ　素因減額される場合

判例は，素因減額について過失相殺法理を類推適用している（602頁）。素因減額を過失相殺と類似のものと考えると，社会保険等の給付がある場合の損害からの控除は，過失相殺の場合と同様に考えることになりそうだが(32)，素因減額についての考え方と関連して疑問も呈されてい

あって，上記葬祭費の支給額を控除すべきときは，被害者に生じた現実の損害の額から過失割合による減額をし，その残額からこれを控除する方法によるのが相当である。」同最判の評価について，新次元213頁を参照されたい。

(30)　交民52索引・解説号8頁。控除後相殺説をとるものとして，たとえば東京高判H25.3.13（自J1899），控除前相殺説をとるものとして，たとえば大阪地判H31.1.30（交民52-1）。支給停止による調整があるため，年金受給額も含めた被害者の受領額についての両説の差は，口頭弁論終結等が事故から3年以上経過している場合に生じる。

(31)　東京地判H26.11.27（自J1937）は，「介護保険給付が，損害の賠償を目的とするものではなく，国民の保健医療の向上及び福祉の増進であること（略）からすると，参加人が介護保険給付した金額は，過失相殺前に控除するのが相当である。」（東京地判R2.11.26（自J2085）同旨）と，名古屋地判H26.12.26（自J1941）は，「介護保険給付は，損失補償と生活保障の機能を兼備するものではあるが，受給者の生活保障機能が重視される必要があるうえ，保険料を受給者が負担しているにもかかわらず，相殺後控除とすると受給権者に実際上の不利益を課すことになる。被告が指摘する判例（注：最判H1.4.11）は介護保険を射程とするものではなく，介護保険給付については相殺前控除を相当と考える。」としている。

(32)　たとえば前掲大阪地判H31.1.30は，国保給付は過失相殺・素因減額の前に治療費から控除したが（控除後相殺説と同じ），障害基礎年金給付は過失相殺・素因減額後の後遺症逸失利益から

る[33]。

(5)　弁済充当と損害が填補されたと評価すべき時期

ア　損害元本に充当されるのか，遅延損害金からか

最判平成16年12月20日[34]（死亡事案）は，自賠責保険金等（自賠責保険からの支払金のほか，労災保険の遺族補償年金，遺族厚生年金を含むと解される。）は，遅延損害金から充当する（法定充当）とした。

これに対し，最判平成22年9月13日[35]（後遺障害事案）は，労災の療養給付・休業給付については，治療費等の療養に要する費用または休業損害の元本との間で，労災の年金給付・障害厚生年金については，後遺障害による逸失利益の元本との間で損益調整的な調整を行うとした。さらに，死亡事案についても，最判平成27年3月4日[36]は，労災保険

控除した。大阪高判H27.6.30（自J1954），京都地判H31.1.29（交民52-1）は障害年金を控除した後に素因減額している。これに対し控除前相殺説と同じ計算をするものとして，大阪地判H26.2.4（交民47-1），同H26.3.25（自J1929），東京地判H29.10.19（自J2014）。

(33)　赤い本合本Ⅱ 37頁「事故以外の素因の寄与と健保，労災からの求償」。

(34)　判タ1173，判時1886，要約35。「被上告人らの損害賠償債務は，本件事故の日に発生し，かつ，何らの催告を要することなく，遅滞に陥ったものである（略）。本件自賠責保険金等によっててん補される損害についても，本件事故時から本件自賠責保険金等の支払日までの間の遅延損害金が既に発生していたのであるから，本件自賠責保険金等が支払時における損害金の元本及び遅延損害金の全部を消滅させるに足りないときは，遅延損害金の支払債務にまず充当されるべきものであることは明らかである（民法491条1項参照）。」

(35)　判時2099，判タ1337，交通百選，民法百選第8版，要約41。「これを本件各保険給付についてみると，労働者が通勤（略）により負傷し，疾病にかかった場合において，療養給付は，治療費等の療養に要する費用をてん補するために，休業給付は，負傷又は疾病により労働することができないために受けることができない賃金をてん補するために，それぞれ支給されるものである。このような本件各保険給付の趣旨目的に照らせば，本件各保険給付については，これによるてん補の対象となる損害と同性質であり，かつ，相互補完性を有する関係にある治療費等の療養に要する費用又は休業損害の元本との間で損益相殺的な調整を行うべきであり，これらに対する遅延損害金が発生しているとしてそれとの間で上記の調整を行うことは相当でない。また，本件各年金給付は，労働者ないし被保険者が，負傷し，又は疾病にかかり，なおったときに障害が残った場合に，労働能力を喪失し，又はこれが制限されることによる逸失利益をてん補するために支給されるものである。このような本件各年金給付の趣旨目的に照らせば，本件各年金給付については，これによるてん補の対象となる損害と同性質であり，かつ，相互補完性を有する関係にある後遺障害による逸失利益の元本との間で損益相殺的な調整を行うべきであり，これに対する遅延損害金が発生しているとしてそれとの間で上記の調整を行うことは相当でない。」

の遺族補償年金について，逸失利益等の消極損害の元本との間で損益相殺的な調整を行うとして，16年最判の立場を変更した。

政府保障事業による損害填補金が支払われた場合にこれが遅延損害金に充当されるかが問題になることがあるが，下級審裁判例は，填補金は加害者の被害者に対する損害賠償債務の弁済ではない等として遅延損害金への充当を否定している（元本に充当される。）(37)。

イ　損害が填補されたと評価すべき時期はいつか

前掲最判平成16年12月20日は，自賠責保険金等の支払日までの遅延損害金の発生を認めた。

これに対し，前掲最判平成22年9月13日(38)は，公的保険給付の填

---

(36)　判時2264，判タ1414，社会保障百選。「労災保険法に基づく保険給付は，その制度の趣旨目的に従い，特定の損害について必要額を填補するために支給されるものであり，遺族補償年金は，労働者の死亡による遺族の被扶養利益の喪失を填補することを目的とするものであって（略），その填補の対象とする損害は，被害者の死亡による逸失利益等の消極損害と同性質であり，かつ，相互補完性があるものと解される。他方，損害の元本に対する遅延損害金に係る債権は，飽くまでも債務者の履行遅滞を理由とする損害賠償債権であるから，遅延損害金を債務者に支払わせることとしている目的は，遺族補償年金の目的とは明らかに異なるものであって，遺族補償年金による填補の対象となる損害が，遅延損害金と同性質であるということも，相互補完性があるということもできない。したがって，被害者が不法行為によって死亡した場合において，その損害賠償請求権を取得した相続人が遺族補償年金の支給を受け，又は支給を受けることが確定したときは，損害賠償額を算定するに当たり，上記の遺族補償年金につき，その填補の対象となる被扶養利益の喪失による損害と同性質であり，かつ，相互補完性を有する逸失利益等の消極損害の元本との間で，損益相殺的な調整を行うべきものと解するのが相当である。」

(37)　たとえば，横浜地判H24.1.27（交民45-1）は，「政府の自動車損害賠償保障事業は，自賠責保険制度によっても救済することができない交通事故の被害者に対し，社会保障政策上の見地から救済を与えることを目的とするものであって（自賠法72条1項），他の法令等によっててん補されない被害者の損害をてん補するものであり（自賠法73条），政府が同事業によって損害をてん補したときは，被害者に代位して，加害者に請求することができる（自賠法76条1項）。このような政府の自動車損害賠償保障事業の制度に照らすと，そのてん補金は，元本に充当されるものと解される。また，政府の自動車損害賠償保障事業のてん補金は，上記のとおり法律で規定されており，支給されることが法律上当然に予定されていることからすると，そのてん補の対象となる損害は不法行為の時にてん補されたものと法的に評価して損益相殺的な調整をすることが，公平の見地からみて相当というべきである。」とした。

(38)　「不法行為による損害賠償債務は，不法行為の時に発生し，かつ，何らの催告を要することなく遅滞に陥るものと解されるが（略），被害者が不法行為によって傷害を受け，その後に後遺障害が残った場合においては，不法行為の時から相当な時間が経過した後に現実化する損害につき，不確実，不確定な要素に関する蓋然性に基づく将来予測や擬制の下に，不法行為の時におけるそ

補の対象となる損害は本件事故の日に填補されたものと法的に評価して調整するとした（同平成22年10月15日[39]も同旨）ため，平成16年判決との関係が問題となった。

前掲最判平成27年3月4日[40]は，遺族補償年金について，填補の対象となる損害は不法行為の時に填補されたものと法的に評価して損益相殺的な調整をすることが相当である等として，平成16年判決を変更し

の額を算定せざるを得ない。その額の算定に当たっては，一般に，不法行為の時から損害が現実化する時までの間の中間利息が必ずしも厳密に控除されるわけではないこと，上記の場合に支給される労災保険法に基づく各種保険給付や公的年金制度に基づく各種年金給付は，それぞれの制度の趣旨目的に従い，特定の損害について必要額をてん補するために，てん補の対象となる損害が現実化する都度ないし現実化するのに対応して定期的に支給されることが予定されていることなどを考慮すると，制度の予定するところと異なってその支給が著しく遅滞するなどの特段の事情のない限り，これらが支給され，又は支給されることが確定することにより，そのてん補の対象となる損害は不法行為の時にてん補されたものと法的に評価して損益相殺的な調整をすることが，公平の見地からみて相当というべきである。」

(39)　裁判所時報1517。

(40)　労災事案。「不法行為による損害賠償債務は，不法行為の時に発生し，かつ，何らの催告を要することなく遅滞に陥るものと解されており（略），被害者が不法行為によって死亡した場合において，不法行為の時から相当な時間が経過した後に得られたはずの利益を喪失したという損害についても，不法行為の時に発生したものとしてその額を算定する必要が生ずる。しかし，この算定は，事柄の性質上，不確実，不確定な要素に関する蓋然性に基づく将来予測や擬制の下に行わざるを得ないもので，中間利息の控除等も含め，法的安定性を維持しつつ公平かつ迅速な損害賠償額の算定の仕組みを確保するという観点からの要請等をも考慮した上で行うことが相当であるといえるものである。遺族補償年金は，労働者の死亡による遺族の被扶養利益の喪失の塡補を目的とする保険給付であり，その目的に従い，法令に基づき，定められた額が定められた時期に定期的に支給されるものとされているが（略），これは，遺族の被扶養利益の喪失が現実化する都度ないし現実化するのに対応して，その支給を行うことを制度上予定しているものと解されるのであって，制度の趣旨に沿った支給がされる限り，その支給分については当該遺族に被扶養利益の喪失が生じなかったとみることが相当である。そして，上記の支給に係る損害が被害者の逸失利益等の消極損害と同性質であり，かつ，相互補完性を有することは，上記のとおりである。上述した損害の算定の在り方と上記のような遺族補償年金の給付の意義等に照らせば，不法行為により死亡した被害者の相続人が遺族補償年金の支給を受け，又は支給を受けることが確定することにより，上記相続人が喪失した被扶養利益が塡補されたこととなる場合には，その限度で，被害者の逸失利益等の消極損害は現実にはないものと評価できる。以上によれば，被害者が不法行為によって死亡した場合において，その損害賠償請求権を取得した相続人が遺族補償年金の支給を受け，又は支給を受けることが確定したときは，制度の予定するところと異なってその支給が著しく遅滞するなどの特段の事情のない限り，その塡補の対象となる損害は不法行為の時に塡補されたものと法的に評価して損益相殺的な調整をすることが公平の見地からみて相当であるというべきである（前掲最高裁平成22年9月13日（略）判決等参照）。」

た。この考え方は，労災保険だけでなく，健康保険，公的年金等の社会保険給付にも当てはまる（対して損害賠償の支払そのものである自賠責保険からの支払額には及ばない。）と考えられる。

4　代位と支給制限

(1)　公的保険者による代位

ア　代位の意義

社会保険給付先行型における公的保険者と加害者等との間では，被害者等の二重利得の禁止と加害者等の免責の防止のために(41)，保険者による代位（求償）が行われる。

イ　代位の時的範囲①

公的保険者は，示談後に行った給付について代位できるだろうか。被保険者（被害者）の損害賠償請求権に代位するには，給付時点で被保険者の損害賠償請求権が存在している（消滅していない）ことが必要である。したがって，示談（損害賠償請求権の放棄）後に行った給付については，代位できないことになる（最判昭和38年6月4日(42)，同41年6月

(41)　代位の目的について，公的保険者の立場からは，社会保険の財源の確保と負担の公平もあげられるが，最判H30.9.27（565頁）は，「労働者の負傷等に対して迅速かつ公正な保護をするため必要な保険給付を行うなどの同法の目的に照らせば，政府が行った労災保険給付の価額を国に移転した損害賠償請求権によって賄うことが，同項の主たる目的であるとは解されない。」としている。

(42)　判時338，判タ151，社会保障百選。「被災労働者ら自らが，第三者の自己に対する損害賠償債務の全部又は一部を免除し，その限度において損害賠償請求権を喪失した場合においても，政府は，その限度において保険給付をする義務を免れるべきことは，規定をまつまでもない当然のことであって，右2項の規定は，右の場合における政府の免責を否定する趣旨のものとは解されないのである。そして，補償を受けるべき者が，第三者から損害賠償を受け又は第三者の負担する損害賠償債務を免除したときは，その限度において損害賠償請求権は消滅するのであるから，政府がその後保険給付をしても，その請求権がなお存することを前提とする前示法条1項による法定代位権の発生する余地のないことは明らかである。補償を受けるべき者が，現実に損害賠償を受けないかぎり，政府は保険給付をする義務を免れず，したがって，政府が保険給付をした場合に発生すべき右法定代位権を保全するため，補償を受けるべき者が第三者に対する損害賠償請求権をあらかじめ放棄しても，これをもつて政府に対抗しえないと論ずるがごときは，損害賠償請求権ならびに労災保険の性質を誤解したことに基づく本末顛倒の論というほかはない。もつとも，以上のごとく解するときは，被災労働者らの不用意な，又は必ずしも真意にそわない示談等

7日[43]）。ただし，示談の効力に関する最判昭和43年3月15日（259頁）に注意すべきである[44]。

ウ　代位の時的範囲②

公的保険者による代位は，給付後の被害者・加害者間の示談により影響を受けるだろうか。

最判平成10年9月10日[45]は，保険者は，給付の都度，被害者の損

により，これらの者が保険給付を受ける権利を失い，労働者の災害に対し迅速かつ公正な保護を与えようとする労災保険制度の目的にもとるがごとき結果を招来するおそれもないとはいえないが，そのような結果は，労災保険制度に対する労働者らの認識を深めること，保険給付が労災保険法の所期するように迅速に行われること，ならびに，損害賠償債務の免除が被災労働者らの真意に出たものかどうかに関する認定を厳格に行うこと（錯誤又は詐欺等も問題とされるべきである）によって，よくこれを防止しうるものと考えられる。」

(43)　訟務月報12-6。「原審は右事実関係に基づき，Aにおいて政府より保険給付を受けられることを前提としてそれによっては補填されない損害の賠償請求につき本件示談をしたものとも解せられるから，政府の保険給付と同時に法律上当然政府に移転すべき損害賠償請求権についてまで放棄したものと解することには，すこぶる疑問（略）があると説示しているが（略），前説示談において，このように政府の保険給付によっては補填されない損害賠償の請求権だけを免除する趣旨の明示ないし黙示の約定があったことを認めうるような特段の事情の主張立証のない本件において，単に労災保険給付を受けうることを前提として前記の示談がなされたということだけから，原判示が疑問としつつ提示するような解釈を採ることは到底できないものというべきである。」

(44)　最判S44.3.28（訟務月報15-6）も保険給付前の示談の主張を退けて国の求償を認めた。

(45)　判時1654，判タ986，交通百選，社会保障百選。

「1　国民健康保険の保険者が被保険者に対し療養の給付を行ったときは，国民健康保険法64条1項により，保険者はその給付の価額の限度（ただし，被保険者の一部負担金相当額を除く。）において被保険者が第三者に対して有する損害賠償請求権を代位取得し，右損害賠償請求権は，その給付がされた都度，当然に保険者に移転するものである（最高裁（略）昭和42年10月31日（略））。しかしながら，同法64条1項は，療養の給付の時に，被保険者の第三者に対する損害賠償請求権が存在していることを前提とするものであり，療養の給付に先立ち，これと同一の事由について被保険者が第三者から損害賠償を受けた場合には，これにより右損害賠償請求権はその価額の限度で消滅することになるから，保険者は，その残存する額を限度としてこれを代位取得するものと解される。国民健康保険の保険者が交通事故の被害者である被保険者に対して行った療養の給付と，自賠責保険の保険会社が右被害者に対して自賠法16条1項の規定に基づいてした損害賠償額の支払とは，共に一個の交通事故により生じた身体傷害に対するものであって，原因事実及び被侵害利益を共通にするものであるところ，右被保険者が，療養の給付を受けるのに先立って，保険会社から損害賠償額の支払を受けた場合には，右損害賠償額の支払は，右事故による身体傷害から生じた損害賠償請求権全体を対象としており，療養に関する損害をも包含するものであって，保険会社が損害賠償額の支払に当たって算定した損害の内訳は支払額を算出するために示した便宜上の計算根拠にすぎないから，右被保険者の第三者に対する損害賠償請求権は，その内訳のいかんにかかわらず，支払に応じて消滅し，保険者は，療養の給付の時に残存する額

害賠償請求権が残存している額を限度として，当然にこれを代位取得するとした。現物給付である療養の給付（労災，国保，健保，後期高齢者，国共済・地共済等の短期給付等）では，治療の都度（公的保険者が医療機関に医療費を支払ったときではない。）代位が生じることになる。同最判によれば，給付時に損害賠償請求権が存在していれば足り，給付（＝代位）の後に加害者被害者間で示談や弁済が行われても，公的保険者の代位は影響を受けないことになる。

エ　代位の客観的範囲

代位条項は免責条項と表裏の関係にあり，代位の範囲は「同一の事由」についての損害賠償請求権であると解される（したがって慰謝料に代位することはない。）。

給付は被保険者が被る損害の元本を填補するものであるから，代位は損害元本について生じ，公的保険者は，代位するまでに発生した遅延損害金を取得するものではない。一方，保険者は給付の翌日からの遅延損害金を請求できる（後期高齢者医療給付について最判令和元年9月6日[46]）。

を限度として，右損害賠償請求権を代位取得するものと解すべきである。2　また，前記仮渡金は，自賠法17条1項の規定に基づいて支払われたものであるところ，仮渡金が，同法16条1項の規定に基づき支払われる損害賠償額の一部先渡しであることは同法17条1項の解釈上明らかであるから，仮渡金の支払によって全体の損害賠償請求権がその支払額だけ消滅するものといわなければならない。3　（略）前記事実関係によれば，被上告人がAに対して行った療養の給付は昭和63年9月4日から平成元年4月8日にかけて行われたものであるところ，保険会社のAに対する損害賠償額の支払は前記一の3のとおりであって，そのうち昭和63年10月19日から平成元年3月15日までの3回にわたる支払（合計100万円）は右療養の給付の期間内にされたものであることが明らかであり，いずれも右療養の給付の後にされたということはできず，被上告人は，療養の給付の時に存在する損害賠償請求権の額を限度とし，療養の給付をした都度，被上告人の負担額（ただし，過失相殺による減額をした後の額）に相当する額の損害賠償請求権を代位取得するにすぎないというべきである。そして，右事実関係の下において被上告人が代位取得する損害賠償請求権の額を算出するには，Aの上告人に対する損害賠償請求権の総額を明らかにした上で，右総額から，療養の給付の価額のうちの被上告人の負担額（ただし，過失相殺による減額をした後の額）と保険会社からAに支払われた損害賠償額とを，時間の経過に従って順次控除してゆき，被上告人の行った療養の給付の都度，Aの上告人に対する損害賠償請求権がなお残存しているかどうかを明らかにする必要があるところ，原審の認定したところからはこの点が明確ではなく，被上告人が代位取得する損害賠償請求権の額を算出することはできないものといわざるを得ない。」として破棄差し戻し。大系3　802頁～804頁参照。

(46)　判時2437，判タ1438，判時2461。「不法行為に基づく損害賠償債務は，損害の発生と同時に，

オ　求償実務

労災保険給付は，災害発生日から3年以内の給付について求償されていたが，民法改正にあわせ，これを5年以内に改めた（令和2年4月「第三者行為災害事務取扱手引」）。特別支給金については求償されない（545頁）。過失相殺がある場合には，建前どおり絶対説で求償するのではなく，比例説的に求償されている（前述のように控除前相殺説をとる限り加害者が利得することになる。）。

国保・健保の給付については，実務慣行は（示談時ではなく）症状固定時までの給付分を対象としていたが，今後は症状固定後の治療費についての求償事案が増加する可能性がある[47]。過失相殺がある場合は比例説的に求償されている。

介護保険給付については，症状固定時ではなく示談時までの給付について求償するとしている。過失相殺がある場合は比例説的に求償されている[48]。

何らの催告を要することなく，遅滞に陥るものである（最高裁昭和（略）37年9月4日（略））。そして，後期高齢者医療広域連合は，後期高齢者医療給付の給付事由が第三者の行為によって生じた場合において，後期高齢者医療給付を行ったときは，法58条により，その価額の限度において，被保険者が当該第三者に対して有する損害賠償請求権を代位取得し，当該損害賠償請求権は，後期高齢者医療給付の都度，当然に当該後期高齢者医療広域連合に移転するものである（最高裁平成（略）10年9月10日（略））。もっとも，上記の場合において行われる後期高齢者医療給付は，被保険者が被る損害の元本を填補する性格を有するものであり，損害の元本に対する遅延損害金を填補するものではないと解されることからすると，当該後期高齢者医療広域連合は，当該後期高齢者医療給付の価額の限度において被保険者の第三者に対する損害金元本の支払請求権を代位取得するものであって，損害金元本に対する遅延損害金の支払請求権を代位取得するものではないというべきである（最高裁平成（略）24年2月20日（略））。そうすると，後期高齢者医療給付を行った後期高齢者医療広域連合は，その給付事由が第三者の不法行為によって生じた場合，当該第三者に対し，当該後期高齢者医療給付により代位取得した当該不法行為に基づく損害賠償請求権に係る債務について，当該後期高齢者医療給付が行われた日の翌日からの遅延損害金の支払を求めることができるというべきである。」本判決が引用する平成24年最判（人傷保険の代位について訴訟基準差額説を採用した。）が，人傷保険の遅延損害金への代位を否定していることは111頁のとおり。

(47)　山下典孝「健康保険の保険者による求償請求に関する一考察」（損害保険研究77-1），深澤泰弘「健康保険の保険者による症状固定後の治療費における保険給付に関する求償請求の可否」（同77-2）。いずれも東京地判H25.7.8（WL2013WLJPCA07088008）を題材としている。

(48)　たとえば，東京地判H26.11.27（自J1937）は，「介護保険給付については，過失相殺適用前

国民年金・厚生年金等公的年金制度に基づく年金給付については，実務上，調整は支給停止によって行われており，求償はほとんど行われていないと言われている。そのような処理でよいのだろうか。

生活保護制度に基づく医療扶助・介護扶助給付は，給付を受けても損害賠償からの控除は行わない（最判昭和46年6月29日[49]）とされてきた[50]が，近時，生活保護法76条の2は，医療扶助，介護扶助給付について代位規定を設けた。そのため，これらについては第三者求償が行われる（べき）ことになった。

カ　代位求償と直接請求権等との競合

公的保険者が代位行使する権利と被害者や第三者の権利の優劣が問題になることがある。

第一に，被害者の16条請求権との競合が問題となる[51]。交通事故被害者に対し保険給付を行った公的保険者が，自賠責保険に対する直接請求権を代位取得することが実務上認められており，公的保険者が代位取得した直接請求権と，被害者が有する直接請求権が，限りある自賠責のパイを巡って競合することがある。この場合は案分するのか，どちらかが優先するのか。

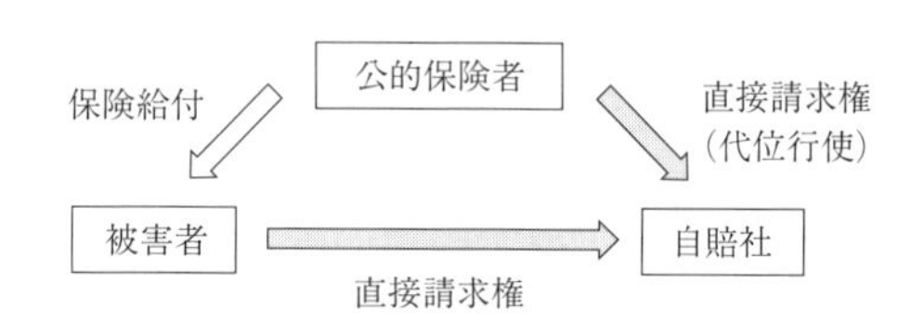

この問題について，かつての自賠責実務は案分処理を行っていたが，

に総損害から控除すべきであるから，市町村が被保険者の請求権を代位取得するのは，給付額のうち被保険者の過失を控除した分を超えないというべきである。」とした。

(49)　判時636，判タ265，社会保障百選第4版。

(50)　生活保護法63条は費用返還義務を定めており，加害者から損害賠償を受けた生活保護受給者は，損害賠償請求権という資産を有していたとされ，事故日から賠償を受けた日までに受給した保護金品相当額の範囲内で返還しなければならない（ただし，例外がある。）ためである。

(51)　松川まゆみ「自賠責保険に係る被害者の直接請求権と社会保険者の代位との競合」（重要論点）。

最判平成20年2月19日[52]は，旧老人保健法に基づく医療給付について被害者優先説をとることを明らかにした[53]。その後，労災保険給付についても，最判平成30年9月27日[54]が，被害者優先説を採ること

(52)　判時2004，判タ1268，交通百選。「被害者が医療給付を受けてもなおてん補されない損害（以下「未てん補損害」という。）について直接請求権を行使する場合は，他方で，市町村長が老人保健法41条1項により取得した直接請求権を行使し，被害者の直接請求権の額と市町村長が取得した直接請求権の額の合計額が自賠責保険金額を超えるときであっても，被害者は，市町村長に優先して自賠責保険の保険会社から自賠責保険金額の限度で自賠法16条1項に基づき損害賠償額の支払を受けることができるものと解するのが相当である。その理由は，次のとおりである。⑴自賠法16条1項は，同法3条の規定による保有者の損害賠償の責任が発生したときに，被害者は少なくとも自賠責保険金額の限度では確実に損害のてん補を受けられることにしてその保護を図るものであるから（同法1条参照），被害者において，その未てん補損害の額が自賠責保険金額を超えるにもかかわらず，自賠責保険金額全額について支払を受けられないという結果が生ずることは，同法16条1項の趣旨に沿わないものというべきである。⑵老人保健法41条1項は，第三者の行為によって生じた事由に対して医療給付が行われた場合には，市町村長はその医療に関して支払った価額等の限度において，医療給付を受けた者（略）が第三者に対して有する損害賠償請求権を取得する旨定めているが，医療給付は社会保障の性格を有する公的給付であり，損害のてん補を目的として行われるものではない。同項が設けられたのは，医療給付によって医療受給者の損害の一部がてん補される結果となった場合に，医療受給者においててん補された損害の賠償を重ねて第三者に請求することを許すべきではないし，他方，損害賠償責任を負う第三者も，てん補された損害について賠償義務を免れる理由はないことによるものと解され，医療に関して支払われた価額等を市町村長が取得した損害賠償請求権によって賄うことが，同項の主たる目的であるとは解されない。したがって，市町村長が同項により取得した直接請求権を行使することによって，被害者の未てん補損害についての直接請求権の行使が妨げられる結果が生ずることは，同項の趣旨にも沿わないものというべきである。」

(53)　最高裁は，損害賠償請求権の代位については絶対説ないし比例説になじむ考え方をとりながら（平成10年最判），ここでは差額説的な結論を導いている。この問題を，被害者も公的保険者も直接請求権を取得しており，その行使の場面で衝突が起きていると考えれば，権利取得の場面について絶対説をとっていると考えられる最判H1.4.11（注（27））や比例説をとる最判S62.5.29（判時1254，判タ964）と矛盾しないことになる（最判解H20　116頁～117頁）。これに対し，権利取得の場面の問題（請求権代位と同質の問題）と考える場合は，公的保険者の代位のしかたについては比例説（健康保険等）や絶対説（労災保険）で代位が行われるから，被害者優先という結論にはならず，請求権代位について差額説をとらなければこの結論は導けないはずである。青本21訂版山下友信「自動車事故に関する損害賠償と保険の課題」317頁～318頁（H20最判の1，2審判決についてコメントしている。）も参照。

(54)　判時2401，判タ1458。「被害者が労災保険給付を受けてもなお填補されない損害（以下「未填補損害」という。）について直接請求権を行使する場合は，他方で労災保険法12条の4第1項により国に移転した直接請求権が行使され，被害者の直接請求権の額と国に移転した直接請求権の額の合計額が自賠責保険金額を超えるときであっても，被害者は，国に優先して自賠責保険の保険会社から自賠責保険金額の限度で自賠法16条1項に基づき損害賠償額の支払を受けることが

を明らかにした。これらを受けて，労災保険については「早い者勝ち」の結果が生じていた自賠責実務も，被害者優先説による運用に変更され，公的保険者からの求償が被害者請求より先になされた（異時請求）場合についても，直ちに公的保険者からの求償に応じることをせず，被害者に直接請求を促して（自賠責実務では「教示」と言っている），直接請求があれば代位請求に優先して支払う扱いとなっているようだ(55)。

できるものと解するのが相当である。その理由は，次のとおりである。(1)自賠法16条1項は，同法3条の規定による保有者の損害賠償の責任が発生したときに，被害者は少なくとも自賠責保険金額の限度では確実に損害の填補を受けられることにしてその保護を図るものであるから（同法1条参照），被害者において，その未填補損害の額が自賠責保険金額を超えるにもかかわらず，自賠責保険金額全額について支払を受けられないという結果が生ずることは，同法16条1項の趣旨に沿わないものというべきである。(2)労災保険法12条の4第1項は，第三者の行為によって生じた事故について労災保険給付が行われた場合には，その給付の価額の限度で，受給権者が第三者に対して有する損害賠償請求権は国に移転するものとしている。同項が設けられたのは，労災保険給付によって受給権者の損害の一部が填補される結果となった場合に，受給権者において填補された損害の賠償を重ねて第三者に請求することを許すべきではないし，他方，損害賠償責任を負う第三者も，填補された損害について賠償義務を免れる理由はないことによるものと解される。労働者の負傷等に対して迅速かつ公正な保護をするため必要な保険給付を行うなどの同法の目的に照らせば，政府が行った労災保険給付の価額を国に移転した損害賠償請求権によって賄うことが，同項の主たる目的であるとは解されない。したがって，同項により国に移転した直接請求権が行使されることによって，被害者の未填補損害についての直接請求権の行使が妨げられる結果が生ずることは，同項の趣旨にも沿わないものというべきである。」大阪地判R2.11.2（交民55-6）も参照。

(55)　なお，実務変更前の事案（自賠社が，被害者である被上告人の直接請求と労災保険給付をした国の求償に対して案分して支払った）について，最判R4.7.14（判時2546，判タ1504。同日の最判（自J2119）があり，こちらは非競合事案（被害者が16条請求をしなかった事案）について同様の判示をしている。）は，「直接請求権は，被害者の被保険者（加害者）に対する自賠法3条の規定による損害賠償請求権と同額のものとして成立し，被害者に対する労災保険給付が行われた場合には，労災保険法12条の4第1項により上記労災保険給付の価額の限度で国に移転するものであって，国は上記価額の限度で直接請求権を取得することになる。被害者は，未填補損害について直接請求権を行使する場合は，他方で同項により国に移転した直接請求権が行使され，上記各直接請求権の額の合計額が自賠責保険金額を超えるときであっても，国に優先して自賠責保険の保険会社から自賠責保険金額の限度で損害賠償額の支払を受けることができるものであるが（前掲最高裁平成30年9月27日（略）判決参照），このことは，被害者又は国が上記各直接請求権に基づき損害賠償額の支払を受けるにつき，被害者と国との間に相対的な優先劣後関係があることを意味するにとどまり，自賠責保険の保険会社が国の上記直接請求権の行使を受けて国に対してした損害賠償額の支払について，弁済としての効力を否定する根拠となるものではないというべきである（なお，国が，上記支払を受けた場合に，その額のうち被害者が国に優先して支払を受けるべきであった未填補損害の額に相当する部分につき，被害者に対し，不当利得として返

第二に，被害者の損害賠償請求権との競合が問題となる。公的保険者が，被害者の直接請求権（第一の場合）ではなく，被害者の加害者に対する損害賠償請求権に代位したとして加害者側に求償し，被害者の損害賠償請求権と競合した場合はどうなるだろうか。加害者の資力が不十分な場合に問題となる。

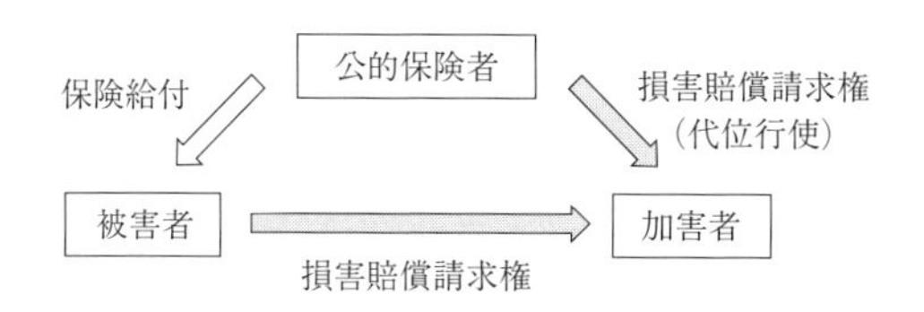

平成30年最判のように社会保険給付による代位の趣旨から考えれば，代位の対象となる権利が自賠責の直接請求権であることは，被害者優先説を取る要件ではないはずである。とすれば，ここでも，加害者の資力が被害者からの請求額と公的保険者からの代位請求額の双方を満たすに足りない場合は，被害者優先説がとられるべきであると解される[56]。

第三に，被害者の権利ではなく，人傷社が代位取得した直接請求権と競合した場合はどうだろうか。交通事故被害者に人身傷害保険金が（人

還すべき義務を負うことは別論である。)。したがって，被害者の有する直接請求権の額と，労災保険法12条の4第1項により国に移転した直接請求権の額の合計額が自賠責保険金額を超える場合であっても，自賠責保険の保険会社が国の上記直接請求権の行使を受けて国に対して自賠責保険金額の限度でした損害賠償額の支払は，有効な弁済に当たると解するのが相当である。」として，請求を棄却した。この判断が平成30年最判と抵触しないとしても，被害者が直接請求権を行使した時点で自賠責保険が国の求償に応じていたかどうかによって，被害者の直接請求権が認められる額が異なることになるが，被害者からの不当利得返還請求で調整すればよいと言えるだろうか（重要判例，山下典孝「労災保険と自賠責保険，生命保険との関連問題」（自由と正義2023年12月号）を参照されたい）。自賠責の運用変更により，被害者に未填補損害が残っているのに国に対する損害賠償額の支払が行われるという事態は相当程度減少すると見込まれるが，自賠社から国への支払が完了した後に被害者が直接請求権を行使する意向を持つに至った場合や，自賠社の認定した損害額が裁判所認定額より低いものであった場合等には，同様の事態がなお起こりうると指摘されている（判タ1504　35頁）。

(56)　たとえば佐野誠・判時1962（判例評論）186頁，山本哲生・損害保険研究217頁。加害者は両債権の優劣を判断できず，現実的には先に請求した方に支払うしかなく，その後当事者間で被害者優先説に基づいて精算することになるだろうと指摘されている。

傷一括で）支払われ，自賠責保険への公的保険者の求償権と人傷社の自賠責回収（被害者請求権の代位取得と説明されている。）が競合した場合にも，平成20年最判の射程は及ぶかが問題となる。

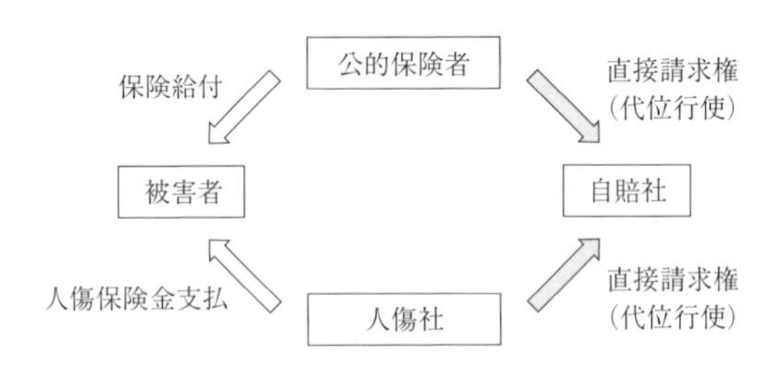

この場合は，社会保険給付の目的と自賠法の趣旨（最低限度の損害填補を行うことによる被害者保護）から被害者優先を導いた平成20年最判の射程は及ばないと解される。自賠責保険においても案分処理が行われているようだ(57)。

(2)　支給制限

ア　支給制限の意義

被害者等による損害賠償請求が先行する場合は，支給制限（控除・支給停止・免責）の問題となり，各法律（及び条例）に代位とセットで調整規定がおかれている（生活保護法は代位規定のみ）。立法趣旨は，二重填補による受給権者の利得の防止である。

イ　停止の客観的範囲

被害者等が「第三者から」「損害賠償を受けたとき」は，公的保険者

(57)　重要判例268頁，実務精選100交通事故判例解説（第一法規）147頁。なお，人傷社の保険代位による直接請求権と被保険者（被害者）の未填補損害額による直接請求が競合した場合は，差額説（保険法25条1項）の趣旨を徹底し被保険者優先説に立つ同条2項や約款（たとえばTN約款の第4章基本条項第7節その他事項2条(2)）により，被害者が人傷社に優先する。（例）被害者と被害者に120万円支払った人傷から自賠へ請求が競合し，損害調査額200万円の場合，未填補分80万円は被害者へ支払い，人傷へは40万円支払う。人傷社からのみ直接請求があった場合（被害者からの請求がない場合）は，被害者との協定書で損害賠償請求権が放棄されていれば人傷社の回収に応じているとのことである。

は「同一の事由」について給付免責される。慰謝料については「同一の事由」に当たる給付は存在しないので，受領しても免責の対象とはならない。損害賠償請求権は一個であるから，給付との同一性（免責される受給権に対応する賠償額の特定）の判断が困難になることがある。

被害者過失部分は賠償の対象となっていないから，たとえば，後にこの部分について高額療養費の支給を受けることは可能であると解される(58)。

ウ　停止の時的範囲①（いつから停止されるか）

給付免責されるのは「損害賠償を受けたとき」，すなわち損害賠償金を受領したときである。もっとも，最判昭和38年6月4日（560頁）は，損害賠償債務の免除によって政府は免責されると述べ，以後は免責実務においても，示談成立をもって免責事由の発生と扱われている。したがって，請求側代理人は，示談や和解をする際，被害者が将来も社会保険給付の受給を予定している場合は，昭和38年最判を前提として，示談等によって支給停止されないよう注意して条項を作るべきだろう(59)。

エ　停止の時的範囲②（いつまで停止されるか）

年金給付の場合は，本来，給付予定額を積算して同一事由についての

---

(58)　東京地判R4.5.13（判タ1512）は，国家公務員共済組合法47条2項の「損害賠償」について，過失相殺後に第三者が負担する損害賠償請求権であると解し，被害者が訴訟上の和解に基づき和解金の支払を受けても，それは第三者が負担する治療費等を含む損害賠償請求権に対するものであり，過失相殺後の被害者負担部分ではないとして，同項の適用を否定した。その上で，和解条項に放棄・清算条項があっても，給付事由と同一の事由に基づく損害賠償請求権を放棄したとはいえないとして，共済組合の高額療養費不支給を違法として取り消した。

(59)　国保等について，大阪弁護士会自治体債権管理研究会「地方公務員のための債権管理・回収実務マニュアル」（第一法規）48頁は，給付に示談（裁判上の和解で清算条項が入っている場合も同じ）が先行する場合は，示談書に「国保等の求償については別途応じる」旨の条項を入れておくべきであるとしている。また，神奈川県弁護士会専門実務研究第11号130頁は，介護保険給付について，「将来市町村から受ける介護保険給付を除き」等の文言を入れることで対処するしかあるまいとしている。もっとも，対人社にすれば，将来いくら求償されるかわからない状態で和解できるか（このような条項を入れなければ清算条項によって求償はできなくなる（560頁）。）という問題があり，このような条項を入れることには応じないかもしれない。前掲昭和43年最判の法理が適用される事案では，示談の範囲外とされた部分については，示談成立後も保険給付すべきことになる。都築民枝「民事損害賠償請求における示談（和解）と労災保険給付請求」（自由と正義2023年12月号）も参照のこと。

賠償金受領額に達するまでは支給停止ということになるはずだが，免責実務では，受給権者の保護，処理の簡素化という観点から免責処理の運用はまちまちである。「こんなはずじゃなかった！」という事にならないように代理人は注意する必要がある(60)。

オ　支給停止実務

労災保険給付（控除）(61)は，休業（補償）給付については，給付基礎日額の60%給付のためか，単純に，当該費目賠償金受領額 ÷ 給付基礎日額 ＝ 支給停止（控除）期間ではなく，基礎日額の60%で除するとされている(62)。支給停止（控除）期間は，最長で災害発生から7年間（3年間から延長された）である。特別支給金は停止されない。

健康保険・国民健康保険等（免責）においては，人身事故の示談後に健保・国保等を使って同事故にかかる治療を受けられるか（保険者は給付免責されるか。給付したら不当利得返還請求ができるか。）が問題となる。将来治療費を含めて賠償金を受け取っていれば，留保条項がない限り免責となるが，含んでいない場合はどうだろうか(63)。

---

(60)　たとえば，そもそも年金が停止されるとは知らなかった，賠償金受領後は介護保険を使おうと思っていたら，将来介護費を受け取っているために支給停止となり，全額自己負担になった，地方公務員の業務災害で，労災は最大限7年で支給が復活するから同様に復活するだろうと思っていたら，賠償額全額に達するまで支給停止されたなど。

(61)　都築民枝「民事損害賠償請求における示談（和解）と労災保険給付請求」（自由と正義2023年12月号）。

(62)　たとえば平均賃金5000円の労働者に対して休業1日につき5000円の損害賠償が行われていたとすれば，そのうち3000円のみが控除の対象とされている（「労災保険と自賠責保険調整の手引　改訂新版」（労務行政研究所）113頁）。障害（補償）給付については単純計算のようだ。

(63)　示談（損害賠償請求権の放棄）以後の給付は免責となる（代位できなくなれば免責される）との実務の扱いを前提とすれば，この場合も示談の内容によることになるので注意が必要である。示談後も免責されないという考え方（昭和38年最判に対しては，労働災害に迅速かつ公正な保護を与える労災保険制度の目的にもとる解釈である，現実の填補がされていない限りで政府は補償しなければならない等の批判が強い（社会保障判例百選第5版127頁等）。）に立つと，求償はできないが給付はすべきことになる。同最判の原審は，「Aは控訴人に対し前示示談により取得すべき金額を除くその余の損害賠償請求権一切を放棄したものである以上，その後に被控訴人がAに対し本件の保険給付をしたとしても，控訴人に対しこれが求償権を取得するに由がなく，したがつて，Aに対し不当利得返還請求をすることのできることは格別，控訴人に対し右保険給付相当額の金員の支払を請求することはできないものといわなければならない」としている。

介護保険給付（免責）は，示談，損害賠償金受領後も給付が行われることが多く，免責に特に注意が必要である。給付に先立って将来介護費を含めて損害賠償を受け取っている場合は，受領した将来介護費の限度で給付が免責されることになる。免責される保険給付の範囲は，給付対象のサービスの総額（たとえば保険給付 90％ ＋ 本人負担 10％の額）が介護分の賠償額に達するまでとされている(64)。

国民年金・厚生年金等公的年金制度の年金給付（支給停止）(65)は，受領した損害賠償額のうち，生活保障部分相当額の限度で停止される。支給停止期間は受傷翌日から最大３年間で，期間経過後は支給が再開される。３年経過までに年金給付があり損害賠償を受けた場合は，停止期間満了後も既払いの年金額に満ちるまで調整を受ける。

5　公的保険給付以外の給付

(1)　加害者が支払った金銭

香典，見舞金として支払われたものは，社交上の儀礼として相当な範囲か否かによるが，賠償金としての支払であることが明らかである場合以外は，明らかに高額である場合を除き損害額から控除されない。

(2)　自動車保険制度に関連する支払金

ア　自賠責保険から支払われた損害賠償額（自賠法 16 条）

自賠社の義務は，自賠法で創設された損害賠償義務とされており，損害額から控除される。支払日までの遅延損害金にまず充当され，残額が元本に充当される（法定充当。最判平成 16 年 12 月 20 日）。

費目拘束性は否定されており(66)，支払額の総額で充当する。

共同不法行為で，加害者によって過失相殺率が異なるため賠償すべき

(64)　厚生労働省老健局介護保険課 H28.3.31 事務連絡「第三者行為による介護保険給付と損害賠償に係る Q&A の改正について」。

(65)　「厚生年金保険法及び国民年金法に基づく給付と損害賠償額との調整の取扱いについて」（H27.9.30 年管管発 0930 第６号，H30.11.21 年管管発 1121 第１号）。

(66)　最判 H10.9.10（判時 1654，判タ 986，社会保障百選）。もちろん物損は別。

額が異なる（一部連帯）場合は，充当方法が問題になる。最判平成11年1月29日(67)は，「被害者側の過失」がある場合について，賠償額の大きい加害者との関係で被害者が得た利益は，その加害者だけが負担する金額部分から充当されるとした。

イ　政府保障事業の損害填補金

政府が損害の填補をしたときは，被害者が加害者に対して有する権利を取得する（代位。自賠法76条1項)。損害の填補であるから，損害額から控除される。

ウ　NASVA（自動車事故対策機構）の介護料(68)

自賠責保険からの給付ではないものの，加害者が保険料を負担しているのだから，自賠責保険からの支払と同質なのではないかという疑問もあるが，下級審裁判例は，制度の趣旨から損害填補性がないとして控除していない(69)。労災保険法の特別支給金（その原資は雇用主が拠出する保

---

(67)　判時1675，判タ1002，交通百選，要約40。「甲及び乙が一つの交通事故によってその被害者丙に対して連帯して損害賠償責任を負う場合において，乙の損害賠償責任についてのみ過失相殺がされ，甲及び乙が賠償すべき損害額が異なることになることがある。この場合，甲が損害の一部をてん補したときに，そのてん補された額を乙が賠償すべき損害額から控除することができるとすると，次のような不合理な結果が生ずる。すなわち，乙は，自己の責任を果たしていないにもかかわらず右控除額だけ責任を免れることになるのに，甲が無資力のためにその余の賠償をすることができない場合には，乙が右控除後の額について賠償をしたとしても，丙はてん補を受けるべき損害の全額のてん補を受けることができないことになる。また，前記の設例において，甲及び乙が共に自賠責保険の被保険者である場合を考えると，甲の自賠責保険に基づき損害の一部がてん補された場合に右損害てん補額を乙が賠償すべき損害額から控除すると，乙の自賠責保険に基づきてん補されるべき金額はそれだけ減少することになる。その結果，本来は甲，乙の自賠責保険金額の合計額の限度で被害者の損害全部をてん補することが可能な事故の場合であっても，自賠責保険金による損害のてん補が不可能な事態が生じ得る。以上の不合理な結果は，民法の定める不法行為法における公平の理念に反するといわざるを得ない。したがって，甲がしたてん補の額は丙がてん補を受けるべき損害額から控除すべきであって，控除後の残損害額が乙が賠償すべき損害額を下回ることにならない限り，乙が賠償すべき損害額に影響しないものと解するのが相当である。」自賠責保険は，付保された自動車の被保険者（加害者）のために被害者に支払われるものであることを示した判決と言える（要約96頁)。

(68)　同機構の被害者援護制度については，青本29訂版348頁。

(69)　大阪地判H19.9.26（交民40-5)，名古屋地判H23.2.18（交民44-1）等。後者は，「独立行政法人自動車事故対策機構の介護料は，交通事故被害者に対する支援という社会福祉的な施策の一環として捉えられるべきものであり，損害の填補としての性質を有しないというべきであり，損害からの控除をすることは認められない」としている。

険料である。）と似た問題であると言える。

(3) 任意保険からの支払

ア　直接請求に対する賠償責任保険からの支払

保険会社が，加害者（被保険者）に代わって損害賠償金を支払う場合は，弁済であって損益相殺の問題ではない。約款に規定された被害者による直接請求に対する支払は(2)アと同様に損害額から控除される。ただし，任意保険による医療機関等への治療関係費の支払等の充当については，442頁を参照されたい。

イ　搭乗者傷害保険金

支払われても保険会社は代位せず，損害額から控除しない（最判平成7年1月30日(70)）。

もっとも，下級審裁判例には，保険料を加害者側が負担している場合には慰謝料を減額する方向で斟酌できるとするものがある(71)。

ウ　自損事故保険金

通常は，加害者がおらず損益相殺（損害賠償額からの控除）の問題とはならない。道路の瑕疵等自賠法3条以外によって損害賠償責任が生じる場合には問題となりうるが，定額払いであり損害填補のための支払ではないとして控除は否定されている。

エ　無保険車傷害保険金

被害者側がその損害を填補するために付保するものであり，支払われれば代位が生じる。そのため損害から控除される。代位は保険法及び約款で差額説によって被害者に劣後する。

(70)　判時1524，交通百選。「このような本件条項に基づく死亡保険金は，被保険者が被った損害をてん補する性質を有するものではないというべきである。けだし，本件条項は，保険契約者及びその家族，知人等が被保険自動車に搭乗する機会が多いことにかんがみ，右の搭乗者又はその相続人に定額の保険金を給付することによって，これらの者を保護しようとするものと解するのが相当だからである。そうすると，本件条項に基づく死亡保険金を右被保険者の相続人である上告人らの損害額から控除することはできないというべきである。」

(71)　赤い本合本Ⅱ214頁「搭乗者傷害保険金の給付と損害賠償」。

オ　人身傷害保険金

人傷保険金には損害填補性があり，損害から控除される。保険金を払った人傷社の代位の範囲については激しく争われてきたが，最判平成24年2月20日によって基本的には決着がついた（111頁）。

保険金を支払った人傷社が被害者の損害賠償請求権に代位するとき，費目によっては裁判所の認定額＜人傷基準となる場合がある（たとえば外貌醜状の場合）ため，費目拘束性の有無が問題になることがある(72)。費目拘束性を肯定する（損害項目ごとに比較する。）裁判例もあるが，これを否定する（積算額で比較する）裁判例が多い(73)。

カ　車両保険金

車両保険の約款には代位規定があり，損害から控除される。代位の範囲については，差額説（保険法25条）により，被保険者が優先（まず被害者側過失部分に充当）される(74)。

填補される損害の範囲については，保険金の支払名目に対応する損害費目の金額の範囲内で代位を認める裁判例が多いと言える(75)。

---

(72)　赤い本2012年下巻「人身傷害補償保険金の支払による保険代位をめぐる諸問題」は，費目拘束を否定している（積算額比較説）。鈴木英行「既存障害の控除と素因減額の同時適用および人身傷害保険金の代位における費目拘束の可否」（損害保険研究82-3）も同じ。これに対し山本哲生「代位論」（大系3　782頁～797頁）は費目拘束を肯定する（損害項目比較説）。

(73)　東京高判H20.3.13（判時2004，保険百選）は，代位は積極損害・消極損害・慰謝料の項目別に生じるとしたが，名古屋地判H22.3.17（自J1829），同H24.7.25（交民45-4），千葉地判H29.7.19（自J2007）等積算額で比較するものが多い。最判H24.2.20も（この点が争われたものではないが）同様である。

(74)　大阪地判H26.8.26（交民47-4）。次注参照。

(75)　赤い本2019年下巻7頁～8頁，注解490頁～491頁。前掲大阪地判は，「ア　原告側保険会社は，車両保険金として56万円を支払っているところ，原告は車両保険金の性質として評価損を填補しない旨主張している。そして，車両保険金の計算方法として，修理費用66万円から免責金額10万円を差し引く形で算出されていること（略）に照らすと，車両保険金の代位処理は修理費用の枠内で行われるべきものである（車両保険金が子供の治療費を填補しないことは当然である。）。具体的には，保険法25条に照らし，車両保険金を修理費用の原告側過失部分（33万円）にまず充当し，残額23万円について，修理費用の被告側過失部分に充当し，この部分について保険代位が生じるとするのが相当である。イ　したがって，原告側保険会社が保険代位する金額は修理費用のうち23万円であり，その余については保険代位は生じない。そうすると，上記原告側損害額のうち，23万円については原告側保険会社が請求権を有し，残額16万8900円については，甲野が請求権を有する。」とした。また，東京地判H30.9.26（交民51-5）は「D保険会社の自動車保

(4) 自動車保険以外の私保険からの支払

ア　生命保険金等

生命保険金は，被害者が支払った保険料の対価であることを理由に控除が否定されている[76]（生命保険金が支払われても損害保険の規定である保険代位は適用されない。）。生命保険の特約に基づき支払われる傷害・入院給付金についても同様である[77]。

険契約約款の車両条項によれば，Ｄ保険会社は，契約車両が偶然の事故によって被った損害に対し保険金を支払うとされている（略）ところ，支払うべき損害額は，全損の場合は，保険金額を限度に，契約車と車種，年式，損耗度が同一の自動車の市場販売価格相当額（保険価額。税金，保険料，登録に必要な費用等は含まない。）とされた上（略），レッカー費用等特定の費用は損害額の一部とみなすとされており（略），これらの規定からすると，上記車両条項により支払われた保険金は，全損の場合につき，車両損害（車両時価額）とレッカー費用には充当されるものといえる。一方，本件において，Ｄ保険会社は，上記車両条項ではなく，車両搬送費用補償特約に基づいて保険金を支払っているところ，同特約の規定上，同特約の補償対象は車両搬送費用とされている（略）が，Ｄ保険会社においては，加害者からの回収金をＤ保険会社の代位債権ではなく契約者側の残債権に優先充当すべき当該保険契約の填補対象に係る損害につき，上記特約については，契約者保護等の観点から，車両搬送費用のほか，契約車自体の損害も含むものとして運用しており，このような運用状況等に照らせば，上記特約により支払われた本件の保険金は，本件のＣ会社の各損害のうち，少なくとも車両損害（車両時価額），レッカー費用には充当されるものと認められる。そうすると，Ｄ保険会社により支払われた保険金７万1292円は，まず，車両損害，レッカー費用の合計365万3292円のＣ会社側の過失相当分の18万2664円（略）に充当されるから，これに拠り過失相殺後の上記各費用の残額に充当すべき保険金は存しないこととなり，過失相殺後のＣ会社の車両損害，レッカー費用の残額は347万0628円となり，Ｄ保険会社が代位すべき損害額は存しない。」とした。これらに対し，東京高判H30.4.25（判時2416）は，「交通事故の被害者が損害保険会社との間で締結した自動車保険契約に基づいて受ける保険給付は，特段の事情がない限り，交通事故によって生じた当該自動車に関する損害賠償請求権全体を対象として支払われるものと解するのが当事者の意思に合致し，被害者の救済の見地からも相当であるから，車両損害保険条項に基づいて支払われた車両損害保険金は，当該交通事故に係る物的損害の全体を填補するものと解するのが相当である。」とし，修理費用として払われた場合につき休車損も填補対象とするとしたが，代位における対応原則との関係で疑問が呈されている（注解491頁，判時2458（判例評論），損害保険研究81-1（山野嘉朗））。約款上修理費用以外の損害（休車損，代車料）は填補対象とはなっておらず，別途特約条項で対応することになっている。

(76)　最判S39.9.25（判時385，判タ168）。「生命保険契約に基づいて給付される保険金は，すでに払い込んだ保険料の対価の性質を有し，もともと不法行為の原因と関係なく支払わるべきものであるから，たまたま本件事故のように不法行為により被保険者が死亡したためにその相続人たる被上告人両名に保険金の給付がされたとしても，これを不法行為による損害賠償額から控除すべきいわれはないと解するのが相当である。」とした。保険料の対価であるという理由付けについて，注解457頁～458頁参照。

(77)　最判S55.5.1（判時971）。

もっとも，生命保険金等を受領したことが慰謝料の斟酌事由となるとの考え方もある。

イ　所得補償保険金

最高裁は，損害保険であり保険代位が生じることを理由に損害額からの控除を肯定している[(78)]。

(78)　最判 H1.1.19（判時 1302，判タ 690）。「保険会社が取得した被保険者の第三者に対する損害賠償請求権を行使しない実情にあったとしても，右の判断を左右するに足りるものではない。」としている。

第2節　過失相殺と好意同乗減額

1　過失相殺

(1)　意義

ア　法の規定と立法趣旨

> 民法722条2項
> 被害者に過失があったときは，裁判所は，これを考慮して，損害賠償の額を定めることができる。

判例は，法の趣旨について，以下のように公平の理念に基づくものと解している(79)。

「民法722条2項の過失相殺の問題は，不法行為者に対し積極的に損害賠償責任を負わせる問題とは趣を異にし，不法行為者が責任を負うべき損害賠償の額を定めるにつき，公平の見地から，損害発生についての被害者の不注意をいかにしんしゃくするかの問題に過ぎない」（最判昭和39年6月24日）

「民法722条2項が不法行為による損害賠償の額を定めるにつき被害者の過失を斟酌することができる旨を定めたのは，不法行為によって発生した損害を加害者と被害者との間において公平に分担させるという公平の理念に基づくものであると考えられる」（後掲最判昭和51年3月25日）

---

(79)　森島「不法行為法講義」（有斐閣）382頁～384頁は，民法起草者は，過失相殺の根拠を，被害者の行為から生じた損害については加害者の行為と因果関係がないから加害者にはそれに対する賠償責任がないという点に求めていたように思われると指摘している。被害者自身に責任を負担する根拠（非難可能性）があるという伝統的な考え方に対して表れている，原因競合の場合は加害者の責任を割合的に限定するという考え方もその流れと言えるだろう。過失相殺制度を拡大する判例の傾向に沿う面もあるかもしれない。

イ 訴訟上の位置づけ

過失相殺をするか否か，する場合にどの程度減額するかは，裁判官の自由裁量にゆだねられる。前掲最判昭和 39 年 9 月 25 日は，「不法行為における過失相殺については，裁判所は，具体的な事案につき公平の観念に基づき諸般の事情を考慮し，自由なる裁量によって被害者の過失をしんしやくして損害額を定めればよく，所論のごとくしんしやくすべき過失の度合につき一々その理由を記載する必要がないと解するのが相当である。」とした。

過失相殺は，被告（支払側）の抗弁であるとされるが，判例によれば，被告側から積極的に主張する必要はないとされるから，厳密には抗弁ではないことになる(80)。最判昭和 41 年 6 月 21 日(81)は，次のように述べている。

> 「不法行為による損害賠償の額を定めるに当たり，被害者に過失のあるときは，裁判所がこれをしんしゃくすることができることは民法 722 条の規定するところである。この規定によると，被害者の過失は賠償額の範囲に影響を及ぼすべき事実であるから，裁判所は訴訟にあらわれた資料にもとづき被害者に過失があると認めるべき場合には，賠償額を判定するについて職権をもってこれをしんしゃくすることができると解すべきであって，賠償義務者から過失相殺の主張のあることを要しないものである」。

もっとも，過失相殺を基礎づける事実（過失の評価根拠事実。これが主要事実となる。）については，被告が立証責任を負う(82)。

---

(80) 窪田 433 頁～434 頁，518 頁。

(81) 判時 454，判タ 194。

(82) 北河 326 頁。交差点事故で双方が青信号を主張した裁判例として，高松高判 H29.11.8 (2017WLJPCA11086005) は，「自賠法は，自動車の運行によって生命又は身体が害された場合の損害賠償の保障により被害者の保護を図る目的で制定され（同法 1 条），これを受けて，同法 3 条が運行供用者についての責任を定め，同条ただし書において運行供用者において三要件（略）を証明できた場合にのみ免責を認めた趣旨に鑑みると，」「ドライブレコーダーが取り付けられていないこと，目撃者の証言がないこと，交通状況等から事故態様を合理的に推測することが困難であるといった事情から加害者に過失がないことを裏付ける証拠が同人の供述しかない場合，加害者が自らの過失を認めた場合に課せられるであろう民事上，刑事上，行政上の重い責任（特に本

(2)　過失相殺における過失とその前提となる能力

ア　不法行為の成立要件としての過失との違い

民法722条2項は「被害者に過失があったとき」と規定するが，この「被害者の過失」には，709条の加害者の「過失」におけるような注意義務違反は不要で，単なる不注意で足りると解されている。前掲昭和39年最判も，過失相殺における過失が709条における過失とは意味を異にすることを前提としている。

イ　過失相殺を行う前提として必要な能力（過失相殺能力）[83]

かつての判例・通説は，①加害者の過失も被害者の過失も同じものであること，②責任能力は過失の前提であること，を前提に，過失相殺においても被害者に責任能力が必要であるとしていた。

その後，前掲最判昭和39年6月24日は，上記①の命題を否定し，過失相殺には責任能力（自己の行為の責任を弁識する能力）は不要で事理弁識能力で足りるとして，8歳の被害者について過失相殺を認めた[84]。事

件のように被害者に重篤な障害を与えた場合）を回避するために虚偽の供述をする可能性も十分にあることを考慮すれば，加害者の供述が一貫している，不自然ではない，変遷しているとはいえない，客観的状況に整合していないとはいえないという理由によって加害者の供述の信用性を肯定すると，本来立証責任を負わない被害者側が事実上加害者の供述を覆す程度の立証をしなければならない責任を負担することとなり，しかも前記のような条件からすればその反証は非常に困難であることから，事実上，傷害を負っていない一方当事者に有利な事実認定が行われ，証言ができないほどの重篤な傷害を受け，より保護すべき一方当事者が保護されない結果になりかねず，上記自賠法の立法趣旨に反する結果になってしまうのであるから，加害者の供述を信用して事故態様が認定できるかについては慎重に検討すべきである。」として，「被控訴人の供述のみによって（中略）（被控訴人の対面信号が）青色であったと認めることはできず，」「被控訴人に過失がなかったと判断することはできず，」また，控訴人に「過失があることを認めるに足りる証拠もないから，本件において過失相殺をすることは相当でない。」と判示した。債務不履行事案について，最判S43.12.24（判時547，判タ230）。

(83)　小賀野晶一「被害者の能力と過失相殺（シンポジウム交通事故と責任能力）」（交通法研究42）。

(84)　民集18巻5号854頁，判時376，判タ166，交通百選，民法百選Ⅱ。「しかしながら，民法722条2項の過失相殺の問題は，不法行為者に対し積極的に損害賠償責任を負わせる問題とは趣を異にし，不法行為が責任を負うべき損害賠償の額を定めるにつき，公平の見地から，損害発生についての被害者の不注意をいかにしんしゃくするかの問題に過ぎないのであるから，被害者たる未成年者の過失をしんしゃくする場合においても，未成年者に事理を弁識するに足る知能が具わっていれば足り，未成年者に対し不法行為責任を負わせる場合のごとく，行為の責任を弁識す

理弁識能力は，未成年者の場合，小学校入学前後で備わるとされる。下級審裁判例には，4歳，5歳の幼児に過失相殺能力を認めたものもあるが，そのような場合は，一人で外出させること自体が危険な行為であると評価され，被害者側の過失理論によって過失相殺されることが多いと考えられる(85)。

(3) 被害者側の過失(86)

ア 判例法理

法は「被害者」の過失としているが，被害者本人の過失に限らず，被害者と一定の関係がある者の過失が，被害者の損害賠償額を定めるに当たって考慮されることがある。被害者本人に過失がない場合や，幼児等事理弁識能力がなかった場合等に問題となる。

被害者側の過失の法理は広く受け入れられているが，その説明として，求償関係の一回的解決をあげるものと，身分的・経済的一体性を強調するものがあり，いずれかによって同法理の適用範囲が変わってくる（前者を強調する方が広くなるだろう。）。

るに足る知能が具わっていることを要しないものと解するのが相当である。」「本件被害者らは，事故当時は満8才余の普通健康体を有する男子であり，また，当時すでに小学校2年生として，日頃学校及び家庭で交通の危険につき充分訓戒されており，交通の危険につき弁識があった（注：被害者らは自転車に二人乗りをしていた。）ものと推定することができるというのであり，右認定は原判決挙示の証拠関係に照らし肯認するに足る。右によれば，本件被害者らは事理を弁識するに足る知能を具えていたものというべきであるから，原審が，右事実関係の下において，進んで被害者らの過失を認定した上，本件損害賠償額を決定するにつき右過失をしんしゃくしたのは正当であ（る。）」

(85)　要約41頁。子どもの交通事故被害と過失相殺について，大系1　138頁以下，松本幸治「被害者としての子どもと過失相殺」（到達点）。なお，学説には事理弁識能力すらも不要とするものもある。

(86)　赤い本2010年下巻「被害者側の過失」，小松秀大「過失相殺の諸問題2（被害者側の過失，好意同乗減額，シートベルト不着用）」（実務），稲田龍樹「被害者側の過失」（諸問題），波多野紀夫「過失相殺（被害者側の過失，好意同乗減額，シートベルト不着用）」（重要論点），大久保悠貴「被害者側の過失法理の存在意義～夫婦に対する同法理適用についての批判的考察を中心に～」（到達点），前掲松本。

イ「被害者側」の範囲

最判昭和42年6月27日(87)は，「被害者側」の範囲について，「被害者と身分上ないしは生活関係上一体をなすとみられるような関係にある者」という基準を示し，幼児を引率していた保育士の過失を被害者の過失とすることを否定した。

夫婦は，特段の事情がない限り身分上・生活関係上一体をなすとされ，被害者の配偶者の過失は被害者の過失として考慮される。最判昭和51年3月25日(88)は，運転中の夫の過失を同乗の妻の過失として斟酌し得るとした。内縁関係であっても同様である（最判平成19年4月24日(89)）。

---

(87)　判時490，判タ209，要約16。「被害者本人が幼児である場合において，右にいう被害者側の過失とは，例えば被害者に対する監督者である父母ないしはその被用者である家事使用人などのように，被害者と身分上ないしは生活関係上一体をなすとみられるような関係にある者の過失をいうものと解するを相当とし，所論のように両親より幼児の監護を委託された者の被用者のような被害者と一体をなすとみられない者の過失はこれに含まれないものと解すべきである。けだし，同条項が損害賠償の額を定めるにあたって被害者の過失を斟酌することができる旨を定めたのは，発生した損害を加害者と被害者との間において公平に分担させるという公平の理念に基づくものである以上，被害者と一体をなすとみられない者の過失を斟酌することは，第三者の過失によって生じた損害を被害者の負担に帰せしめ，加害者の負担を免ずることとなり，却って公平の理念に反する結果となるからである。」

(88)　判時810，判タ336，交通百選，要約15。「民法722条2項が不法行為による損害賠償の額を定めるにつき被害者の過失を斟酌することができる旨を定めたのは，不法行為によって発生した損害を加害者と被害者との間において公平に分担させるという公平の理念に基づくものであると考えられるから，右被害者の過失には，被害者本人と身分上，生活関係上，一体をなすとみられるような関係にある者の過失，すなわちいわゆる被害者側の過失をも包含するものと解される。したがって，夫が妻を同乗させて運転する自動車と第三者が運転する自動車とが，右第三者と夫との双方の過失の競合により衝突したため，傷害を被った妻が右第三者に対し損害賠償を請求する場合の損害額を算定するについては，右夫婦の婚姻関係が既に破綻にひんしているなど特段の事情のない限り，夫の過失を被害者側の過失として斟酌することができるものと解するのを相当とする。このように解するときは，加害者が，いったん被害者である妻に対して全損害を賠償した後，夫にその過失に応じた負担部分を求償するという求償関係をも一挙に解決し，紛争を一回で処理することができるという合理性もある。」求償の煩瑣を避けるという理由付けは，他の同種事案の裁判例ではあまり見られない。

(89)　判時1970，判タ1240。「内縁の夫婦は，婚姻の届出はしていないが，男女が相協力して夫婦としての共同生活を営んでいるものであり，身分上，生活関係上一体を成す関係にあるとみることができる。そうすると，内縁の夫が内縁の妻を同乗させて運転する自動車と第三者が運転する自動車とが衝突し，それにより傷害を負った内縁の妻が第三者に対して損害賠償を請求する場合において，その損害賠償額を定めるに当たっては，内縁の夫の過失を被害者側の過失として考慮

他方，恋愛関係にあるだけでは足りない。最判平成9年9月9日[90]は，運転中の恋人（近く婚約予定）の過失を被害者の過失として考慮することを否定した。職場の同僚も同様である。最判昭和56年2月17日[91]は，雇用主所有車に同乗していた同僚の過失につき否定した。

ウ　身分上・生活関係上一体とはいえない場合

身分上・生活関係上被害者と一体とはいえない者の過失であっても，被害者本人の過失として考慮されることがある。

その代表は，被害者が暴走行為に関わった場合である。最判平成20年7月4日[92]は，事故発生時の運転者の過失を，交代運転で暴走行為をした同乗被害者の過失として考慮できるとした。名古屋地判平成27

することができると解するのが相当である。」として，身分上，生活関係上の一体性なしとして内縁の夫の過失を被害者側の過失として考慮しないとした原判決を破棄した。

(90)　判時1618，判タ955。「不法行為に基づく損害賠償額を定めるに当たり，被害者と身分上，生活関係上一体を成すとみることができない者の過失を被害者側の過失としてしんしゃくすることは許されないところ（略），AとBは，本件事故の約3年前から恋愛関係にあったものの，婚姻していたわけでも，同居していたわけでもないから，身分上，生活関係上一体を成す関係にあったということはできない。AとBとの関係が右のようなものにすぎない以上，Bの過失の有無及びその程度は，上告人らに対し損害を賠償した被上告人がBに対しその過失に応じた負担部分を求償する際に考慮されるべき事柄であるにすぎず，被上告人の支払うべき損害賠償額を定めるにつき，Bの過失をしんしゃくして損害額を減額することは許されないと解すべきである。」「そうすると，Bの過失をしんしゃくし，Aの死亡により生じた損害額の全体を1割減額した金額を基に賠償額を定めた原審の判断には，民法722条2項の解釈適用を誤った違法があり，右違法は原判決の結論に影響を及ぼすことが明らかである。」

(91)　判時996，判タ437。

(92)　判時2018，判タ1279，交通百選，要約17。「AとBは，本件事故当日の午後9時ころから本件自動二輪車を交代で運転しながら共同して暴走行為を繰り返し，午後11時35分ころ，本件国道上で取締りに向かった本件パトカーから追跡され，いったんこれを逃れた後，午後11時49分ころ，Aが本件自動二輪車を運転して本件国道を走行中，本件駐車場内の本件小型パトカーを見付け，再度これから逃れるために制限速度を大きく超過して走行するとともに，一緒に暴走行為をしていた友人が捕まっていないか本件小型パトカーの様子をうかがおうとしてわき見をしたため，本件自動二輪車を停止させるために停車していた本件パトカーの発見が遅れ，本件事故が発生したというのである（略）。以上のような本件運転行為に至る経過や本件運転行為の態様からすれば，本件運転行為は，BとAが共同して行っていた暴走行為から独立したAの単独行為とみることはできず，上記共同暴走行為の一環を成すものというべきである。したがって，上告人との関係で民法722条2項の過失相殺をするに当たっては，公平の見地に照らし，本件運転行為におけるAの過失もBの過失として考慮することができると解すべきである。」

年3月27日[93]も，共同暴走行為について同様の判断をしている。同最判は「被害者側の過失」という表現を避けており，被害者側の第三者の過失というより，被害者自身の過失とも言えるという評価がされる場合である。

また，被害者の被用者の過失が被害者である使用者の過失として考慮されることがある（名古屋高判平成21年2月12日[94]）。

エ　減額の程度

運転者の過失を同乗者（被害者）の過失として考慮することになるから，運転者に認められるのと同程度の過失相殺が認められるのが通例である[95]。

(4)　過失相殺率

ア　過失相殺の基本的考え方

過失相殺については，被害者・加害者双方の過失の対比によってその割合（過失相殺率）を定める考え方（相対説）と，被害者の過失の大小を重視して定める考え方（絶対説）がある。相対説が通説であり，実務も相対説によっている。

イ　基準化

過失相殺をするか否か，する場合にどの程度減額するかは，裁判官の裁量に委ねられるが，交通賠償実務においては，昭和40年代から，過失相殺の「基準化」が試みられてきた。

現在では，別冊判例タイムズ38「民事交通訴訟における過失相殺率の認定基準全訂5版」が，実務における過失相殺率の認定基準として広く用いられている。全訂5版では，歩行者と自転車との事故，駐車場内

---

(93)　自J1950，最前線31。

(94)　交民42-1。A運転の車両（普通乗用自動車）とC運転の車両（普通貨物自動車）が衝突し，C運転の車両に同乗していた被害者が負傷した事案において，平成20年最判を引用し，Cの運転は被害者の指揮監督の下に被害者の業務の執行につき行われたというべきであるとして，Aとの関係で過失相殺をするに当たっては，被害者の実質的被用者であるCの過失を被害者側の過失として考慮するのが相当であるとした（上告却下・不受理）。

(95)　実務313頁。

の事故等についての基準が新設された。

過失割合と過失相殺率は，区別せずに使われることもあるが，別冊判タ等では区別して用いられている[96]。たとえば，四輪車同士の事故については過失割合が示され，それが過失相殺率となる。

これに対し，一方が歩行者・単車・自転車である事故については，四輪車と同じく割合で書いてあるが，これらが被害者となった人身事故の過失相殺率が示されている。したがって，これらが加害者であるとして請求された場合の過失相殺率を直ちに示すものではなく，たとえば，一般道路を横断して四輪車に轢かれた場合，過失相殺率は20%だが，四輪車の物損について歩行者が20%責任を負うことには当然にはならない。また，単車等についても公平の見地から過失割合を修正して過失相殺率とされている（たとえば，右折車と直進車の事故の場合，四輪同士なら20：80（114図）だが，単車直進・四輪右折なら15：85（189図），単車右折なら70：30（190図）とされている）。

(5)　特殊な類型の事故の過失割合

ア　駐車場事故

駐車場事故[97]は類型化が難しく，判タ基準へのあてはめに迷うことや双方の主張が大きく隔たることが多い。次に例をあげるように，裁判所が，判タ基準に形式的に当てはめた場合と大きく異なる過失相殺の判断をすることも少なくない。人身事故として処理されておらず物件事故報告書しか作成されていないうえに，ドライブレコーダー映像もない場合など，事故態様の認定に苦慮する事案もある。

駐車場事故でしばしば問題になる類型の例として，判タ336図（通路進行車と駐車区画進入車（後退が多い。）の事故）をあげる。基本割合は通路進行車：駐車区画進入車＝80：20（駐車区画への進入動作は原則とし

(96)　別冊判タ38　43頁～44頁。

(97)　赤い本2011年下巻「駐車場内における事故の過失相殺について」，同2025年下巻「駐車場内における事故の過失相殺（別冊判例タイムズ38号を踏まえて）」，中込一洋他「駐車場事故の法律実務」（学陽書房），新類型178頁，寄与度321頁。

て通路の進行に優先するとされる（別冊判タ502頁）。）とされているが，通路走行車が停止していたかどうか（直前停止かどうかも問題となり得る。）も関連して，駐車区画進入車が50〜80%の過失割合をとられることもある[(98)]。

イ　非接触事故

非接触事故[(99)]においては，加害車の運行と事故の発生の間に，被害者の結果回避行動（措置）が介在するため，加害車の過失の有無及び過失相殺率の認定には，被害者の結果回避措置の適切性の判断が関わっている[(100)]。運行起因性（相当因果関係）が問題になることもある（194頁）。

ウ　緊急自動車

緊急自動車は，道路交通法39条1項かっこ書きで「消防用自動車，救急用自動車その他の政令で定める自動車で，当該緊急用務のため，政

---

(98)　たとえば次のような裁判例がある。仙台地判R4.1.18（駐車区画進入車の過失70%），福岡地判R1.9.19（同30%），名古屋地判R1.6.25（同40%），千葉地判R1.6.21（同60%），東京地判H30.2.26（同80%），徳島地判H28.3.11（同50%），千葉地判H23.10.18（自J1865。同70%）。以上は通路進行車が停止していたケースである。同車が走行していたケースとして，大阪地判H30.7.25（同30%）等がある。なお，これらのうち千葉地判H23以外の裁判例は（公財）交通事故紛争処理センターの判例検索システムで検索した。

(99)　赤い本2007年下巻「非接触事故における過失相殺」，同2022年下巻「非接触事故の過失割合について」，新類型227頁，寄与度404頁（結果回避行動）。

(100)　回避措置（急ブレーキ）が不要だったとした例として，東京地判H31.2.22（自J2045-111。新類型242頁）。「被告は，その進路右方から原告車が本件道路を走行してきて対面信号機の青色表示に従って本件交差点に進入しようとしているのに，本件交差点に被告車を進入させた過失があり，被告車が本件交差点に進入したことが原告車の転倒の誘因となったと認められる。もっとも，左右の見通しの悪い交差点において停止線で一時停止した後に交差道路の状況を見通すことができる位置まで前進すること自体は適切な運転であり，被告は，徐行して前進する間に原告車に気付いて，本件道路の走行車線の延長上にまでは至ることなく，被告車が横断歩道から本件交差点側に約0.9㍍進入した地点で被告車を停止させたのであるから，被告は一定の注意を払って進行していたといえる。他方で，原告は，制限速度を時速10㌔㍍程度超過して走行してきた上，急ブレーキをかけたため，横断歩道及びマンホールで滑って転倒したものであるが，被告車は徐行して前進し，原告車の進路上にも走行車線にも進入することなく停止しているから，急ブレーキをかけて衝突を避ける必要はなかったといえる。そうすると，原告は，被告車が原告車の進路に進入してくると考え，必要がないのに急ブレーキをかけた結果，原告車のコントロールを失って転倒したといえるから，原告の過失は大きい。⑷前記の事故態様並びに過失の内容及び程度を考慮すると，本件事故については原告の過失が大きいというべきであるから，過失割合は，原告8割，被告2割とするのが相当である。」

令で定めるところにより，運転中のもの」と定義され，具体的には同法施行令13条1項で定められている[101]。したがって，原則として，サイレンを鳴らし赤色灯を付けて運転していることを要する。緊急自動車は一般車両に対し優先し（道交法40条。避譲義務。歩行者には適用されない。），通行区分，追越し等に関する道交法の規定の適用が排除され，最高速度の規制も緩和されている。

このため，緊急自動車が赤信号交差点に進入し，青信号で進入した一般車両と衝突した場合であっても，一般車両の過失が大きいと考えられる（道交法39条2項前段，40条）。もっとも，「他の交通に注意して徐行」する義務（同39条2項後段）に違反した場合等は緊急自動車側にも過失が認められる[102]。

エ　駐停車車両

駐停車車両[103]の責任ないし過失割合が問題になる類型として，寄与度341頁は，後続車の駐車車両への追突（「単純型」），駐車車両との衝突を回避しようとした後続車の駐車車両または他車への衝突（「回避型」），衝突事故により逸走した車両の駐車車両への衝突（「偶然型」）等に分類している。

駐車行為が自賠法3条の「運行」にあたるかどうかはかつて議論されたが，近時はこれを否定する裁判例はない（193頁）。「偶然型」の場合は，「によって」（相当因果関係）にあたるかどうかが問題となる[104]。裁判例は，駐車車両の発見の容易さに関する事情，駐車車両が交通の危険を生じさせた程度に関する事情，追突車両側の事情[105]を総合的に考慮

---

(101)　民間でも，ドクターカー，臓器や輸血用血液製剤の運搬車両，ガス会社，電力会社，鉄道会社，JAF等の応急作業用車両等も緊急自動車の指定を受けている。

(102)　赤い本2012年下巻「緊急自動車が当事車両となる交通事故の過失相殺について」。新類型67頁。

(103)　赤い本2002年「駐車車両等に衝突した運転者の過失割合」，同2003年下巻「高速道路における停車車両の過失相殺」。寄与度341頁。

(104)　寄与度341頁～342頁。衝突事故自体は駐車車両と無関係に発生していることから問題になる。寄与度は，駐車行為と第2事故の相当因果関係を否定した裁判例として大阪地判H5.12.17（交民26-6）を，肯定した裁判例として東京地判H8.3.6（交民29-3）をあげている。

(105)　寄与度367頁は，駐車車両の発見の容易さに関する事情として，時刻，天候，現場付近の照

している。駐車車両の責任が認められた事案の大部分は駐（停）車禁止の規制に違反していた（それが駐車車両側の過失を基礎づける事実となる。）事案である。

オ　ETC レーン

ETC レーンにおける追突事故[106]は，先行車には基本的には過失はなく，後方車の前方不注視や車間距離不保持等による一方的過失とされることが大部分だが，先行車の急ブレーキ（道交法 24 条参照。ETC カードを入れ忘れており開閉棒が開かなかったために開閉棒の直前で停止した場合もある。）が一因となっている場合は，過失相殺されることがある。

カ　ゼブラゾーン

ゼブラゾーン（導流帯）[107]は，車両の走行を誘導するものにすぎず，道交法 17 条 6 項の安全地帯ないし立入禁止部分ではなく，走行しても罰則はない。しかし，車両運転者等の意識としてもみだりに進入すべきではないと考えられているのが一般的であるから，ゼブラゾーン進行車が民事上の過失を問われない（非難されない）ということにはならない。別冊判タの過失相殺基準においても，ゼブラゾーン進行車について加算修正されることがある。

キ　道路の瑕疵

道路の瑕疵による事故[108]は，道路管理者（国，市町村等）の国家賠償法 2 条 1 項の責任（150 頁）が問題となるが，道路の瑕疵といっても，道路の亀裂・穴・段差，土砂の堆積や凍結等によるスリップ，路上の障害物，落石，道路工事中の警告表示灯の不備等さまざまである。道路管

明，道路の状況，駐車車両の発見を容易にするための措置（非常時点滅灯・尾灯，三角反射板等）を，駐車車両の交通の危険を生じさせた程度に関する事情として，駐車位置（右側道路に余裕があるか），駐車禁止区域かどうか，駐車時間の長短，駐車の目的（やむを得ないかどうか）を，追突車両側の事情として，前方不注視，速度等をあげている。

(106)　赤い本 2009 年下巻「過失相殺に関する若干の問題点について～ETC 車線における追突事故と過失相殺・非常点滅表示灯の使用の有無と過失相殺～」，新類型 203 頁。

(107)　赤い本 1999 年「ゼブラゾーンと過失相殺」。

(108)　新類型 316 頁，寄与度 477 頁。裁判例の検索には，「道路管理瑕疵裁判例集」（rirs.or.jp）（日本みち研究所）が参考になる。

理者の責任が認められる場合，被害者にも過失があるとして過失相殺されることがある(109)。なお，運転者の過失との競合（共同不法行為の成否）については244頁を見られたい。

ク　特殊な車両

特殊な車両による事故として，既に述べた緊急自動車の事故のほか，ゴルフ場内におけるゴルフカートの事故(110)や乗合バス（路線バス）の乗客が被害者となる事故(111)等がある。バス乗降時の転倒等における運行起因性の問題については205頁を見られたい。

ケ　シートベルト・チャイルドシート・ヘルメットの不装着

シートベルト，チャイルドシート，ヘルメットの不装着(112)についてもここで述べる。

シートベルト装着は，平成20年の道交法改正で後席同乗者にも義務付けられた（道交法71条の3第2項）。近時の裁判例をみると，助手席同乗者で5～20%，後席同乗者で5～10%の過失相殺をするものが多い。もっとも，同乗運転者の過失が重大である場合（大幅な速度超過，居眠

---

(109)　たとえば，名古屋地判H9.4.30（交民30-2）は，道路脇の側溝（幅約40cm）に設置されていたコンクリート製の上蓋に空いた穴（幅約50cm，長さ約60cm）に自転車の前輪が転落し転倒して負傷した事案について，道路管理者（市）に道路設置管理の瑕疵を認め，国賠法2条責任を認めたが，自転車に搭乗していた被害者についても，前方を注視するなど自転車の安全走行の注意義務に違反した過失があるとして40%の過失相殺をした。

(110)　たとえば東京地判R2.3.3（交民53-2）は，ゴルフ場内カート用道路のトの字型交差点において，右方に急転把した被告A運転のカートから同乗者Bが転落した事故につき，路面の矢印や看板等から，交差点を直進した後の転回が指示されており，被告Aは交差点の手前から当該指示を認識することが可能であったにもかかわらず，Bの「Uターン」という指示の下，交差点を右折すべきと思い込み，減速することなくカートの設計上の最高速度に近い時速約18kmで安易に右方に急転把した過失があるとする一方，カート後部座席に乗車中のBにも転落等を防止するために前方のバーをつかむべきであり，その旨の警告もあったにもかかわらず，両手を大腿部の上に置いたまま漫然と乗車していた過失があるとして，30%の過失相殺を認めた。

(111)　赤い本2015年下巻「運行供用者責任（バス乗降中の事故）」，新類型86頁，寄与度281頁。

(112)　赤い本合本Ⅱ29頁「過失相殺適用上の二，三の問題点」，同2006年下巻「交通事故訴訟における共同不法行為と過失相殺」，同2016年下巻「後部座席シートベルト，チャイルドシート不装着の場合における過失相殺」，「後部座席のシートベルト着用義務懈怠」（未来），寄与度372頁，小松秀大「過失相殺の諸問題2（被害者側の過失，好意同乗減額，シートベルト不着用）」（実務），波多野紀夫「過失相殺（被害者側の過失，好意同乗減額，シートベルト不着用）」（重要論点），新類型325頁以下等を参照。

り等)[113]には過失相殺しないことがある。また，過失相殺において考慮される被害者の過失は，不法行為の成立または損害の拡大と因果関係のあるものに限るから，不装着と同乗者（被害者）の損害との因果関係が認められないとして減額が否定されることがある[114]。

チャイルドシートの装着は平成12年から義務化されており（道交法71条の3第3項），6歳未満の子どもがチャイルドシートを装着せずに同乗中に事故にあった場合は，被害者側の過失が問題となる。過失相殺する場合は相殺率を5〜10%とするものが多い[115]。ここでも，加害者に

---

(113)　大阪地判H8.3.15（交民29-2）は，後部座席乗車中に車が道路わきの電柱に衝突した事案で，加害車運転者の居眠り運転という重過失によって生じたものであるとして，被害者のシートベルト不着用の過失相殺を否定した。岡山地倉敷支判R2.11.27（自J2087）は，被告車が道路左側の防音壁に衝突後，対向車線に進入し，訴外軽自動車と衝突した衝撃により，助手席に同乗していた被害者が車外に投げ出され，脳挫傷の傷害を負い死亡した事案で，被告は被害者のシートベルトを容認していたこと，法定速度を超過したうえわき見運転をして的確なハンドル操作を怠るという過失が自動車運転者としての基本的な注意義務を怠るもので重大であること等から，過失相殺を否定した。横浜地判H17.9.22（交民38-5）は，運転者が時速120km以上の速度で急転把したため運転車両がガードレールに衝突するなどして，助手席に同乗していた被害者が車外に放出されて死亡した事案で，「被告が加害車両の運転者であり，亡花子にシートベルトを着用させるのは容易であることや本件事故が被告の甚だしい無謀運転に起因するものであることからすると，亡花子がシートベルトを着用していなかったことをもって，過失相殺をするのは相当でない。」とした。

(114)　たとえば，大阪地判H18.7.20（交民39-4）は，被告車が停車中の大型貨物車に追突して助手席に同乗していた被害者が，脳挫傷，左胸部裂創，内臓破裂等により死亡した事案で，同じく不装着の被告に大きな怪我ないこと，被害者の死因等から，死亡との間に因果関係があるとは認められないとして過失相殺を否定した（被害者の飲酒・疲労についても，事故は被告の車線変更時の脇見という大きな過失によるものと考えられるので過失相殺しないとした。）。運転していた被害者についてもシートベルト不着用による過失相殺を否定した裁判例がある。東京地判H28.4.22（自J1977。新類型329頁）は，停止中の被害車にわき見運転の加害車が時速30〜40kmで追突し，被害車運転者が負傷（中心性脊髄損傷を主張したが裁判所は認めず，後遺障害の残存も否定した。）した事案で，「シートベルトを装着しなかったことにより原告の損害が発生，拡大したと認めるに足りる的確な証拠はないことからすると，原告がシートベルトを装着していなかったことにつき，過失相殺ないしこれに準じた取扱いをするのは相当でない」とした。

(115)　赤い本2016年下巻36頁は，過失割合はシートベルトの場合と同様に考えればよいとする。5%とした例として，名古屋地判H21.2.25（自J1803）は，父親運転の被害車の助手席に母親に抱かれて同乗中の2歳児が，対向右折加害車に衝突され，顔面挫創等の傷害を負い，14級醜状痕を残した事案で，チャイルドシート不着用（着用していれば顔面挫創等の傷害はなかった可能性が高く，損害との間に因果関係が認められるとした。）により5%加算して，被害者側の過失として原告（子）の過失割合は15%となるとした。

重大な過失がある場合や不着用と損害の因果関係が認められない場合は，過失相殺しない傾向がある(116)。

自動二輪車及び原動機付自転車の運転者には，同乗者を含めてヘルメットの着用が義務付けられており（道交法71条の4第1項・2項），構造等の基準が定められている（同法施行規則）。自動二輪車及び原付運転者・同乗者のヘルメット不着用に対しては，過失相殺基準における「著しい過失」（高速道路の場合は「重過失」）と評価すべきであるとされる（別冊判タ59頁）(117)。もっとも，着用義務違反が損害拡大に寄与していることが必要であり，衝撃が強い場合（ヘルメットの衝撃吸収性能には限界がある。）は因果関係が否定される場合がある(118)

なお，半キャップヘルメットは道交法違反にはならないが，PSC（消費生活用製品安全法に基づく特定製品）及びJISの規格では排気量125cc超の自動二輪車での利用は安全規格対象外となる(119)。

自転車のヘルメットについては，道交法上，児童・幼児の保護義務者に児童らに被らせる努力義務を課していたが，令和5年4月から，すべ

---

(116) 大阪地判H20.3.13（交民41-2，新類型339頁）は，赤信号無視の加害車に衝突された父親運転車の後部座席にチャイルドシートを着用せず同乗中の3歳児が車外へ放り出されて死亡した事案で，不装着が死亡の結果発生に起因した可能性は否定しがたいとして被害車の過失割合（基本：0）に10を加算するとしたが，加害者の過失は基本割合によっては斟酌し得ない著しい過失として，被害車の過失割合から10を減ずるべきであるとし，結果的に過失相殺を否定した。

(117) たとえば，大阪地判H2.9.17（交民23-5）は，被害者（無免許）が，自己が所有する自動二輪車を友人（免許取得後3カ月で運転経験が少なかった。）に運転させて同乗（二人乗り）中に，違法駐車車両の間で二輪車が転倒して脳幹損傷を被り，1級後遺障害を残した事案で，20～30kmの速度超過で進行する友人に注意をしなかったこと，ヘルメットを所持していながら着用しなかったこと等から4割過失相殺した（被害者側の過失の法理は適用せず。）。

(118) 実務373頁。

(119) 東京地判H30.6.18（交民51-3，新類型346頁）は，排気量249ccの自動二輪車が右折専用車線からゼブラゾーンを跨いで左方の第2車線に進路変更し，同車線を進行していた直進貨物自動車と衝突した事案で，「排気量に応じた安全規格のヘルメットを被っていれば傷害の程度が減じた可能性があるといえ，損害の拡大に一定の寄与があったとみることができる」としつつ，「ヘルメット不着用の場合と異なり，どの程度損害の拡大に寄与したか不明確さがあることを否めない」とし，二輪車同乗被害者の不用意な発言（既に交差点手前の右折専用車線に入っているにもかかわらず，左へ行きたいと発言していることが事故の契機となっていることも否定できないとしている。）も踏まえて10％過失相殺した（絶対的過失相殺）。二輪車と直進車の負担割合は85：15とした。

ての自転車利用者について着用の努力義務が課せられた（道交法63条の11）。改正前から，頭部外傷事案で不着用を理由に過失相殺する裁判例が現れていた[120]が，今後は不着用が被害者の過失とされることが増えるかもしれない。

座席のヘッドレストを外していた場合も，「道路運送車両の保安基準」に違反することになり，過失相殺されることがありうる[121]。

同乗中の他車との衝突等，共同不法行為が成立する事案では，シートベルト・ヘルメット不装着被害者の，同乗車運転者に対する過失相殺率と相手方車運転者に対する過失相殺率は同一か（絶対的過失相殺か相対的過失相殺か）という問題がある[122]。好意同乗の場合については後に

---

(120)　たとえば，東京地判 R4.8.22（自 J2137）。ロードバイクの事案であるが，頭部を負傷していることから，ヘルメットを着用していれば被害を軽減できた可能性も否定できず，原告の過失を考慮する際の事情と言えるとして，ヘルメット不着用も考慮して1割の過失相殺を行った。

(121)　福岡地小倉支判 R4.3.15（自 J2127）は，「原告の中心性頸髄損傷の主な受傷原因は頸部の過伸展であり，ヘッドレストがなかったことによって後方へ過伸展し，既往の脊柱管狭窄部分が強く圧迫されることによって頸髄の損傷が生じており，ヘッドレスト非装着が受傷の重症化を招いたことが認められる」とし，「原告が本件事故による受傷後，その治療に専念しなかったこと及び通院期間において長距離トラックドライバーとしての職務を継続していたことが一定程度症状の悪化や治療期間の長期化等に影響を及ぼしていたと認められ，これについても相当程度の過失相殺をするのが相当であるが，その割合については原告車の運転席のヘッドレストが外されていたことと併せて考慮して判断するのが相当である」として，3割過失相殺した。

(122)　桃崎剛「好意同乗及び同乗者のヘルメット・シートベルト装着義務違反における共同不法行為と過失相殺」（判タ 1213）を参照。桃崎論文は，「ヘルメット・シートベルトの装着義務違反を理由とする過失相殺は，その装着義務の違反により損害が拡大したことを理由として行われるところ，その拡大の割合は，相手方車両の運転者に対する関係でも同乗車両の運転者に対する関係でも変わらないから，同乗者の過失割合は，相手方車両の運転者に対する関係でも同乗車両の運転者に対する関係でも同一ということになる」としている。他方，同乗車運転者は同乗者にシートベルトを装着させる義務を負っていることを重視すれば，その過失割合と，不着用につき何ら落ち度のない相手方運転者との間の過失割合は異なるとの考え方もありうる（赤い本 2016年下巻35頁）。実務323頁も，「過失相殺を主張する者が事故の相手方車両の運転者か同乗車両の運転者かによって，結論が分かれる可能性があるといえる。助手席同乗者の損害に対する過失相殺が主張された例をみると，事故の相手方車両の運転者が過失相殺を主張した場合は，シートベルト不着用と助手席同乗者の損害との因果関係が否定されない限り，過失相殺の主張は是認される傾向にあるといえるが，同乗車両運転者が過失相殺を主張した場合は，同乗車両運転者にも同乗者にシートベルトを装着させる義務を怠った過失があるとして，過失相殺が否定されることがある。」と指摘している。

（599頁）検討する。

コ　自転車同士の事故と歩行者加害事故

定型化が難しい自転車同士の事故(123)については，別冊判タには基準化されていない。そのため，四輪車同士の事故の基準を参考にしつつ，自転車の特色を考慮して検討されることになり，事件ごとの諸事情を総合考慮し，ケースバイケースで過失割合が認定されている。

一例として，東京地判平成20年6月5日(124)は，幹線道路の横断歩道から約9mの地点で歩道から車道に出て，自転車横断帯を利用せずに斜め横断しようとした被告自転車と衝突した直進原告自転車（ロードレーサータイプ）の衝突事故について，原告自転車が横断歩道を通過する際，車道信号は赤信号であり，歩行者用信号は青信号であったこと等から，原告に回避義務を認め，その過失割合を50％程度とした。

飛び出してきた歩行者を避けようとした二輪車が転倒して運転者が死傷した場合や，横断歩行者と接触した自転車が転倒して運転者が死傷した場合など，歩行者が加害者となる事故(125)もある。このような事故で歩行者の責任を追及しようとする場合は，歩行者側に個人（日常生活）賠償責任（補償）保険（特約）の付保がないか確認する。

(6)　修正要素(126)等についての注意点

ア　因果関係

これまで見たように，考慮される被害者の過失は，不法行為の成立または損害の拡大と因果関係のあるものに限るべきである。

---

(123)　赤い本2014年下巻「自転車同士の事故の過失相殺基準」，同2024年下巻「自転車同士の事故に関する過失相殺について」，日弁連交通事故相談センター東京支部過失相殺研究部会「自転車事故過失相殺の分析」（ぎょうせい），「自転車事故と過失相殺」（未来），小川雄介「歩行者が被害者となる場合の自転車事故—裁判例に見る歩行者の基本相殺率—」（新次元），新類型32頁。自転車事故については，髙木宏行他編「自転車事故の法律相談（法律相談シリーズ）」（学陽書房）も参照されたい。

(124)　自J1748，最前線30。

(125)　赤い本2005年「歩行者が加害者となった場合の過失相殺」，新類型19頁。

(126)　高齢者修正について，高齢者210頁以下。

この点，別冊判タ全訂3版までは，無免許運転，酒気帯び運転等違法性が重大な場合について，事故と直接の因果関係がなくても著しい過失または重過失として扱うとしていたが，たとえば，赤信号停車中追突された被害者が酒気帯び運転であっても，過失相殺することには疑問がある。同第4版以降は，無免許等についても他の修正要素と同様に相当因果関係がある場合に考慮すべきものとしている。もっとも，法令の認識不足や運転技術の未熟さが事故と相当因果関係あると事実上推定されることはある（別冊判タ44頁）。

イ　加害者の重過失

過失相殺の考え方において実務が依拠している相対説によれば，被害者に過失があり，それが損害の発生または拡大に寄与していることが否定できない場合でも，加害者に重過失がある場合等は過失相殺しないことがありうる(127)。被害者のシートベルト不着用についてはすでに述べた。

ウ　別冊判タの軽信は禁物

現実の交通事故の態様はさまざまであり，事故態様によっては，別冊判タの過失割合の基準（基本過失割合 + 修正要素）を形式的に当てはめた場合から大きく乖離することがあるので，「基準」の軽信は禁物である(128)。

---

(127)　前掲大阪地判 H8.3.15，同岡山地倉敷支判 R2.11.27，同横浜地判 H17.9.22，同大阪地判 H20.3.13のほか，名古屋地判 R2.10.7（交民 53-5）は，加害者の著しい速度超過（法定速度の倍以上である時速約 135km）を故意にも匹敵する重過失であるとしたうえで，「原告がシートベルトを装着していなかったことが傷害結果の拡大に寄与した可能性があることを踏まえても，損害の公平な分担の見地から過失相殺を行うことが相当であるということはできない。」として過失相殺の主張を退けた。また，東京地判 R4.11.29（交民 55-6）は，介護タクシーに乗車中の制動操作により転倒した事案について，「被告らが原告の落ち度を主張して過失相殺の適用を求めるのは，信義誠実の原則に反するというべきであるから，本件事故について，原告側の落ち度を考慮して過失相殺を認めるのは相当でない」とした。

(128)　たとえば，福岡高判 R5.3.16（自 J2154）は，被害者運転の直進二輪車と対向右折四輪車の事故（双方青信号）について，夜間に信号交差点を最高速度の 2.4 倍以上の時速 120km 以上で進入してくる直進二輪車を予見して運転操作すべき義務があったというのは困難であるとして，四輪車の過失を否定した。別冊判タ 175 図によれば，基本が二輪：四輪 =15：85 で，二輪車の 30km 以上の速度違反で修正すると 35：65 である。自賠責保険は減額せずに支払われている。

(7)　一部請求における過失相殺の方法

ア　問題点

判例（最判昭和37年8月10日[129]）は，明示的一部請求を許容しているが，一部請求であることを明示して提訴した場合は，その確定判決の既判力は残部の請求に及ばないとしている。

では，訴訟において，不法行為に基づく一個の損害賠償請求権の一部が請求されている場合，過失相殺はどのように行うのだろうか。

イ　考え方[130]

この問題については次の3説がある。

案分（按分）説は，請求額を過失割合で減額する。たとえば，総損害100万円，過失相殺率40%の事案で50万円を訴訟上請求した場合，認容額は，50万円×(1−0.4)＝30万円となる。

外側説は，全損害額を過失割合によって減額した残額を請求額の範囲で認容する。上記の例の認容額は，100万円×(1−0.4)＞50万円だから50万円となる。

内側説は，全損害額から過失割合によって減額すべき額を請求額から控除する。上記の例の認容額は，50万円−(100万円×0.4)＝10万円となる。

以上のように，外側説が被害者に最も有利である。

ウ　判例の立場

最判昭和48年4月5日[131]は，当事者の通常の意思に沿うことを理由に外側説を採用した。したがって，裁判所は，損害の全額を把握する必

---

(129)　民集16-8。「一個の債権の数量的な一部についてのみ判決を求める旨を明示して訴が提起された場合は，訴訟物となるのは右債権の一部の存否のみであって，全部の存否ではなく，従って右一部の請求についての確定判決の既判力は残部の請求に及ばないと解するのが相当である。」

(130)　赤い本合本Ⅱ 81頁「好意同乗者減額の可否」，北河327頁〜328頁。

(131)　判時714，判タ299，交通百選。「一個の損害賠償請求権のうちの一部が訴訟上請求されている場合に，過失相殺をするにあたっては，損害の全額から過失割合による減額をし，その残額が請求額をこえないときは右残額を認容し，残額が請求額をこえるときは請求の全額を認容することができるものと解すべきである。このように解することが一部請求をする当事者の通常の意思にもそうものというべきであって，所論のように，請求額を基礎とし，これから過失割合による減額をした残額のみを認容すべきものと解するのは，相当でない。」

要があることになる。

(8) 共同不法行為と過失相殺

共同不法行為における過失相殺のありかたは難しい。252頁以下で検討した。

2 好意同乗減額

(1) 減額の根拠

かつては，対価も払わずに自動車に同乗させてもらう利益を得ながら，事故が起こると運行供用者・運転者に対して，外部の被害者のように全額の賠償を求めるのは衡平に反するのではないか，という価値判断があった。現在では，無償で車に乗せてもらうことを特別な利益と見ることはできず，同乗者についての過失相殺の（類推）適用の問題として捉えられている。

(2) 減額の可否

ア 減額される場合

最高裁判例はないが，下級審では，過失相殺の問題として，同乗被害者に何らかの帰責性（非難すべき事情）が認められる場合に限り減額されており，単なる好意・無償同乗は原則として減額されない。たとえば，東京地判平成2年7月12日[132]は，休憩を取りながらの交代運転の事案について好意同乗減額の主張を退けた。

帰責性が認められ減額される類型として，同乗者が事故の危険性を承

(132) 自J900，交通百選，要約18。友人4人が交代運転でドライブ中の自損事故の事案。「被告らは，原告が深夜のドライブという被告らと共通の目的で本件車両に搭乗し，かつ，運転を交替したりしているから好意同乗減額すべきである旨主張するが，原告自身において事故発生の危険が増大するような状況を現出させたり，あるいは事故発生の危険が極めて高いような客観的事情が存在することを知りながらあえて同乗した場合など，同乗者に事故の発生につき非難すべき事情が存する場合は格別，本件のように深夜のドライブとはいえ休憩もとり，4人で交替して運転していくような場合にまで好意同乗減額して損害賠償額を減額することはできないものとするのが相当である。」

知して同乗していた場合（危険承知型），同乗者が関与または増大させた危険が現実化したりした場合（危険関与型），共同運行供用者として事故の発生を抑止すべき立場にある場合（共同運行供用者型）があげられている。

イ　危険承知型・危険関与型

運転者の飲酒を承知の上で同乗した者の損害については，ほとんどの場合に減額が認められている。運転者の過労や睡眠不足についても減額されることが少なくない(133)。

運転者に無免許や運転技術の未熟が認められる場合は，事故を起こす危険性が高いと言えるから，そのような事情を知りながら同乗した場合にも，被害者に帰責性ありとして減額されることがある(134)。

運転者が危険な運転をすることを知りながら同乗した場合も，減額が認められることがある(135)。これに対し，事故時の運転が危険なもので

---

(133)　大阪地判 H7.6.22（交民 28-3）は，友人 10 名が 3 台の車に同乗してドライブ中にスピードの出し過ぎで自損事故を起こして同乗者が受傷した事案で，「原告一郎は，本件事故当時，被告次郎の運転免許取得が約 1 か月半前であることを知っていたから，同人の運転技術が未熟であることを承知していたと考えられること，雑談をしてほぼ徹夜の状態で時間を過ごした後の早朝の運転であるため，疲労運転の可能性が高いと知りながら同乗したと推認できること，本件事故当時高速度で運転していたことを容易に知り得たのに，特に速度を落とすように言わず，ドライブを楽しんでいたこと等に照らすと，（略）原告一郎において，積極的に危険運転を助長したとまではいえないまでも，ある程度危険な運転を放置，容認して，その利益を得ていたものといわざるを得ない。そうすると，公平の見地から損害を相当程度減額すべきである。そして，その割合は 1 割 5 分が相当である。」とした。

(134)　運転技術未熟について前注大阪地判。無免許について，岐阜地判 H25.7.19（判時 2204）は，速度違反車（被害者が父親の所有者を交代運転中 18 歳の被告に無免許を承知で運転させた）の助手席にシートベルトを着用せずに乗車し，縁石に衝突する自損事故の衝撃で車外に放出されて死亡した被害者の過失を 4 割とした。無免許の点につき，「原告らは，本件事故は，被告次郎が無免許であることから発生したものではなく，同人が前方注視義務を怠ったことにより発生したものであるから，亡花子が被告次郎の無免許を知って本件車両を貸したとしても，このことは減額事由とならないなどと主張するが，上記のとおり，被告次郎が的確なハンドル操作を怠り，アクセルペダルをブレーキペダルと踏み間違えて本件事故に至ったことに鑑みると，被告次郎が無免許であったことも本件事故の原因であるというべきであって，上記原告らの主張は採用できない。」とした。

(135)　名古屋地判 H17.3.30（交民 38-2）は，飲酒運転，速度超過 35km の運転者が，被害者に助手席の同乗者の膝の上に乗るよう勧め，被害者が危ないと述べているのを意に介せず自損事故を起こして被害者が負傷した事案で，裁判所は，運転者（被告）の責任は重大であるとしつつ，「原

あっても，同乗者が同乗時にそのような認識がなく，危険な運転を容認し，またはこれを煽ったような事情がなければ，減額されない[136]。

同乗者の同乗の態様が危険である場合（定員外乗車や「箱乗り」）にも減額を認めた裁判例がある[137]。定員外乗車は，原動機付自転車の場合

告においても，（略）被告乙山がかなりの飲酒をしていたことを知っており，被告乙山が相当なスピードを出して自動車の運転をすることも知っていたこと，また，丙川の膝の上という異常な車の乗り方であることも知らされたこと，被告乙山に失礼のないように断わることも可能であると考えられるにもかかわらず，一度も遠慮しておく様な言動をしていないこと等に照らすと，原告に乙山車への同乗について，相当程度軽率な面が窺えると言わざるを得ない。そして，原告の同乗形態が本件損害を拡大したものと推察される。」として1割減額した。

(136)　東京地判 H24.9.24（自 J1883）は，同乗者が，運転者（被告）に，未明，自宅まで送り届けてもらう途中，速度超過で車が横転し負傷した事案で，「原告と被告次郎とは，原告の友人である戊田を介する等した友人関係であり，単に本件自動車に同乗していたに過ぎないことからすると，原告が被告次郎に対して被告次郎の運転を指導する立場にあったとはいえず，原告が被告次郎に対して適切な速度に落とすべきである等の助言を行う義務があったとまではいえない。また，原告が被告次郎に対し，時速115km 以上の速度で本件自動車を走行させることや急ハンドルを切ることを助長したことは認めることはできない。確かに，（略）原告らは，（略）日午前1時頃に原告の自宅マンションを出発して，肝試しをしたり，朝日を見たりして，午前5時頃に本件事故現場の付近の駐車帯を出発したことが認められる。しかし，本件事故の原因が，被告次郎が時速115km の速度で走行させ，急ハンドルを切ったことなどにあるところ，被告次郎が午前5時頃に上記駐車帯から原告の自宅まで原告を送り届けようとしたからといって，本件自動車を時速115km の高速度で走行させる必要はなく，また，本件事故の原因が過労による居眠り運転等ではないことからすると，上記原告の自宅マンションを出発してから本件事故までの原告の行動が本件事故の原因に結びついたとまではいえない。したがって，原告の上記本件事故までの行動を理由に原告の損害を減額することが相当であるとはいえない。」として好意同乗減額の主張を退けた。

(137)　横浜地判 H22.10.29（自 J1847）は，軽四輪貨物車を運転中大回り左折したため横転し，右後部に箱乗りしていた同乗者が同社の下敷きとなって死亡した事案で，「太郎は，自ら言い出して本件車両の右側後部において箱乗りをしていたところ，被告は，これを知りながら容認していたものと認められる。そして，被告は，本件事故当時19歳で，15歳の太郎より4つも年上であり，（略）太郎は被告に対し，箱乗りすることの承諾を求めていることからすると，被告が止めるように言えば，太郎は箱乗りを止めたものと推認することができる。ところで，（注：道交法55条1項を引用）と定めているから，太郎が箱乗りしていたことによって太郎自身が道路交通法55条3項に違反しているのはもとより，これを知りながら本件車両を運転していた被告も，道路交通法55条1項に違反している。太郎が箱乗りしていたことによって，本件車両全体の重心が，太郎が後部座席に座っていたときに比べて，車両の右上部に移動していたと認められるから，本件車両が横転したことについては，太郎が箱乗りしていたことが寄与していた可能性がある。また，本件車両に乗っていた被告と戊田は，ほとんどけがをしていないことからすると，太郎は箱乗りしていなければ，死亡というような重大な結果が生じなかった可能性が高かったものと認められる。」として2割減額した。前掲名古屋地判 H17.3.30は助手席同乗者の膝の上に同乗したことを

に問題になることが多い。

もっとも，以上のような減額事由となり得る事情があっても，それらの事情と事故の発生に因果関係がない場合は，減額は認められない。加害車運転者の過失が重大である場合にも減額が否定されることがある[138]。

ウ 共同運行供用者型

被害者である同乗者が共同運行供用者と認められる場合は，特段の事情がない限りその同乗者の他人性は否定され（212頁），運転者に運行供用者責任は成立しない。これに対し，単なる無償同乗車者は運行支配を有しないから共同運行供用者ではなく，「他人」にあたりうる[139]。したがって，この類型について好意同乗減額が問題となるのは，主に運行供用者責任は成立しないが不法行為責任（民法709条）が成立する場合である。同乗者は，共同運行供用者として，事故の発生を抑止すべき立場にあったことが，減額が認められる根拠とされる。

もっとも，危険承知型・危険関与型にあたるような事情がないのに，共同運行供用者であることのみを理由として好意同乗減額をした裁判例はほとんどない[140]。東京地判平成2年7月12日（595頁）においても，

減額事由としている。

(138) 大阪地判 H17.7.25（交民38-4）は，速度超過で運転者が飲酒していた車両に同乗していた被害者（運転者の飲酒を認識していた。）が，大幅な速度超過の上で赤信号で交差点に進入した加害車との衝突で負傷した事案で，「被告の信号無視と速度超過という多大な過失によって引き起こされたものである。他方，乙野は，対面信号の青色表示に従って本件交差点に進入したのであり，最高速度をある程度超過していたとしても，被告の過失の程度と比較すると，過失相殺すべき事由になるとは解されない上に，原告花子において乙野車両の速度違反を認識し，放置していたと認めるに足りる証拠もない。また，乙野の飲酒については，本件事故の態様からして，本件事故の発生や結果の拡大に影響したとは考えられない」等として減額を否定した。

(139) 最判 S42.9.29（209頁）は，酩酊して助手席に乗り込んだ知人について他人性を認めた。

(140) 共同運行供用者であることを理由とする減額を認めたものとして，高松高判 H2.7.20（判時1414，判タ746）がある。学生仲間4人で運転練習のためレンタカーで旅行中，海岸に転落して同乗被害者が死亡した事案で，「誰が運転してその練習をするかに関し太郎は被控訴人春子，同丙川，同丁山と全く同等な立場にあった。従って，本件事故当時本件自動車の運行に関する太郎の運行支配，運行利益の程度が間接的，潜在的，抽象的であるとはいえず，結局太郎は被控訴人春子，同丙川，同丁山に対する関係で自賠法3条にいう「他人」には該当しないものである。」として他人性を否定したうえ，運転者の不法行為責任について，「太郎が他の3名と共同運行供用者

交代運転をしていた同乗者は共同運行供用者にあたるように思われるが，減額は否定されている。

(3) 減額のしかた

ア　減額の対象

裁判例には，全損害額から減額するものが多いが，慰謝料のみを減額するものもある。慰謝料の算定要素は極めて幅広いから，より運転者との関係を考慮しやすいのだろう。

イ　減額率

かつては40%程度減額するものも珍しくなかったが，近時は30%以上の大幅な減額をする裁判例は少なく，比較的多くの裁判例は10%程度の減額にとどめている。危険を認識しつつその危険性を助長した場合や，ヘルメット不着用など被害者固有の落ち度がある場合等には，より高率の減額が行われるが，その場合でも20〜25%にとどめられることが多い。

(4) 好意同乗と共同不法行為[141]

単独事故であれば，好意同乗者（被害者）の過失ある運転者（運行供用者）に対する損害賠償請求権を減額するだけでよいが，他の車と衝突した場合はどうだろうか。相手車運転者にも過失がある場合，相手車運

の関係にあったこと，本件事故発生の態様等前記各説示よりみて，損害負担の衡平の観点からみて，被控訴人春子に対し請求できる損害賠償の金額を軽減されても止むを得ないものというべく，前記各説示を総合考慮すると，その損害の内20%を減額するのが相当であ」るとした。LP98頁は「裁判例においては，当該同乗者について，上記の②（危険承知型）または③（危険関与・増幅型）に挙げたような事情が存在しないのに，単に自賠法３条の規定との関係においては運行供用者に当たり得るということのみをもって，賠償すべき金額を減ずるとしたものは見当たらないようであり，そのような減額をすることについては，その理由等について慎重に吟味する必要があろう」とする。

(141)　赤い本2003年「同乗減額と共同不法行為」（相対的過失相殺を採用した最判H13.3.13との関係を検討しており，絶対的過失相殺を採用した最判H15.7.11を踏まえていないことに注意），実務323頁〜324頁，桃崎剛「好意同乗及び同乗者のヘルメット・シートベルト装着義務違反における共同不法行為と過失相殺」（判タ1213），北河329頁〜330頁。

転者との関係でも減額できるか，できるとすれば対同乗車運転者と減額率は同じかが問題になる（シートベルト・ヘルメット不着用による過失相殺の場合については591頁で取り上げた。）。

かつてのように，同乗被害者に非難されるべき事情がなくても無償同乗というだけで減額を認めるのであれば，同乗者には相手車に対する関係で過失があるわけではないから，減額は同乗車との関係だけで問題になると考えられそうだが，上述のとおり，現在は被害者の過失と評価できる同乗者の帰責性が減額の前提であると考えられるようになっているから，相手車に対しても同様に減額できる（過失相殺率は異ならない）のではないかとも考えられる。

後者の考え方[142]が有力であるようにみえるが，被害者の帰責性といってもいろいろあり，常に同率の減額率を適用できる（絶対的過失相殺によることになる。）かどうかは決着していない[143]。

(142)　重要論点は，「同乗者が承知し，又は，関与・増大させた危険（飲酒運転等）がある場合，この危険は同乗車両運転者の運転行為に内在・吸収されていて，事故及び事故によって同乗者に生じた損害はこの危険が現実化したものであるから，同乗車両運転者の過失の一部を自らの過失として負担するものと考えるのが相当である。また，共同運行供用者である場合は，運行支配，運行利益の程度に応じて同乗車両運転者の過失の一部を自らの過失として負担すると考えるのが相当である。」（330頁）として，同乗車運転者，相手方車運転者に同じ過失相殺率を適用するとしている（331頁）（前掲桃崎論文（判タ1213）同旨）。

(143)　青本29訂版183頁～184頁。

第3節　素因減額

1　素因減額（素因減責）とは

(1)　意義

損害賠償額の減額事由として問題になる「素因」とは，損害の発生や拡大に寄与した，被害者が事故前から有していた事情，要因を指している。加害行為とともにそのような要因が寄与（競合）することによって，損害が発生ないし拡大した場合，加害者はそのすべてを賠償しなければならないだろうか。このような場合に加害者の損害賠償責任ないし損害賠償額を減じることを素因減額（素因減責）という。

素因減額を肯定する考え方は，「損害の公平な分担」の見地から，因果関係と予見可能性による all or nothing の結論（富喜丸事件以来の判例理論である相当因果関係説によれば，素因が特別事情に該当すれば，それによって発生・拡大した損害は特別損害として，予見可能性がない限り責任を負わないとされてきた。）を修正し，中間的解決（割合的処理）を図るものである。しかし，「損害の公平な分担」という目的・理念自体は否定しようがないが，それが直ちに減額を正当化するものであるとは言えないだろうし，まして減額の要件や割合を導くものとも言えない。赤い本，青本も，減額が行われる類型について説明して裁判例をあげるのみで，減額率については，「具体的事案毎に個別に判断されているのが現状である」（赤い本），「ケースバイケースで目安と言えるものはない。」（青本）として，判断指針を示していない。

「素因」の定義にも確立したものはないが，たとえば，同じく損害賠償額を減じる理論である過失相殺における過失との関係を意識して，「被害者本人の身体あるいは精神的傾向に関する事実のうち，過失相殺の過失に該当しないもの」とする定義が提案されている[144]。

---

(144)　注解 527 頁～528 頁。

(2)　考え方

ア　素因（原則）考慮説

加害者の責任を減額する（割合的に認める）理論構成は，因果関係の段階で割合的処理を行うものと，損害賠償額決定の段階で割合的処理を行うものとに大別される。前者には，割合的因果関係論(145)や確率的心証論(146)等があり，後者には，信義則による減額を行うもの，寄与度による減額を行うもの，過失相殺規定を類推適用する過失相殺類推適用説(147)等がある。

後掲最判昭和63年4月21日は，心因的要因の寄与について，「損害を公平に分担させるという損害賠償法の理念に照らし，裁判所は，損害賠償の額を定めるにあたり，民法722条2項の過失相殺の規定を類推適用して，その損害の拡大に寄与した被害者の右事情を斟酌することができるものと解するのが相当である。」として，過失相殺類推適用説を採用した(148)。

この判例理論に対しては，因果関係認定の壁を低くするものである，事案に即した柔軟な解決が可能である等として，実務家にはこれを積極的に評価する説が多い。もっとも，素因を考慮するといっても，どのような素因をどのような場合に考慮するかは必ずしも明らかではない。

イ　素因（原則）不考慮説(149)

減額に否定的な考え方は，被害者の「帰責性」（損害の回避可能性）が認められなくてもその素因を考慮して賠償額を減額することは，公平と

(145)　野村好弘「因果関係の本質―寄与度に基づく割合的因果関係論」（「交通事故損害賠償の法理と実務」（ぎょうせい）），小賀野晶一「割合的認定論の法的構成―相当因果関係論の再構築」（新次元），同「交通事故損害賠償責任と寄与度論」（到達点），人身賠償・補償研究5（判例タイムズ社）（野村好弘他）。

(146)　倉田卓次「被害者の素因との競合」（交通法研究14号），同「交通事故訴訟における事実の証明度」（民事交通訴訟の課題（日本評論社））。

(147)　中野貞一郎「相当因果関係論の蓋然性と損害賠償額」（別冊ジュリスト36号）。

(148)　指摘されているように，素因を，被害者に帰責性を認める「過失」（過失相殺における過失）と同視することには疑問があり，素因減額を行う裁判官の感覚も，割合的因果関係論や確率的心証論に近いのではないかとも感じる。

(149)　窪田445頁～446頁はこの立場と思われる。

はいえないのではないか，という価値判断に基づく。なお，英米法では，「加害者は被害者のあるがままを受け入れなければならない」のが原則とされている。

この立場からは，素因考慮説は賠償額を安易に減額するものではないか，概念が不明確で裁判官の恣意を許すことになるのではないか（「素因」という言葉自体が因果関係論において評価的な選択していることを意味している[150]。）といった疑問が呈されている。素因とされる要因を原則として考慮しないとする裁判例もあり，その代表は「あるがまま判決」と呼ばれる東京地判平成元年9月7日[151]である。この他にも，昭和63年最判の射程を制限的に捉えて当該事案において素因減額を否定した裁判例がある[152]が，少数である。

ウ　主張立証責任

判例は，過失相殺と同様に，裁判所は債務者の主張がなくても職権で素因を斟酌できるとしている[153]が，主張立証責任はどうなるだろうか。

---

(150)　窪田「過失相殺の法理」58頁～59頁。

(151)　判時1342。被害者は「精神的打撃を受け易い類型の人間である（略）が，不法行為の被害者がいわゆる賠償神経症であるためその損害賠償を認めないことがかえって当該被害者の救済となる場合又は損害の拡大が被害者の精神的・心理的状態に基因するためそのすべてを加害者に負担させるのが公平の観点に照らして著しく不当と認められるような場合（略）には，当該賠償請求を棄却し又はその一部を減額すべきと解するのは格別，「加害者は被害者のあるがままを受け入れなければならない」のが不法行為法の基本原則であり，肉体的にも精神的にも個別性の強い存在である人間を基準化して，当該不法行為と損害の間の相当因果関係の存否を判断することは，この原則に反するから許されないと解すべき」とした上で，被害者の精神的・心理的状態による素因減額を否定した。

(152)　たとえば，横浜地判H2.7.11（判時1381）は，体質的素因を斟酌することは公平の理念に照らし許されないとした。これに対し，控訴審である東京高判H3.2.27（判時1386）は，体質的要因についても過失相殺を類推適用すべきであるとして4割減額した。また，広島地判H2.4.23（交民23-2）は，「そもそも不法行為の被害者となる者の身心の状況は千差万別であり，加害者としても当然そのことを了知しているものというべきであるから，加害者としては原則として被害者の右状況をそのまま受入れるべきであって，右各素因による減額等を考慮するのは，素因の占める要素が極めて高い場合，すなわち不法行為がなくてもいずれ被害者の体質的素因を主因として損害が発生した蓋然性が高い場合や被害者の精神的・心理的状況が損害の発生・拡大に強く作用している場合等損害のすべてを加害者に負担させるのが公平の観念に照らし著しく不当と認められるような場合に限られるものと解するのが相当である。」として，S63年最判の射程を制限的に設定して減額を否定した。

判例によれば，過失相殺においては「過失となるべき事実」の立証責任は債務者（損害賠償義務者）にあるとされているから，ここでも，素因減額を主張する加害者側が，①当該素因が考慮の対象となるもの（疾患等）であること，②事故と素因がともに原因となって損害が発生・拡大したこと（相当因果関係），③発生・拡大した損害に対する責任のすべてを加害者側に負わせることが「損害の公平な分担」という不法行為法の趣旨に反すること，④減額の程度（割合）の検討に関連する具体的事実（素因の寄与の態様，素因の内容や性質など）を証明することが必要であると解される[154]。支払側が素因減額を主張しても，素因の存在や損害への寄与について立証がないとしてこれを退ける裁判例は多い。

2 心因的要因の寄与[155]

(1) 昭和63年最判

最判昭和63年4月21日[156]（心因判決）は，「加害行為と発生した損

(153) 最判H20.3.27（判時2003，判タ1267。労災（過労死）事案）。

(154) 注解532頁，2009年赤い本下巻62頁，実務339頁～340頁，348頁。

(155) 松居英二「心因的要因の寄与を理由とする素因減額」（再構築）。

(156) 判時1276，判タ667，交通百選，要約19。「身体に対する加害行為と発生した損害との間に相当因果関係がある場合において，その損害がその加害行為のみによって通常発生する程度，範囲を超えるものであって，かつ，その損害の拡大について被害者の心因的要因が寄与しているときは，損害を公平に分担させるという損害賠償法の理念に照らし，裁判所は，損害賠償の額を定めるに当たり，民法722条2項の過失相殺の規定を類推適用して，その損害の拡大に寄与した被害者の右事情を斟酌することができるものと解するのが相当である。」としたうえで，「上告人は本件事故により頭頸部軟部組織に損傷を生じ外傷性頭頸部症候群の症状を発するに至ったが，これにとどまらず，上告人の特異な性格，初診医の安静加療約50日という常識はずれの診断に対する過剰な反応，本件事故前の受傷及び損害賠償請求の経験，加害者の態度に対する不満等の心理的な要因によって外傷性神経症を引き起こし，更に長期の療養生活によりその症状が固定化したものと認めるのが相当であり，この上告人の症状のうち頭頸部軟部組織の受傷による外傷性頭頸部症候群の症状が被上告人Bの惹起した本件事故と因果関係があることは当然であるが，その後の神経症に基づく症状についても右受傷を契機として発現したもので，その症状の態様からみて，E病院退院後自宅療養を開始したのち約3か月を経過した日，すなわち事故後3年を経過した（略）までに，右各症状に起因して生じた損害については，本件事故との間に相当因果関係があるものというべきであるが，その後生じた分については，本件事故との間に相当因果関係があるものとはいえない。また，（略）上告人の訴えている右症状のうちには上告人の特異な性格に起因する症状も多く，初診医の診断についても上告人の言動に誘発された一面があり，更に上告人の回

害との間に相当因果関係がある場合において，その損害がその加害行為のみによって通常発生する程度，範囲を超えるものであって，かつ，その損害の拡大について被害者の心因的要因が寄与しているときは」，722条2項の類推適用によって，被害者の素因を考慮して損害賠償額を定めることができるとし，軽微な追突事故によって外傷性頚部症候群等の傷害を負った被害者が10年以上入通院を繰り返した事案について，事故後3年間に発生した損害についてのみ相当因果関係を認めた上で，その4割の限度に減額した原審の判断を是認した。

この事案はかなり特殊であり，判決も，特殊事情を指摘したうえで，「このような事情のもとでは」公平の理念に照らして減額すべきだとしたもので，心因的要因が寄与していれば当然に減額できるとしたものではないことに注意すべきである。

また，この判決が採用した，相当因果関係のある治療期間を限定したうえで更に素因減額するという損害算定の手法も，事案の特殊性によるものと考えるべきである。これ以降の下級審裁判例をみても，このような手法をとるものは少ない。

(2)　心因的要因とは何か

素因減額における「心因的要因」は医学用語ではなく，判例が新たに作り出した用語であるが，昭和63年最判はその定義を示しておらず，その後の裁判例にも明確に定義したものはないようである。赤い本・青本も定義を示していない。減額の対象となる心因的要因とは何かについて明確にしないまま減額が行われているのが実務の現状である。

もちろん，評釈等においては定義が試みられており，たとえば，「広義の心因反応を起こす神経症一般のほか，賠償神経症や症状の訴えに誇

復への自発的意欲の欠如等があいまって，適切さを欠く治療を継続させた結果，症状の悪化とその固定化を招いたと考えられ，このような事情のもとでは，本件事故による受傷及びそれに起因して3年間にわたって上告人に生じた損害を全部被上告人らに負担させることは公平の理念に照らし相当ではない。」として，事故後3年間の損害に限定した上で6割減額した原審を支持した。もっとも，どのようなものが「心因的要因」なのかについて，明確に判示しているとは言い難い。

張があるような被害者帰責と評価できる場合も含む」という説明がされている[157]。医師の指示に従わないことやリハビリ・服薬の懈怠といった，過失相殺における過失と評価できる被害者の態度・行動についても心因的要因による損害の拡大として素因減額の問題とされるが，これらは過失相殺の問題として扱えば足りるように思える[158]。

心因的要因として減額の理由となる被害者の精神状態は，外部に表れた症状や行動の異常性の程度から判断することにならざるを得ない。結局は，裁判官が異常（一般人の精神的傾向から逸脱している）と感じるかどうかの問題のように思えるが，受傷内容，治療経過，症状・訴えの推移，治療への態度，事故とは無関係なストレスの有無，事故前の健康状態や生活状況等を認定した上で，一般的な医学的知見や主治医・専門医等の見解を踏まえて判断することになると思われる。

(3)　裁判所の姿勢

ア　LPの記述

LP211頁～212頁は次のように述べており，裁判所の姿勢を知るうえで参考になる。

「東京地裁においては，従来，おおむね，心因的要因として，広義の心因性反応を起こす神経症一般のほか，賠償神経症[159]や，

(157)　LP211頁。最判解昭和63年度民事編184頁も参照のこと。

(158)　なお，侵襲的な治療を選択しなかったことを理由に減額することには慎重であるべきである。たとえば，東京地判H24.7.17（交民45-4。最前線35）は，「被害者が治療効果の期待できる手術を拒んでいる場合であっても，そのことを前提に症状固定を認めてその時点の症状を後遺障害として評価すべきであり，治療効果を期待できる手術を被害者が受けなかったことについては，交通事故と後遺障害（後遺障害による損害）の相当因果関係の有無・範囲や過失相殺の検討において考慮するのが相当である。」「偽関節手術を受けないとした原告の判断が，合理性を欠いているものと評価することもできない。そうすると，原告が偽関節手術を受けなかったことを理由に，本件事故と本件後遺障害との相当因果関係を否定したり，その範囲を制限したりするのは相当ではないというべきである。」「原告が，後遺障害の発生又は拡大を避けるために偽関節手術を受ける義務を負っていた，あるいは，原告にそのような義務に違反した過失があると判断することはできない。よって，症状固定に関する事情を原因とする過失相殺を認めることはできない。」としている。

(159)　レンテンノイローゼ。事故・災害の賠償・補償制度下において，より多くの保護や金銭的補

症状の訴えに誇張があるような被害者帰責と評価できる場合を含むものと解する前提に立った上で，①原因となった事故が軽微で通常人に対し心理的影響を与える程度のものではなく，②愁訴に見合う他覚的な医学的所見を伴わず，③一般的な加療相当期間を超えて加療を必要とした場合等には，賠償すべき金額を決定するに当たり，当該心因的要因をしんしゃくすることができるとの考え方に立って審理に当たってきたと解される。」「殊に，被害者の受けた傷害や後遺障害の内容が非器質性の精神疾患等の精神的なものである場合に，そのことのみをもって，当然に減額が考慮されるものではないことに注意を要する。」

なお，賠償神経症や詐病等であれば，事故との相当因果関係は否定されるようにも思えるが，一部の事案を除いて，被害者の訴えのすべてを賠償神経症や詐病，誇張として退けることは難しく，そのような場合も，訴えの中に事故による症状が一部存在することが多いため，事故との相当因果関係を認めた上で素因減額を行うのが裁判例の傾向である(160)。

イ　電通事件最判との関係

労働者が長時間労働によりうつ病にり患して自殺した電通事件の最高裁判決（614 頁）は，「同種の業務に従事する労働者の個性の多様さとして通常想定される範囲を外れるものでない限り」当該労働者の性格等を理由とする減額を認めないとしている。この説示が，交通事故のような一般不法行為においても妥当するのであれば，心因的要因の寄与が個体差の範囲にとどまる場合は減額できないことになるが，特別な関係にない者の間の１回きりの不法行為である交通事故事件においては，そのまま適用することはできないのではないかとの指摘(161)がある。

償を受けたい願望が動機となって発生する神経症（現代精神医学事典（弘文堂）824 頁）。

(160)　赤い本 2017 年下巻 66 頁～67 頁。

(161)　赤い本 2017 年下巻は，「労使関係にない当事者間で１回的な外力により損害が発生する交通事故の場合，加害者としては，その被害者につき損害の発生又は拡大を予想することも，その被害者の性格を考慮して何らかの事前措置を採用することもできないのですから，平成 12 年判決は交通事故事件には基本的に妥当しないと解さざるを得ないと思われます。」，「（個体差説は）個体差の範囲内と範囲外を区分けする明確な基準を定立することが困難であることからすると，実務

体質的・身体的素因に比べて，被害者の精神状態が個体差の範囲かどうかを判断するのが難しいのはそのとおりかもしれないが，前述のように，裁判官が感じる，受傷内容とそれによって生じたとされる状況のアンバランスが，異常であると評価されるかどうかという問題だと考えれば，「個体差の範囲内」にとどまるかどうかという発想は，交通事故における心因的要因による素因減額においても，首長事件最判（616頁）が体質的・身体的素因による減額の要件として「疾患」を要求していることにも対応するもので，判例の基本的な発想だと考える余地がある(162)。

ウ　素因減額が行われる場合

裁判所が心因的要因による素因減額を認める場合は，事故による受傷と事故後の症状のアンバランスに着目している。たとえば，車に目立った損傷がなく修理費も10万円以下であるような軽微追突事案で，他覚所見がなく受傷の程度も軽いと認められるのに，長期にわたって症状を訴えて通院しているような場合は，素因減額が認められやすい(163)。事故や受傷内容とのアンバランスが大きい場合に，具体的な要因を指摘することなく，ここまで損害が拡大したのには心因的要因があるはずだという見方がされていると思われる裁判例もある(164)。

職場や家庭等の環境要因も考慮して減額を認めることもある(165)。た

的には考慮要素として用いにくいように思われ」るとする。

(162)　注解538頁〜539頁。

(163)　大阪高判R4.10.14（自J2139）は，事故前から心療内科に通院して治療を受けており，入院歴もあること，「本件事故時にXが身体に受けた衝撃が強いものではなかった（注：被害車には，リアバンパーのナンバープレート痕の他損傷が確認されなかった）こと（略）その衝撃のみによって，約3ヶ月もの間，通院を要するような頸部痛，右肩痛等の症状が発生し，継続するとは考え難い」こと等から7割素因減額した。

(164)　大阪高判H27.6.30（自J1954）は，追突事故で脊髄損傷の診断を得たが自賠責非該当の被害者の右半身麻痺を5級としたうえ，「「右上肢は自動運動がほとんどできず廃用状態，右下肢も筋力低下し杖なし歩行不能」という状態が，本件事故によってのみもたらされたと認めることはできない」等から，「他の要因については，心因的なものと考えるほかない」とし，「妻と離婚しており，家庭内の事情からストレスを感じていたものと推認することができるし，また，Xは，無職のときに本件事故に遭ったことから，生活に対する不安も相当なものであったと推認することができる」等として素因減額7割とした。

しかに，私生活のストレス（家族間の葛藤，職場での人間関係，失職による不如意，学業への支障，失恋等）による精神の不調が損害を拡大させたのではないかと思われる場合もあるが，受傷による日常生活や仕事への支障がストレスとなって精神の不調をもたらすことは珍しくないから，判例の立場を前提としても，減額するには一般人の精神的傾向を明らかに逸脱した異常性が認められることが必要だろう。

他覚所見を欠く（器質的損傷が認められない）現症（麻痺等）を残す被害者について，心因性の重度障害を認定した上で，心因的要因が発症ないし重篤化に寄与していると認定し，高率の素因減額を行う裁判例もある(166)。

几帳面，執着的，情緒不安定，自己暗示にかかりやすいなど，被害者の性格が心因的素因として考慮されることもある(167)。しかし，事故な

---

(165)　大阪地判 H24.6.8（自 J1886）は，原付同士の衝突で頭部外傷等を負った被害者（自賠責非該当）につき，12 級非器質性精神障害（うつ状態）を認め，首の痛みや医師の意見に反して復帰した仕事の失敗等からうつ状態となり，休業，経済的困窮，離婚に至りうつ状態が進行したと認定したうえ，職場などの環境要因も影響し回復見込みもあるとして 20%素因減額した。素因としてさまざまなストレスに対する脆弱性を考えているようだ。

(166)　大阪地判 H26.2.4（交民 47-1）は，自動二輪車に乗車中に約 10km ／時で追突され，頭部，頚部，左肩，腰背部打撲，頚髄損傷疑いの傷害を受けた被害者につき，転換性障害による両下肢麻痺（機能全廃）として 1 級 6 号を認定し，労働能力喪失率を 100%とした（喪失期間は治癒の可能性ありとして 10 年とした。）上で，「原告の両下肢麻痺の症状は，器質的損傷に基づくものではなく，他にその症状を説明できる要因が存しないこと，自殺未遂，アルコール依存などの徴候があることからすれば，原告の症状の長期化，重篤化については，原告の心因性の素因がかなりの程度寄与しているものと認める他ない。」等として，70%素因減額した。神戸地判 R5.7.21（交民 56-4）は，被害者の右上肢麻痺につき 5 級としたが，衝撃は比較的限定的で本件事故による衝撃によって物理的に発生しうるものではなく，心因的要因によって増大されていると解するほかないとして 3 割減額した。

(167)　名古屋地判 R4.6.1（交民 55-3）は，非器質性精神障害 12 級を認めた上で，主治医の回答書に「元来素因として持っていた ASD（注：自閉スペクトラム症）傾向のため PTSD の改善が阻まれている旨や，PTSD の残存について，ASD による不安感受性の高さが影響して難治の経過となると思われる旨記載されていることから，原告の精神症状を原因とする損害については，原告の素因としての ASD による不安感受性の高さを斟酌するのが相当であ（る)」とし，素因減額の程度としては，回答書上原告の ASD の程度が軽度とされていること等から 3 割とした。また，東京地判 R4.7.12（交民 55-4）は，追突事故で受傷し，自賠責 12 級耳鳴，14 級非器質性精神障害，14 級頚部痛等，14 級平衡機能障害で併合 12 級の後遺障害を残す事案で，原告主張の高次脳機能障害を否定して 12 級非器質性精神障害を認め，耳鳴等との併合 11 級としたうえで，「本件事

いし受傷と現症のアンバランスのみから，損害を拡大しやすい特異な性格だとして減額することには慎重であるべきだと考える。

なお，被害者の精神症状の悪化の原因が加害者側の態度にも求められる場合も，素因減額にはより慎重であるべきではないかと考える(168)。

エ　素因減額を行わない場合

事故後に精神疾患を発症した場合でも，その内容・程度が事故によって通常生じ得るものである場合は，全損害を加害者に負担させても公平を失するとは言えないから，減額すべきではない(169)。赤い本2017年下巻70頁は，東京地裁27部の裁判例は，後遺障害が12級以下で，社会的要因などの当該事故との関係で外部的な要因が認められない場合は，当該非器質性精神障害につき通常生じる程度の損害については減額しない方向にあるとしている。

現症が重いが他覚所見による器質的な障害であるとの裏付けが乏しい場合については，前述のように，事故と現症との相当因果関係を認めた上で高率の素因減額により損害賠償額を調整する裁判例がある一方，後

故前からの原告の内耳障害の蓋然性，及び本件事故前から存在する無関係のストレス要因のほか，原告の職人気質で手を抜けない完璧主義の性格的要因等が，原告の耳鳴の障害及び非器質性精神障害を含む後遺障害の程度の増悪に寄与していると考えられることにも照らすと，原告側の素因（本件事故以外の他原因を含む。）に基づき，被告が原告に対して負担すべき損害賠償額について，3割の減額調整を施すのが相当である」とした。

(168)　再構築159頁～160頁を参照。

(169)　東京地判H27.3.31（交民48-2）は，事故によって身体表現性障害を発症した被害者に14級非器質性精神障害を認めたうえで，素因減額を否定した。「反訴原告は，本件事故により頭部外傷等の傷害を負い，本件症状を訴えるようになったところ，本件症状を裏付ける他覚的所見はなかったことから本件症状について不安を感じ，さらに本件症状を医師に正確に伝えられていないという不安も相まってストレスが重なり，その結果，身体表現性障害（非器質性精神障害）になったと推認される（なお，上記認定事実を総合すれば，反訴原告の身体表現性障害は，疼痛性障害や心気症の可能性が高いと考えられる。）。よって，反訴原告が身体表現性障害になったことと本件事故との間には相当因果関係があると認められる。」「反訴原告は，本件事故によって身体表現性障害（非器質性精神障害）になったと認められるが，身体表現性障害の原因は，ストレスなどの心理社会的要因が関係しているといわれているから，本件事故以外の要因が影響している可能性もある。しかし，それはあくまでも可能性にとどまる上，前記認定のとおり，反訴原告の身体表現性障害の程度は第14級にとどまり，後記認定の反訴原告の損害は，本件事故によって通常発生する程度，範囲を超えているとはいえないから，素因減額をすることはできないというべきである。よって，素因減額はしない。」

遺障害を軽く（非器質的精神障害として12級や14級を）認定して素因減額をしない裁判例もある[170]。

なお，減額を認めるには，事故と相当因果関係が認められる現症とのアンバランスが大きく，減額しなければ公平を失することを要するから，事故による傷害が重い場合は，裁判所は減額に慎重である[171]。

また，前述のとおり，職場や家庭等の環境要因を考慮して減額を認めた裁判例もあるが，ストレスが事故によってもたらされたものであれば異常な反応といえない限り減額すべきではないし，通常抱えるような人間関係のストレスを明らかに超えるとはいえない環境要因についても減額すべきではない[172]。

---

(170)　たとえば大阪高判H24.11.28（自J1889，最前線34）は，原審が，高次脳機能障害を否定して心因性疾患（うつ状態）として後遺障害3級に該当するとした上で，身体的，精神的，人格的，社会的な要因が影響しているとして，4割の素因減額を行ったのに対し，後遺障害を14級に準じるものとした上で，「被控訴人に残存する症状（本件障害）は非器質性精神障害であるから，その原因には，身体的，精神的，人格的，社会的な要因が絡んでいることも十分考えられるが，本件障害は軽微であり，本件事故によってこの程度の精神症状が生ずることは通常あり得ることであるといえることからすると，被控訴人が本件事故によって被った損害につき素因減額することは相当でない。このように解しても，損害を公平に分担させるという損害賠償法の理念に反するとはいえない。」とした。

(171)　大阪地判H26.9.12（交民47-5）は，追突事故の被害者に7級脊髄損傷，14級PTSDを認め，「本件事故以前に原告に精神症状があったとの事実を認めるに足りる証拠はない。さらに，事故態様及び同事故により原告に生じた傷害の深刻さを考えれば，素因がなくてもPTSDを発症することは十分あり得る。また，治療経過をみても，C病院の受診時期が原告の非器質性精神障害を悪化させたということはできない（被告は，精神科初診が事故の1年後であることから，精神症状の治療の遷延は初診時期が一因であると主張していた。）。」として素因減額を否定した。

(172)　東京地判H27.2.26（自J1950）は，逆突されて頸椎捻挫等の傷害を負い，自賠責で抑うつ気分等につき12級非器質性精神障害が認定された被害者について，事故とうつ病発症との相当因果関係を認め，「脳神経外科医である原告にとって，右手指の自覚症状は原告の職業生活を左右しかねないものであったことに加え，前記認定の本件事故後の治療の内容，症状の推移，症状固定までの期間，後遺症の程度に鑑みると，本件事故との相当因果関係を認めた損害額について，原告の性格・器質等の寄与を理由に減額をせず，被告に損害額全部を賠償させるのが公平を失するということはできない。」として素因減額の主張を退けた。また，大阪地判R2.11.25（交民53-6）は，「被告らは，原告が友人関係など本件事故とは無関係な悩みや不安を抱えていたことや，本件事故前から医療扶助や住宅扶助を受給し，生活がひっ迫して不安を感じやすい状況にあったことから，素因減額を行うべきである旨主張する。しかし，原告が対人関係等に関して訴える不安や悩みは，日常生活上，一般的に生じ得る対人的なストレスを超えるものであるとはいえないし，その不安や悩み，あるいは，退職して収入が絶たれるといった状況は本件事故によって生じ

(4)　基準化の試み

減額率を基準化する試み(173)もあるが，法則性を見出すのが難しく，過失相殺のように確立した基準はない。事実認定の困難さや過失相殺における道交法の規定のような規範がないことのほか，素因減額という条文上の根拠も不確かな減額を正面から認め，積極的に指針を示すことへの抵抗感も関わっていると思われる。

(5)　事故後の自殺(174)

ア　素因減額の問題か

死亡という結果の発生は被害者の行為が原因となっている点で特殊性があるが，近時は，心因的要因が寄与して損害が拡大した素因減額の問題として論じられている。

イ　昭和50年最判と平成5年最判

最判昭和50年10月30日(175)は，事故によって脳外傷等を負った被害

たものであり，本件事故前に原告が経済的事情に基づき具体的な不安等を抱えていたと認めるに足りる証拠もないことからすれば，損害の公平な分担の観点から素因減額を行うべきであるとはいえない。」として減額を否定した。

(173)　寄与度17頁，詳説95頁，注解552頁等。

(174)　赤い本2001年「交通事故の被害者の自殺と因果関係の判断」，詳説96頁～100頁，小賀野晶一「事故と自殺の因果関係認定とその根拠」（新潮流），早川眞一郎「交通事故被害者の自殺と損害賠償―判例の動向を中心に―」（法理），藤井勲「事故後の被害者の自殺」（交通法研究30）。

(175)　交民8-5。1審は「亡Aの自殺の動機が奈辺にあつたかは必ずしも定かではないが，事故当時同乗していた友人の死亡を気にかけていたことに加えて，単純思考，無抑制といった性格から突発的に自殺を決意し，実行に移したものと考えられ，本件事故に関すること以外に自殺の原因として考えられる特段の事情も認められないことからすると，本件事故と亡Aの自殺との間には，本件事故がなければ亡Aも自殺することはなかつたであろうという条件関係の存することが推認できる。しかしながら，自殺当時の亡Aの症状は，前記のような後遺障害を残しはしたものの，徐々に軽易な労働に従事しうる程度まで回復していたこと，亡A自身も職場復帰を決意し，自殺までの2日間会社に泊りこんでいたことから考えると，肉体的な面からすれば自殺せねばならない程の切迫した状況にあつたとは認めがたいし，また，前記のような亡Aの性格変化が自殺とどのような関係にあるのか明らかでないが，仮にその性格変化が自殺という現象に影響をおよぼしていたとしても，そのような性格変化が本件事故による亡Aの受傷から通常生じうると認めることは極めて困難であるといわざるを得ない。また（略）において，「亡Aは某等から“お前が死ねばいいんだ”と言われたと言って悩んでいた」旨供述するが，真実某が亡Aにそのような言辞を弄したか本件証拠上明らかでないばかりでなく，仮りにそうであつたとしてもこれをもつて被

者が約1年後に自殺した事案について，事故と自殺との相当因果関係を否定した原審の判断を是認した。

これに対し，最判平成5年9月9日(176)は，うつ病による自殺につき事故との因果関係を，最高裁として初めて認めた上で，心因的要因により80％減額した原判決を是認した。

ウ　斟酌事由

減額を認めた裁判例は，その理由として，たとえば以下のような事情をあげている(177)。

○後遺障害を含めて事故受傷の程度が軽い

○気質，性格等本人の精神的，神経的影響が大きい

○就職，事業，対人関係についての悩みがある

○既往症がある

○事故後長期間経過後に自殺している

○受傷内容が精神錯乱を起こす可能性の大小

告ら加害者側において亡Aの自殺を予見しまたは予見しうる状況にあつたと認めることも困難である。結局，本件事故と亡Aの自殺との間に相当因果関係があるものとは認めることができず，従って，亡Aの死亡により生じた財産的損害を被告らに負担させることはできないものというほかない。但し，本件事故と亡Aの自殺との間に条件関係が認められることは前記のとおりであるから，同人の慰謝料を算定するにあたっては右の事情をしん酌することとする。」とした（控訴棄却・上告棄却)。予見可能性の判断の違いであるが，50年前にはこのような判決が出されていたことに今更ながら驚く。

(176)　判時1477，判タ832，交通百選，要約21。「本件事故により太郎が被った傷害は，身体に重大な器質的障害を伴う後遺症を残すようなものでなかったとはいうものの，本件事故の態様が太郎に大きな精神的衝撃を与え，しかもその衝撃が長い年月にわたって残るようなものであったこと，その後の補償交渉が円滑に進行しなかったことなどが原因となって，太郎が災害神経症状態に陥り，更にその状態から抜け出せないままうつ病になり，その改善をみないまま自殺に至ったこと，自らに責任のない事故で傷害を受けた場合には災害神経症状態を経てうつ病に発展しやすく，うつ病にり患した者の自殺率は全人口の自殺率と比較してはるかに高いなど原審の適法に確定した事実関係を総合すると，本件事故と太郎の自殺との間に相当因果関係があるとした上，自殺には同人の心因的要因も寄与しているとして相応の減額をして死亡による損害額を定めた原審の判断は，正当として是認することができ，原判決に所論の違法はない。」なお，相当因果関係の判断要素としての予見可能性の考え方（民法416条の類推適用については140頁で簡単に触れている。）について，法理356頁～358頁，371頁を参照されたい。

(177)　寄与度78頁。

エ　裁判所の姿勢

近時は，被害者の自殺は加害者には予想できない等として相当因果関係を否定するのではなく，事故→（外傷性神経症状態→）うつ病→自殺という事案では，死亡との相当因果関係を認めることが比較的多い。予見可能性については，平成５年最判以降，一般的・抽象的に捉えて肯定する裁判例がある(178)が，予見可能性には言及せずに相当因果関係を肯定する裁判例もある(179)。

事故と自殺との相当因果関係が肯定されても，過労死自殺の場合(180)と異なり，厳しい減額率（平成５年最判と同じく８割とするものが多い。）が採用される傾向がある(181)。しかし，脳外傷による精神障害に陥った結果自殺した場合は減額を否定すべきだし，耐え難い苦痛に苛まれてうつ状態となっている場合も，自殺という手段をとることが無理からぬことだと考えられれば，減額を否定すべきではないだろうか。

3　体質的（身体的）素因の寄与(182)

(1)　最高裁判例

心因的要因による素因減額を認めた昭和63年最判が，体質的（身体

(178)　たとえば大阪地判 H15.2.5（交民 36-1）は，「亡Ａは，本件事故によって心因性の耳鳴り・頭鳴りが１年以上継続して神経症となり，うつ症状に陥り，自殺を図って死亡したものと認められ，このような機転は，被告らのみならず，通常人においても予見することが可能な事態と言うべきであるから，本件事故と亡Ａの自殺との間には，相当因果関係があると認められる」とした。

(179)　たとえば東京高判 H17.3.16（判時 1892，判タ 1179）。

(180)　過重労働のストレスによる精神疾患・自殺の場合は，裁判所は減額に抑制的である。たとえば，最判 H12.3.24（電通過労死事件。判時 1707，判タ 1028。労働判例百選第 10 版）は，長時間労働に起因するうつ病による自殺につき労働者の性格等を理由に３割過失相殺した原判決を破棄した。同最判の射程が，交通事故のように安全配慮義務の及ばない不法行為に及ぶかが問題となるが，裁判官には否定的な考えが多いようだ（赤い本 2017 年下巻 62 頁）。赤い本上巻も「参考」として掲載している。

(181)　たとえば，前掲大阪地判 H15.2.5，同東京高判 H17.3.16，名古屋地判 H21.4.15（交民 42-2）は８割，名古屋高判 H18.4.7（判時 1936）は５割減額した。小賀野晶一「事故と自殺の因果関係認定とその根拠」（新潮流），早川眞一郎「交通事故被害者の自殺と損害賠償—判例の動向を中心に—」（法理）。

(182)　赤い本合本Ⅱ 280 頁「身体的素因と寄与減額」，勅使河原由紀「交通事故を契機に既往症が進行して後遺症が発現した場合の因果関係の認定」（新潮流）。

的）要因にも及ぶかどうかについては議論があったが，判例はこれを肯定した。以下の三つの最高裁判決が特に重要である。

最判平成4年6月25日[183]（CO中毒事件）は，被害者に対する加害行為と被害者のり患している疾患とがともに原因となって損害が発生した場合につき，過失相殺の規定を類推適用して，被害者の当該疾患を斟酌することができるとした。

最判平成8年10月29日[184]（OPLL事件）は，後縦靭帯骨化症（OPLL）による素因減額が争われた事案で，素因減額の可否は，加害行為前に疾患に伴う症状が発現していたかどうか，疾患が難病であるかど

---

(183)　判時1454，判タ813，交通百選。「被害者に対する加害行為と被害者のり患していた疾患とがともに原因となって損害が発生した場合において，当該疾患の態様，程度などに照らし，加害者に損害の全部を賠償させるのが公平を失するときは，裁判所は，損害賠償の額を定めるに当たり，民法722条2項の過失相殺の規定を類推適用して，被害者の当該疾患をしんしゃくすることができるものと解するのが相当である。けだし，このような場合においてもなお，被害者に生じた損害の全部を加害者に賠償させるのは，損害の公平な分担を図る損害賠償法の理念に反するものといわなければならないからである。」「本件事故後，Aが前記精神障害を呈して死亡するに至ったのは，本件事故による頭部打撲傷のほか，本件事故前にり患した一酸化炭素中毒もその原因となっていたことが明らかである。そして，原審は，前記事実関係の下において，Aに生じた損害につき，右一酸化炭素中毒の態様，程度その他の諸般の事情をしんしゃくし，損害の50パーセントを減額するのが相当であるとしているのであって，その判断は，（略）正当として是認することができる。」

(184)　交民29-5，民法百選Ⅱ，交通百選。原審は素因減額を否定したが，「被害者に対する加害行為と加害行為前から存在した被害者の疾患とが共に原因となって損害が発生した場合において，当該疾患の態様，程度などに照らし，加害者に損害の全部を賠償させるのが公平を失するときは，裁判所は，損害賠償の額を定めるに当たり，民法722条2項の規定を類推適用して，被害者の疾患を斟酌することができることは，当裁判所の判例（略）とするところである。そしてこのことは，加害行為前に疾患に伴う症状が発現していたかどうか，疾患が難病であるかどうか，疾患に罹患するにつき被害者の責めに帰すべき事由があるかどうか，加害行為により被害者が被った衝撃の強弱，損害拡大の素因を有しながら社会生活を営んでいる者の多寡等の事情によって左右されるものではないというべきである。前記の事実関係によれば，被上告人の本件疾患は頸椎後縦靭帯骨化症であるが，本件において被上告人の罹患していた疾患が被上告人の治療の長期化や後遺障害の程度に大きく寄与していることが明白であるというのであるから，たとい本件交通事故前に右疾患に伴う症状が発現しておらず，右疾患が難病であり，右疾患に罹患するにつき被上告人の責めに帰すべき事由がなく，本件交通事故により被上告人が被った衝撃の程度が強く，損害拡大の素因を有しながら社会生活を営んでいる者が多いとしても，これらの事実により直ちに上告人らに損害の全部を賠償させるのが公平を失するときに当たらないとはいえず，損害の額を定めるに当たり右疾患を斟酌すべきものではないということはできない。」として破棄差戻。

うか，疾患に罹患するにつき被害者の責めに帰すべき事由があるかどうか，加害行為により被害者が被った衝撃の強弱，損害拡大の素因を有しながら社会生活を営んでいる者の多寡等の事情によって左右されるものではないとした(185)（差戻控訴審は3割素因減額した。）。

OPLL 事件判決と同日の，最判平成8年10月29日(186)（首長事件）は，追突事故の被害者に，首が長く多少の頚椎の不安定症があったために胸郭出口症候群やバレ・リュー症候群を生じ，症状を拡大させたという事案について，被害者が平均的な体格ないし通常の体質とは異なる身体的特徴を有していたとしても，それが疾患に当たらない場合には，特段の事情の存しない限り，被害者の右身体的特徴を損害賠償の額を定めるにあたり斟酌することはできないとした。

(2) 体質的素因とは何か

このような判例の立場からは，当該体質的素因が疾患か身体的特徴にすぎないかかが減額の可否を左右することになる。しかし，判例のいう

---

(185) この判決は，民集に登載されていないことが意味するように，同日の首長事件判決と異なって理論的なものとして示したものではなく，事例判決と位置付けられており（説示は原審の説示を否定する文脈で，素因が「疾患」である場合は減額の可否を検討する必要があることを指摘するものである。），したがってその説示を無前提に他の事案に適用すべきでないと指摘されている（注解541頁～542頁）。なお，OPLL による素因減額については489頁を参照のこと。

(186) 判時1593，判タ931，交通百選，要約20。「（H4最判を引いて）しかしながら，被害者が平均的な体格ないし通常の体質とは異なる身体的特徴を有していたとしても，それが疾患に当たらない場合には，特段の事情の存しない限り，被害者の右身体的特徴を損害賠償の額を定めるに当たり斟酌することはできないと解すべきである。（略）極端な肥満など通常人の平均値から著しくかけ離れた身体的特徴を有する者が，転倒などにより重大な傷害を被りかねないことから日常生活において通常人に比べてより慎重な行動をとることが求められるような場合は格別，その程度に至らない身体的特徴は，個々人の個体差の範囲として当然にその存在が予定されているものというべきだからである。これを本件についてみるに，上告人の身体的特徴は首が長くこれに伴う多少の頸椎不安定症があるということであり，これが疾患に当たらないことはもちろん，このような身体的特徴を有する者が一般的に負傷しやすいものとして慎重な行動を要請されているといった事情は認められないから，前記特段の事情が存するということはできず，右身体的特徴と本件事故による加害行為とが競合して上告人の右傷害が発生し，又は右身体的特徴が被害者の損害の拡大に寄与していたとしても，これを損害賠償の額を定めるに当たり斟酌するのは相当でない。」

「疾患」は医学的概念を基礎とするものではあるが法的概念であり，身体的特徴との区別は必ずしも明確ではない。一般的には，医学的に疾患に当たらなければ素因として斟酌できないと解されるとともに，医学的に疾患とされる状態であっても（たとえば脊椎の加齢による変性や骨粗鬆症），被害者の年齢に相当する平均人の身体的特徴を踏まえた個体差の範囲内であれば素因として斟酌（減額）できないことになると思われる。

(3)　裁判所の姿勢

ア　LPの記述

LP209頁は身体的素因による減額について次のように述べている。

「上記のような判例の考え方を受けて，東京地裁においては（略）①事故の前から存在した被害者の疾患が損害の発生又は拡大に寄与していることが明白である場合には，賠償すべき金額を決定するに当たり，当該疾患をしんしゃくすることができる。②加齢的変性については，事故前に疾患と言えるような状態であったことが認められない限り，しんしゃくしない。当該年齢の人間に通常みられる加齢性の変性ないし個体差の範囲の加齢性の変化を理由に減額するのは相当ではない。③病名が付けられるような疾患にあたらない身体的特徴であっても，疾患に比肩すべきものであり，かつ，被害者が負傷しないように慎重な行動を求められるような特段の事情が存在する場合（例えば極端な肥満などの場合）にも，当該身体的特徴をしんしゃくすることができるが，極めて例外的な場合に限られる。」

イ　下級審裁判例

公平の理念をあげて素因減額を認める裁判例は多い。

まず，頚部の受傷は交通事故で最も多く，素因減額も最もしばしば争われる。頚部の素因に関するものとしては，たとえば以下のような裁判例がある。

東京地判平成22年3月17日[187]は，脊柱管狭窄症や過去の事故によ

---

(187)　交民43-2，最前線36。

る頚椎の傷害の影響を斟酌して4割減額した。この裁判例のように，疾患と言える程度の狭窄状態であった既往の脊柱管狭窄症は，減額の対象となることが多い。

椎間板ヘルニアもしばしば問題になる。横浜地判令和3年3月4日(188)は，無症候性頚椎椎間板ヘルニアにつき4割減額した。このように，椎間板ヘルニアが無症候性であっても素因減額されることがある。一方，（OPLL事件最判は，加害行為前に疾患に伴う症状が発現していたかどうかを問わないとしていたが，）事故前にヘルニアの症状が発現していなかったことを素因減額否定の理由としてあげる裁判例もある(189)。

むち打ち損傷で14級を認定する場合は，発生した損害が事故のみによって通常発生する範囲・程度を超えていることが明らかではなく，素因が損害の発生又は拡大に寄与していると認められにくいことが少なくないので，素因減額しない裁判例が比較的多いが，前掲横浜地判のようにヘルニアの寄与が大きい場合や事故前に症状が出ていた場合は減額されることがある(190)。

頚部に関して素因減額が争われることが比較的多い体質的要因としては，他に後縦靭帯骨化症（OPLL），変形性脊椎症，頚椎症，椎間板（変性）症，骨棘形成，椎間孔狭小化，椎間板膨隆等がある。

---

(188)　自J2097。自賠責非該当の頚部痛・小指しびれを残す被害者について，椎間板ヘルニアの発生を認めて後遺障害14級9号としたうえで，「本件事故の発生する前から発生していた無症候性のC5/6椎間板ヘルニアが大きく寄与したものというべきである」等として，4割素因減額した。

(189)　たとえば名古屋地判H23.10.7（自J1864）は，自転車搭乗中，左折乗用車に衝突されて転倒して受傷し，外傷性頚椎椎間板ヘルニアで前方固定術を受けて11級脊柱変形を残す被害者について，「原告の第6・第7頚椎の椎間板ヘルニアは本件事故前から存在していたものと認められるが，本件事故前においては症状は出ておらず，特段の支障なくE会社で仕事をしていたことが認められるのであるから，本件事故前には労働能力の喪失があったとは認められないし，上記素因を理由として損害賠償額を減額するのも相当ではない。」とした。

(190)　名古屋地判R5.6.28（交民56-3）は，頚部打撲等の傷害を受け，頚部痛及び右上肢しびれで14級9号の認定を受ける被害者について，右上肢しびれ症状への既往症（C6･7椎間板狭小化及びC5～7椎間膨隆ないしヘルニア）の寄与を認め，加齢性の変化であるとしても，事故前に尺骨神経領域にしびれが生じていた以上，素因として考慮するのが相当であり，減額の程度は，もともと存在していたしびれの程度が不明確であることに鑑み10%にとどめるとした。14級神経症状について比較的高率の減額をした裁判例として，前掲横浜地判R3.3.4等がある。

腰部に関するものとしては，腰部脊柱管狭窄症，椎間板ヘルニア，腰椎椎間板症，変形性腰椎症，椎間板（変性）症等がしばしば問題になる。脊柱管狭窄症が認められる場合は減額する裁判例が多い(191)が，ヘルニアは既往のものであっても無症状であった等から減額を否定するもの(192)も少なくない。椎間板変性についても，年齢不相当の変性とは認められない等として減額を否定するもの(193)が少なくない。ここでも，個体差の範囲を超え，減額しなければ公平を失することが必要である。

その他，脳梗塞等の脳疾患，心臓弁膜症等の循環器疾患，骨粗鬆症，肥満症，アルコール依存症等さまざまな疾患が素因として問題になる(194)。

無症候であった場合でも素因として減額されることがあることについては上述したが，事故にあわなければ素因に基づく症状が発現しなかった蓋然性が高い場合は，減額をみとめるべきではない(195)。

---

(191)　たとえば東京地判 H24.1.18（自 J1867）は，「原告の腰椎には本件事故以前から相当程度の変性が存したということができる（略）。さらに，原告の下腿に関する症状は，脊柱管狭窄症に由来するといえる症状を伴いながら軽快，悪化を繰り返し，本件事故から約２年８ヶ月を要して症状固定となったこと，本件事故による衝撃は必ずしも大きいものではなかったと認められることを併せ考慮すれば，原告の後遺障害は，本件事故と本件事故以前から存在した脊柱管狭窄症ないし腰椎椎間板ヘルニアという素因が共に原因となって発生したと認めるべきであり，本件事故まで原告に脊柱管狭窄症等の症状が発症していなかったことを踏まえても，その素因の寄与度は１割と認めるのが相当である。」とした。

(192)　たとえば大阪地判 H22.9.24（交民 43-5）は，「原告に存した上記変性等の程度が，原告の年齢（本件事故当時 39 歳）に照らして，平均的な身体的特徴の範囲を超える疾患に該当するとは直ちにはいい切れないし，前記の後遺障害の程度の認定は，上記変性等が本件事故と相当因果関係を有しないと評価した上でのものであるから，この観点からも，後遺障害に関する損害につき素因減額を行うのは相当ではない。また，症状固定までの治療に関する損害についても，既往の変性等により多少治療が長期化した可能性は否定できないが，その寄与の程度は明らかではないことや，本件事故を契機に各症状が生じ，それに対する治療の必要性が生じたという経緯に照らし，素因減額は行わないこととする。」とした。

(193)　たとえば大阪地判 H14.6.20（交民 35-3）は，頚椎（３番と４番から６番と７番にかけて椎間板の変性）と腰椎（３番と４番，４番と５番で椎間板の変性）等の経年性の変性所見がある被害者について，「被告は，素因減額を主張するが，原告の頸椎，腰椎等に経年性の変性が存したことは認められるものの，これが加齢に伴う通常の変性の程度を超えるものであると認めるに足りる証拠はないから，素因減額するのは相当でない。」とした。

(194)　小賀野他編「交通事故における素因減額問題」（保険毎日新聞社）に詳しい。

(195)　湯川浩昭「素因減額の判断要素と割合について」（日本交通法学会編「人身賠償・補償研究

身体的特徴についての「特段の事情」に関連しては，高度肥満を理由とする減額を否定した名古屋地判平成24年9月21日[(196)]と，心臓が通常人の2倍の重さであるという特異な身体特徴等を理由に減額を認めた横浜地判令和5年4月20日[(197)]をあげておく。

ウ　斟酌事由

素因減額をするかどうかの判断においては，例えば次のような事情が斟酌され得る[(198)]。もっとも，心因的要因による減額と同様に，「これを斟酌しなければ著しく公平を失する」という要件が充足されなければならないことに留意すべきである[(199)]。

〇事故が軽微である（他の同乗者にはほとんど異常がない）。

〇受傷の割に治療期間が長い。

〇心因性も疑われる（訴えがオーバーではないか）。

〇他覚所見に乏しい。

〇治療がもっぱら既往症について行われている。

〇事故以外のストレスで既往症が悪化している。

〇既往症がなければ重大な結果（死亡等）に至らなかったと考えられる。

第4巻」（判例タイムズ社）162頁）。

(196)　自J1888。「原告が，糖尿病，高度肥満であったことは前記認定のとおりである。そして，肥満のため適合するコルセットがなかなか見つからなかったものではあるが，肥満は身体的特徴であり，そのことによって原告の治療が長引いたとまでは認められず，また，原告の治療態度の悪さ，病院側の指示の不遵守がみられるが，当初原告に第7，12胸椎破裂骨折があることが認識されていたとはいえず，原告の治療態度の悪さ，不遵守が損害を拡大させたと認めることもできず，これらの事情は慰謝料の算定で考慮するものの，損害額を減責するほどのものとは認められない。」

(197)　自J2155。追突事故で頸椎捻挫及び腰椎捻挫を受傷した被害者が6日後に死亡した事案で，事故によって生じた大動脈の創が破裂して心嚢内血腫が生じ，心タンポナーデを引き起こして死亡したとして死亡との因果関係を認めた上で，大動脈の創は事故の衝撃と被害者の既往症である高血圧や極めて特異な身体的特徴である心臓の重さ（通常の2倍という平均値からかけ離れたもの）が相まって生じたとし，後者は疾患と同様，素因減額の対象として考慮すべき特段の事情があるとして20%の素因減額を認めた。解剖による鑑定の結果が重視されている。

(198)　寄与度36頁～38頁による。実務340頁～343頁も参照。

(199)　寄与度39頁。

〇既往症を放置もしくは十分な治療をしなかった。

(4) 基準化の試み

素因減額について基準を設定する試み(200)もあるが，問題となる既往症の種類・内容は様々であり，ここでも基準化は難しい。

（了）

(200) 例えば，寄与度 39 頁～40 頁，詳説 99 頁。

判例・裁判例索引

[高等裁判所]

［地方裁判所］

事項索引

《す》

《せ》

《ち》

《つ》

《て》

《と》

《な》

《に》

[著者紹介]

小野 裕樹（おの ゆうき） 弁護士（福岡県弁護士会 平和台法律事務所）

（略歴）

1959 年 5 月 熊本市生まれ
1984 年 3 月 東京大学法学部卒業
1987 年 4 月 司法修習生（41 期）
1989 年 4 月 弁護士登録
2000 年 4 月 福岡県弁護士会総務事務局長（～2001 年 3 月）
2004 年 12 月 （公財）交通事故紛争処理センター福岡支部嘱託弁護士（～2008 年 12 月）
2007 年 4 月 福岡県弁護士会交通事故委員会委員長（～2016 年 3 月）
2008 年 4 月 （公財）日弁連交通事故相談センター理事（～現在）
2008 年 4 月 （公財）日弁連交通事故相談センター福岡県支部長（～2015 年 3 月）
2018 年 6 月 （公財）交通事故紛争処理センター福岡支部審査員（～2025 年 3 月）

（その他の役職）

NPO 法人 高次脳機能障がい者と家族を支援する 福岡・翼の会 理事長

（所属学会）

日本交通法学会
日本高次脳機能障害学会

（著書）

「交通事故ゼミ教材」（福岡県弁護士会交通事故委員会，2016 年（2021 年改訂））
「交通賠償法実務」（福岡県弁護士協同組合，2023 年）

被害者側弁護士のための交通賠償法実務

2025年5月10日　第1版第1刷発行
2025年8月30日　第1版第2刷発行

著　　者／小野 裕樹
発 行 所／株式会社 日本評論社
〒170-8474 東京都豊島区南大塚3-12-4
電話　03-3987-8621（販売）、3987-8631（編集）
振替　00100-3-16
https://www.nippyo.co.jp/
印刷／精文堂印刷株式会社　製本／株式会社難波製本　装幀／神田程史

ISBN 978-4-535-52802-4